Meiner Mutter...

...und all den unzähligen
Müttern
vor ihr, die das Leben
von Anbeginn an
weitergegeben
und mit Liebe über es
gewacht haben.

Nicht linear ...

ist dieses Buch. Man beginne es nach Gutdünken,
in der Mitte, am Ende oder sogar von vorn.
Es mag daher gelesen werden, wie es geschrieben wurde,
je nach Inspiration des Augenblicks:
Jedes Kapitel steht für sich.
Daher ein paar nicht immer geplante Wiederholungen,
die ich jedoch nicht habe ausmerzen wollen.
Selbstverständlich stellt das Inhaltsverzeichnis
Ordnung und Logik her.
Selbstverständlich erläutert ein hilfreiches Glossar
den einen oder anderen Sach- oder Sanskritbegriff.
Blaise Pascal befand, das Ich sei hassenswert; es soll ihm
nicht mißfallen, daß ich mich als Individuum, ja Individualist
persönlich an den Leser wende und anstelle des
unpersönlichen,
bescheidenen »Wir« ganz bewußt ein »Ich« setze.
Manchmal sehe ich auf der Straße Herrn und
Hund und frage mich,
welcher der beiden den anderen spazierenführt.
Und jetzt, da das Buch da ist, frage ich mich:
Habe *ich* das Buch gemacht, oder hat *das Buch* mich geformt,
indem es mich zum Forschen und Nachdenken anregte?
Nun, warum nicht beides?

Inhalt

1 – Von Indien nach Europa

Imaginäre Reise	21
Der internationale Hafen Lothal	24
Die Religion in Lothal und im Reich	30
Ein vergessenes Atlantis	33
Die Leiche im Schrank	35
Die zweite Agonie eines Atlantis	36
Die Geschichte vom »guten Arier«	39
Die Schlächter werden Herrscher	42
Der arische Schwindel	44
Rundschädel gegen Langschädel	48
Sind die Draviden Alpin-Mediterraniden?	53
Die alpin-mediterrane Kontinuität	54
Pizarros Raubzug	56
Von Indien nach Europa	58
War Çatal Hüyük die erste tantrische Stadt?	65
Ein tantrischer Kult?	67
Ein symbolischer Kult	68
Das Ende von Çatal Hüyük	70

Die Kasten, ein explosives Gemisch	72
Eine sorgsam gehegte Begriffsverwirrung	73
Schmach den Besiegten	74
Per Daumenabdruck zum Sklaven	78
Das Los der Shudras	79
Nayars und Nambudiri	80
Die unerwarteten Verteidiger des Systems	82
Die totale Ausbeutung	83
Hier gibt es Beute	85
Die Schätze von Golconda	87
Die Brahmanen	89
Die sechste Kaste: die arische Frau	95
Die Sexualität im brahmanischen Indien	102

2 – Die tantrische Sicht

Tantra definieren	111
Alles, was hier ist, ist anderswo; was nicht hier ist, ist nirgendwo	112
Der bewußte Körper	114
Kein Dogma	117
Ist der Baum bewußt?	121
Giordano Bruno	122
Eine Tantrameditation: Betrachten wir das Meer, unsere Mutter	123
Eine neutrale Kontemplation	124
Ein Schatz reicher Erinnerung	126
Guter Mond, du gehst so stille...	127
Die Sonne trifft sich mit dem Mond...	128
Meditation über das Leben	128

Profane Zeit, sakrale Zeit   131
Die lineare Zeit   131
Die zyklische Zeit   134
Die sakrale Zeit   135

Das »overmind«   138
Von der Einheit zur Vielfalt   141
Der Geist des Bienenstocks   143
Die Psychologie der Massen   147
Eine sonderbare Familie   152
Der Einfluß des Orients   154

Der Körper, das unbekannte Universum   157
Weisheit des Körpers   161
Das Universum Körper ist heilig   162
Ein lebendiges Universum   164
Der heilige Fluß   168

Der Tod – das ist das Leben!   169
Der Tod, Triebkraft des Lebens   171
Die Langeweile – geboren aus der Unsterblichkeit   172
Der sanfte natürliche Tod   174
Der Tod durch Unfall   175
Die shava sadhana   176
Der Tod ist eine Abstraktion   178
Das Sterbeverhalten   179
Sterben verboten   180

Die Frau, Kult und Mysterium   182
Jede Frau ist Shakti   182
Die Frau ist selten   187
Die Muttergöttin   190
Werte der Weiblichkeit   191
Unsere Werte ändern   194
Tantra im Alltag   195
Die Unbefleckte Empfängnis   198

Die Hexen sind wieder da	200
Tantra, Sohar und Kabbala	212
Kosmisches Sonnenbad	216

3 – Eine andere Betrachtungsweise der Sexualität

Wenn Sex zum Problem wird	221
Sexualerziehung ist notwendig	224
Unsere doppelte Sexualität	229
Paradies und Hölle	230
Die höchste Ekstase	233
Die einigende kosmische Erfahrung	235
Die erotische Meisterschaft der Frau	237
Wir sind für den Eros geschaffen	241
Das eingeschlechtliche Hormon des Begehrens	243
Tantra und Homosexualität	244
Am Anfang war kein Mann ...	248
SeXY oder SeXX?	250
Wenn es das Männliche nicht gäbe?	252
»Erfinden« wir das männliche Geschlecht	252
Mantra – beschwörende Magie	254
Am Anfang war ... der Urlaut	257
Mantra und Atem	265
Anhalten des Atems	267

Ein psychischer Dynamo: das Yantra	269
Die letzte Abstraktion	269
Ein Punkt, das ist »Alles«	271
Das Grundquadrat	272
Kreis und Lotos	272
Unendliche Kombinationen	274
Das letzte Yantra	275

4 – Von Mythen und Symbolen

Muß man an die Hindugötter glauben?	281
Der Weihnachtsmann, ein ganz lebendiger Mythos	285
Lebenssymbole	288
Der Lingam, das absolute Symbol	290
Lingam – Definition	295
Shiva	300
Der göttliche Tänzer	303
Entschlüsseln wir den Tanz Shivas	305
Shiva-Mythos und moderne Wissenschaft	308
Nataraja und der Physiker	310
Shakti, die Schöpfernatur	312
Die dravidischen Göttinnen	313
Die tantrischen Göttinnen	314
Kâlî, Kâla, Kalki ...	315
Die Kali-Ära, das apokalyptische Zeitalter	317
Jede Frau ist Göttin	320

Der »sinistre« Weg	323
Der linke Weg	326
Der Mythos des Androgynen	327

5 – Das tantrische Ritual

Der Weg des Tals	331
Die divergente Erfahrung	331
Ausführung	332
Die Karezza-Methode	334
Maithuna, die tantrische Vereinigung	337
Der Rhythmus Maithuna	339
Die Asanas des Maithuna	341
Purushayita	342
Upavishta, sitzende Position	344
Upavishta, asymmetrische Variante	344
Upavishta-Variante	345
Uttana-Bandha	345
Tiryakasana	347
Parshva piditaka, rückwärtige Seitenlage	348
Janujugmasana, die X-Stellung	349
Die Rituale des Maithuna	353
Das rituelle Dreieck	355
Die Askese der Sechzehn	357
Falsche Eingeweihte	362
Die Orgie und wir	372
Tantrismus und Promiskuität	375

Die Symbolik der fünf Makaras	377
Die fünf Elemente und ihr verborgener Sinn	379
Definition der Tattwas	380

6 – Die sexuelle Meisterschaft

Der männliche Orgasmus	389
Die Erektion, ihre Geheimnisse und Probleme	393
Die Erektion im tantrischen Maithuna	395
Die Erektion, Grundpfeiler des Tantra	401
Übungen	403
Mula bandha	403
Eine weitere Kontrollübung	404
Die Hoden – das Leben	405
Die Kontrolle der Ejakulation	407
Übung	408
Vom Genuß zur höchsten Lust . . .	409
Vorzeitige Ejakulation	414
Vajroli	415
Die Straffung der Vaginalmuskulatur	420
Sahajoli, die Kontrolle der Vagina	420
Mula bandha	422
Straffung der Vaginalmuskeln	422
Handhabung des Gegenstands	423
Die vollkommene Vaginalkontrolle	424
Wie die Hand einer Gopi	426
Mula bandha im Stehen	427
»Hula-Hoop«	427
Ein Muskel gegen Frigidität	428
Erste Übung	429
Ein festes und muskulöses Gesäß	430

Schlanke Schenkel	431
Paarübung	431
Das Perineum, ein strategischer Knotenpunkt	432

7 – Tantra in unserer Welt

Tantrische Initiation im Abendland	437
Guru und Schüler	438
Guter Guru, schlechter Guru?	440
Ein Ritual für das Abendland	441
Die Botschaft Nataraja Gurus	445
Die Zivilisation retten	447
Was ist zu tun?	449
Die Zukunft des Tantra im Abendland	453
Ein Punkt – ist das alles?	455
Anhang	457
Die tantrische Philosophie im Überblick	459
Glossar	463
Bibliographie	471

1
Von Indien nach Europa

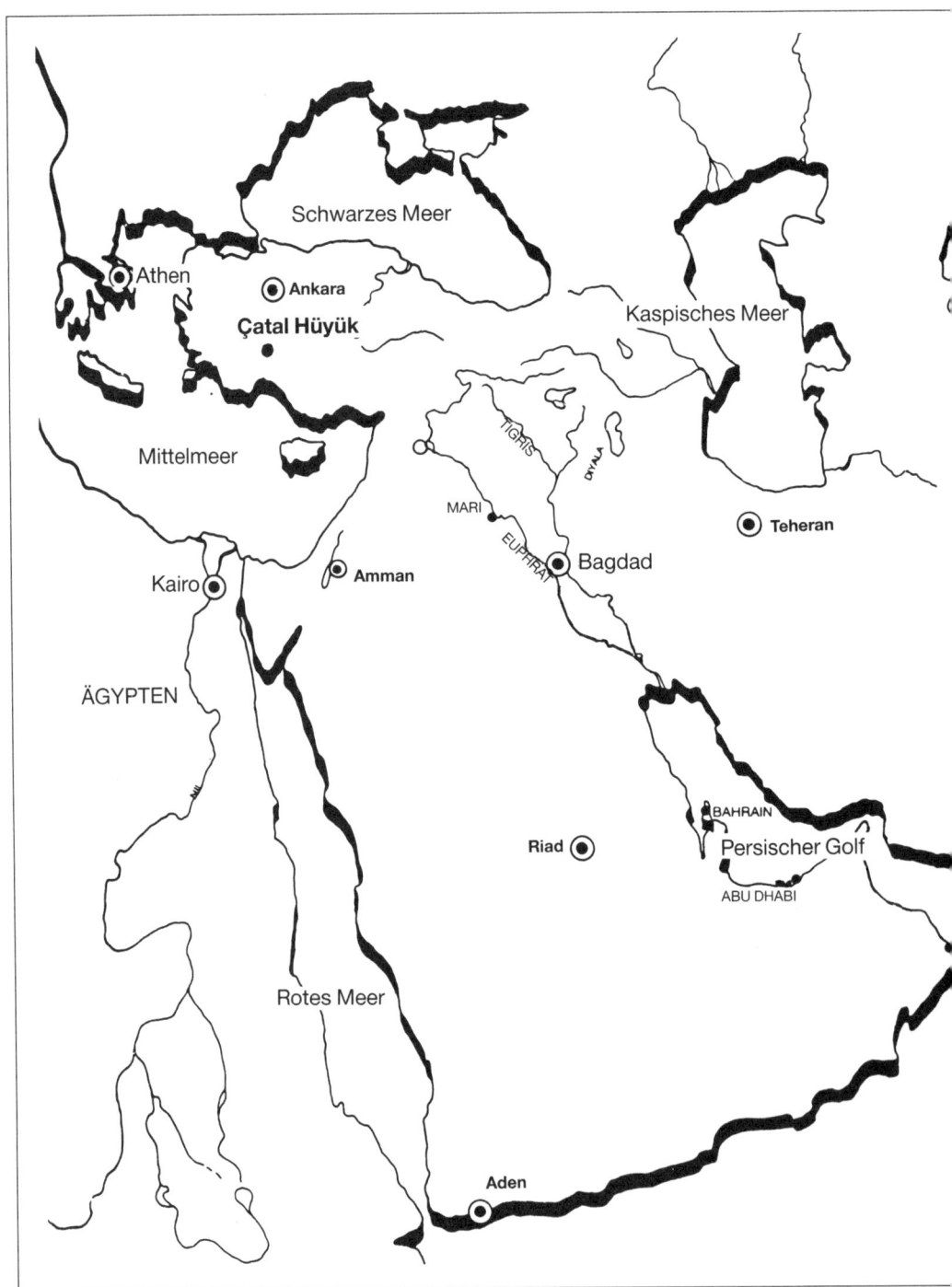

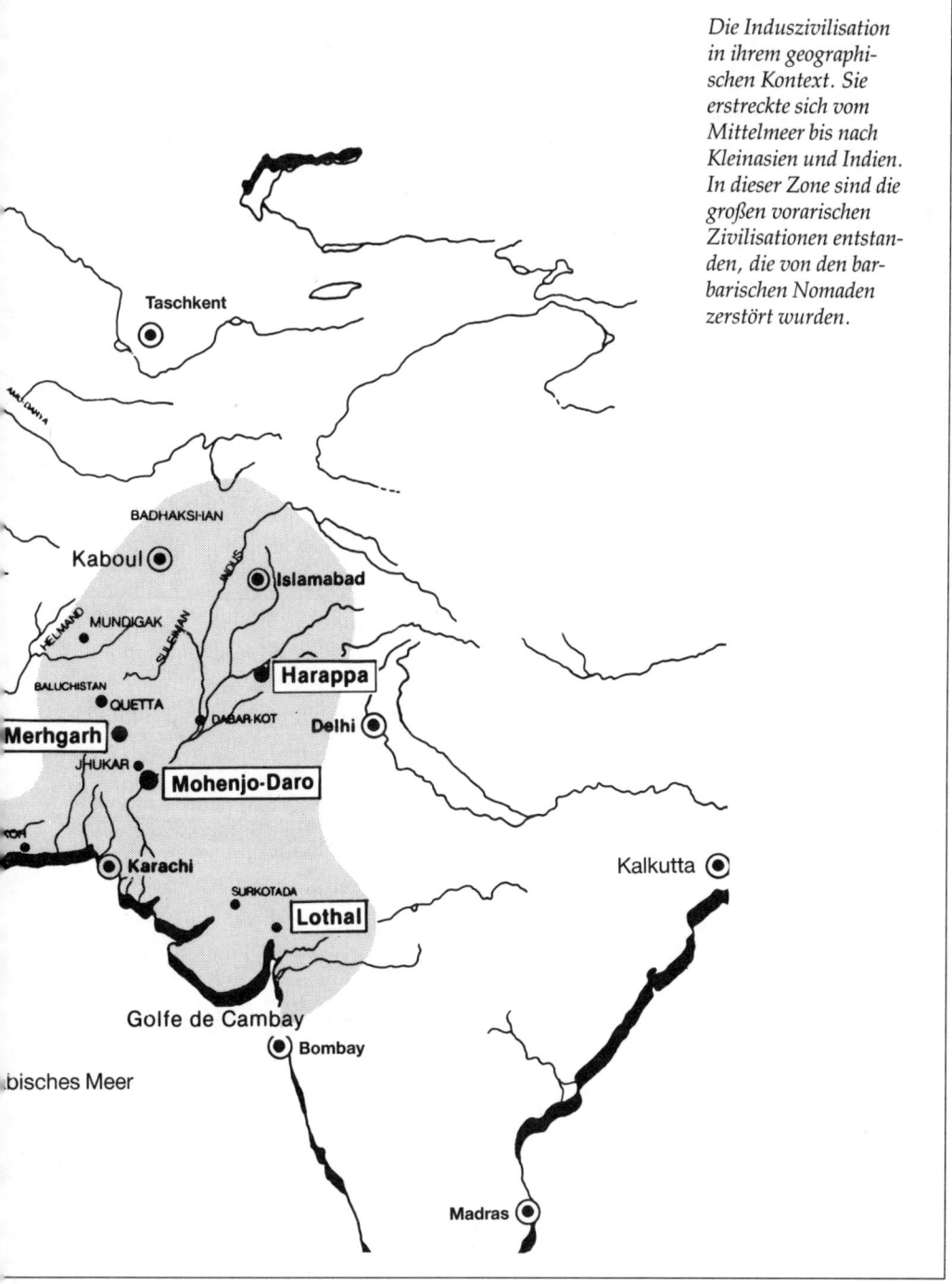

Die Induszivilisation in ihrem geographischen Kontext. Sie erstreckte sich vom Mittelmeer bis nach Kleinasien und Indien. In dieser Zone sind die großen vorarischen Zivilisationen entstanden, die von den barbarischen Nomaden zerstört wurden.

Imaginäre Reise

Ich lade Sie ein zu einer imaginären Reise ins Indien des Jahres 2000 – vor unserer Zeit. Sie befinden sich auf einem jener Ochsenkarren, die über die Straße von Harappa rumpeln, der ersten großen Stadt des Indusreichs, die unter den behutsamen Spatenstichen der Archäologen des 20. Jahrhunderts aus der Versenkung aufgetaucht ist.

Die Fahrt ist recht unbequem, denn es gibt keine Federung. So ein Karren ist übrigens ein erstaunliches Gefährt: Er ist völlig ohne Metall gebaut, und seine speichenlosen, massiven Holzräder sind mit Lederriemen an der Achse befestigt. Das Gespann ist schwerfällig und langsam, aber man hat Zeit. Von diesem Allzweckgefährt haben die Archäologen in den Ruinen von Harappa Hunderte von Spielzeugmodellen aus Terrakotta ausgegraben. Indiens Ochsenkarren von heute gleichen den damaligen aufs Haar, nicht einmal der Radabstand hat sich geändert, wie es die in Harappa und Mohenjo Daro gefundenen Spuren beweisen.

So holpern wir die Straße am Indus entlang. Der schwere Tritt der Ochsen wirbelt eine feine Staubwolke auf, welche die Reise nicht vergnüglicher macht. Glücklicherweise schützt uns ein geflochtenes Schilfdach vor der starken Sonnenstrahlung. Die Straße ist keineswegs verlassen; ganze Konvois von schwankenden Fuhrwerken, überladen mit Bottichen voller Weizen, kommen uns entgegen: Man fährt die Ernte ein. In den umliegenden Feldern wogt die andere von den Harappiern angebaute Getreideart im Wind (wahrscheinlich Gerste, Anm. d. Ü.), höherwüchsig und später reifend. Äußerst fruchtbares Schwemmland säumt zu beiden Ufern den Fluß auf beinahe hundertfünfzig Kilometer Länge und bringt Spitzenerträge ein.

Nun steigt die Straße eine Anhöhe hinauf, von der aus wir die Landschaft überblicken.

Nach einer Pause im Schatten eines Feigenbaums, damit die Ochsen sich ausruhen können, brechen wir wieder auf. Die Straße schlängelt sich zurück in die Ebene. Auf dem Dreschplatz an einem Dorfeingang drehen sich von einem Burschen geführte Büffel auf dem festgestampften Boden im Kreis und bearbeiten den reifen Weizen, den die Frauen geerntet haben. Die Dravidinnen, von kleiner Statur, dunkelbrauner Haut und glattem Haar, tragen einen leichten Baumwollschurz. Im Vorratsteich ganz in der Nähe steht ein unbekleideter Bauer bis zur Hüfte im Wasser und striegelt einen seiner Büffel, während andere, von denen nur noch Maul und Hörner hervorschauen, sich im schlammigen Wasser tummeln. Solche Szenen werden noch die Touristen des 20. Jahrhunderts zu sehen bekommen.

Und dort die Elefanten, gutmütig, mächtig, stets eindrucksvoll. In ihrem breiten Kopf blinken kleine, listige Augen, unterdessen der Elefantenführer, gewiegt von den langsamen Bewegungen seiner Tiere, fast einschläft. Rührend, wie ein Junges seiner Elefantenmutter folgt, indem es seinen Rüssel in ihren Schwanz verhakt.

Esel mit ihren großen beweglichen Ohren knechten als Zwangsarbeiter der Straße schicksalsergeben unter ungeheuren Lasten. Sie sind sympathischer als die Kamele mit ihren halbgeschlossenen Augen und ihrer hängenden Unterlippe, die einen von der Höhe ihres langen Halses herab abwesend, verächtlich anstarren. Wovon träumen sie, während sie ihre Lasten schaukeln?

Nun gelangen wir zur Werkstatt für Ochsenkarren: Der Wagenbauer ist ein wichtiger Mann. Er repariert eine gebrochene Deichsel. Unter einem Wetterdach trocknet Holz für die Karren, ein paar davon werden gerade gebaut.

Wir nähern uns Mohenjo Daro. Die Straße wird breiter, sie verläuft immer noch längs des von Deichen gebändigten Flusses. Jetzt fließt er friedlich dahin, aber in der Vergangenheit haben seine zerstörerischen Fluten Spuren hinterlassen, welche die Archäologen später auffinden werden. Die Ingenieure des Indusreichs haben für die Nebenflüsse des Indus Staudämme konstruiert, um dazu beizutragen, seines Hochwassers Herr zu werden, den Monsunregen aufzufangen und damit die Felder zu bewässern. Waren die ersten Dämme zu schwach und brachen bei außergewöhnlichem Hochwasser, so hält der jetzige stand, aber er ist ein Segen und eine Bedrohung zugleich. Und wirklich haben die arischen Krieger die verheerende Kraft des Wassers entfesselt und das Tal geflutet...

Aber greifen wir nicht vor. Noch herrscht, wie seit Jahrhunderten schon, Frieden. Er verdankt sich der starken, aber nicht despotischen Zentralmacht, welche Einheit und Organisation des Reichs gewährleistet. Nach einer letzten Biegung der ersehnte Anblick: Mohenjo Daro zeichnet sich am Horizont ab. Eine beeindruckende Stadt mit vierzigtausend Einwohnern – und das viertausend Jahre vor dem Atomzeitalter!

Aus ein paar Kilometern Entfernung kann man die auf einem Hügel erbaute Akropolis der Stadt gut erkennen; sie hebt sich ab vom Horizont und sieht nach einer befestigten Anlage aus. Deshalb befinden sich im *Rigveda* die gegnerischen Festungen über der Erde, mythisch im Himmel.

Wir gelangen in die Außenbezirke der Stadt. Die Wohnhäuser rücken dichter zusammen. Wir durchqueren das Handwerkerviertel. Die Schornsteine und Brennöfen der Töpfer reihen sich aneinander; wegen ihrer Verschmutzung wurden sie schon damals aus dem Stadtzentrum verbannt.

Die zehn Meter breite Hauptstraße ist ungepflastert. Die Ochsenkarren, die Fußgänger, die Tiere wirbeln einen hauchfeinen, alles durchdringenden Staub auf; deshalb liegen mit Ausnahme der Läden die Häuser mit der Rückwand zur Straße.

Spazieren wir zu Fuß durch eine der weit schmaleren Nebengassen. Alle Indusansiedlungen verfügen über ein ausgeklügeltes Kanalsystem. Zum Vergleich: Oxford mußte darauf bis 1888 warten. Eine große Senkgrube aus Steinzeug, in der sich die Schlackstoffe absetzen, wird von einem Arbeiter mit zwei an den Flanken seines Maultiers befestigten Kübeln entleert. Das Brauchwasser fließt frei ab, denn das genau errechnete Gefälle verhindert einen Rückstau. Kein Stillstand, keine Gerüche, perfekte Hygiene, und dabei befinden wir uns in der Vorgeschichte. Von Sammelkanal zu Sammelkanal erweitern sich die Rinnen und münden in den immerhin fast eineinhalb Meter breiten Hauptkanal.

In Mohenjo Daro wie in den anderen Städten des Reichs schützt für gewöhnlich eine Mauer zur Straße hin den Intimbereich des Hauses. Vom Eingang aus führt ein Gang in einen kleinen Hof oder einen Patio, dem die Wohnräume angegliedert sind. Hier herrscht angenehme Kühle, und hier findet sich auch der Brunnen. Jedes Haus hat einen Naßraum, in dem die Bewohner mehrmals täglich ihre Waschungen vornehmen.

In einer Nische steht eine Terrakottabüste, die ein Bildhauer des klassischen Griechenland nicht verleugnen würde. Auf einem Kissen in einer Ecke liegt ein Saiteninstrument, der Vorläufer der heutigen Sitar? Die Harappier leben im Wohlstand und lieben die Künste: Tanz (zahlreiche Statuetten von Tänzerinnen), Musik, Theater, Skulptur. Der zweifarbige Dekor der Töpferwaren, der sich im ganzen Reich wiederfindet, ist von sehr sicherem Geschmack. Dieses betriebsame, organisierte Volk, das die Standardisierung entdeckt hat, verdient, modern genannt zu werden. Es herrschen Ordnung und Frieden. Das Heer, das sich erbittert wider die arischen Eindringlinge zur Wehr setzen wird, schützt das Reich vor den Übergriffen nichtintegrierter Stämme – Abkömmlinge der Ureinwohner, die in den Bergen leben –, aber es gibt keine langen, mörderischen Kriege. Manche dieser Stämme werden sich später mit den arischen Nomaden verbünden und zu ihrem Sieg beitragen. Im Zuge dessen werden sie »Affen« getauft, und ihr König Hanuman, Affenkönig geworden, wird als Gott verehrt!

Nach den Unterschieden der Wohnungen zu urteilen, gibt es soziale Ungleichheiten, aber sie sind nicht unverhältnismäßig groß. Rassismus ist unbekannt: In den Gräbern wurden Seite an Seite Skelette unterschiedlicher Rassen gefunden, was beweist, daß es Mischehen gab.

Die Prosperität des Reichs wird auch durch aktiven Handel, vornehmlich auf dem Seeweg, mit den großen damaligen Zivilisationen gesichert. Alle Häuser haben ein Obergeschoß mit

Balkon, und ihr Flachdach dient als Terrasse, auf der man die Frische des beginnenden Abends genießt. Die Harappier sind besser untergebracht als die Mehrzahl der Inder im 20. Jahrhundert!

Machen wir uns auf zur Oberstadt, die wir bei der Ankunft in Mohenjo Daro von weitem gesehen haben. Auf dem Weg kommen wir an einem riesigen, achtzig Meter langen Bauwerk mit zwei Meter breiten Mauern vorbei, zweifellos der Palast eines Machthabers im Reich. Die Akropolis, die sich zwölf Meter über die Stadt erhebt, ist auf einer Terrasse von beeindruckenden Ausmaßen errichtet: dreihundertsiebzig (mehr als die Höhe des Eiffelturms) auf hundertachtzig Meter. Sie wird gehalten von dicken Backsteinmauern, überragt von rechteckigen, zehn mal sieben Meter messenden Türmen.

Unweit der Akropolis sehen wir auf gleicher Ebene einen riesigen, in siebenundzwanzig Blocks unterteilten Getreidesilo, in dem Tausende Tonnen von Getreide geschützt vor den Überschwemmungen lagern. Auf der backsteingepflasterten Terrasse befindet sich das große Bad.

Zur Erhärtung dieser Hypothese möchte man sich fragen, warum das Schwimmbecken ganz von kabinenartigen Backsteinkonstruktionen umgeben ist, für die kein Grund bestünde, wenn es sich um einen einfachen Wasserspeicher handelte.

Vermutlich haben diese Kabinen zum Schutz vor Sonne und Wind gedient; man entkleidete sich dort oder führte Massagen und andere balneotherapeutische Anwendungen durch. Das Baderitual hatte nämlich im Leben der Menschen am Indus einen wichtigen Stellenwert. Davon zeugt der in jedem Haus vorhandene Baderaum. Nähme es also Wunder, wenn sie sich gern in Gesellschaft um das große, auf der Akropolis über der Stadt gelegene Bad versammelt hätten? Denkbar wäre natürlich auch, daß bei langandauernder Dürre das Wasser des großen Bades als Reservoir für die Bevölkerung gedient hat.

Der internationale Hafen Lothal

Verlassen wir Mohenjo Daro und unternehmen wir einen Ausflug nach Lothal, dem großen Binnen- und Seehafen, der einen Großteil des internationalen, für die Prosperität des Reichs wesentlichen Handels abwickelt.

Unterwegs sehen wir statt der üblichen Weizenfelder erstmals Reisanpflanzungen, mit Männern und Frauen bei der Ernte. Der Reis wird hier seit Urzeiten angebaut; die Spuren der Bewässerungsanlage lassen sich bis ins 20. Jahrhundert verfolgen. Jetzt kommen wir, noch immer mit unserem Ochsenkarren, durch eine stark bewaldete Gegend, wo die Akazie, die Tamarinde und vor allem der Teakbaum vorherrschen. Das harte, feste und unverrottbare Holz des letzteren ist hochgeschätzt, vornehmlich für den Schiffbau in den Werften von Lothal.

Uns von der Küste her nähernd, kommen wir an Sümpfen mit hohem, zartem Gras vorbei, in dem Nashörner weiden, während Wildelefantenherden über die Hügel ziehen. Endlich kommt der Hafen – einer der größten seiner Zeit, das heißt 2500 v. Chr. – in Sicht. Von hier aus sehen wir bereits die hohen Mauern aus ofengebranntem Backstein, welche die Stadt umgeben, nicht um sie gegen einen in dieser friedlichen Gegend unwahrscheinlichen feindlichen Angriff zu verteidigen, sondern um sie vor Hochwasser und Meeresfluten zu schützen. Denn Fluß und Meer sollten ihr Gedeih und Verderb sein...

Bevor wir aber die Stadt besichtigen, erinnern wir an ihre Vergangenheit. Bei Ankunft der Menschen vom Indus ist Lothal bereits ein blühendes Städtchen, links des Stroms auf einer kleinen Anhöhe günstig gelegen, von einem Erdwall geschützt und nahe an einem Meeresarm, der weit ins Landesinnere vorstößt. Die Ureinwohner, deren Rasse noch unbestimmt ist, waren kulturell bereits weit entwickelt. Sie beherrschten die Kupferverarbeitung, und ihre Töpfer drehten hochwertige, dünnwandige Krüge und Schüsseln aus Keramik mit dem charakteristischen Glimmerdekor, dessen Schmuckmotive später den Stil des übrigen Reichs beeinflussen sollten.

Die Einwohner lebten von Fischfang, Viehzucht und Ackerbau; darüber hinaus waren sie spezialisiert auf die Herstellung von Muschelarmbändern und vor allem von Perlen aus Halbedelsteinen, was die Harappier später anlocken sollte.

Damals brachten die Handelsschiffe des Reichs, die auf ihrer Reise nach Süden in Lothal anlegten, den Aufbau einer kleinen Kolonie mit sich. Die Neuankömmlinge besaßen Töpferwaren, darunter Stielpfannen, besser entwickeltes Werkzeug und Schmuck. Die Ansässigen griffen diese für sie neuen Dinge begeistert auf. So vermischte sich das Indusvolk nach und nach mit der Urbevölkerung, ohne Gewalt, ohne Eroberungskrieg, ohne Unterwerfung; und mit vereinten Kräften sollte Lothal sich rasch entwickeln. Nicht lange, und seine Ingenieure, Künstler und Handwerker erreichten die höchste kulturelle Stufe der damaligen Zeit. Auch die Praktiken des internationalen Handels eigneten sie sich in kurzer Zeit an.

Schon vor Ankunft der Menschen vom Indus war man, wie wir schon gesehen haben, auf die Anfertigung von Schmuckgegenständen spezialisiert. Angesichts der Nachfrage seitens der Harappier werden nun Perlen in allen Größen, Formen und Farben hergestellt, aus Steatit (Speckstein), Fayencen, Halbedelsteinen, Kupfer und sogar Gold. Doch in dem Maß, wie Lothal seine Industrie entwickelte und zu einem immer aktiveren Handelszentrum wurde, stieg die Zahl der Handelsschiffe, die vor den zu Kais ausgebauten Flußufern vor Anker gingen.

Die erste Katastrophe ereignete sich 2300 v. Chr., als ein verheerendes Hochwasser die Anlage fortspülte und sämtliche am Kai vertäuten Boote versenkte. Die Harappier indes hatten Erfahrung mit Überschwemmungen und wußten sich ihrer zu erwehren. Der Mut und die technischen Fertigkeiten der Einwohner haben das Unglück zum Segen verkehrt: Sie erbauten eine

Von Indien nach Europa

Die Fotos zeigen oben einen Brunnen in Mohenjo Daro, wie er 1923 freigelegt wurde, und unten in seinem jetzigen Zustand. Wir müssen Mohenjo Daro vor einem zweiten, diesmal endgültigen Tod bewahren.

Die Fotos und Zeichnungen in diesem Kapitel stammen aus dem Katalog der Ausstellung »Vergessene Städte am Indus«.

Imaginäre Reise

völlig neue Stadt mit einem ausgedehnten, künstlichen Hafenbecken, in dem dreißig Schiffe zu je zwanzig Tonnen gleichzeitig aufgenommen und umgeschlagen werden konnten. Für die damalige Zeit war das gigantisch, einzigartig.

Bummeln wir jetzt inkognito, nach der Mode von Lothal gekleidet, durch die Straßen und Alleen, sehr sauber, ebenso breit wie in Mohenjo Daro und ausgerüstet mit dem gleichen, in den Boden eingelassenen Kanalisationsnetz. Die Männer tragen eine schlichte Baumwolltunika, während die Frauen an unseren heutigen Stränden nicht aus dem Rahmen fallen würden: Ihr Minirock bedeckt gerade den halben Oberschenkel, und sie gehen barbrüstig. Kokett tragen sie aller Art Schmuck: Halsketten, Anhänger, Reifen um Hand- und Fußgelenke, Ringe, Ohrringe, Haarnadeln, einen breiten Gürtel mit eingesetzten Steinen und anderes mehr. Ihre Frisur ist gepflegt (man kennt Kupferspiegel wie in Mohenjo Daro), sie verwenden Lippenrot, und auf ihrer braunen Haut entfalten Ketten aus Elfenbein oder Gold so recht ihre Wirkung: eine Werbung für die Steinschneider der Stadt! Später sollten die Archäologen einen Schatz von Goldschmuck aus seinem Versteck heben, der mehr als eine reiche Abendländerin unserer Zeit vor Neid erblassen ließe.

In den Straßen treffen wir auch ausländische Kaufleute an, denn Lothal treibt internationalen Handel, hauptsächlich mit Mesopotamien, Syrien, Zypern, Sumer und Ägypten. In den geräumigen Lagerhallen aus Backstein stellen sie ihre Waren zusammen.

Uns fehlt die Zeit, alles zu sehen, aber beachten wir die sorgfältige Planung der in Viertel aufgeteilten Stadt. Beherrscht wird sie von der Akropolis, dann folgt die Unterstadt mit ihren Geschäften, ihrem belebten Basar und ihren Wohnhäusern, mindestens so stattlich und geräumig wie in Harappa und Mohenjo Daro. Es gibt keine soziale Segregation, keine starren Kasten: Neben einfachen Häusern wohnen reiche Kaufleute. Dann gibt es das Gewerbeviertel mit einer regelrechten Perlenfabrik, in der um einen weiten Hof herum Dutzende von Steinschneidern ihre Arbeitsstätte haben. Sie stellen auch Würfelgewichte nach dem Standard des Reichs und Kugelgewichte nach dem babylonischen System her. Die schmutzverursachenden Industrien sind aus der Stadt verbannt und so ausgerichtet, daß die vorherrschenden Winde den Rauch der Ziegelbrennöfen nicht über der Stadt niederdrücken.

Halten wir in Sachen Industrie fest, daß die Lothaler allerhand erfunden haben: die bronzene Kreissäge, den Schraubbohrer, mit dem auch die modernen Bohrmaschinen ausgerüstet sind, den Drehmühlstein, der die Arbeit des Getreidemahlens erheblich erleichtert. Überdies benutzten sie bereits die Gußtechnik im Wachsausschmelzverfahren. Zu jener Zeit waren das Spitzentechniken.

Flanieren wir nun auf den Kais des großen Hafenbeckens. Es lohnt sich, dort zu verweilen, denn erstmals in der Geschichte der Menschheit haben die Ingenieure und Unternehmer von Lothal ein so großes Becken geschaffen

Von Indien nach Europa

Oben: Undechiffriertes Täfelchen von der Osterinsel.

Imaginäre Reise

Indussiegel mit charakteristischen Piktogrammen.

Die Schrift der Induszivilisation bleibt ein Rätsel. Sicher ist, daß sie lange vor der arischen Invasion existierte und keinen Bezug zum Brahmi hat, aus dem sich später das Devanagari der Sanskrittexte ableitete. Die seriösesten Untersuchungen bringen sie mit dem Dravidischen in Zusammenhang.

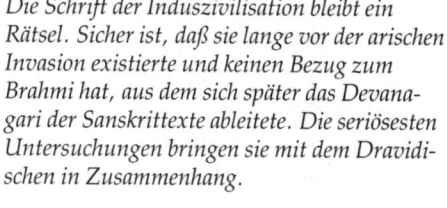

		alte semitische Schriftzeichen 16.–13. Jh. v. Chr.	harappische Piktogramme	spätere harappische Piktogramme
1	b			
2	g			
3	d			
4	h			
5	w			
6	ḥ			
7	th			
8	k			
9	n			
10	s			
11	ʿ (ay)			
12	p			
13	r			
14	sh			
15	t			
16	ś			
17	h			
18	m			
19	a			
20	r			
21	ś			

und so komplexe hydraulische Probleme gelöst. Ein drei Meter tiefes, zweihundertdreißig Meter langes und sechsunddreißig Meter breites künstliches Becken auszuschachten, ist kein leichtes Unternehmen: Es bedeutet, Zehntausende Tonnen Erdreich auszuheben und abzutransportieren. Sodann mußten die fünf Meter hohen und an ihrer Basis fast zwei Meter dicken Backsteinmauern lotrecht hochgezogen werden, damit die Schiffe hart an den Kais ankern konnten.

Die heikelsten technischen Probleme aber haben sich aus dem Zusammenwirken der Meeresgezeiten und des Flußwasseraufkommens ergeben. Zum erstenmal wurde hier auch ein künstliches Becken mit einem perfektionierten Schleusensystem geschaffen: Bei Flut steigt der Wasserspiegel auf drei Meter, und die Schiffe können durch ein zehn Meter breites Schleusentor ohne Schwierigkeit einfahren. Bei einsetzender Ebbe wird die Schleuse geschlossen, und die Schiffe bleiben flott. Ein Überlaufkanal verhindert, daß das Wasser im Becken zu stark ansteigt.

Das entscheidende Problem aller Häfen der Welt ist jedoch die Versandung. Nun besitzen wir heute zu deren Bekämpfung leistungsfähige Bagger, die man in Lothal freilich noch nicht kannte. Um die Versandung zu verhindern, mußten die Ingenieure also die jeweiligen Strömungen von Süß- und Salzwasser, das Zusammenwirken von Wasserstand und Gezeiten einberechnen – und es ist ihnen gelungen.

So können wir das unentwegte Hin und Her der Dockarbeiter beobachten, die mit einem der bekannten Siegel des Industals versehene Baumwollsäcke verladen. Als die Archäologen diese Siegel entdeckten, nahmen sie zunächst an, es handle sich um Amulette; tatsächlich wurden damit aber Säcke, Amphoren und anderes versiegelt, als Schutz, als Markenzeichen und zweifellos auch bereits damals – als Nachweis für die Bezahlung der Zollgebühren.

Jedoch geben diese Siegel ein anderes Rätsel auf. Sollte zum Beispiel das furchtlose Seefahrervolk der Dravidien wahrhaftig die geheimnisumwobene und weit entfernte Osterinsel kolonisiert haben? Die Feststellung, daß die Bilderschrift sich dort nicht nur stilistisch gleicht, sondern fünfzig Zeichen vollkommen identisch sind, ist jedenfalls beunruhigend. Ein ähnlicher Zusammenhang besteht zwischen den archaischen Lettern der Semiten und denen der Harappier, aber Mittelmeer und Naher Osten, das ist denn doch nicht die Osterinsel...

Die Religion in Lothal und im Reich

Das bemerkenswerte – und bemerkte – Fehlen großer Sakralbauten und prachtvoller Paläste wie etwa in Ägypten läßt vermuten, daß die Harappa-Gesellschaft weder von einem Gottkönig wie dem Pharao noch von einem Hohenpriester regiert wurde, sondern eher von einer weltlichen Zentralmacht, die imstande war, in zeitlich wie räumlich so beträchtlichem Ausmaß staatsbürgerliche Disziplin zu vermitteln. Ist daraus auf eine nichtreligiöse Gesellschaft zu schließen? Gewiß nicht; vielmehr ist in dieser aus autochthonem Genie und alpin-mediterranen Einwanderern entstandenen Zivilisation der Ursprung des Tantrakultes zu suchen! Es wird übereinstimmend davon ausgegangen, daß der Kult der Muttergöttin, des Lingams, der Schlangen und Shivas vorarisch ist, also in der dravidischen Induszivilisation entstand.

Der Kult war über die gesamte Stadt verbreitet, und seine Ausübung konzentrierte sich nicht in Sakralbauten. Die Mehrzahl der Häuser besaß einen Altar, vorbehalten namentlich einem Feuerritual, das sich vom vedischen Opfer gewiß stark unterschied. So finden sich in diesen Häusern (wie übrigens auch in Çatal Hüyük) kleine Altäre in Gestalt einer niedrigen Plattform aus Lehmziegeln, in denen man auf Aschenreste gestoßen ist. Um Öfen handelt es sich offensichtlich nicht, denn es fehlt eine Öffnung für die Zufuhr des Brennguts, auch waren sie nicht für Küchengeschirr bekannter Abmessung eingerichtet. Wozu also mochten sie sonst dienen als zu einem Kult, dessen Ritual wir nie erfahren werden. Geistliches Leben bezeugen ferner die hochentwickelten Bestattungsriten, von denen der Brauch des Einbalsamierens kündet. Auch blutige Tieropfer wurden dargebracht.

S. R. Rao, der Verfasser des Buches *Lothal and the Indus Civilization*, dem ich so manche Auskünfte über Lothal entnommen habe, schreibt: »Schlußfolgernd kann man bestätigen, daß die Harappier stark divergierenden religiösen Praktiken nachgingen, die von sehr hochstehenden philosophischen und ethischen Begriffen bis zu Begriffen am Rande eines groben Animismus reichten.« Ist es denn ein absurder Gedanke, daß ein im technischen Bereich derart intelligentes Volk ebenfalls eine hochentwickelte Philosophie auszubilden vermochte?

Rao fügt hinzu: »Zahlreiche Figurinen aus dem Indusreich erinnern an Yogahaltungen. Anscheinend praktizierte man das Yoga und hatte die Wissenschaft der mentalen und körperlichen Beherrschung zu einem sehr hohen Grad entwickelt. Selbst die Götter wurden in meditativen Haltungen dargestellt. Einer der großen Beiträge der Induszivilisation wäre die Wissenschaft des Yoga.« Ich präzisiere: des Tantra, von dem das Yoga ein Zweig ist.

Doch Zivilisationen kommen und gehen. Über Jahrhunderte hinweg lebte Lothal dank seiner imposanten Deiche in Sicherheit vor großen Überschwemmungen, und im Lauf der Jahrhunderte ließ die Wachsamkeit nach. Dann brach eine Sintflut unglaublichen Ausmaßes über das Land herein, die alles auf ihrem Weg verwüstete und eine meterhohe Schicht von Schlacken über der Stadt und ihrem Hafen zurückließ.

Für Lothal bedeutete dies das Ende. Die wenigen Einwohner, die nicht geflohen waren, besaßen nicht mehr den Mut und die Kraft ihrer Vorfahren, welche die Stadt immer wieder von neuem aufgebaut hatten. Die übrigen waren in weniger bedrohte Gebiete abgewandert. Aber die Ursachen, welche die Induszivilisation insgesamt zum Verschwinden gebracht haben, waren auch in Lothal wirksam. Davon werde ich im nächsten Kapitel sprechen.

Ein vergessenes Atlantis...

Alles in der außergewöhnlichen Induszivilisation ist Mysterium: ihr Ursprung, ihre Sprache, ihre Schrift, bis hin zu ihrem Ende. Gewiß, wie alles Lebende, wird eine Kultur geboren, entwickelt sich, erreicht ihren Zenit, zerfällt dann und stirbt. Ist es nicht dennoch verblüffend, daß ein Reich von über einer Million Quadratkilometer – das entspricht der Ausdehnung von Frankreich, Großbritannien und der Bundesrepublik Deutschland zusammen –, mit Hunderten von Städten, darunter einige mit Zehntausenden von Einwohnern, so gründlich unter der Erde hat verschwinden können, daß es über drei Jahrtausende lang keinerlei Spur oder Erinnerung daran gab?

Angesichts dieses Rätsels sind die Archäologen sprachlos, und keine Erklärung findet allgemeines Einverständnis. Muß man den arischen Eroberungskrieg dafür zeihen? Das kann nur eine Teilerklärung sein, denn es scheint, daß weder Mohenjo Daro noch Harappa, noch andere Städte im Sturm genommen, gebrandschatzt, geplündert und deren Bewohner hingemordet wurden. Die paar aufgehäuften Skelette, die man gefunden hat, mögen von einem Freibeuteranschlag herrühren. Die Schlachten haben zweifellos auf dem flachen Land stattgefunden, ein ideales Manöverfeld für die leichten, geschwinden Streitwagen der für den Bewegungskrieg gut ausgerüsteten arischen Eroberer.

Zweifellos haben die Arier einen bereits stattfindenden Niedergang beschleunigt, die Macht zerstreut und einen Großteil der dravidischen Bewohner nach Süden vertrieben, bevor sie zum Gnadenstoß ansetzten und die am Ort verbliebenen Überlebenden unterjochten.

Eine der Hypothesen lautet, daß im Zug einer allmählichen Klimaveränderung zunehmende Trockenheit und Hitze den Ackerbau erschwert habe, was sicherlich nicht falsch ist. Andere dagegen sprechen von katastrophalen Überschwemmungen: Tatsächlich zeigen die Ausgrabungen, daß Städte wie Mohenjo Daro im Laufe der Jahrhunderte durch das Hochwasser des Indus und Sedimentablagerungen ständig angehoben wurden. Auch vermutet man, daß die Ingenieure des Indusreiches den Strom nicht völlig bändigen konnten und deshalb einer oder mehrere Dämme gebrochen seien: Denken wir an den *Rigveda* und an den mythischen Kampf zwischen dem »Dämon« Vritta, *der, welcher das Wasser zurückhält*, und dem arischen »Gott« Indra, *der, welcher das Wasser losläßt*. Indem sie diesen Damm zerstörten (ich komme noch darauf zu sprechen) und die Ernten verbrannten, haben die Eroberer zweifellos eine Verwüstung entscheidend beschleunigt, die bereits bei ihrem Eintreffen weit fortgeschritten war, und die Einwohner in die Flucht geschlagen.

Einige Geologen mutmaßen, Erdbewegungen hätten den Indus umgeleitet, ja sogar seinen Lauf versperrt und so die gesamte Tiefebene unter Wasser gesetzt. Tatsächlich ist der indische Kontinent in Bewegung, und zur Zeit der großen geologischen Erdverschiebungen befand sich der Himalaja auf dem Grund des Ozeans.

Und eine andere Hypothese lautet: Könnte die Induszivilisation nicht aufgrund ihres eigenen Erfolges untergegangen sein? Aus der Bioarchäologie wissen wir, daß vor achttausend Jahren, als sich eine autochthone Zivilisation in großem Ausmaß anbahnte, das Land von dichten und sehr wildreichen Wäldern bedeckt war. Heute jedoch ist sie Ödland. Aus welchen Gründen? Laune der Natur oder Menschenwerk? Ich meine, die Verwüstung ist Folge der Entwaldung.

Zwei Faktoren haben dabei wohl eine Rolle gespielt. Zunächst die urbane Entwicklung. Gewiß, die Städte blühten ihres regen Handels mit dem Vorderen und dem Mittleren Orient wegen, aber um ihre Bürger zu ernähren und zudem den Bevölkerungszuwachs des Reichs zu verkraften, bedurfte es des örtlichen Ackerbaus. Von daher bestand wachsender Bedarf an Agrarland, das man dem Wald abrang.

Der zweite Faktor betrifft die Städte selbst. Auffällig an allen Fundstätten im Industal ist die Überfülle an Mauerwerk: Backsteine überall, Backsteine im Standardformat, was damals einzigartig war, und von solcher Qualität, daß sie noch nach dreieinhalb Jahrtausenden unbeschädigt sind. Denken wir an die hundertsechzig Kilometer lange Eisenbahntrasse Multan – Lahore, deren Schotterunterbau aus Millionen von Backsteinen aus Mohenjo Daro besteht, dessen Name »Hügel der Toten« bedeutet. Dann die Töpferwaren: Tausende von Krügen, Amphoren, Tellern und anderes aus Terrakotta, dem Kunststoff von damals, hat man hervorgeholt.

Diese Milliarden von Backsteinen mußte man schließlich mit Holzfeuer brennen, folglich wurden rücksichtslos Wälder gerodet. Übrigens sind die Backsteine beim Untergang des Reiches nur noch halbgebrannt, was auf Holzknappheit hinweist; denn Holz diente ja auch zu vielen anderen Zwecken, etwa als Brennholz in der Küche.

Nun gehen Entwaldung und Verwüstung Hand in Hand, wie man auch an heutigen Beispielen sieht. Die äthiopischen Berge, vor hundert Jahren noch bewaldet, sind heute kahl, und dem folgt die Entstehung von Wüsten. Vor dreißig Jahren waren die Hänge des Himalaja noch dicht bewaldet, aber so rasch wie die unkontrollierte Abholzung voranschreitet, werden auch sie bald kahl sein.

Rechnet man zur Verwüstung und der daraus resultierenden Nahrungsmittelknappheit den Krieg hinzu, so war die Folge davon ein Exodus gen Süden, die Schwächung der Zentralgewalt und endlich der Zerfall des Reiches. In der Phase der Dekadenz tauchen inmitten der zu Glanzzeiten schönen, breiten Alleen Mohenjo Daros verelendete Behausungen auf.

Die Leiche im Schrank

Betreiben wir keinen umgekehrten Rassismus: Geben wir den Ariern nicht die Alleinschuld am Untergang des Harappareichs. Seine Ausmerzung allerdings, sein Versinken in Indiens Boden und sein in Vergessenheit geraten über dreieinhalb Jahrtausende hinweg sind unbestritten das Ergebnis eines überlegenen Geistes. Ohne die englische Besatzung, ohne die Erfindung der Eisenbahn, ohne den Zufall also, wäre die Leiche noch immer im Schrank, und die offizielle Version, derzufolge die vedischen Arier ein von kulturlosen Wilden bevölkertes Land erobert und anschließend »zivilisiert« hätten, gälte noch immer.

Um ihren Anspruch als **Herrenvolk** zunächst durchzusetzen, dann zu rechtfertigen, mußten die Eroberer, nachdem sie die Besiegten unterjocht hatten, jede Spur der glanzvollen Zivilisation ihrer Vorgänger beseitigen, damit sie die Ureinwohner zu entrechteten Sklaven, denen nichts blieb, als ergeben ihren Herren zu dienen, erniedrigen konnten.

So herrschte jahrhundertelang das »schwarze Loch«, die kulturelle Ödnis in Indien, bis die Vertreter des siegreichen Brahmanismus, die reichlich vorhandene und billige Arbeitskraft der Shudras ausnutzend, die Paläste der Maharajas errichten ließen.

Eine derart systematische und erfolgreiche Vernichtung einer Zivilisation und eines Reichs von solchem Ausmaß ist zweifellos einzigartig in der Geschichte. Man sucht vergebens nach dem Atlantis unter den Meeren: Ist das Indusreich nicht wenigstens **ein** Atlantis, aufgetaucht unter einem Leichentuch aus Erde?

Für diejenigen, die meinen, ich übertreibe, wenn ich die Indoarier als **Herrenvolk** bezeichne, zitiere ich einen »Kenner« der Materie: Adolf Hitler. Die Arier haben seine zynischen Ratschläge bereits buchstabengetreu befolgt: »Würde man die Menschheit in drei Arten einteilen: in Kulturbegründer, Kulturträger und Kulturzerstörer, dann käme als Vertreter der ersten wohl nur der Arier in Frage.« (*Mein Kampf*, 1940, S. 318)

»Was wir heute an menschlicher Kultur, an Ergebnissen von Kunst, Wissenschaft und Technik vor uns sehen, ist nahezu ausschließlich schöpferisches Produkt des Ariers. Gerade diese Tatsache aber läßt den nicht unbegründeten Rückschluß zu, daß er allein der Begründer höheren Menschentums überhaupt war, mithin den Urtyp dessen darstellt, was wir unter dem Worte ›Mensch‹ verstehen.« (S. dort, S. 317)

»So war für die Bildung höherer Kulturen das Vorhandensein niederer Menschen eine der wesentlichsten Voraussetzungen, indem nur sie den Mangel technischer Hilfsmittel, ohne die aber eine höhere Entwicklung gar nicht denkbar ist, zu ersetzen vermochten.

Erst nach Versklavung unterworfener Rassen begann das gleiche Schicksal auch Tiere zu treffen [...]. Denn zuerst ging der Besiegte vor dem Pfluge – und erst nach ihm das Pferd.« (S. dort, S. 323)

»Allein, indem er [der Arier als Eroberer] sie so einer nützlichen, wenn auch harten Tätigkeit zuführte, schonte er nicht nur das Leben der Unterworfenen, sondern gab ihnen vielleicht sogar ein Los, das besser war als das ihrer früheren sogenannten ›Freiheit‹. Solange er den Herrenstandpunkt rücksichtslos aufrechterhielt, blieb er nicht nur wirklich der Herr, sondern auch der Erhalter und Vermehrer der Kultur.« (S. dort, S. 324)

»Immer ergibt sich etwa folgendes Bild ihrer Entwicklung:

Arische Stämme unterwerfen – häufig in wahrhaft lächerlich geringer Volkszahl – fremde Völker und entwickeln nun, angeregt durch die besonderen Lebensverhältnisse des neuen Gebiets (Fruchtbarkeit, klimatische Zustände usw.) sowie begünstigt durch die Menge der zur Verfügung stehenden Hilfskräfte an Menschen niederer Art, ihre in ihnen schlummernden geistigen und organisatorischen Fähigkeiten.« (S. dort, S. 319)

Um das Vorangehende zu »rechtfertigen«, um sich also als »Zivilisatoren« hinstellen zu können, muß jede Spur der existierenden Zivilisation, ja noch ihre Erinnerung daran, ausgelöscht werden.

»Die Blutvermischung und das dadurch bedingte Senken des Rassenniveaus ist die alleinige Ursache des Absterbens aller Kulturen; denn die Menschen gehen nicht an verlorenen Kriegen zugrunde, sondern am Verlust jener Widerstandskraft, die nur dem reinen Blute zu eigen ist.« (S. dort, S. 324)

Die zweite Agonie eines Atlantis

Archäologen und Historiker tun den Induszivilisationen fraglos unrecht, weil es an Kolossalbauten wie den Pyramiden oder den Tempeln Altägyptens fehlt.

Nun begab es sich genau 1922, daß im Tal der Könige Howard Carter und sein »Sponsor«, der Earl of Carnarvon, zusammen in das unversehrte Grab des Tutanchamun mit seinen großartigen Schätzen eindrangen. Das war die Sensation des Jahres, die eine andere großartige Entdeckung in den Schatten stellte: Durch einen seltsamen Zufall wurde nämlich zur selben Zeit in einem anderen Tal, dem des Indus, vierhundert Kilometer nördlich von Karatschi, eine der ältesten Metropolen der Welt freigelegt: Mohenjo Daro.

Die urbane, geometrische, rationelle Organisation dieser beinahe hundert Hektar großen Stadt, die Piktogramme, das Geschmeide, die Stoffe und andere archäologische Funde bewie-

Vergessenes Atlantis

Das Große Bad in Mohenjo Daro

sen die Vitalität dieser frühgeschichtlichen Zivilisation. Sir John Marshall, ihr Entdecker, schrieb damals in den *Illustrated London News*: »Es ist äußerst selten, daß ein Archäologe eine seit langem verschwundene Zivilisation entdeckt, wie dies Schliemann in der Ägäis und Stein in der Wüste von Turkestan getan haben. Doch ich glaube, wir sind am Vortag einer solchen Entdeckung.«

Er hatte recht: Dutzende, Hunderte von Ansiedlungen wurden freigelegt und erkundet. Wird dieses vergessene Atlantis erneut untergehen, diesmal endgültig? Das seit mehr als dreieinhalb Jahrtausenden unter seinem irdenen Leichentuch mumifizierte Mohenjo Daro stirbt: Die mineralischen Salze, die mit tieferliegenden Erdschichten aufsteigen, zersetzen seine tausendjährigen Backsteinbauten, während das Hochwasser des Indus und die Sturzregen seine Fundamente unterhöhlen.

Allein rasche und internationale Hilfe kann diese Kulturstätte, eine der wichtigsten Erbschaften der Menschheit, noch retten. Dank der UNESCO, dem »Forschungsprojekt Mohenjo

Daro« in Mehrgarh, und der »Mission de l'Indus« ist seine Rettung im Gang. Unter der Schirmherrschaft der Stadt Aachen und ihrer Universität wurde eine Ausstellung zu Mohenjo Daro organisiert. Drei Jahre lang wird sie in mehreren großen Städten Europas zu sehen sein. Daß diese Zivilisation keine monumentale Architektur aufweist, rechtfertigt nicht ihre bis zu dieser Ausstellung hin grobe Vernachlässigung. Keine prunkvollen Paläste, keine großen Verwaltungsbauten – alles weist darauf hin, daß es keine despotische Zentralmacht gab: Die Stadt selbst muß die Regierungsgewalt ausgeübt haben. Keine Spur von weitläufigen Tempelanlagen, die auf ein mächtiges theokratisches Regime schließen ließen.

Als Baudenkmal findet sich nur das berühmte Große Bad von Mohenjo Daro, dessen Ausmaße mit denen eines modernen Hotels internationaler Klasse vergleichbar wären. An sengend heißen Sommertagen konnten die Stadtbewohner hier Schatten und frischen Wind genießen; denn das Becken ist auf dem höchsten Punkt der die Stadt überragenden Akropolis angelegt. Von dort aus hatten sie einen Panoramablick auf die Stadt, den Fluß, die umliegenden Felder mit Getreide, das nach der Ernte in der riesigen, zum Schutz vor Hochwasser gleichfalls auf der Akropolis erbauten Kornkammer gelagert wurde.

Statt beeindruckende Monumente zu errichten, war alles auf ein glückliches, friedvolles und behagliches Leben ausgerichtet, in einer Gesellschaft, die zwar nicht egalitär, doch ohne krasse Klassenunterschiede war: Es gab einerseits keine prunkvollen Villen, andererseits aber auch keine Elendsquartiere. Auch der Ökologie wurde Rechnung getragen: Die schmutzverursachenden Industrien, wie Ziegeleien, Töpferwerkstätten und andere, verbannte man, wie schon erwähnt, aus der Stadt.

War die Induszivilisation demnach eine *echte* Demokratie? Wir wissen es nicht, fest steht nur, daß von ihr der kulturelle Einfluß ausging, der über den Mittleren Orient und das Mittelmeerbecken hinaus auch unsere eigene archaische Kultur beeinflußte.

Die Geschichte vom »guten Arier«

Vor der Entdeckung der Harappazivilisation stand für die Forschung fest, daß die Arier bei ihrem Eindringen in Indien ein von wilden und kulturlosen Eingeborenen bevölkertes Land vorgefunden und anschließend zivilisiert hätten. Der Umstand, daß in einigen Wäldern oder wenig zugänglichen Gebirgsgegenden des heutigen Indien ein paar Stämme der Ureinwohner überlebt haben, bestätigte diese Version des Sachverhalts und schmeichelte den Eindringlingen. Nun ist aber das genaue Gegenteil der Fall: Die Arier, ein barbarisches und plünderndes Nomadenvolk, fanden dort eine verfeinerte Stadtkultur vor, die sie zerstörten – oder vollendeten? Wenn es in dieser Hinsicht ein prodravidischer Parteinahme per Definition wenig verdächtiges Zeugnis gibt, dann ist es wohl das von Hermann Lommel, deutscher Autor der NS-Zeit, dessen 1943 auch auf Französisch erschienenes Buch *Die alten Arier* ich auf dem Flohmarkt gefunden habe:

»In früherer Zeit hat man naiverweise alles, was in arischer Sprache bezeugt war, für arisch gehalten [...]; als wären die Arier als Kulturbringer in ein von armen Wilden und unkultivierten Barbaren bewohntes Land gekommen, wo sie dann rein aus sich vermöge ihrer Überlegenheit an Geist und Gesittung eine hohe Kultur hervorgebracht hätten. So war es aber gewiß nicht, sondern die Arier sind als Sieger, als Eroberer gekommen, und solche bringen nicht in erster Linie Kultur, sondern sie nehmen sich das Land und seine Schätze und machen sich seine Bewohner zu Knechten. Aber sie bringen ihre Geistesart mit sich, die zwar mit kriegerischer Macht, aber nicht von vornherein mit hoher Geisteskultur verbunden ist. Sie entwickeln ihren Geist in Auseinandersetzung mit der vorgefundenen Kultur, denn indem sie die Sachgüter an sich reißen, können sie nicht umhin, auch Geistesgüter anzunehmen. Es wäre also ein Vorurteil, zu glauben, daß Rudra-Shiva, weil er ein so großer Gott ist, der bei aller Furchtbarkeit auch geistige Tiefe in sich trägt, den Ariern zugehört haben müsse und kein Gott der angeblich geistig so armseligen Ureinwohner sein könne.« (*Die alten Arier. Von Art und Adel ihrer Götter*, S. 150)

Ein wenig weiter dann diese Verurteilung: »Und wenn die Arier, als kraftvolle Eroberer in Indien eindringend, die dortige Kultur vergewaltigt und diesem Teil der Menschheit die Eigenentwicklung geraubt haben, so haben sie doch auch durch die Zaubergewalt ihrer unvergleichlichen Sprache diese Kultur, die sie in Einfühlung, in Sich-Hineinleben angenommen, umgebildet, vertieft haben, im Wort gestaltet, erhalten und der Menschheit dargeboten.« (S. dort, S. 156)

Die ungestümen, schwerbewaffneten arischen Krieger, streitlustige Raufbolde, gewohnt, mit den Bewohnern der durchquerten Gebiete aneinanderzugeraten, verfügten über eine entscheidende Waffe: einen Sturmwagen. Die Erfindung des leichten, soliden Speichenrades erlaubte es ihnen, diese schnellen Kampfwagen für zwei Krieger zu bauen, womit sie dem Gegner, über den sie herfielen, überlegen waren. Stellen wir uns das Getrampel der Pferdehufe im Galopp vor, den von den Rädern aufgewirbelten Staub, die Kampfschreie, die Schwerthiebe und Hunderte von Pfeilen, die auf den Feind niederprasselten. Dabei konnte es sich übrigens genausogut um einen anderen arischen Stamm handeln, dessen Herden man rauben wollte; denn das war, in den Mythen wie in der Realität, der Lieblingssport der vedischen Arier. Ist ihnen doch »Kühe besitzen« der wahre Reichtum, und bezeichnet doch der »Wunsch, Ochsen zu besitzen« den Beutezug so gut wie den Krieg! Der Stier versinnbildlicht die Urmännlichkeit, die Kuh und ihr Kalb die Mutterschaft und die Sorge um Nahrung.

Georges Thomson schreibt, zitiert nach Narendra N. Battacharyya:

»Das Wild ist verderblich und flüchtig, der Erdboden ist unverrückbar, das Vieh hingegen ist ein dauerhafter Reichtum, der leicht zu stehlen oder zu tauschen ist. Nomaden aus Notwendigkeit, verfallen die Hirtenstämme rasch darauf, sich durch Überfälle und Kriege zwecks des Diebstahls von Herden zu bereichern. [...] Sich unentwegt fortbewegend, plündern die stürmischen Horden einen Bezirk nach dem anderen. Die männlichen Gefangenen werden getötet, die Frauen als Sklavinnen verschleppt.« (*Ancient Indian Rituals*, S. 27)

Diese erbeuteten und versklavten Frauen waren nichtsdestoweniger einfach Frauen, denen man Kinder machte. Das vergrößerte den Stamm, brachte aber auch fremdes Blut. Sei es in Indien oder anderswo, der Mythos von einer »reinen arischen Rasse« ist ein Schwindel, und sie als »überlegen« zu proklamieren, ist schlicht und einfach eine Hochstapelei, für deren Folgen die Welt noch heute bezahlt...

Doch kommen wir zurück zu unseren Herden und ihren Besitzern, dem Nomadenvolk der Arier. Das Kriegertum bringt die Befehlsgewalt in einer Hand mit sich: Der Stamm organisiert sich nach einer militärischen Hierarchie, und der Häuptling an seiner Spitze läßt das spätere Königtum erahnen. Beim Aufteilen der Beute reißen die Krieger den Löwenanteil, das heißt die schönsten Frauen und die schönsten Stücke Vieh, an sich; daher herrscht von oben nach unten Ungleichheit im Stamm. Unsere modernen patriarchalischen Gesellschaften basieren noch immer auf eben dieser Pyramidenstruktur, und das Staatsoberhaupt, ob König oder Präsident, ist stets Oberbefehlshaber der Armee.

Schlugen sich die Sippen oftmals untereinander, so obsiegte bei der Eroberung neuer Gebiete – zum Beispiel der »Operation Indus« – die ethnische Solidarität. Unter den für ihre Tapferkeit und ihr strategisches Geschick berühmten Häuptlingen finden sich Indra und Vishnu. Stuart Piggot schreibt in *Prehistoric India: To 1000 B.C.*: »Im *Rigveda* ist Indra die Apotheose des arischen Stammeshäuptlings; bis zu den Zähnen bewaffnet, kolossal, bärtig, fettwanstig vom Trinken, hat er in seinen göttlichsten Augenblicken Gewalt über den Blitz; von seinem Kampfwagen herunter schießt er todbringende Pfeile ab... Gefräßig, verschlingt er unglaubliche Portionen Ochsenfleisch, Getreidebrei (Porridge) und Kuchen, die er mit Riesenschlukken berauschenden Somas heruntersülpt...« (siehe auch das Kapitel über die Hindugötter).

Der *Rigveda* (I.53) rühmt Indra, der »zweimal zehn Menschenkönige gestürzt hat« und den Nichtariern die »Festungen zerstört«. Diese, dunkelhäutig und eine unverständliche Sprache kauderwelschend, werden beiläufig als *anasa*, nasenlos, bezeichnet. Indra ist der sprichwörtliche Grobian, aber für die Arier ein sympathischer Grobian, allzeit bereit, bei Gefahr einzuspringen.

Im Fortgang der Hymnen wandelt er sich zum Sonnengott, ohne im geringsten seinen unmäßigen Hang zum Soma zu verlieren. Breughel hätte es geschätzt, diese mit hochrotem Gesicht, tobende, urwüchsige und furchterregende Persönlichkeit zu malen.

Für den *Rigveda* sind die Feinde Indras die *dasas*, aus Sanskrit *das*, verletzen, Schlechtes tun. *Dasa* heißt zugleich Feind, Dämon, Wilder, Barbar, Sklave, Knecht, Fischer. Auf mythologischer Ebene werden die *dasas* zu Wetterdämonen. In II.20,7 wird Indra gelobt, der eine »Festung schwarzhäutiger Menschen« (*krishnayoni*) zerstört. Malati J. Shendge fragt sich, warum, wenn doch im *Rigveda* die *dasas* Menschen sind, Indra ein Gott sein sollte: »Der Schleier einer vermeintlichen Mythologie bedeckt den wahren Sachverhalt. Die Hymnen des *Rigveda* betreffen Menschen und ihre Taten, namentlich den Krieg zwischen Ariern und Nichtariern. Später, als die Arier daraus einen Kult machen werden, werden sie sich als Eroberer das Gute anmaßen und die Götter sein; die Nichtarier werden dann das Böse, die dämonischen Kräfte des Universums sein.«

Auf dem Schlachtfeld machen die *dasas* Indra trotz seiner Tapferkeit zu schaffen. Von seinem mächtig bewehrten Sturmwagen aus stößt er auf erbitterten Widerstand, den Waffen allein nicht zu brechen vermögen. Keine Schonung: Der Feind muß ertränkt, verbrannt, ausgehungert werden! Der Ackerbau Harappas war hochentwikkelt, sonst hätten die Städte nicht anwachsen und überleben können. Man hatte Dämme errichtet, um die Regenfälle des Monsuns aufzufangen und zu bändigen und das ausgedehnte Bewässerungssystem zu speisen: Der *Rigveda* führt diese »künstlichen Sperren« an (II.15,8c).

Nun wurden die Dämme von dravidischen Kriegern geschützt, die unter dem Befehl Vritras standen, den der *Rigveda* zur Schlange, zum Ungeheuer verwandelt. Indra greift ihn an, tötet ihn, durchstößt daraufhin den Damm und löst somit eine verheerende Überschwemmung im Tal aus, die alles auf ihrem Weg mit sich reißt und zugrunde richtet. So wird Indra *Der, welcher die Wasser losläßt*. Mythologisch ist der Zweikampf zwischen Indra und Vritra, der zum Sinnbild des ewigen Kampfes zwischen Gut und Böse geworden ist, der zentrale Bestandteil des vedischen Opferritus.

Zusätzlich zum Wasser aber ruft Indra das Feuer zu Hilfe, um den Kriegern den Rückzug abzuschneiden, sie auszurotten, die Ernte zu vernichten, die Dörfer niederzubrennen, Angst und Schrecken zu verbreiten. Die entscheidende Rolle des Feuers *(agni)* trägt ihn mehr als zweihundert Ruhmeshymnen im *Rigveda* ein: »O Agni, verbrenne all diese schwarzhäutigen Menschen, sei der Hüter des Opfers.«

Die Schlächter werden Herrscher

Nichts heute ist mit dem blindwütigen Rassismus der Arier in Indien zu vergleichen, auch nicht das Apartheidsystem in Südafrika – und ich sage das nicht leichtfertig. Betreiben wir dennoch keinen Rassismus wider die Arier, und versuchen wir, ihre Situation in Indien nach ihrem Sieg über die Draviden zu verstehen.

Tatsächlich konnte ihre Situation heikel werden, da sie zahlenmäßig der zwar besiegten, aber noch immer feindlichen Bevölkerung unterlegen waren. Die Feindseligkeiten haben nicht von einem Tag auf den anderen, als Folge einer Kapitulation der Besiegten, aufgehört. Das Ende der Kampfhandlungen glich dem Löschen eines Buschfeuers: Die Draviden waren zwar bezwungen, doch unter der Asche schwelte noch die Glut, bereit, beim geringsten Anlaß wieder aufzulodern.

Als Sieger mußten die Arier zwei Gefahren begegnen:
– der unmittelbaren Gefahr eines Aufstandes der Besiegten,
– der zweiten, verdeckteren Gefahr, durch Rassenkreuzung allmählich in der autochthonen Bevölkerung aufzugehen und schließlich als Ethnie ausgelöscht zu werden.

Das Erkennen dieser beiden Gefahren hatte das Klassen- und Kastensystem zur Folge, das mit erbarmungsloser Logik das Überleben der arischen Ethnie und deren absolute und endgültige Herrschaft über die eroberten Völker gewährleisten sollte.

Um die erste Gefahr abzuwenden, mußte man

1. jeglichen Ansatz militärischer und gesellschaftlicher Organisation der Besiegten unterdrücken, ihre Städte zerstören und sie dem Erdboden gleichmachen, ihr Reich zerschlagen und die Erinnerung an ihre Zivilisation und ihren Widerstand auslöschen, die Besiegten entmenschlichen. Diese Zie-

le sind erreicht worden, und nur dem Zufall ist es zu verdanken, daß die Engländer auf die Überreste dieser Zivilisation gestoßen sind und daß Archäologen sie ausgegraben und erforscht haben;

2. die Besiegten zu Sklaven erniedrigen – eine klassische Maßnahme –, sie aller Rechte und Besitztümer berauben und ihnen gerade noch, vorbehaltlich vollständiger Unterwerfung, eine Existenz als Knechte zugestehen;

3. bei den Siegern die Erinnerung an den Kampf und den Haß wachhalten, indem man den Krieg zum Kult, zur vedischen Religion erhob.

Um die Assimilation und die anschließende Auslöschung durch Rassenkreuzung zu vermeiden, mußte man:

1. sich selbst zur Herrenrasse, zum »Herrenvolk« ausrufen, dann dementsprechend die Unterworfenen zu Knechten herabwürdigen und die Aufsässigen ausschalten, sie zu Unberührbaren machen;

2. jegliche Mischehe strikt untersagen, folglich die Gesellschaft in Klassen (fälschlich »Kasten« genannt) unterteilen, bei Zuwiderhandlung abschreckende Strafen vorsehen;

3. schließlich die arische Frau gefangenhalten (die »rassische Verunreinigung« geschieht über die Mutter!), sie dem arischen Mann unterwerfen, ihre Sexualität unterdrücken.

Diese syllogistische Logik sollte wortgetreu und mit unerbittlicher Strenge angewendet werden. Das vorher Ausgeführte erklärt die scheinbar so komplexe Struktur der arischen Gesellschaft.

Wurde die erste, die offensichtlichste Gefahr sogleich erkannt, so hat man die zweite erst später bemerkt. Seien wir objektiv: Erst nach und nach sind die Sieger zu schonungslosen Rassisten geworden. Während der ersten Jahrhunderte wurden nichtarische dunkelhäutige Prinzen, die sich bisweilen mit den Eindringlingen verbündet hatten, arisiert. Desgleichen wurden reiche dravidische Händler vermittels eines »gebührenden« Entgelts an einen verständnisvollen Brahmanen sowie einiger Reinigungen ordnungsgemäß arisiert.

Als die Arier aber die Gefahr erkannten, als Ethnie absorbiert zu werden, betrieb man die Dinge nicht mehr halbherzig. Es ist fraglos akzeptabel, daß ein Volk seine ethnische Identität wahren will und eine gewisse Fortpflanzungsdisziplin übt, damit es nicht durch unbeschränkte Rassenvermischung zum Verschwinden gebracht wird. Äußerstenfalls wäre dies eine »legitime Verteidigung« der Ethnie, auch wenn das Nomadenvolk der arischen Eroberer nicht einmal eine reine Rasse war, wie ich oben schon erwähnte. Die Endogamie war das Mittel, ihre ethnische Identität zu wahren. Völlig unakzeptabel hingegen ist die schändliche Rassendiskriminierung im Verein mit der schamlosen Ausbeutung der Besiegten über mehr als drei Jahrtausende.

Der arische Schwindel

Schwindel haben ein zähes Leben, vor allem der der Amalgamierung von »Indoeuropäern« mit »Ariern«. Dieses Faktum, das keines ist, scheint so unumstößlich, daß das Lexikon noch immer die Existenz einer arisch-indoeuropäischen Rasse oder Rassengruppe postuliert. (Jenseits des Rheins schreibt man gern Indogermanen, was mehr als bezeichnend ist.) Nun sind aber unsere alpin-mediterranen Vorfahren die echten Indoeuropäer, nicht die nordischen Nomaden der eurasischen Steppe, die die Bezeichnung für sich beanspruchen.

Doch welches Interesse besteht überhaupt daran, wissen zu wollen, ob die Indoeuropäer Indogermanen oder Alpin-Mediterraniden sind? Was ändert das? Als ich mir diese Frage stellte, wurde mir klar, daß, wenn wir unsere wahren kulturellen Wurzeln wiederfinden wollen, die tantrische Sicht nicht länger exotisch ist und sie in unserem kollektiven Unbewußten fortbesteht, wohin sie von einem fremden, aus der kalten Zone gekommenen patriarchalen System verdrängt wurde.

Kommen wir zu den Fakten. Wenn es eine Wissenschaft gibt, die harmlos und nur die Gelehrten zu betreffen scheint, ist das wohl die vergleichende Sprachwissenschaft. Sie entstand 1786, als Sir William Jones, nachdem er die Ähnlichkeit zwischen dem Sanskrit, dem Griechischen, dem Lateinischen, dem Deutschen und dem Keltischen festgestellt hatte, ihnen einen gemeinsamen Ursprung zuschrieb. Seither hat man alle europäischen Sprachen damit verknüpft, ausgenommen das Baskische, Finnische und Ungarische.

All das sieht und sah nicht nach einem explosiven Gemisch aus, auch nicht, als der berühmte Sanskritforscher Max Müller, Professor an der Universität von Oxford, 1861 darüber hinausging und die arische Rasse »erfand«. Er hatte keine Ahnung davon, was man ein Jahrhundert später in seinem Geburtsland daraus machen würde...

Max Müller vollzog diese verhängnisvolle Wende in seiner Vorlesung *Lectures on the Science of Language*. Anstatt sich klugerweise an eine gemeinsame arische Muttersprache zu halten, beschwor er zunächst die große arische Familie und dann die arische *Rasse*. Mit dem ganzen Charme seines Stils und

Der arische Schwindel

dem Gewicht seiner Gelehrsamkeit beschrieb er romantisch die Zeit, in der »die ersten Vorfahren der Inder, der Perser, der Griechen, der Römer, der Slawen, der Kelten und der Germanen auf dem selben Boden, ja unter dem selben Dach zusammenlebten«.

Isaac P. Taylor täuschte sich nicht, als er schon 1889 in *The Origin of the Aryans* schrieb: »Selten wird ein großer Gelehrter so viele verfängliche Worte in so wenigen Zeilen angehäuft haben.« Tatsächlich hätte Max Müller das Adjektiv »arisch« den indoiranischen Sprachen vorbehalten müssen, denn laut Arthur L. Basham von der Australischen Nationaluniversität kommt *arya* aus dem altpersischen *airiya*, das man im modernen Iran wiederfindet, und bezeichnete eine mächtige indoiranische Gruppe. Etymologisch bedeutet es also nicht »edel« oder »von guter Sippe«, wie man behauptet hat. Nichtsdestoweniger ist alle Welt, weil das Wort kurz ist und gut klingt, in Max Müllers Fußstapfen getreten und hat es adoptiert: die Engländer, die Franzosen und die Deutschen.

Es war also ein verhängnisvoller Irrtum, eilfertig und ohne jeden Beweis auf die Existenz einer alleinigen Urrasse zu schließen, die bald zur reinen Rasse proklamiert wurde. Ein kleiner Schritt weiter, und schon ist sie »überlegen«, ein **Herrenvolk**: Diesen Schritt hat Hitler ohne Zögern vollzogen. Nun ist es absurd, Anthropologie auf Linguistik zu gründen, denn die Sprache ist eine Sache, die Rasse eine andere: Weiß- und Schwarzhäutige, Gelb- und Rothäutige sprechen in den USA alle eine arische Sprache: das Englische!

Wer also sind die wahren Indoeuropäer, wenn nicht die Alpin-Mediterraniden? Da ich keine Abhandlung in vergleichender Anthropologie schreibe, werde ich diese Hypothese erläutern und der Verständlichkeit wegen überaus schematisch vorgehen.

Beginnen wir, ohne die wahrscheinlich afrikanischen Ursprünge der Menschheit zurückzuverfolgen, in unserem Europa und gedenken wir jener Menschen des Paläolithikums, die es etwa zwanzigtausend Jahre lang (von 30 000 bis 10 000 vor unserer Zeitrechnung) von Spanien bis zur Ukraine bewohnt haben. Ihrer archaischen Kultur verdanken wir Lascaux und Altamira und weitere Sanktuarien religiöser Initiation. Die in diesen Grotten gemalten Tiere sind – A. Léroi-Gourna hat dies gezeigt – symmetrisch und symbolisch in zwei Hälften angeordnet, die eine »weiblich« mit dem Auerochsen und dem Wisent, die andere »männlich« mit dem Ren und dem Pferd, dazu kommen die schematisierten Genitalien beider Geschlechter.

Zu jener Zeit waren Skandinavien und Schottland noch von Eis bedeckt. Die Rentier- und Wisentherden weideten auf der mageren Tundravegetation. Der Mensch bestritt sein Leben als Sammler und Jäger; er wagte sich sogar an das Mammut heran. Er lebte in beinahe mystischer Symbiose mit seiner Umwelt, wie seine Felsmalereien bezeugen. Als sich gegen 10 000 v. Chr. das Klima erwärmte und die Rentierherden gen Norden abgewandert waren, konnten sich diese Menschen nicht mehr anpassen, und die Magdalénien-Kultur verschwand.

Von Indien nach Europa

Von Indien bis Europa, immer wieder hat sich dasselbe Szenar

Der arische Schwindel

asselbe Drama abgespielt ...

Ihre vereisten Steppen verlassend, beginnen ab 3000 v. Chr. Stämme nomadischer Plünderer die indo-alpin-mediterranen Zivilisationen zu überrollen und die Besiegten zu unterwerfen. Diese Barbaren (Perser, Meder, Armenier, Balten, Kelten, Nordgermanen, Sklaven, Hethiter, Luwier, Phrygier, Skythen, Kurden, Albanier, Thraker, Griechen, Illyrier, Veneter, Italiker) waren von ihrer Rasse her weder rein noch überlegen, es sei denn in ihrer brutalen Gewalt. Überall auf ihrem Weg haben sie Zivilisationen zerstört.

Die grau markierten Flächen zeigen die durchgängige Ausdehnung der blühenden matriarchalen Zivilisationen von Europa bis nach Indien vor dem Einfall der Barbarenhorden aus Steppe und Wüste.

Ackerbau und damit Seßhaftigkeit und Zivilisation haben sich dank des Klimas im Mittelmeerraum und im Nahen Osten entwickeln können. Sie sind die wirklichen Zivilisatoren. Die Karte zeigt auch, daß die Indo-Alpin-Mediterraniden weit mehr die **wahren** *Indoeuropäer sind als die vermeintlichen Arier. Sie nämlich bilden den Grundstock der alpin-mediterranen und dravidischen Bevölkerung.*

Um die gleiche Zeit und begünstigt durch diesen Klimawandel veränderte eine so umwälzende Errungenschaft wie das Feuer das Leben der Menschen von Grund auf: In der neolitischen Revolution befreit der Mensch sich nach und nach von den Zwängen seiner Umwelt und beginnt, seine Nahrung **herzustellen**. Der Jäger und Sammler wird Ackerbauer und Viehzüchter und damit seßhaft. (Tatsächlich haben die Frauen den Ackerbau erfunden.)

So beginnt unser Ackerbau um 8500 vor unserer Zeit im ägäischen Raum sowie im berühmten »Fruchtbaren Halbmond« und breitet sich aus nach Palästina, Anatolien, Kurdistan und bis zum Sagrosgebirge an der Pforte zum Iran, also in Richtung Indien. Alles in allem nahm die »Agrikulturierung« ihren Ausgang im Nahen Osten und erreichte symmetrisch den Mittleren Orient und Südosteuropa, wo vor neuntausend Jahren Marija Gimbutas' »Old European Civilization« blühte, die unter einer ersten Welle von Eroberern, die aus den Eissteppen des Nordens kamen, bereits etwa 5000 v. Chr. zerstört wurde.

Rundschädel gegen Langschädel

Zur Bestimmung der Rasse sagt die Schädelform mehr aus als Statur und Skelett, weshalb die Kraniologie das bevorzugte Instrument der Anthropologie ist. Erste Feststellung: Je weiter man sich nach Süden begibt, desto länger werden die Schädel und desto dunkler wird die Haut; nach Norden und Asien hin dagegen werden sie runder, und die Haut wird hell.

Daraus – ich habe Sie vorgewarnt, daß ich äußerst schematisch vorgehen werde! – ersieht man, daß die europäischen Ackerbauern des Neolithikums einen länglichen Schädel und schlanke Gliedmaßen besaßen und gedrungen, braunhäutig, dunkelhaarig und schwarzäugig waren. Es sind Negriden-Mediterraniden, die auf dem Landweg, aber auch zur See in Richtung Norden zogen.

Sie kannten den Ahnenkult und bestatteten ihre Toten zunächst in Höhlen, dann in jenen künstlichen Grotten, den Grabhügeln, langgestreckt wie ihre Schädel, mit durch lange Gänge verbundenen Grabkammern. Einige Gänge sind mehr als hundert Meter lang und fünfzehn Meter breit; der Großteil der Schädel wurde dort entdeckt. Diese Menschen haben die »offenen Kathedralen« erbaut, jene großen Megalithanlagen wie Stonehenge und Carnac.

Dieselben länglichen Schädel und langgestreckten Hügel findet man wieder in Algerien, Spanien, Frankreich, Belgien und in ganz Großbritannien, das also ursprünglich bis Irland von ein und derselben Rasse besiedelt gewesen sein muß. Derselbe mediterrane Typus bevölkerte und kultivierte selbstverständlich auch den gesamten Mittelmeer- und Alpenraum einschließlich – nach Norden erweitert – großer Teile Deutschlands. Der Einfachheit halber werde ich sie »Alpin-Mediterranide« nennen.

Ein höchst wichtiger Umstand ist, daß die Ackerbauern der Jungsteinzeit so sehr an den Boden gebunden und deshalb außerordentlich seßhaft waren, daß unsere Landwirte von heute als ihre direkten Nachfahren betrachtet werden können. Selbst ihre Existenz hat sich weit weniger verändert, als man glauben sollte! Noch vor kaum einem Jahrhundert lebten in unseren Breiten viele von ihnen in Lehmhäusern mit gestampftem Boden, und obwohl die Metallsensen die aus Stein ersetzt haben, änderte sich nicht viel an ihrer Lebensweise.

Was geschah unterdessen im Norden, in jener endlosen Steppe, die von Rußland bis zur Mandschurei reicht? In dem Maß, wie das Eis zurückging, waren rundschädelige Jägerstämme dem Wild – vor allem Ren und Wildpferd – nach Norden gefolgt. Trotz verhältnismäßiger Erwärmung war das Klima dort so rauh wie die Menschen.

Von hohem Wuchs, waren diese Jäger robust, verwegen, kriegerisch. Nomaden aus Notwendigkeit, bewohnten sie Hütten aus Zweigwerk, rund wie ihre Schädel, und bestatteten ihre Toten in ebenfalls runden Hügeln, bevor sie begannen, diese einzuäschern. Die langen nordischen Winter über waren ihre Rundhütten halb vergraben im Schnee. Muskulös, tatkräftig, von großer Vitalität, mit Tierfellen bekleidet, behaart und bärtig wie sie waren, flößte allein ihr Anblick Furcht, wenn nicht gar Entsetzen ein.

Sie vervollkommneten ihre Waffen (Speer, Bogen) und verbesserten ihre Jagdtaktik, die ein konzentriertes und diszipliniertes Vorgehen verlangte, um das Wild einzukreisen, es zu erlegen oder in einen Hinterhalt zu locken. Von daher ergab sich die Notwendigkeit eines Stammesoberhaupts, das später Kriegsherr wurde. Um zu überleben, wurden sie zu gefürchteten Räubern und Totschlägern.

Aber auch sie führten, parallel zu den Ackerbauern, »ihre« neolithische Revolution durch, indem sie selbst ihre Nahrung produzierten. Als das Wild knapp wurde, begannen sie, große Säugetiere wie das Pferd zu zähmen, und wurden so zu nomadischen Hirten und Viehzüchtern, ohne deshalb die Jagd aufzugeben. Da sie mit dem Rad und dem Wagen zu einiger Mobilität gelangten, begannen sie, neue Territorien zu erobern.

So sind ihre Herden zu ihrem einzigen Reichtum geworden, wie es sich in den Hymnen des *Rigveda* widerspiegelt. Die Viehzucht war weniger Fährnissen ausgesetzt als die Jagd, und die reichlicher vorhandene Nahrung begünstigte das Bevölkerungswachstum, ganz wie bei den seßhaften Ackerbauern. Um jedoch die großen Herden zu ernähren, bedurfte es großer Gebiete, und so gleicht ihre Lebensweise derjenigen der heutigen Tataren: Eine einzige Tatarensippe benötigt zum Leben dreihundert Kühe; und ein Steppengebiet, so groß wie Frankreich, würde gerade hinreichen, fünfzigtausend nomadische Hirten zu ernähren.

Ein charakteristisches Merkmal von Nomadenrassen ist ihr Verhalten gegenüber ihren Frauen, die sie übrigens miteinander teilen. Ich erinnere hier an ein weiteres sich aus dem Hirtennomadentum ergebendes Element, das auf den ersten Blick keinen Bezug zur Frau und ihrer sozialen Stellung zu

Von Indien nach Europa

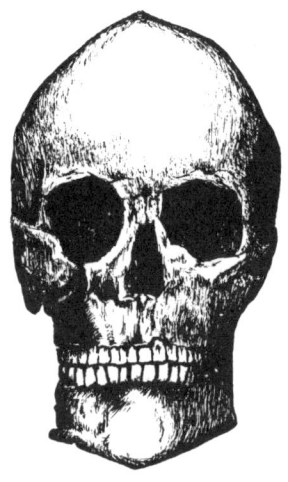

Neolithische Zivilisationen

Rassentypus: Langschädel, ovales Gesicht, kleiner Wuchs, schlanke Gliedmaßen, dunkelhäutig, schwarze Augen.
Territorium: »Westlicher« Zweig: mediterraner und nordafrikanischer Raum, Spanien, Frankreich, Belgien, England, Irland und bis Dänemark.
»Östlicher« Zweig: Mittelmeergebiete einschließlich seiner großen Inseln, Italien, Schweiz, Süd- und Westdeutschland, Rumänien, die großen fruchtbaren Ebenen im Osten Europas, Mittlerer Orient und Fruchtbarer Halbmond bis Südindien.
Wirtschaft: Ackerbau, kleine Viehzucht (Schwein, Schaf, Ziege, Geflügel). Keine Pferde. Durch Seßhaftigkeit werden aus den Weilern Dörfer, Städte usw. Große ethnische und geographische Stabilität der Bevölkerung. Schaffung glanzvoller und friedlicher Zivilisationen.
Soziale Struktur: Egalitär, matrilinear, nicht hierarchisch. Die Frau unterjocht den Mann nicht, hat einen hohen sozialen Status (der Stamm gedeiht dank ihrer Fruchtbarkeit und dem Ackerbau, den sie erfunden hat).
Ideologie und Religion: Kult der Muttergöttin, der großen Ahnin, und der weiblichen Werte: Friede, Liebe, Kunst, Schutz der Natur. Die Frau ist Priesterin, sexuell reif und frei. Kein Widerspruch zwischen Spiritualität und Sexualität. Keine Eroberungskriege: Die Ausbreitung vollzieht sich allmählich, durch Gründung von Niederlassungen und Urbarmachung neuer Territorien.

Der arische Schwindel

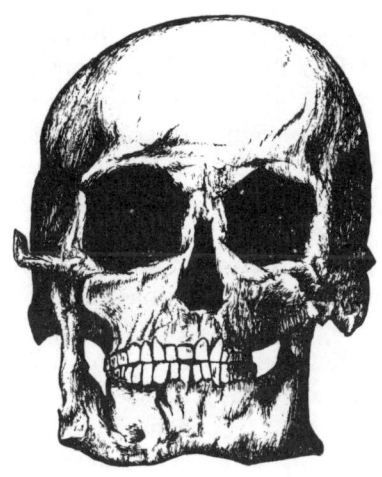

Nomadische Steppenhirten

Rassentypus: Rundschädel, eckiges Gesicht, kräftiger Kiefer, hohe Statur, muskulös, helle Hautfarbe, blonde oder rote Haare, helle Augen.

Territorium: Zunächst mit Beendigung der letzten Eiszeit dem Wild nach Norden – in die großen eurasischen Steppen – folgend. Erst nomadische Jäger und Räuber, domestizieren sie, durch die Verknappung des Wildes gezwungen, Rind, Hund und Pferd und werden Hirten und Viehzüchter. Sie ziehen nach und nach gen Süden, neuem Weideland entgegen. Eroberung Europas (Osten und Süden) einschließlich Italiens, Griechenlands, der Mittelmeerinseln, des Mittleren Orient, Irans, Indiens. Zivilisationszerstörer.

Wirtschaft: Kleine, temporäre Dörfer mit Rundhütten, im Winter halb in den Boden gebaut. Keine Ansiedlungen, keine urbane Zivilisation. Einziger Reichtum sind die Herden. Die Kultur beschränkt sich auf verbale Überlieferung in Erzählungen, Epen, Mythen.

Soziale Struktur: Patriarchat mit hierarchischer pyramidaler Struktur (an der Spitze das Oberhaupt der Sippe, dann seine Krieger, die Barden usw.), bereits militärische Organisation, Disziplin. Die Frau ist dem Mann unterstellt; ihr Status ist niedriger, selbst wenn sie nicht dem Sklavenstand angehört.

Ideologie und Religion: Männlicher Gott, Kult des Helden und des Eroberungskrieges, Bejahung der rassischen Überlegenheit des Stärkeren. Die Schlächter werden zu Herren; Ausbeutung der Leibeigenen, unbezahlte Arbeitskraft.

haben scheint. Während die Nomaden mit ihren Viehherden durch das Land zogen, gerieten sie mit anderen Stämmen, deren Territorien sie durchquerten, in Konflikt. Der Jäger, per definitionem ein Töter, wandelt sich leicht zum Krieger: Dieselben Waffen töten ebensogut ein Ren wie einen Menschen, und bei etwas Gewöhnung macht man kaum noch einen Unterschied... Noch in unseren Tagen sind die Elitesoldaten oftmals »Jäger«: Alpenjäger, Ardennenjäger, Kavalleriejäger oder auch Fallschirm- oder Gebirgsjäger.

Oftmals ging es bei einem Kampf um die Herde des Feindes. Man »liquidierte« die Männer, schonte aber die Frauen und zuweilen auch die Kinder: Eine Frau ist weniger gefährlich und stets zu irgend etwas nutze... Zu Sklavinnen geworden, blieben sie nicht »ungenutzt«, und der Stamm wurde um ein paar »Bastarde«, die sich in den Verband integrierten, reicher. Keine Rede also von Reinrassigkeit, vorausgesetzt, anfänglich hätte es sie gegeben. Letztendlich mestizieren sich Nomaden schneller als Seßhafte.

Indessen wanderten diese »arischen« Nomaden, die ihrer Jagdbeute folgend nach Norden gezogen waren, zurück in den Süden, um Weideland für ihre großen Herden zu finden. So kam es, daß diese Jäger-Krieger mit Rundschädel und kräftigem Kiefer in die Territorien der seßhaften Langschädel eindrangen und sie unterjochten. Sie fielen in England, Schottland und Irland ein, vor allem aber in Mittel- und Osteuropa, nahe der Ukraine. Die erste Welle schwappte um 5000 v. Chr. herüber, kam aber im Osten nicht weiter als bis zur Wolga.

Eine Bemerkung zu Irland. In seinen *The Genealogies, Tribes, and Customs of Hy-Fiachrach* unterscheidet Mac Firbis zwei Geschlechter: Das eine, die Fir-Bolg mit braunen Haaren, dunkler Haut und von kleinem Wuchs, bildet die Knechtklasse, verachtet von der anderen, hochwüchsig, blond- oder rothaarig, weißhäutig, grau- oder graublauäugig. Sollte hier eine Verbindung zur aktuellen Situation dieses Landes bestehen? Mac Firbis stellt in Schottland den kleinen, dunklen Frasers der Western Isles die mächtigen, beeindruckend großgewachsenen und häufig rothaarigen MacGregors und die Camerons, deren heller Teint häufig von Sommersprossen übersät ist, gegenüber.

Kommen wir zurück zu allgemeineren Betrachtungen. Wenn man sich mit der Geschichte auseinandersetzt und darüber nachdenkt, nimmt man einen durch seine Kontinuität bemerkenswerten Umstand wahr. Überall und zu allen Zeiten spielt sich das gleiche Desaster ab: Aus den Steppen kommend, greifen Nomaden seßhafte, friedfertige Bauernvölker an, zerstören deren Zivilisation und unterwerfen die Überlebenden. Das begann mit den ersten Eroberern aus dem Norden und der Zerstörung der »old European civilization« und setzte sich fort bis in die Neuzeit.

Denn nach dem Neolithikum haben diese seßhaft gewordenen Völker eine ganze Reihe von Zivilisationen geschaffen, lange bevor die nordischen Nomaden eindrangen. Denken wir an die Kykladen mit Zypern und Rhodos, diesen Wundern der ägäischen Zivilisation, denken wir an den Nahen Osten, an Anatolien, an Mesopotamien und, weiter entfernt, an die Induszivilisation.

Auch oktroyierten die Eindringlinge überall ihre Gesellschaftsstruktur, ihre patriarchalische Ideologie, und wenn nach einem Jahrhunderte währenden »schwarzen Loch« eine neue Zivilisation ensteht, setzen die Arier wieder dieselbe Legende in die Welt, nach der bei ihrer Ankunft die eroberten Länder von barbarischen und kulturlosen Stämmen besiedelt gewesen seien, die sie anschließend zivilisiert hätten. Indes hat sich immer und überall das genaue Gegenteil zugetragen.

Überdies beweist die Anthropometrie, daß all diese vorarischen, archaischen, aber verfeinerten Kulturen das Werk wenn nicht einer einzigen Rasse, so doch wenigstens von alpin-mediterranen Ethnien waren, die sich allmählich und friedlich bis nach Südindien verbreiteten.

Um diesen Sachverhalt zusammenzufassen, habe ich auf der gegenüberliegenden Seite eine Vergleichstafel angelegt.

Sind die Draviden Alpin-Mediterraniden?

Obwohl Indien zahlreiche Ethnien aufweist, kann man – noch immer äußerst schematisch – seine Bevölkerung dennoch in drei Hauptgruppen unterteilen, von der freilich keine reinrassig ist. Das Gros der indischen Bevölkerung ist dravidischer Abstammung, dann folgen, zahlenmäßig weit unterlegen, die sogenannten »Arier« der drei Oberklassen und schließlich eine Minderheit indischer Stämme, die die Gesamtheit der Unberührbaren ausmachen.

Wenn man nun die später gekommenen Arier ausnimmt, findet man dieses Rassenverhältnis bereits seit der Induszivilisation: In Mohenjo Daro kommen auf achtzehn exhumierte Skelette, die übrigens häufig im selben Grabmal liegen, zehn Schädel rein mediterranen Typus, vier sind alpin-mediterran. Das ergibt ein Verhältnis von nahezu acht zu zehn! Dies reicht zwar für einen statistischen Wert nicht aus, ist aber doch bezeichnend. Von den vier übrigen Schädeln sind drei vom australiden Typus, wie bei nicht wenigen Dschungelstämmen, die als vordravidisch betrachtet werden; der letzte Schädel schließlich ist mongolid.

In diesem Zusammenhang zitiere ich B. Narasimhaiah, *Neolithic and Megalithic Cultures in Tamil Nadu* (Tamil Nadu ist der dravidischste Teil Südindiens): »Das vorherrschende Rassenelement, identifiziert dank der menschlichen Gebeine aus verschiedenen Grabungsstätten, ist mediterran; das andere umfaßt die autochthonen Proto-Australiden, wobei beide sich an denselben Stätten vermischt vorfinden. So ist klar, daß sich in der Jungsteinzeit die Bevölkerung im Neolithikum aus autochthonen Australiden und einer Mehrzahl von Mediterraniden zusammensetzte.

Dasselbe mediterrane, der neuzeitlichen Bevölkerung sehr verwandte Rassenelement findet sich unter den chalkolithischen (kupferzeitlichen) Skelettresten von Nevasa, Lothal, Harappa und Mohenjo Daro einerseits und den megalithischen Skeletten (in Südindien) von Adichchannulallur, Brahmagiri und Yelleswaram andererseits.

Alchin zieht es vor, die mediterrane Rasse mit allen ihren sprachlichen Konnotationen dravidisch zu nennen.« (S. 87)

Die Megalithen, diese eindrucksvollen Zeugnisse neolitischer Kultur, hält man ja häufig für ein Spezifikum unseres alten Europa. Es existierte jedoch (und existiert noch immer) eine in jeder Hinsicht ähnliche Megalithenkultur mit Menhiren, Dolmen und in Fluchten aufgerichteten Steinen in Südindien.

Nun sind unsere europäischen Megalithen das Werk von schlankwüchsigen, langschädeligen Alpin-Mediterraniden, und es sind andere Alpin-Mediterraniden, welche die Megalithen in Südindien errichtet haben. Banerjee schreibt (zitiert nach B. Narasimhaiah): »Die Draviden, die das Megalithentum eingeführt haben, waren in Südindien nicht autochthon... Andererseits waren es keine Arier, denn in deren Religion hat der Megalithenkult keinen Platz. Alles weist darauf hin, daß die dravidischen Megalithenbauer vor oder während der Zeit des *Rigveda* aus dem Nordwesten Indiens kamen und gen Süden abgedrängt wurden, wo sie Zuflucht fanden.« (S. 195) Ich füge »vorläufig« hinzu, denn im Lauf der Jahrhunderte erreichte die arische Welle, wenngleich beträchtlich geschwächt, den Süden Indiens.

Im selben Werk finden wir: »Diese Beweise zeigen, daß es keinerlei Konflikt zwischen den beiden Völkern [Prädraviden und Alpin-Mediterraniden] gab. Im Gegenteil weist alles auf schrittweise Koexistenz und Assimilation hin.« (S. 192)

Fassen wir zusammen: Man weiß, daß die Draviden Südindiens wie die der Induszivilisation mehrheitlich alpin-mediterrrane Einwanderer waren, die mit einer Minderheit autochthoner Prädraviden, sehr dunkelhäutig und von kleinerem Wuchs als sie, koexistierten und sich ihnen anpaßten.

Hüten wir uns aber davor, umgekehrten Rassismus zu betreiben und auf alle »Großen mit Rundschädel« mit einem argwöhnischen, anklagenden Blick zu schauen – ob hier oder anderswo: Die Frage ist nicht (oder nicht mehr?) die **Rasse**, noch sind es die **Personen**, wohl aber die **Werte**.

Hingegen ist die angebliche Reinheit und Überlegenheit der arischen Rasse nachdrücklich als Schwindel zu entlarven; dasselbe gilt für die Erfindung von den guten Ariern, welche die kulturlosen Barbaren nur geknechtet hätten, um sie zu zivilisieren...

Die alpin-mediterrane Kontinuität

Unabhängig von den anthropologischen – den überzeugendsten – Beweisen erhärten manch andere Elemente meine Hypothese, daß eher die Alpin-Mediterraniden als die sich stark in der Minderheit befindlichen nomadischen Eindringlinge die wahren Indoeuropäer sind.

Der arische Schwindel

Ich ziehe nun »agronomische« Beweise heran. Es ist bemerkenswert, daß der Weizen- und Gerstenanbau sich, ausgehend von einem Zentrum, dem ägäischen Raum, dem Fruchtbaren Halbmond und Anatolien, symmetrisch ausgebreitet hat, einerseits nach Europa, andererseits in den Mittleren Osten bis nach Indien. Weizen und Gerste bildeten daher das Grundnahrungsmittel sowohl unserer europäischen Bauern als auch der Bewohner des Indusreichs.

Noch heute sind die meisten Nährpflanzen des dravidischen Indien landesfremd. Sie kommen aus dem Nahen Osten, angefangen bei zwei weiteren Kornarten, dem Sesam (den man am Indus in Chanhu Daro gefunden hat) und der Hirse.

Als ölhaltige Körner wurden und werden der Leinsamen und der Senf verwendet. Die aus Äthiopien stammende Baumwolle wurde bereits ihres Samens wegen angebaut, noch bevor die Menschen am Indus sie webten und sie im 19. Jahrhundert den englischen Spinnereien, gegen die Gandhi kämpfte, ein Vermögen einbrachte. In der Antike war die indische Baumwolle in Babylonien berühmt, wo sie *sindhu* hieß, sowie im gesamten Nahen Osten: Die Griechen nannten sie *sindon*, die Araber *satin*, die Hebräer *sadin*. Auch Rizinus, eine weitere ölhaltige Pflanze, kam über den Mittleren Osten aus Afrika nach Indien.

Die stärkehaltigen Pflanzen (Erbse, *dhal* und andere), die in der indischen Küche eine wichtige Rolle spielen, haben ihre Heimat ebenfalls im Westen. Der Knoblauch und die Zwiebel, typische Ingredienzen der Mittelmeerküche, machen die Köstlichkeit der dravidischen Küche aus. Die orthodoxen Arier hingegen verabscheuen sie. Von ihnen stammt die Regel: »Wer Knoblauch oder Zwiebeln ißt, soll aus den Stadtmauern verbannt werden.«

Dies alles beweist eine kontinuierliche Bewegung von West nach Ost, vom Mittelmeerraum bis nach Indien; sie wird auch von der Sprachwissenschaft bestätigt. Ich weiß, ich widerspreche meiner anfänglichen Bemerkung, nach der die Sprache eines, die Rasse etwas anderes ist. Trotzdem widerspricht die sprachliche Verwandtschaft nicht den vorherigen Argumenten. Ich berufe mich auf MacAlpin, der feststellt, daß die Verwandtschaft zwischen den alten Sprachen des Mittleren Ostens und dem Dravidischen beweist, daß die Draviden in Indien nicht autochthon sind und als Einwanderer aus dem Westen kamen.

Schließlich möchte ich noch Jean Boulnois zitieren, auf den ich im nächsten Kapitel ausführlich eingehen werde: »Letztlich stellt sich uns der Dravide dar als ein Kompromiß zwischen dem weißen, vorwiegend mediterranen Element, mestiziert mit einem schwarzen, vorwiegend melanesischen, australischen und negroiden Element.«

Uns darüber klar zu werden, daß die Vorfahren der meisten heutigen Europäer Alpin-Mediterraniden sind und keine Steppennomaden, heißt also, unsere Werte wiederzuentdecken, unsere Wurzeln wiederzufinden.

Unsere auf die falschen Werte des Patriarchats gegründete Zivilisation befindet sich im Niedergang, selbst im materiellen Bereich. Um ihre Selbstzerstörung zu verhindern, gilt es, den Kult der Weiblichkeit zu erwecken; er allein erlaubt die volle Entfaltung beider Geschlechter.

Wenn Hitler behauptete, daß die arischen Eindringlinge sich »in wahrhaft lächerlich geringer Volkszahl« befanden, wußte er, wovon er sprach: Francisco Pizarro hat bewiesen, daß man mit nur hundertsechzig Konquistadoren ein Reich aus den Angeln heben und eine Zivilisation zugrunde richten kann.

Pizarros Raubzug

Das Drama nahm seinen Lauf am 15. November 1532 in dreitausend Meter Höhe, im Herzen des Inkareichs, das durch die Rivalität zweier Brüder, die sich die Macht streitig machten, zerrissen war. Als Bühnenbild die eintönige Ebene von Cajamarca. Auf der einen Seite Pizarro, auf der anderen der Inka. Der Inka, der Sonnensohn, ist ohne Furcht und ohne Waffe, im Vertrauen auf seine Zehntausende von Kriegern, welche die Konquistadoren umringen: im Verhältnis zweihundert gegen einen!

Ein Zeichen, ein Ruf: »Zum heiligen Jakob, vorwärts!« Und es kommt zum Gemetzel. Nachdem sie den Inka ergriffen haben, massakrieren Pizarros Männer, vom Mordrausch gepackt, die Indianer zu Tausenden. Durch diese unerhört tollkühne Tat wird Pizarro zum Herrn über das mächtige Inkareich, das in Ausdehnung und Bevölkerungszahl dem der Pharaonen gleicht.

Und ein weiterer Rausch befällt diese gierigen Abenteurer: Gold! Das Gold Perus existiert, und in der Wirklichkeit gibt es mehr davon als in ihren zügellosesten Träumen. Sie plündern den Lagerplatz des Inka, ihres Gefangenen, reißen den Reichsschatz an sich, legen Hand an sämtliche Inkaschätze: die Göttermasken, die Geschmeide, die königlichen Ornamente, die Meisterwerke der Kunst von unvergleichlicher Schönheit, nichts entgeht ihnen. Danach plündern sie den Palast und die Tempel, in denen sie die Goldplatten von den Wänden reißen. Einer von Pizarros Hauptmännern schreibt an Karl V.: »Es ist nicht zu glauben, daß Menschenhände diese Traumgebilde haben schaffen können.«

Diese unbezahlbaren Schätze, das Erbe jahrhundertealter Zivilisation, die Frucht der Arbeit von Zehntausenden anonymer Künstler, die Hinterlassenschaft der ganzen Menschheit, was wird aus ihnen? Werden sie nach Spanien verschifft? Ja, aber erst nachdem man sie eingeschmolzen hat! Der Grund: In Barren läßt sich die Beute besser teilen und transportieren. Der Vorwand: Man muß diese falschen Götter, diese Objekte des Götzendienstes zerstören.

So steigen endlose Lamakarawanen mit Goldbarren beladen die Hänge der Anden hinab zum Meer, wo die Galeonen vor Anker liegen und sie erwarten, um mit Tonnen einer phantastischen Beute gen Spanien zu segeln.

Was nun den Inka, noch immer Gefangener der Konquistadoren, anlangt, so erbot sich dieser in erbarmungswürdiger Einfalt, als Gegenleistung für seine Freilassung sein vierzig Quadratmeter großes Gefängnis bis zur Höhe der erhobenen Hand mit Gold zu füllen. Als dann dieser fabelhafte Schatz, der Gegenwert von fünfzig Jahren europäischer Produktion, versammelt war, und nachdem man die Liebenswürdigkeit so weit getrieben hatte, den Sohn der Sonne zu taufen, erdrosselte man ihn: ein Christ mehr im Paradies! Es war dies der 29. August 1533, weniger als ein Jahr nach seiner Gefangennahme.

Eine kleine Anzahl bemerkenswerter Stücke aus dem Goldschatz des Inka erreichte dennoch unversehrt den Hof Karls V., wo sie eine Zeitlang ausgestellt waren, bevor auch sie eingeschmolzen wurden und zum Beuteanteil des Kaisers – zwanzig Prozent – kamen.

Die Inka hüteten sich jedoch, Pizarro über weitere Schätze – die Grabesbeigaben – in Kenntnis zu setzen, die auf dem Grund der geheimen vorväterlichen Grabstätten lagen. So entgingen diese der Plünderung. Im 20. Jahrhundert aber sollten Grabräuber sie exhumieren und an reiche Kunstliebhaber verkaufen. Ein paar Inkagegenstände sind indes ins Museum von Lima gelangt.

So reichte eine »lächerlich geringe Volkszahl« raffgieriger Abenteurer aus, eine uralte Zivilisation für immer zu vernichten. Wodurch wurde sie ersetzt? Und was ist aus dem Volk der Inka geworden?

Glaubt man am Ende gar, jene anderen Konquistadoren, die vor unserer Zeitrechnung aus dem Norden kamen, wären menschlicher gewesen als die christianisierten des 16. Jahrhunderts? Zu anderen Zeiten, an anderen Orten, im ganzen Mittelmeerraum und bis nach Indien, immer und überall haben die Barbaren aus den Steppen geplündert und zerstört. Ein weiteres historisches Beispiel sind die Mongolenhorden Dschingis-Khans, die mit dem chinesischen Reich insbesondere die Bauwerke seiner Städte und eine kultivierte Zivilisation zerstört haben; denn der Nomade verachtet den Seßhaften, den Zivilisierten.

Von Indien nach Europa

Nachdem wir vom alpin-mediterranen Raum ausgegangen sind, um in Südindien anzugelangen, schlagen wir jetzt den Weg in umgekehrter Richtung ein. Bevor wir uns auf den Weg machen, möchte ich klarstellen, daß ich kein Sanskritistiker bin. Und darüber bin ich froh! Nicht daß ich etwas gegen meine Sanskritistikerfreunde hätte – im Gegenteil – und das Sanskrit mißachtete. Nein, es ist eine starke und wohlklingende Sprache, die die Feinheiten der Philosophie und der Wissenschaft ebenso auszudrücken vermag wie die Gefühlsergüsse des Dichters. Wenn ich nicht Sanskrit studiert habe, so, weil es schwer zu erlernen ist: Seine Beherrschung erfordert lebenslange Arbeit, vor allem wenn man die Schriften studieren und übersetzen möchte.

Ich bin deshalb froh darüber, weil ich mich als Sanskritistiker zweifellos im sanskritisch-brahmanischen System verfangen hätte, in dem ich übrigens etwa zwanzig Jahre »kreise«: Als Abendländer hatte ich in Indien kaum andere Kontakte als zu den Hindus, die Englisch sprachen, folglich ausgebildet, wohl auch »kastiert« und also im System waren.

Dieses System konnte ich dank einer außergewöhnlichen Persönlichkeit – Nataraja Guru, auf den ich zum Schluß des Buches komme – verlassen. Durch ihn habe ich jenes *andere* Indien, das dravidische Indien des Südens, kennen-, begreifen und lieben gelernt. Dort fühle ich mich wohl und »zu Hause«. Er, Nataraja Guru, hat mir die tiefe Kluft zwischen den beiden Indien gezeigt, die an der Oberfläche kaum sichtbar wird, und er hat mir wesentliche Gesichtspunkte des Tantra offenbart. So habe ich mich, ohne meine früher erworbenen Kenntnisse verleugnen zu müssen, dem ganzen Reichtum Südindiens geöffnet, mit dem wir so eng verbunden sind, ohne es zu wissen.

Als ich das dravidische Land südlich von Madras bis an die äußerste Grenze Indiens bereiste, war ich überrascht, von der Ähnlichkeit der *nagakkals*, jener unter großen Bäumen aufgestellten Schlangensteine Dravidiens, mit dem mediterranen Caduceus, der das genaue Gegenstück zu ihnen darstellt.

In dieser Ähnlichkeit sah ich mehr als eine Koinzidenz. Gewiß, die Schlange hat den Menschen durch ihre

Fähigkeit zu töten und ihr geheimnisvolles Leben stets fasziniert. Als archetypisches Bild und Phallussymbol, vor allem wenn es aufgerichtet ist, gehört das Reptil zur Phantasiewelt vieler Völker: Denken wir an die Bibel und die Schlange als Versucherin!

Es fällt im *nagakkal* wie im Caduceus auf, daß zwei umschlungene Schlangen gezeigt werden, und vor allem, daß sie aufrecht auf dem Schwanz stehen. Das ist völlig unnatürlich, denn die aufgerichtete Kobra behält wenigstens ein Drittel ihres entrollten Körpers als Stütze auf dem Boden. Um dieser Schwierigkeit aus dem Weg zu gehen, meißeln die Inder sie in Stein, während man sie im Mittelmeerraum um den Stab des Hermes wickelt, jenem Griechenland fremden Gott, der aus Thrakien oder Lydien stammt.

Die Brahmanen sagen, daß die beiden Schlangen Energieleitungen entlang der Wirbelsäule symbolisieren, doch der *nagakkal* ist wie der Lingam ein tantrisches Sexualsymbol: In Indien weiß jeder, daß es sich um zwei kopulierende Kobras handelt; denn bei der Paarung richten sich die Schlangen auf und umschlingen sich. Nun ist die Kobra das indische Reptil schlechthin, weil das bekannteste und, vor allem in der Brunst, gefürchtetste; ihre Paarung ist der einzige in Indien dargestellte Tierkoitus.

Ich war in Südindien auch erstaunt über die Becherwerke, die das genaue Gegenstück zu den im British Museum als Miniatur ausgestellten ägyptischen Becherwerken sind: dieselben Holzräder, dieselben Terrakottabecher, die unablässig in den Brunnen hinabtauchen, derselbe Mechanismus, der sie in Gang setzt, dieselben Ochsen, die sich dafür im Kreis drehen. Wer hat da wen kopiert? Egal, erstaunlich ist die völlige Übereinstimmung bei so großer geografischer Entfernung.

Da Sie dies nun wissen, werden Sie verstehen, daß ich das 1939 herausgegebene Buch von Jean Boulnois, das ich bei einem Antiquar fand, nicht mehr aus der Hand gab. Sein Titel stellt ein ganzes Programm dar: *Le caducée et la symbolique dravidienne indo-méditerranéenne, de l'arbre, de la pierre, du serpent et de la déesse-mère* (Der Caduceus und die dravidische, indo-mediterrane Symbolik des Baumes, des Steines, der Schlange und der Muttergöttin).

Ich überlasse es Boulnois, sich und sein Buch vorzustellen: »Diese Studie über Indien bewegt sich am Rande ›der Schule‹ [das heißt des ›Systems‹]. Das ist nicht mein Fehler: Meine Laufbahn als Kolonialarzt hat es mir nicht gestattet, dem [Sanskrit-]Unterricht an der Sorbonne zu folgen. [...] Sie hat mich drei Jahre lang in die französischen Niederlassungen Indiens von Pondichéry bis Karikal geführt.

Ich war verblüfft festzustellen, wie sehr das Indien, das ich in aller Unabhängigkeit – genauer gesagt, in aller anfänglichen Unkenntnis – beobachtet hatte, sich unterschied von demjenigen, das uns die Bücher darboten. Ich war vor allem verblüfft über das Unterschlagen, denn das ist das Wort, des Studiums eines ganzen, dravidisch genannten Teils Indiens.

Ich habe von 1932 bis 1935 diese Draviden an Ort und Stelle studiert, denen

Oftmals findet man mehrere nagakhals *unter dem heiligen Baum.*

Von Indien nach Europa

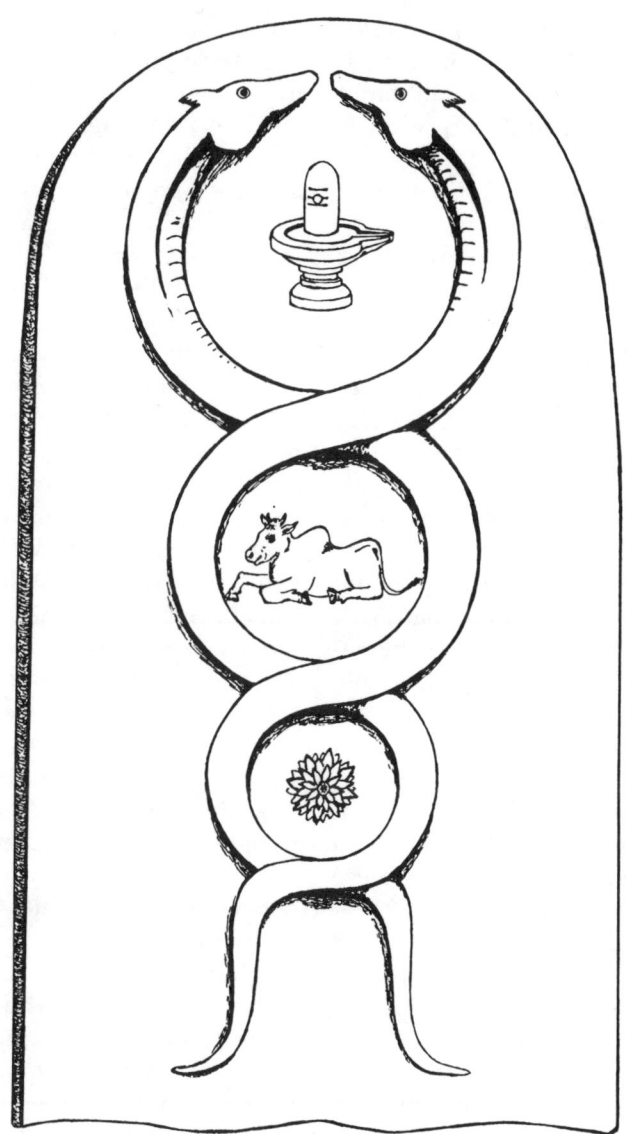

Diese Zeichnung gibt einen nagakhal *mit den wesentlichen tantrischen Symbolen wieder: oben der* lingam, *dann* nandin, *das Reittier Shivas, und unten die Lotosblüte als Symbol für das Wasser, aber auch für die* yoni.
Einige Stellen sind noch stärker herausgearbeitet, mit bis zu sieben Ringen, aber alle sind deutlich mediterrane Caduceen.

ich anschließend überall, im prähistorischen Indien und im weiten indo-ägäischen Gebiet seit dem Chalkolithikum um das 3. Jahrtausend v. Chr., wiederbegegnet bin.

Ich schulde sehr viel Mr. C. Autran, der bewiesen hat, daß die ägäische Zivilisation die der Tamilas war, das heißt der Draviden, die noch in unseren Tagen in Südindien existieren.«

Hätte Boulnois Sanskrit studiert, dann wäre zweifellos auch er der Hypnose des Ariertums erlegen. Weil er von jedem »arischen« Vorurteil unberührt war, konnte er »in aller Unkenntnis« das dravidische Indien, das tiefe Indien entdecken.

Dazu schreibt G. Jouveau-Dubreuil in seiner Einleitung zu Boulnois' Buch etwas, das mich in meiner Haltung bestärkt: »Bis ungefähr 1925 fingen alle Geschichtsbücher Indiens auf dieselbe Weise an, mit einer Tafel der Arierzivilisation. Man war es müde, in jedem neuen Buch wiederzulesen, was in den vorangehenden gesagt worden war. Leider bemerkte man, wenn man diese selben Texte besser studierte, daß beinahe alles ungewiß war und daß, je näher man die Epoche des *Rigveda* kennenlernen wollte, diese arische Zivilisation desto mehr verschwand wie eine Fata Morgana.« (Mein Kommentar: Mit Grund, denn die Arier sind vor allem die Totengräber einer Zivilisation gewesen!)

»Und dann, um 1925, haben die Ausgrabungen in Mohenjo Daro und in Harappa mit einemmal die Existenz einer glanzvollen Zivilisation enthüllt, die der Ankunft der Arier mehr als tausend Jahre vorangegangen war.

Eine Überraschung stand noch aus: Die vorarische Zivilisation existiert noch immer ... im Süden Indiens, wo die Fremdenwelle, nachdem sie das übrige Indien überflutet hatte, den äußersten Süden mit geschwundener Energie erreichte. Der arische Einfluß überzog die alten Glaubensanschauungen und die alten Bräuche wie eine einfache Lackschicht. Man braucht bloß an der Ablagerung zu kratzen, um auf alten Boden zu stoßen ...

Boulnois hat diese Vorarier wie aus dem Leben gegriffen geschildert ... doch das Studium ihrer Kultur offenbarte derartige Ähnlichkeiten mit anderen vorgeschichtlichen Zivilisationen (Mesopotamien, Judäa, Ägypten, Mittelmeerbecken, China, Indochina), daß aus dem Vergleich eine Idee von Weltbedeutung entstand: Das vorarische Indien war ein Kulturzentrum, das sich über einen großen Teil des Universums ausgebreitet hatte.«

Allein dieser letzte Abschnitt rechtfertigt die Kapitel, in denen ich, meines Erachtens allzu knapp, diese Dravidenzivilisation und ihre Ausstrahlung bis in den gesamten alpin-mediterranen Raum hinein beschreibe.

Was das Buch des Doktor Boulnois anlangt, das die Anhänger des »Systems« in Verlegenheit bringt, so ist es bei den Indienfreunden auf so wenig Echo gestoßen, daß ich, bevor ich es durch Zufall aufstöberte, noch nie von ihm hatte sprechen hören, übrigens auch nicht danach. Womöglich kam es zu früh?

Kehren wir zurück zu den *nagakkals* und ihrer tantrischen Sexualsymbolik. Boulnois merkt an, daß sie immer am

Von Indien nach Europa

Fuß von etwas aufgestellt sind, das der nicht eingeweihte Reisende für einen einzigen, großen Baum hält. In Wirklichkeit handelt es sich um zwei miteinander verschlungene, symbolisch »vermählte« Bäume. Der eine ist männlich: *arasu*, der Feigenbaum der Tempel oder *Ficus religiosa*, der Pipal der Indussiegel, der heilige Baum Shivas. Der andere ist *vepu*, der weibliche Baum, der Baum Shaktis, der *Azadirachta indica*, der nur in Indien vorkommt und dessen englische Entsprechung *neem tree* lautet.

Alles zusammen (der *nagakkal* und die beiden vermählten Bäume) ist so stark sexuell besetzt, daß die unfruchtbaren Frauen Opfergaben darbringen und sich am Stein reiben, um Kinder zu bekommen. Und der Feigenbaum, ist er männlich, weil er ein weißliches Latex absondert, das an Sperma erinnert? Jedenfalls ist er der einzige Baum, der in Indien nie beschnitten wird. Seine Samen wirken, so sagt man, aphrodisiakisch: ohne Gewähr, denn ich habe sie nicht ausprobiert!

Der *nagakkal* offenbart seinen tantrischen Ursprung auch dadurch, daß er von der Rückseite betrachtet die Gestalt eines Phallus hat, sowie durch die Motive, die man häufig in den von den kopulierenden Kobras gebildeten Ringen findet. In den oberen Ring meißelt man das traditionelle *lingam – yoni*, in den mittleren *nandin*, den heiligen Stier, das Reittier Shivas, dessen Kult man im gesamten indo-mediterranen Raum wiederfindet, und schließlich in den unteren die Lotosblüte, das Symbol für die *yoni*. Der letzte Ring ist immer leer. Ein Caduceus mit sechs Ringen findet sich in Sumer zu Beginn des dritten Jahrtausends auf einem Becher des Gudea.

Ist nur eine Kobra dargestellt, dann rollt sie sich von unten nach oben um einen Schaft. Mitunter vielköpfig, ist die Anzahl der Köpfe stets ungerade: drei, fünf, sieben oder neun, alles heilige Zahlen. In Indien ist die Kobra stets mit Shiva verbunden, aber denken wir auch an den Pschent der Pharaonen sowie an den Kalathos der Göttin von Knossos.

Die Verbindung von Schlange, Stein und Baum ist typisch für den alpinmediterranen Raum, in den der Großteil Europas einbezogen ist. Vom Baum der Erkenntnis aus führt die Schlange in Versuchung!

Die indische und die europäische Megalithenkultur habe ich erwähnt. Im Laufe der archäologischen Ausgrabungen hat man in Indien, besonders in Salem, unter den dravidischen Dolmen versteckt Steinäxte und andere vorgeschichtliche Werkzeuge gefunden, ein Vermächtnis der Ahnen.

Zitieren wir dazu M. Péquart und Z. Le Rouzic, die im *Corpus des signes gravés des monuments mégalithiques du Morbihan* berichten, daß die Bretoninnen in bestimmten Mondphasen, hauptsächlich um den Menhir von Manion herum, in der Hoffnung auf Nachkommenschaft genau dieselben Gesten vollziehen.

In der Nähe dieses Menhirs entdeckte Le Rouzic neben fünf jungsteinzeitlichen Steinäxten eine Skulptur, die fünf auf ihrem Schwanz aufgerichtete Schlangen darstellt! Dieser Fund ist seiner Distanz von mehr als achttausend Kilometer wegen seltsam und aufschlußreich zugleich!

Die Sexualsymbolik des alpin-mediterranen Caduceus bekräftigt eine griechische Sage, nach der Rhea sich in einen weiblichen Drachen verwandelt hatte und Zeus, um sich mit ihr zu vermählen, ebenfalls die Gestalt eines Drachens annahm, wobei der Caduceus das Symbol dieser Vereinigung darstellt. Im *Scolium* schreibt der Christ Athenagore entrüstet: »Der Caduceus, auf dem die Schlangen einander gegenüber, von Angesicht zu Angesicht umschlungen dargestellt waren, bildet das Andenken dieser schändlichen Paarung.«

Alle diese Symbole sind den falschen Indoeuropäern – den Ariern – fremd. Im *Rigveda* werden die Schlange, der *lingam*, der Baum, die Baumgottheit und der Stier Shivas verachtet und verworfen als Teil des Dyaus-Kults, der dravidischen Feinde des arischen Gottes Indra.

War Çatal Hüyük die erste tantrische Stadt?

Sprechen Sie »Hüyük« aus, wie Sie wollen, wir werden ja doch nie erfahren, wie die erste tantrische und alpinmediterrane Stadt der Welt sich damals nannte.

Es handelt sich nämlich um eine regelrechte Stadt, neuntausend Jahre alt, mit zehntausend Einwohnern, die der englische Archäologe James Mellaart 1958 in Anatolien ausgrub. Seine Entdeckung Hacılar in der Gegend von Burdur zwei Jahre zuvor war eine Sensation, aber Çatal Hüyük übertraf alles. Bis dahin glaubte man, daß das geschichtsträchtige Anatolien keine Vorgeschichte hätte. Sensationell war und ist noch immer, daß Çatal Hüyük sich fast so unversehrt präsentierte, als hätte man es erst kürzlich verlassen. Es war phantastisch: Zum erstenmal *sah* man, wie der prähistorische Bürger im Jahr 7500 v. Chr. gelebt hatte. Man konnte seine Häuser mit ihren Fresken und Skulpturen besichtigen; man fand seine Waffen, sein Werkzeug, seine Skelette, seine Kleider.

Mit ein wenig Phantasie können wir nun in die Haut eines Stadtbewohners von Çatal Hüyük schlüpfen und seine Lebensweise rekonstruieren, mit den Schlüsseln des Tantra sogar sein spirituelles Leben.

Folgen wir ihm dabei, wie er nach Hause kommt. Seine Vorfahren hatten die Siedlungsstätte gut gewählt: Aus den Bergen kommend, fanden sie diese fruchtbare Ebene, die vom Fluß Çarsamba Çay, wie man ihn heute nennt, bewässert wird. Dort konnten sie das bereits gezüchtete Getreide besser anbauen als auf der Höhe. Es ist Frühling, unser Mann schreitet mit kräftigem Schritt durch die Felder, auf denen Gerste und drei Sorten Weizen angebaut werden. Sein zufriedener Blick streift über die jungen, zartgrünen Triebe, die einen guten Ertrag versprechen. Er geht auf die Stadt zu, seine schöne Stadt. Die Häuser aus Lehmziegeln, mit Terrassendächern, ziehen sich am Hang empor und verschmelzen fast mit der Landschaft. Zweifellos stehen schon die ersten Obstgärten mit Mandeln, Äpfeln und Pistazien in Blüte: Diese Früchte hat man wiedergefunden.

Nun steht er vor den Toren der Stadt, eigentlich müßte man sagen, »am Fuß des Bienenstocks«; denn die Häuser schmiegen sich aneinander wie rechteckige Waben, ohne Fenster und

Türen; die einzige Maueröffnung ist eine Dachluke, die auf die Terrasse führt und gleichzeitig als Eingang, Fenster und Kamin dient. In sein Heim steigt man über eine Leiter hinab. Es gibt keine Straßen; man bewegt sich von Terrasse zu Terrasse, und auch von einer Ebene der Stadt zur anderen gelangt man nur mit Hilfe von Leitern. Umringt von einem Wall fensterloser Häuser, der sie uneinnehmbar macht, »erklimmt« man die Stadt ebenfalls mit einer Leiter.

Uneinnehmbar, denn wenn die eventuellen Angreifer leicht Zugang zu den Terrassendächern fanden, so brauchten die Angegriffenen nur die Leitern einzuziehen, um den Zugang zu den Häusern zu versperren. Wehe dem unvorsichtigen Angreifer, der durch die Öffnung ins Haus gesprungen wäre, was immer nur jeweils einem gelingen konnte. Er wäre zweieinhalb bis drei Meter tief gefallen, und noch ehe er sich hätte wieder aufrichten können, wäre er schon durchbohrt gewesen von den Lanzen und Dolchen der Verteidiger, unerschrockene Jäger, die weder Bär noch Löwe, Wolf, Wildschwein und Leopard fürchteten! Und um die Stadt einzunehmen, hätte man alle Waben dieses Bienenstock-Labyrinths einzeln erobern müssen. Deshalb ist Çatal Hüyük, wie es scheint, auch nie erobert worden.

Die eingeschossigen Häuser aus Lehmziegeln waren antiseismisch: Das Terrassendach besaß ein leichtes Holzgerippe, und die Decke war aus lettenverputztem Schilf. Diese Bauweise war auch notwendig. An einer Wand findet sich ein Fresko, das die Stadt mit dem ausbrechenden Vulkan Hasan dağı am Horizont zeigt. Doch die Siedlungsstätte von Çatal Hüyük war gut gewählt. Das Fehlen vulkanischer Asche beweist, daß die Stadt nicht durch eine Eruption zerstört wurde, auch wenn sie mehr als einmal kräftig gebebt hat.

Werfen wir nun einen Blick auf die Abbildung, angefertigt nach den Zeichnungen und Fotografien von James Mellaart. Sie erlaubt es uns, eine Vorstellung vom Alltagsleben des Stadtbewohners zu gewinnen. Der Hauptraum, das »Wohnzimmer«, mißt vier mal sechs Meter. Mit einer Höhe von nahezu drei Metern ist das eine ansehnliche Zimmergröße. An den Wänden entlang ziehen sich Bänke als Sitzgelegenheit und Schlafstätte für Mann und Kinder. Das weit größere, an einem Ende angehobene Bett ist der Frau vorbehalten und nimmt den Ehrenplatz am Fuß der Leiter, in der Nähe des Herdes, ein.

Daß das große Bett der Hausherrin vorbehalten war, weiß man dank des Brauchs der »aufgeschobenen Bestattung«: Die Verstorbenen wurden in die Berge gebracht und den Geiern überlassen. Die abgenagten Skelette brachte man zurück in die Häuser und begrub sie, mit ihren Gewändern bekleidet (die Frauen trugen Wollkleider mit Fransen) und ihrer Habe versehen, unter ihrem Bett. Diese Skelettfunde zeigen uns auch, daß in Çatal Hüyük mehrere Rassentypen nebeneinander existierten: Urmediterranide, Neumediterranide und dieselben anatolischen Alpinen wie heute. Das rechtfertigt die Bezeichnung »Çatal Hüyük, alpinmediterrane Stadt«.

Çatal Hüyük

Der gestampfte Fußboden war mit Matten und Teppichen ausgelegt, wurde aber zudem, wie die Wände auch, jährlich mit eingefärbtem Gips getüncht. Die Wände waren häufig mit Fresken geschmückt, darunter das Fresko des roten Stiers, das dreimal einen Meter achtzig mißt! Außer dem Backofen fand man auch den Mörser zur Herstellung von Weizen- oder Gerstenmehl. Die Ernährung des Çatal-Hüyük-Bewohners war perfekt. Neben Brot gab es Haferbrei. Das Fleisch lieferte zunächst die Jagd auf Wildschwein, Hirsch, Damhirsch, Reh, Steinbock, Gazelle..., dann die Aufzucht von Schaf, Ziege, Schwein und Hausvieh. Dazu kamen Erbsen, Linsen, Früchte und zweifellos ein paar Sorten Frischgemüse. Die Männer waren fröhliche Gesellen; sie bauten Wacholder an und nahmen die Früchte der *Celtis Australis*, um daraus Wein und Bier zu bereiten!

Das Tischgeschirr bestand aus Schalen, Teller, Becher, Holzlöffel und sogar Gabeln. Dazu kamen Steinvasen und Holzkästen mit dekorierten Deckeln. Die Qualität der Fertigung ist bei allen diesen Gegenständen erstaunlich. Die Frau war geehrt, aber auch kokett, wie die Schminkkästchen, die Spiegel aus poliertem Obsidian, die Ketten und Fingerringe beweisen. Wenn man dies alles betrachtet, dann ergibt das eine recht akzeptable Lebensart.

Ein tantrischer Kult?

War Çatal Hüyük tantrisch? Ich ersetze ohne Zögern das Fragezeichen durch ein Ausrufezeichen, denn die großen Themen des Tantra als Kult der Weiblichkeit sind vorhanden. Nebenbei sehe ich in der Stadt Çatal Hüyük selbst eine Vorform von Mohenjo Daro und Harappa. Zunächst einmal sind die Häuser aus Ziegeln in Standardabmessung, zwar luftgetrocknet, doch zeigt ihr Erhaltungszustand, daß es unnütz gewesen wäre, sie zu brennen, da keine Überschwemmungsgefahr wie im Industal bestand.

Çatal Hüyük zeugt, wie alle Städte des Indus auch, von einer vielleicht rudimentären, aber doch geplanten und durchdachten Stadtgestaltung. Und wie im Industal fehlen auch hier monumentale Bauwerke. Es gibt keine großen Paläste, was nahelegt, daß die Stadt selbst die Macht innehatte. Ebensowenig wie in Mohenjo Daro oder Harappa sieht man monumentale Tempel, nichts, was den von gigantischen Zikkurats beherrschten Tempeln Babylons ähnelt. Hingegen zeugt die erhebliche Anzahl von Sanktuarien von einem ausgeprägten geistigen Leben. Auf hundertvierzig ausgegrabene Häuser kommen mehr als vierzig Sanktuarien.

Der Kult der Weiblichkeit ist in Çatal Hüyük, daß zweifelsohne matriarchal war, überall gegenwärtig: Die Frau nahm dort im profanen wie im religiösen Leben, das sich um die Muttergöttin drehte, einen Ehrenplatz ein. Die Frauenfigur beherrscht die Sanktuarien. Mit geöffneten Armen und gespreizten Beinen bietet sie sich der Anbetung dar. Alles, vor allem die Stierköpfe, ist um sie herum angeordnet. In anderen Sanktuarien strecken sich unzählige Hände nach von steinernen Frauenbrüsten geschmückten Wänden aus. Muttergöttin und eindrucksvolles Fruchtbarkeitssymbol, thront sie allein auf einem Stuhl, mit Armen in Gestalt von Leoparden. Ob als Matrone oder schlanke, jugendliche Frau, als Mutter, die mit ihrer Tochter einen Körper bildet, oder aber als alte, von bedrohlichen Raubvögeln geleitete Frau – in der Bildhauerei ist die Frau allgegenwärtig.

Der männliche Gott, wohl ihr Gemahl, spielt dagegen eine untergeordnete Rolle. Bärtig und einen Stier reitend, sehe ich ihn als einen Protoshiva: In Indien ist der Stier *nandi* sein Reittier. Die Männer sind selten dargestellt, erscheinen dann jedoch als lustige, schlaue und allesamt bärtige Gesellen.

Ein symbolischer Kult

In Çatal Hüyük kannte man keine Schriften, doch wurde ihr Fehlen weithin ausgeglichen durch die Verwendung der bildhaftesten und universalsten Sprache: des Symbols. In allen Sanktuarien schwingt eine außerordentliche sinnbildliche Kraft. Um dessen gewahr zu werden, »treten wir ein« in die Bilder und stellen uns eine nächtliche Kultzeremonie im Tempel vor.

In dem vom flackernden Licht der Öllampen spärlich beleuchteten Sanktuar versenken sich die Verehrenden in die Symbole. Zuerst in die Göttin, die ihre Arme ausbreitet und deren geöffnete Beine die Pforte des Lebens darstellen. Solcherart versinnbildlicht sie alle in der Frau verkörperten Mysterien und Lebenskräfte, den Ursprung aller Fruchtbarkeit: der Menschen wie der Tiere und Pflanzen. Die enormen Stierköpfe symbolisieren die sexuelle Potenz des Mannes. Ihre Anbringung unterhalb der Göttin macht jedoch deutlich, daß diese Kraft ihr untergeordnet ist.

Welcher geheimnisvoller Riten sind diese trotz (oder wegen) ihrer kleinen Abmessungen eindrucksvollen Tempel im Lauf der Jahrtausende Zeuge geworden? Niemand wird es je wissen.

Haben diese Männer und Frauen dort rituell das Brot, das Fleisch und den Wein geteilt wie im tantrischen Ritus? Haben sie sexuelle Magie praktiziert? Nichts beweist es, aber nichts verbietet, es sich vorzustellen, denn in allen alten Agrarkulturen beinhalteten die Fruchtbarkeitsriten sexuelle Praktiken (siehe dazu auch das Kapitel »Die Askese der Sechzehn« über *chakra puja*). Wie dem auch sei, jeder tantrische Guru würde diese Sanktuarien zur Abhaltung der Tantrariten vorbehaltlos akzeptieren.

Ich weiß, unsere puritanische Erziehung sträubt sich gegen diesen Gedanken, doch wäre es überaus erstaunlich, wenn in diesen Sanktuarien keine sexuellen Riten stattgefunden hätten. Ich bin um so mehr davon überzeugt, als man in Çatal Hüyük dem Todeskult huldigte. Die Raubvögel, die auf einem Wandbild eine alte Frau umkreisen, versinnbildlichen eindeutig den Tod; denn ihnen überließ man die Leichname, ehe man ihre Skelette unter den Betten bestattete, wo sie an die Sterb-

Çatal Hüyük

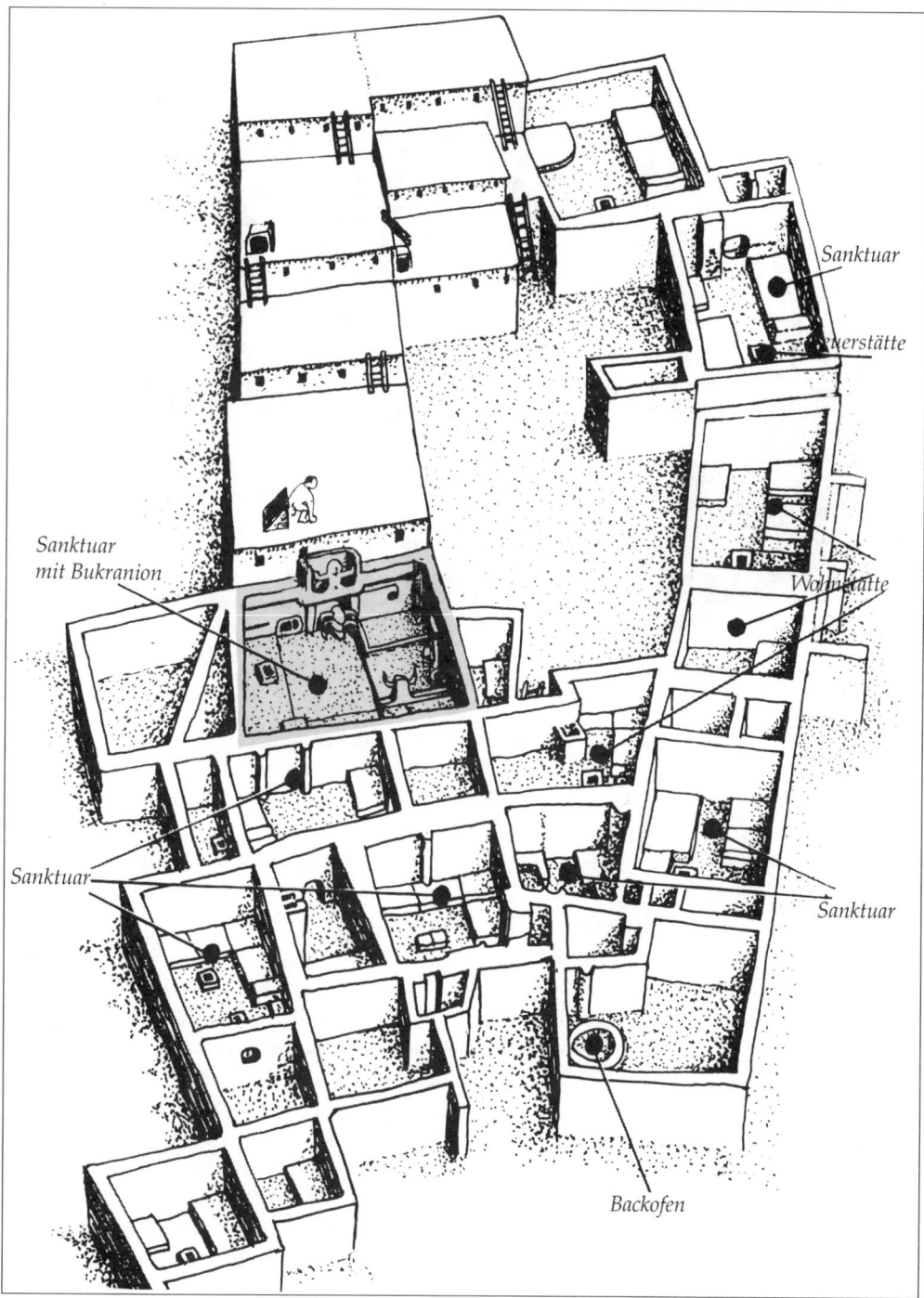

Von Indien nach Europa

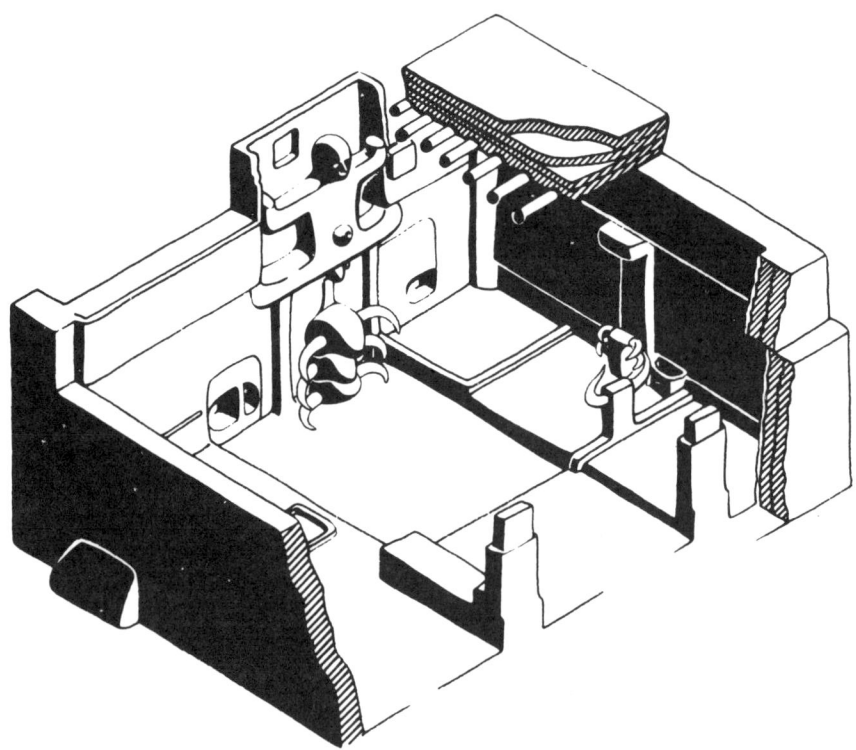

Das Sanktuar mit Bukranion (rekonstruiert von Mellaart) wird beherrscht von einer Göttin mit geöffneten Armen und Beinen. Wer mag den Gedanken ausschließen, daß dort sexuelle Riten praktiziert wurden?

lichkeit gemahnten. Glaubte man am Ende gar an ein Leben nach dem Tod?

Da Tod und Sexus untrennbar miteinander verbunden sind, besteht ein Grund mehr, an sexuelle Riten in den Sanktuarien zu glauben. Jedoch auch bei Abwesenheit solcher Handlungen deutet alles in Çatal Hüyük auf reines Tantra.

Eine weitere Gemeinsamkeit mit dem Tantra zeigt sich in der Verwendung geometrischer Zeichnungen *(yantras)* und bestimmter Farben.

Das Ende von Çatal Hüyük...

... ist noch geheimnisvoller als das der Induszivilisation. Wurde es vernichtet, oder degenerierte es erst und zerfiel danach? Hat es ein jähes Ende gefunden, oder war es ein langes Dahinsiechen? Auf ein gewaltsames Ende, etwa ein Massaker, deutet nichts. Alles, was die Ausgrabungen und die Radiokarbondatierung zutage brachten, ist, daß nach 3500 v. Chr. die Häuser schlecht gebaut und gepflegt wurden und das spirituelle Leben erloschen war: Kein einziges Sanktuar kam mehr neu hinzu. Die Obsidianindustrie ging zugrunde, und die Jagd wurde eingestellt – ganz wie in Harappa!

Was also ist aus den Bewohnern geworden? Ist es nicht denkbar, daß sie unter dem Druck der Verhältnisse in andere Gebiete abwanderten, nach jenem Orient, aus dem das Licht kommt, nach jenem noch unberührten Indien? Eine Koinzidenz ist festzustellen: Ein paar Jahrhunderte später tauchen alpin-mediterrane Schädel gleich denen von Çatal Hüyük an den äußersten Grenzen Indiens auf. Und, falls diese Menschen nicht ausgewandert sind, hat dann nicht ihre Zivilisation – die glanzvollste der damaligen Zeit – die Induszivilisation beeinflußt? Auch dies wird wohl für immer ein Geheimnis bleiben.

Indes wäre es erstaunlich, wenn eine solch hochstehende Zivilisation auf diesen kleinen Winkel Anatoliens beschränkt geblieben wäre, vor allem auch deshalb, weil man inzwischen weiß, daß Handel und Kulturaustausch in der Vorzeit weit fortgeschrittener waren.

Eines aber ist sicher: Die Bauern des kleinen türkischen Dorfes Küçük Koy sind nicht die Nachfahren der Alpin-Mediterraniden von Çatal Hüyük. Die Muttergöttin ist tot und wurde ersetzt durch Allah, die Frau ist dem Mann untertan, und der ungestüme Stiergott ist zum sanftmütigen, schicksalsergebenen Hausochsen geworden, den die Burschen antreiben, damit er den Tritt ein wenig beschleunigt.

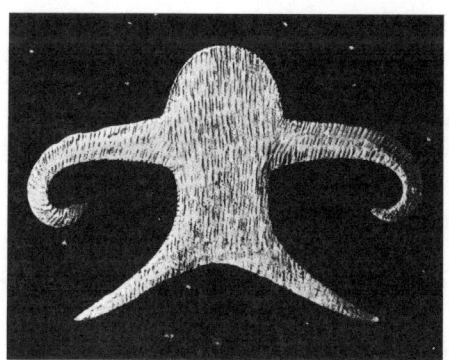

Das Bild der Göttin ist mit dieser in Harappa gefundenen Kupferplakette vergleichbar.

Die Kasten, ein explosives Gemisch

Seit jeher haben die Tantriker das Kastensystem abgelehnt. Die Hindu vermeiden es übrigens, bei Fremden dieses brisante Thema anzuschneiden. Immer, wenn ich darauf zu sprechen kam, haben sie die eigentliche Frage geschickt umgangen.

Für die junge, in ihrem bunten Sari hübsch gekleidete Inderin, die im Westen studiert, sind die Kasten »einfach eine Frage der Reinheit«. Fragen Sie nicht nach, um welche Art von Reinheit es sich wohl handeln mag, denn für sie ist das klar: All jene dunkelhäutigen Unberührbaren, die in Lumpen durch Indiens staubige Straßen ziehen, sind »unrein«, verglichen mit der anmutigen, wohlerzogenen und gepflegten jungen Frau. Ihr ist nicht bewußt, daß deren Erniedrigung seit Jahrtausenden System ist.

Die grobschlächtigen portugiesischen Seeleute, die im 16. Jahrhundert in Indien landeten, hatten schnell begriffen, daß die gesellschaftliche Unterteilung Indiens von der *casta* abhing, das heißt auf portugiesisch von der Reinheit. Aber im Gegensatz zu der jungen Inderin machten sie sich nichts vor, wenn sie darin die Reinheit des Blutes, der Rasse sahen. Das Sanskritwort *jati* übrigens, das benennt, was wir als die Kasten bezeichnen, bedeutet einfach »Rasse«. Das ist klar und deutlich.

Wenn ich jedoch dieselbe Frage jenem braven hinduistischen Swami stelle, der im Abendland unterwegs ist, so wird er dem Problem ausweichen; niemals prangert er die Verderbtheit des Systems an, das, wie er sagt, auf dem *dharma* beruht, der Staatspflicht, dem Beruf. Sorgfältig vermeidet er alles, was auf Rassismus schließen ließe. Weil er die Vergleiche liebt, fügt er hinzu, daß ein Auto Räder hat, einen Motor, ein Lenkrad, Bremsen usw., und daß in der Gesellschaft gleichfalls ein jeder sein *dharma* befolgen und **seine** Rolle an **seinem** Platz ausfüllen muß, damit alles seinen Gang geht – das kann man vertreten. Er erläutert – übrigens mit Recht –, daß dank dieser Regelung ein jeder von Kindheit an auf die Rolle vorbereitet wird, die er später im Leben spielt. Als krönendes Argument schließlich führt er an, daß das System seit Jahrtausenden funktioniere, daß es sich folglich bewährt habe und folglich gut sei.

Die Kasten

Er weist nicht darauf hin, daß es sich nur durch Unterdrückung aufrechterhält.

Zur Unterteilung der Gesellschaft in Berufe bemerkt er, daß dies unseren früheren Zünften gleiche, welche die Interessen ihrer Mitglieder vertraten und ihnen eine solide Ausbildung, Voraussetzung für qualifizierte Arbeit, garantierten. Er meint, daß Spezifität und Fertigkeit eines Berufs am besten durch die Weitergabe vom Vater auf den Sohn gewährleistet seien und damit die Erblichkeit der Kastenzugehörigkeit rechtfertige.

Eine weitere Ausrede ist, daß die neue indische Verfassung bereits 1954 die Kasten abgeschafft habe. Das stimmt zwar, aber in der Praxis hat sich nur wenig geändert – womit ein mit der Situation Indiens nicht vertrauter Abendländer diese Antworten gelten lassen wird.

Aber warum eigentlich einen Mißstand anrühren, auf den wir keinen Einfluß haben? Wir wissen natürlich durch Gandhi, daß das Problem der Unberührbaren, die er die Harijans, die Kinder Gottes nannte, existiert. Er wollte das Kastensystem nicht abschaffen, bekämpfte jedoch seine Auswüchse.

Ein Grund, sich mit dieser Frage zu befassen, liegt, abgesehen von ihrem humanitären Aspekt, darin, daß sich in Indien aufgrund des Kastensystems und seiner negativen Auswirkungen allmählich eine Situation entwickelt, die zur Eskalation führen könnte. Eine Destabilisierung Indiens aber hätte weltweit unabsehbare Folgen.

Schließlich wird dem Leser, wenn er die Auswüchse des brahmanischen Rassismus und seines Gegenstücks, des rigiden Patriarchats, kennt, verständlich, warum Tantra in Indien abgelehnt wird und auch, warum dieses Buch den Statthaltern des Systems und namentlich jenen braven indischen Swamis kaum Freude bereiten wird.

Eine sorgsam gehegte Begriffsverwirrung

Das sogenannte Kastensystem beruht auf zwei Unterteilungen so verschiedener Art, daß es besser wäre, auf das Wort **Kaste** zu verzichten. Doch würde man nicht differenzieren, wäre alles noch verwirrender und käme jenen entgegen, die das Problem lieber unter den Teppich kehren...

Das erste diskriminierende und rein rassische Merkmal ist *varna*, ein Sanskritwort, das die Farbe (natürlich der Haut) bezeichnet. Ich werde daher im folgenden das Wort *varna, jati* oder Klasse benutzen, um die vier auf der Rasse beruhenden unantastbaren Unterteilungen hervorzuheben.

Einerseits gibt es die Arier, die »Bleichgesichter«, die zunächst in zwei Hauptklassen gegliedert sind und deren Einfluß, obzwar in der Minderzahl, vorherrscht: die Brahmanen (Priester) und die Kshatriyas (Krieger). Danach folgen die Vaishyas (Bauern und Handwerker, Händler, Wucherer und andere), welche die Masse der dritten Klasse, der »Zwiegeborenen« des vedischen Systems, ausmachen. Sie dürfen die »heilige Schnur« tragen und der vedischen Religion anhängen, von der alle weiteren ausgeschlossen sind.

Die vierte Klasse stellen die Nichtarier dar, die Shudras (Knechte – Nachfahren der Besiegten), die in das arische System zwangseingegliedert wurden und die die auf Gedeih und Verderb ausgelieferte und ausgebeutete Masse der Arbeitskräfte bilden.

Ihnen schließlich folgen die aus dem System ausgeschlossenen Kastenlosen, die Parias: die von den rebellischen Ureinwohnern abstammenden Unberührbaren.

Soweit also die Fünfteilung des auf die Rasse gegründeten Systems, in das man einzig und allein durch die Geburt gelangt.

Traditionell sind den Kasten auch bestimmte Berufe zugeordnet, wie wir schon weiter oben gesehen haben. Während die *jatis* selbst unantastbar sind, splittern sie sich in so viele Unterabteilungen auf, wie es Handwerke und Berufe gibt – und ständig werden neue geschaffen, indes die Anzahl der *jatis*-Klassen stets vier ist und bleibt. Dies gilt es auseinanderzuhalten.

Was nun den Ursprung des Systems anlangt, so haben es sehr wahrscheinlich gerade seine Opfer, die Nichtarier, erfunden, noch ehe die Eindringlinge ihr Land besetzten. Nach der Eroberung fanden die Arier dann eine nach – damals vielleicht schon erbliche – Zunftzugehörigkeit organisierte Dravidengesellschaft vor. Diese Struktur haben sie wohl übernommen und zu ihrem Vorteil umgewandelt, indem sie es durch das Kriterium der *varna*, der Hautfarbe, der Rasse, ergänzten.

Als ich dieses Kapitel, in dem ich das System durchleuchten will, zu schreiben begann, wollte ich »logischerweise« bei den Brahmanen beginnen, mit den Kshatriyas fortfahren und so weiter. Ich hatte mich bereits so auf ihr System eingelassen, daß ich die Priorität den Brahmanen gab, wie Manu, der mythische Gesetzgeber der Brahmanengesellschaft. Nachdem ich mir dessen bewußt wurde, werde ich nun bei den Letzten der Letzten, den Unberührbaren, beginnen.

Schmach den Besiegten

Einen Krieg zu verlieren ist stets ein Unglück: Seit dreitausendfünfhundert Jahren zahlen die Draviden und andere nichtarische Völker Indiens einen hohen Preis für ihre Niederlage in einem Eroberungskrieg, den sie freilich nicht gewollt haben. Doch die Unberührbaren büßen am meisten dafür.

»Unberührbar« – was für ein schlimmes Wort! Wie kann es sein, daß Gott oder die Natur solch unwerte und unreine Menschen geschaffen hätte, daß sogar ihr Schatten alles »beschmutzt«, was er berührt? Und das Furchtbarste daran ist, daß es durch seine Verbreitung in Wort und Schrift nicht einmal Aufbegehren auslöst: Ist doch das Schicksal dieser Menschen noch schlimmer als ihre Bezeichnung! Diese Menschenklasse schließt all jene ein, die die Arier aus ihrem System verbannt haben, alle, die sich diesem System widersetzt haben, alle, die in den undurchdringlichen Wäldern lebten, also vor allem die vordravidischen Ureinwohner. Von allen Parias sind wiederum die Ariermischlinge am meisten

Die Kasten

zu bedauern, wenn sie etwa aus einer »unreinen« Verbindung einer arischen Mutter mit einem Shudra-Vater hervorgegangen sind. Sie werden auf immer aus der arischen Gesellschaft ausgestoßen und mitsamt ihrer Nachkommenschaft geächtet: Eine derart drakonische Maßnahme soll von solchen Verbindungen abschrecken.

Wie viele Unberührbare gibt es in Indien heute? Hundert, hundertfünfzig Millionen? Ich weiß es nicht. Aber auch die **gesamte** restliche Welt ist unberührbar! Wir Abendländer sind Kastenlose und werden es bleiben, was immer wir tun. Wenn wir nicht auf dieselbe Weise behandelt werden wie die autochthonen Unberührbaren, dann ist dies unserer Hautfarbe zu verdanken, die weißer ist als die des hellhäutigsten Brahmanen, sowie unserer wirtschaftlichen und militärischen Macht.

Unter den Unberührbaren betrachten die Arier die Chandalas als die Abstoßendsten. Was haben sie verbrochen? Sie sind Abkömmlinge eines Stammes, der so erbittert gegen die Eindringlinge gekämpft hatte, daß die Arier nach der Schlacht den Niedergemetzelten die Zähne ausbrachen, um Halsketten daraus zu fertigen! (*Agni Purana*, II.1217) Später wurde diese Bezeichnung auf alle Kastenlosen übertragen.

Während im Lauf der Jahrhunderte einige Gesetze Manus, die die Shudras betrafen, abgemildert wurden, wandte man diejenigen, die für die Chandalas galten, rigoros an. So verkündet das Buch X.50: »Mögen diese Menschen ihren Aufenthalt am Fuße der großen geweihten Bäume nahe den Verbrennungsstätten einrichten, im Gebirge und in den Gehölzen; mögen sie von allen gekannt werden und von ihrer Arbeit leben.

Die Bleibe der Chandalas und der Swapakas soll außerhalb des Dorfes sein; sie dürfen keine heilen Gefäße haben und sollen zum einzigen Gut nur Hunde und Esel besitzen.

Mögen sie als Bekleidung die Gewänder der Toten haben; als Teller zerbrochene Töpfe, als Zierde Eisen; mögen sie ohne Unterlaß von einem Ort zum andern gehen.

Möge kein seinen Pflichten treuer Mensch zu ihnen Verbindung haben; sie sollen nur unter sich Umgang haben und sich nur mit ihresgleichen vermählen.

Möge die Nahrung, die sie von den anderen erhalten, ihnen nur in Scherben und durch Vermittlung eines Knechtes gegeben werden, und mögen sie nicht nachts in den Dörfern und in den Städten verkehren.

Mögen sie während des Tages für ihr Geschäft kommen, kenntlich gemacht mittels der vom König vorgeschriebenen Zeichen, und mögen sie beauftragt sein, den Körper eines Menschen, der stirbt, ohne Angehörige zu hinterlassen, fortzuschaffen: So ist die Vorschrift.

Mögen sie, nach dem Befehl des Königs, die durch eine gesetzliche Verfügung zum Tode Verurteilten hinrichten, und mögen sie die Kleider, die Betten und den Zierrat derjenigen, die sie töten, an sich nehmen.« (Manu, V.51 bis 54)

Ist es nicht schändlich, solche »Gesetze« zu verkünden und anzuwenden? Ist es nicht skandalös, daß seit dreieinhalb Jahrtausenden Menschen eine derart systematische und grausame Unterdrückung erleiden, die sie auf eine niedrigere Stufe als das Tier stellt? Auch die modernen Gesetze haben ihr Los kaum verändert, außer vielleicht geringfügig in den Städten.

Ich zitiere wörtlich einen Text von P. Thomas aus *Hindu Religion, Customs and Manners* (S. 20): »Den Panchamas [die fünfte Klasse, folglich alle Unberührbaren] ist der Aufenthalt in den Ortschaften der anderen Kasten untersagt. Sie dürfen sich den Brunnen, den Tempeln und einigen von den Brahmanen begangenen Wegen nicht nähern. Es ist ihnen verwehrt, Häuser aus Holz oder Stein zu bauen. Der Eingang ihrer Hütten aus Erde muß so niedrig sein, daß sie gezwungen sind, sich zu bücken, um hineinzugelangen ... Es ist ihnen untersagt, saubere Kleider zu tragen oder den geringsten Flecken Land zu besitzen, damit sie vollständig von den anderen Kasten abhängig sind.

Die unerbittliche Anwendung dieser Gesetze hat im Lauf der Jahrtausende diese Männer und Frauen in ein entwürdigtes Volk verwandelt, das nicht die mindeste Selbstachtung besitzt und keinerlei Chance hat, seine Lage zu verbessern. Vorsätzlich dem Elend preisgegeben, selbst des Rechtes und der Mittel zum Einspruch beraubt, sind sie vollständig ausgestoßen. Sie ernähren sich vom Aas und den abstoßendsten Speisen, sie trinken das verseuchteste Wasser. Wenn sie krank werden, wird kein Arzt sich bereitfinden, sie zu behandeln. Brahmanen haben Spitäler für Tiere und Vögel geschaffen, doch kein Arzt wird seine kastenlosen Menschenbrüder behandeln. Für sie hat der Tod eines Panchamas keine Bedeutung, weniger als der eines Hundes oder einer Katze. Panchamas sind umgebracht worden, weil sie das Verbrechen begangen hatten, ihnen verwehrte Straßen zu betreten oder sich aus Versehen öffentlichen Brunnen zu nähern. Die geringste Übertretung wird mit Auspeitschung oder Verstümmelung geahndet.«

In Poona untersagte ein Gesetz den Parias, nach drei Uhr nachmittags die Stadt zu betreten; ganz einfach deshalb, weil später die sinkende Sonne ihren Schatten verlängern und dieser alles auf seinem Weg verunreinigen würde!

Wäre es nicht so skandalös, müßte man darüber lachen. Ein weiteres Beispiel: Unter den unzähligen Riten und Zeremonien, die das gesamte Leben eines Ariers bestimmen, gibt es die *shraddha*, den Bestattungsritus für einen verstorbenen Verwandten, der das Band zwischen den Lebenden und den Toten aufrechterhalten soll – was an sich lobenswert ist. Zu diesem Anlaß bietet man den Personen der drei auf den Verstorbenen folgenden Generationen einen Bestattungskuchen, den *pinda*, an. Die Teilung findet im verborgenen, vor allen Blicken geschützt statt, um zu verhindern, daß er von einem Eunuchen, einem Kastenlosen, einem Ketzer oder einer (auch arischen) schwangeren Frau gesehen wird, denn sonst würde die solchermaßen befleckte Gabe von dem Verstorbenen zurückgewiesen!

Die Kasten

Opfer der Gesetze Manus, leben oder vielmehr überleben die Panchamas am Rande der Wälder und ernähren sich von Eidechsen und Wurzeln, die sie mit den Nägeln ausgraben. Eine derartige Ächtung scheint unglaublich, und dennoch ist sie wahr und besteht fort.

Kultivierte Inder werden jedoch sagen, daß heutzutage an den indischen Universitäten Plätze für diese Menschen reserviert seien und sie sogar reich werden könnten. Das mag stimmen, aber eine Schwalbe macht noch keinen Sommer, und selbst ein nur wenig vermögender Brahmane wird einen Unberührbaren immer verachten, auch wenn er es zum Multimillionär gebracht hätte.

Eine Freundin erzählte mir, daß sie bei einem Empfang in der indischen Botschaft einer Hauptstadt zwei abseits auf einer Bank sitzende Männer beobachtet habe, die korrekt gekleidet waren, aber von allen anderen Gästen gemieden wurden. Erstaunt erkundigte sie sich, warum niemand mit ihnen sprach. Die Antwort lautete: »Es sind Unberührbare.«

Es könnte mir nun vorgeworfen werden, daß dies Vergangenheit sei und ich aus Parteilichkeit ein düsteres Bild malte. Anstatt von Fällen zu berichten, die ich selbst in Indien erlebt habe, ziehe ich es vor, *L'Express* vom 15. April 1988 zu zitieren:

»Inmitten eines grünenden Weizenfeldes ein Kreis von etwa zehn Metern Durchmesser ohne Anbau. Dort sind am 27. Mai 1977 acht Unberührbare und drei weitere Angehörige niederer Kasten von den Kurmis, einer Gemeinschaft von Kleingrundbesitzern, kaltblütig ermordet worden. Warum dieses Blutbad? Elf Jahre danach weiß man es immer noch nicht.«

Ich füge hinzu: Man wird es niemals erfahren, und die Tat wird ungesühnt bleiben. Nun trug sich dies in Belchi zu, einem Dorf mit vierhundert Einwohnern. Obwohl nur sechzig Kilometer von Patna, der Hauptstadt des Ost-Bihars entfernt, lebt man dort wie vor zweitausend Jahren.

Die Polizei? Sie ist erstens korrumpiert und gehört zum »System«, und zweitens ist sie machtlos: Wie kann ein Häuflein von etwa zwanzig Mann ohne Auto, ohne Telefon ein Gebiet von etwa zwanzig Kilometer im Durchmesser überwachen? Man könnte die Sache herunterspielen und sagen, daß ein solches Massaker die Ausnahme sei. Tatsächlich ist die Ausnahme, daß es bekannt wurde. Die Gewalt ist permanent, und wie viele nicht registrierte Fälle kommen auf die zweihundert »offiziell« Getöteten?

Eigentlich sind die Kurmis eine benachteiligte Klasse von Kleingrundbesitzern. Der Kurmi besitzt bestenfalls zwei Hektar Land und erntet im Jahresdurchschnitt eine Tonne Getreide, Weizen und Mais, etwas Gemüse, dazu ein wenig Futter für seinen Büffel. Er hängt seinerseits von den Großgrundbesitzern ab, gegen die er sich zur Wehr setzen muß. Dennoch wird er seine Frau und seine sechs Kinder ernähren können und ein paar Rupien beiseite legen, um den Ältesten in die Schule zu schicken, sich ein Fahrrad zu kaufen und seiner Tochter eine Mitgift zu zahlen.

Per Daumenabdruck zum Sklaven

Der Kurmi beutet die Unberührbaren scham- und schonungslos aus. Ich zitiere noch einmal *L'Express*: »Die Unberührbaren vermieten sich an die Kurmis für ein Kilo [!] Korn am Tag, das dem Acker entrissen wird, auf dem sie arbeiten. Es gibt nie Bargeld: Selbst der Zweirupienschein [etwa 0,30 DM], der häufig das magere Tagessalär des Landarbeiters darstellt, ist hier nicht im Umlauf. Wenn man trotz allem ein Darlehen, etwa hundert Rupien für den Arzt und Medikamente, braucht, wird dies mit einem Daumenabdruck auf einem üblen Stück Papier beglaubigt; man kann nicht zurückzahlen und wird so zum Sklaven – auf Lebenszeit.«

Das Magazin hätte noch erläutern können, daß der gesetzliche Mindestlohn in Indien zwölf Rupien beträgt; das entspricht in etwa dem Preis für einen Liter Benzin. Diese Unberührbaren verdienen damit ein Sechstel des indischen Mindestlohns...

Eine weitere Geschichte über den »Daumenabdruck«: Indien, sagt man, ist die größte Demokratie der Welt. Das ist richtig, wenn man der Verfassung und den regelmäßig abgehaltenen Wahlen glaubt. »Regelmäßig« meint in diesem Fall »in regelmäßigen Abständen«. Verstünde man unter »regelmäßig«, daß sie nach den Regeln verlaufen, verhält es sich ein wenig anders... Nach *L'Express*: »In manchen Dörfern haben die Einwohner seit mehreren Jahren keine Amtsperson gesehen. Und wenn sie sich an den Wahltagen zur Stimmabgabe begeben, überzeugt man sie davon, daß sie bereits gewählt hätten, selbst wenn das Fehlen von Tinte auf dem linken Daumen – der Wahlbeleg, den der Stimmzähler eindrückt – das Gegenteil beweist. Falls sie aufbegehren und versuchen, ihre Bürgerrechte zu verteidigen, sorgt die Polizei durch einen wohlgezielten Hieb mit dem Lathi [einem langen Stock] bald für Ruhe unter den Protestierern.« Wir können aber sicher sein, daß diese Stimmen nicht für alle Zeit verloren sind...

Wie soll man in Ermangelung einer Verwaltung und vor allem einer effizienten Polizei seine Güter schützen? Indem man sich zusammenschließt. Also schafft sich jede Klasse, jede Religionsgemeinschaft, jede Organisation ihre eigene Privatmiliz, Sena genannt. Nun müssen sich die Kurmis gegen Mißbrauch durch die lange Zeit hindurch allmächtigen Großgrundbesitzer schützen, aber auch gegen die Naxaliten. Und hier wird es brisant. Jahrtausendelang haben die Unberührbaren ihr wenig beneidenswertes Los ertragen, ohne aufzubegehren oder sich zu wehren. Nun haben sich in den siebziger Jahren in Bengalen marxistische Aktivisten für diese »Verdammten der Erde« eingesetzt. Noch einmal *L'Express*: »Blitzaktionen nach dem Muster Robin Hoods, welche ihr die Dankbarkeit der Allerelendsten eintragen, durchführend, bekennt sich die Naxalitenbewegung zum Marxismus-Leninismus. Ihre Macht ist so groß, daß die Naxaliten in zahlreichen Dörfern die Untätigkeit der politischen Machthaber, die Korruption der Verwaltung und der Polizei nutzen, um eine regelrechte Gegenverwaltung zu etablieren, mit eigener Polizei und Justiz, die zumeist brutal und prompt vorgehen.«

Naxaliten gibt es nicht in ganz Indien, aber was würde geschehen, wenn die Bewegung sich weiter ausbreitete? Sicher, die Polizei tut ihr Möglichstes, sie zu bekämpfen. Zwischen diesen ganzen Gruppen herrscht eine ständige Konfliktsituation.

Das Los der Shudras

Was nun hat Manu – nach dem Los der Unberührbaren – den Knechten, den Shudras, vorbehalten: »Der souveräne Herr weist dem Shudra nur ein einziges Amt zu, dasjenige, den vorangehenden Klassen zu dienen, ohne ihr Verdienst zu mißachten.« (I.91)

»Möge der Name eines Brahmanen durch das erste der beiden Worte, aus denen er sich zusammensetzt, die gnädige Gunst ausdrücken; der eines Kshatriya die Macht; der eines Vaishya den Reichtum; der eines Shudra die Niedertracht.« (II.31)

Niederträchtig – das ist klar, deutlich und zynisch. Die vedische ist zweifellos die einzige Religion der Welt, die einen derart rigorosen Rassismus als Moralkodex festgeschrieben hat. Das System geht mit den Knechten nicht zimperlich um, wie die Strenge der für sie vorgesehenen Züchtigungen beweist.

»Welchen Gliedmaßes ein Mensch von niederer Geburt sich auch bedient, um einen Oberen zu schlagen, dieses Gliedmaß soll ihm verstümmelt werden: So lautet der Befehl Manus.« (VIII.279)

»Falls er nur die Hand oder einen Stock wider einen Oberen erhoben hat, soll er die Hand abgeschlagen bekommen; wenn er in einer Anwandlung von Zorn ihm einen Fußtritt versetzt hat, möge dieser Fuß abgeschlagen werden.« (VIII.280)

»Falls ein Mensch von niederer Klasse sich untersteht, neben einem einer erhabeneren Klasse zugehörigen Menschen Platz zu nehmen, möge er unterhalb der Hüfte gezeichnet und verbannt werden, oder der König möge befehlen, daß man ihm eine Schmarre auf dem Hintern beibringe.« (VIII.282)

»Der Shudra ist nicht befugt, die Veden, das heiligste der religiösen Bücher, zu lesen. Falls er dieses Gesetz übertritt, möge ihm die Zunge abgeschnitten werden, möge ihm geschmolzenes Blei in die Ohren gegossen werden. Wenn er einen Brahmanen angreift, möge er aufgeknüpft werden. Falls hingegen ein Brahmane einen Shudra tötet, gilt dieses Verbrechen so viel, wie eine Katze, den Chasha-Vogel, einen Frosch, einen Hund, eine Eidechse, einen Kauz oder einen Raben zu töten.«

Zu beachten ist, daß die erwähnten Tiere allesamt schlechte Vorzeichen bedeuten, einschließlich der Katze, die von den Hindus verabscheut wird, weil sie »blutiges Fleisch verzehrt« (Manu XII.59).

Dennoch sind die Shudras rituell weniger Tabus unterworfen als die Arier, die *dwijas*, die Zwiegeborenen. Sie dürfen essen, was sie wollen, sich fortbewegen, wie es ihnen beliebt (allerdings in gewissen Grenzen), solange sie nicht die Angehörigen anderer *varnas* stören.

Mit der Zeit wurden die Shudras in einigen toleranteren Gegenden etwas weniger hart behandelt und konnten sogar Eigentum erwerben, was dann von der hochehrbaren Einrichtung des Wuchergewerbes – eines der Privilegien der Vaishyas, der dritten arischen *varna* – wieder »korrigiert« wurde. Diese Wucherer profitieren davon, daß Trauungen in Indien auch heute noch für die Brauteltern ruinös sind. Außer der äußerst kostspieligen Mitgift hat der Brautvater der gesamten Familie des Schwiegersohns Geschenke zu überreichen, nicht zu reden von den Kosten der Hochzeit selbst, bei der sich mehrere Tage lang Hunderte von Gästen, die mehr oder minder zur Familie gehören, der Völlerei hingeben.

Selten bringt eine Familie, selbst wenn sie die letzten Notgroschen zusammenkratzt, genügend Geld auf, um die Kosten zu bestreiten. Dem hilft der Wucherer ab, indem er Geld zu so horrenden Zinssätzen (zwanzig, dreißig oder vierzig Prozent!) verleiht, daß es vieler Jahre bedarf, um sich der Schuldenlast zu entledigen. Mehr als ein Inder stottert noch immer mühselig die Schulden einer Hochzeit ab ... die seiner Großmutter!

Nayars und Nambudiri

Die Beziehungen zwischen Shudras, im allgemeinen Draviden, und anderen *jatis* sind komplex und von einer Region zur anderen verschieden. Ich werde nun als Beispiel die Beziehungen zwischen Nambudiri und Nayars aufzeigen. Letztere sind Nachfahren der dravidischen Volksgruppen, die vor den nahenden Ariern gen Süden geflohen waren und an der Malabarküste zwischen Goa und Kap Comorin Zuflucht fanden, wo ihre alten Traditionen lebendig geblieben sind.

Nach Konsolidierung im Nordwesten Indiens hat die Arisierung nach und nach den Süden erreicht, wo sie sich noch in unseren Tagen fortsetzt und noch immer auf Widerstand stößt. Der Beweis: Ein kürzlich erlassenes Gesetz hat das Matriarchat in ganz Indien offiziell untersagt, aber von einer aus Kerala stammenden indischen Tänzerin weiß ich, daß dieses Gesetz dort vollständig ignoriert wird, weil die mehr als tausend Jahre alten Bräuche zu stark sind.

Die Nayars wurden von den Nambudiri unterjocht, die sich als reinrassige Arier fühlen. P. Thomas, der lange in dieser Gegend gelebt hat, beschreibt die Situation vor Ort, die das ganze Problem der Beziehungen zwischen den Shudras und den anderen Klassen aufzeigt.

Das Leben, sagt er, ist auf erstaunliche, jedoch vom rassistischen Standpunkt der Arier aus logische Weise organisiert, ist doch bei ihnen die größte Schande die **Rassenschande**, die rassische »Verunreinigung«. Da diese Verunreinigung nur durch den Leib der Frau verursacht werden kann, ist jeder Art »unreiner« Berührung zwischen einer Arierin und einem Nichtarier

Die Kasten

vorzubeugen. Die Methode ist effizient: »Die Nambudirifrauen werden sehr eifersüchtig bewacht. Es ist ihnen untersagt, allein aus dem Haus zu gehen oder irgendein männliches Wesen außer ihren Ehemann anzusprechen. Mit Eintritt der Pubertät hat ein junges Mädchen nicht einmal mehr das Recht, ihren Vater oder ihre Brüder anzusprechen. Soweit möglich, bleibt die Nambudiri im Haus eingesperrt.«

Da es ausgeschlossen ist, sie lebenslänglich gefangenzuhalten, verlassen sie das Haus nur in Gruppen, eskortiert von Nayarfrauen. Jede Nambudiri trägt einen riesigen Sonnenschirm aus Palmblättern, der sie, zur Seite gewendet, von den Knien bis zum Kopf verbirgt. Die Nayarfrauen gehen voraus und verjagen alle entgegenkommenden Männer, ja herrschen die Zaudernden an. P. Thomas hat sie aus respektvoller Entfernung beobachtet, »... diese Prozessionen junger, bis zum Gürtel nackter Nambudiri, die ihren Sonnenschirm mit Gewandtheit von einer Seite auf die andere schwenken und ihren geschmeidigen, mit Goldschmuck beladenen Hals wenden, um im Vorbeigehen einen raschen Blick auf die wundersame Außenwelt und die noch wundersameren, sie von weitem beobachtenden Männer zu werfen.«

Alle Vorsichtsmaßnahmen werden getroffen, um eine andere sexuelle Beziehung als die zum Ehemann zu unterbinden.

Doch umgekehrt gilt dies nicht! Der Brauch will es, daß allein der älteste Sohn das Recht hat, sich zu verheiraten, also mit einer Nambudiri Kinder zu zeugen. Das heißt, die Nambudirifrauen haben die ältesten Söhne unter sich aufzuteilen, woraus ein regelrechter Heiratsmarkt entsteht.

Der älteste Sohn bringt viel Geld in die Familie: Er ehelicht eine respektable Anzahl von Mädchen seiner Rasse, jede mit einer beträchtlichen Mitgift ausgestattet. Sind nun die jüngeren Söhne unglücklich? Keineswegs. Ist es ihnen auch verboten, ein Mädchen ihrer Rasse zu heiraten oder auch nur mit ihm zu schlafen, so finden sie angenehme Entschädigung. Denn sind die eingesperrten Nambudiri fade und langweilig, so sind die Nayar wie alle Dravidinnen freizügig, voller Charme und Temperament, also sehr anziehend. Wenn die nachgeborenen Nambudiri auch nicht das Recht haben, sie zu heiraten, so dürfen sie doch mit so vielen Nayarmädchen schlafen, wie sie wollen. Sie genießen alle Vorteile der Sexualität, ohne deren Unannehmlichkeiten zu erfahren, also die Last und Sorge, eine vielköpfige Familie zu ernähren.

Nachdem sie die Nacht mit einer Nayar verbracht haben, kehren sie vergnügt und zufrieden zurück zu ihren Eltern. Zur Reinigung reicht ein schlichtes Bad. Und die Nachkommenschaft? Kein Problem, Mutter Nayar wird sie aufziehen. Sie werden weder den Namen noch die Güter und die Klasse des Vaters erben: Sie werden Shudras sein wie die Mutter, und ihr Nambudirierzeuger wird sie als Knechte behandeln!

Die Beziehungen zwischen den Männern der beiden Klassen sind ganz anders geartet und kennzeichnen die allgemeine Lage der Shudras. So hält ein Nayar, wenn er sich an einen Nambudiri wendet, ehrfürchtig Abstand, zieht seine Oberbekleidung aus und nimmt sie unter den Arm. Von seiner eigenen Hütte wird er als »Bude« sprechen, von der des Nambudiri dagegen stets als »Palast«. Der Nayar muß seinen Mund bedecken, wenn er mit einem Nambudiribrahmanen spricht; denn würde diesen ein Spucketröpfchen treffen, müßte er sich durch Fasten reinigen.

Der Nayar behandelt den Brahmanen wie einen lebenden Gott und bezeichnet sich selbst als seinen Sklaven. Dieser Brauch wird von den im Dienste eines Brahmanen stehenden Nayars noch heute befolgt. Allerdings scheint sich unter dem Einfluß der in dieser Gegend besonders starken Modernisierung das Verhalten gegenüber den Brahmanen langsam zu ändern.

Aber das ist noch nicht alles. Auf demselben Territorium leben auch die kastenlosen Ulladah, die als Unberührbare von den Nayar verachtet werden!

»Ein Ulladah ist für einen Nambudiri nicht ›ansehbar‹ und für alle anderen ›unnahbar‹, und so wagen die Ulladah sich kaum in die Dörfer ... Unterwegs geht jedem Nambudiriarier stets ein Nayardiener voran, der aus vollem Halse ›ha-ha‹ brüllt, um die Unberührbaren zu vertreiben. Errichten die letzteren Umzäunungen, oder arbeiten sie im Dorf, so sind sie verpflichtet, ihre ›verunreinigende‹ Anwesenheit zu signalisieren, indem sie beiderseits der Straße auf sechzig Schritt ein Zeichen setzen, das gewöhnlich aus zwei von einem Stein gehaltenen Zweigen besteht.«

Die unerwarteten Verteidiger des Systems

Der Logik entsprechend hätten die Unterdrückten die offizielle Abschaffung des *varna*-Systems freudig begrüßen müssen. Das war jedoch nicht der Fall, und zwar aufgrund der Lehre von Reinkarnation und Karma, der alle Inder anhängen. Es ist nicht wichtig zu wissen, ob die Draviden und die autochthone Bevölkerung vor oder nach der arischen Invasion an die Reinkarnation glaubten, wichtig ist, daß die Arier diesen Glauben so genial nutzten, daß sogar die Opfer ihres Systems von dessen Rechtmäßigkeit überzeugt waren.

Das funktioniert folgendermaßen: Zuerst bringt man die Shudras dazu, zu akzeptieren, daß sie in diesem Leben aufgrund ihres schlechten *karmas* Knechte sind, anders gesagt, daß sie Verfehlungen abdienen, die sie in einem früheren Leben begangen haben. Dann – und das ist das Geniale – verspricht man ihnen, daß sie in ihrem nächsten Leben, falls sie ihr knechtisches *dharma* erfüllen, in einer höheren Klasse wiedergeboren werden! Also werden sie durch die Aufhebung der *varnas* benachteiligt: Die Hälfte oder mehr ihrer Verfehlungen haben sie abgearbeitet, und jetzt verwehrt man ihnen, als Kshatriya oder Brahmane wiedergeboren zu werden!

Das ist etwa so, als hätten die Afri-

Die Kasten

kaander die Schwarzen dazu gebracht, zu akzeptieren, daß sie in diesem Leben vergangene Verfehlungen abbüßen, um im nächsten dann als Weiße wiedergeboren zu werden. Allerdings haben die Weißen Südafrikas einen Fehler begangen, den die Arier vermieden haben: Die Schwarzen Südafrikas hat man in riesigen Lagern zusammengepfercht, die der Entwicklung eines starken Kollektivbewußtseins förderlich sind, sich leicht der Kontrolle entziehen und es gestatten, sich zu organisieren. Der Brahmanismus hingegen hat die Knechtbevölkerung in eine Vielzahl von Unterkasten aufgesplittert, die sich gegenseitig verachten, und – als zusätzliche Vorsichtsmaßnahme – in kleine Gemeinschaften, die viel leichter zu kontrollieren und zu beherrschen sind. So konnte sich das System seit dreitausendfünfhundert Jahren halten.

Weit weniger zahlreich als die Shudras, die mit den Unberührbaren die große Masse des indischen Volkes bilden, sind die Vaishyas. Sie stellen jedoch unter den drei »oberen«, das heißt den arischen *varnas*, die zahlenmäßig stärkste Gruppe.

Die totale Ausbeutung

Zum Thema der Vaishyas äußert sich Manu sehr deutlich:

»Als der Herr aller Geschöpfe das Vieh schuf, hat er es dem Vaishya anvertraut.« (IX.324)

»Der Vaishya züchtet das Vieh, bringt Gaben und Opfer dar, studiert die Veden, treibt Handel, verleiht Geld und bebaut die Erde.« (I.92)

»Er soll wissen, wie man die Samenkörner richtig aussät, die guten und die schlechten Eigenschaften der Böden einschätzt und alle Maße und Gewichte vollendet kennen.« (IX.330)

»Er wird den jeweiligen Wert der Edelsteine, der Perlen, der Korallen, der Metalle, der Gewebe, der Duftstoffe und der Gewürze richtig einzuschätzen wissen.« (IX.329)

Manche Autoren behaupten, die Vaishyas bebauten den Boden; in Wirklichkeit aber **besitzen** sie ihn und **lassen** ihn von ihren Knechten beackern: Es wäre unter ihrer Würde, sich die Hände mit der Bestellung der Scholle schmutzig zu machen. Sollte Indien aber eines Tages gesellschaftlich aus den Fugen geraten, so werden sie die direkte Ursache und zweifellos die ersten Opfer sein.

Wenn ich von »mächtigen« Grundbesitzern spreche, ist das im doppelten Sinn zu verstehen: Reich und dickleibig, beuten sie skrupellos ihre Knechte aus, lassen Männer wie Frauen unter der stechenden Sonne zehn, zwölf Stunden am Tag Fronarbeit leisten und zahlen ihnen lediglich ein Viertel oder ein Fünftel des gesetzlichen Mindestlohns. Sie wissen, daß keiner von ihnen je aufbegehren wird. Zunächst deshalb, weil die Knechte Analphabeten sind, die nicht um ihre Rechte wissen, sodann, weil wer immer dies wagte, auf der Stelle entlassen würde, ohne Aussicht, woanders Beschäftigung zu finden; denn die Besitzenden stecken unter einer Decke. Nicht arbeiten können, heißt Hungers sterben. Es gibt keine Krankenversicherung, kein Arbeitslosengeld, keine Familienbeihilfe, ganz im Gegenteil will man die Geburtenrate einschränken. Soll er also bei der Polizei Klage erheben? Undenkbar, weiß er doch, daß er wieder einem Arier gegenüberstünde und seine Klage allein aus diesem Grund keine Chance auf Erfolg hätte. Es gibt keine andere Alternative, er muß erdulden, um zu überleben.

Jedes Aufbegehren wird sogleich im Keim erstickt. Jeder Eigentümer hat seine privaten, bewaffneten Aufseher; wenn sich ein Aufwiegler zeigte, würde er in der Nacht darauf verdroschen. Begänne er von neuem, würde man ihn zu Tode prügeln.

Es ist unglaublich, noch in unseren Tagen existieren in Indien Millionen von Sklaven, die Halvas, ihr Lebtag an einen Herrn gefesselt, der ihnen gerade so viel gibt, daß sie nicht verhungern. Hier beutet der Mensch buchstäblich den Menschen aus, schlimmer als wäre er ein Stück Vieh. Ich verfüge über Kopien von Interviews der BBC mit mächtigen indischen Grundbesitzern, in denen die Grausamkeiten nur undeutlich zum Ausdruck kommen. Auf die Frage des Reporters: »Gibt es Grausamkeiten?«, antwortete der befragte Besitzer in aller Einfalt: »Nein, **hier** nicht.« Auf die Frage: »Wenn Sie Ihre Felder inspizieren, sind Sie dann bewaffnet?«, gab er zurück: »Nein. **Ich** brauche das nicht.«

Aber das Blatt scheint sich zu wenden. Außer den oben genannten Naxaliten werden sich auch die Unterdrückten ihrer Macht bewußt und beginnen, sich ihrer zu bedienen. In neuerer Zeit berichtet die Presse von Strafexpeditionen gegen Grundbesitzer oder Brahmanendörfer, die in Massakern gipfeln, während sich früher das Gegenteil zutrug. So steigert sich die Spannung ins Unerträgliche.

Aber der Vaishya übt auch das Gewerbe des Wucherers aus, eine angesehene und ehrenhafte Tätigkeit, die eine wichtige gesellschaftliche Rolle als bewährtes Mittel der Unterdrückung spielt. Die Zinssätze steigen in dem Maße, wie man die soziale Leiter hinabsteigt: Dort wo der Brahmane fünfzehn Prozent bezahlt, wird der Zins für den Knecht auf vierzig Prozent oder mehr erhöht.

Die Kaufleute, die man Banias oder Chettiars nennt, sind allesamt Vaishyas. Der Bania kommt morgens um acht Uhr in seinen Laden und verläßt ihn erst um neun Uhr abends. Der Arbeitstag eines Sträflings? Urteilen Sie selbst: Er verbringt diese ganze Zeit ausgestreckt auf Kissen liegend, die er nur verläßt, um seine Notdurft zu verrichten. Die übrige Zeit plaudert er, sich bei Hitze die Stirn abtupfend, und trinkt viele Tassen stark gesüßten Tee. Dadurch wird er, was sehr ehrbar ist, so feist, daß er kaum noch fähig ist, sich zu bewegen.

Andere Vaishyas sind steinreiche Industrielle; sie halten die indische Schwerindustrie in Gang. Großzügig (wohlgemerkt nur gegenüber den Brahmanen) lassen sie, wie auch die Banias, Tempel erbauen und pflegen. Dafür erhalten sie den Segen der Brahmanen und einen sicheren Platz im indischen Paradies oder eine noch bessere Reinkarnation.

Die Kasten

Gewiß ist dies alles überaus schematisch, nahezu karikaturistisch, aber zuweilen ist eine gute Karikatur besser als ein schlechtes Porträt... Selbst ein dikkes Buch könnte nicht wirklich die Realität der Kasten in der Gesamtheit des immensen indischen Subkontinents aufzeigen. Nicht ausnahmslos alle Vaishyas sind Großgrundbesitzer. Es gibt auch Gegenden in Indien, wo ihr gesellschaftlicher Status dem der Leibeigenen gleicht – und umgekehrt –, so daß die ortsansässigen Brahmanen ihnen oftmals das Recht absprechen, die heilige Schnur der »Zwiegeborenen« zu tragen. Trotzdem, die oben beschriebene Situation ist real, aktuell und nahezu allgemeingültig.

Dasselbe läßt sich auch von den Großgrundbesitzern der südamerikanischen Staaten – wenn auch ohne Kastensystem – sagen. Aber wer sind sie, diese Ausbeuter, wenn nicht Nachfahren der Eroberer, die, wie in Indien, die dort heimischen Zivilisationen zerstört und die ansässige Bevölkerung unterjocht haben. Auch hier werden Menschen ausgebeutet und Grausamkeiten begangen. Auch hier nimmt die Spannung und die Gefahr einer explosionsartigen Entladung zu.

Hier gibt es Beute

Das Indien der Maharajas, also der Kriegerklasse, basiert auf institutionalisiertem Diebstahl. Die vedischen Krieger beteten wie folgt zu ihren Göttern: »Mögen wir mit unserem Bogen das Vieh des Feindes erbeuten. Mögen wir siegreich in der Schlacht sein.« (*Rigveda*, VI-75)

Darin folgten sie dem Bestreben der nomadisierenden Hirten, deren einziger Reichtum das Vieh war. Es wurde sogar zu ihrer Geldeinheit. Das Rezept, sich zu bereichern, ist einfach: das Vieh der anderen stehlen. Freilich wehren sich die so Angegriffenen, und man muß ihnen den »Krieg der Tiere« erklären. Danach geht die Herde der Besiegten in den eigenen Viehbestand über und erhöht so das Kapital. Das Vieh war also buchstäblich ihr wandelndes Vermögen!

Ernest Borneman schreibt in seinem Buch *Das Patriarchat*: »Das Patriarchat ist also nicht nur ein System der Abstammungsordnung [...], sondern auch eine Ideologie des Diebstahls, eine als Moral verkleidete Rechtfertigung der Freibeuterei, eine Glorifizierung des bewaffneten Überfalls und der Aneignung fremden Besitzes. Wer das Patriarchat verstehen will, darf nie seinen Ursprung im Raub vergessen.« (S. 107)

In Übereinstimmung zum *Rigveda* schreibt Manu diese als Moral verkleidete Plünderei fest: »Die Wagen und ihre Pferde, die Elefanten, das Geld, das Korn, das Vieh, die Frauen und alle weiteren münzbaren Waren sowie die gewöhnlichen Metalle gehören dem, der sie selbst ihrem Besitzer weggenommen hat.« (VII, 97)

»Der Veda sagt, daß die Krieger nach Wahl einen Teil der Beute dem König geben werden; was nicht [einzeln] erobert wurde, muß vom König ausgegeben und unter den Kriegern verteilt werden.« (VII, 98)

Halten wir nebenbei fest, daß die als münzbare Ware ausgewiesenen Frauen Teil der Beute waren und Manu sie hinter den Karren, Pferden und gar dem Vieh einreihte! Das ist genau die Ideologie, die alle patriarchalen Eroberer leitete und nach wie vor ihren geistigen Unterbau bildet: Ihre moderne Ausprägung war der Kolonialismus, und die skrupellose Ausplünderung der Natur ist eine weitere ihrer Facetten.

Manu bekräftigt: »Damit ist das oberste und untadelige Gesetz der Krieger verkündet; ein Kshatriya soll nicht davon abweichen, wenn er seinen Feind in der Schlacht schlägt.

Mit seiner Armee möge er [der König] sich zu erobern bemühen, was er noch nicht gewonnen hat; was er gewonnen hat, möge er mit Sorgfalt bewahren; möge er danach trachten zu vermehren, was er aufbewahrt hat; und was er so vermehrt hat, damit möge er diejenigen bedenken, die dessen würdig sind.« (VII, 98, 99)

Die Würdigsten sind – man ahnt es – die Brahmanen...

Diese Aussage läßt uns sämtliche Eroberungszüge auf der Welt begreifen, einschließlich aller Feudalkonflikte in Indien, deren Ziel, ob eingestanden oder nicht, die Plünderung und das maßlose Anhäufen materieller Güter ist. Manu verkündet aber auch einen sehr strengen Ritterkodex. Die Schlacht soll ein Fair play sein: Man schont einen Feind, der um Gnade fleht, man macht einem Verwundeten nicht den Garaus, und der Krieger weicht nie zurück: »Jene Könige, die, um sich gegenseitig zu töten, sich mit äußerster Anstrengung schlagen und nicht zurückweichen, werden in den Himmel gelangen.« (VII, 89)

Um auf die Kasten zurückzukommen, in Indien erheben die Rajas mit den Brahmanen den Anspruch auf blaues Geblüt, folglich also die wahren und reinen Arier zu sein. Das ist falsch. Zunächst einmal ist die vermeintlich reine arische Rasse, wie wir gesehen haben, ein Mythos, und weiter weist nichts sie als anderen überlegen aus. Sie waren nicht »reinrassig« bei ihrem Einzug in Indien. Und nichtarische Kleinkönige, die sich später mit den Eroberern verbündet hatte, wurden nicht dadurch arisiert, daß sie irgendeinem gefälligen Brahmanen ein Weihegeschenk darbrachten und der Form halber eine »Reinigung« durchliefen.

Auch die Rajputen, Krieger, die zu den wildesten und schreckenerregendsten Indiens zählen, bezeichnen sich als rein blaublütig und behaupten, in gerade Linie von den ältesten Königsgeschlechtern abzustammen. Diese Anmaßung ist ein zusätzlicher Schwindel. In Wirklichkeit waren ihre vorfahren Hunnen, Gurjara und andere Stämme Zentralasiens, die um das 5. bis 6. Jahrhundert unserer Zeitrechnung an der Nordwestgrenze nach Indien eindrangen. Nachdem sie sich mit dem Säbel Königreiche in Zentralindien erkämpft und dort niedergelassen hatten, heirateten sie Hindufrauen. Als Machthaber bereitete es ihnen keine Mühe, fügsame Brahmanen zu »überreden«, sie zu arisieren. Diese Brahmanen »haben ihnen Stammbäume maßgefertigt, die bis in die heroischen Zeiten zurückreichten, ganz wie

Vergil die Ahnenreihe der Gründer des Römischen Reiches mit den Helden des Trojanischen Krieges verknüpft... Andere Rajputen-Geschlechter, so etwa die Chandellas, stammen von eingeborenen Gond-Stämmen ab. Nachdem sie mächtig geworden waren, wurden sie geadelt und in den Hinduismus aufgenommen« (P. Thomas).

Die Rajas beuteten nicht nur schamlos die niederen Klassen durch Zwangsarbeit aus, indem sie sich Paläste erbauen ließen, in denen sie prunkvoll residierten – sie verachteten sie auch. Und dies geschah überall dort, wo die Horden der Steppenbarbaren ins Land fielen: »Hirtenvölker, und besonders solche, die auf dem Weg vom nomadischen Jäger über das Stadium des Wanderhirten zum schweifenden Freibeuter, zum ›Plünderer der Städte‹ geworden sind, haben stets und überall eine tiefe Verachtung für die Arbeit der Hände gehabt. [...] Die Versklavung anderer Menschen war nicht nur das **Recht** des ›Plünderers der Städte‹, sondern seine moralische **Pflicht**. [...] So verstand der Grieche der herrschenden Klassen seine Mission auf Erden als die der Herrschaft über die Minderwertigen, die von Natur her Unfreien: die Frauen, die Sklaven und die Nichtgriechen.« (Borneman, S. 131)

Aber da die ständigen Feudalkriege, die sie untereinander austrugen, sie ausbluteten und schwächten, konnten die einfallenden Mongolen sie mühelos besiegen. Seither behaupten die Brahmanen, die Rasse der Kshatriyas sei untergegangen und sie seien die einzigen »wahren« Arier gegenüber den Unberührbaren und den Shudras, wobei die Vaishyas von denselben Brahmanen auf den Rang der Shudras herabgewürdigt wurden.

Die Schätze von Golconda

Wer von weitem kommt, hat gut lügen, könnte man denken, wenn man die Berichte europäischer Reisender liest, die den Prunk der Maharajas beschreiben. Aber dieses märchenhafte Indien der Maharajas hat noch bis nach der Unabhängigkeit existiert. Diese unermeßlich reichen Rajas waren Nachfahren der Eroberer Indiens.

Einer der wenigen Vorzüge des Klassen- und Kastensystems ist es, den Werdegang eines Menschen von Geburt an festzulegen. Der künftige Prinz oder Krieger wurde physisch und psychisch systematisch auf die Aufgabe des Kshatriyas, des Herrschers, vorbereitet. Er allein hatte das Recht, Waffen zu besitzen und zu gebrauchen – ganz wie die Edlen unserer Länder, auch sie Nachfahren von Eroberern, die den Knechten und dem gemeinen Volk die Jagd verbaten.

Eindrucksvolle Festungen zeugen noch heute von den unablässigen Kriegen in Indien. Unter der englischen Besatzung machten die Kshatriyas dann mangels Kriegen Jagd auf Großwild. So habe ich in Udaipur in einer zum Hotel umgewandelten »Jagdhütte« des örtlichen Exmaharajas gewohnt. Der Speisesaal war mit den Bälgern von sechs riesigen Tigern ausgestattet, und auf einer vergilbten Fotografie sah man den letzten Maharaja in

Siegerpose mit einer erlegten Raubkatze.

Um uns vor Augen zu führen, wie aus einem brutalen und skrupellosen Abenteurer ein »Adeliger« wird, der eine königliche Dynastie begründet, versetzen wir uns ins 16. Jahrhundert.

Zu jener Zeit gründeten mongolische, aus den Steppen Asiens kommende Eindringlinge nach dem Sieg über die Hindukönige das muselmanische Mogulreich, das bis ins 19. Jahrhundert Bestand hatte. Beim Tod von Aurangseb, dem letzten großen Mogulkaiser, zerfiel das Reich, und Asaf Jah, ein grausamer und gerissener turkmenischer Abenteurer, wurde mit der Macht des Schwertes zum ersten Nizam von Hyderabad im Andhra Pradesh, einer zu achtzig Prozent hinduistischen Ackerbauprovinz. In ihrer Nähe liegt die Festung von Golconda mit ihren berühmten Diamantminen, aus denen der legendäre Kohinoor, dessen Name »Berg des Lichts« bedeutet, stammt. Anfangs siebenhundertsechsundfünfzig Karat schwer, machte er im Lauf der Jahre »Abmagerungskuren« durch, die ihn auf »nur« hundertsechs Karat haben schrumpfen lassen, als er Königin Victoria überreicht wurde.

Um sich zu bereichern, haben die Nizams die Arbeitskraft der dort lebenden Menschen erbarmungs- und skrupellos ausgebeutet. Im 17. Jahrhundert berichtet Jean-Baptiste Tavernier, französischer Abenteurer und Juwelier zugleich, daß sechzigtausend unterernährte Bergleute, Männer wie Frauen, unter unmenschlichen Bedingungen in den Minen von Golconda schufteten und dem Weltmarkt zwölf Millionen (!) Karat hochwertiger Diamanten lieferten. Während sein Volk im Elend verkam, füllte der Nizam seine Panzerschränke mit Diamanten höchsten Reinheitswertes und wurde reichster Mann der Welt. Er handelte genau wie seine Vorgänger, die Maharajas, die mit eiserner Faust über Shudras und Unberührbare herrschten.

Obgleich unerbittlicher Ausbeuter seiner Untertanen, die in ihm einen Halbgott sahen, war der Nizam nichtsdestoweniger ein vollendeter Gentleman, der eine englische Erziehung genossen hatte und die Großen dieser Welt in seinem prunkvollen Palast Flaknuma in Hyderabad empfing, dessen Luxus sich jeder Vorstellung entzieht.

Wen nimmt es Wunder, daß der sechste Nizam eine Leidenschaft für Diamanten hegte? Gleichwohl, selbst als Nizam hat er eines Tages dieses Leben verlassen müssen, ohne seine geliebten Diamanten mitnehmen zu können. In der anderen Welt wird er wohl seinem phantastischen Hundertzweiundsechzig-Karat-Brillanten, den man nach seiner Beisetzung vergeblich suchte, nachtrauern. Sein Sohn fand ihn Jahre später zufällig in der Spitze eines Pantoffels, wohin der Nizam ihn, eingewickelt in einem tintenbekleckstem Tüchlein, gestopft hatte. Gefaßt in massivem Gold, konnte er endlich seiner »wahren« Bestimmung zugeführt werden: nämlich der als Briefbeschwerer! In Geld umgemünzt, hätte dieser sicher die Einwohner Dutzender indischer Dörfer auf Jahrzehnte hinaus ernährt.

Nach der Unabhängigkeit Indiens haben die letzten Maharajas ihr Ver-

Die Kasten

mögen unter der kombinierten Wirkung zweier gegnerischer, nicht greifbarer, aber konkreter Kräfte, wider die sie machtlos waren, dahinschmelzen sehen: die Steuern und die Bürokratie. Zweifellos bedauern sie, daß die Gesetze Manus (VII, 129, 130) nicht auf sie angewandt werden: »Ganz wie der Blutegel [sic!], das Kalb und die Biene ihre Speise nach und nach abschöpfen, so wird auch der König in seinem Land mäßige Steuern erheben. Er wird ein Fünfzigstel vom Viehbestand und vom Gold nehmen sowie den Achten, den Sechsten und den Zwölften von den Ernten.« (Selbstverständlich gilt dies nur für die arischen Untertanen!) Anstatt daß der Staat ihnen zwei bis fünfzehn Prozent nimmt, läßt er sie ihnen übrig: Indien lernt rasch!

Gleichwohl hat die – übrigens relative – Verarmung der Maharajas die benachteiligten Massen nicht reicher gemacht. Die Reichen haben sich umgestellt, etwa auf die Industrie oder andere Einkommensquellen, und die Paläste haben sich entweder in Luxushotels für Abendländer oder in Museen verwandelt.

Dazu eine Anekdote: Als ich einen der Paläste des Maharajas von Jaipur besuchte, der in ein Museum umgewandelt worden war, hatte der Führer versprochen, uns das Schlafgemach des Maharajas zu zeigen. Da ich in meiner Vorstellung das märchenhafte Indien mit Maharaja und Kamasutra verband, malte ich es mir als Stätte aller Wonnen und allen Überflusses aus, mit Dutzenden von Seidenkissen – wie in Romanen oder Filmen.

Am Ende eines langen düsteren Gangs angekommen, öffnete der Führer uns die reichlich schmale Tür des königlichen Schlafgemachs. Wir waren drei Besucher, die von ihm in die dunkle Kammer geführt wurden. Er schloß die Tür hinter uns, und da standen wir nun in tiefster Dunkelheit mitten im Raum. Dann entzündete er eine Kerze, und zu unserer Verblüffung fanden wir uns unter einem tausendfach sternenfunkelnden Himmel wieder. Als er zwei Minuten später die einzige, vom Gewölbe herabbaumelnde Glühbirne einschaltete, sahen wir, daß das insgesamt kleine Gemach mit einer im Durchmesser drei Meter großen Kuppel ausgestattet war, deren Oberfläche Hunderte kleiner konvexer Spiegel aufwies, die die Form und Größe einer Schüssel hatten und eng nebeneinander angeordnet waren. Das schwache Flackerlicht der Kerze hatte aus der Kuppel ein Himmelsgewölbe gemacht!

Dorthin also zog sich der mächtige Maharaja von Jaipur, der rosafarbenen Stadt der sieben Paläste, zurück, in dieses Gelaß ohne Lüftung, dessen schwere Tür er verriegelte: Hier konnte er ruhig schlafen, ohne zu fürchten, im Schlummer erdolcht zu werden: Es herrschte kein Vertrauen, keine Sicherheit.

Die Brahmanen

Das arisierte Indien steht unter der Herrschaft der rassistischen, dünkelhaften, von ihrer Überlegenheit über alle anderen Menschen, ja über die gesamte Schöpfung vollkommen überzeugten Brahmanen. Sie sind ein reines Produkt des vedischen Indien. Als die Arier noch nomadisierende Hirten waren, sammelten sie sich abends zur Rast um das Lagerfeuer und opferten den Göttern, um ihren Schutz zu erbitten. Dies erklärt die zentrale Rolle des Feuers im vedischen Kult. Mit der Zeit entwickelten sich diese Riten weiter und wurden komplizierter, eine »Spezialisierung« war notwendig. Ihre Meister waren die Brahmanen, die Priester.

Manu sagt: »Für die Erhaltung der gesamten Schöpfung hat das unumschränkt glorreiche Wesen denen, die es aus seinem Mund, seinem Arm, seinem Schenkel und seinem Fuß hervorgebracht hat, unterschiedliche Beschäftigungen zugewiesen.

Es hat den Brahmanen das Studium und die Lehre der Veden zugeteilt, das Begehen des Opfers, die Verwaltung der von anderen dargebrachten Opfer, das Recht zu geben und zu nehmen.

Der Brahmane ist, wenn er zur Welt kommt, in die erste Reihe auf dieser Erde gestellt. Unumschränkter Herr über alle Wesen, soll er über die Wahrung des weltlichen und geistlichen Gesetzesgutes wachen.

Alles, was die Welt umschließt, ist in gewisser Weise das Eigentum des Brahmanen; durch seine Erstgeburt und durch seine hervorragende Abkunft hat er Recht auf alles, was existiert.«

Wir wissen Bescheid! Und die Brahmanen nehmen das alles sehr ernst und wörtlich.

Indem Manu sein System auf die Geburt gründete, schrieb er die arische Gesellschaft nicht nur rassisch, sondern auch hierarchisch fest. Sein Verbot exogamischer Ehen hatte eine strikte Abschottung des Systems zur Folge.

Dadurch, daß er die Brahmanen an die Spitze stellte, wollte Manu – selbst ein Brahmane? – vermeiden, daß Prinzen und Krieger an die Macht kämen. Damit der Brahmane sich ganz seiner Aufgabe widmen konnte, hat Manu ihn von jedweder Arbeit außerhalb des Studiums und der Kulthandlungen freigestellt und seine wirtschaftliche Autonomie gesichert. Von daher der Abscheu der Brahmanen vor jeder Handarbeit, die sie als entehrend betrachten. Hatte Manu alle Mißstände vorhergesehen, die daraus erwachsen sollten?

In der Praxis lebt der Brahmane auf Kosten der Gesellschaft, aber ist er deshalb zu beneiden?

Nicht einmal das, denn jeder Augenblick seines Lebens ist unzähligen Verboten und strengen Vorschriften unterworfen, von denen so manche eher merkwürdig anmuten. Urteilen Sie selbst: Manu (IV.37 f.) verbietet ihm, die Sonne anzuschauen; über einen Strick zu gehen, an dem ein Kalb befestigt ist; zu laufen, wenn es regnet; sein Bildnis im Wasser zu betrachten; sich seiner Frau während ihrer Monatsregel zu nähern; sie anzusehen, wenn sie ißt, niest, gähnt oder nachlässig dasitzt!

Manu hat alles bestimmt, alles geregelt: wann der Brahmane zu reisen ermächtigt ist und wann nicht, was er essen soll und was nicht (das Fleisch ist ihm erlaubt, wenn er es gesegnet hat). Es ist ihm untersagt zu tanzen, zu singen, ein Musikinstrument zu spielen –

Die Kasten

außer, wenn es von den Schriften vorgeschrieben ist –, mit den Zähnen zu knirschen, Lärm zu machen, wenn er zornig ist. Er soll keinen Würfelspielen frönen, er trägt seine Schuhe nicht in der Hand, ißt nicht im Liegen auf dem Bett und so weiter.

Manu hat eine Menge abergläubischer Handlungen ritualisiert, die uns schmunzeln lassen, jedoch von den Brahmanen sehr ernst genommen werden. Wenn Sie also eine Rezeptur für Langlebigkeit nach Manu wünschen, hier ist sie: »Möge derjenige, der alt werden will, nicht auf Haaren, Asche, Knochen oder Scherben gehen, noch auf Baumwollsamen oder Strohhalmen.« (IV.78)

Auch ist Manu besessen von den natürlichen Bedürfnissen der Brahmanen!

Auch wenn ich mich wiederhole: Das übersteigerte Rassenbewußtsein des Brahmanismus ist für mich skandalös. Für die Brahmanen ist es ein leichtes zu sagen: »Das läuft seit Jahrtausenden, daher ist es gut«, wenn sie das System verteidigen. Die arische Eroberung ist für Indien ein Desaster gewesen, wie im übrigen für alle alpinmediterranen Völker, die von Nomaden aus den Steppen überfallen wurden. Wenn wir uns vorstellen, die Hunnen hätten uns besiegt, unsere Zivilisation zerstört, und wir, wie auch unsere Nachfahren, wären noch heute für die nächsten Jahrtausende ihre Sklaven, dann begreifen wir die Tragik der Vernichtung der Harappazivilisation.

Ein Teil der Tragik, das Kastensystem, mündet übrigens in ein Paradox; denn ist das Los der Shudras oder, schlimmer noch, der Kastenlosen, beklagenswert, so ist das der Brahmanen nicht wirklich beneidenswert. Durch ihre vielen Tabus haben sie sich selbst quasi unberührbar gemacht! Sie fallen ihrem eigenen System zum Opfer, so besessen sind sie von der »Reinheit«, die übrigens kein Synonym für Sauberkeit oder Hygiene im westlichen Sinne ist. Zunächst durch die Hautfarbe bedingt – wie Sie sich erinnern, bezeichnet im Sanskrit *varana* (die Farbe) auch die Klassen –, wurde die rassische »Unreinheit« der anderen zur körperlichen Unreinheit schlechthin. Um ihre Reinheit zu bewahren, haben sich die Brahmanen in einem Gewirr von Riten verfangen, die ihr Alltagsleben behindern.

In Indien vermag ein Abendländer aus Unkenntnis in so manches Fettnäpfchen zu treten. So gilt es dem Brahmanen als unglückbringend, mit der linken Hand, und sei es aus Versehen, irgendeinen ihm gehörenden Gegenstand zu berühren. Ein orthodoxer Brahmane wird Sie nie an seinen Tisch laden: Ihr Schatten würde seine Mahlzeit verunreinigen, die er dann wegwerfen müßte. Zu den Tischsitten: Wenn ein nicht brahmanischer Hindu Sie zum Essen einlüde, wäre es ein Affront der Hausherrin gegenüber, sie ihrer Mahlzeit wegen mit Komplimenten zu bedenken. Dagegen verlangt es die Höflichkeit, laut und vernehmlich zu rülpsen, zum Zeichen, daß man gesättigt ist. Im Zweifelsfall ist es also besser, so wenig wie möglich zu sagen oder sich zu bewegen.

Wir können uns fürwahr glücklich

schätzen, weder kastiert, noch kastriert zu sein und nicht »verdient« zu haben, als Brahmane geboren zu werden.

Ich möchte wiederholen, daß sich meine Kritik auf ein System richtet, nicht auf Personen. Ich habe viele Freunde unter Brahmanen, denen ich auch weiterhin verbunden bleibe. Aber es gilt, noch eine andere Tatsache richtigzustellen, nämlich die, daß sich der Brahmanismus alle Verdienste und Errungenschaften der indischen Zivilisation zuschreibt. Das ist falsch. Richtig ist, daß die Arier der Welt das Sanskrit mit all seiner reichhaltigen Literatur vermacht haben. Die indische Zivilisation hingegen wurde von den Indo-Alpin-Mediterraniden geschaffen. Ob es nun die aus dem Felsen gehauenen Tempel von Ajanta sind, die Paläste von Jaipur, das Taj Mahal, die Tempel von Mahabalipuram oder Dilwara am Berg Abu, oder alle großen Tempel Südindiens, nichts von all diesen großartigen Bauwerken ist arischen Ursprungs, denn für den Arier, ob Brahmane oder Kshatriya, ist jegliche Handarbeit entehrend, mithin den Knechten und den Kastenlosen vorbehalten. Folglich sind es die letzteren, die diese Meisterwerke schufen.

Ich zitiere wieder Ernest Borneman: »Hirtenvölker [...], die [...] zum ›Plünderer der Städte‹ geworden sind, haben stets und überall eine tiefe Verachtung für die Arbeit der Hände gehabt. [...] Körperliche Arbeit war nun einmal Sache der Knechte, wer sie freiwillig verrichtete, entwürdigte sich. Der freie Mann gewann seine Freiheit mit dem Schwert; die Arbeit mit der Waffe war die einzige Arbeit, die er verrichten durfte.« (S. 131)

Und er fährt fort: »Einer der Gründe, weshalb die Griechen anfangs auch so wenig Respekt für ihre Künstler hatten, war, daß die griechische Kunst zum großen Teil von asiatischen Sklaven stammte. So waren zum Beispiel fast alle Vasenmaler Sklaven oder Freigelassene. Aber auch die ersten Bildhauer griechischer Abstammung erhielten kaum einen Bruchteil der Hochachtung, die das Patriarchat seinen Epikern und Dramatikern zollte, denn diese ›arbeiteten‹ ja nicht, sondern waren eben ›Denker‹, während die Bildhauer, die im Schweiße ihres Angesichts mit Hammer, Meißel und riesigen Steinblöcken arbeiteten, den Patriarchen wie Irrsinnige vorkamen, die freiwillig das Los des Sklaven auf sich genommen hatten.« (S. 139)

In Indien verhält es sich ähnlich. Allerdings gab es nie einen Brahmanen oder Kshatriya, der sich als Bildhauer verdingte.

Welche Behinderung der Brahmanismus für die Entwicklung Indiens darstellt, dessen waren sich Pandit Jawaharlal Nehru und seine Mitarbeiter wohl bewußt, als sie nach der Unabhängigkeit die neue indische Verfassung aufstellten, die unter anderem die Abschaffung der Kasten und des Mitgiftbrauchs und die Emanzipation der indischen Frau vorsieht sowie die Scheidung und Wiederverheiratung der Witwen erlaubt. Doch in der Praxis haben sich diese Forderungen aufgrund der über Jahrhunderte währenden Traditionen bis heute nicht verwirklicht.

Die Kasten

Dieser Tempel des Bergs Abu ist ein Wunderwerk: steinernes Spitzengewebe! Man könnte Wochen damit verbringen, sich in seine Betrachtung zu versenken.

Werden also der Brahmanismus und die Kasten noch lange weiterbestehen? Niemand vermag das zu sagen. Aber in den unterdrückten Volksmassen – arische und nichtarische Frauen miteingeschlossen – findet zunehmend ein Bewußtseinsprozeß statt, und die Spannungen nehmen zu. Indien, so mögen wir denken, ist weit weg, aber in Wirklichkeit ist es ganz nah, denn in unserer modernen Welt ist alles miteinander verknüpft. Indien bedroht bereits jetzt die Zukunft unseres Planeten und wird sie zunehmend mehr bedrohen. Jenes Indien mit dem ausgedehntesten Eisenbahnnetz der Welt, wo aber die Ochsenkarren – unverändert seit der Induszivilisation – noch immer mehr Handelswaren transportieren als alle Eisenbahnzüge zusammen. Jenes Indien, das bereits die vierte Militärmacht der Welt nach der Sowjetunion, den Vereinigten Staaten und China ist. Jenes Indien, das Satelliten ins All schickt, das über Nuklearkraft und Atombombe verfügt und dessen Mathematiker und Informatiker denen im Westen in nichts nachstehen. Jenes Indien schließlich, dessen Bevölkerung, so sagen die Demographen, im 21. Jahrhundert größer sein wird als die Chinas. Die Zukunft gehört Asien.

Als Abschluß dieses den Brahmanen gewidmeten Kapitels möchte ich in bezug auf die Unreinheit des Abendländers einen Bericht Alexandra David-Néels wiedergeben. Daß es ihr untersagt war, in Trichinopoly den Tempel zu betreten, wußte sie, gleichwohl trat sie einen Schritt vor, um einen Blick ins Innere zu werfen: »Der Brahmane, Wächter der Stätte, erhob beide Arme, um zu verhindern, daß ich weiterginge. Seine Gebärde verwunderte mich nicht, ich war darauf gefaßt, doch es blieb nicht dabei. Als ich gehen wollte, erhob er sich hastig, eilte um seinen Tisch herum und stellte sich mit ausgestreckter Hand vor mich.

– Bakschisch! sagte er, den im ganzen Orient verwendeten Ausdruck für ein Trinkgeld.

– Wie? gab ich zurück, du hinderst mich einzutreten, und willst, daß ich dir Geld dafür gebe!

– Die Fremden dürfen nicht eintreten, aber sie können ein Bakschisch geben, erwiderte er unschuldig.

Die geistige Einfalt, aus der eine solche Antwort resultiert, war entwaffnend, und ich sollte noch Besseres zu hören bekommen.

– Nimm, sagte ich zu dem Wächter, indem ich ein paar Bonbons aus meiner Tasche holte und sie ihm hinhielt. Ich tat dies nur zum Spaß, wohl wissend, daß er sie ablehnen würde.

– Nein, sagte er zurückweichend, ich könnte das nicht essen.

– Weshalb?

– Es ist unrein.

– Mmh! Ich knabberte ein Bonbon, steckte die anderen zurück in meine Tasche und zog zwei Rupien hervor. Das Gesicht des Wächters hellte sich auf, und er ging von neuem mit ausgestreckter Hand auf mich zu.

– Du würdest sie nehmen? fragte ich. Weil doch die Schokolade unrein ist und ich aufgrund meiner Unreinheit den Tempel nicht betreten kann, ist gewiß auch das Geld, das ich berührt

habe, unrein, und du darfst es nicht nehmen.
– Das Geld ist niemals unrein, erklärte mein Brahmane im Brustton tiefer Überzeugung.

Klang das nicht nach den Kaiser Vespasian zugeschriebenen Worten: ›Geld stinkt nicht‹? Ich war überwältigt: Eine solche Naivität grenzte ans Erhabene.

In der Folge sollte ich in Benares, in Kalkutta und anderswo mehr als einmal Varianten dieser Meinung zu hören bekommen: ›Es ist uns verboten, Nahrung von einem Fremden anzunehmen, aber unsere Religion verbietet es uns keineswegs, Geld von ihm zu nehmen. Geld besudelt nicht.‹«

Käuflichkeit, Heuchelei und Trägheit bestimmen den Charakter der Arier, angefangen bei den Brahmanen. So lassen sie, weil sie zu faul sind, ihre Felder selbst zu bestellen, Shudras und Unberührbare für sich arbeiten. Nach brahmanischer Auffassung wären die vom unreinen Schatten oder – schlimmer noch – den Händen berührten Nahrungsmittel unrein. Nun gibt es aber folgenden Ausweg: Jegliche von einem Brahmanen bereitete Speise wird unverzüglich rein. Fiele aber nach der Zubereitung der Schatten eines Unberührbaren auf sie, so würde sie sogleich ungenießbar! Deshalb also sind die Köche in den Restaurants für Inder Brahmanen.

Die sechste Kaste: die arische Frau

Indem Manu die arische Frau dem Mann unterstellte, würdigte er sie auf den Rang des Shudra herab. Sie bildet de facto eine sechste, wenig beneidenswerte Kaste; und eine der Ursachen des brahmanischen Widerstands gegen das Tantra rührt daher, daß das Tantra die Unterjochung der Frau, die Arierin inbegriffen, verurteilt, während der arische Machismo ihre vollständige Unterwerfung verlangt. Sie befreien zu wollen hieße, das System zu unterminieren.

Manu, der in seinem *Manayadharmasastra* die absolute Überlegenheit des Mannes über die Frau zum »göttlichen Gesetz« erklärt, begründet dies mit dem ihm durch den Schöpfer höchstselbst kundgetanen Willen. Der *Rigveda* (IX, 92,5) macht den Mann gar zu einer Art Adam: Da er ohne Gattin ist, nimmt er seine Nachkommen aus einer seiner Rippen *(parshu)*.

Er verleiht der Arierin amtlich den Rang einer Leibeigenen: »Während ihrer Kindheit muß die Frau ihrem Vater unterstellt sein; während ihrer Jugend ihrem Gatten; ist ihr Gatte gestorben, seinen Söhnen; wenn sie keine Söhne hat, den Anverwandten ihres Gatten... Eine Frau darf nie nach ihrem Gutdünken über sich walten.« (V.148)

In der *Bhagawadgita*, der Bibel der Hindus, sagt der Gott Krishna: »Solche, die ihre Zuflucht bei mir nehmen, und seien sie aus einem sündigen Leib geboren, sogar Frauen oder Vaishyas oder Shudras, auch sie gelangen zum höchsten Ziel.« (Gesang 9,32) Anmerkung: Wenn eine Arierin mit einem Mann von niedrigerer Klasse als der ihren »gesündigt« hat, so gebiert ihr »sündiger Leib« Parias, aus dem System verbannte Unberührbare.

Frauen auszubilden ist unnütz, denn von ihrer Eheschließung an wird ihre Aufgabe sein, Kinder in die Welt zu setzen und sie aufzuziehen. Kein Brahmane, nicht einmal einer, der sich für »fortschrittlich« hält, läßt seine Töchter über das Grundniveau hinaus Schulunterricht nehmen. In den großen Städten studiert von hundert Brahmanentöchtern höchstens eine an der Universität. So mancher überaus verwestlichte und gebildete Hindu, der ein akzentfreies Englisch spricht und umfangreiche Geschäfte abwickelt, begnügt sich mit einer nahezu analphabetischen Frau, sofern sie Söhne zur Welt bringt und ihm untertan ist.

Europäer, die oftmals eine idyllische Sicht von Indien haben, wissen meist nicht, wie das Leben einer orthodoxen Familie dort wirklich beschaffen ist, denn alles spielt sich hinter Mauern ab.

Für uns bedeutet Familie ein Haushalt mit Vater, Mutter und Kindern. In Indien gibt es die *joint family*, die Großfamilie, eine Sippe, die zuweilen hundert Personen zählt. In den großen Städten nimmt sie allmählich die Züge des westlichen Modells an, aber ohne viel an der Mann-Frau-Beziehung zu ändern. Dies trifft aber nur auf einen verschwindend geringen Teil der indischen Bevölkerung zu, die ja – das dürfen wir nicht vergessen – hauptsächlich in den etwa fünfhundertsechzigtausend Dörfern Indiens lebt.

An der Spitze der Familie thront ein unumschränktes Oberhaupt: der Alte, der Patriarch. Als nahezu unnahbarer »schwarzer Mann« ist er von allen gefürchtet, einschließlich den Kindern, die ihn nur selten zu Gesicht bekommen oder mit ihm Umgang haben. Er allein verfügt über ein eigenes Zimmer, was in dem überbevölkerten, intimitätslosen Haus den höchsten Luxus darstellt. Er empfängt dort ausschließlich Männer, und das nur, um praktische Angelegenheiten zu bereden. Was die *joint family* zusammenhält ist mehr Furcht und strenge Disziplin, denn Geborgenheit und Zuwendung. Der Patriarch, im allgemeinen ein alter Knauser, duldet keinerlei Vertraulichkeit.

Und das Los der Frauen? Für Ordnung im *zenana*, dem Frauentrakt, den aufzusuchen der Alte sich nicht herabläßt, sorgt eine Aufpasserin, die Frau des Patriarchen: Die indische Schwiegermutter ist tyrannisch, kleinlich und bösartig. Alt und zänkisch, rächt sie sich an den Schwiegertöchtern für die Qualen, die sie selbst erlitten hat. Sie schläft wenig, und sobald sie – lang vor dem Hahnenschrei – erwacht, erschallt laut ihre kreischende Stimme im Gebet. Von morgens bis abends läßt sie die ihr untertanen Menschen rackern; unentwegt schleicht sie schlechtgelaunt durchs Haus und schimpft, hauptsächlich mit ihren Schwiegertöchtern. Ihre eigenen, frühverheirateten Töchter erleiden dasselbe Los in ihrer neuen Familie! Der Fremde ahnt nicht, was die Tränen einer indischen Braut bedeuten, wenn sie ihr Haus verläßt. Sie weiß sehr gut, was sie erwartet, weil sie es von zu Hause kennt. Die Alte wird auf ihr herumhacken, ohne ihr auch nur die Zeit für die Körperpflege zu gönnen, und sie wird sie der geringsten Koketterie wegen als Hure beschimpfen. Es ist bezeichnend, daß man in Indien nicht von »Krokodilstränen« spricht, wenn man Heuchelei anprangert, sondern von den »Tränen der Schwiegertochter, die um ihre Schwiegermutter weint«! Sie kann weder mit Nachsicht noch mit Unterstützung ihres Ehemanns rechnen, der höchstens nachts zu ihr kommt und sie niemals in Schutz nimmt.

Ganz sanft aber behandelt die Aufpasserin ihre eigenen Töchter, wenn diese auf ein paar Tage »Freigang« im Jahr ins Haus zurückkehren. Sie verwöhnt sie, wacht darüber, daß es ihnen an nichts fehlt, vor allem, daß sie nicht arbeiten: Wenn die Schwägerinnen ihnen zu Diensten sind, denken diese sehnsüchtig an ihre eigenen freien Tage – der einzige Lichtblick in ihrem freudlosen Leben.

Die Hinduehe gründet sich nicht auf Liebe in abendländischem Sinn. Hinduehen werden stets arrangiert und bleiben eine Geldfrage. Indische Zeitungen sind voller Heiratsanzeigen, in denen Eltern buchstäblich die Haut ihrer Tochter zu Markte tragen. Sie rühmen ihre erhabene Kaste, ihren weißen Teint und so fort. Nach Anzeige und Austausch von Fotos beginnen die Familien ein würdeloses Feilschen, von dem die Hauptbetroffenen, die künftigen Eheleute, ausgeschlossen sind. Diese werden sich vor der Hochzeit nicht zu Gesicht bekommen, außer vielleicht in einem sehr liberalen Milieu, wo man ihnen gestattet, sich ein paar Augenblicke flüchtig zu sehen – unter strenger Aufsicht und ohne die Möglichkeit eines Gesprächs mit dem ihnen zugeführten Partner. Was zählt, sind die Kaste und das Geld.

Der Verfassung nach sind sowohl Mitgift wie Kastensystem abgeschafft. Wie wir aus *L'Express* erfuhren, zeigten im Februar 1988 alle indischen Tageszeitungen auf der Titelseite das Foto der drei Schwestern Aiaka (18), Mamta (20) und Poonam (23), aufgehängt an einem Ventilator, einzig und allein deshalb, weil ihr Vater, ein kleiner Beamter, nicht in der Lage war, sie mit einer ausreichenden Mitgift auszustatten, um Ehemänner zu finden.

Es drängt sich hier die Frage auf: Hat der Mitgiftbrauch vielleicht etwas damit zu tun, daß die meisten totgeborenen Babys weiblichen Geschlechts sind? Die moderne Wissenschaft erleichtert natürlich bestimmte Dinge. In Indien ist die Abtreibung nicht nur erlaubt, sie wird sogar gefördert, um die Überbevölkerung einzudämmen. Dank der Ultraschalluntersuchung läßt sich das Geschlecht des Kindes im voraus bestimmen; man braucht also, wenn es weiblich ist, nicht einmal mehr auf seine »Totgeburt« zu warten.

Der Zweck der Hinduehe ist nicht Liebe oder Harmonie, sondern das Zeugen von Kindern. Man spricht in Indien landläufig von »blessed with sons«, mit Söhnen gesegnet sein. Die Geburt des ersten Sohns ist Anlaß großer Freude, denn stürbe der Hindu, ohne einen Sohn zu haben, wer würde dann seine Autorität und seine Güter übernehmen? Wer würde seinen Scheiterhaufen entzünden, nachdem er ihm den Schädel zertrümmert hat, um seine Seele freizulassen? Eine Hindufrau gilt als unfruchtbar, selbst wenn sie Töchter geboren hat, solange sie ihrem Mann nicht wenigstens einen

Sohn »schenkt«, und um sich dieser Last zu entledigen, ist sie zu allen Opfern bereit.

Die Versessenheit auf einen Sohn konditioniert noch ihr sexuelles Verhalten. Im *Kamasutra* wird der eheliche Alkoven als Stätte großer Sinnesfreuden dargestellt. Das ist ein Irrtum! Der Arier glaubt, wenn seine Frau ihn sexuell beherrsche, bringe sie nur Töchter zur Welt. Mithin läßt die Hindufrau passiv den Koitus über sich ergehen und hütet sich wohl, sich aktiv daran zu beteiligen oder gar – schlimmer noch – Lust zu empfinden. Wenn ihr Mann Söhne haben will, muß er sich wohl davor hüten, sie zum Genuß zu bringen! Ehelicher Sex bedeutet für die Frau Pflicht und Verdruß. Der Mann findet seine sexuellen Freuden anderswo. Die arische Ehefrau ist so vollständig unterworfen, daß sie nicht das Recht hat, eifersüchtig zu sein. Wenn sie erfährt, daß ihr Gatte sie betrügt – was die Regel ist –, wird sie sich nicht beschweren, denn das ist nun einmal Vorrecht des Mannes. Es kommt für sie nicht in Frage, ihren Herrn und Meister solch geringfügiger Kleinigkeiten wegen zu behelligen. Manu (V, 154) schreibt: »Selbst wenn das Verhalten ihres Gatten tadelnswert ist, auch wenn er sich anderen Lieben hingibt und guter Eigenschaften bar ist, muß die tugendsame Frau ihn stets verehren wie einen Gott.« Was sie nicht daran hindert, dennoch mit ihrem »Gott« zu hadern, nicht wegen seiner Eskapaden, sondern schäbiger materieller Dinge wegen.

Obwohl ihre Aufgabe darin besteht, Kinder zu gebären, erfährt die Frau während ihrer Schwangerschaft nicht nur keine Vorzugsbehandlung, sondern unterliegt überdies einer Menge von Vorschriften und Tabus. Zur Niederkunft wird ihr das kleinste, schäbigste Zimmer zugewiesen, und dort wird sie sich meist aufhalten; denn so jung wie sie verheiratet wird, hat sie mit Dreißig bereits sieben oder acht Kinder zur Welt gebracht – was weder ihrer Gesundheit noch ihrer Figur zuträglich ist.

Der Hindumann ist ein unumschränkter Herrscher, dem von klein auf eingeprägt wird, eine Frau vollständig zu unterwerfen, sie buchstäblich zur Sklavin zu machen. Laut Wörterbuch bedeutet Sklave »jede Person, die unter der absoluten Befehlsgewalt eines Herrn steht, der sie erbeutet oder gekauft hat. Der Rechtspersönlichkeit, des Besitzes, der Rechte beraubt, kann sie sich weder befreien noch nach ihrem Belieben sich bewegen, noch nach ihrem Willen handeln«. Und **genau** das ist der Status der arischen Ehefrau, die der Gatte, der Despot nicht einmal hat kaufen müssen!

Als die Engländer in den Hindutempeln die Prostitution mit den *devadasis*, bei denen die Männer ihre sexuellen Triebe befriedigen konnten, verboten, protestierten die Brahmanen heftig, unter dem Vorwand, daß dies zur Verwilderung der Sitten führen würde.

Der Hauptgrund ihres Protestes jedoch war der Wegfall einer Einnahmequelle, obwohl sie mit ihrem Vorwand nicht ganz Unrecht hatten. Der indische Mann ist sexuell derart engagiert, daß indische Familien sich beeilen, eine Tochter zu verheiraten, sobald sie

Die Kasten

pubertiert, da sie sonst Gefahr läuft, von Vater oder Bruder zum Inzest gezwungen zu werden! – Und das sage nicht ich, sondern Akhileshwar Jha: Als Inder weiß er, wovon er spricht. – Um dies zu vermeiden, trichtert die Mutter dem Mädchen, sobald es herangewachsen ist, ein, daß sein Vater es nicht mehr nackt sehen dürfe: Das wäre zu herausfordernd, zu riskant! Es ist immer ratsam, ihm aus dem Weg zu gehen. Gelingt das nicht, so muß es auf Distanz bleiben, den Kopf gesenkt halten, darf nicht lachen, nicht gähnen, nicht zu schnell oder zu laut reden.

Auch mit den Brüdern hat es sich so zu verhalten. Selbst wenn es älter ist, verfügt es über keinerlei Autorität. Nach dem zehnten Lebensjahr spielt es nicht mehr mit ihnen und bleibt auf Entfernung. Mit Beginn der Pubertät wird es nicht mehr allzu nahe bei ihnen sitzen, nicht einmal in der Öffentlichkeit, und es ist undenkbar, allein mit den Brüdern im Zimmer zu bleiben.

Vor einem sitzenden Mann, und sei er ihr Gatte, bleibt sie stehen und schweigt. Die *Sati-Gita* sagt über die vorbildliche Ehefrau: »Sie ißt mit großer Freude die von ihrem Gemahl übriggelassene Nahrung; sie verbeugt sich unablässig vor den Speisen, den Früchten und allem, was sie ihrem Gatten darreicht.« (10.3)

Die Männer der Familie sieht sie wenig, denn sie sind meist außer Haus. Während wenige »Mutige« arbeiten, schlendern die anderen herum oder würfeln mit Gleichgesinnten auf dem Dorfplatz im Schatten des großen Banyanbaums, wo sie den Tratsch des Tages verbreiten. Die Arbeit wird nach Manu von den Leibeigenen und den Frauen getan – Müßiggang ist also keine Schande, ganz im Gegenteil. Gewährleistet die Großfamilie einerseits die existentielle Sicherheit aller Angehörigen, so fördert sie andererseits jedoch auch Faulheit und Verantwortungslosigkeit: Warum sich anstrengen, wenn doch alle Einnahmen in die Gemeinschaftskasse fließen?

Das große Ereignis für eine Frau besteht darin, mit ihrem Ehemann Einkäufe machen zu dürfen. Mit ihm? Nein, hinter ihm! Untertänig folgt sie ihrem »Gott« in ein paar Meter Abstand. Bei der Heimkehr vom Basar schreitet der Herr würdig und gelöst voran, die Hände frei bis auf einen Schirm, der ihn vor der Sonne schützt. Seine Frau folgt ihm, stapelweise mit Paketen beladen und dazu vielleicht noch ein Kind auf der Hüfte tragend. Im Bus bleibt der Herr sitzen, die Frau steht.

In den orthodoxen Familien ermuntern die erwachsenen Männer die Knaben dazu, den Frauen, einschließlich der Mutter, nicht zu gehorchen, um ihre »Männlichkeit« zu beweisen. Von daher stammt auch ihre geringschätzige Haltung gegenüber der Mutter und den Tanten. Das bedeutet aber nicht, daß sie von ihren Vätern verweichlicht würden. Manu hat verkündet (IV, 164): »Er [der Arier] wird seinen Stock niemals aus Zorn wider einen anderen erheben und niemand damit schlagen...« Wahrlich eine schöne Vorschrift, aber einmal in Schwung, fährt er fort: »...mit Ausnahme seines Sohnes oder seines Schülers, die er zu

Von Indien nach Europa

Dieser Stich zeigt, daß ein Vorhang den Scheiterhaufen verbarg, bevor die Sati ihren »heldenmütigen Sprung« tat. Doch ist sie wirklich gesprungen? Oder haben die beiden Männer sie gestoßen? Ihre Haltung läßt das nicht eindeutig erkennen!

ihrer Unterweisung züchtigen kann.« Woran er es nicht mangeln läßt!

Die Engländer sagen: »Spare the rod and spoil the child«, wer also sein Kind liebt, sollte es züchtigen, was man in Indien wörtlich nimmt. In der Schule regiert die Rute, auch wenn die Lehrer heute weniger rigide sind als früher. Aber die Väter ermuntern sogar dazu. Zu Hause und in der Schule geschlagen, nimmt mehr als ein Kind Reißaus.

Doch kommen wir zurück auf die arische Frau. Außer keinem Sohn das Leben geschenkt zu haben, bedeutet für sie das Hinscheiden ihres Ehemanns die größte Notlage. Die Schwiegermutter wird ihr letzteres nicht verzeihen. Witwen haben in der arischen Gesellschaft keinen Platz, außer bei ihrem Gatten auf dem Scheiterhaufen. Die *Sati-Gita* (IV, 5.6) schreibt vor: »Die Sati wird sich auf dem Scheiterhaufen ihres Gemahls verbrennen; weicht sie zurück, so wird sie als Gefallene be- trachtet, und gleich dem Helden, der vom Schlachtfeld flieht, bringt sie Schande über ihre Familie.«

Dieser barbarische Brauch ist erst 1829 abgeschafft worden, hat sich aber noch lange danach insgeheim gehalten. Warum nun noch davon sprechen? Weil das System, das ihn eingeführt hat, weiterhin besteht.

1923 schrieb der sehr westlich beeinflußte Ananda K. Coomaraswamy in seinem Buch *The Dance of Shiva*, das trotz seines Titels nichts Tantrisches beinhaltet: »Diese Ergebenheit über das Grab hinaus hat uns mehr als ein kritischer Abendländer zum Vorwurf gemacht. Wir sind nicht dieser Ansicht. Wir beklagen unsere Satis nicht, wir begreifen sie, wir verehren sie, wir bewundern sie.« »[...] Es erscheint uns klar, daß das blinde und zweckfreie Opfer der Sati und des Patrioten eine hohe spirituelle Tragweite hat. [...] Jede auf den feministischen Forderungen fußende Kritik an der Position der indischen Frau läßt uns gleichgültig. [...] Man hat sich eingebildet, die Institution der Sati sei eine männliche Erfindung, die den Frauen von den Männern aus eigennützigen Motiven aufgezwungen worden sei, sie gehöre zur Knechtung der Frau und sei eine Eigenart Indiens. Wir werden sehen, daß diese Einlassungen historisch falsch sind. Es ist wahr, daß in den aristokratischen Kreisen das Opfer der Sati bis zu einem gewissen Punkt eine gesellschaftliche Konvention geworden war und daß man dort die Widerspenstigen dazu nötigen konnte, so wie unserer Tage Rekruten gezwungen werden, für die Ideen anderer zu leiden oder zu sterben.«

Wie überzeugend sich das anhört! Doch warum betrifft es nur die Witwen? Warum verbrennen nicht auch die Witwer auf dem Scheiterhaufen ihrer geliebten Gemahlin? Auch sie würde man schließlich gerne bewundern... Feuer hat Manu indes auch für sie vorgesehen: »Nachdem er so mit den geweihten Feuern die Bestattungszeremonie einer vor ihm gestorbenen Frau begangen hat, soll er eine neue Ehe eingehen und ein zweites Mal das Hochzeitsfeuer entzünden.« (V.168)

Diese Praxis wurde 1829 untersagt, und dennoch hat sich 1987 in einem kleinen Dorf in Rajasthan die achtzehnjährige Roop Kanwar auf dem Scheiterhaufen ihres Ehemanns freiwillig hingeopfert, vor den Augen ihrer Familie und Tausenden von Menschen, die gekommen waren, dem Schauspiel beizuwohnen, und keinen Finger rührten, um sie daran zu hindern. Heute ist die schwarzverkohlte Stätte ihrer Opferung ein Wallfahrtsort geworden, und ihr Foto hängt in den Häusern.

In unseren Tagen wartet man nicht einmal das Ableben des Ehemanns ab: Jedes Jahr verbrennen Tausende von Hindufrauen (wenigstens neuntausend **bekannte** Fälle), deren Familien die verlangte Zusatzmitgift nicht zahlen können oder wollen, bei lebendigem Leib – nicht mehr auf dem Scheiterhaufen, sondern in der Küche. Man muß wissen, daß die Mitgift – beinahe hätte ich gesagt das Lösegeld – Unsummen, oft den Gegenwert von mehreren Jahren Arbeit, beträgt, wenn der Verlobte einer hohen Kaste angehört. Falls man dann mit der Bezahlung nicht nachkommt, ist ein »Unfall« bei den so unsicheren Kerosinkochern und den so leicht entzündlichen Nylonsaris, dazu ein bißchen Benzin, schnell geschehen.

Die Sexualität im brahmanischen Indien

Jenes brahmanische Indien, welches das Tantra ausschweifender sexueller Praktiken bezichtigt, ist es wirklich so tugendsam, wie sich gibt? Wir glauben, Indien sei gewaltfrei, vegetarisch und prüde – alles Unsinn!

Es ist richtig, daß Gandhi die Engländer gewaltlos aus dem Land gedrängt hat, aber Indien hatte keine Schwierigkeiten von den Feuerwerken der Unabhängigkeitsfeier zu Massakern mit Millionen von Toten überzugehen. Abwechselnd haben Hindus und Moslems von Flüchtlingen überquellende Züge überfallen und jeden darin hingemetzelt: vom Maschinisten bis zum Lampenwärter, vom Greis bis zum Neugeborenen.

Es stimmt, daß in Indien die Kuh heilig ist und deshalb nicht geschlachtet wird; und auch das unreine Schwein wird nicht gegessen. Indes verzehren die meisten Inder – falls sie es sich leisten können – Geflügel, Meer- oder Flußfische, Lamm- oder Ziegenfleisch.

Es stimmt, daß die indische Frau im Sari badet und im indischen Kino der Kuß auf den Mund verboten ist – aber das beginnt sich zu ändern. Im Gegensatz zu diesem Puritanismus aber stehen die äußerst großzügig mit obszönen Skulpturen ausgestatteten Tempel. Der Brahmanismus hat eine Erklärung dafür: Es sind Blitzableiter! Das ist kein Scherz, und die *Brihat-Samhita* zitierend schließt Urmila Agarwal ihr Buch über Khajuraho so: »Diese Skulpturen schützen die Tempel vor dem Blitz, dem Wirbelsturm und anderen von den Göttern Indra und Varuna regierten Unbilden der Natur. Während einerseits der Tempel selbst diese Götter anzieht, weisen andererseits jene obszönen Skulpturen sie ab.« Welch ein Glück für die Tempel!

Urmila Agarwal selbst ist davon nur mäßig überzeugt und bietet eine weitere »Erklärung« an: »Diese Skulpturen dienen auch dazu, die Aufrichtigkeit der Frommen zu testen. Bleiben sie unerschütterlich und unerschüttert, so werden sie den Tempel betreten und die vollständige Kontrolle über die Sinne erlangen. Die schwachen Gemüter werden ins Wanken geraten, den Tempel nicht betreten und ihre Anstrengungen verdoppeln, sich zu beherrschen.«

Nun sind die berühmten Tempel

von Khajuraho, Konarak und Bhubaneswar – der Vernichtung entgangen – nahezu heilige Stätten, denn als die muselmanischen Horden in Indien einfielen, wurden Hunderte von im ganzen Land verstreuten Khajurahos im Namen Allahs geplündert. Die achtzig Tempel des ausgedehnten Khajuraho-Komplexes verdanken ihr Überleben allein dem tropischen Urwald: Sie sind von der üppigen Vegetation überwuchert worden und darunter für mehrere Jahrhunderte verschwunden und nur zufällig von eben jenen Engländern wiederentdeckt und freigelegt worden, die fast ihren endgültigen Untergang verursacht hätten, indem sie die viktorianische Prüderie nach Indien brachten.

Die Unabhängigkeit stand kurz bevor, als nationalistische Politiker befanden, daß diese Statuen dem guten Ruf der jungen Republik schaden würden, und ein radikales Heilmittel empfahlen: sie einzubetonieren! Und das Abendland hat sie gerettet. Das Vorhaben scheiterte erstens an den Protesten aus aller Welt und zweitens am Profitdenken; denn man erwartete ganze Heerscharen von Touristen. Die Rechnung: Tourismus ist gleich Geld ging auf und hatte zur Folge, daß der den Skulpturen bestimmte Beton für Touristenparkplätze Verwendung fand.

Trotz alledem teile ich die Ansicht der indischen Puritaner: Diese Statuen sind pornographisch und nicht tantrisch! Auch wenn vielleicht das eine oder andere ekstatische Paar einen »vergöttlichten Eros« darstellt, was aber ist von all den anderen zu halten?

Tatsächlich stellen diese steinernen Menschenknäuel, die sich jeglicher Art von Ausschweifung hingeben, harte Pornographie dar. Das verändert die Perspektive.

In seinem vortrefflichen Kunstbuch *Inde* hat A. Menen das Problem ganz richtig gesehen: »Auf den ersten Blick scheinen diese Statuen frei von kommerziellen Absichten. Dennoch ist eben dies der Fall, wie ich zeigen werde.« Warum? Die Erklärung ist einfach und bestechend. Der indische Tempel ist weder eine Kirche noch eine Kathedrale. Eine Kultstätte? Vielleicht. Weniger als ein Jahrhundert ist es her, daß er eine Stätte gesellschaftlicher Begegnung war, gewiß, doch vor allem war er ein Bordell!

Die Engländer mit ihrem Puritanismus waren es, die die Einrichtung der Tempeltänzerinnen, der *devadasis (deva* = Gott; *dasi* = Sklavin), verboten haben. Gottessklavin? In Wirklichkeit waren diese verführerischen und meist gebildeten Bajaderen, die zu tanzen, singen und mimen verstanden, vor allem Meisterinnen der Liebeskunst. Ich zitiere Davangana Desai aus seinem *Erotic Sculpture of India:*

»Die Institution der *devadasis*, deren Ursprung auf die Fruchtbarkeitskulte zurückgeht, wurde zu einem Mittel der Sinnenlust unter dem Deckmantel einer Kultform. In mittelalterlicher Zeit wuchs die Zahl der *devadasis* in den Tempeln, weil die heiligen Schriften empfahlen, dem Tempel Mädchen darzubringen. Die *Bhavisya Purana* (I,98,67) schreibt vor, schöne Mädchen zu kaufen und sie dann dem Tempel zu vermachen, um in das *Suryaloka* [*surya*

= Sonnengott, *loka* = Weltviertel] einzugehen. Die Prinzen verlangten, ganz wie die mittelalterlichen Priester, daß man in den Tempeln *devadasis* unterhalte.« Ich zitiere seinen Satz, ohne zu übersetzen: »It became a place for men to gratify their sexual urges« (S. 168). Eines ist klar: Der Tempel war es, wo die Männer ihre sexuellen Bedürfnisse befriedigten – wohlgemerkt, nachdem sie die Kasse passiert hatten! Der Tempel war ein Großbordell mit oftmals Hunderten von Prostituierten (der Tempel von Tanjore zählte vierhundert), die übrigens ebenso honoriert wurden wie die Hetären.

Von der Umfriedung des Tempels aus betrat man den *natyamandapa* (*natyam* = Tanz), wo die erotischen Tänze der *devadasis* den Kunden »heiß machten«, ehe sie ihn in die *bhagamandapa* (*bhaga* = Vulva), die Stätte der Lust, brachten.

Dieser Handel funktionierte noch weit in unser Jahrhundert hinein. Er kam aller Welt zugute, zumindest den Männern; denn im brahmanischen Indien des Mittelalters lebten drei sich ergänzende Institutionen in genialer Symbiose: die Hinduehe, der Harem und das Tempelbordell.

Da die mangelnde Intimität in den indischen Häusern für das Liebesleben wenig geeignet war, konnte der Mann dank des Tempels und seiner kundigen *devadasis* seine »sexual urges« befriedigen – gegen klingende Münze. Die Brahmanen steckten das Geld ein, derweil auch sie selbst sich zu ihren kleinen Vergnügungen der Tempeltänzerinnen bedienten. Und durch die Steuern, die auf das Tempelbordell erhoben wurden, kam auch der Maharaja auf seine Rechnung!

Und welche Rolle spielte der Harem in dieser Trias? Einige Maharajas besaßen Hunderte von Frauen und Eunuchen, denn ihr Ansehen wuchs proportional zu deren Anzahl. Sind sie deshalb zu beneiden? Wären sie dazu genötigt gewesen, alle Frauen zu »beehren«, so wären sie eher zu bedauern. Nun, im allgemeinen »begnügten« sie sich mit einem Dutzend Favoritinnen. Vor allem aber leistete der Harem, indem er all diese Frauen der Fortpflanzung entzog, einen Beitrag zur Empfängnisverhütung. Daß die indische Bevölkerung im Lauf der Jahrhunderte sehr stabil geblieben ist, ist zu einem Gutteil dieser Einrichtung zu verdanken. Die Bevölkerungsexplosion Indiens ist eine Erscheinung jüngeren Datums, an der auch die Medizin nicht unerheblich beteiligt ist. Schließlich war es eine geniale Idee, die auf dem Markt verfügbare »Ware« durch die Einrichtung des Harems zu verknappen und so die Männer in die Tempel zu bringen, wo sie durch ihre »Opfergaben« zum Reichtum der Maharajas beitrugen und diese wiederum in der Lage waren, außer ihren Palästen und Heeren auch ihre Harems zu unterhalten: Das Karussell dreht sich! Außer dem Steuervorteil verschafften der Tempel und seine anziehenden Tänzerinnen dem Maharaja noch einen anderen Vorteil: Die Schönsten lud er zu sich in seinen Palast und ließ sie laszive Tänze darbieten, um erst seine Begierde zu wecken und sie dann auszuleben.

Selbst die Engländer verschmähten

die *nautch-girls*, die *devadasis* oder, nach der französischen Bezeichnung, Bajaderen nicht. Um die Gunst eines würdigen Beamten Ihrer hochpuritanischen Majestät Königin Viktoria zu gewinnen, schickte man ihm eine *nautch*, die ihn hinter verschlossenen Amtstüren verführen sollte. So schrieb Mrs. Kindersley, die Ehefrau eines englischen Beamten, 1754 in einem Brief: »Wenn ein Schwarzer [*black man*, sic!] einem Europäer gefallen will, schickt er ihm eine *nautch*.« Dem fügt sie ein ganzes Programm hinzu: »Es sind ihre schmachtenden Blicke, ihr aufreizendes Lächeln, ihre mit der Sittlichkeit wenig übereinstimmenden Bewegungen und Posen, die soviel Bewunderung erregen.« Galante Worte!

Dennoch haben die Engländer die *devadasis* und ihre Minnedienste verboten. Obgleich vom Puritanismus diktiert, hatte dieses Interdikt aber positive Auswirkungen auf gesundheitlichem Gebiet. Denn die englischen Seeleute und Soldaten hatten Geschlechtskrankheiten eingeschleppt und auf die *nautch-girls* übertragen. Die Tempel waren deshalb zu Verbreitungszentren von Syphilis und Gonorrhö für die Hindumänner geworden, die diese Krankheiten wiederum an ihre keuschen und daheim eingeschlossenen Ehefrauen weitergaben.

Nebenbei gesagt, hat man die *devadasis* nach ihrer Vertreibung aus den Tempeln durch Prostituierte niederer Klasse ersetzt, etwa durch jene in Käfige gesteckten Frauen aus den Bordellstraßen von Bombay. Die Untersagung dieser ehrwürdigen und bewährten Einrichtung löste eine Protestwelle aus – die heftigste bei den Brahmanen. Ich zitiere Aubrey Menen: »Die Brahmanen haben für jede Handlung des Lebens Regeln verordnet, durch die ›Opfergaben‹ an den das Ritual abhaltenden Brahmanen fällig wurden. Dieser brachte seine Schäfchen mit den täglichen Opfern ins Trockene, bei deren Ausbleiben alle Art Katastrophen auf die Hausgemeinschaft niedergegangen wären: bei Geburten, Festen, Ableben, Hochzeiten, weiten Reisen, Bau, Kauf oder Verkauf eines Hauses und so weiter. Eine einzige Sache entging der Habsucht der Brahmanen: der Sexus. Nachdem der Mann seine Hochzeit bezahlt hatte, konnte er gratis mit seiner Frau schlafen... Welch eine Lücke, welch ein sträfliches Manko!«

Keine Panik: »Die brahmanische Lösung war einfach: die Prostitution an sich reißen, organisieren und dann mit einem Zynismus und einer Effektivität ausbeuten, die der Cosa Nostra würdig sind. Man setzte den Gläubigen auseinander, daß eine sexuelle Beziehung in einem Tempel mit einer *devadasi* eine fromme Handlung sei, vorbehaltlich freilich einer angemessenen Zahlung an die ›Gnädige‹, das heißt an den Priester, bedürfe...

In den diesem Kult gewidmeten Tempeln war Stil unerläßlich. Keine schmutzigen Alkoven, wie man glauben könnte. Die Dirnen hatten ihre eigene Wohnung, wußten zu tanzen, zu singen und zu unterhalten – wie die Geishas.«

Und hier haben wir nun endlich den wahren Grund für die erotisch-pornographischen Darstellungen: »Diese Skulpturen, sämtlich außerhalb des

Tempels, waren eine Art gigantisches Reklameschild, das alles zeigte, was die Dirnen im Innern darboten. [...] Alles, außer dem Brahmanen, der das Geld einheimste.« Aber im Gegensatz zu den Reklameschildern unserer Pornokinos, die jede Woche ausgewechselt werden können, trotzen die Skulpturen den Jahrhunderten. Und noch ein Detail: Während ihrer Blütezeit leuchteten die Tempelbordelle »in Technicolor«: Um der Realität nahezukommen, waren die Statuen bemalt.

Und was hat das Tantra mit alldem zu tun? Es hat keine Gemeinsamkeiten mit diesen obszönen Darstellungen, und es ist bezeichnend, daß in den Gegenden, wo der Tantrismus am lebendigsten ist – in Orissa, Assam, Bengalen und im Nordwesten Indiens – die Tempel davon frei sind. Die tantrische *chakra puja*, die Askese der Sechzehn (s. Seite 357), die von den Brahmanen derart angeprangert wird, ist keine Ausschweifung, sondern eine ritualisierte Form der alten Fruchtbarkeitskulte. Die *chakra puja* hat keinen, nicht einmal einen entfernten Bezug zu den auf den Tempeln dargestellten heiklen Szenen. Selbst die Koitusstellungen, einige eher akrobatisch, sind – von Ausnahmen abgesehen – keine den magisch-sexuellen Riten des Tantra angemessenen Maithuna-Asanas.

Trotzdem ist der Ursprung des Tantrismus auf die Tempelbordelle zurückzuführen. Denn weshalb gab es eigentlich Sexualität im Tempel? Wir Abendländer, für die Spirituelles mit Sexuellem unvereinbar ist, begreifen das nur schwer. Dem Tantra indes ist der Sexus heilig, und so waren die ersten Tempel die bevorzugte Stätte der tantrischen *pujas*. Das legt die Frage nahe: War dies nicht bereits eine Form von Prostitution? Nein, denn der ganze Unterschied liegt in der Haltung gegenüber der Frau, der Weiblichkeit. Im Tantra sind die Frau und die von ihr verkörperten Werte heilig, folglich geachtet. Ein auf die Göttin, die Shakti zentrierter Kult schließt also die kommerzielle sexuelle Ausbeutung der Frau durch den Mann aus. Der Zuhälter ist ein Produkt des patriachalischen Systems, in dem die Frau dem Mann unterworfen und ausbeutbar ist. Da der Tempel und seine Einkünfte ursprünglich den Priesterinnen gehörten, beutete man diese nicht aus. Solche tantrischen *pujas* wurden noch im 5. Jahrhundert abgehalten, wie eine Inschrift in Gangdhar in Zentralindien beweist. Sie zitiert ausdrücklich das Tantra in bezug auf die mit den *dakinis* (den Partnern im tantrischen Ritus) verbundenen sexuellen Riten, die im Tempel der Muttergöttin vollzogen wurden; und es wäre erstaunlich, wenn dieser aller erotischen Skulptur bare Tempel der einzige gewesen wäre.

Zwar hat der Brahmanismus reichlich aus dem Tantra geschöpft, hat ihm so manche magische Praktiken und sexuelle Methoden entliehen, dennoch aber waren es die Brahmanen und nicht die Tantriker, die den Sexus im Tempel kommerzialisierten.

Für den arischen Macho ist jede Frau eine seinem nahezu animalischen Sexualtrieb ausgelieferte Beute, wie eine Szene belegt, die Alexandra David-Néel in Madurai erlebte: »An jenem

Sexualität im brahmanischen Indien

Abend tanzte eine Schar von etwa vierzig *devadasis* auf einem großen Podium, ehe sie zur Anbetung der Göttin Meenakshi ging. Was dieser Tanz darstellte, weiß ich nicht. Es waren immer dieselben Schlängelbewegungen der Arme, der Finger und der Zehen, dasselbe Hüftenkreisen, Bauch und Brüste nach vorne geschwungen: angeboten... Die Dirnen schienen mir weder sehr hübsch noch sehr graziös. Aufmerksamkeit erregte der Kreis von gut hundert Männern, die sich mit stierem Blick und brutalem Gesichtsausdruck um das Podium drängten.

Die Hindumystiker sprechen von *samadhi*, der Ekstase, in der der Geist sich nur noch eines einzigen Objekts bewußt ist, während alle anderen Dinge für ihn ausgelöscht sind. Diese hypnotisierten Männer um das Podium herum hatten fürwahr eine vollkommene Art von Ekstase erreicht: den *samadhi* der Begierde.

Die *devadasis* stiegen vom Podium hinab und stürzten sich hastig in die dunklen Gänge, die zum Sanktuar der Göttin führten. Es herrschte Aufregung. Die Horde verstörter Männer folgte ihnen, halbherzig zurückgehalten von einer gestikulierenden alten Frau, der Bewacherin dieser Tänzerinnen, zweifellos eine Bajadere im Ruhestand. Das blanke Entsetzen, das den Mädchen – immerhin Prostituierte –, die sich wie eine Herde drängelten, um das schützende Sanktuar so schnell wie möglich zu erreichen, im Gesicht geschrieben stand, war ebenso bestürzend wie die widerliche Gier ihrer Verfolger.

Ich legte mich flach zwischen die Beine eines riesigen steinernen Pferdes, das aus der Umwandung vorsprang, um die infernalische Woge vorbeizulassen, dann suchte ich das Weite. Ich hatte soeben einen neuen intimen Einblick in die Bleibe der Götter gewonnen.« (*L'Inde où j'ai vécu*, S. 54).

Diese Schilderung stellt das Gegenteil von Tantra dar, denn ihr Adept achtet jede Frau als Inkarnation der kosmischen Shakti und sieht in ihr kein jederzeit verfügbares Objekt.

Als sich die arische Herrschaft auf diesen Teil Indiens ausdehnte, haben es die Brahmanen, die sich der Tempel bemächtigt hatten, rasch verstanden, Profit daraus zu ziehen. Das veranschaulicht ein Geschehen ohne sexuellen Bezug, das sich noch heute in Kalkutta zuträgt. Im berühmten Kali-Tempel (Kalkutta kommt von Kali-Ghat) nämlich opfert man täglich Hunderte von Ziegen, um die Göttin, die eine große Menge Blut fordert, zu besänftigen. Die Brahmanen haben den Tempel in Besitz genommen und ziehen aus dem in vorarische Zeit zurückreichenden Kult, den abzuschaffen sie sich hüteten, großen finanziellen Nutzen, der ihnen großen Reichtum bringt.

2
Die tantrische Sicht

Tantra definieren

Die indischen Denker haben die vortreffliche Angewohnheit, die von ihnen gebrauchten Wörter zunächst zu definieren. Angesichts der Fülle an Bedeutungen, die jeweils einen Aspekt beleuchten, ist die Definition von *tantra* mühevoll, aber unerläßlich. Je nach Zusammenhang bedeutet *tantra* Schiffchen, Schußfaden (des Tuchs), Kontinuität, Abfolge, Herkunft oder auch fortwährender Prozeß, Ablauf einer Zeremonie, System, Theorie, Lehre, wissenschaftliches Werk, Abteilung eines Werks. Schließlich bezeichnet *tantra* eine mystische und magische Lehre oder ein Werk, das davon inspiriert ist.

Tan kommt für S. B. Dasgupta von *tantri*, erklären, darlegen, so daß *tantra* auch eine Abhandlung bezeichnet, die ein bestimmtes Thema zum Inhalt hat; dadurch erscheint *tantra* oftmals im Titel eines Buches, das keinerlei Bezug zum Tantrismus hat, und umgekehrt.

Für die meisten Inder bezeichnet *tantra* heute eine Lehre oder einen Kult nichtvedischer Art; daran läßt sich der fundamentale Gegensatz zwischen dem arisch-vedisch-brahmanischen System und dem Tantra ablesen.

In diesem Buch wird *tantra* eine Sammlung von Lehren, aber vor allem Praktiken bezeichnen, die Tausende von Jahren alt sind. Letzteres bestreiten manche mit der Begründung, das Wort sei erst um das 6. Jahrhundert aufgetaucht. Das ist zwar nicht falsch, dennoch ist es wohl eher ein Scheinargument, den Ursprung des Tantrismus mit dem Auftauchen des Namens zu verbinden: Das Wort »sexe« (von lateinisch *sexus*, aus *sectus* = Trennung, Unterscheidung) tauchte erst im 12. Jahrhundert in der französischen Sprache auf, aber es steht doch fest, daß Sexualität schon vorher existierte!

Tantra heißt auch »Webstuhl, Weben«, was keinen Zusammenhang erkennen läßt. Nun betrachtet aber Tantra die Welt als ein Gewebe, das ineinandergreift, sich hält und aufeinander einwirkt. Fügt man der Wurzel *tan* (ausziehen, ausbreiten) das Suffix *tra* (welches das Instrumentelle ausdrückt) hinzu, dann erhält man *tan-tra*, im wörtlichen Sinn also das Instrument zur Erweiterung des Bewußtseins, um Zugang zum Überbewußten zu erlangen, das die Grundlage des Seins und Zentrum unbekannter Kräfte ist, die das Tantra erwecken und einsetzen will.

Alles, was hier ist, ist anderswo; was nicht hier ist, ist nirgendwo

Diese wenigen Worte, entnommen dem *Vishvasara*-Tantra, nehmen sich ganz unbedeutend aus, und dennoch enthalten sie die Essenz des Tantra. Der ihnen innewohnende Sinn ist atemberaubend: Er löst die Grenzen der abgesicherten Sinneswelt auf und führt uns mitten in die wahre Wirklichkeit.

Beginnen wir mit dem Einfachsten, der Materie, die im modernen Sinn als verdichtete Energie verstanden wird. Im Tantra sind alle Energieformen des Universums, egal welcher Art (Gravitation, Kohäsion der Atome, Elektromagnetismus), überall im Kosmos gegenwärtig, folglich auch hier, wo ich sitze. Das ist für den Menschen der nacheinsteinschen Ära unschwer nachzuvollziehen, obgleich für ihn Materie (Masse) = Energie im allgemeinen nur die Atomphysik zu betreffen scheint.

Es fällt uns nicht einmal auf, daß wir unversehens die kompakte, auf rein kosmische Energie reduzierte Materie »verloren« haben, die trotz der Vielfalt der wahrgenommenen Dinge eine Einheit bildet. Wissenschaftlich betrachtet ist das Universum ein riesiges Kontinuum, das sich vom infraatomaren bis zum astronomischen Bereich erstreckt. Im Tantrismus wird diese Einheit seit mindestens dreieinhalb Jahrtausenden anerkannt; gar nicht übel für Menschen, die nur über Sinne, Intelligenz, vor allem aber über Intuition verfügten. Allerdings ändert dieses Wissen im täglichen Leben kaum etwas an unserem Verhältnis zu den Dingen. Für uns bleibt ein Sandkorn ein Sandkorn, eine Galaxie ein Haufen Sterne.

Wenn man sich dem Leben stellt, dann erschüttert dieses **Alles, was hier ist, ist anderswo** unsere üblichen Vorstellungen, behauptet es doch, daß das Leben überall im Kosmos gegenwärtig ist, mehr noch, daß das Universum selbst lebendig ist. Vorbei also mit der Lebensmonopolstellung unserer Erde. Sicher, so manche Astronomen glauben, daß unter den Milliarden von Galaxien andere Planetensysteme, andere bewohnte Welten existieren müssen; und allein in dem uns bekannten Universum gibt es mehr Sonnen als Sandkörner auf allen Stränden der Erde. Konnte man nicht an einigen Meteoriten organische Stoffe nachweisen? Interessant, gewiß, doch läßt uns diese

Erkenntnis eher kalt, haben wir doch nicht die geringste Hoffnung, jene bestimmt gänzlich fremdartigen Wesen kennenzulernen, die auf Planeten, Tausende von Lichtjahren von der Erde entfernt, angesiedelt sind.

Nach den amerikanischen Astronomen des Kit Peak National Observatory soll unsere Galaxie weit mehr bewohnbare Planeten umfassen als angenommen. Die Untersuchung von hundertdreiundzwanzig Sternen, die unserer Sonne vergleichbare Eigenschaften aufweisen, ergab Schwankungen in der Umlaufbahn, die auf die Gegenwart von Planeten schließen lassen. Da es allein in unserer Galaxie hundert Milliarden Sonnen gibt, würde dies, selbst wenn von zehn Sternen nur einer Planeten besäße, eine große Anzahl menschlicher Wesen ergeben, von den Millionen beobachtbaren Galaxien ganz zu schweigen.

Abgesehen von diesen möglichen bewohnbaren Inselchen im Kosmos stellt sich für uns Abendländer das Universum als eine riesige Maschine, kalt und unbelebt, dar.

Für das Tantra hingegen lebt das Universum: Jeder Stern ist im umfassenden Sinn des Wortes lebendig, daher wohnt ihm, wie auch jedem infinitesimalen, subnuklearen Teilchen, eine Art Bewußtsein inne. Sterne und Atome mit Bewußtsein, das ist kaum zu fassen! Und dieses universelle, einzige Leben teilt sich auf in unzählige Existenz- und Bewußtseinsebenen. Undenkbar? Vielleicht, aber die Unermeßlichkeit des Universums **ist** undenkbar, selbst für den Astronomen, der sich mit ihr befaßt. Und doch ist sie ganz real. Im Sanskrit heißt dieses riesige kosmische Gebilde *Mahat*, der Große. (*Mahat* ist ein tantrischer Begriff, der von der ältesten, nichttantrischen Philosophie Indiens, dem *Samkhja*, zunächst adoptiert, dann adaptiert wurde.)

Für das Tantra ist das Leben ein kontinuierlicher Prozeß in Raum und Zeit, ohne Trennung zwischen jeglicher Form von Leben.

Ich bin Teil des Ganzen, also habe ich teil am Ganzen. Dem Kontinuum der kosmischen Energie entspricht das Kontinuum des Lebens; beide sind überdies untrennbar miteinander verbunden.

Im Tantra ist das Universum die Verbindung von Bewußtsein und Energie. In der Praxis führt das zur Achtung allen Lebens, sei es tierisch, pflanzlich oder bakteriell. Irgendeine Form von Leben schädigen, heißt, sein eigenes Leben schädigen: Die Ökologie wird somit kosmisch.

Aber das führt auch zu Widersprüchen, wenigstens scheinbar. Einerseits ist jeder Grashalm so wichtig wie ein Mensch, sollte aber eine nukleare Katastrophe alles Leben auf dem Planeten vernichten, so würde dieser Vorgang das Universum kaum erschüttern. Allerdings ist auch das Gegenteil wahr. Ich zitiere den englischen Astronomen und Physiker Eddington: »Das schwingende Elektron macht das Universum beben.«

Gehen wir einen Schritt weiter: »Leben« beinhaltet »Bewußtsein«. Zu den wenigen Gewißheiten gehört auch die über mein individuelles Bewußtsein: *cogito ergo sum* (»Ich denke, also bin ich«). An diesem berühmten Ausspruch stört mich das Wort »denken«. In der Tat, das Denken, das heißt die strukturierte Reflexion, läßt sich den Mikroben absprechen und ist dem Menschen vorbehalten. Die Wahrnehmung ihrer eigenen Existenz und ihres Lebensraums hingegen kann man kaum abstreiten, und das macht sie ebenfalls zu bewußten Wesen. Daß man Einzeller, beispielsweise Amöben, konditionieren kann, ist der Beweis dafür. Gehen wir also von der Unbestreitbarkeit der Bewußtseinsexistenz aus, auch wenn Ursprung und Natur uns ein Mysterium sind, und sehen wir zu, wohin uns das führt.

Nehmen wir einen Augenblick an, im gesamten Universum, gleich auf welcher Ebene, gäbe es keinerlei Bewußtsein: Das Universum würde aufhören zu existieren!

Als Individuum habe ich aber den Eindruck, daß mein persönliches Bewußtsein erstens von den anderen – menschlichen und tierischen – Existenzen getrennt ist, es zweitens seinen Ort im Gehirn hat und drittens separiert ist vom übrigen, als unbewußt vermuteten Körper. Tantra aber betrachtet jede Zelle als ein mit Bewußtsein, also mit einer Psyche, Gefühlsregungen und einem Gedächtnis ausgestattetes Lebewesen – nicht mit einer vagen Wahrnehmung, sondern mit einem Bewußtsein, so klar wie das der Gehirnrinde. Ohne über ein Nervensystem, ein Gehirn zu verfügen, stellt sich die Zelle (oder die Mikrobe) eine Sicht der Welt her, die ohne Bezug zu der von der Hirnrinde erzeugten Sicht ist. Aber auf ihrer Ebene und mit ihren Möglichkeiten hat sie ein Bewußtsein von ihrer Umgebung, aber auch von sich selbst und ihren Gefühlen. Sie kann also glücklich sein, ängstlich und so fort.

Der bewußte Körper

Das Gehirn verliert somit seinen Ausschließlichkeitsanspruch auf das Bewußtsein, das nun eine Eigenschaft des gesamten Körpers ist. Wenn das Bewußtsein und/oder der Geist in meinem Gehirn existieren – **alles, was hier ist, ist anderswo** –, dann durchdringen sie auch den ganzen Organismus. Der Körper ist nicht länger das Gehäuse, das Lumpengewand, das Hemmnis des geistigen Lebens oder bestenfalls sein stummer Diener: Spiritualität existiert auf allen Ebenen des Körpers.

Zu wissen, daß man aus Milliarden von Zellindividuen besteht, alle lebend und bewußt und miteinander kommunizierend, ist ein überwältigender Gedanke. Es gibt keine undurchlässige Wand zwischen dem Bewußtsein meines Gehirns und dem meiner Zellen, wohl aber eine Hierarchie von Bewußtseinsebenen, die aufeinander reagieren. Wenn ich auf der Ebene des Gehirns optimistisch, entspannt und heiter bin, wird diese Stimmung meinen gesamten Körper bis hinab zu den Zehen erfassen. Und umgekehrt stimmt es die Zellen glücklich, optimistisch und heiter, wenn man ihnen gute Lebensbedingungen schafft: Ich werde dann auf der Hirnebene ein Wohlbefinden, einen Elan spüren, dessen tiefe Ursachen ich nicht kenne. Bin ich hingegen durch fortgesetzte falsche Lebensführung erkrankt, werde ich, bevor ich wirklich genesen kann, alle Zellen heilen müssen. Bei der Gesundung kann ich mich auf die überlegene Weisheit meines Körpers verlassen. Dies setzt jedoch voraus, daß ich die notwendigen materiellen Bedingungen schaffe, unter denen eine Heilung möglich wird. Ein »Gespräch« mit den Zellen wird – wenn man die richtigen mentalen Bilder verwendet –, die Produktion der weißen Blutkörperchen steigern und somit die Abwehrkräfte mobilisieren.

Für den Tantriker ist der Körper ein lebender Tempel. Ich verweise auf das Kapitel »Der Körper, das unbekannte Universum«. Jahrhundertelang wurde im Abendland der Körper vom Geist getrennt betrachtet. Im Tantra besteht zwischen ihnen keine Grenze, nicht einmal ein Unterschied substantieller Art. Die Gesundheit, alles andere als Luxus oder Zufall, wird Pflicht, vordringliche Aufgabe. Ein Staatsoberhaupt, das sich nicht um Wohl und Wehe seines Volkes kümmert, verstößt gegen seine höchste Pflicht. Also ist es als Herrscher über Milliarden von Zellindividuen meine wichtigste Aufgabe, für deren Wohlergehen und Gesundheit Sorge zu tragen. So ist es nur logisch, daß Hatha-Yoga, das uns darin unterstützt, vom Tantra abstammt.

Gehen wir einen Schritt weiter. **Alles, was hier ist, ist anderswo; alles, was nicht hier ist, ist nirgendwo:** Eine mir unbekannte und nicht erkennbare Kraft läßt fortwährend das Universum sich erneuern. Die Schöpfung ist im Tantra kein einmaliger Akt, der sich am Anfang aller Zeit vollzogen hat, sondern ein ständiger Prozeß (wie übrigens auch in der Kabbala). Die Schöpfung, sie findet hier und jetzt statt. Die Schöpfungsenergie, die das Universum hervorbringt, ist überall im Kosmos real vorhanden, folglich auch in meinem Körper, in meinem Gehirn, in meinen Zellen. Die kosmischen Kräfte, die die unterschiedlichsten Lebensformen hervorbringen, sind auch hier präsent, und ich unterscheide mich durch nichts von ihnen. In jedem Augenblick meines Lebens wird mein Körper von einer geheimnisvollen Kraft neu erschaffen; es ist dieselbe Kraft, die auch das Universum hervorbringt: Auch das ist die Kundalini.

Zum Glück ist Tantra keine Religion, so daß seine Weltanschauung also nicht in Widerspruch zu den mannigfaltigen Religionen steht: Man kann Monotheist und Tantriker zugleich sein (siehe dazu das Kapitel über die Hindugötter, Seite 281). Jedoch erreicht eine Religion dank des tantrischen Weltbildes eine andere Dimension. Wenn Gott existiert, ist Er hier anwesend. **Was nicht hier ist, ist nirgendwo,** und wenn Er nicht hier ist, dann ist Er nirgendwo. Vermag ein gläubiger Mensch sich vorzustellen, irgendwo im Universum gäbe es einen Ort, an dem Gott abwesend wäre? Deshalb denkt sich der gläubige Tantriker seinen Gott nicht irgendwo im Himmel, er lebt **in** Gott, er gewahrt seine Gegenwart hier und jetzt. Der nichtgläubige Tantriker aber gewinnt eine ungemein reiche Sicht der Welt.

Pascal sieht den Menschen, das denkende Schilfrohr, als ein winziges Staubkorn, das zwischen zwei schauri-

Die tantrische Sicht

gen Abgründen schwebt: dem unendlich Großen und dem unendlich Kleinen. Für den Tantriker gilt dasselbe, doch er fühlt sich mit den beiden Abgründen verbunden – das ist der Unterschied!

Die tantrische Sichtweise sprengt die Grenzen oder löst sie vielmehr auf, denn diese existieren nur in der Vorstellung, sind rein mentaler Natur. Vom Standpunkt der Materie aus gesehen, gibt es, außer in meiner Sinneswahrnehmung, zwischen den Dingen meiner Umgebung keine Grenze. Für den Physiker ist Materie hauptsächlich Leere, eine Leere, in der hier und da Elektronenwolken um einen Atomkern wirbeln. Die Welt ist von solcher Leere, daß sie, preßte man sie soweit zusammen, bis die Atome sich berührten, in einem Fingerhut Platz fände! Unvorstellbar, aber wahr: Unentwegt werde ich von hochenergetischen Teilchen bombardiert, die aus den unergründlichen Tiefen des Kosmos kommen und durch mich hindurchgehen, ohne auch nur einen Atomkern zu berühren. Ich bin durchlässiger als ein Sieb. Angenommen, ein Astronaut ritte auf einem dieser Teilchen, dann fände er zwischen mir und meinem Stuhl keine Grenze vor: Er würde lediglich zwei in Kontakt stehende Kraftfelder durchqueren.

Bedeutet beispielsweise die Behauptung, das Bewußtsein sei eine immer und überall anwesende kosmologische Dimension, daß der Heizkörper sich als Heizkörper bewußt ist? Denkt er, daß er sich langweilt, ist er zufrieden oder nicht? Das wäre zumindest erstaunlich! Was wird nun hier aus der tantrischen Weltsicht? Wenn für die Physik das Universum Energie **ist**, dann ist das bereits die halbe tantrische Formel: Kosmos = Bewußtsein + Energie. So gesehen, besitzt jede organisierte Einheit eine Bewußtseinsebene, also auch das Atom oder Elektron. Manche Wissenschaftler, wie Jean Charron, liebäugeln mit dieser Vorstellung, ohne sich völlig auf sie einzulassen. Für das Tantra ist jedes Atom des Heizkörpers verdoppelt um ein Bewußtseinsfeld, aber das Objekt Heizkörper als einfaches Molekülaggregat ohne organische Einheit besitzt kein einheitliches, das Ganze integrierendes Bewußtsein.

Die moderne Physik berührt diese Einheit von Bewußtsein und Energie, auch wenn ihre Gesetze, wie etwa das von Boyle-Mariotte – welches das Verhalten eines Gases genau vorausberechnet –, den Eindruck vermitteln, die Materie sei eine blinde Mechanik. Diese Gesetze haben eigentlich nur eine **statistische** Genauigkeit, gelten also nur dann, wenn eine sehr große Anzahl Atome vorhanden ist: In einem Kubikzentimeter Luft zum Beispiel befinden sich Milliarden davon. Das Verhalten eines einzelnen subatomaren Teilchens hingegen ist nicht vorhersehbar, als ob es von einer Intelligenz gelenkt würde. Lassen wir das »als ob« weg, dann sind wir wieder bei der Vorstellung Kosmos – Bewußtsein – Energie, wie sie das Paar Shiva – Shakti symbolisiert.

Wie ist der Gedanke, das Bewußtsein sei eine Dimension des Universums, zu verstehen? Dimension muß in diesem Zusammenhang als ein Bestandteil des Universums gesehen werden, der, wenn er verschwände, gleichzeitig das Universum zum Verschwinden brächte. Dies bedarf der Erklärung: Beim Ausmessen eines Balkens kann ich das Höhenmaß vernachlässigen und sagen, seine Oberfläche sei eine Ebene von beispielsweise hundertsiebzig mal vier Zentimeter. Diese Abstraktion ist nur in meinem Verstand möglich, nicht aber in der Wirklichkeit: Die Aufhebung einer Dimension würde zugleich die beiden anderen beseitigen. Wollte ich die Höhe, um sie zu eliminieren, bis auf Null abhobeln, dann würde ich mit dem letzten Hobelstrich Höhe, Länge und Breite zugleich zum Verschwinden bringen. Der Balken wäre nicht mehr vorhanden!

Den vier Dimensionen von Raum und Zeit fügt Tantra jedoch eine fünfte Dimension hinzu, das Bewußtsein, dessen vollständige Beseitigung auch das Universum zum Verschwinden brächte. Ich hätte statt »Dimension« auch »Bestandteil« sagen können, ohne dabei am Fundament tantrischen Denkens zu rütteln. »Bestandteil« läßt jedoch an etwas wenn schon nicht Herausgelöstes, so doch Herauslösbares denken, hingegen »Dimension« zugleich abstrakt und konkret erscheint.

Diese Ausführungen sind aber weder Dogma noch Voraussetzung für die tantrische Praxis. Im Gegenteil, eine solche Sichtweise ergibt sich aus dem Praktizieren, wenn es mich entdecken läßt, daß **ich** ein strukturierter, organisierter Bewußtsein-Energie-Komplex bin.

Kein Dogma

Tantra ist glücklicherweise keinem Dogma unterworfen, was jedoch nicht bedeutet, daß ein das Tantra Ausübender seine Glaubenssätze verleugnen muß, wenn er welche hat. Tantra, unter anderem eine Suche nach dem Wahren, steht daher weder mit der Wissenschaft noch mit der Religion auf Kriegsfuß: Nichts verpflichtet dazu, die Idee des vom Bewußtsein durchdrungenen materiellen Universums anzunehmen. Halten wir aber fest, daß im Tantra das Bewußtsein kein metaphysisches, übernatürliches Prinzip darstellt, sondern eine fundamentale Eigenschaft des materiellen Universums.

Der Tantriker sieht sich nicht von den übrigen Lebewesen getrennt, nicht verloren auf einem winzigen Planeten. Er betrachtet sich nicht als ein winziges kosmisches Staubkorn, hinausgeschleudert in die eisige interstellare Unendlichkeit. Er begreift sich als integraler Bestandteil des Lebens und all seiner Formen. Er weiß, daß dieses Leben ein kontinuierlicher und bewußter Prozeß ist, der das gesamte Universum mit einschließt. Ich betone, daß dies kein Äquivalent zum Gottesbegriff ist, sondern weit darüber hinausgeht.

Mit dem Gedanken, daß Leben und eine bestimmte Form von Bewußtsein auf derselben, subatomaren Ebene existieren, befassen sich gelegentlich auch Wissenschaftler bei uns: 1964 gab Professor D. F. Lawden in dem sehr seriösen englischen Wissenschaftsmagazin *Nature* zu bedenken, daß für einen Beobachter die elektrischen und

Die tantrische Sicht

Gravitationsmerkmale der Teilchen deren mentale Eigenschaften widerspiegeln. Lawden legt dar, daß Leben und Tod relativ sind: Wie können wir wissen, ob ein Virus oder ein Leichnam tot ist oder lebendig? Ohne der Idee einer transzendenten Lebenskraft zu folgen, muß auch der »materialistische« Wissenschaftler an eine gewisse Kontinuität von Leben und Bewußtsein glauben, die sich bis auf die Ebene der Elementarteilchen erstreckt. Damals reagierte man in Wissenschaftskreisen empört auf diese Aussage. Widerlegt wurde sie jedoch nicht.

Der Nobelpreisträger Prigogine sagt: »Dies ist das Herzstück meiner Botschaft... Die Materie ist nicht unbelebt. Sie ist lebendig und aktiv. Das Leben ändert sich fortwährend, um sich den Bedingungen des Ungleichgewichts anzupassen. Mit dem Verschwinden der Idee eines dem Determinismus geweihten Universums können wir uns als Herren unseres Schicksals betrachten, zum Besten wie zum Schlechtesten.«

In Prigogines Gedankengang schwingt folgendes mit: Ersten ist, da die Materie sich nicht auf unseren winzigen Planeten beschränkt, das gesamte Universum »lebendig und aktiv«, und zweitens ist das in fortwährender Evolution befindliche Leben ohne Bewußtsein undenkbar – was mit Tantra übereinstimmt.

Ich zitiere auch den Schweizer Physiker Wolfgang Pauli, auch er alles andere als ein Träumer. Er entdeckte, daß die Elektronen, die einen Atomkern umkreisen, sich auf ein ganz bestimmtes Energieniveau begeben, auf das kein anderes gelangen kann; von daher sein »Ausschließungsprinzip«, für das er 1945 den Nobelpreis erhielt. Auf Kristalle angewandt, erklärt sein Prinzip die Funktionsweise von Transistoren. Bis zu diesem Punkt ist das nichts Besonderes, jedenfalls nicht für unsere Belange. Für Pauli liegt das Geheimnis in der Frage: *Wie* weiß denn das Elektron, daß dieses Niveau besetzt ist? Denn die Elektronen sind ja keine Billardkugeln, die aufeinanderprallen oder in Löcher fallen. Ihr Energieniveau hat kein Türschloß wie eine Toilette, bei dessen Betätigung dann das Schildchen »besetzt« erscheint. Da kein mechanisches Modell, kein mechanistisches Schema diese Beobachtung zu erklären vermag, verhält es sich ganz so, als wären die Elektronen informiert – ohne Zeit und Raum zu durchlaufen. Für Pauli, der mit C. G. Jung zusammengearbeitet hat, sind die Phänomene von Magie, Alchemie oder Parapsychologie nicht weniger befremdlich als das Verhalten der Elementarteilchen der »Materie«, also der Energie.

Ich wiederhole noch einmal, daß die tantrische Sicht kein Eingreifen irgendeines transzendenten Prinzips bedingt. Leben, Bewußtsein, Mentales, das sind im Tantra verschiedene Aspekte kosmischer Energie: mehr oder minder subtil, doch ebenso konkret, ebenso materiell wie die Gravitation oder der Elektromagnetismus.

Ende des 19. Jahrhunderts schrieb der aus Wien stammende Schriftsteller Ludwig Anzengruber in *Die Kreuzelschreiber*: »Es kann dir nichts geschehen. Du gehörst zu alledem und dös alles gehört zu dir!«

Alles, was hier ist ...

Diese Gewißheit, die eine völlige Gelassenheit vermittelt, erlangt man durch Meditation. Der Übende wird sich dessen bewußt, daß er die unerschöpflichen Möglichkeiten der im gesamten Universum wirksamen kosmischen Kräfte auch in sich trägt.

Die tantrische Denkungsart ist eigentlich ganz natürlich, ja selbstverständlich. Es sind unsere Vorurteile, unsere Klischees, unsere trügerischen Sinne (der Schleier der Maja, der Schein!), die dies falsch bewerten. Ein abendländischer Dichter, Visionär und Tantriker ohne Wissen war Abel Gance.

Er schrieb 1955 folgenden Brief an seine Schwester: »In eben dem Augenblick, da die Menschen den Atomen Fingerabdrücke nahmen, brachen die Sterne in Tränen aus.

Der Mensch hatte soeben ihre Geheimnisse aufgedeckt. Es gibt kein Oben. Es gibt kein Unten. Es gibt nichts Großes. Es gibt nichts Kleines. Die Augen haben sich getäuscht, seit sie sich, emporsteigend aus den Tiefen des Meeres, halb geöffnet haben. Die Ohren haben sich getäuscht. Alles muß neu begonnen werden, anders. Das lehren mich die Tränen der Sterne. Wie ich das weiß? Das ist eine recht unerwartete Geschichte, die ich eines Tages zu erzählen versuchen werde, wenn mir die Schlüsselworte zur Übersetzung des Unsichtbaren wohl gehorchen wollen.

Meiner lieben Nelly, die **allein** zu begreifen vermag.«

Dieser Text ist kosmisch und tantrisch. Sternentränen? Sicherlich! Der sogenannte gesunde Menschenverstand sieht darin bestenfalls eine literarische Phantasie. Wenn aber das Universum bis ins Innere der Sterne Bewußtsein besitzt, wird daraus Realität. Falls er dabei an das Verständnis des Okzidents dachte, hatte Abel Gance natürlich recht, als er schrieb, **allein** seine Schwester Nelly könne ihn verstehen.

Doch Tantra liefert uns den Code, mit dem sich sein Text, dichter und tiefer als so manche philosophische Abhandlung, entschlüsseln läßt. Ich habe ihn häufig gelesen und meditiert, denn jedes Wort trägt einen tieferen Sinn in sich, vor allem aber der Satz, daß wir alles neu beginnen müssen, anders.

Solche Gedanken, für einen Künstler oder Literaten vielleicht nachvollziehbar, scheinen der realistischen und objektiven Sicht eines Wissenschaftlers diametral entgegengesetzt. Vorläufig, denn hin und wieder tauchen auch in der Wissenschaft Denkströmungen auf, die einen Umschwung ankündigen.

So hat der englische Astrophysiker, Mathematiker und Biologe Fred Hoyle ein solide fundiertes Buch geschrieben, dessen Titel, *Das intelligente Universum*, die im Westen verbreitete Meinung in Frage stellt, das Universum könne, da es lediglich Materie sei, folglich weder intelligent noch bewußt sein. Die Behauptung, das Bewußtsein existiere auch auf interstellarer Ebene, verstößt gegen jeglichen gesunden Menschenverstand.

Bei uns ist man von der Tatsache überzeugt, daß ein Bewußtsein notwendigerweise ein Nervensystem und

Die tantrische Sicht

Abel Gance:
Übersetzer des Unsichtbaren

> C'est à l'instant précis où les
> hommes prirent les empreintes digitales
> de l'atome que les étoiles fondirent
> en larmes.
>
> L'Homme venait de découvrir
> leurs secrets. Il n'y a pas d'en
> haut. Il n'y a pas d'en bas. Il n'y a
> rien de grand. Il n'y a rien de petit.
> Les yeux se sont trompés depuis qu'ils
> se sont entr'ouverts en remontant des
> profondeurs marines. Les oreilles se
> sont trompées. Il faut tout recommencer
> autrement. Ce sont les larmes d'étoiles
> qui me l'apprennent. Comment le sais-je?
> C'est une histoire bien inattendue que
> je essaierai de raconter quelques jours
> si les mots clés des traductions de
> l'indicible veulent bien m'obéir.
>
> Abel Gance
> 1955.
> A ma chère Nelly qui seule, peut
> comprendre

ein Gehirn voraussetzt. Ein in sich geschlossenes System also. Was aber ist mein Gehirn? Die Antwort ist einfach: ein Gebilde aus Milliarden von Nervenzellen, bestehend aus Molekülen, die sich ihrerseits wiederum aus Abermilliarden von Atomen zusammensetzen.

Ich werde versuchen, mir die Materialität meines Gehirns auf der Atomebene vorzustellen, und sehen, was sich daraus ergibt. Ich werde mich übrigens an Niels Bohrs Anschauung halten, nach der sich im unendlich Kleinen das unendlich Große abbildet, und jedes Atom somit ein kleines Sonnensystem darstellt, in dem die Elektronensatelliten planetenähnlich um den Kern kreisen.

Ich weiß, die moderne Physik hat dieses Atommodell längst aufgegeben, aber weil das, was sie uns heute liefert, nicht mehr »visualisierbar« ist, erweist sich Bohrs »Sonnensystem Atom« für meinen Gedankengang als äußerst brauchbar.

Wenn ich in Gedanken mein Gehirn auf die Dimensionen unserer Galaxie anwachsen ließe, dann läge zwischen den einzelnen Atomen die gleiche Entfernung – also auch ebensoviel Leere – wie zwischen den hundert Milliarden Sternen unseres unermeßlichen Milchstraßensystems.

Stellen wir uns einen kosmischen Liliputaner vor, der auf einem Neutrino reitend durch dieses »Firmament Gehirn« reist: Er käme gar nicht auf die Idee, daß diese Galaxie mit ihren »Sternen-Atomen« denkt... Doch genau das findet hier und jetzt in meinem Gehirn statt: Ich denke mit Hilfe meiner unzähligen Milliarden molekularer Konstellationen. Auch ist diese Atomgalaxie nicht statisch, denn die subatomaren Konstellationen ändern sich und tauschen sich unentwegt aus. Da ich also fähig bin, mit meinen Atomgalaxien zu denken, weshalb sollte dann Mahat, der Große, nicht mit Hilfe der Sterne denken? Das eine ist nicht absurder als das andere.

Ist der Baum bewußt?

Der Tantriker sieht in einem Baum weit mehr als einen Holzlieferanten, er betrachtet ihn als Lebewesen. Er fühlt sich weder vom Baum noch vom Wald getrennt. Der Abendländer räumt zwar ein, daß der Baum lebt – das ist auch schwer zu bestreiten –, aber er sieht in ihm kein bewußtes Wesen. In manchen afrikanischen Stämmen dagegen wenden sich die Menschen an den Geist des Baums, bevor sie ihn fällen. Während sie den Baum umtanzen, teilen sie ihm mit, daß sie ihn unbedingt zur Herstellung einer Piroge benötigen, und versprechen ihm, von seinem Stamm sinnvollen Gebrauch zu machen.

Freilich werden einige mit herablassendem Lächeln sagen, dies sei ein animistischer Brauch, der allenfalls unzivilisierten Wilden anstünde. Natürlich behauptet niemand, der Baum könne logisch denken, dennoch aber lebt in ihm – für das Tantra – eine Form von Bewußtsein, auch wenn dies für unseren Verstand schwer zu begreifen ist.

Die tantrische Sicht

Es wird angenommen, daß die Pflanzen über ein reiches Gefühlsleben verfügen: Die Mitglieder der Findhorn-Gemeinschaft etwa sprechen sie direkt an und lassen sie ihre Zuneigung spüren. So umhegt, gedeihen die Pflanzen sehr viel besser. Dies trägt sich nicht etwa in Indien oder in einer weit zurückliegenden, legendären Vergangenheit zu, sondern findet heute in Schottland statt.

All dies ist gewiß kein Glaubensbekenntnis, das vor Ausübung des Tantra abzulegen ist, denn wie schon erwähnt, kennt Tantra keine Dogmen. Wenn ich überhaupt davon spreche, dann, um zu zeigen, wohin uns der einfache Satz am Beginn des Kapitels führt.

»**Alles, was hier ist, ist anderswo; alles, was nicht hier ist, ist nirgendwo**« – dieser Satz beinhaltet dennoch ein paar ganz direkte Schlußfolgerungen. Denn das Geheimnis von Leben und Tod, von Schöpfung und Vergehen des Universums findet hier und jetzt in meinem Körper statt.

Weshalb also in die Welt hinausziehen, auf den Himalaja oder an einen anderen Ort, um das Wahre, das Wirkliche zu finden, wenn ich ihm an Ort und Stelle begegnen kann. Ich benötige kein Mikroskop oder Teleskop, um das verborgene Wesen der Welt zu entdecken. Irgendwo in der Tiefe meiner Zellen setze **ich** Energien und subatomare Teilchen um, genau wie meine Vorfahren, Millionen von Jahren, bevor der moderne Mensch, mit den Worten von Abel Gance gesprochen, den Sternen Abdrücke genommen hat.

Giordano Bruno

Es ereignete sich in Rom, am 17. Februar 1600, auf dem Campo dei Fiori, dem Platz der Blumen...

Grau wie der Himmel des Vorfrühlings steigt ein dünnes Rauchfähnchen aus der Glut auf, die soeben den ehemaligen Dominikaner und wundersamen Visionär Giordano Bruno verzehrt hat. Ohne es zu wissen, hatte er im tantrischen Geist gedacht. Um der Hinrichtung zu entgehen, hätte es genügt, seine »Verfehlungen« zu widerrufen: Eher als sich zu verleugnen, wählte er den Tod auf dem Scheiterhaufen. Sieben Jahre zuvor war er, in Eisen gelegt, auf Verlangen Papst Clemens' VIII. in ein römisches Gefängnis gebracht worden. Dort sah er vor seinem geistigen Auge Sterne und Atome kreisen. Obwohl er nichts entdeckt oder erfunden hat, war seine geniale Intuition seiner Zeit um fast fünf Jahrhunderte voraus.

Die nun folgenden Textpassagen, die seine Vision resümieren, sind reines Tantra:

»Der ganze Weltkörper lebt... Der Tisch als Tisch ist nicht belebt, noch ist es das Kleid, doch als natürliche und zusammengesetzte Dinge bestehen sie aus Stoff und Form. Ein Ding, so gering, so winzig man will, enthält geistige Substanz, [...] denn der Geist ist in allen Dingen, und es gibt kein Ding, so verschwindend klein es auch sei, das nicht seinen Teil von ihm enthielte und von ihm belebt wäre.

Es ist manifest, daß jeder Geist eine gewisse Kontinuität zum Geist des Universums hat...

Die Geburt ist Ausdehnung des Mittelpunkts, das Leben Erfülltsein, der Tod Zusammenziehung des Mittelpunkts.

Alles Existierende ist eins. Diese Einheit zu erkennen, ist Ziel und Ende aller Philosophie und der Naturbetrachtung. Wer das Eine gefunden hat, ich will sagen, den Grund dieser Einheit, hat den Schlüssel gefunden, ohne den man nicht zur wahrhaften Naturbetrachtung gelangt.«

- Giordano Bruno verkündete die dauerhafte Geltung der Naturgesetze – übergab so das Universum der Erforschung einer von allem Dogma befreiten Wissenschaft –, aber auch das Unvermögen der Sinne, die Wirklichkeit zu erfassen.
- Er sah in den Sternen weitere Sonnen, die den Mittelpunkt belebter Planetensysteme gleich dem unseren bilden können. Die Erde ist für ihn nicht Mittelpunkt des Universums, und er sieht sie in Bewegung. All diese Ideen widersprechen der Kosmogonie eines Aristoteles, die zu Brunos Lebzeiten noch Gültigkeit besaß.
- Er sah im Atom ein Abbild des Sonnensystems, wie das auch Niels Bohr dreihundertfünfzig Jahre später tat.
- Er glaubte an die Vielzahl der Welten.
- Vor allem aber verkündete er die Existenz einer Psyche, die bis in die einfachsten Elemente hineinreicht. Darin stimmt er mit einem weiteren Visionär, dem Franzosen Teilhard de Chardin, überein, der schrieb: »Von der Biosphäre bis zu Gattung ist alles nur eine Verzweigung von Psychen, die sich über die Formen suchen.«

Eine Tantrameditation: Betrachten wir das Meer, unsere Mutter

Meditation ja, aber warum tantrisch? Ganz einfach: Die Verfahren sind sich scheinbar ähnlich, aber die Meditation ganz allgemein und das Tantra bringen in ihren Themen und Zielen bisweilen gegensätzlich Weltanschauungen zum Ausdruck.

Zunächst die gemeinsamen Eigenschaften. Die erste besteht in einer ruhigen, stabilen und bequemen Haltung, die es gestattet, sich von der Außenwelt zurückzuziehen, also Einkehr zu halten. Die Kontemplation ist im Gegensatz zum diskursiven, verstandesmäßigen Handeln ein Prozeß, der über den Intellekt und das Wachbewußtsein hinausgehen soll, um zu den geheimen Tiefen des Seins vorzudringen. Deshalb ist der Begriff »Kontemplation« dem der »Meditation« vorzuziehen, da ihm ein deutlicher Beigeschmack von Reflexion anhaftet.

Auf der Ebene der angestrebten Ziele besteht jedoch keine Übereinstimmung mehr. In Indien werden sie je nach Richtung der drei Hauptströmungen, denen der Adept folgt – Vedanta, Buddhismus oder Tantra –, variieren.

Im Vedanta beruht die Erscheinungswelt auf Täuschung (Maja). Die einzige Wirklichkeit ist Brahman. In der Vedanta-Meditation ist der Ausübende gehalten, sein Bewußtsein von Körper und realer Welt zu lösen, um sich ihres Scheincharakters bewußt zu werden. Danach, wenn ihm Benennungen *(nama)* und Formen *(rupa)* gleichgültig geworden sind, wird er sich im Absoluten verlieren wie der Schaum im Weltmeer. Der Körper ist ein Hindernis. Man muß ihn vergessen, ja verleugnen. Zur Erscheinungswelt gehörend, ist auch er unwirklich. Die Meditationsthemen entsprechen natürlich diesem Weltbild. Dies erklärt die so stark betonte Verachtung der Vedanta-Anhänger für den Körper: Ihre Gesundheit ist oftmals zerrüttet. Häufig sterben sie bereits in jungen Jahren. Sie sind nicht mit den Yogi, vor allem den tantrischen, zu verwechseln, denen der Körper heilig und göttlich ist.

Im Buddhismus, der aus seiner Geburtsstätte Indien fast verschwunden ist, weil er es gewagt hatte, sich gegen die indischen Götter und die Kaste der Brahmanen aufzulehnen, ist die Kontemplation beinahe das Wesentlichste. Der Meditierende strebt den Zustand des Nichts *(nirvana)* an, der paradoxerweise eine Erfülltheit darstellt, die ihn sowohl von seinem *karma* als auch vom *Circulus vitiosus* der Reinkarnation erlöst.

Im Gegensatz zum Vedanta ist für das Tantra das Universum mit seinen Milliarden von Galaxien real. Es entströmt fortwährend der Vereinigung zweier letztgültiger und polarer kosmischer Prinzipien, versinnbildlicht durch Shiva und Shakti. **»Alles, was hier ist, ist anderswo; was nicht hier ist, ist nirgendwo.«**

Weit davon entfernt, das konkrete Universum zu verleugnen, integriert der Tantriker sich in ihm, um seine tiefe Wirklichkeit zu erfassen – sei es durch Spiritualisierung der Sexualität, die er als letzten schöpferischen Akt betrachtet, oder auf andere Weise, wie der Kontemplation der kosmischen Mutter oder des Ursprungsmeeres, auf die ich später eingehen werde. Mit und in seinem Universum Leib wird er sich *konkret* mit diesen kosmischen Prinzipien vereinigen, um die Göttlichkeit des bewußten, intelligenten Körpers zu erfahren.

Eine neutrale Kontemplation

Die vorgeschlagene Kontemplation ist neutral, weil universal: Sowohl der Gläubige, gleich welcher Religion, als auch der Atheist, kann sie praktizieren.

Die *asana* der üblichen Meditation ist eine Sitzhaltung, doch diesmal ist die Fetushaltung erwünscht: Die Zeichnung auf dieser Seite benötigt keine Erklärung; merken wir nur an, daß die Wirbelsäule in der Mondsichelform wieder die Form annimmt, die sie in der Gebärmutter hatte. Das ist wesentlich, denn irgendwo assoziiert das Körpergedächtnis diese Haltung mit dem fetalen Zustand und seiner Erfülltheit, die es wiederzufinden gilt.

Das Thema: Eine nächtliche Landschaft. Ich stelle mir einen verlassenen Strand vor. Vor mir erstreckt sich die unermeßliche Weite des Urozeans. Außer »jener dunklen Helligkeit, die von den Sternen sinkt« bringe ich am

Alles, was hier ist...

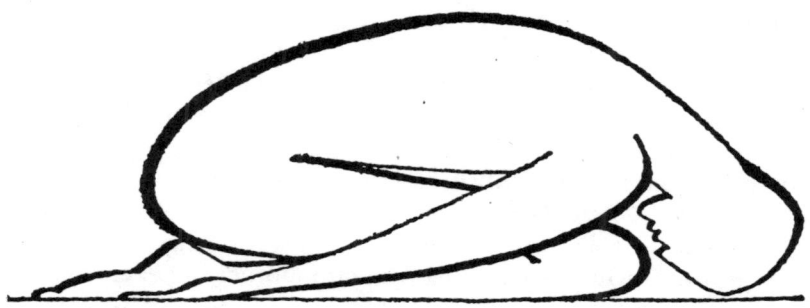

Firmament eine schmale Mondsichel an, die sich im Wasser spiegelt. Ich betrachte dieses ewige Schauspiel und lasse die Sichel allmählich zum Vollmond werden; das nimmt mich aus der linearen Zeit heraus und versetzt mich in die zyklische.

Die Luft ist unbewegt, die Nacht lau wie das Wasser. Der Ozean atmet: Eine sanfte Welle ergießt sich an den Strand, läuft dort aus, schäumt einen Augenblick, fließt dann zurück ins Meer. Die nächste Welle steigt empor zum Strand, schäumt, fließt zurück: Der Atem vermählt sich mit der Welle. Sie steigt, und ich atme ein; sie schäumt, und ich halte meinen Atem an; sie fließt zurück, und ich leere meine Lungen; ich warte ein oder zwei Sekunden, dann atme ich bei der nächsten Welle wieder ein... Das vorgestellte OM begleitet Ein- und Ausatmen. So von den Wellen gewiegt, werde ich eins mit dem Leben im Meer, bis ich den Ozean als einen gigantischen lebenden Organismus empfinde, als Wiege allen Lebens und Sinnbild des Unvorhersehbaren.

Bleiben Sie so lange in dieser Kontemplation, wie Sie sich dabei wohl fühlen.

Danach erhellt sich in ihrer Vorstellung der Himmel langsam am Horizont, die Morgenröte erscheint. Schließlich geht ganz allmählich und majestätisch die Sonne in ihrer ganzen Pracht am heiteren, wolkenlosen Himmel auf.

Ich betrachte die orangerote Scheibe über dem Horizont, die nun zur Kugel wird. Ihre sanfte Wärme durchdringt die Luft, das Wasser, den Sand, umfängt meinen Körper. Wie beglückend ist die Morgensonne! Ich vergesse aber nicht die Wellen, die noch immer meinem Atem und dem OM den Rhythmus geben. Ich lasse mich von Lebenskraft und gleichzeitiger Gelöstheit durchdringen. Wenn mein Geist sich von Sonne und Meer abwendet, beende ich meine Übung, öffne die Augen und richte mich ohne Hast wieder auf.

Wird die Kontemplation am Abend durchgeführt, verläuft die Szenenfolge umgekehrt: Die Sonne versinkt im Ozean, der dämmrige Himmel verdunkelt sich, die stille und heitere Nacht besänftigt meinen Geist. Der Vollmond nimmt ab, wird zur Sichel und verschwindet. Am Firmament funkeln die Sterne und Planeten in ihrem ganzen Feuer und beleben das Wasser mit ihrem Widerschein. Im mütterlichen, beschützenden Ozean begibt sich das Leben zur Ruhe. Um in einen erholsamen Schlaf zu fallen, ist diese Kontemplation unübertrefflich.

Die umgekehrte Reihenfolge ist aber nicht obligatorisch. Falls Ihnen die »Nachtwerdung« nicht zusagt, ist nichts dagegen einzuwenden, auch am Abend bei der ersten Szenenfolge zu bleiben. Übrigens läßt sich die Kontemplation sehr gut abends vor dem Einschlafen im Bett durchführen, und zwar vorzugsweise auf der linken Seite liegend: Diese Stellung ist der Fetushaltung noch ähnlicher als in der abgebildeten *asana*, nur außerhalb des Betts sehr unbequem.

Sehr wahrscheinlich ist man vor Ende der Kontemplation eingeschlafen. Wenngleich sie nichts mit geistigem Nachsinnen zu tun hat, lohnt es sich, auf ihren symbolischen Gehalt einzugehen.

Ein Schatz reicher Erinnerung

Das zentrale Element der Kontemplation ist die Unermeßlichkeit des Ozeans, deshalb weiß etwas in mir, daß das Leben aus dem Ozean kommt, daß das Meer meine Mutter, unser aller Urmutter ist. Zeichnete ich die Genealogie der Mütter nach, so würde ich die gesamte menschliche und vormenschliche Evolution zurückverfolgen, um letztendlich bei den Einzellern des Urozeans anzugelangen ... Zu den wenigen unbestrittenen Tatsachen gehört auch die, daß das Leben, das hier und jetzt in meinen Zellen stattfindet, sich bruchlos, lückenlos seit seiner ersten Manifestation fortgepflanzt hat. Ich trage dieses ewige Leben in mir, und es trägt mich. Bin ich nicht sogar letztlich dieses universale und ewige Leben?

Als menschliches Wesen glaube ich, mein natürliches Lebensmilieu sei die Luft, weil ich unter Wasser ersticken und ertrinken müßte. Wenn jedoch Jacques Cousteau behauptet, daß »wir organisiertes Meerwasser sind«, dann stimmt das: Mein Lebensmilieu, dasjenige meiner Milliarden von Zellen, die ihrerseits zu fünfundneunzig Prozent aus Wasser bestehen, ist das Meerwasser mit der Salzkonzentration der tropischen Meere, in denen das Leben entstand. Ich bin ein wandelndes Aquarium, und meine Zellen wissen es. Mehr noch, ich habe meine ersten neun Monate im Fruchtwasser, in der warmen Dunkelheit der Gebärmutter verbracht. Dort atmete meine Mutter für mich, und ihr Atem bewegte sich im selben Rhythmus wie die Meereswellen, die ich betrachte. In der Kontemplation wird die Verbindung und Harmonie mit der Urmutter dadurch hergestellt, daß drei wichtige Elemente in ein und dasselbe Bild einfließen: das lauwarme Wasser des Ozeans, der Atem, der sich den Wellenbewegungen angleicht und die Fetushaltung. Selbst wenn mein bewußtes Ich es nicht weiß, mein Unbewußtes irrt sich nicht: Teil um Teil bildet sich die Umgebung jener entscheidenden Zeit meines Lebens wieder heraus, als ich im mütterlichen Uterus heranwuchs, ohne Ego, ohne Namen, ohne Nationalität, ohne Habe, aber überreich an schlummernden Fähigkeiten und vollständig bewußt. Als Weltenbürger noch nicht zum 20. Jahrhundert gehörend, war ich ohne Alter, und meine Mutter war die Urmutter.

Guter Mond, du gehst so stille...

Meines Wissens haben sich nur wenige Menschen, und vor allem wenige Wissenschaftler, die Frage gestellt, was ohne den Mond aus unserem Planeten und dem irdischen Leben geworden wäre. Es gibt sicherlich Wichtigeres zu tun, als eine so unnütze Frage zu beantworten. Auch weil sich der Mond für uns »von selbst versteht«.

Stellen wir die Frage trotzdem und erinnern wir zunächst daran, daß im Tantra das Element Wasser, das alles Flüssige symbolisiert, auch alle kosmischen Bewegungen aufnimmt. Seit Milliarden von Jahren gebietet der Mond über die Gezeiten der Weltmeere, die in diesem Rhythmus allmählich die Küsten herausmeißelten. Doch vor allem bringt er das Leben in eine Bewegung und beeinflußt dadurch all unsere Lebensrhythmen. Gewiß, auch die Sonne hat Einfluß auf unser Leben, aber sie kreist in acht Lichtminuten Abstand von der Erde, während der Mond nur eine Lichtsekunde entfernt, also vierhundertachtzigmal so nahe ist. Die Sonne erreicht trotz ihrer enormen Größe kaum ein Drittel der Gravitationskraft des winzigen Mondes.

Nun reagiert die vom Wasser durchdrungene lebendige Materie überaus empfindlich auf die kosmischen Bewegungen: Es gibt Kleinstgezeiten in meinem Blut, ja sogar in den Zellen! Die Austern zum Beispiel öffnen ihre Schalen zu ganz bestimmten Zeiten, die mit der Einwirkung des Mondes, also den Gezeiten, korrespondieren. In den USA haben die Austern der Atlantikküste andere »Öffnungszeiten« als ihre pazifischen Schwestern. Amerikanische Biologen verfrachteten Austern von der Ostküste versuchsweise in einer meerwassergefüllten Wanne ins Binnenland zwischen den beiden Ozeanen. Um den Einfluß des Lichts auszuschalten, stand die Wanne in einem vollkommen abgedunkelten Keller. Unbeirrbar paßten alle Mollusken ihren Tagesablauf den Gezeiten an, und zwar so, als ob sie sich an der Küste befänden. Damit ist der Beweis erbracht, daß die lebendige Materie auf den Einfluß des Mondes reagiert, der auch unseren Lebensrhythmus bestimmt. Etwas in den verborgenen Tiefen unseres geweblichen Körpers nimmt diese Einwirkung wahr, und im Lauf der Jahrtausende haben die Mondrhythmen mit Sicherheit alle unsere biologischen Vorgänge bestimmt.

Man kennt den Einfluß der Mondphasen auch auf die Spulwürmer oder den menschlichen Schlaf. Auch das Leben der Pflanzen wird von ihm beherrscht. Die vorgeschichtlichen Bauern hatten davon Kenntnis und richteten sich bei Aussaat und Ernte nach den Mondphasen. Noch in unseren Tagen werden Bäume bei zunehmendem Mond gepropft, weil das Licht dann vernarbend und anregend wirkt.

Die Sonne trifft sich mit dem Mond...

Aus der Sonne aber bezieht das Leben seine Energie. Auf unserem Planeten haben Wasser und Sonne gemeinsam das Leben bewirkt, ohne es jedoch erschaffen zu haben. Denn nach tantrischer Auffassung sind die untrennbaren Entitäten Leben und Bewußtsein universale Eigenschaften, Dimensionen des Kosmos, folglich präexistent. Mit dem Leben verhält es sich wie mit der Elektrizität: Die erste Batterie des Grafen Volta hat diese nicht erschaffen, sondern nur manifest gemacht! Das Leben hat sich manifestiert dank der Sonne und ihres Lichts, aus dem es seine Kraft bezog.

So beschwört die Vereinigung von Wasser, Sonne und Mond in einem Bild eine gewaltige Symbolik, zu der noch die Fetushaltung kommt, an die »etwas« in mir sich sehr gut erinnert. Jenseits des rationalen Denkens, in den unergründlichen Tiefen des Unbewußten, vermag diese Kontemplation uns wahrhaft mit der kosmischen Urmutter zu vereinen.

Die Inhalte dieser Kontemplation sind so faszinierend, daß im Sommer bar jeder Logik Millionen von Menschen dicht gedrängt und mit stoischer Ruhe auf den sengend heißen Sandstränden in aller Welt rösten. Das erscheint uns so natürlich, daß wir uns des Widersinns schon gar nicht mehr bewußt werden.

Denn was gibt es eigentlich Uninteressanteres als Sand, jede Menge Wasser und Sonne? Logisch gesehen ist das Land oder das Gebirge viel interessanter und attraktiver. Daß aber die Verbindung von Meer, Sand und Sonne derart fasziniert, weist das nicht auf den Impetus einer Wallfahrt zu den Quellen des Lebens selbst hin? Man wird nicht müde, abends die Sonne im Meer versinken zu sehen oder nach Einbruch der Nacht auf einer Düne schweigend den aufgehenden Mond zu betrachten, der die Wellenkämme versilbert.

Hier beende ich meine Ausführungen, obwohl es über diese Kontemplation noch manches zu sagen gäbe. Doch wenn Sie sich auf sie einlassen – was ich hoffe –, dann vergessen Sie das ganze Gerede, das nur dazu dienen soll, sie Ihnen »schmackhaft« zu machen!

Meditation über das Leben

Hier eine zweite, kürzere Meditation, die einen Teil der vorherigen aufnimmt, aber dennoch in sich ein vollständiges Ganzes bildet.

Leben und Bewußtsein – nicht voneinander zu trennen – sind noch in den primitivsten Lebewesen unseres Planeten vorhanden, und eine der einfachsten und lohnendsten Tantrameditationen hat das Leben selbst zum Thema. Ich stelle sie im folgenden vor.

Ich nehme meine übliche Meditationshaltung ein, eine Yoga-*asana* oder eine Sitzhaltung auf dem Stuhl mit gerade aufgerichteter und ausbalancierter Wirbelsäule. Zunächst entspanne ich so viele Muskeln wie mög-

Alles, was hier ist...

lich, auch die des Gesichts. Hinter meinen geschlossenen oder nur leicht geöffneten Lidern lenke ich meinen Blick auf die Nasenspitze, ohne dabei zu schielen. Dann beobachte ich eine Weile meinen Atem, nehme also den kühlen Luftstrom wahr, den meine Nasenlöcher aufnehmen, und den warmen Luftstrom, den sie abgeben. Danach widme ich meine ganze Aufmerksamkeit meinem Körper, anders gesagt, mein verinnerlichtes Denken nimmt soweit es kann alle Körperempfindungen wahr. Ich beginne bei den Fußsohlen und gehe dann nach oben in die Beine, den Rumpf, den Nacken, den Kopf. Danach durchläuft mein Geist von den Handinnenflächen ausgehend die Arme, die Schultern und noch einmal den Nacken und das Kopfinnere.

Der Zweck dieser Übung ist, meinen Geist zu beruhigen. Ich bleibe mir meines Atems bewußt. Gleichzeitig bin ich mir auch des Wunders bewußt, hier und jetzt in einem menschlichen Körper lebendig zu sein. Dann empfinde ich, daß dieses Leben durch meine Mutter zu mir gekommen ist, die es von ihrer Mutter empfangen hat und immer so fort. Ich versuche, mir die am längsten zurückliegende schöne Erinnerung an meine Mutter ins Gedächtnis zu rufen. Wenn ich dabei auf einen Konflikt stoße – das kommt häufiger vor, als man denkt –, gehe ich ohne mich aufzuhalten weiter zur vorhergehenden Generation. Ich versuche auch, mir meine Großmutter vorzustellen, falls ich sie gekannt habe. Dann werde ich mir der end- und namenlosen Ahnenreihe meiner Mütter bewußt und danke ihnen, daß sie das Lebenslicht weitergetragen haben bis zu mir. Kein halbherziges Dankeschön, sondern eine Woge der Liebe: Die Meditation schließt die Emotion nicht aus, ganz im Gegenteil, sie ist ihr eigentlicher Antrieb.

Wohin wird mich diese Reise durch die Ahnenreihe meiner Mütter führen? Zur ersten Frau? Noch viel weiter, denn sie folgt selbst dem Lauf allen irdischen Daseins.

Könnte ich so meine mir unbekannte und unerforschliche, aber reale Genealogie durchlaufen, dann gelangte ich an den Ursprung allen Lebens. Und dieses uranfängliche Leben hat sich durch alle Formen der Evolution hindurch von den primitiven Einzellern bis zu mir erhalten, ohne je unterbrochen worden zu sein. Mit anderen Worten, das Leben, das in mir pulst, ist so alt und so neu wie am ersten Tag der Schöpfung. Ich bin dieses Leben, das die Jahrmillionen durchlaufen hat. Wenn es mir gelingt, diese unwiderlegbare Tatsache wahrhaft zu erkennen, dann tritt mein kleines Ich in den Hintergrund, und ich bin das Leben. Eingebunden in diesen wunderbaren und geheimnisvollen Prozeß, fühle ich mich dem verflossenen Leben wie all seinen gegenwärtigen Formen auf dem Planeten verbunden. Ginge ich den Lauf der Evolution zurück, so würde ich in einem bestimmten Augenblick das Stadium des Fisches durchlaufen, das der Larve, ich würde wieder zu dem uranfänglichen Nährboden werden, der in sich all jene Energien birgt, aus denen sämtliche nachfolgenden Formen entstanden sind.

Die tantrische Sicht

Habe ich nicht diese gesamte Entwicklung zeitgerafft im Mutterleib erlebt, erst als Embryo, dann als Fetus? Macht und Intelligenz des Lebens sind in mir vereint, hier und jetzt. Alle Erfahrungen des Lebens befinden sich in meinen Genen, in meinem Leben. Mein individuelles Leben wird zugleich außergewöhnlich und belanglos. Und wie viele Zufälle waren dazu nötig, daß ich hier und jetzt vorhanden bin.

Hätte es der Zufall gewollt, daß meine Mutter einem anderen Mann als meinem Vater begegnete, oder wäre von den fünfhundert Millionen Spermatozoen des väterlichen Samens ein anderes von der mütterlichen Eizelle absorbiert worden, dann hätte es vielleicht ein Kind mit demselben Geschlecht, demselben Geburtsdatum, womöglich sogar demselben Vornamen gegeben, aber das wäre nicht **ich** gewesen.

Es geht sicherlich nicht darum, große philosophische Reden an sich selbst zu halten, wohl aber darum, sich dieser wundervollen Sache, die das Leben ist, bewußt zu werden, sich von ihm getragen und als Teil des Ganzen zu fühlen. Der Baum ist mein Bruder, aber auch die Mücke... Aus diesem Blickwinkel betrachtet, lassen sich unsere großen und kleinen Sorgen relativieren und verlieren an Bedeutung. Wenn ich mit dieser unüberwindlichen Kraft verbunden bin, kann mir nichts mehr geschehen.

Wie lange soll man sich auf diese Weise in das Leben versenken? Es gibt keine Begrenzung nach oben oder unten. Ob eine Minute, fünf Minuten oder dreißig – man macht weiter, solange man sich wohl fühlt.

Diese Meditation eröffnet uns den Weg zu wunderbaren Kräften, ohne mit irgendeiner Religion in Konflikt zu geraten. Selbst der Nichtgläubige hätte keine Einwände gegen sie. Wenn man sie abends im Bett ausführt, gewährleistet sie einen tiefen und unbeschwerten Schlaf.

Profane Zeit, sakrale Zeit

War jener bayerische Arzt, der im Wartezimmer vor den Augen seiner Patienten das Schild »Es ist später, als Sie denken« anbrachte, sadistisch oder zynisch? Das Drama der »gewöhnlichen«, linearen Zeit hat er jedenfalls auf einen Nenner gebracht.

Wenn man im Westen sagt, man müsse sich von der linearen Zeit, jener der Uhren und Kalender, befreien, stößt man auf Einwände folgender Art: »Aber es gibt doch nur eine Zeit, und die ist objektiv, selbstverständlich. Was wäre damit gewonnen, sie abzuschaffen? Was ist denn an ihr so von Nachteil? Meine Uhr mißt sie, also existiert sie!«

Die lineare Zeit

Ehe wir uns mit diesen Fragen beschäftigen, müssen wir uns zunächst dem gebräuchlichen, für uns selbstverständlichen und autonomen Zeitbegriff zuwenden.

Dieser Zeitbegriff ist linear, weil die Zeit als eine unendliche oder fast unendliche Gerade angesehen wird, auf der man sich einordnet und auf der alles sich bewegt: »Wir schreiben den 15. Mai 19.., 11 Uhr 33 mitteleuropäischer Zeit.« Uns genügt das, aber die Wissenschaftler würden es gerne genauer haben: »Der 15. Mai des Jahres 15.223.967.492 nach dem Urknall, und die Entropie wird das Universum im Jahr 48.793.538.193 auslöschen.«

Auf dieser unendlichen Geraden schreitet die Gegenwart als ein infinitesimaler Punkt auf einer Einbahnstraße voran – es gibt kein zurück! –, und zwar mit konstanter Geschwindigkeit und totaler Gleichgültigkeit gegenüber den Ereignissen der Weltgeschichte. Dem gesunden Menschenverstand ist das so selbstverständlich, daß er nicht einmal die Vermutung anstellt, daß der archaische Mensch vielleicht anders darüber gedacht haben könnte.

Das Diktat des Chronometers macht vergessen, daß diese lineare Zeit erstens eine Abstraktion, zweitens jüngeren Datums und drittens auf heimtückische Weise lebensgefährlich ist.

Newton hatte wie der Naturmensch noch eine zyklische Sicht der Zeit, doch für uns rinnt die Zeit einförmig dahin wie die Körner in der Sanduhr: Das obere Gefäß ist die Zukunft, im

Die tantrische Sicht

unteren häuft sich die Vergangenheit an, und der Hals zwischen den beiden, durch den der gefärbte Sand fließt, ist die flüchtige Gegenwart. Die Sanduhr steht für das Leben: Bei der Geburt ist das obere Gefäß gefüllt, dann leert es sich unerbittlich bis zur Neige ... Wieviel Sand bleibt noch in meiner Uhr?

Die Zeit schlug um in die Linearität. Im 17. Jahrhundert, in der Nacht des 10. November 1619, als der junge Descartes das Universum als eine gigantische Maschine erkannte, in der sich alles zur Vollkommenheit vereinte, schlug die Zeit die Richtung in die Linearität ein. Eine kosmische Uhr also! Descartes trieb die mechanistische Idee so weit, sie auf den Menschen zu übertragen und schrieb in seinem *Traité de l'homme*: »Alle jene Funktionen vollziehen sich in dieser Maschine (dem Körper) auf natürliche Weise allein durch die Anordnung der Organe, nicht minder als die Bewegungen einer Uhr.« Und als, ebenfalls im 17. Jahrhundert, der holländische Astronom Christiaan Huyghens die präzise und ununterbrochen laufende Pendeluhr erfand, da materialisierte diese mit ihrem Räderwerk den kartesischen Begriff vom Universum als Maschine und »maß objektiv« die vergehende Zeit. Unsere Uhren – mittlerweile so erschwinglich, daß sie sich jeder leisten kann, während sie noch vor einem Jahrhundert ein seltenes, den wohlhabenden Ständen vorbehaltenes Objekt waren –, unsere Uhren also schaffen die Illusion der linearen Zeit.

Eine weitere uns vertraute Erfindung trägt ebenfalls dazu bei, die Zeit zu »linearisieren«: der Kalender. Einerseits ordnet und materialisiert er die Zeit – »Es war am vergangenen 15. Mai ...« –, andererseits nimmt er die Zukunft vorweg, die somit bereits einen Anschein von Existenz erlangt. Im Terminkalender abgedruckt, erscheint Weihnachten derart real, daß man schon Monate vorher die Feiertage plant!

Ob Armband- oder Sanduhr, die Zeitmesser fressen unser Leben auf: Woran stirbt man, wenn nicht an der Zeit? »Man zählt die Minuten, die uns zum Leben bleiben, und man schüttelt unsere Sanduhr, um sie zur Eile anzutreiben«, schrieb Alfred Comte de Vigny. Und denken wir noch einmal an den bayerischen Arzt mit seinem »Es ist später, als Sie glauben«. Der unerbittliche Chronometer materialisiert die Zeit, die einer Ratte gleich unaufhörlich an meinem Leben nagt. Die »logische« Reaktion darauf ist die Flucht nach vorn. Die Zeit ist begrenzt? Dann füllen wir sie eben maximal aus. Dafür muß man mehr produzieren, mehr Lust empfinden, alles und sofort erwerben, sich immer mehr abhetzen.

Uhr und Kalender werden zu belastenden Streßfaktoren: Diese Arbeit *muß* vor dem Xten fertig sein. Um mehr zu leben, lebt man schneller, läuft man schneller, fährt man schneller und fliegt man schneller. Wir leiden an akuter Rekorditis. Das Resultat: Wir sterben auch schneller. Hast setzt unter Druck, stört unseren Biorhythmus und damit auch seine Beziehung zum Rhythmus des Universums.

Die lineare Zeit vermittelt den Eindruck, das Leben zerrinne uns zwischen den Fingern, mache uns *time-*

Profane Zeit, sakrale Zeit

sick, zeitkrank, wie die Doktoren Friedman und Roseman sagen. Die Eiligen leiden häufig am Zeitsyndrom: Sie produzieren zuviel Adrenalin, Insulin und Hydrokortison, ihr Magen schüttet zuviel Säure aus, sie atmen zu schnell, haben Muskelverspannungen, und ihr Cholesterinspiegel steigt an. Durch Hast stirbt man früher, zum Beispiel an einem Infarkt.

Das Gegenstück zur linearen Zeit ist der Mythos vom linearen, beständigen, unaufhaltsamen Fortschritt. Gewiß, der Computer ist ein »Fortschritt« gegenüber der mechanischen Rechenmaschine. Einverstanden, die neuen Produkte bedeuten einen »Fortschritt« gegenüber den alten: Heute waschen wir weißer als gestern, aber weniger weiß als morgen... Die diesjährigen Autos bedeuten einen »Fortschritt« gegenüber dem Modell des vergangenen Jahres und so fort. Die Wissenschaft hört nicht auf »fortzuschreiten«. Für uns ist alles Neue notwendig besser. Alles ändert sich, alles bewegt sich, folglich verbessert sich alles. Als absoluter Wert ist diese Auffassung vom Fortschritt ebenso abstrakt und verderblich wie die lineare Zeit. Und er ist ein zusätzlicher Streßfaktor.

Wir halten die starren Lebensformen beispielsweise in einem indischen Dorf für überholt. Indes löscht diese Starrheit – die uns ein Greuel ist – die lineare Zeit, ja nahezu die Zeit schlechthin aus. Der alte Mann, der durch sein Dorf spaziert, durchlebt noch einmal seine Kindheit. Seit er ein Junge war, hat der Brunnen sich nicht verändert, und so wie er ist, haben ihn sein Vater, sein Großvater gekannt... Die Frauen tragen die gleichen Saris, die gleichen Kupferkannen auf dem Kopf, die Kinder spielen die gleichen Spiele. Die Hütten sind die gleichen, die Felder auch.

Heute ist wie gestern und ähnlich wie morgen. Allerdings wurde Indien bereits von unserem Zeitbegriff und unserer Illusion vom Fortschritt infiziert.

Wenn wir Abendländer heimkehren ins Dorf unserer Kindheit, dann finden wir wohl die Kirche unverändert, aber alles andere ist verwandelt, umgebaut, »modernisiert«. Was bleibt, ist Nostalgie. Die einzigen Spuren unserer Kindheit oder Jugend finden wir vielleicht in irgend einem vertrauten, in einer Schublade vergessenen Objekt wieder, in einem Album vergilbter Fotos. Ich möchte dazu anmerken, daß ich den Fortschritt nicht ablehne, ihn aber in Relation bringen möchte.

Gibt es in Natur und Leben einen Fortschritt? Schreitet die Menschheit im physischen Bereich voran, weil sie alljährlich für unschlagbar gehaltene Sportrekorde schlägt?

Das Leben entwickelt sich, gewiß, aber befindet es sich in stetem Fortschritt? Verläuft die Evolution linear? Ist die heutige Eiche ein Fortschritt gegenüber jener vor einer Million Jahren? Sind die Arten heute ein Fortschritt gegenüber jenen aus vorgeschichtlicher Zeit? Sie haben sich den jeweiligen Bedingungen angepaßt, das ist alles. Ist das Kaninchen ein Fortschritt zum Dinosaurier, die Ameise gegenüber dem Elefanten?

Der neuzeitliche Mensch ist weder notwendigerweise noch auf jedem Ge-

Die tantrische Sicht

biet dem archaischen Menschen überlegen. Gegenüber dem Pygmäen, der durch das Abholzen der Äquatorialwälder vom Aussterben bedroht ist, hat der moderne Städter unserer Breiten weder in bezug auf Kraft und Gesundheit noch hinsichtlich der Lebensfreude einen Fortschritt erreicht, der »primitiven« Lebensweise dieser Menschen zum Trotz. Der Begriff 20. Jahrhundert existiert jedenfalls für sie ebensowenig wie für die übrige Natur – aber das sollte ich womöglich schon ins Imperfekt setzen.

Die zyklische Zeit

Was würde sich ändern, wenn wir die Zeit anders sähen? Sicher ist, daß wir alle sterben müssen, unsere Tage gezählt sind. Jeder verstrichene Tag verkürzt unser Leben.

Bevor wir uns damit befassen, **was** sich ändern würde, müssen wir uns bewußt werden, daß die lineare Zeit für den Menschen eine zweckmäßige Abstraktion darstellt. Weiß etwa der Hund, daß er im 20. Jahrhundert lebt und daß wir den 15. Mai schreiben? Ein Datum bedeutet ihm nichts, es ist ihm völlig unbegreiflich, nicht vermittelbar. Und die Katze oder der Vogel, von den Bäumen ganz zu schweigen? Man wird sagen, bei den Tieren sei das klar, aber mit den Menschen ist das etwas anderes. Nein, der archaische Mensch erlebte sich nicht in einer linearen Zeitfolge. Er suchte nicht zu erfahren, ob er beispielsweise im Jahr 12 322 lebte, weil sein Zeitbegriff **zyklisch** war, daher ohne Anfang, aber auch ohne Ende.

Ein Zyklus, ein Kreislauf, schließt sich stets in sich selbst. Das Rad dreht sich! Auch heute noch leben viele Menschen in der zyklischen Zeit. Sie sehen die Sonne aufgehen, über den Himmel ziehen, untergehen und anderntags wiederkehren. Der Mond nimmt zu, wird voll, nimmt ab, verschwindet, doch stets kehrt er zurück. Auf den Winter folgt der Frühling, der Sommer, der Herbst, und nach einem neuen Winter beginnt der Kreislauf von neuem. Das wissen auch die Tiere.

Für den archaischen Menschen ist die Natur ein fortwährender Neubeginn, deren Zyklen sein Leben regeln. Die Sprache der Hopi-Indianer kennt kein Wort, um die lineare Zeit zu bezeichnen, und ihre Verben lassen sich nicht konjugieren. Die Hopis beziehen sich weder auf die Vergangenheit noch auf die Zukunft. Sie leben in einer ewigen Gegenwart, die das, was wir Vergangenheit nennen, einschließt. Selbst wenn man ihnen eine Uhr schenkt, leben sie weiter in der zyklischen Zeit. Ohne expliziten Bezug zu Gegenwart, Vergangenheit und Zukunft ist das Leben der Hopis erstaunenswert effizient.

Gewiß, der Mensch kennt seit langem die Sonnenuhr. Durch sie läßt sich der Tag unterteilen. Auch die modernen Uhren funktionieren nach einem bestimmten Rhythmus, der durch die Schwingungen des Quarzkristalls bedingt ist, uns aber verborgen bleibt; nur die Zeiger bewegen sich.

Nebenbei sei bemerkt, daß die lineare Zeit als absolute Entität nicht mehr in der Gunst der Physiker steht. Keiner vermag diese »evidenten« Begriffe ge-

Profane Zeit, sakrale Zeit

nau zu definieren, die da Zeit, Gegenwart, Vergangenheit und Zukunft heißen. Eine bedenkenswerte Sache: Falls morgen alles in unserem Universum doppelt so schnell – oder langsam – abliefe, wer würde es bemerken? Tatsächlich würde nichts sich ändern. Dasselbe gilt für das Weltall: Wenn es morgen um die Hälfte kleiner geworden wäre, würde das niemandem auffallen. Man kann also in einem geschlossenen System wie dem unseren den Ablauf eines Phänomens mit einem anderen vergleichen (seine Zeit veranschlagen) oder die Größenordnung eines Objekts zu einem anderen in Bezug setzen (zum Beispiel die Erde zur Sonne und diese zur Galaxie), nicht aber bestimmen, ob unser Universum grundsätzlich groß oder klein ist. Dafür müßte man es mit einem anderen Universum vergleichen. Daraus entstünde ein neues System, von dem man nicht wüßte, ob es groß oder klein ist und so weiter. Auch das ist Relativität!

Die sakrale Zeit

Nun können wir uns endlich der sakralen Zeit zuwenden. Ein Hinweis: Sakral ist, trotz einiger Gemeinsamkeiten, nicht gleichbedeutend mit religiös. Überdies werden die Begriffe von linearer, zyklischer oder sakraler Zeit im indischen Tantra nicht behandelt, ja nicht einmal erwähnt. Die lineare Zeit ist eine neuzeitliche abendländische »Erfindung«. Dank eines Rituals gelangen die Tantriker aber mühelos in die sakrale Zeit. Da ich aber ein in der linearen Zeit lebender Abendländer bin – und bleibe –, mich aber von ihr befreien wollte, halte ich es für notwendig, darüber zu schreiben.

Sehen wir, was Mircea Eliade in *Der Mythos der ewigen Wiederkehr* zur sakralen Zeit sagt:

»Alle Opfer werden zum selben mythischen Augenblick wie am Ursprung vorgenommen; durch das Paradox des Rituals werden die profane Zeit und die Dauer aufgehoben.«

»[...] Wenn eine Handlung (oder ein Gegenstand) durch die Wiederholung bestimmter paradigmatischer Gesten eine bestimmte Realität gewinnt – die der nur durch diese erlangt –, ereignet sich implizites Außerkraftsetzen der profanen Zeit, der Dauer, der Geschichte...« Ich möchte dabei die Wörter **Wiederholung, Gesten** und **nur durch diese** hervorheben.

Für das Tantra ist allein die sakrale Zeit real, und sie setzt – paradoxerweise – die anderen Zeitformen außer Kraft. Die Vergangenheit existiert nicht mehr, weil sie vergangen ist, die Zukunft existiert noch nicht, weil sie erst kommt. Und die Gegenwart, ist das ein Jahr, ein Tag, eine Sekunde, eine Milliardstel Sekunde? Es ist bei allem Kopfzerbrechen unmöglich, sie in der linearen oder auch in der zyklischen Zeit zu definieren.

Gehen wir weiter. Für das Tantra ist die Schöpfung kein einmaliges Ereignis, das vor Milliarden von Jahren stattgefunden hat, sondern ein fortwährender Prozeß. Die Schöpfung findet hier und jetzt statt. Das manifeste Universum tritt ständig aus dem Nichtmanifesten hervor, außerhalb jeglicher

Die tantrische Sicht

Zeit, die eine mentale Kategorie ist. Allein ein ewiges Jetzt hat Bestand. (Ich ziehe es vor, eher von einem Jetzt zu sprechen als von Gegenwart, die man unbewußt zwischen Vergangenheit und Zukunft ansiedelt.)

Der Ausdruck »am Ende der Zeiten« ist wörtlich zu nehmen. Wenn das Universum wieder an seinem Ursprung angelangt ist, wenn das eintritt, was wir das Ende der Welt nennen, dann wird selbst das Zeit-Raum-Gefüge verschwinden. Es wird die Nacht Brahmans sein, der ein neuer Tag folgt, das heißt ein neues Universum, und immer so fort in einem unendlichen Kreislauf.

Wir gelangen hier zu einem wesentlichen Begriff, dem des »Prozesses«. Für die Sinne und den Verstand ist zum Beispiel eine bestimmte Eiche eine autonome, von den anderen unterschiedene und im Zeit-Raum-Gefüge eingegliederte Gesamtheit. Man weiß, wann sie gepflanzt worden ist, man könnte sie ausgraben und irgendwoanders wieder einpflanzen. Aber so, wie sie da steht, hier und jetzt, enthält sie ihre ganze Vergangenheit. Jede Jahreszeit mit ihren spezifischen Erscheinungsformen hat sich dem Baum eingeprägt. Seine Gegenwart ist verdichtete Vergangenheit, seine Gegenwart bedingt die Zukunft, aber allein diese Gegenwart existiert. Der Tantriker nimmt die Eiche als einen Prozeß wahr, der nicht nur den Baum einschließt, sondern auch bis hin zum Sturm reicht, der sie vielleicht fällt, ja noch darüber hinaus. Die Eichel ist nur ein Glied in der Kette des globalen Prozesses Eiche. Die reale Eiche ist der integrale Prozeß Eiche von der ersten bis zur letzten ihrer Art, und er ist nicht zu trennen vom wiederum komplexen, fortwährenden Prozeß Wald, der einen Teil des umfassenden Lebensprozesses auf dem Planeten darstellt.

Schlagen wir nun den Weg von der Eiche zum Menschen ein, zu einer bezaubernden jungen Frau vielleicht. Der Tantriker fühlt die Ausstrahlung ihrer Persönlichkeit, für ihn inkarniert sie die kosmische Weiblichkeit, gleichzeitig aber nimmt er sie als Prozeß wahr. Gleichsam in einer Überlagerung schaut er den Säugling, der sie war, und die kleine schrumpelige Alte, die sie sein wird. Er sieht auch, wie sie durch die Vereinigung mit dem Mann den Prozeß weiterführt. Auch wenn sie unfruchtbar wäre, würde das kaum etwas ändern, denn sie ist Teil des Menschheit genannten Prozesses, der seinerseits eingebunden ist im ewigen Prozeß planetarischen und kosmischen Lebens.

Führt diese Einsicht nicht logischerweise wieder zu Descartes' Uhrwerk-Universum zurück? Nein, denn das Individuum als Prozeß schließt seine eigene Entwicklungsdynamik mit ein, es ist eben kein Zahnrad in einem Mechanismus: Das ändert alles! Das Universum ist lebendig und bewußt!

Diese Sicht der Zeit außerhalb der Zeit ist es auch, die das tantrische *maithuna* prägt, die rituelle sexuelle Vereinigung, die durch die Bewußtwerdung, daß das Leben hier und jetzt entsteht und sich fortpflanzt, nicht länger profan ist. Das *maithuna* ist das Abbild der in realer Zeit stattgefundenen allerersten Vereinigung des Men-

Profane Zeit, sakrale Zeit

schen, ihrerseits Abbild des letzten Schöpfungsaktes, in dem das weibliche kosmische Prinzip (Shakti) vereint mit seiner männlichen Entsprechung (Shiva) das Universum erschafft und es ständig neu zeugt. So stellt das *maithuna* den ursprünglichen Schöpfungsakt dar.

Sobald ich im wahrsten Sinn des Wortes realisiere, daß ich im Prozeß Menschheit eingebunden bin und von ihm getragen werde, kann ich mich von der Zeit befreien. Diese Erfahrung löst die inneren Spannungen, führt zu Sicherheit und Gelassenheit. Die Auflösung meines Ego wird den Prozeß, an dem ich teilhabe und der sich unentwegt fortsetzt, nicht beeinträchtigen.

Das tantrische Ritual versetzt so das Bewußtsein auf eine andere Existenzebene, wo es die letztgültigen Wahrheiten erkennt und erlebt. Der Tantriker gelangt nun zum Göttlichen, zur sakralen Zeit, welche zugleich zyklische und lineare Zeit außer Kraft setzt.

Es ist wahrhaft eine befreiende, wenn auch kaum in Worte zu fassende Erfahrung, Zugang zu finden zur sakralen Zeit. Nichts mehr im Leben ist wirklich dringend, und selbst wenn die Zeit einmal knapp wird, so kann man doch Hetze und Streß vermeiden: Ob das eine oder andere heute, in zehn Jahren oder gar nicht erledigt wird, ist das wirklich wichtig? Im Zusammenhang eines Gesamtprozesses gesehen nicht: Es kann mir nichts mehr geschehen!

Das Eindringen in diesen Prozeß, und damit in die sakrale Zeit bedeutet nicht, seine Uhr wegzuwerfen. Ich habe meine behalten, ebenso den Terminkalender; denn auch morgen treffe ich Verabredungen. Aber ich relativiere, ich lasse mich nicht oder besser nicht mehr unter Druck setzen.

Lineare Zeit, zyklische Zeit, sakrale Zeit? Ich wiederhole: Das Bewußtsein, selbst ein fortlaufender Prozeß zu sein, der nicht bei der Empfängnis begonnen hat und nicht mit dem Tod des Ich – einer Zweckkonstruktion – endet, ermöglicht es mir, über mein Ego hinauszuwachsen. Die Zeit ist getilgt, sei sie nun zyklisch oder linear. Ich gelange in das Zeitlose. Durch diese Erfahrung wird alles einfach und klar, ich fühle mich frei. Nicht länger nagt die Uhr mit jeder Sekunde, die verstreicht, an meinem Leben ...

Das »overmind«

Im Tantra ist der Begriff des *overmind* wesentlich, und obgleich ich kein Freund von Superlativen bin, würde ich doch gerne einen finden, um das *overmind* zu charakterisieren: Selbst Worte wie schwindelerregend oder phantastisch charakterisieren es nicht richtig. Warum aber ein englisches Wort? Wir kennen das Wort supramental. Supramental beinhaltet zwar die Vorstellung eines Mentalen jenseits des Mentalen, aber das ist sehr unzureichend. *Over* schließt, zusätzlich zur Überschreitung, die in diesem Zusammenhang wesentliche Vorstellung ein, daß das *mind*, das Mentale, miteinbezogen ist, während die Vorsilbe »supra« nur »darüber« bedeutet. *Overmind* bezeichnet somit eine autonome, weitreichendere mentale Ebene, die mehrere individuelle »Untermentalen« abdeckt, überschreitet und einbezieht. Eine letzte Bemerkung, ehe wir zum Kern des Themas kommen: Das substantivierte Adjektiv »das Mentale«, das in etwa dem englischen *mind* entspricht, kennt bei substantivischem Gebrauch keinen Plural. Insofern werde ich gegen die Grammatik verstoßen, wenn ich »die Mentalen« schreibe.

Erwarten Sie zum jetzigen Zeitpunkt noch keine genauere Definition des *overmind*; sie wird sich aus dem Text ergeben.

Betrachten wir zuerst das Wort *mind*, dessen Äquivalent unser »Mentales« wäre, vorausgesetzt, wir respektieren die lateinische Wurzel *mens, mentis* = Geist, was mehr bedeutet als Kopf, Verstand, Intellekt.

Apropos Denken: Descartes' berühmtes *cogito, ergo sum* wirft mehr Fragen auf, als es Antworten darauf gibt. »Ich denke, also bin ich« – das ist so einleuchtend wie unzulänglich. »**Ich** denke«, schön und gut, doch wer ist es, dieses **Ich**? Und was ist das Denken? Diese Fragen werfen ein weiteres, so heikles wie grundlegendes Problem auf, nämlich das der nicht eindeutig geklärten Definition des Begriffs Seele oder Psyche. Gehe ich vom griechischen *psyché* aus, stört das den Rationalisten und stachelt ihn zum Kampf gegen den Spiritualisten an. Wobei beide sich nur darin einig sind, Materie und Geist als irreduzible Gegensätze aufzufassen.

Tantra ergänzt den Satz »Ich denke, also bin ich« durch den Folgesatz »Ich bin, also denke ich«, wobei »denken« vor allem »bewußt sein« bedeutet und nicht »reflektieren«. Psyche und Bewußtsein, die empirischen Grundlagen der Existenz, sind untrennbar miteinander verbunden. Halten wir dies für später fest.

Das Tantra versöhnt den Spiritualisten mit dem Rationalisten insofern, als es sagt, die Psyche, folglich das Bewußtsein, sei eine Dimension, eine fundamentale Eigenheit des Kosmos: Dieser tantrische Grundsatz ist von unübersehbarer Tragweite (siehe hierzu auch das Kapitel »Alles, was hier ist...«, Seite 112).

Um dies zu begreifen, nehmen wir die gewöhnliche Auffassung von Denken zum Ausgangspunkt. In diesem Zusammenhang eine immaterielle oder übernatürliche psychische Entität – also eine Seele – zu erwähnen, empört den Rationalisten, für den das Denken ganz wie die Rechnung im Computer der Tätigkeit des Gehirns entspringt und außerhalb seiner nicht existiert. Zudem impliziert selbst für den überzeugten Spiritualisten Denken und Bewußtsein einen geschlossenen Raum – das Schädelgehäuse – und eine einheitliche materielle Struktur, in diesem Fall das Gehirn. Ein amerikanischer Humorist sagt, es sei der leistungsfähigste, raffinierteste, kleinformatigste Computer überhaupt, hergestellt erstens in Großserie, zweitens mit geringen Kosten, drittens von Leuten ohne besondere Kompetenz, viertens unter allergrößtem Enthusiasmus! Tatsächlich ist der Vergleich zwischen Computer und Gehirn ziemlich treffend. Seine Milliarden von Neuronen wären die Chips, lebende Mikroprozessoren, miteinander verkabelt durch seine Dendriten, und der Strom wird dabei von der Nervenenergie geliefert.

Die Originalität des Tantra liegt in seiner Anschauung, daß jede Psyche (einschließlich die der Zelle, die als über ein völlig autonomes Bewußtsein verfügendes Gebilde betrachtet wird) ein Kraftfeld, ein subtiles (feinstoffliches) energetisches System darstellt, also im erweiterten Wortsinn materiell ist, ohne von bestimmten Molekülen oder Atomteilchen umgeben zu sein. Mein psychisches Kraftfeld leitet und schließt alle meine Neuronen ein, bedient sich ihrer, reagiert mit jedem von ihnen und umgekehrt. Ich denke **mit** meinem Gehirn, **dank** meinem Gehirn, ohne daß jedoch meine Psyche darauf beschränkt wäre, sich völlig mit ihm zu identifizieren. Mehr noch, mein Gehirn ist eher **in** meiner Psyche als meine Psyche in meinem Gehirn! Meine individuelle Psyche ist so das *overmind* der Gesamtheit meiner Neuronen, eigentlich aller Körperzellen.

Um diesen Gedanken zu verdeutlichen, hier ein Vergleich: Meine Psyche ist meinem Gehirn, was das Magnetfeld dem Magneten ist. Die Eisenatome sind materiell, ich kann sie wiegen und sogar ihre Struktur unter dem Elektronenmikroskop erkennen. Jedes Eisenatom selbst ist ein Miniaturmagnet, eingebunden im Gesamtmagnetfeld des Magneten. Deshalb ist dieses unsichtbare, subtile, unwägbare Magnetfeld ebenso »materiell« wie das Eisen des Magneten, von dem es nicht zu trennen ist. Überdies erstreckt sich das

Die tantrische Sicht

Magnetfeld über die Grenzen des Magnets selbst hinaus.

Was das Gehirn betrifft, so bestehen die Neuronen für den Physiker aus materiellen Molekülen; diese wiederum werden von Atomen gebildet, welche ihrerseits aus subatomaren Teilchen bestehen. Schön und gut, aber mein Gehirn ist, wie alle Materie, vornehmlich Leere. Ich greife hier eine an anderer Stelle des Buches formulierte Idee auf: Würde ich, dem Physiker zufolge, die Materie komprimieren, bis ich die Leere zwischen den Atomen beseitigt hätte, würden also die Kerne und die Elektronen sich berühren, dann würde die Erde in einen Fingerhut passen. Und das Gehirn hätte komprimiert nicht einmal die Größe eines Staubkorns. Anders gesagt ist mein Gehirn vor allem dynamische Leere, ein Kraftfeld, eine spärliche Konstellation infinitesimaler Energiequanten, der atomaren Teilchen. Wissenschaftlich ist das Kraftfeld Gehirn – im Gegensatz zur geschlossenen und kompakten Struktur, die mir die Sinne vorgaukeln – eine Energiewolke, die in ständigem Austausch mit ihrem Umfeld steht, vornehmlich jedoch Leere ist, die denkt! Ein bestürzender Gedanke. Stellen wir uns vor, ich wäre ein derart winziger Mensch, daß ich mitten in ein solches Kraftfeldgehirn gelangte und diese denkende Energiewolke von innen betrachten könnte: Nirgendwo sähe ich die Bilder, die im Mentalen seines Eigentümers erscheinen. Von diesen Bildern, die den einzigen Inhalt des Wach- oder Traumbewußtseins bilden, weiß niemand, wo und wie sie entstehen. Für das Tantra gibt es eine einfache Erklärung: Der Vorgang geschieht im Mentalen, in dem subtilen Kraftfeld, welches das gesamte Gehirn einschließt, wobei es über dessen Begrenzung hinausgeht – wie das Magnetfeld über den Magneten.

Diesen Gedanken überträgt Tantra auf das gesamte Universum, das mit seinen Milliarden von Galaxien ebenfalls ein vornehmlich aus Leere (der Unermeßlichkeit interstellarer Räume) bestehendes Kraftfeld bildet. Für das Tantra denkt irgend etwas mit Hilfe der Sterne, ganz wie ich mit Hilfe meiner Atome denke. Deshalb finden wir im Kosmos Lebendiges und Bewußtes vor.

Für Pascal ist allein der Mensch ein »denkendes Schilfrohr«, das schwächste der Natur. Für das Tantra dagegen ist sowohl das Universum als auch jedes Individuum und jede seiner Zellen bewußt. Die universale Psyche, die Allseele, ist in unendlich viele untergeordnete Bewußtseinsebenen aufgeteilt oder in solche, die autonom, unterschiedlich und dennoch voneinander abhängig sind. Die psychische Struktur entspricht so der Struktur der Energiematerie, von der sie nicht zu trennen ist. Die Energiematerie Einsteins (gemeint ist die Äquivalenz von Masse und Energie, Anm. d. Ü.) ist unteilbar, sie reicht vom Sandkorn (oder dem winzigsten Teilchen) bis zur Galaxie, zum Galaxienhaufen und zum Universum in seiner Gesamtheit. Und jedes Individuum setzt sich wiederum zusammen aus einer Unzahl von Bewußtseinsebenen, die vom Zellulären bis zum Globalen und darüber hinaus reichen. Das Individuelle ist vom Universalen nur durch den Maßstab unterschieden.

All dies leitet sich ab aus der fundamentalen Auffassung der tantrischen Esoterik, der wir immer wieder begegnen und die besagt, daß das Universum auf allen Ebenen lebt und denkt und eine seiner Dimensionen die Psyche ist. Diese Vorstellung von einem intelligenten und bewußten Weltall hat sich einen Weg ins abendländische Denken gebahnt: Lesen wir nur das Werk Fred Hoyles, dessen Titel allein schon ein ganzes Programm beinhaltet: *Das intelligente Universum*.

Fred Hoyle nimmt Astand von der klassischen abendländischen Auffassung, derzufolge das Bewußtsein und das Denken erst in einer Struktur (dem Gehirn selbstverständlich), die ein gewisses Maß an Komplexität erreicht hat, entstehen kann. Die landläufige Meinung ist: Eine Zelle besitzt kein Gehirn, kein Nervensystem, demzufolge hat sie kein organisiertes Bewußtsein, demzufolge ist dieses überflüssig.

Von der Einheit zur Vielfalt

Denken wir an die außerordentliche Menge jener fünfhundert Millionen Spermatozoen – ein einziges Ejakulat! –, die alle bis auf eines dazu bestimmt sind, zugrunde zu gehen und doch mit aller Kraft auf das eine Ziel, die Eizelle und damit das Überleben, streben. Meine Existenz begann, als sich im mütterlichen Uterus die Eizelle mit dem einen ans Ziel gekommenen Spermatozoon verband. Von diesem Augenblick an lebte ich, wenngleich ohne Ego. Und ich war, zum ersten-, aber auch zum letztenmal in meinem Leben, EINS in Gestalt dieses winzigen gallertartigen Tröpfchens von kaum einem Zehntel Millimeter Durchmesser, das die befruchtete Eizelle ist. Für das Tantra – was hier ist, ist anderswo; was nicht hier ist, ist nirgendwo – war alles bereits gegenwärtig und mit einem Bewußtsein ausgestattet. Für das Tantra ist die Dynamik der Evolution nicht eine blinde, unwillkürliche, sondern eine bewußte Kraft. Wäre ich ein Retortenbaby gewesen, hätte der Beobachter unter dem Mikroskop lediglich eine winzige Gallertkugel mit ein paar kleinen Fasern entdeckt: die Chromosomen mit den Genen. Die Biologie konstatiert, diese einzige Zelle ohne Nervensystem und ohne Gehirn sei ipso facto ohne Bewußtsein. Das Tantra ist vom Gegenteil überzeugt. Tatsächlich glich ich als Einzeller der ebenfalls einzelligen Amöbe. Nun läßt die Amöbe Wünsche und Vorlieben, einen Willen und ein Gedächtnis erkennen; man kann sie sogar – im Pawlowschen Sinn – konditionieren. Obgleich sie weder Nervensystem noch Gehirn hat, *weiß* sie doch, daß andere Einzeller, die Sauginfusorien (eine Ordnung der Wimperntierchen), sobald sie ausgewachsen sind, über giftige Tentakel verfügen, nicht aber bei ihrer Entstehung. Listig lauert deshalb die Amöbe den jungen Sauginfusorien auf.

Ist die Amöbe nun bewußt oder unbewußt? Daraus ergibt sich eine weitere Frage: Durch **wen** oder **was** wurde

Die tantrische Sicht

dieses Verhalten konditioniert? Selbstverständlich kann man das Problem damit aus der Welt schaffen, daß man von Instinkt spricht – was aber nichts erklärt.

Was aber mich als Einzeller betrifft, so habe ich meine prachtvolle Einheit nicht lange behalten. Ich teilte mich in zwei, dann in vier identische Zellen und so fort. Hier stellt sich eine wahrhaft entscheidende Frage: Habe ich mich, indem ich mich teilte, schrittweise verdoppelt, vervierfacht, verachtfacht, oder bin ich **einer** geblieben? Die Antwort lautet: Ich war zugleich **einer** und **mehrere**, und ich werde es bis ans Ende bleiben. Aus diesen vier, acht, sechzehn Zellen, allesamt bewußt, jede mit einer eigenen Psyche ausgestattet, geht eine Kollektivpsyche, ein autonomes *overmind* hervor, das sich von der individuellen Psyche unterscheidet und sie überlagert.

Nach Maßgabe meiner Entwicklung und der Spezialisierung meiner Zellen sowie deren Strukturierung zu Geweben und Organen baut sich dieses *overmind* dann auf jedem Niveau neben der globalen Psyche autonome, bewußte »Unter-Overminds« und bildet eine organische und psychische, strikt pyramidenförmige und hierarchische Doppelstruktur. Diese tantrische Auffassung von einem organischen *overmind* ist dem Westen weniger fremd als man denkt. So hat der berühmte, 1579 in Brüssel geborene Arzt und Naturforscher Johan Baptist van Helmont es *archaeus* (= das Ursprüngliche, die biologische Zentrale, die Vegetativseele, Anm. d. Ü.) genannt. Er hob den *Archeus faber*, den Hauptarchaeus hervor, der die sichtbare Form des Körpers festlegt und erhält sowie die verschiedenen Aufgaben der Organe bestimmt und lenkt – der Konzertmeister also. Und jedes Organ hatte seinen Nebenarchaeus, der für sein gutes Funktionieren verantwortlich war. All dies entspricht recht genau der tantrischen Auffassung, derzufolge dem *Archeus faber* und den Archaei der Organe noch andere, spezifische Archaei (oder *overminds*) angegliedert sind, etwa für die Verdauung oder das Muskel- und Nervensystem.

Für die tantrische Esoterik stellt jeder Archaeus – oder jede Kollektivpsyche – ein unterschiedliches Bewußtseinsniveau mit eigenem Gedächtnis und eigenen Gefühlsempfindung dar, auf welche das zentrale *overmind* mit Hilfe geeigneter mentaler Bilder einwirken kann, um ihnen Anordnungen zu erteilen oder sie zu ermuntern. Und es klappt! Über den Weg dieser Archaei können auch negative Emotionen (Angst, Wut, Neid etc.) organische Funktionen stören und sogenannte psychosomatische Krankheiten hervorrufen. Bin »ich« depressiv, so werde ich am Ende all meine Zellen »demoralisieren«; umgekehrt können mit Nahrung und Sauerstoff schlecht versorgte Zellen »mich« depressiv machen.

Ich möchte noch anmerken, daß van Helmont keineswegs ein weltfremder Träumer war: Ehe 1644 sein eigener *Archeus faber* sich auflöste, hatte er das Kohlendioxyd und die Magensäure entdeckt sowie das Thermometer erfunden; ihm verdanken wir auch das Wort »Gas«.

Der Geist des Bienenstocks

Etwas diesen Archaei oder organischen Psychen Ähnliches findet man auch bei den Eskimos. Wenn ein Organ krank ist, sagen sie: »Sein Geist ist fortgegangen.« Sie rufen dann den Schamanen, der eine Reise ins Jenseits unternimmt, um den »Geist« in das Organ zurückzubringen, was sein normales Funktionieren bedeutet. Uns erscheint das naiv, ja absurd, doch vielleicht liegt darin mehr Weisheit, als wir vermuten.

Kommen wir zurück zum tantrischen *overmind*. Die Vorstellung, daß meine Zellen jeweils bewußte Entitäten sind, die eine eigene Psyche, ein Gedächtnis und Emotionen haben, und daß meine individuelle Psyche das *overmind*, das kollektive Überbewußte der Zellorganisation ist, mag ja noch angehen. Die Vorstellung aber von einem *overmind*, das mehrere isolierte Individuen umfaßt – und genau dies ist einer der Angelpunkte des Tantrismus –, ist weitaus schwerer zu begreifen. Ehe wir dieses Prinzip auf den Menschen anwenden, werfen wir einen Blick auf die in großer Gesellschaft lebenden Insektenvölker, wie beispielsweise die Bienen.

Zuzugeben, daß ein Bienenstock eine Entität darstellt, bereitet keine Probleme. Ihm eine Psyche, ein unabhängiges *overmind*, das über alle Individuen, alle Bienen hinausgeht und sie integriert, zuzugestehen, ist weniger einfach. Dennoch tue ich diesen Schritt um so überzeugter, als keine andere Hypothese die weiter unten dargelegten, wohlbegründeten Fakten erklärt. Maurice Maeterlinck nennt in *Das Leben der Bienen* dieses *overmind* »Geist des Bienenstocks«. Ich zitiere: »Die Biene ist vor allem und mehr noch als die Ameise ein Gesellschaftstier. [...] Das Individuum gilt im Bienenstock nichts, es hat nur ein Dasein aus zweiter Hand, es ist gleichsam ein nebensächlicher Faktor, ein geflügeltes Organ der Gattung. Sein ganzes Leben ist eine vollständige Aufopferung für das unzählige, beharrende *Wesen*, zu dem es gehört.« (S. 20)

Von jeder unserer Zellen läßt sich das gleiche sagen. In den folgenden Abschnitten, die ich gerne geschrieben hätte, spricht Maeterlinck von der alten Bienenkönigin im Frühjahr: »Sie ist keine Königin im menschlichen Sinn. Sie gibt keine Befehle; sie ist, wie die letzte ihrer Untertanen, einer verhüllten Gewalt von überlegener Weisheit unterworfen, die wir einstweilen, bis wir sie zu entschleiern versuchen, den ›Geist des Bienenstockes‹ nennen wollen.« (S. 24)

»Wo befindet sich dieser ›Geist des Bienenstocks‹ und wo hat er seinen Sitz? Er ist nicht wie der individuelle Instinkt des Vogels, der sein Nest mit Geschicklichkeit baut und andere Himmelsstriche aufzusuchen weiß, wenn der Tag des Wanderns wieder angebrochen ist. Er ist ebensowenig eine mechanische Gewohnheit der Gattung, die nur vom blinden Lebenswillen beseelt ist und sich an allen Ecken des Zufalls stößt, sobald ein unvorhergesehener Umstand die Abfolge der gewohnten Erscheinungen durchbricht. [...] Er verfügt ohne Rücksicht,

Die tantrische Sicht

aber gewissenhaft, als wäre ihm eine große Pflicht auferlegt, über Wohlstand und Glück, Leben und Freiheit dieses geflügelten Völkchens. Er bestimmt Tag für Tag die Zahl der Geburten, und zwar genau nach der Blumenzahl, die auf den Fluren blüht. Er sagt der Königin, daß sie verbraucht ist oder daß sie ausschwärmen muß, er zwingt sie, ihren Nebenbuhlerinnen das Leben zu geben, erhebt diese zu Königinnen, schirmt sie vor dem politischen Haß ihrer Mutter ab und veranlaßt oder verhindert – je nach der Fülle des Blumensegens, dem früheren oder späteren Eintreten des Frühjahrs und den beim Hochzeitsflug zu befürchtenden Gefahren –, daß die Erstgeborene unter den jungfräulichen Prinzessinnen ihre jüngeren Schwestern in der Wiege tötet.« (S. 25)

»Er ist ein Geist der Vorsicht und Sparsamkeit, aber nicht des Geizes. Er weiß anscheinend um die verhängnisvollen und etwas vernunftwidrigen Naturgesetze der Liebe und duldet darum in den reichen Sommertagen, in denen die junge Königin ihren Liebhaber suchen geht, das Vorhandensein von drei- oder vierhundert törichten, ungeschickten, bei aller Geschäftigkeit nur hinderlichen, anspruchsvollen, schamlos müßigen, lärmenden, gefräßigen, groben, unsauberen, unersättlichen Drohnen. Aber sobald die Königin befruchtet ist, die Blumen ihre Kelche später öffnen und früher schließen, ordnet er eines Tages gelassen an, daß sie alle miteinander ermordet werden.« (S. 25f.)

»Endlich bestimmt er die Stunde, wo dem Genius der Art das große Jahresopfer gebracht wird, ich meine das Schwärmen, wo das ganze Volk, auf dem Gipfel seiner Macht und seines Gedeihens angelangt, der nächsten Generation plötzlich alles überläßt, seine Schätze und Paläste, seine Wohnungen und die Frucht seiner Arbeit, um fern im Ungewissen und Öden eine neue Heimat zu suchen.« (S. 27)

»Dieser noch gestaltlosen Jugend räumt also zu einer gegebenen, vom ›Geiste des Bienenstocks‹ genau bestimmten Stunde ein Teil des Volkes das Feld, und auch er ist nach unerschütterlichen, untrüglichen Gesetzen hierzu erlesen. In der schlafenden Stadt zurück bleiben die Drohnen, aus deren Reihen der königliche Buhle hervorgehen wird, die noch ganz jungen Bienen, die die Brut füttern, und einige tausend Arbeitsbienen, die nach wie vor eintragen, den aufgehäuften Schatz beschirmen und die moralischen Traditionen des Bienenstocks aufrechterhalten. Denn jeder Bienenstock hat seine besondere Moral. Man findet sehr tugendhafte und sehr verdorbene, und der unvorsichtige Imker kann ein Volk verderben, es die Achtung vor fremdem Besitz verlieren lassen, zum Plündern verleiten, ihm Eroberungsgelüste und Neigung zum Müßiggang beibringen, wodurch es zum Schrecken aller schwachen Völker der Umgebung wird.« (S. 31)

Sie werden mir dieses lange Zitat verzeihen, aber der Text ist aufschlußreich und beleuchtet ein wichtiges Thema. Ein mir befreundeter Bienenzüchter sagte mir, als er von diesem Rätsel und dem »Geist des Bienenstocks« sprach, daß beim Tod eines Bienenzüchters dessen Nachfolger sich jedem Bienenstock mit den Worten vorstellen muß: »Ich bin es, der neue Herr des Bienenstocks«, andernfalls er nicht akzeptiert wird. Vernimmt und versteht der »Geist des Bienenstocks«, was der Mensch denkt? Bleibt die Frage auch offen, die Fakten sind gegeben! Er erzählte mir auch, daß bei der Bestattung eines Bienenzüchters, der seine Bienen besonders liebte und pflegte, ein Schwarm sein Grab auf dem Friedhof überflogen hatte. Ohne sich überrascht zu zeigen, sagten die Dorfbewohner: »Sieh an, da kommen sich die Bienen von Père Thomas verabschieden.« Wenn wir diesem Freund glauben – und warum sollte er lügen? –, wird man nachdenklich.

Wir wollen die Bienen nicht verlassen, ohne die sexuelle Aufgabe der Königin des Bienenstocks zu erwähnen. Muß man diese lebenslang in ihrem königlichen Gemach Gefangene, die wohl nie mehr das Licht des Tages erblickt und die ein enormer, fruchtbarer Leib zu beinahe völliger Bewegungslosigkeit verdammt, bedauern? Sie ist genötigt, etwa dreitausend Eier täglich zu legen, mithin ebensoviel Befruchtungen durchzumachen. Doch findet ihr erster und einziger Geschlechtsakt während des Hochzeitsflugs statt, einer tragischen Vermählung, in der sie dem, der für einen Augenblick ihr unglücklicher Liebhaber ist und sogleich mit zerfetztem Leib daran zugrunde geht, etwa fünfundzwanzig Millionen Spermien entreißt. Diese werden bis an ihr Lebensende in der Samenflüssigkeit schwimmen, eingeschlossen in einer Drüse – einer regelrechten Samenbank – unterhalb der Eierstöcke. So verfügt sie in sich über ein unerschöpfliches Reservoir; und dank ihrer zahlreichen kräftigen und hochspezialisierten Muskeln, die die Vorgänge an ihrem Scheideneingang steuern, »injakuliert« sie sich nach und nach die notwendigen Gameten. Noch einmal Maeterlinck:

»Es ist dabei nicht ausgeschlossen, daß die Sklavin dieser Zukunft, die wir zu beklagen geneigt sind, vielleicht eine große Liebende, ein Ausbund von Wollust ist und in der Vereinigung des männlichen und weiblichen Prinzips, die sich in ihrem Wesen vollzieht, eine gewisse Wonne und gleichsam einen Nachgeschmack der Trunkenheit ihres einzigen Hochzeitsausfluges empfindet.« (S. 130)

Vereinigung des männlichen und weiblichen Prinzips, Shiva – Shakti, das bestätigt den Tantriker.

Der »Geist des Bienenstocks« geht hervor aus den Bienenindividuen, ohne die er nichts ist, und dennoch geht er zeitlich über sie hinaus; die Arbeiterinnen leben weniger als zwei Monate. Ganz und gar zu ihren Diensten, verlangt und erhält er von allen die völlige Hingabe an die Gemeinschaft. In der Schwärmzeit verdoppelt er sich, begleitet die auswandernde Königin und bildet einen neuen »Geist des Bienenstocks« unter den Bienen, die im verlassenen Staat zurückgeblieben sind. Da schließlich alle Bienenhäuser ihr *overmind* besitzen, ist es, um mit Maeterlincks Worten zu reden, das »Genie der Art«, das seit Jahrmillionen deren Evolution leitet und der Verwahrer ihrer Vergangenheit sowie der Garant der Zukunft ist. Warum sollte dies nicht auch für die Menschen gelten?

Bevor wir die Insekten verlassen, hier die Beobachtungen von Professor James S. Coleman von der John Hopkins University: »Eines Tages, als ich auf dem Rand eines Felsens saß, beobachtete ich den Flug von Mücken, die vor mir Volten schlugen. Es war ein erstaunlicher Anblick: Jede Mücke flog mit voller Kraft, und dennoch blieb der Schwarm in der Luft stehen. Jedes Insekt durchmaß mit Höchstgeschwindigkeit eine Ellipse vom Durchmesser des Schwarms, die es während seines rasenden Flugs ungerührt beibehielt. Plötzlich zischte der gesamte Schwarm ab wie ein Pfeil, um ein wenig weiter von neuem stehenzubleiben. Dann schwoll er an, und seine Grenzen wurden diffus; anschließend zog er sich zusammen zu einem festen Knoten, noch immer mit denselben, in Ellipsen fliegenden Insekten. Dann zog er wieder los und verschwand...

Ein solches Phänomen stellt dem Verstand erhebliche Probleme: Wer oder was leitet den Flug jeder Mücke, wo doch die Richtung ihres Flugs praktisch keinen Bezug zur Richtung des Schwarms hat? Wie hält sie diesen elliptischen Flug unbegrenzt ein? Und wie ändert sie ihn, wenn plötzlich der ganze Schwarm sich verlagert? Durch welche Struktur, durch welche Signale wird die Kontrolle über den Flug übermittelt?«

Dieses Zitat ist dem Buch *Das Geheimnis der Evolution* von Gordon Rattray Taylor entnommen, der kommentiert: »Ich habe ein praktisch identisches Verhalten bei Vogelflügen beobachtet, und ich neige zu der Annahme, daß es für diese Verhaltensweisen unterschwellige Kommunikationsprozesse gibt, von denen wir gegenwärtig nicht die geringste Ahnung haben. Die Vögel haben – trotz der Redewendung vom ›Spatzenhirn‹ – ein sehr effizientes, mehrere Gramm schweres Gehirn, während das mikroskopisch kleine Gehirn der Mücke nur ein paar hundert Neuronen umfaßt. Weder Professor Coleman noch ich können darauf eine Antwort bieten.«

Die Antwort des Tantra wäre: Wir haben es mit dem *overmind* des Mückenschwarms, des Vogelschwarms, der Rentierherde oder der Fischbank zu tun, denn in allen diesen Fällen wurden ähnliche Verhaltensweisen beobachtet. Nur eine Hypothese? Vielleicht, aber es steht einem in der Wissenschaft das Recht zu, eine solche vorzubringen – auf daß jemand eine bessere finde!

Beschäftigen wir uns nun mit größeren Tierarten. Die Kollektivpsyche manifestiert sich besonders in den großen Rentierherden, wo alle Tiere minuziös im selben Augenblick die Richtung ändern. Eine Fischbank verhält sich einem einzigen Individuum gleich. Die Hühner dagegen bilden eine hierarchische Gesellschaft und verfügen über eine Gruppenpsyche, die folgendes Experiment beweist:

Zwei Zwillingshennen gehören nicht zu einem bestimmten Hühnerstall. Schmuggeln wir eine der beiden ein, so wird die fremde Henne sofort von den »Einheimischen« mit Schnabelhieben attackiert. Schrittweise gliedert sie sich jedoch in die Gruppe und deren Kollektivpsyche ein. Wenn wir später die andere der Zwillingshennen einführen, wird ihr dasselbe Los beschieden sein, und sie wird sogar von ihrer eigenen Schwester angegriffen. Dies nennt man das Phänomen der Abstoßung. Nach einer Weile wird auch diese Henne sich integrieren.

Denkt man darüber nach, könnte dies auf das Problem der Abstoßung transplantierter Organe ein neues Licht werfen. Jedes Organ hat seine eigene Gruppenpsyche – seinen Archaeus, um Van Helmonts Ausdruck aufzugreifen –, die in das *overmind* des Gesamtorganismus integriert ist. All diese *overminds* bilden in gewisser Weise eine Sippe. Organverpflanzung bedeutet das Übertragen einer fremden Psyche, die sich ebenso dem Angriff aussetzt wie das neu hinzugekommene Huhn oder die in einem Bienenstock fremde Biene. Die Abstoßung ist um so radikaler, je ferner Spender und Empfänger sich sind. Bei Zwillingen wird es weniger Probleme geben, weil ihre Psychen sich gleichen und miteinander harmonieren. Das Risiko der Abstoßung wird um so größer sein, wenn es sich um ein Organ handelt, das mit Affekten und Emotionen in Beziehung steht. Das Herz reagiert auf jede Gefühlsregung und vermittelt sie dem Körper. Wenn es einem sprichwörtlich bis zum Hals schlägt, wird die Panik auf die ganze Zellrepublik übergreifen. Wohl auch aus diesem Grund ist eine Herztransplantation um ein Vielfaches schwieriger als eine Hautverpflanzung. Diese Extrapolation auf die Organverpflanzungen ist eine persönliche Hypothese und keine tantrische Aussage.

Was nun den Menschen betrifft, so ist der Unterschied zwischen ihm – einem isolierten, komplexen Individuum – und einem Bienenstock, einem Ameisenhaufen, einem Termitenstaat oder einer Rentierherde weniger groß, als man vermutet. Der Bienenstaat selbst ist kompakt; es sind seine Teile (die Bienen), die sich fortbewegen. Für »mich« nun bewegt sich die ganze Zellrepublik: Ich bin ein wandelnder Bienenstaat!

Das Tantra sagt: Ich als Individuum bilde eine Zelle, die in mehrere, über mich hinausgehende *overminds* eingebunden ist.

Dies bringt mich zur Psychologie der Massen.

Die Psychologie der Massen

Als Gustave Le Bon 1895 seine *Psychologie der Massen* publizierte, wurden seine Ideen ignoriert. Seither sind sie klassisch geworden, und sein Buch wurde in wenigstens fünfzehn Sprachen übersetzt. Gleich mit der Vorrede kommt er zur Sache:

»Wenn eine bestimmte Anzahl von Menschen versammelt ist, zeigt die Beobachtung, daß ihre Gesamtheit eine mächtige, aber vorübergehende Gemeinschaftsseele bildet.

Die Massen haben in der Geschichte stets eine bedeutsame Rolle gespielt, niemals jedoch eine so beträchtliche wie heute. Das unbewußte Handeln der Massen, das die bewußte Hand-

Die tantrische Sicht

lungsweise des Individuums ersetzt hat, stellt eines der Merkmale des gegenwärtigen Zeitalters dar.«

Die Kali-Ära in der indischen Tradition, das Zeitalter des Eisens, in dem wir leben, ist vom Anwachsen der Menschenmassen gekennzeichnet; von daher die zunehmende Bedeutung der Psychologie der Massen. Doch was ist eigentlich eine »Masse«? Eine große Menschenansammlung? Nicht unbedingt. Für Le Bon bilden ein paar versammelte Individuen ebenso eine Masse wie Tausende von Menschen. Hören wir ihm zu: »Die Herren der Welt, die Stifter von Religion oder Weltreichen, die Aposteln aller Glaubensrichtungen, die hervorragenden Staatsmänner und, in einer bescheideneren Sphäre, die Oberen kleiner menschlicher Gemeinwesen sind stets unbewußte Psychologen gewesen, indem sie von der Massenseele eine instinktive, oftmals sehr sichere Kenntnis hatten. Indem sie sie kannten, sind sie leicht zu Herren über sie geworden.«

Le Bon verweist nun – wen nimmt es wunder? – auf Napoleon: »Seit Alexander und Cäsar hat es vielleicht niemals ein großer Mann besser verstanden, Eindruck auf die Massenseele zu machen; es war Napoleons ständige Sorge, sie zu beeinflussen. Von ihr träumte er bei seinen Siegen, in seinen Reden, seinen Abhandlungen, bei all seinen Taten – und noch auf seinem Totenbett träumte er davon.« (Aufl. 1964, S. 53)

Wäre Le Bon noch am Leben, er würde sicher noch einen anderen, tragisch berühmten Namen zitieren, den man wohl nicht zu nennen braucht.

Wie aber entsteht eine Masse? Le Bon meint dazu: »Unter bestimmten Umständen, und nur unter diesen Umständen, besitzt eine Ansammlung von Menschen neue, von den Eigenschaften aller Individuen, die diese Gesellschaft bilden, ganz verschiedene Eigentümlichkeiten. Die bewußte Persönlichkeit schwindet, die Gefühle und Gedanken aller Individuen sind nach derselben Richtung orientiert. Es bildet sich eine wohl vorübergehende, aber ganz deutliche Merkmale aufweisende Gemeinschaftsseele.« (Aufl. 1964, S. 10)

Diese Kollektivpsyche, das *overmind*, »bildet ein einziges Wesen und unterliegt dem Gesetz der mentalen Einheit der Massen« (Aufl. 1964, S. 10). Dennoch: »Tausend zufällig auf einem öffentlichen Platz, ohne einen bestimmten Zweck versammelte Individuen konstituieren keineswegs eine Masse im psychologischen Sinne.«

Die Kennzeichen einer psychologischen Masse: »Welche auch die Individuen sein mögen, die sie bilden, wie ähnlich oder unähnlich ihre Lebensweise, ihre Beschäftigungen, ihr Charakter oder ihre Intelligenz ist, der bloße Umstand ihrer Umformung in Masse verleiht ihnen eine Art Gemeinschaftsseele, vermöge deren sie in ganz anderer Weise fühlen, denken und handeln, als jedes von ihnen für sich fühlen, denken und handeln würde [...]. In dem eine Masse konstituierenden Aggregat gibt es mitnichten eine Summe oder einen Durchschnitt der Elemente, sondern Kombination und Schaffung neuer Elemente.« (Aufl. 1964, S. 13f.)

Das »overmind«

Das Individuum verliert gewissermaßen seine Persönlichkeit und scheint im Inneren der lebendigen Masse in einen besonderen Zustand, der einer Hypnose sehr nahekommt, überzugehen. Hier ein aus dem Leben gegriffener Fall: 1937 besucht eine junge Elsässerin ihre fernen Cousinen jenseits des Rheins, die sie seit Jahren nicht mehr gesehen hat. Überrascht und schockiert, sie allesamt in der Hitlerjugend organisiert und als glühende Nationalsozialisten anzutreffen, sagt sie ihnen, was man in Frankreich von Hitler und den Nationalsozialisten hält. Die Cousinen entgegnen: »Du weißt nicht, wovon du redest. Komm mit uns nach Nürnberg auf den Parteitag, dann wirst du es verstehen.« Ihre Wißbegierde ist geweckt, und so willigt sie ein. Man leiht ihr eine Uniform, und sie begleitet widerstrebend ihre Cousinen. Da ist sie also in Nürnberg: Jeder hat die Wochenschauen gesehen, die das riesige Stadion mit Hunderttausenden disziplinierter, organisierter Männer und Frauen in Uniform zeigen. Eine Unmenge von Hakenkreuzbannern flattert im Wind. Militärmusik. Truppenaufmärsche, im Gleichschritt hämmernde schwere Stiefel. Ausgestreckte Arme. Sieg Heil! dringt es hunderttausendfach aus den Kehlen. Dann der von allen ersehnte Augenblick: Auf der Tribüne erscheint eine Silhouette in Uniform, auf der man die Armbinde mit dem Hakenkreuz erahnt, eine in der Entfernung winzige Gestalt. Der Führer! Stille. Dann erhebt er die Stimme, von den Lautsprechern maßlos verstärkt, zu einer leidenschaftlichen Rede. Die Masse ist hingerissen. Die Elsässerin berichtet: »Nach ein paar Minuten war ich gewiß, in Gegenwart des Weltheilands zu sein.«

»Wie alle«, sagt sie, »habe ich Beifall geklatscht, den Arm ausgestreckt, Sieg Heil! gebrüllt. Meine Cousinen, entzückt, mich überzeugt zu haben, sagten mir auf der Rückfahrt: »Hast du es jetzt gesehen?« Zurück im Elsaß, ernüchtert, aus der Hypnose erwacht, begriff ich nicht, was mit mir geschehen war, noch wie ich, die Französin, für eine Weile zum überzeugten Nazi werden konnte.«

So versteht man Le Bon besser: »Als einzelner war der Mensch vielleicht ein gebildetes Individuum, in der Masse ist er ein Triebwesen, also ein Barbar. Er hat die Unberechenbarkeit, die Heftigkeit, die Wildheit, aber auch die Begeisterung und den Heldenmut der primitiven Wesen, denen er auch durch die Leichtigkeit ähnelt, mit der er sich von Worten und Vorstellungen beeinflussen und zu Handlungen verführen läßt, die seine augenscheinlichsten Interessen verletzen.« (Aufl. 1964, S. 19)

Wodurch unterscheidet sich nun aber die Ansprache eines Volkstribuns von der Rede des Akademikers? Letzterer sagt gescheite, wohlgegliederte Sätze: Er spricht den Intellekt, die Vernunft der Zuhörer an, nicht ihre Leidenschaften. Das Publikum applaudiert höflich, bleibt aber unberührt. Der Tribun formiert und mobilisiert durch seine zündenden Reden und sein Charisma das *overmind*, das weder logisch noch intellektuell ist, auch dann nicht, wenn das Auditorium aus gebildeten, vernünftigen Menschen besteht. Die Masse reagiert nur auf primitive, archaische Gefühle. Deshalb also ist der Nationalismus eine jener politischen Richtungen, die nie ihre Wirkung verfehlen! Lesen Sie den Redetext eines Tribuns einmal nüchtern durch: Sie sind verwundert und begreifen nicht, wie intelligente Menschen ihm haben Gehör schenken und auf den Leim gehen können. Und doch verhält es sich so. Hätte er nur intelligente, logische Dinge gesagt, er hätte die Seele der Masse nicht berührt.

Auf dem nationalen Niveau gelangt man zu jenem *overmind*, das Le Bon, übrigens fälschlich, »Geist der Rasse« nennt. »Geist der Nation« wäre angemessener, denn eine wahre Nation kann sich aus sehr unterschiedlichen Ethnien zusammensetzen, vorausgesetzt, Geographie und Geschichte halten sie lange genug zusammen. So sind die verschiedenen Nationen Europas jeweils ein Aggregat unterschiedlicher Ethnien.

Dieser »Geist der Nation« erklärt den Rassismus, der vor allen Dingen ein durch ethnische, religiöse und andere Unterschiede aufgestachelter Fremdenhaß ist. Er macht deutlich, wie ein intelligenter, sensibler, bisher nicht rassistischer Mensch es werden kann.

Das wahre Gastarbeiterproblem ist im *overmind* zu suchen. Der Prozeß ist von beängstigender Zwangsläufigkeit. Es ist ganz normal, daß sich Maghrebiner, wenn sie ins Ausland gehen, beispielsweise in Marseille in den Vierteln zusammenballen, wo bereits andere ihrer Landsleute wohnen. Normal ist auch, daß sie dort ihre eigene Lebensweise wieder aufnehmen. Derart gruppiert, bilden sie bald ein anderes *overmind* als die Franzosen, und dieses löst wie ein transplantiertes Organ eine Reaktion der Abstoßung aus. Diese Reaktion wird um so heftiger sein, je größer die ethnische und weltanschauliche Kluft zum sozialen Umfeld ist. Lebten hingegen dieselben Gastarbeiter über das ganze Land verstreut, zu ein oder zwei Familien pro Dorf, dann entstünde kein *overmind*, das imstande wäre, ihre Abstoßung zu bewirken. Nach einiger Zeit würden diese einzelnen Einwanderer die Sprache erlernen, die örtliche Lebensweise annehmen und zunächst akzeptiert, dann in das umliegende *overmind* aufgenommen, mit anderen Worten, assimiliert werden. Das wahre Problem aller Ghettos der Welt dagegen ist und bleibt die Reaktion der Abstoßung, die bei großen und geschlossenen Gemeinschaften auftritt. Früher oder später wird ein Volksvertreter, ein Führer auf den Plan treten, und seine leidenschaftlichen Reden werden die latent vorhandene Feindseligkeit herauskristallisieren: Das funktioniert immer. Wenn ein antirassistisch eingestellter Mensch versehentlich in eine Versammlung gerät, wo dieser Führer – seinerseits nur Instrument – spricht, dann wird er dem *overmind* der Masse erliegen und mit den Wölfen heulen. Die rationalen Gründe, die man gegen eine fremde Ethnie anführt, sind lediglich Vorwand, eben Rationalisierung, wie die Psychologen sagen. Das Problem liegt woanders, im Irrationalen.

Wie kann man Abhilfe schaffen? Lei-

Das »overmind«

der gibt es keine. Um die Ausprägung mächtiger *overminds* zu verhindern, müßte man die Neuankömmlinge von vornherein daran hindern, sich zu sammeln. Doch das setzt voraus, daß die örtlichen Behörden dieses Phänomen kennen und den ihm innewohnenden Konflikt vorbeugen. Auch die weiße Minderheit in Südafrika wird am Ende zwangsläufig abgestoßen werden: Die Macht der Streitkräfte verlängert nur die Frist. Die Apartheid schafft auch ohne wirtschaftliche Diskriminierung stark ausgeprägte, daher konfliktive *overminds*.

Eine Kollektivpsyche muß nicht mehr als zwei Individuen umfassen, wie etwa bei Zwillingen oder Paaren. Die bei echten Zwillingen entstehende Kollektivpsyche ist so ausgeprägt, daß man wahrhaft von einem einzigen Mentalen, das die beiden Körper umschließt, sprechen kann. Einen interessanten, wenn auch nicht beneidenswerten Extremfall stellen die beiden Schwestern Greta und Freda Chaplin aus York in Großbritannien dar.

Siebenunddreißig Jahre alt, sind sie noch nie voneinander getrennt gewesen, sie kleiden sich haargenau gleich, gehen im Gleichschritt, essen dieselben Gerichte im selben Rhythmus, heben simultan ihre Gabel oder ihren Löffel und beenden ihre Mahlzeit gleichzeitig.

Solch völlige, auch bei Zwillingen äußerst selten vorkommende Synchronizität tritt bei diesen beiden Frauen ganz besonders deutlich hervor. Die Zwillingsschwestern ertragen es nicht, auch nur für wenige Augenblicke getrennt zu sein, geschieht es dennoch, dann schluchzen und weinen sie im Verein. Sie sind emotiv und leicht aufzubringen. Die Dorfkinder – in jenem Alter, das kein Erbarmen kennt – wissen das sehr wohl und machen sich einen Spaß daraus, die beiden zu erschrecken, was zur Folge hat, daß sie sich gleichzeitig einnässen!

Am bestürzendsten aber ist es, sie gleichzeitig reden (und mitunter fluchen!) zu hören. Ihre Sätze sind aufs Wort identisch und so synchron, als sprächen sie in Stereo. Eine derart perfekte Synchronizität ist selbst dann nicht zu erreichen, wenn zwei Personen beschließen, einen auswendig gelernten Text gleichzeitig zu rezitieren. Zuweilen zanken die Frauen sich, dann schlagen sie sich wechselseitig leicht mit ihren (natürlich identischen) Handtaschen, nehmen dann Platz und schluchzen, sich in den Armen liegend, im Chor... Zu erklären vermag dies nur die Hypothese, daß hier eine einzige Psyche zwei Gehirne umfaßt und sich zweier Körper bedient.

David Lykken hat dazu an der Universität von Minnesota systematische Untersuchungen an dreihundert eineiigen Zwillingspaaren durchgeführt. Enzephalographische Messungen ergaben als Reaktion auf gleichartige Stimuli identische Gehirnströme. Dies bekräftigt die häufig aufgestellte Vermutung, daß Zwillinge untereinander in vielleicht unbewußter, aber permanenter telepathischer Beziehung stehen.

Einwand: »Psychologie der Massen, meinetwegen. Eine Art Kollektivhypnose, welche die anwesenden Individuen unter die Macht einer magnetischen Persönlichkeit bringt, meinetwegen. Aber das Akzeptieren der Vorstellung von einer überpersönlichen, autonomen und bewußten Entität mit allen Merkmalen einer Psyche (Bewußtsein, Gedächtnis, Empfindungen), wie das Tantra sie behauptet, das ist eine ganz andere Sache...«

Eine sonderbare Familie

Nun gut, dann lassen wir eben statt einen Tantriker einen Abendländer zu Wort kommen, und zwar den bedeutenden Schweizer Psychoanalytiker C. G. Jung (1875–1961).

Eine seltsame Familie: Der junge Carl Gustav verbrachte seine Kindheit und Jugend in einer Landpfarrei, da sein Vater Paul Achille Priester war. Seine Mutter war häßlich, dickleibig, autoritär und überheblich, ganz anders als die schöne, junge Mutter Freuds. Wohl deshalb fand Jung die Behauptung Freuds, jeder kleine Knabe sei in seine Mutter verliebt, so absurd. Trotzdem schrieb er: »Auf diese Weise ist alles Ursprüngliche im Kinde sozusagen unlösbar mit dem Mutterbilde verschmolzen. [...] Es ist das absolute Erlebnis der Ahnenreihe, eine schlechthin organische Wahrheit, wie die Beziehung der Geschlechter zueinander.« (Analytische Psychologie und Weltanschauung, 1928; *GW* 8, S. 425)

Sein Großvater mütterlicherseits, der Theologe und Hebraist Samuel Preiswerk, heiratete in zweiter Ehe Augusta Faber, mit der er dreizehn (!) Kinder hatte. Besagter Großvater stand mit Geistern von Verstorbenen in Verbindung oder glaubte es zumindest: So war in seinem Arbeitszimmer ein leerer Stuhl ausschließlich für den Geist seiner ersten Frau reserviert, welche ihm, so sagte er, jede Woche einen Besuch abstattete, was seine zweite Ehefrau mit ihren dreizehn Kindern arg grämte, hatte ihm die erste doch nur ein einziges geboren. Der Großvater väterlicherseits, der gleichfalls Carl Gustav hieß, lebte in Basel, wo er als gefragter Arzt, Universitätsrektor und Großmeister der Schweizer Freimaurer wirkte – eine legendäre Gestalt. Obgleich der junge Carl Gustav ihm nie begegnete, identifizierte er sich mit ihm, und zwar so sehr, daß er nicht wie sein Vater Priester, sondern Arzt wurde. In dieser merkwürdigen Familie war seine Cousine Helene Preiswerk spiritistisches Medium. Jung stellte Experimente mit ihr an, widmete ihr sogar seine medizinische Abschlußarbeit.

Diese biographische Abschweifung war notwendig, bevor wir uns jetzt einem der bekanntesten Jungschen Begriffe, dem kollektiven Unbewußten, zuwenden. Meiner Meinung nach wäre er besser beraten gewesen, es »kollektives **Über**bewußtes« zu nennen, wie sich aus der Reflexion der nun folgenden Auszüge seines Werks ergibt. Ich unterstreiche an dieser Stelle, daß Jung ein Rationalist und Pragmatiker war, was besonders auf diesem Gebiet von Vorteil ist. Er schrieb:

»Ich kann nicht glauben, was ich nicht kenne, und was ich kenne, brauche ich nicht zu glauben.« Oder: »Da ich, wie Sie wohl wissen, kein Philosoph, sondern ein Empiriker bin, so ist auch meine Anschauung des kollektiven Unbewußten kein philosophischer, sondern ein empirischer Begriff.« (1956, *Briefe* 3, S. 45)

Nun gleichen sich sein kollektives Unbewußtes und das *overmind* des Tantra wie ein Ei dem andern! Dazu folgender Text:

»Das kollektive Unbewußte erscheint mir als ein allgegenwärtiges Kontinuum, eine universelle Gegenwart ohne Ort. [...] Es [das Unbewußte] kann die heterogensten Elemente in paradoxester Weise nebeneinanderstellen, verfügt jedoch neben einer unbestimmbaren Menge unterschwelliger Wahrnehmungen über den ungeheuren Schatz der Niederschläge aller Ahnenleben, welche durch ihr bloßes Dasein zur Differenzierung der Spezies beigetragen haben.« (Das Grundproblem der gegenwärtigen Psychologie, 1931, *GW* 8, S. 398)

»Könnte man das Unbewußte personifizieren, so wäre es ein kollektiver Mensch, jenseits der geschlechtlichen Besonderheit, jenseits von Jugend und Alter, von Geburt und Tod, und würde über die annähernd unsterbliche menschliche Erfahrung von ein bis zwei Millionen Jahren verfügen. Dieser Mensch wäre schlechthin erhaben über den Wechsel der Zeiten. Gegenwart würde ihm ebensoviel bedeuten wie irgendein Jahr im hundertsten Jahrtausend vor Christi Geburt, er wäre ein Träumer säkularer Träume, und er wäre ein unvergleichlicher Prognosensteller aufgrund seiner unermeßlichen Erfahrung. Denn er hätte das Leben des einzelnen, der Familien, der Stämme und Völker unzählige Male erlebt und besäße den Rhythmus des Werdens, Blühens und Vergehens im lebendigsten inneren Gefühle. [...]

Auch scheint dieser kollektive Mensch keine Person zu sein, sondern etwas wie ein unendlicher Strom oder vielleicht ein Meer von Bildern oder Formen, die uns gelegentlich im Traum oder in abnormen geistigen Zuständen zum Bewußtsein kommen.

Es wäre geradezu grotesk, wenn wir dieses immense Erfahrungssystem der unbewußten Psyche als Illusion bezeichnen sollten, denn unser sicht- und tastbarer Körper ist ein ganz ähnliches Erfahrungssystem, das immer noch die Spuren urältester Entwicklungen sichtbar an sich trägt [...].« (Das Grundproblem der gegenwärtigen Psychologie, 1931, *GW* 8, S. 398 f.)

Diesen Menschen sieht das Tantra in der Gestalt Shivas und Shaktis personifiziert, und er entspricht in etwa Jungs Animus und Anima.

Dann dieser wunderbare Text: »Ich kann nur von tiefster Bewunderung und größter Ehrfurcht ergriffen sein, wenn ich still vor den Abgründen und den Höhen der psychischen Natur stehe, einer Welt ohne Raum, die eine unermeßliche Fülle von Bildern an sich trägt, Bilder, die sich seit den Jahrmillionen, die die lebendige Schöpfung andauert, organisch angesammelt und verdichtet haben. [...] Und diese Bilder sind keine kraftlosen Schatten, es sind psychische Bedingungen mit mächtiger Wirkung, die wir verkennen, denen wir aber nicht, weil wir sie leugnen, die Macht nehmen können.«

Oder auch folgende Stelle:

»Dieses Unbewußte, das in der

Die tantrische Sicht

Struktur des Gehirns begraben liegt und das seine lebendige Gegenwart nur in der schöpferischen Phantasie kundgibt, ist das *überpersönliche Unbewußte*. [...] Das überpersönliche Unbewußte ist als allgemein verbreitete Hirnstruktur ein allgemein verbreiteter ›allgegenwärtiger‹ und ›allwissender‹ Geist. *Aber den Menschen weiß es, wie er immer war, und niemals wie er in diesem Augenblicke ist, es weiß ihn als Mythos.* Darum bedeutet auch der Zusammenhang mit dem überpersönlichen oder *kollektiven* Unbewußten eine Erweiterung des Menschen über sich selbst hinaus, einen Tod für sein persönliches Wesen und eine Wiedergeburt in einer neuen Sphäre, wie dies wörtlich gemeint in gewissen antiken Mysterien dargestellt wurde.« (Über das Unbewußte, 1928, *GW* 10, S. 22)

Für das Tantra ist das Wichtige nicht, zu wissen, daß das kollektive Unbewußte existiert, sondern vielmehr unmittelbar aus diesem kreativen Quell wahres Wissen und Kraft zu schöpfen. Übrigens kannte Jung das Tantra, das ihn den ganzen initiatischen Reichtum der tantrischen Symbole verstehen und das Mandala sowie die Archetypen – ein weiterer zentraler Jungscher Begriff – entdecken ließ.

Der Einfluß des Orients

Jung sah auch den Einfluß des Orients in unserer modernen Welt voraus: »Das Hereinkommen des Ostens ist vielmehr eine psychologische Tatsache, die historisch schon lange vorbereitet war. [...] Es handelt sich aber gar nicht um den wirklichen Osten, sondern um die Tatsache des kollektiven Unbewußten, die omnipräsent ist.

[...] Die Wahrheiten des Unbewußten sind nie zu erdenken, sondern nur auf einem Wege zu erreichen, den alle früheren Kulturen bis hinunter zu den allerprimitivsten als Initiationsweg bezeichnet haben.« (1932, *Briefe* 1, S. 120)

So ist das *overmind* keine Exklusivität des Tantra, wenn auch eine seiner Angelpunkte. Das *overmind* erleichtert uns das Verständnis für einige uns unklare Begriffe. Die katholische Kirche ist sich dessen wohl bewußt. Wenn der Pfarrvikar in meiner Jugend bei der Katechismuslehre beiläufig vom »mystischen Körper Christi« sprach, wollte er damit sagen, daß jeder Katholik, jedes Kirchenmitglied eine lebende Zelle in diesem mystischen Körper ist. Dann aber schwieg er, da er mit einigem Recht vermutete, daß wir Kinder nicht erfassen konnten, worum es wirklich ging.

Aber hatte er selbst diesen wesentlichen Begriff verstanden? Denn vom Anbeginn der Zeit bis zum heutigen Tag – und solange es Gläubige geben wird – ist jedes Mitglied der Kirche eingebunden in jenes außerordentliche kollektive Unbewußte, in das er immer wieder eindringt und das er immer wieder dadurch bekräftigt, daß er einem Gottesdienst beiwohnt. Von daher die Bedeutung, die der körperlichen Gegenwart der Gläubigen bei der Sonntagsmesse zukommt. Jener mystische Körper hätte sich auch dann gebildet, wenn Jesus nicht existiert hätte und »erfunden« worden wäre! Wissen wir überhaupt, **wer** er wirklich war? Aber ist das von Bedeutung?

Noch einmal Jung:

»Schon auf sehr früher Stufe also verschwand der wirkliche Mensch Jesus hinter den Emotionen und Projektionen seiner näheren und weiteren Umgebung; er wurde sofort und beinahe restlos an die seelischen ›Bereitschaftssysteme‹, die ihn umgaben, assimiliert und damit in deren archetypisch geformten Ausdruck umgewandelt. Er wurde zu jener kollektiven Gestalt, welche das zeitgenössische Unbewußte erwartete, und darum fragt man sich vergeblich, wer und wie er ›eigentlich‹ war.« (Psychologische Deutung des Trinitätsdogmas, 1940–1941, GW 11, S. 168)

Im Lauf der Jahrhunderte hat sich dieser mystische Körper, dieses *overmind* das Ritual des Gottesdienstes eingeprägt; denn es hat ein Gedächtnis, das die Jahrhunderte überdauert. Hat also die katholische Kirche gut daran getan, etwa auf den gregorianischen Gesang zu verzichten, der über so viele Jahrhunderte hinweg unter den Gewölben der Kathedralen und in den Seelen der Gläubigen erklang und noch im Gedächtnis des gigantischen *overmind* zu finden ist. Das erklärt auch die Trägheit der katholischen Kirche gegenüber einigen neuzeitlichen Problemen. So einfach und ungestraft überrennt man nicht ein gewaltiges *overmind*!

Was für ein Bezug besteht nun zwischen dem Vorangehenden und dem Tantra? Ich überlasse es dem tantrischen Paar Arvind und Shanta Kale, ihn herzustellen:

»Es ist diese dunkle Quelle, aus welcher der Dichter seine Inspiration bezieht, der Spieler seinen Instinkt und der Telepath seinen fremdartigen Kontakt mit anderen *minds*, anderen ›Mentalen‹. Es scheint, daß alle Menschen telepathisch miteinander verbunden sind, und auf dieser Ebene stehen sie in ebenso naher Beziehung zueinander wie die Zellen, die einen menschlichen Körper bilden.

Nach der tantrischen Esoterik ist dieses *overmind* der Verwahrer und das Sammelbecken des gesamten Gedächtnisses der Menschheit, und wem immer es gelänge, dieses *overmind* zu kontaktieren, der würde die Totalität der menschlichen Erfahrung und des menschlichen Wissens erkennen, die Empfindungen, Gedanken und Befähigungen aller Männer oder Frauen, die heute leben oder in der Vergangenheit gelebt haben.

Da dieses *overmind* rassisch ist, ist es nicht individuell. Es bildet ein einziges *Wir*, welches das uranfängliche kosmische Männliche und Weibliche einschließt. Das Tantra sagt, es geschehe in jenen Augenblicken, da das Ego sich auflöst, kurz vor dem Orgasmus, daß die *minds*, die ›Mentalen‹ der Partner vorübergehend mit diesem *overmind* in Berührung kommen. Fortan ist jeder Mann das ursprüngliche ungehemmte Männliche und jede Frau das ursprüngliche Weibliche. Die beiden verschmelzen in einer Ekstase, die sich von selbst fortführt, und in diesem Moment verliert sich ihr egoistisches Ich im All, was das Ziel aller großen Religionen ist.

Deshalb also bedient sich das Tantra

Die tantrische Sicht

der sexuellen Verzückung, um den Schutzwall des Ego aufzubrechen, die Hemmungen zu lösen und aus der Quelle der dunklen Kräfte jenes allgegenwärtigen *overmind* zu schöpfen.«

Jenseits der Paarerfahrung schafft die *chakra puja*, die Verehrung im Kreis, ein mächtiges *overmind* bei den sechzehn Teilnehmern, das die starren Grenzen des Ego auflöst und die außerordentlichen Kräfte der *kundalini* erweckt.

Der Körper, das unbekannte Universum

Der Körper ist der Schlüssel zur tantrischen Kathedrale. Für das Tantra ist er weder ein untertäniger Diener noch das »schlotternde Gerippe«, an das Turenne sich in der Schlacht wendet, noch die Anthithese des Spirituellen, Sitz primitiver Begierden, die zu beherrschen unser Bestreben sein sollte, um die Seele zu retten.

Für das Tantra ist der Körper weit mehr als ein wundervolles Instrument der Offenbarung oder eine erstaunliche biologische Schöpfung: Er ist göttlich. Göttlich? Mein Körper? Notfalls mag noch das Gehirn, Sitz des Bewußtseins, »göttlich« sein, aber die Eingeweide? Übertreiben wir da nicht zu sehr?

Um diese Auffassung des Tantra zu begreifen, müssen wir uns folgendes vergegenwärtigen:
- Der reale Körper (wie er wirklich ist) ist eigentlich ein Universum von außerordentlicher Komplexität, dessen geheimes Leben weitestgehend unbekannt ist.
- Der empirische Körper (wie ich ihn erlebe) ist ein simples Schema, eine mentale Konstruktion, und allein dieser Aspekt ist bekannt.
- Der Körper wird hervorgebracht und belebt von einer schöpferischen Intelligenz, derselben, die auch das Universum, vom winzigsten subatomaren Teilchen bis zur gigantischsten der unzähligen Galaxien, erschaffen und über sie wacht.
- Der Körper birgt in seinen verborgenen Tiefen ungeahnte Potentiale, außerordentliche Energien, die beim gewöhnlichen Menschen größtenteils brachliegen, durch die tantrische Praxis aber erweckt und entwickelt werden.

Einwand: Wieso ist dieser Körper unbekannt, der doch lebendig ist, von dem ich weiß, ob er Hunger oder Durst hat, ob er leidet oder Lust empfindet? Wie kommt das Tantra zu der Behauptung, daß ich ihn nicht kenne? Die Antwort lautet: Der empirische, der wahrgenommene Körper ist eine einfache mentale Vorstellung, die mit der großartigen Wirklichkeit des realen Körpers kaum etwas zu tun hat.

Denken wir nach. Ich nehme meine Armbanduhr ab und lege sie auf den Tisch. Ohne es zu ahnen, habe ich zwei Uhren vor mir: das Objekt Uhr (äußerlich) und das Bild Uhr (innerlich), das

Die tantrische Sicht

ich vor meinem geistigen Auge sehe. Das Objekt Uhr, die wahre Uhr, die Uhr der Physiker, setzt sich zusammen aus Atomen, die sich auflösen in winzige Energiequanten. Seit Einstein weiß man, daß die Materie, die uns so faßbar und konkret erscheint, Energie ist, vornehmlich jedoch Leere. Denn würde man – wie ich bereits ausführte – den Raum zwischen den Atomteilchen beseitigen, dann fände unser Planet in einem Fingerhut Platz, obwohl er noch immer dieselbe Masse besitzt! Mein reales Objekt Uhr ist also Leere, ein wirbelndes Kraftfeld, das sich vorzustellen mein Verstand versagt. Hat der Atomphysiker dies alles experimentell erforscht, so ist er doch nicht privilegiert: Ganz wie ich »sieht« er lediglich sein inneres, beruhigendes, kompaktes Bild Uhr, das allein in seinem Gehirn oder besser – dem indischen Denken entsprechend –, in seinem Mentalen existiert. Das Bild Uhr verschleiert das Objekt Uhr, und dieser Schleier ist die *maja* des Vedanta.

Nun gelange ich zu einem entscheidenden Punkt: Ich habe nämlich auch zwei Körper! Ein Objekt Körper (unbekannt) und ein Bild Körper (empirisch). Diese beiden verwechsle ich, oder vielmehr: vom ersteren weiß ich überhaupt nichts. Diese Spitzfindigkeit – Verzeihung –, diese fundamentale Wahrheit zu erfassen, ist weniger schwierig, wenn ich jemand anderen beobachte. Beobachten Sie also beispielsweise mich, wie ich meine auf dem Tisch liegende Uhr betrachte. Wie funktioniert die Wahrnehmung? Das scheint einfach zu sein: Das Licht bricht sich am Objekt und trifft auf meine Netzhaut, die diese Mitteilung via elektrischer Impulse über den Sehnerv an die Hirnrinde weitergibt. So erscheint das Bild Uhr, das ich betrachte, irgendwo in meinem Kopf, in meinem Mentalen. Eine erschütternde Feststellung: Mein Lebtag erblicke ich mental die **Bilder** der Außenwelt und glaube dabei, die Außenwelt selbst zu sehen. Man wird einwenden, das mache kaum einen Unterschied, denn wir glauben ja, daß das eine die genaue Widerspiegelung des anderen ist, ganz wie das Bild der Landschaft im Spiegel mit der Landschaft selbst übereinstimmt. Und wir nehmen an, dasselbe gelte auch für die Bilder der Außenwelt, die in unserem Mentalen erscheinen. Das ist ein grober Irrtum. Tatsächlich entsprechen diese Bilder so viel oder so wenig der äußeren Wirklichkeit, wie ein Stadtplan der Stadt und ihren Einwohnern selbst entspricht: Es handelt sich um ein Zweckschema.

Jetzt heißt es aufpassen. Ich gehe einen Schritt weiter und lege meine Uhr wieder um das Handgelenk. Was geschieht? Nichts ist verändert, sie bleibt ein mentales Bild. Aber das Handgelenk? Auch hier muß ich eine Unterscheidung treffen zwischen meinem realen, materiellen, aus Energie und Leere bestehenden Handgelenk und dem mentalen Bild Handgelenk. Dieses Stadium der Überlegung verwirrt so manchen, und ich kann es nachfühlen, denn ich habe Monate dazu gebraucht, um die äußeren **Objekte** wirklich von ihrem inneren **Bild** zu unterscheiden und zu begreifen, daß es sich um zwei völlig verschiedene,

Der Körper

wenngleich miteinander verknüpfte Phänomene handelt.

Und hier stößt man häufig an seine Grenzen! Einverstanden, denkt man, das reale, äußere Objekt Uhr ist eine Sache, das innere Bild Uhr eine andere und in der Tat die einzige, die ich »kenne«. Für das praktische Leben genügt mir das, denn es besteht kein Bedarf nach einer spitzfindigen Unterscheidung zwischen dem Objekt Uhr und dem Bild Uhr, da mich das nicht hindert, die Uhrzeit abzulesen. In bezug auf meinen Körper ist das anders: Ich fühle ihn, also ist er wohl ich »selbst«, oder? Das also denkt man für gewöhnlich, denn es ist normal und natürlich, seinen Körper gewissermaßen von der Außenwelt getrennt zu erleben: Einerseits gibt es mein Mentales und mein Ich, die mit meinem Körper verbunden sind, und andererseits – draußen – gibt es alles Übrige, die Vielfalt der Geschöpfe und Dinge. So isoliere ich in Gedanken künstlich meinen Körper von der übrigen Welt. Dabei ist er ein Atomaggregat, so materiell und gewöhnlich wie die Atome aller Objekte der Außenwelt, zu der ich in einer Beziehung ständigen Austausches stehe. Tag und Nacht nehme ich Luftmoleküle oder Nahrung auf, und genauso viele scheide ich wieder aus. Mein Körper ist ein Gebäude, das seine Gestalt behält, während seine Bausteine pausenlos ausgetauscht werden. Es ist eine verkannte Evidenz, daß mein Körper Bestandteil der materiellen Welt und von ihr nicht zu trennen ist: Er ist nur ein Rädchen im unermeßlichen Kosmos. Sicher ist meine Beziehung zur Materie meines Körpers eine besondere. In Wahrheit ist mein Körper, wiewohl materiell, jener privilegierte Ort des Raums, wo **ich** die Materie strukturiere, wo **ich** diesen menschlichen Körper aufbaue. »Ich«, in Anführungsstriche gesetzt, denn – man muß es sagen – es ist nicht mein kleines Ich, sondern die höhere Intelligenz des Körpers, die ihn hervorbringt und erhält. Dennoch bin ich es »selbst« und nicht irgendeine äußere oder metaphysische Kraft, die dies bewirkt. Abgesehen von jeglicher Religion oder Philosophie ist es eine unleugbare Tatsache, daß alle Existenzebenen in meinem Körper vereint sind, auch wenn ich glaube, daß er nichts anderes als sterbliches Fleisch ist. Dieser reale Körper – ich wiederhole es – ist ein unbekanntes, im Zellmaßstab gigantisches Universum und darf keineswegs mit dem mentalen Bild Körper verwechselt werden. Sicher, anfangs gerät man mit solchen Überlegungen ins Abseits, denn sie scheinen der Alltagserfahrung zu widersprechen. Der Stadtplan, das einfache Schema, hat einen gewissen Bezug zur Stadt – der Plan von Paris ist nicht der von London –, aber niemand verwechselt eine Stadt mit ihrem Plan! Genau dies geschieht jedoch mit dem geistigen Bild des Körpers. Mein empirischer Körper ist ein Plan, ein Schema, höchst treffend »Körperschema« genannt, das sich vom realen Objekt Körper unterscheidet.

Gehen wir noch einen Schritt weiter. Ungeschickterweise treffe ich den Nagel nicht auf den Kopf, und der Hammer landet auf meinem Daumen. Aua! Sagen Sie mir jetzt nicht, dieser

Die tantrische Sicht

Schmerz sei bloß ein mentales Bild, und ein aus Leere bestehender Hammer habe meinen ebenso hohlen Finger getroffen. Aber genauso ist es. In Wirklichkeit tut mir irgendwo in meinem Mentalen das Bild meines Daumens im Bild meines Körpers weh. Denn physiologisch empfindet mein realer Finger überhaupt keinen Schmerz. Die betroffenen Nerven senden die Mitteilung an das Gehirn, das sie in Schmerz übersetzt. Irgendwo in meinem Mentalen – und nur dort – entsteht das Bild des Schmerzes im Bild des Fingers im Bild meines Körpers!

Noch ein Einwand: Und doch tut er mir weh! Das ist wahr. Trotzdem, es gibt bestimmte Sekten, die Techniken lehren, durch welche die Mitteilung »Schmerz« in Lust umgewandelt werden kann. Ihre Anhänger stechen sich mit Wonne Häkelnadeln in den Körper (seien sie beruhigt, das hat nichts mit Tantra zu tun)! Es ist eine grundlegende Hypnosetechnik, die Wahrnehmungen des Subjekts umzupolen, zum Beispiel einen Arm völlig zu desensibilisieren und Nadeln hineinzustechen, ohne daß der Betroffene Schmerz empfände. Daß der Schmerz uns als unabwendbare Erfahrungstatsache erscheint, hindert ihn nicht daran, daß er eine rein mentale Tatsache ist, was nicht gleichbedeutend mit irreal ist.

In der Bibel (*Genesis* I,3,16) hat Gott die Frau verflucht: »Überaus zahlreich werde ich die Beschwerden deiner Schwangerschaft machen. Unter Schmerzen sollst du Kinder gebären.« Stehen die Wehen denn nicht im Ruf, an die Grenze des Erträglichen zu gehen? Dennoch ist es der englischen Geburtshelferin Carol Reed gelungen, sie zu lindern, ja sogar auszuschalten, indem sie paradoxerweise die Entbindende auffordert, sich auf die Gebärmutterkontraktionen zu konzentrieren. Solange sie sich von der gesellschaftlich verwurzelten Vorstellung freimachen kann, die Niederkunft sei mit Leiden verbunden, empfindet sie auch keine Schmerzen. Dächte sie hingegen »Schmerz«, um ihn zu überwinden, so würde sie sich verkrampfen und ihn erleiden. Dank geeigneter Übungen ist sie fähig geworden, die Kontraktionen der Gebärmutter als normale Muskelanspannungen zu erleben. Sie akzeptiert sie, läßt sie geschehen und leidet daher nicht wirklich unter ihnen. Die tantrische Shakti geht noch weiter. Sie durchlebt intensiv ihre gesamte Schwangerschaft, nimmt bewußt teil an der Entwicklung des neuen Lebens in ihrem Leib und weiß, daß sie im Augenblick der Niederkunft der biblischen Verwünschung entgeht, wenn sie in die höhere Intelligenz des Körpers Vertrauen hat und diese für sie handeln läßt.

Das führt uns zurück zur höchsten Weisheit des Körpers. Ob Mann oder Frau, ich muß mir bewußt werden, daß mein Körper ein Aggregat von Abermilliarden Zellen ist, sämtlich lebendig, bewußt und intelligent, deren tiefes und verborgenes Leben mir auf ewig unbekannt bleiben wird.

Damit kehrt die Frage wieder: Wieso soll ich mich um all das kümmern, wo es doch klappt? Warum soll ich mich um diesen realen im Unterschied zum empirischen Körper sorgen? Könnte man das nicht den Philosophen überlassen? Das wäre wirklich schade, denn dieser unbekannte reale Körper ist ein außerordentliches Reservoir vielfältiger Kräfte, und das führt geradewegs in die tantrische Praxis!

Weisheit des Körpers

Was ist also diese höhere Intelligenz, diese höchste Weisheit, die in meinem realen Körper lebt, wer **ist** mein realer Körper? Keine intellektuelle Abstraktion, keine kühne philosophische Spekulation, sondern vielmehr eine lebendige Wirklichkeit. Um diesen Sachverhalt besser verstehen zu können, schlage ich Ihnen zwei einfache, aber überzeugende Versuche vor.

Richten Sie ein Teleskop – ein Amateurfernrohr reicht aus – in einer milden Sommernacht auf das mit Myriaden von Sternen übersäte Firmament und werden Sie sich bewußt, daß jeder Lichtpunkt eine Sonne ist, eine Sonne, deren Licht Tausende, ja Millionen von Lichtjahren unterwegs war, bevor es bei uns anlangte.

Dieses Bild des Himmels ist älter als die menschliche Spezies auf unserem Planeten, diesem winzigen Staubkorn, das um den in kosmischen Dimensionen eher bescheidenen Sonnenstern kreist. Womöglich kreisen Hunderte, ja Tausende von unbekannten Planeten um andere Sonnen? Womöglich sind sie bevölkert von lebenden Arten, die uns auf ewig unbekannt bleiben werden. Würde unsere Sonne jetzt explodieren – im kosmischen Maßstab eine lächerliche Katastrophe –, so würden Jahrtausende vergehen, ehe diese Information irgendeinen anderen, unbekannten, um einen fernen Stern kreisenden Planeten erreichte! Übrigens existieren manche Sterne, die wir heute sehen, seit langem nicht mehr, und wir wissen es nicht einmal. So besteht unsere Gegenwart aus unzähligen Vergangenheiten.

Der zweite Versuch ist zwar einfacher, aber nicht minder faszinierend: Beobachten Sie ein Tröpfchen Sperma, am besten das eigene, unter einem Mikroskop – und seien Sie fassungslos! Fassungslos vor den unzähligen Samentierchen, die, auf der Suche nach einer unauffindbaren Eizelle, wild umherwirbeln. Das sich so unscheinbar ausnehmende Sperma ist in Wirklichkeit ein magisches Fluidum: Jedes »Samentierchen« ist Träger Ihres gesamten Erbguts, Ihrer gesamten Geschichte und der Geschichte all Ihrer Vorfahren. Jedes Spermatozoon kann eine Eizelle befruchten und ein jeweils anderes Menschenkind hervorbringen. Es trägt nicht nur die Vergangenheit, sondern potentiell auch die Zukunft der Menschheit, das Los der kommenden Generationen in sich. Können Sie jetzt diese großartige Wirklichkeit wenigstens erahnen? Sollte sich eines Tages aus dem Menschen von heute ein Übermensch entwickeln, der von uns so verschieden ist wie wir von unserem Cromagnon-Urahnen, er hätte sich zwangsläufig aus dem jetzigen Genpotential entwickelt, das in jedem Spermatozoon enthalten ist.

Die tantrische Sicht

Auf die beiden Worte »in jedem« kommt es an. Lassen Sie uns jetzt einen dieser Gameten nehmen und alle Nobelpreisträger der Erde zusammenrufen, ihnen unbegrenzte Geldmittel zur Verfügung stellen, ein ultramodernes technisches Laboratorium einrichten und sie dann vor die Herausforderung stellen, uns ein einziges Spermatozoon herzustellen, das mit dem von uns entnommenen identisch ist. Wären sie dazu in der Lage? Beim augenblicklichen Stand der Wissenschaft und der Technologie lautet die Antwort **nein**, und ich bezweifle, daß dies künftig anders sein wird. Nun produzieren zwei ganz simpel aussehende Organe, die Hoden, jahrzehntelang Tag und Nacht etwa dreißigtausend Samenzellen pro Sekunde: Eine Ejakulation setzt bis zu fünfhundert Millionen Spermien frei – fünfhundertmal eine Million, genug, um Millionen von Frauen künstlich zu befruchten. Ein phantastischer Wettlauf um das Leben, ein unglaublicher Marathon, dessen einziger, von der Eizelle aufgenommener Sieger sie alle zugleich unsterblich macht: die anderen Spermien und die Zellrepublik, aus der er stammt.

Realisieren Sie, daß unser aller Geschichte mit dem Zusammentreffen eines dieser mikroskopisch kleinen Samentierchen und einer zehnmillimetergroßen Eizelle im mütterlichen Uterus begonnen hat. Nun sind die Hoden keine Roboter, es sind lebende Organe, deren intelligente Arbeit Verstand und Vorstellungskraft gleichermaßen übersteigt. Sie ist es, die höchste Intelligenz des unbekannten Körpers, die unbemerkt und ohne technische Hilfsmittel bei Körpertemperatur und normalem Atmosphärendruck wirkt, und zwar so diskret, daß der Mann bis vor kurzer Zeit seine genaue Rolle bei der Fortpflanzung nicht kannte. Der Körper selbst jedoch kennt sie seit jeher. Und all dies geschieht sowohl in den Hoden des Schwachsinnigen wie in denen Einsteins, des Kriminellen wie des Heiligen.

Man kann den Abgrund ermessen, der das diskursive, empirische Bewußtsein des Gehirns, dasselbe, das all diese schönen Überlegungen anstellt, von der unfehlbaren Weisheit des Körpers trennt – und von dieser kennt die ach so schlaue Wissenschaft nicht eine einzige chemische Formel.

Eines der Ziele des Tantra besteht darin, das empirische Ich in eine bewußte und vertrauensvolle Beziehung zur höheren Intelligenz des Körpers zu bringen. Hierin liegt einer der geheimen Schlüssel des Hatha-Yoga.

Das Universum Körper ist heilig

Ein neues Paradox: Um mich besser auf jene letztgültige Weisheit des Körpers einzustimmen, muß ich meinen empirischen Körper entwickeln. Als ich den Körper mit dem Stadtplan verglich, hätte ich deutlich machen müssen, daß ein Plan statisch ist, zwischen dem erlebten Körper und dem realen Körper hingegen eine dynamische und wechselseitige Beziehung besteht. Ich lenke meinen realen Körper vom empirischen Körper aus, und umgekehrt.

Wie kann ich diese Beziehung entwickeln? Das ist ganz einfach: Es genügt, beispielsweise während der *asanas*, sich zu verinnerlichen, auf seinen Körper zu horchen, ein Höchstmaß an Empfindungen auf einen Punkt zu konzentrieren, um sich ihrer immer bewußter zu werden. Auf diese Weise harmonisiere ich mein bewußtes Ich mit der genialen Arbeit der höheren Intelligenz des Körpers, die kosmisch und göttlich ist. Für den Tantriker ist der Körper bewohnt von der Shakti, der personifizierten Energie, der höchsten kosmischen Intelligenz. Selbst in seinen bescheidensten physiologischen Bedürfnissen nimmt der Tantriker ihr Wirken wahr. Nicht für sich selbst, für sein Ego empfindet er Lust: Er spürt und weiß, daß die Shakti durch ihn hindurch Lust empfindet, sich in ihm inkarniert, auch dann, wenn er ein Mann ist.

Die erste Stufe des tantrischen Rituals besteht darin, über die körperliche »Göttlichkeit« des Partners oder der Partnerin und seiner selbst zu meditieren. Wenn die beiden Geschlechter sich im *maithuna* vereinen, wird dies als ein wundervolles, heiliges, die Gesamtheit der beiden Körper einschließendes Ereignis erlebt. Je länger die Vereinigung dauert und je inniger sie wird, desto intensiver ist jede einzelne Zelle am Geschehen beteiligt. Im tantrischen *maithuna* verschmelzen die beiden Zellkomplexe zu einer Ganzheit, in welcher der am Uranfang stehende androgyne Mensch, also Mann und Frau zugleich, aufersteht.

Die Beziehung zwischen der höheren Intelligenz des Körpers und dem bewußten Selbst zu verbessern, fördert mein Vertrauen in sie, und mir wächst langsam eine untrügliche Intuition zu, die mich im Leben leitet.

Was aber ist der Sinn, sich klar darüber zu sein, daß der reale Körper ein Bestandteil der äußeren Welt, ein großes Energiekonglomerat, ein vom Bild Körper unterschiedenes, unbekanntes Universum ist? Gehen wir ein wenig zurück: Ich räume ein, daß ich von meinem Körper lediglich das mentale Bild »kenne«, doch gibt es nicht letztlich eine Entsprechung zwischen dem Bild Körper und dem realen Körper? Wenn ich meinen »mentalen« Arm nach oben strecke, tut es ihm dann mein »realer« Arm nicht gleich? Was für ein Interesse haben wir, sie zu unterscheiden?

Dieses Interesse ist enorm. Gewiß, die vorgestellte Bewegung und die reale Körperbewegung stimmen überein. Ich weiß auch, daß ein so belangloses Tun wie etwa das, einen Gegenstand hochzuheben, eine sehr komplexe Koordination von Nerven und Muskeln voraussetzt. Aber wieso soll ich mir darüber den Kopf zerbrechen, wenn es doch funktioniert?

Um diesen Sachverhalt zu verdeutlichen, wende ich mich wieder der Außenwelt zu und betrachte meine Umwelt. In dem Raum, in dem ich diesen Text schreibe, befinden sich diverse Gegenstände: Schreibtisch, Stuhl, Telefon, Bücher, Ordner und so weiter. Sie sind für mich statische, klar einzuordnende Entitäten, vor allem aber begreife ich sie als »außerhalb« von mir. In Wirklichkeit sehe »ich« irgendwo in meinem Gehirn oder vielmehr in mei-

Die tantrische Sicht

nem Mentalen das Bild dieses Raums und seiner Gegenstände, und dort hinein projiziere ich zusätzlich das Bild meines Körpers.

Aber draußen, wahrhaft »draußen«, was gibt es da eigentlich? Sehen wir zunächst, was es nicht gibt. Draußen gibt es weder Licht noch Farben, noch Laute, noch Gerüche, noch Kälte. Ich räume ein, daß das schwer zu begreifen ist. An diesem Punkt des Gedankengangs wird häufig eingewendet: »Da alle Welt dasselbe sieht, so ist es folglich wohl die konkrete Außenwelt.« Ist das so sicher? Gewiß, mit einiger Wahrscheinlichkeit schaffen alle Menschen in ihrem Mentalen, von denselben äußeren Gegenständen ausgehend, ziemlich ähnliche Bilder. Was aber wird aus eben diesem äußeren Universum, wenn es von einem mit anderen Sinnesorganen ausgestatteten Organismus gesehen wird, beispielsweise von einem Hund, einer Katze oder einer Biene? Wie sieht eine Tasse für eine Biene aus, deren Facettenaugen Ultraviolettlicht wahrnehmen? Niemand wird es je wissen, es sei denn, er würde selbst eine Biene. Sicherlich gibt es draußen Photonen, von Wellen geleitete Lichtquanten, aber die Helligkeit und die Farben sind innere, mentale Phänomene. Draußen schwingt die Luft, aber die Töne entstehen und existieren nur in meinem Geist. Draußen gibt es Duftstoffe, aber der Duft selbst ist mental, worauf man erwidern könnte: »Dennoch steigt uns der Geruch einer guten Suppe, die im Topf kocht, in die Nase, es läuft uns dabei das Wasser im Mund zusammen. Wie soll man da glauben, daß sie bloß mental existiert?«

Ich habe dieses Phänomen in Indien begreifen gelernt, als ich einige dürrhalsige Geier dabei beobachtete, wie sie mit ihrem spitzen Schnabel fein säuberlich ein Stück Aas häuteten. Für uns stinkt das zum Himmel. Aber gewiß ist dies im Mentalen des Geiers ganz anders. Für ihn geht vom Aas ein köstlicher Geruch aus. Dasselbe gilt für den Geschmack. Wenn der Geier von dem Aas frißt, hält er es zweifellos für einen Leckerbissen.

Diese Überlegung gilt auch für alle anderen Sinn.

Ein lebendiges Universum

Bei der Vorstellung, daß die Welt um uns herum, obwohl ganz real, ohne Farben, Geräusche und Gerüche ist, gerät man freilich zunächst aus der Fassung. Es ist ein seltsamer Gedanke, daß draußen nicht einmal Dunkelheit, sondern nichts als Abwesenheit von Licht herrscht. Sobald man zudem **wirklich** realisiert, daß das kleinste äußere Objekt, von ungeheurer Komplexität, ein machtvolles Kraftfeld ist, dann geraten das Bild von der Welt und das Verhältnis zu ihr heftig ins Wanken: Die Grenzen zwischen den Wesen und den Objekten lösen sich auf. Die Welt, das sind Energiensammlungen, Kraftfelder. Mir wird nun klar, daß dieses Buch weit mehr ist als ein lebloses Objekt. Tatsächlich steht es in ständiger Beziehung zur Umwelt, zum Kosmos. Diese Sicht ist entscheidend. Jede Materie ist dynamisch, entwickelt sich, ist mit anderer

Materie in Beziehung, beeinflußt sich wechselseitig.

Erst recht trifft dies auf Lebewesen zu. Auch in meinem Körper vollzieht sich trotz scheinbarer Unveränderlichkeit ein Prozeß, ein großartiges Geschehen. Als Bestandteil des sich bewegenden Kosmos wandelt er sich in jedem Augenblick. Ihm wohnt ein intelligenter, wechselseitig bedingter Dynamismus inne. Die Welt der Objekte und Wesen besteht nicht aus isolierten Einheiten, sondern aus dynamischen Prozessen, in denen sich die Strukturen fortwährend wandeln. Der Baum ist ein Kraftfeld und tritt sogleich mit mir, einem anderen Kraftfeld, in Verbindung. Ein Spaziergang durch den Wald wird zu einer neuen Erfahrung, wenn ich spüre, daß mein Körper ein Teil von ihm ist.

Aus diesem Blickwinkel wird der tantrische Geschlechtsakt ganz anders erlebt als der gewöhnliche, profane. Im Tantra »macht« der Mann nicht mehr oder minder gut Liebe mit der Frau, sondern es sind zwei Zellrepubliken, zwei Welten, die sich begegnen. Da die Partner miteinander verbunden sind, tauschen sie sich gegenseitig auf allen Ebenen aus. Der Höhepunkt wird zu einem unwesentlichen Ereignis. Anstatt nach der eigenen, egoistischen Lust zu streben, öffnet sich jeder dem Körperuniversum des anderen, wie auch dem eigenen. Der Orgasmus wird nicht abgelehnt, aber weder für den Mann noch für die Frau ist er von wirklicher Bedeutung. Durch das ritualisierte, sakralisierte tantrische *maithuna* wird eine Beziehung geschaffen, die sich dank der verinnerlichten Haltung dem anderen gegenüber und dem Geschehen, das ihre Vereinigung darstellt, stark vom herkömmlichen Sexualakt unterscheidet.

Alan Watts hat dies treffend beschrieben. Nachfolgend zitiere ich sein *Nature, Man and Woman*: »Bei völliger Öffnung von Geist und Sinnen gelebt, wird die sexuelle Liebe zu einer Offenbarung. Lange ehe der männliche Orgasmus eintritt, wandelt sich der Geschlechtstrieb in etwas, das man psychologisch beschreiben könnte als eine warme Verschmelzung der Partner, die wahrhaft ineinander zu fließen scheinen. [...] Nichts wird dafür getan, daß die Dinge eintreten. Es gibt nur einen Mann und eine Frau, die ihre spontanen Empfindungen erkunden – ohne vorgefertigte Idee über das, was geschehen sollte, denn die Kontemplation betrifft nicht, was geschehen sollte, sondern vielmehr, was ist. Die einzige wirklich wichtige technische Voraussetzung in unserem Universum der Uhren und Zeitpläne ist es, Zeit zu haben. Es handelt sich nicht so sehr um die ›Uhrzeit‹ als vielmehr um die ›psychologische Dauer‹, das heißt eine Haltung, in der man die Dinge in ihrer Zeit geschehen läßt. Es handelt sich darum, einen Strom des Austauschs zwischen den Sinnen und ihrem Objekt herzustellen, ohne Hast, ohne Verlangen, etwas festzuhalten, was immer es sei. In unserer Kultur, in der es an dieser Haltung mangelt, verliert die sexuelle Erfahrung das Wesentliche ihrer Potentiale; der Kontakt ist kurz, der weibliche Orgasmus ist selten, der des Mannes ist verfrüht, ›herbeigezwungen‹ durch voreilige Bewegungen.

Die tantrische Sicht

Die bewegungslose, kontemplative Verbindung verlängert den Austausch ins nahezu Unbegrenzte, bremst den männlichen Orgasmus, ohne Unannehmlichkeiten zu verursachen, nötigt dem Mann nicht auf, seine Aufmerksamkeit vom Akt abzuwenden. Ist er überdies einmal an dieses Herangehen gewöhnt, wird er lang anhaltend sehr aktiv sein können und so der Frau ein Höchstmaß an Stimulierung zukommen lassen.«

Das ist zwar nicht reines Tantra – in dem die Kontemplation eine Vorstufe ist –, hat aber den großen Vorteil, die Erfahrung, die nötig ist, um mit jeder Faser des Körpers beteiligt zu sein, reifen zu lassen. Da reichen nicht fünf oder zehn Minuten! Nach Erhebungen des amerikanischen Sexualforschers Alfred Ch. Kinsey dauert der Koitus des durchschnittlichen nordamerikanischen Paars in fünfundsiebzig Prozent der Fälle weniger als zehn und in einundneunzig Prozent weniger als zwanzig Minuten. Etwas dürftig für eine kosmische Verschmelzung! Und sicher ist es in Europa nicht anders.

Während dieses ausgedehnten geschlechtlichen Akts entwickelt sich die sexuelle Beziehung auf drei Ebenen:
- dem empirischen Mentalen, das an dem Geschehen teilhat und Freude empfindet;
- dem Mentalen der Körpertiefen, das für gewöhnlich unbewußt ist und dem jede glückliche Erfahrung sich unauslöschlich einprägt;
- der Psyche, in der die Kontemplation eine innige Verschmelzung mit den unergründlichen Tiefen des Unbewußten bewirkt *(manomaya kosha).*

Um den Unterschied zu erkennen, muß man sich auf die Kontemplation einlassen und dann den Vergleich ziehen mit der sonst üblichen Vereinigung, diesem Galopp zum obligatorischen Orgasmus, zur Ejakulation, jenem spasmischen Reflex ohne tantrische Bedeutung. Wie schal ist es doch, dieses kurze Aufwallen, verglichen mit der geheiligten ekstatischen Kontemplation. Ich verwende diese Worte nur zögernd, weil ihnen heutzutage ein mystischer Beigeschmack anhaftet. Nun ist aber alle mystische Ekstase sexueller Natur, selbst die einer heiligen Theresia von Ávila. Es ist bezeichnend, daß der Mystiker seine Ekstase meist in erotischen Worten beschreibt, was aber in unserem Kulturkreis durch die künstlich vollzogene strikte Trennung von Körper und Geist abgelehnt wird. Diese Sprache sei symbolisch aufzufassen, sagt man.

Tatsächlich sind jedoch manche mystischen Visionen symbolisch. Wenn die heilige Theresia sagt: »Ein Engel von großer Schönheit hat mich mit seiner Lanze von flammender Spitze bis ins Herz durchstoßen«, dann muß man nicht Freud bemühen, um das zu entschlüsseln!

So gesehen, tut man Alan Watts Unrecht, wenn man ihm unterstellt, er denke nicht wirklich tantrisch. Das ist insofern richtig, als er jegliches tantrische Ritual ausschließt, aber für sich genommen ist seine Sicht der Dinge kosmisch. Lesen wir einen weiteren Abschnitt aus seinem vorgenannten Werk: »Ohne Regeln für den freiesten aller menschlichen Kontakte aufstellen zu wollen, so ist es doch besser, sich

Der Körper

ihm in einem Geist des Nichtstuns zu nähern. Wenn das Paar sich nahe genug ist, daß die Geschlechtsorgane sich berühren, reicht es aus, still zu verweilen und jede Hast zu vermeiden, damit die Frau im gewünschten Augenblick den Mann in sich aufnimmt, ohne aktiv penetriert zu werden.

In diesem Stadium bringt das schlichte Abwarten seinen schönsten Lohn. Wenn man nicht versucht, den Orgasmus durch Körperbewegungen auszulösen, werden die miteinander verschränkten sexuellen Zentren zu einem Kanal reichsten seelischen Austauschs. Keiner der Partner tut irgend etwas, um die Dinge herbeizuführen, sie überlassen sich allem, was der Prozeß von sich aus bewirkt. Die Identifizierung mit dem anderen wird sehr intensiv, aber alles geschieht, als ob aus dem Paar eine neue, mit eigenem Leben begabte Wesenheit hervorginge. Diese Leben – das man Tao nennen könnte – hebt sie über sich selbst hinaus und reißt sie fort, vereint in einem Strom kosmischer Vitalität, in dem nicht länger ein ›Du‹ oder ›Ich‹ handelt. Der Mann, der nichts tut, um seinen Höhepunkt auszulösen oder zurückzuhalten, kann diesen Austausch eine Stunde oder länger fortsetzen. In der Zwischenzeit kann die Frau mehrfach zum Orgasmus kommen, wobei sie auf eine minimale aktive Reizung reagiert; das hängt ab von ihrer Empfänglichkeit gegenüber der Erfahrung als Prozeß, der sich ihrer bemächtigt. [...] Wenn sich Erfahrung in ihrem ganzen Umfang auftut, explodiert sie in einer Garbe von Funken, deren fernste die Sterne sind.«

Hier erreicht Alan Watts wahrhaft das Kosmische, und dieser letzte Satz ist nicht einfach eine lyrische Anwandlung, eine Stilisierung. Tantra versteht ihn im wahrsten Sinn des Wortes, denn es sieht keinerlei Grenze zwischen der menschlichen und der kosmischen Psyche, welche die Sterne einschließt. Alan Watts erinnert auch an die Tatsache, daß das Paar in eine neue, von der Einzelpersönlichkeit der Partner unterschiedene Wesenheit eingeht (siehe dazu auch das Kapitel über das *overmind*.)

Die Wahrnehmung des anderen als eines wundervollen Kraftfeldes ist nicht auf die Geschlechtsbeziehung beschränkt, sie erstreckt sich auf jeden Kontakt, so unwichtig er auch zu sein scheint. Die menschlichen oder tierischen Lebewesen sind keine Schemen, keine Roboter mit einem nur ungefähren Bewußtsein, sondern vielmehr mit im Unendlichen verwurzelten Prozessen, deren Dimensionen ihre Individualität überschreiten. Das Geschöpf ist nicht auf die Gegenwart beschränkt, es ist eingebunden in einen ewigen Prozeß.

Das Leben, das mich trägt, ist unsicher und vergänglich, und dennoch ist es beständig und unzerstörbar. Es ist so alt und so jung wie im Augenblick seiner Schöpfung. Das Leben ist ein gigantischer, fortwährender Prozeß, seit Jahrmilliarden bestehend und sich noch für Jahrmilliarden fortsetzend. Dies gilt für alle Lebewesen, gleich ob Virus, Pflanze, Insekt oder Säugetier. Namen und Formen (*nama* und *rupa*) unterscheiden und wandeln sich, doch die **eine** Wesenheit ist außerhalb jegli-

Die tantrische Sicht

cher Zeit. Das irdische Leben ist ein sich ständig selbst verschlingender und zugleich nährender Fluß. Tantra betrachtet die Erde mit ihrer Biosphäre als einen einzigartigen, lebenden Organismus, ausgestattet mit einer Kollektivpsyche und untrennbar mit dem Allkosmos verbunden. So stoßen wir auf den griechischen Gäa-Mythos, den einige Wissenschaftler neu entdecken.

Die Übertragung dieses unaufhörlichen Prozesses auf unsere gesamte Umgebung ist überaus fruchtbar: Jedes Objekt, jedes Ereignis erhält augenblicklich eine kosmische Dimension. Ich möchte dafür ein Beispiel nennen: den Ganges in Benares mit seinen riesigen, zum Strom hinabführenden Treppen, den Ghats. Dort nehmen Tausende von Hindus im heiligen Wasser der Mutter Ganga – in Indien ist der Ganges weiblich – ihre rituellen Waschungen vor.

Der heilige Fluß

Im Fluß stehend, umgeben von der bunten und andächtigen Menge, biete ich in meinen zum Kelch gefalteten Handflächen der aufgehenden Sonne das von mir geschöpfte Wasser dar, das zwischen meinen Fingern herabrinnt. Auf diese Weise fließt es zurück zu Ganga, die ich in ihrer Gesamtheit wahrnehme. Ganga verschmilzt jenseits des Hier und Jetzt, jenseits der Ghats und der Menschenmenge mit der Unendlichkeit von Zeit und Raum. Ganga ist eine fließende Einheit: stromaufwärts bis zu ihrer Quelle, zweitausend Kilometer entfernt im kalten Himalaja, stromabwärts bis zu ihrer Mündung in Kalkutta, wo sie in jenen Ozean einmündet, aus dem sie kommt. Ihr Wasser verdunstet, wird zur Wolke, speist als Schnee oder Monsunregen einen Fluß, der in seinem ewigen Kreislauf das Wasser wieder dem Ozean zuführt. Ganga ist zugleich hier und jetzt, gestern und morgen, denn ihre Ufer haben so viele Generationen kommen und gehen sehen. An den Ufern Gangas entstanden die ersten Dörfer; Ganga war Wasserstelle für alle in das Land eindringenden Eroberer, ohne Unterschied: für die arischen Barbaren, die grausamen Moguln, die Engländer und andere Völker. Die Eroberer kommen und gehen, doch Mutter Ganga, die Ewige, sie ist da und wird immer da sein, immer die gleiche, aber nie dieselbe: Man badet nicht zweimal im selben Fluß, sagten bereits die Griechen. Nichts und niemand wird ihren majestätischen, gleichmütigen und trägen Lauf aufhalten.

Das gilt gleichermaßen für Dinge und Geschöpfe. Jeder Mensch ist ein Fluß – von der Zeugung bis zum Tod –, und dennoch ist er nur ein Tropfen im unendlichen Meer des Lebens, ein flüchtiger Augenblick im Weltenlauf. Aber er trägt in sich den ganzen Kosmos, denn »es gibt nichts im Universum, das nicht im menschlichen Körper wäre..., ›alles, was hier ist, ist anderswo; was nicht hier ist, ist nirgendwo‹«, sagt das *Vishvasara*-Tantra. Und »im Körper wohnen Shiva – Shakti, die alles durchdringen und beseelen ... Der Körper ist ein unermeßliches Reservoir an Kräften (Shakti). Das Ziel des Tantraritus ist es, sie zu ihrer vollen Entfaltung zu bringen«.

Der Tod – das ist das Leben!

*Alles ist lebendig;
was man den »Tod« nennt,
ist eine Abstraktion*
   David Böhm

Kaum zehn Jahre alt, war mir die Vorstellung des Todes schon gegenwärtig, und zwar durch einen Freund der Familie, der, wie man damals sagte, Naturkunde lehrte. Für mich als kleinen Jungen hatte er Gestalt und Nimbus des Gelehrten. Leidenschaftlicher Entomologe, manchmal Geologe, Paläontologe und Prähistoriker aus Neigung, durchforstete er unermüdlich die Gegend. So hatte er unter anderem in einem bewaldeten kleinen Tal unweit eines Bachs eine »neolithische Werkstatt« entdeckt und grub dort Dutzende von Werkzeugen aus behauenem Stein aus.

Weil er ein Nachbar war, besuchte ich ihn häufig, und meine Wißbegierde machte ihm Spaß. Mit der Zeit hatte er sich ein kleinen Privatmuseum eingerichtet, das mich faszinierte; vor allem seine Sammlung von Schmetterlingen aller Farben und Größen, die wohlgeordnet in Rahmen aufgespießt waren, zog mich immer wieder an.

Als höchste Gunstbezeigung aber öffnete er mir manchmal die Vitrine, in der die Steinwerkzeuge und drei nicht sehr alte, dunkelbraune Menschenschädel lagen, so glänzend, als wären sie gewachst. Als er eines Tages einen von ihnen herausholte, tippte er ihm an die Stirn und sagte: »Schau, da drin hat *jemand* gelebt und gedacht...«

Urplötzlich erhielt dieses gewöhnliche Stück Knochen eine ungeahnte menschliche Dimension, und versonnen dachte ich an meinen eigenen Schädel und daran, daß eines Tages ein Fremder ihn halten und sagen könnte: »Jemand hat da drin gelebt und gedacht...«

Ohne mich zu erschrecken, machte mich dieses Erlebnis nachdenklich. Aus diesem Grund habe ich mir wohl auch einen Briefbeschwerer in Gestalt eines Schädels angeschafft, der stets auf meinem Schreibtisch liegt. Es ist eines der wenigen Dinge aus vergangener Zeit, die ich noch besitze; inzwischen hat er Patina angesetzt, und Generationen von Fliegen haben ihn unmanierlich mit schwarzen Punkten überzogen...

Seit dieser Zeit und ohne Bezug zum Tantra, von dessen Existenz ich damals noch nichts ahnte, hat das Geheimnis des Todes meine Gedanken häufig beschäftigt, zumal ich mit ihm im Krieg – wie viele Millionen anderer Menschen auch – mehr als einmal konfrontiert war.

Nun aber zurück zur Überschrift dieses Kapitels: Hier die Geschichte zweier Freunde, die einander begegnen. Sagt der eine: »Weißt du, daß Soundso tot ist?« Antwortet der andere achselzuckend: »Was willst du, Alter, das ist das Leben...«

Natürlich, im Tantra ist der Tod etwas – Vitales. Der Tantraadept lebt nicht in der Angst vor dem Tod, sondern in ständiger Vertrautheit mit ihm. Während er für den westlichen Menschen das Ende oder die Abwesenheit von Leben bedeutet, ist er für den Tantriker das Gegenteil von Geborenwerden.

In diesen wenigen Worten wird die tiefe Kluft zwischen westlichem und östlichem Denken über den Tod deutlich, der bis vor kurzem ein fast ebenso streng tabuisiertes Thema war wie die Sexualität. Überdies ist der Tod in Indien mit der Reinkarnation verbunden, ein komplexes Thema, auf das ich an dieser Stelle nicht eingehen möchte. Ich beschränke mich also darauf, das Mysterium des Todes aus tantrischer Sicht zu beleuchten, um seinen tieferen Sinn zu erfassen; denn Tantra ist – paradoxerweise – vor allem der Kult des Lebens in all seinen Formen: in Schuld, Unterdrückung, Freude und Leid.

Das Leben ist eine Erfahrung, die man in ihrer Gesamtheit auf sich nehmen muß, von ihren demütigendsten bis zu ihren erhabensten Äußerungen. Das Tantra weiß, daß man das Leben weder verstehen noch sich seiner erfreuen kann, solange der Tod nicht überwunden ist. Den Tod überwinden bedeutet, weder seine Existenz zu leugnen, noch zu vermeiden, ihm ins Gesicht zu schauen, noch ihm zu entwischen – was natürlich unmöglich ist –, sondern ihm, wie man sagt, den Stachel zu nehmen.

Und wirklich, die Wurzel allen Leids und jeglicher Furcht ist der Tod, sei es der eigene oder der geliebter Mitmenschen. Als Kind war ich tief betrübt, als mir klar wurde, daß meine Mutter nicht unsterblich war, und die Vorstellung, sie eines Tages zu verlieren, machte mir Angst. Ihr erstes graues Haar stimmte mich traurig, denn es bedeutete, daß das Alter auch sie nicht verschone, doch ich wehrte mich gegen den Gedanken, daß sie altern oder sterben könnte. Um mich zu trösten, riß sie es kurzerhand aus.

Denken wir nicht manchmal, wie schön das Leben ohne Krankheit und Tod wäre? Aber stimmt das auch?

Zunächst, es sterben immer die anderen: Wenn die Reihe an mir ist, werde ich nicht mehr da sein, um davon zu sprechen! Dann: Nur das Individuum fürchtet den Tod, weil er sein Verschwinden bedeutet, während er für die Gattung von unerläßlichem Nutzen ist.

Die Religionen trösten und beschwichtigen uns, sprechen von Unsterblichkeit oder Reinkarnation. Ob zu Recht oder zu Unrecht, das bleibt der Ansicht des einzelnen überlassen. Dieses Kapitel will sich strikt auf den biologischen Aspekt beschränken.

Der Tod, Triebkraft des Lebens

Im Tantra ist der Tod die eigentliche Triebkraft des Lebens, welches ohne ihn jeden Reiz und jeden Sinn verlieren würde.

Betrachten wir dies näher. Wenn **ich** (ich ist jeder von uns) am Leben bin, dann deshalb, weil die **anderen** tot sind, sonst würden noch immer die Dinosaurier den Erdball bevölkern. Aber wahrscheinlich gäbe es nicht einmal Dinosaurier, denn die Meere wären übervölkert von den ersten Lebewesen, den Einzellern: Da sie sich durch Teilung vermehren, entstehen zwei völlig identische Zellen, die man nicht als Mutter oder Tochter unterscheiden könnte. Es sind Zwillingsschwestern – und Waisen von Geburt an.

Der »wahre« Tod taucht erst mit den komplexen Organismen, den Mehrzellern auf. Durch sie erst war die Entstehung und Entwicklung unzähliger Arten möglich. Nun weist das Leben den Arten, die mit den Individuen verglichen relativ unsterblich sind, den absoluten Vorrang ein. Jede Art verhält sich übrigens paradox gegenüber ihren Individuen: Einerseits stattet sie diese mit einem unbändigen Selbsterhaltungstrieb aus, andererseits programmiert sie ihr Ableben. Doch darin liegt System: Bestünde sie aus unsterblichen Individuen, so könnte die Art sich kaum entwickeln. Durch den Tod erhalten alle Arten mit jeder neuen Generation die Möglichkeit, sich weiterzuentwickeln. Mit ihnen ist es wie mit den Autos: Wären die ersten Fords nicht der Vergänglichkeit zum Opfer gefallen, würden sie noch heute unsere Straßen verstopfen. Auch die Autohersteller programmieren den »Tod« ihrer Fahrzeuge. Ihre Lebensdauer wird absichtlich beschränkt, ebenso ihre maximale Kilometerzahl; dadurch können neue, perfektere oder wenigstens als solche gedachte Wagen hergestellt werden.

Das Leben handelt genauso. Die Vergänglichkeit der Individuen und ihre Ersetzung durch andere sichert jeder Art die – angesichts der Konkurrenz der anderen Lebensformen und der Herausforderungen einer sich ständig wandelnden Umwelt – zu ihrem Überleben notwendige Flexibilität und ist somit eine Voraussetzung für ihren Fortbestand.

Nehmen wir den absurden Fall an, das Leben hätte uns Unsterblichkeit verliehen. Wie wäre die Situation? Das Leben wäre unrettbar blockiert. Ohne den Tod gäbe es keine Säuglinge, keine Greise, sondern ausschließlich Erwachsene, die unverändert blieben. In der Tat ist der Tod ein fortwährender Erneuerungsprozeß. Angefangen bei den Hautzellen sterben jeden Tag Milliarden von Zellen ab, die sich, außer den Nervenzellen, im Lauf einer Existenz ständig neu organisieren. Meine

Die tantrische Sicht

Unsterblichkeit als Individuum würde auch meine Zellen erhalten, so daß ich immerfort identisch mit mir selbst bliebe.

Eine weitere Folge der Unsterblichkeit wäre der fehlende Nachwuchs, also gäbe es auch keine Geschlechter mehr. Stellen sie sich diese Welt ohne Tod vor, lauter unsterbliche, unveränderbare, geschlechtslose Erwachsene... Nicht einmal eingeschlechtlich wären sie, denn es gäbe weder weibliche noch männliche Genitalien!

Die Langeweile – geboren aus der Unsterblichkeit

Wären wir unsterblich, so begännen wir uns nach ein paar Milliarden Jahren in einer unveränderten Welt tödlich zu langweilen: Warum schlafen wir in unseren Mußestunden nicht miteinander? Weil wir kein Geschlecht haben! Nun dann bereiten wir uns ein paar Leckerbissen zu. Aber auch das bringt nichts, da Unsterbliche keine Nahrung benötigen, zumal die Salate so ewig wären wie die Kaninchen, die Hühner, die Ochsen und die Fische. Und da wir nichts essen müßten, hätten wir auch keine Verdauungsorgane, keinen Magen, keinen Darm also. Ein Vorteil wäre immerhin, daß uns auch keine Verdauungsstörungen mehr quälten.

Allein die Vorstellung, für immer und ewig zu leben, ist unerträglich. Und das wäre erst der Anfang!

Geht man von der absurden Hypothese einer von Unsterblichen bevölkerten Welt aus, muß man logischerweise Unverwundbarkeit voraussetzen. Wären wir unsterblich, aber verwundbar, würden wir im Lauf der Jahrhunderte unweigerlich Wunden und Narben davontragen, ja Amputationen unterzogen sein. In welchem Zustand befänden wir uns da nach »nur« ein paar tausend Jahren?

Wären wir unverwundbar, könnten wir jeder Laune nachgeben, uns beispielsweise zum Zeitvertreib von einem Felsen hinabstürzen, ohne uns zu verletzen. Die Weiterführung dieses Gedankens würde eine Folge von Widersinnigkeiten beinhalten.

Zugegeben, daß der Tod die Triebkraft des Lebens ist, daß das Leben ohne ihn undenkbar, absurd, weitgehend ohne Reiz und die Unsterblichkeit des Körpers unerträglich wäre. Warum aber sollen wir uns um unseren Tod sorgen, ehe die Stunde des Abschieds schlägt? Sollten wir ihn nicht lieber vergessen, uns einzig und allein um das Leben kümmern? Warum sollten wir zulassen, daß die schwarze Wolke des Todes den Himmel unseres Lebens verdunkelt?

Ohne religiös sein zu wollen, stellt sich die Frage: Warum sollte der Kult des Lebens mit dem Gedanken an unseren Tod unvereinbar sein? Versuchen wir zu begreifen, warum der Tantriker diesen Kult mit der ständigen Vertrautheit des Todes verbindet. Dazu folgende Geschichte: Eines Tages erfahren meine Frau und ich durch einen Anruf, daß ein mit uns befreundetes Paar einen Autounfall hatte; die Frau trug eine Beckenfraktur, der Mann eine Gehirnerschütterung davon. Als wir sie tags darauf im Krankenhaus besuchen, sind wir darauf gefaßt, sie verstört, noch im Schock anzutreffen – aber zu unserer Überraschung sind beide bester Dinge. Der Mann berichtet uns von dem Unfall, daß er kurz vor dem Aufprall genau spürte, was geschehen würde – und als er wieder zu sich kam, war er im Krankenhaus. Seine Frau meinte: »Das Leben ist herrlich, ich wußte nicht, daß es so wunderbar sein kann, einen Apfel zu essen!« Der Mann: »Im Grunde ist Sterben einfach. Gestern machte ich mir noch eine Menge Sorgen, und der Unfall hat sie alle vertrieben. Heute ist die Welt neu, und ich weiß, was wirklich wichtig ist.«

Wir alle kennen wohl solche Fälle, und sie sind nicht selten. Die Lektion ist klar: Durch die Begegnung mit dem Tod gewinnt das Leben eine andere Bedeutung. Ein weiteres Beispiel. Zu den unzähligen Tragödien des letzten Krieges gehörten Verhaftungen, ungesetzliche Verurteilungen und Todesurteile. Tausende von Menschen haben mit dem Tod vor Augen gelebt. Viele von ihnen waren auf ihn vorbereitet und zeigten großen Mut. Sie sahen das Leben von einer anderen Warte aus. So mancher Überlebende empfindet heute – im nachhinein selbstverständlich – seine Erfahrung als Bereicherung.

Nun, der Tantriker wartet nicht darauf, durch einen Unfall mit dem Tod konfrontiert zu werden, um den Sinn des Lebens zu erfahren.

Weil der Tod existiert, muß man sich mit ihm abfinden. Der Gedanke, tot zu sein, schreckt uns nicht ab, aber – und das ist das eigentlich Angstmachende – zuvor muß man sterben. Die Vorstellung, zu Napoleons Zeiten nicht gelebt zu haben, ist mir gleichgültig, und das Wissen, in hundert Jahren tot zu sein, läßt mich auch kalt.

Aber setzen wir uns mit dem Problem näher auseinander. Jedem Individuum ist der Selbsterhaltungstrieb gegeben, so daß er mit allen Mitteln danach strebt, dem Tod zu entrinnen und so lange wie möglich zu leben. Für den Selbstmord gilt: Das, was viele Menschen davon abhält, ihrem Leben ein Ende zu bereiten, ist genau dieser »Übergang«. Wir hängen am Leben wie der Apfel am Baum. Wenn jedoch der Oktoberwind bläst und die Blätter gelb werden, dann fällt der reife Apfel von selbst herab, ohne Bedauern, ohne Widerstreben. Dieser stille und einfache Tod ist wohl das, was das Leben in unseren Genen vorgesehen hat. Die höhere Intelligenz des Körpers jedoch kämpft bis zum bitteren Ende um das Überleben. Wenn aber das Versagen eines lebenswichtigen Organs das Ende unausweichlich macht, dann setzt dieselbe Intelligenz den programmierten Todesprozeß in Gang. Dieser Prozeß ist komplex und eher langsam. Tatsächlich stirbt man nicht plötzlich, selbst unter der Guillotine nicht. Wenn das Fallbeil den Kopf des Verurteilten vom Rumpf abtrennt, ist dies »bloß« der Beginn des Todesprozesses. Zuerst stirbt das Gehirn. Zunächst einfach betäubt durch den Schock, wird es bald unwiderruflich geschädigt. Ohne Sauerstoffversorgung sterben die Hirnzellen bereits nach wenigen Minuten ab. Der Bart hingegen übt Vergeltung: Er wird »überleben« und wie Nägel und

Haare noch ein paar Tage lang weiterwachsen. Der genaue Zeitpunkt des Todes ist also unmöglich festzulegen. Bei den Pflanzen tritt der Tod noch langsamer und unmerklicher ein. Ein Gärtner hatte Bäume mit Stützen gepflanzt. Zwei dieser Bäume konnten nicht Wurzeln schlagen, dafür aber bildeten ihre Stützen Triebe aus! Sie haben Wurzeln, Zweige und Knospen entwickelt und sind jetzt kräftige Bäume. Daß man sie in die Erde gepflanzt hat, verkehrte den Prozeß, sonst wären sie Brennholz geworden. Von welchem Augenblick an wären sie wirklich »tot« gewesen? Eine Frage, auf die es keine Antwort gibt.

Parallel zum stofflichen Körper zerfällt in einem sich wohl über Wochen hinziehenden Prozeß der feinstoffliche, der psychische Körper – denn auch er ist nach tantrischer Auffassung materiell. Die indischen Tantriker werden deshalb beigesetzt und nicht eingeäschert, um der Seele den normalen Weg aus dem Körper zu ermöglichen. Noch eine letzte Frage stellt sich: Bedeutet der Tod ein Ende? Nein, der Mensch überlebt in seinen Kindern, seinen Enkeln und weit darüber hinaus in ihren unvergänglichen Genen. Und wenn er keine Kinder hat, überlebt er im Prozeß der Menschheit.

Der sanfte natürliche Tod

Bei meiner zweiten Begegnung mit dem Tod war ich etwa zehn Jahre alt. Sie hat mir gezeigt, daß der wahre Tod, der natürliche, der die Regel sein sollte, weder furchterregend noch schmerzvoll ist. In meiner Kindheit gehörte der Garten, der an den meiner Eltern grenzte einem Maurer im Ruhestand, der leidenschaftlicher Gärtner war. Seine Rabatten waren untadelig, schnurgerade und ohne Unkraut. Wenn ihm alles in Ordnung schien, ruhte er sich gerne auf der selbstgezimmerten Holzbank aus und betrachtete sein bescheidenes Reich. Als er wieder einmal dort saß und seine schwieligen Hände in den Schoß legte, um sich in der Maisonne zu wärmen, fragte ich ihn über den Zaun hinweg nach den »guten alten Zeiten«, als er jung war. Solche Unterhaltungen zwischen uns ergaben sich von Zeit zu Zeit. An diesem Tag hörte ich ihm begierig zu, wie er an seinen Vater und das Leben von damals erinnerte, an Ereignisse, die mehr als ein halbes Jahrhundert zurücklagen, was für mich fast so weit weg war wie die Sintflut. Dieser sonst so schweigsame alte Mann erzählte mir bis ins kleinste Detail, wie sein Vater in der Morgendämmerung aufstand und sich, Brote und Kaffeekanne im Beutel, zu Fuß und in Holzschuhen acht Kilometer weit zur Arbeit im Steinbruch aufmachte. Zehn oder zwölf Stunden am Tag, je nach Jahreszeit, schlug er dort bei jedem Wetter unter einem leichten Schilfdach den Stein mit einem zwölf Kilo schweren Hammer. Nach seiner Rückkehr am Abend versorgte er noch das Vieh oder bestellte seinen Garten. Es gab keine Freizeit, bis auf die Sonn- und Feiertage. Nicht einmal der Samstagnachmittag war frei. Das Wort Wochenende kannte damals niemand. Eines Abends sagte der inzwischen mehr als neunzig Jahre alte Vater zu seiner Familie: »Ich bin müde!« Dann ging er hinauf und legte sich schlafen. Am Morgen darauf fand man ihn tot in seinem Bett. Hatte er den »Übergang« überhaupt wahrgenommen? Es war dies übrigens das einzige Mal, daß der Vater unseres Nachbarn – der nie krank gewesen war – das Wort »müde« aussprach.

Ist nicht das der natürliche Tod, der ohne Leiden – wie sein Bruder der Schlaf – kommt, wenn die Zeit abgelaufen ist? Aber selbst in der Natur, in der oftmals der gewaltsame Tod die Regel ist, trifft das nur selten zu. Das Sterben scheint jedoch auch dann keine schreckliche Erfahrung zu sein, im Gegenteil, es ist eher ein überwältigendes, lichtvolles Erlebnis. Woher weiß man das, wo doch keiner aus dem Jenseits wiederkehrt, um uns davon zu berichten? Dank vielfältiger Wiederbelebungstechniken ist es heute möglich, klinisch tote Menschen wieder »aufzuerwecken«. Wir verfügen über unzählige Berichte von solchen Menschen, die sozusagen gewaltsam ins Leben zurückgeholt wurden und das Erlebnis mit dem Tod als ekstatisches Gefühl schildern. Oftmals sind diese Überlebenden sogar erzürnt darüber, daß man sie ins Leben zurückgerufen hat, und überaus enttäuscht, sich an Schläuchen angeschlossen in einem Krankenhausbett wiederzufinden. Es gibt also gute Gründe anzunehmen, daß der so gefürchtete Augenblick des Todes in Wirklichkeit der leuchtende Endpunkt des Lebens ist.

Auch meine dritte Begegnung mit dem Tod trug sich zu, als ich etwa zehn oder zwölf Jahre alt war. Mein Vater, Veteran des Ersten Weltkriegs, sprach trotz meiner Fragen nie von seinem Leben in den Schützengräben, einer seiner Gefährten hingegen war gesprächiger.

Der Tod durch Unfall

Er erzählte mir, daß in seiner unmittelbaren Nähe – er hatte im Schützengraben vor einem Artilleriefeuer Zuflucht gesucht – eine Granate explodierte und er daraufhin verschüttet wurde. Anschaulich beschrieb er, wie sich jedesmal, wenn er ausatmete, die weiche Erde über ihm senkte, ihm den Brustkorb zuschnürte und die Luft raubte. Ohne atmen oder sich bewegen zu können, war er dem Erstickungstod nahe. Auf die anfängliche wahnsinnige Angst folgte eine merkwürdige Ruhe, und er durchlebte noch einmal – was typisch ist – ganze Abschnitte seines Lebens. Unter anderem sah er seine seit langem verstorbene Mutter zwei Wassereimer tragend vom Brunnen zurückkehren.

Unterdessen waren seine Kameraden dabei, ihn zu befreien und so vor einem grausam erscheinenden Tod zu bewahren. Dieses Erlebnis hatte ihn stark geprägt, und seine Geschichte hat mich derart beeindruckt, daß ich mich noch heute sehr genau daran erinnere. Ich bin zu der Überzeugung gelangt, daß das Leben sehr barmherzig mit dem Sterbenden verfährt.

Das verbinde ich auch mit einem authentischen Bericht aus dem Zweiten

Die tantrische Sicht

Weltkrieg, den mir ein »Füsilierter« von seiner Hinrichtung gab. Er war als Geisel genommen und mit anderen zusammen in eine Scheune gesperrt worden. Die ganze Nacht hindurch wiederholten die Wachen, auf die Kolben ihrer Maschinenpistolen klopfend, die Worte: »Morgen früh, bum bum.« Im Morgengrauen brachte man sie auf eine Wiese, wo man sie zwang, einen Graben auszuheben. Danach mußten sie mit dem Gesicht zu den auf sie gerichteten Waffen, ihr zukünftiges Grab im Rücken, Aufstellung nehmen. Klicken, Signal des Kommandanten, Maschinenpistolensalven, und der »Füsilierte« fiel in ein schwarzes Loch: Das sind seine eigenen Worte. Er brach bewußtlos zusammen. Als er ein paar Augenblicke später wieder zu sich kam, lag er flach auf der Erde, unter den anderen »Toten«, die ebenfalls erwachten: Die Soldaten hatten knapp über die Köpfe gezielt und lachten über ihren Mordsspaß. Dann ließen sie die Geiseln laufen, wohl im Glauben, diese »Lektion« würde ausreichen. Meine Schlußfolgerung daraus ist: Wären sie wirklich erschossen worden, hätte das Leben die Barmherzigkeit gehabt, ihnen das Grauen dieses scheinbar absurden Todes zu ersparen.

Doch zurück zu den Tantrikern, denen der Tod höchster Lehrmeister ist. Ihre intensive Beschäftigung mit ihm verfolgt mehrere Ziele:
- Er soll den wahren Sinn des Lebens offenbaren, der es ermöglicht, zu sich selbst, den anderen und den menschlichen Werten die richtige Einstellung zu finden.
- Durch ihn soll der Mensch darauf vorbereitet werden, den eigenen Tod bewußt zu erleben und
- jegliche Furcht zu verlieren, also die Todesangst, Ursprung aller anderen Ängste, zu überwinden.

Es handelt sich hier nicht um ein obsessives, morbides Verhalten, sondern vielmehr um ein ständiges Sichbewußtwerden der Unbeständigkeit des Lebens. Durch diese Erkenntnis lernt man die Angst zu besiegen und – was die Hauptsache ist – praktische Lehren für seine Lebensführung daraus zu ziehen, sich aber auch auf seinen Tod einzustellen.

Die beste Art, sich auf das Sterben vorzubereiten, ist die – und das ist ernst gemeint –, alles zu tun, um so lange wie möglich zu leben. Denn ist das nicht die einzige Annäherung an den natürlichen Tod?

Die shava sadhana

Was ich im folgenden beschreibe, ist nicht zur Nachahmung empfohlen, ich möchte damit nur zeigen, wie weit das Tantra geht.

In der tantrischen Tradition ist festgelegt, daß der Adept nahe den Stätten der Leichenverbrennung leben soll. Dies ist bisweilen nur symbolisch, häufig aber auch ganz konkret gemeint. Wir sollten darüber nicht entsetzt oder schockiert sein, sondern eher zu begreifen versuchen, was dies bedeutet. Erinnern wir uns: Nach der Eroberung Indiens machte man die Besiegten zu Leibeigenen (Shudras), die, die sich widersetzten, wurden als Unberührbare geächtet und aus dem System ausge-

Der Tod

schlossen. Die Tantriker, die sich gegen den brahmanischen Rassismus und sein ultrapatriarchalisches System wandten und sich dem Kult des Weiblichen verschrieben, sind Teil des jahrtausendealten, noch heute vorhandenen Widerstands gegen die Eindringlinge. So gehören einige Tantriker zu jenen Chandala-Stämmen, von denen das Gesetzbuch Manus sagt:

»Diese Menschen mögen ihre Wohnungen am Fuße großer Bäume, nahe an den Orten, wo man die Toten verbrennt, nahe an den Bergen oder den Wäldern einrichten, sie mögen [als Unberührbare] von allen gekannt werden und von ihrer Arbeit leben.« (Buch X, 50)

Kennt man die Abscheu der Brahmanen vor Leichen und vor der Arbeit, die sie verachten, so läßt sich der Grad der Herabwürdigung dieser Menschen ermessen. So lebten nicht wenige Tantriker in der Nähe von Leichenverbrennungsstätten. Seit Jahrtausenden mit dem Tod konfrontiert, haben sie dies zu einer spirituellen Erfahrung verarbeitet, der *shava sadhana*, von der Lalan P. Singh in *Tantra. Its Mystic and Scientific Bases* sagt:

»Diese *sadhana* wird praktiziert, um *kundalini* und *Param Shiva* zu vereinen. Diese spirituelle Praktik, die zu den schwierigsten zählt, wird um Mitternacht bei Vollmond mit einem Leichnam vollzogen. Ein detailliertes Ritual ist für diese *sadhana* vorgeschrieben, und ihr *sadhana* muß die esoterischen Prinzipien sehr strikt einhalten. Die Verletzung der rituellen Regeln hat verheerende Folgen.

Es ist dies einer der geheimsten Aspekte der tantrischen Mystik, der aufgrund seiner nichtarischen Eigenheit ganz falsch verstanden wird. Der Leichnam muß frisch und unbeschädigt sein, er darf keine Verstümmelungen oder Mißbildungen aufweisen. Kein Glied darf verrenkt sein. Selbst wenn ihm nur ein Finger fehlt oder er einäugig ist, eignet er sich nicht für die *sadhana*. Das wäre gegen die tantrischen Prinzipien.« (S. 148)

Dann wird der Tantriker allein zurückgelassen, von Angesicht zu Angesicht mit dem Toten oder gar auf ihm sitzend. Er meditiert nun über den Unterschied zwischen ihm, dem Lebenden, und jenem anderen Menschenwesen, das tot ist. In seiner Vorstellung identifiziert er sich mit diesem Leichnam, durchlebt den Zerfall des Körpers, um in sich selbst das »Lebensprinzip« zu entdecken. Diese harte Prüfung sollte man unter keinen Umständen ohne Anleitung durchführen, nicht einmal in der Phantasie.

In einem anderen Ritual, dem *kapalika sadhana*, ersetzt ein Menschenschädel den Leichnam. Im Ritual der fünf *makaras* wird der Wein entweder aus einem echten Schädel (vorzugsweise dem eines Brahmanen!) oder aus einem Kelch, der ihn symbolisiert, getrunken. Einige Tantriker leben und meditieren in Hütten, die buchstäblich mit Menschenschädeln gefüllt sind. Zuweilen werden auf dem Friedhof Sexualriten praktiziert, um sich der Komplementarität von Tod und Sex innezuwerden.

Das Tantra besteht also nicht nur aus erfreulichen Aspekten. Um aber seine enge Beziehung zum Tod richtig ver-

Die tantrische Sicht

stehen zu können, ist es wichtig, auch über seine dunklen Seiten zu sprechen.

Was kann man nun von alldem im Abendland praktizieren? Nichts, außer häufig aus der Perspektive des Todes über den Sinn des Lebens zu reflektieren, seine Gegenwart wahrzunehmen und begreifen zu lernen, daß er für das Leben keine Tragödie ist. Wer denkt schon daran, wenn die Schwalbe ein Insekt aufpickt, daß dies dessen Tod bedeutet? Ist man darüber beunruhigt oder traurig? Versetzt man sich aber in die Rolle des Insekts, dann ergibt sich eine ganz andere Perspektive! Für die Art ist es jedoch ohne Bedeutung, sie verfügt über ein gewaltiges Reproduktionspotential. Man schimpft die Katze, die einen Vogel fängt, doch wer denkt an den Regenwurm, den dieser verschlingt?

Der Tod ist eine Abstraktion

Das Tantra sagt, daß der Tod eine Abstraktion ist und allein das Leben zählt. Gewiß, es gibt tote Körper – die das Leben im übrigen sofort zurückgewinnt –, doch nur das Leben ist existent! Sich von ihm zu lösen ist einfach, wenn die Zeit gekommen ist. Aber bis dahin sollten wir unseren Wert nicht an der Währung von Gold, sondern an der des Todes messen. Wenn sich der ehrgeizige und vor Aktivität berstende westliche Mensch jeden Morgen fragen würde, ob er wirklich der reichste Mann auf dem Friedhof werden will, würde das seine Einstellung sicher ändern.

Die wahre Antwort auf das Rätsel des Todes findet sich in der tantrischen Definition: Der Tod, das ist das Leben, und der Tod ist das Gegenteil von Geborenwerden. Aber ich muß noch weitergehen und begreifen lernen, daß mein Leben nicht erst mit dem Tag meiner Geburt oder meiner Zeugung beginnt, sondern daß es – wie im Kapitel »Profane Zeit, sakrale Zeit« ausführlich dargelegt – ein fortwährender Prozeß ist und daß **ich** dieser Prozeß **bin**.

Das Bevorstehen des Todes kann zuweilen eine große spirituelle Erfahrung sein. So rief mich eines Morgens ein Freund erschüttert an, um mir zu sagen, er habe Leukämie und man gebe ihm noch etwa sechs Monate zu leben. Was erwartete er von mir? Einen Ratschlag? Einen Trost? Ich weiß es nicht. Ich gestehe meine Ratlosigkeit: Was soll man in so einem Fall sagen? Dann vergingen Monate, ohne daß ich von ihm hörte. Ein Jahr später erhielt ich dann einen Anruf. Ich habe ihm natürlich nicht gesagt, daß ich verwundert war, ihn noch am Leben zu sehen. Ich wartete also seine Erklärung ab, die sich etwa so anhörte: »Anfangs war ich sehr verstört. Nach einer Weile begann ich dann, jede Minute intensiv zu erleben, jeden Sonnenstrahl zu genießen. Alles gewann eine erstaunliche Intensität. Eine unscheinbare Blume, die ich vorher kaum beachtet hatte, wurde zu einem Wunder. Mit meinem Enkel zu spielen, war großartig: Ich spürte mich in ihm wie auch in meinen Kindern leben. Ich übte mich in langen Meditationen, und eines Morgens konnte ich das tödliche Ende, das man mir ange-

Der Tod

kündigt hatte, vorbehaltlos akzeptieren. Seither weiß ich, daß ich Teil des Universums bin und es immer bleiben werde. Mein Leben hat sich geändert. Ich bin glücklich. Ich habe erfahren, worauf es ankommt und was überflüssig ist. Meine Leukämie? Das war ein falscher Befund. Ich sollte mich bei dem Arzt für seinen Irrtum bedanken... Ohne Ironie!«

Sind wir nicht eigentlich alle von einer zu hundert Prozent tödlichen Krankheit befallen: dem Leben! Muß man erst einen medizinischen Befund erhalten, um trotz oder wegen der Bedrohung durch den Tod erfüllt zu leben?

Es gibt einen Aspekt des Problems Tod, dem ich vielleicht auszuweichen scheine: die Leiden, die ihm häufig vorangehen, das heißt die Gebrechen der Senilität und der Schrecken des Siechtums. Diese Prüfungen sind leider allzusehr Realität, und niemand wird sie leugnen wollen. Aber sind sie wirklich unvermeidlich, naturgewollt? Gewiß, der einzige Weg, lange zu leben, ist alt zu werden. Die Senilität hingegen ist weder unumgänglich noch naturgewollt. Keine Krankheit, nicht einmal Krebs, ist unausweichlich. Nichts von alldem ist von Natur aus gewollt. Das Leben hat einen natürlichen Tod vorgesehen, einen Tod, der den Menschen bar aller Schmerzen im Schlaf ins Jenseits hinübergleiten läßt.

Für den Yogi sind Senilität und Siechtum vermeidbar. Wir, die »Zivilisierten«, schreiben immerzu ungedeckte Schecks auf unsere Zukunft aus. Wir leben ungesund, ernähren uns schlecht, atmen falsch, bewegen uns zu wenig, lassen unseren Körper Fett ansetzen und wundern uns, wenn wir schnell altern und krank werden. Ich möchte hier auf die erstaunliche Jugendlichkeit der Tantrameister und -schüler hinweisen. Aber um dieses Ziel zu erreichen, muß man richtig leben, das heißt auch Yoga betreiben. Ich empfehle Ihnen dazu meine Bücher über Yoga.

Das Sterbeverhalten

Das Thema Sterben und Tod verdiente sicher in einem eigenen Buch abgehandelt zu werden. Dennoch haben wir für die konkrete Lebensführung schon einiges gelernt: Ich bin ein Glied in der Kette des Lebens. Mein Leben beginnt weder mit meiner Zeugung noch mit meiner Geburt. Unabhängig von meinem religiösen Glauben, sofern ich einen habe, lehrt mich das Tantra, daß der Tod nicht das Ende bedeutet, weil der Prozeß des Lebens sich jenseits meiner physischen Auflösung fortsetzt.

So entwickle ich mich als fortwährender Prozeß im Innern anderer, unendlich größerer Prozesse. Winziges Atom und dennoch riesengroß, verkörpere ich die Organisationsdynamik der Art sowie die schöpferische und bewußte Kraft des universalen Lebens.

Das Erdenleben ist in seiner Totalität ein einziger, riesiger Organismus, der sich verschlingt, erneuert und vervielfältigt.

Das sind große Worte, vor allem aber sind es große Realitäten.

Die tantrische Sicht

Aber, werden Sie zu Recht einwenden, all das ist Philosophie, Theorie und löst nicht das Problem **meines** Sterbens. Was kann das Tantra mir dafür anbieten, und wie kann ich mich konkret darauf vorbereiten?

Die tantrische Antwort auf das Sterben ist eine gelassene. Vorher erwähnte ich Senilität und Gebrechen, die in unserer Vorstellung »fatalerweise« den Lebensabend begleiten. Wir meinen, das normale Ende eines Menschenlebens sei es, an einer Krankheit zu sterben. Diese Leiden sind im Entwurf der Natur nicht vorgesehen und deshalb vermeidbar, sagt der Tantriker. Weswegen er sich seiner Verpflichtung seinem Körper gegenüber bewußt ist und ein gesundes, auf Yoga ausgerichtetes, also langes und glückliches Leben führt, das Grundlage eines natürlichen und sanften Sterbens ist.

Um das Sterben selbst sorgt sich der Tantriker nicht. Warum? Weil das »Sterbeverhalten«, in meinen Genen vorprogrammiert, im gegebenen Moment ausgelöst wird, ohne daß ich mich darum zu kümmern habe. Mein Körper weiß seit jeher, wie man sterben muß, auch wenn **ich** es nicht weiß.

Genau der entgegengesetzte Vorgang findet auch, natürlich ohne unser Wissen, im Uterus der Mutter statt. Was empfände wohl ein Embryo bei dem Gedanken an seine Geburt? Sicher würde er sich beunruhigen, auf welche Weise er seine bequeme Gebärmutterhülle verlassen müßte! Immer noch unbewußt, vertraut er auf die Intelligenz des Körpers, der bereits **weiß**, wann der Augenblick seiner Geburt gekommen ist.

Und genauso verhält es sich mit dem Sterben. Mein Verstand braucht sich darum nicht zu kümmern, noch muß er ihm vorgreifen. Man wird mir vorhalten, dies sei die Haltung der meisten Menschen: Sie wissen, daß sie sterben werden, aber sie versuchen, es zu vergessen, und wenn der Gedanke daran auftaucht, verdrängen sie ihn. Der Tantriker aber weicht dem Tod nicht aus; er bereitet sich auf ihn vor, indem er danach strebt, so nahe wie möglich am Endpunkt seines Daseins zu leben. Er läßt sein Leben vom Tod erhellen und nicht überschatten, ohne dabei dem Sterbeprozeß vorzugreifen, den er der höchsten Weisheit seines Körpers anvertraut – denn sie ist die Weisheit des Lebens.

Sterben verboten

An den Eingangstoren aller modernen Kliniken müßte man das Schild »Sterben verboten« anbringen. Tatsächlich wird in der Medizin der »Verlust« eines Patienten als Scheitern angesehen, ja nachgerade als Affront gegen die Fakultät. Von daher das Bestreben, den Patienten um jeden Preis so lange wie möglich am Leben zu erhalten: Man »läßt« niemanden so einfach sterben. Der sanfte natürliche Tod ist ungehörig in einer Gesellschaft, in der man glaubt, »daß man ja an irgend etwas sterben muß«, und in der man sich nicht vorstellen kann, bei guter Gesundheit zu sterben, einfach, weil die Zeit dafür reif ist.

Das Bestreben eines Arztes ist darauf ausgerichtet, die Leiden des Kranken

Der Tod

wo schon nicht zu beseitigen, so doch wenigstens zu lindern, was ihm niemand zum Vorwurf macht. Aber das hat auch zur Folge, daß der Patient, falls er nicht gerettet werden kann, am Ende dank der hochwirksamen Drogen völlig ohne Bewußtsein in seinen Tod hinübergleitet. Diese letzte als barmherzig verstandene Maßnahme beraubt ihn indes seines Rechts, »offenen Auges in den Tod zu gehen«, um Marguerite Yourcenar zu zitieren.

So ist es heutzutage normal, ja schon selbstverständlich, im Krankenhaus einen anonymen und unbemerkten Tod zu sterben. Die Erfahrungen im Vorhof des Todes aber werden von der modernen Literatur als ein erhebendes, lichtvolles Erlebnis geschildert und bestätigen damit die Aussagen der Orientalen und insbesondere der Yogis.

Worüber ich hier schreibe, findet aber allmählich auch in Medizinerkreisen Zustimmung. Ein mir befreundeter Arzt vertraute mir an, er wolle im Angesicht des großen Abschieds darum bitten, nach Hause gebracht zu werden, um dort im Kreis seiner Familie zu sterben. Genau dies wünscht sich auch der Tantriker. Und er weiß, daß die beste Vorbereitung auf den Tod darin besteht, so lange wie möglich und bei guter Gesundheit zu leben.

Ich beschließe dieses Kapitel, indem ich wiederhole, daß ich hier nur über die »biologische« Seite des Todes sprechen wollte. Wenn auf die Frage, was auf den Tod folgt, nicht eingegangen wurde, so deshalb, weil sie in den Bereich der Religion gehört und es jedem einzelnen überlassen bleibt, sich darüber seine Gedanken zu machen. Zudem würde die gründliche Behandlung dieses Themas wohl ein weiteres Buch füllen.

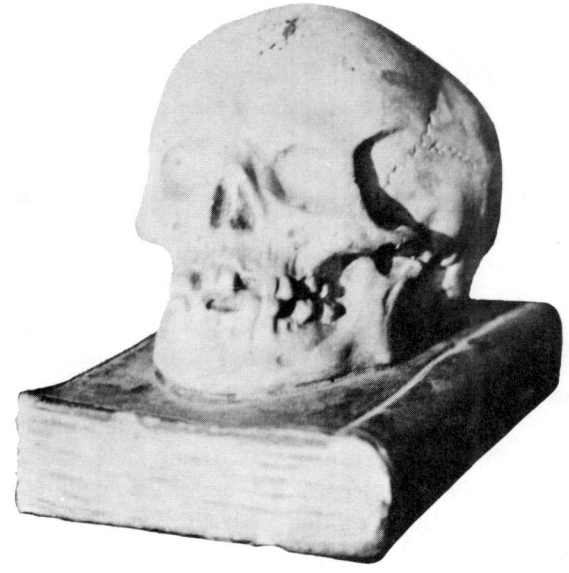

Die Frau, Kult und Mysterium

»Die Frau erschafft das Universum,
sie ist der Körper dieses Universums selbst.
Die Frau ist der Halt der drei Welten,
sie ist die Essenz unseres Körpers.
Es gibt keine andere Seligkeit
als die von der Frau gestiftete.
Es gibt keinen anderen Weg
als den, den die Frau uns öffnen kann.
Ob gestern, heute oder morgen, es gab nie
und wird nimmer anderes Glück geben
als die Frau, weder Königreich
noch Pilgerfahrt, noch Yoga, noch Gebet,
noch magische Formel (Mantra), noch
Askese, noch Erfüllung gäbe es,
die nicht von der Frau gespendet.
            Shaktisangama-Tantra II.52

Jede Frau ist Shakti

Muttergöttin, Initiatorin, Ursprung allen Lebens, Quell der Lust, Weg zur Transzendenz: Die Frau und ihr Mysterium sind das Herzstück des Tantra, die Essenz seiner jahrtausendealten Botschaft.

Diese emphatische Aufzählung scheint mit unseren Müttern, Schwestern, Ehefrauen, Freundinnen oder Liebhaberinnen, kurz, allen Frauen, denen wir im Leben begegnen, nichts gemein zu haben: Wo in ihnen verbirgt sich wohl das Mysterium der Frau?

Im Grunde besteht der ganze Tantrismus darin, zu den unergründlichen Tiefen **der** Frau vorzudringen, die in der realen, alltäglichen Frau verborgen sind. Das *Kaulavali*-Tantra (die *kaula* verehren die *kaulini* [= *kundalini*] und widmen sich konkreten Ritualen, im Gegensatz zu den *samayin*, die an die Identität von Shiva und Shakti glauben und die *kundalini* durch spirituelle

Die Frau

Übungen zu wecken suchen. M. Eliade, *Yoga*, S. 271, Anm. d. Ü.) sagt: »Man muß vor jeder Frau niederknien, ob vor dem Mädchen in seiner jugendlichen Pracht oder der alten Frau, ob sie schön ist oder häßlich, gut oder böse. Man darf sie niemals mißbrauchen oder verleumden, ihr nie etwas Schlimmes antun oder sie schlagen. Solche Handlungen machen alle *siddhi* [Erfüllung] unmöglich.«

Der Kult, den Tantra der Frau weiht, übertrifft bei weitem alles, was die Frauenbewegungen fordern. Das soll keine Kritik an dieser Bewegung sein, die in unserer patriarchalen Gesellschaft notwendig war und ist und wenigstens die Gleichstellung der Frau erreicht hat. Das Tantra sieht es als wesentlich an, daß aus der Frau **die** Frau hervortritt, daß jene verwirklicht, was sie wahrhaft **ist**, daß sie dies auf sich und die Welt überträgt und in ihr Leben integriert.

Der Tantriker, für den jede Frau Shakti inkarniert, wird ihr gegenüber eine völlig andere Haltung an den Tag legen als der gewöhnliche Mann. Für ihn ist sie kein Sexualobjekt, dem man den Hof macht, um auf seine Kosten zu kommen. Er ist weder ein Aufreißer noch ein Don Juan. Selbst wenn sie mit ihm allein ist, hat die Frau nichts zu befürchten. Von ihm geachtet, bleibt sie vollkommen unbehelligt und frei in ihrem Verhalten.

Die Botschaft des Tantra geht die Frau ebensosehr an wie den Mann. Jede tantrische Shakti ist eine **wahre** Frau oder strebt danach, es zu werden – eine Frau, die es wagt, die Tiefen ihres Wesens zu ergründen.

Sie ist die Göttin, das heißt die Inkarnation einer letzten kosmischen Energie, lebendig und gegenwärtig, selbst wenn sie es nicht weiß. Nicht nur der Mann also muß seine Haltung ändern, sondern auch die Frau, die sich ihres eigenen Mysteriums im allgemeinen nicht bewußt ist. Für den Tantriker stellt sich das Mysterium der Frau in ihrer seltsamen, irrationalen und unberechenbaren Natur dar, die für ihn unbegreiflich ist. Doch ihr wahres Mysterium ist das des Lebens, denn ob Mann oder Frau, unser aller Leben hat im Mutterleib begonnen. Aber was bleibt heutzutage dank Genetik und Biologie von diesem Mysterium des Lebens übrig? Waren Empfängnis und Geburt für die Urmenschen noch etwas Geheimnisvolles, so glauben unsere Kinder nicht einmal mehr an den Klapperstorch. Schon in der Schule erklärt man ihnen den Vorgang der Befruchtung und das Heranwachsen des Embryos im Uterus. Die Genetik hat die Geheimnisse der Vererbung gelüftet – oder entweiht? –, vor allem seit wir Gene manipulieren können. Wir filmen das Leben des Fetus im Mutterleib, und mit einer simplen Spritze ist es möglich, eine Geburt zu beschleunigen oder zu verlangsamen.

Aber trotz all dieser Fortschritte bleibt das durch die Frau inkarnierte Mysterium des Lebens unergründlich. Eine Mutter ist unendlich viel mehr als nur ein wandelnder Brutkasten, mag sie sich dessen auch nicht bewußt sein. Ihr Mysterium ist die Schöpfungskraft, die in ihr wohnt. Der Tantriker, gleichgültig ob Mann oder Frau, ist zu der Erkenntnis gelangt, daß das durch

Die tantrische Sicht

Sperma und Eizelle hervorgebrachte Leben die Schöpfungskraft **ist**. Dort, im warmen Dunkel des Leibes sammeln sich die urkosmischen Kräfte. Erfassen, was wahrhaft im Uterus wirkt, heißt, das Mysterium des Universums erfassen. Jene phantastische Schöpfungsdynamik, welche die Atome und Galaxien hervorbringt, das Korn keimen und die Bakterien sich vermehren läßt, ist – nicht nur während der Schwangerschaft – in jeder Frau, in allem Weiblichen gegenwärtig und wirksam. Die Frau **macht** das Kind, sie begnügt sich nicht damit, es auszutragen.

Freilich, die Entwicklung des Fetus wird gesteuert von der Dynamik der befruchteten Eizelle und ihrem genetischen Code und setzt sich nach der Geburt fort. Aber die Eizelle entsteht in der Frau, ist nicht Produkt einer Mechanik. Irgendwo in ihr verborgen schlummert die Erfahrung aller vergangenen Generationen, durch die gesamte Evolution der Menschheit, ja des vormenschlichen Lebens hindurch. Durch ihr Fortpflanzungsvermögen trägt die Frau in sich beschlossen die Gattung, die Schöpfungsnatur. Aber trägt nicht auch der Mann die Hälfte des Genmaterials bei, sind in ihm nicht dieselben Kräfte wie in der Frau am Werk? Stellt er nicht tagtäglich Millionen von Spermatozoen her? Ja, aber biologisch gesehen ist der Bauplan jeder Spezies, einschließlich der des Menschen, weiblich. Der Mensch ist grundlegend weiblich; der Mann wurde nur »erfunden«, um die Gene beizusteuern.

In der Frau hat sich die erste Religion des Menschen verkörpert – seine erste Gottheit war die Muttergöttin. War oder ist? Ziehen wir keine voreiligen Schlüsse; stellen wir nur fest, daß sie sich überall in der prähistorischen Welt findet. Die ersten, ungelenken Skulpturen, die Menschen darstellten, zeigen die Muttergöttin, die als solche auch das Prinzip des Eros verkörpert. Es ist Shakti, die ursprüngliche Energie, aus der das sichtbare Universum hervorgeht.

Die Frau ist auch Priesterin und Magierin, das heißt kosmische Vermittlerin. Das Mysterium der Frau ist nicht auf ihr Geschlecht beschränkt; es durchdringt ihr gesamtes Wesen, eingeschlossen – und vielleicht vor allem – ihre Psyche. Die Frau ist intuitiv, weil sie sensitiv ist und eingestimmt auf den kosmischen Rhythmus, den sie empfängt. Sie kennt die Geheimnisse des Lebens und der Gesundheit, der Pflanzen und Blüten. Bei den archaischen Völkern kümmerten sich die Frauen um den Ackerbau, hauptsächlich deshalb, weil man glaubte, daß ihre Fruchtbarkeit sich auch günstig auf den Boden auswirke. Sie begreift, was in den Tiefen der menschlichen Seele sich vollzieht. In ihrem Unbewußten und über dieses hinaus steht sie in direktem Kontakt mit den großen psychischen Strömungen, die uns tragen und mitreißen. Sie ist verlockend und furchteinflößend zugleich. Jeder Mann trägt in sich ein Bild der »absoluten« Frau, und begegnete er ihr in der Realität, er wäre wie vom Donner gerührt und nicht mehr in der Lage, sich von ihr zu lösen. Es wäre die totale Liebe auf den ersten Blick. Übrigens

Die Frau

sucht jeder Mann zeitlebens nach ihr. Äußerst selten sind diejenigen, die ihr tatsächlich begegnen, und man kann beinahe von Glück sagen, daß es so ist.

Diesen Traum, dieses unerreichbare Ideal von der Frau, projiziert der Mann beispielsweise in Stars wie Greta Garbo, »die Göttliche«; sie war für Millionen von Männern die ideale, von allen begehrte Frau. Dieser Frauenkult ist äußerst lebendig. Seine »Andachtsbilder« sind auch die Pin-ups, jene modernen Karikaturen der Frau, die von Männern für andere Männer geschaffen werden.

Doch was und wer ist die **wahre** Frau? Das ist eine wichtige Frage! Obgleich jede Frau das weibliche Prinzip und den Eros inkarniert, gibt es die wahre Shakti immer seltener. Wen muß man dafür verantwortlich machen? Sie selbst oder das patriarchalische System, das sie unterdrückt? Heute sind unsere Frauen Zombies, hübsch anzuschauende Karikaturen. In der matriarchalen Ordnung kann sich die Frau entfalten – ebenso der Mann, denn nur im Austausch mit ihr vermag er sich zu entwickeln; unterdrückt er sie, so nimmt er sich selbst die Luft zum Atmen. Die frühgeschichtlichen Kulturen – vom Mittelmeerbecken bis ins dravidische Indien, wo es noch heute in manchen Gegenden, etwa in Kerala, existiert – waren vom Matriarchat geprägt.

Außerhalb Indiens leben die Bewohner der Trobriand Islands, einer Inselgruppe in der Salomonensee noch heute in einem matriarchalen Gesellschaftsgefüge – und sie sind eines der glücklichsten Völker der Welt. Die Männer werden weder unterdrückt noch ausgebeutet, die Frauen sind selbstbewußt und frei.

Die Natur ist matrifokal, das heißt, die Mutter bildet das Zentrum, den Herd. Den Kätzchen etwa, die schnurrend am Bauch ihrer Mutter saugen, ist der Kater, der sie gezeugt hat, herzlich gleichgültig!

Zu erfahren, wer seine Mutter ist, stellt kein Problem dar, beim Vater ist das schon anders. In der patriarchalen Gesellschaftsform werden die Kinder der Verwandtschaftsgruppe des Vaters zugerechnet; der materielle Besitz geht auf den ältesten Sohn über, wie das auch bis zu entsprechenden Reformen in unseren Ländern Brauch war. In der matriarchalen Ordnung ist das anders; ich zitiere Alain Daniélou: »Das matriarchale System, in dem das gesamte Familieneigentum der Frau gehört und die Tochter die Mutter beerbt, wird bis auf den heutigen Tag in Kerala, im Süden Indiens, praktiziert. Selbst in den Königsfamilien geht der Thron von der Mutter auf die Tochter über, und der König ist nur Prinzgemahl. Diese Praxis wird als das einzige Mittel angesehen, das die Übertragung des königlichen Blutes wirksam zu sichern vermag. Nach altem indischen Spruch: ›Sagt ein Vater, das ist mein Sohn, so ist es Glaube, sagt es eine Mutter, so ist es Wissen‹; doch müssen gesellschaftliche Institutionen auf Gewißheiten beruhen, nicht auf Glauben.«

Was muß der Mann in einer patriarchalen Gesellschaftsordnung tun, um die Sicherheit zu erhalten, auch wirklich der Erzeuger seiner Nachkom-

Die tantrische Sicht

menschaft zu sein? Er **muß** der Frau und ihrem Sexus habhaft werden, sie physisch unter Kontrolle bringen, indem er sie in einen Harem sperrt, oder gesellschaftlich, indem er Regeln aufstellt und bei Verstoß mit abschreckenden Züchtigungen droht, wie das etwa bei Ehebruch oder vorehelicher Defloration geschieht. Wenn der Mann diese Systematik weiterführt, endet dies bei den bedauernswerten Frauen – derer es im islamischen Afrika Millionen gibt – deren Vagina man zunäht. Das geschieht ohne Anästhesie oder antiseptische Vorkehrungen: Erst werden Klitoris und kleine Schamlippen entfernt, dann wird der Scheideneingang bis auf eine winzige Öffnung zum Abfließen des Menstruationsblutes zugenäht. Die Jungfräulichkeit ist dadurch natürlich besser gewährleistet als mit jedem Keuschheitsgürtel! In der Hochzeitsnacht bahnt sich der Gatte den Weg zur Vaterschaft glorreich mit dem Dolch. Tags darauf stellt er stolz die Waffe und das blutverschmierte Laken zur Schau. Gipfel männlichen Zynismus aber ist, daß die (alten) Frauen selbst ihre jungen Geschlechtsgenossinnen »versiegeln«. Von der Defloration per Dolch abgesehen, macht sich der Mann die Hände nicht schmutzig.

Dieselbe patriarchale Denkungsart führt dazu, daß die Frau erniedrigt und in die Küche verbannt wird, daß ihr als einziger Lebenszweck der Dienst am Gatten und die Erhaltung der Sippe bleibt. Im brahmanischen Indien beschreiben die Manu- und Sati-Gesetze die Pflichten der Gemahlin: Ihr Gatte ist ihr Herr, ein lebender Gott, den sie zu bedienen und zu verehren hat, selbst wenn er abstoßend häßlich ist und sie mißhandelt! Wehe auch der Witwe: Sie bringt Unglück, wie der Tod ihres Gatten beweist. Vor kurzem noch opferte sich die Witwe in den Flammen des Scheiterhaufens, die ihren verstorbenen Gemahl verzehrten, vielleicht, weil sie es nie anders kannte, vielleicht auch, weil sie wußte, welches Los sie erwartete. In der arischen Gesellschaft ist die Witwe aller Freuden beraubt, sie muß als Einsiedlerin leben, darf nur gebrauchte Kleider tragen und muß sich von Essensresten ernähren. Als lebendes Gespenst ist ihr das Tragen jeglichen Schmucks untersagt. Als Unheilbringerin darf sie keiner Feierlichkeit beiwohnen. Einen Mann – ja auch ein männliches Tier – anzuschauen, ist ihr verboten! Wiederheirat kommt nicht in Frage, auch wenn ihr Ehemann – etwa im Kampf – jung gestorben ist. Da ihre Existenz in jedem Fall mit der ihres Gatten endete, ersparte ihr das Autodafé ein leidvolles Leben.

Man wird entgegnen, daß dies alles der Vergangenheit angehört und nur auf Indien zutrifft. Gewiß, die Sati ist verboten, und die Witwen opfern sich nicht mehr auf dem Scheiterhaufen ihres Gemahls. Aber wie ich schon früher ausführte, verbrennen jährlich Tausende von Inderinnen in ihrer Küche, weil die Eltern die von den Schwiegereltern verlangte zusätzliche Mitgift nicht zahlen können. »Unfälle« mit Butangaskochern sind deshalb häufig!

Im Westen reagieren die Frauen mit Gegendruck. Sie werden sich langsam ihres Selbstwerts bewußt. Doch es genügt nicht, daß die Frau dem Mann gleichgestellt ist, sie muß wieder zur **wahren Frau** werden. Diese aber ist fast ausgestorben. Warum? Louis Pauwels sagt es uns in seinem »imaginären Vortrag« mit dem Titel *La femme est rare*.

Die Frau ist selten

»Das Problem ist, daß es beinahe keine Frauen mehr gibt. Ich behaupte, daß die Frauen verschwunden sind, daß es eine Katastrophe gegeben hat, daß das Geschlecht der Frauen zersplittert und vernichtet wurde, vor unseren Augen, die nicht sahen. Meine Herren, die Frau, Abkömmling des Paläolithikums und des Neolithikums, unsere Mutter, unser Weib und unsere Göttin, das Wesen, das ich die Frau des Mannes nennen werde und von der wir keine Vorstellung mehr haben, ist gejagt, in ihrem physischen und ihrem mentalen Körper getroffen und vernichtet worden.

Die Eingeweide der Erde sind vollgestopft mit verschlungenen Wäldern, Überresten verschwundener Tierarten, Aschen menschlicher und übermenschlicher Rassen, deren Geschichte, wäre sie uns offenbart worden, es mit der irrsinnigsten Phantasie aufnähme. Unser wahres Weib, auch es ist unter den Humus der unterirdischen Abgründe gemischt. Warum? Nun, meine Herren, denken Sie nach! Sie hat die Kosten des immensen, des unerbittlichen Kampfes gegen die uranfänglichen Religionen des Abendlandes getragen. Jener Kampf: Hier ist die ganze Geschichte der sogenannten zivilisierten Welt. Glauben Sie, dort wo die römischen Legionen ihre Religion nie heimisch gemacht haben, in Gallien zum Beispiel oder in Großbritannien, hätten die Soldaten Christi einen von Denkungsart und von Göttern unberührten Boden angetroffen? An tausend Stätten unseres alten Europa, in der Heide, in den Menhirfeldern, im hintersten Gehölz und am Ufer, da Pan sang, lebte die eingeborene, aus der Nacht der Zeitalter gekommene Religion fort, die wahre Religion des abendländischen Menschen. Meine Herren, ich halte es für sicher, daß Europa jahrtausendelang aus einer hohen, selbst wieder aus anderen Zeitaltern auf es gekommenen mystischen Denkungsart heraus gelebt hat, die dem Gehörnten Gott und der Erhöhung des weiblichen Prinzips geweiht war. Ich halte es für offenkundig, daß diese ursprüngliche Geistigkeit mit Gewalt, in Feuer und Blut beseitigt wurde, von einer fremden Religion, die aus dem Orient kam: dem Christentum. Der Gehörnte Gott, der Beschützer der alten Menschheit des Westens wurde Teufel genannt und verflucht.

Die unvordenklichen Idole wurden zerschlagen, und mit ihnen mußte ihre Grundlage zerstört werden: die mütterliche Frau, die göttliche Frau, die weibliche Frau, die wahre Frau.

Heutige Schöngeister prangern die Schandtaten des jüngeren Kolonialismus an: die Inder ausradiert, die Zauberer Afrikas ausgelöscht, die schwarzen Zivilisationen gemartert. Daß man ja nicht von unseren alten Totems spreche, die gestürzt wurden! Von unse-

Die tantrische Sicht

rem Gott, der geschändet und verjagt wurde! Von unseren Priesterinnen, die ausgerottet wurden! Von unserer Frau, die uns entzogen wurde! Auch das alte Europa ist kolonisiert und entstellt worden. Ja, meine Herren, ich wage, dies zu sagen. Von der rein anthropologischen Warte aus, die ich einnehme, ist die Geschichte der christlichen Kirche die Geschichte eines im Ausland gegen einen sehr alten, sehr mächtigen, sehr tief verwurzelten eingeborenen Kult geführten Krieges und die Geschichte eines Verbrechens gegen die gesamte weibliche Menschenrasse. Wir haben unsere eine Hälfte verloren, meine Herren. Man hat sie uns getötet. Ich werde es beweisen.

Ich klage nicht an. Dieses sagenhafte Verbrechen war vielleicht notwendig. Und es war vielleicht unausweichlich. Die Zivilisation wäre nicht, was sie ist, wenn die wahre Frau noch existierte. Wir würden weiter ans Paradies auf Erden glauben. Der menschliche Geist hätte keine neuen Wege eingeschlagen. Wir wären heute nicht kurz davor, die fernen Galaxien zu erreichen, wir hätten keine breiten Tore im Universum eröffnet, durch die schon der Ruf des letzten Gottes dringt, in dem all unsere Götter verschmelzen werden, in den der Geist des Erdballs eines Tages, wenn er seinen Auftrag erfüllt hat, eingehen wird. Doch sehen wir dies Verbrechen an. Physische Vernichtung auf den Scheiterhaufen: Ich werde erinnern an die Hunderttausende wahrer Frauen, genannt Hexen und als solche verbrannt, und die Millionen anderen, geschlagenen und von der Furcht verwandelten Frauen. Ich verweise Sie auf den visionären Michelet, Autor der *Die Hexe*, ein wunderbares und unverstandenes Buch. Vernichtung durch die Propaganda, die sicherste aller Waffen, wie wir jetzt wissen, und damals wirkungsvoller als der Wippgalgen, der Schnürstiefel und das geschwefelte Hemd. Ein Revolutionskrieg, den das Rittertum gegen die wahre Frau, zugunsten eines neuen Idols, führte. Und schließlich, auf einer breiteren Ebene, rätselhafter und dennoch mitschuldig, eine niedergehende Mutation der Gattung. So daß nach und nach das authentische weibliche Wesen ersetzt wurde durch ein anderes Wesen.

Meine Herren, das Wesen, das wir Frau nennen, ist nicht **die** Frau. Es ist eine Entartung, eine Kopie. Das Wesentliche ist nicht in ihr, das Prinzip ist nicht in ihr, unsere Freude und unser Heil sind nicht in ihr.

[...] Frauen nennen wir Wesen, die nichts als deren Aussehen haben, in unsere Arme schließen wir Imitationen einer gänzlich oder fast zerstörten Gattung.

Die Frau ist selten, sagt Giraudoux. Indem die meisten Männer sich mit einem mittelmäßigen Zerrbild der Frau – ein wenig schlauer, ein wenig geschmeidiger – vermählen, vermählen sie sich mit sich selbst. Sie sehen sich selbst auf der Straße entlanggehen, mit ein wenig mehr Brust, ein wenig mehr Hüften, das Ganze eingeschlagen in Seide, dann stellen sie sich selbst nach, küssen sich, vermählen sich. Das ist schließlich angenehmer, als sich mit einem Spiegel zu vermählen. Die Frau ist selten, sie überspringt die Fluten,

Die Frau

sie stürzt die Throne, sie hält die Jahre an. Ihre Haut ist der Marmor. Gibt es eine, so ist sie die Sackgasse der Welt... Wohin ziehen die Flüsse, die Wolken, die einsamen Vögel? Sich in die Frau werfen... Doch sie ist selten... Man muß fliehen, wenn man sie sieht, denn wenn sie liebt, wenn sie haßt, ist sie unerbittlich. Ihre Barmherzigkeit ist unerbittlich... Doch sie ist selten.

Die wahre Frau, sie, die aus dem Grund der Zeiten auf uns kommt, die Frau, die uns gegeben wurde, gehört ganz und gar einem Universum, das dem des Mannes fremd ist. Sie erstrahlt am anderen Ende der Schöpfung. Sie kennt die Geheimnisse von Wassern, Steinen, Pflanzen und Tieren. Sie schaut mitten in die Sonne und sieht hell in der Nacht. Sie besitzt die Schlüssel der Gesundheit, der Ruhe, der Harmonien der Materie. Sie ist die weiße Hexe, die Michelet flüchtig gesichtet hat, die Fee mit langen, feuchten Lenden, mit durchscheinenden Augen, die auf den Mann wartet, um das Paradies auf Erden von neuem zu beginnen. Wenn sie sich ihm gibt, geschieht es in einer Anwandlung heiliger Furcht, indem sie ihm im heißen Dunkel ihres Leibes das Tor einer anderen Welt öffnet. Sie ist der Springbrunnen der Tugend: Das Verlangen, das sie einflößt, verzehrt die Erregung. In sie eintauchen gibt die Keuschheit wieder. Sie ist steril, denn sie hält das Rad der Zeit an. Oder vielmehr ist es sie, die den Mann befruchtet: Sie gebiert ihn neu, sie führt die Kindheit der Welt in ihn zurück. Sie gibt ihn zurück an seine Mannesarbeit, die darin besteht, in sich selbst so weit als möglich hinaufzusteigen. Man sagt ›sur-homme‹, man sagt nicht ›sur-femme‹, denn die Frau, die wahre, macht den Mann zu mehr, als er ist. Ihr genügt es zu existieren, um erfüllt zu sein. Der Mann muß den Weg über sie nehmen, um zu seinem Sein zu gelangen, es sei denn, er wählt andere Askesen, wo er ihr wieder begegnen wird, in symbolischer Gestalt...

Meine Herren, die wahre Frau zu entdecken, ist eine Gnade. Davor nicht zurückzuschrecken ist eine andere. Sich mit ihr zu vereinigen, verlangt das Wohlwollen Gottes... Welche merkwürdige Begegnung! Sie erscheint jäh in der Herde der falschen Weiber, und der begünstigte Mann, der sie erblickt, hebt an, vor Verlangen und Furcht zu erbeben.

Alles wird sich ändern, das Spiel mit sich selbst wird ein Ende haben:

Ich sehe deine Brüste erblühen
Und manchmal deinen Bauch erbeben
wie ein heißer Boden, der sich hebt
Du besänftigst mich, und ich staune
über welche Mächte du waltest...«

Ich gestehe, ich habe gezögert, ein so langes Zitat einzufügen, aber ich hätte es bedauert, ihnen diesen Text, einen der besten, den ich kenne, vorzuenthalten. In diesen zutiefst tantrischen Aussagen mögen einige Passagen für Christen – die ich respektiere – schockierend sein, aber sollte ich Louis Pauwels zensieren?

Aus diesen Worten lassen sich zwei Schlußfolgerungen ziehen. Erstens: Der Mann muß den Weg über die Frau

Die tantrische Sicht

nehmen, um zum Sein zu gelangen. Die Frau, jede Frau ist die wahrhafte Initiatorin des Mannes, sein Pfad zum Sein. Zweitens: Das patriarchale System hat den Mann der wahren, seine Vormachtstellung gefährdenden Frau beraubt. Dementsprechend muß die Frau sich **der** Frau bewußt werden, die in ihr schlummert: Es ist höchste Zeit, daß sie das erkennt.

Diese wesentliche Aufgabe kann das Tantra erfüllen und unsere moderne Welt aus ihrer Not retten. Daß die Tantraadepten im Abendland meist Frauen sind, beweist ihre Intuition. Sie **wissen**, daß dieser Weg der Entwicklung fruchtbar ist und sie zur wahren Frau führt, die in ihr verborgen liegt, um wieder die frühere, die ewige Shakti zu werden, die zu sein sie nie hätte aufhören sollen.

Der Mann, will er sich der wahren Frau würdig erweisen, muß zunächst diesen Gedanken akzeptieren, dann sein Leben auf den Werten der Weiblichkeit neu aufbauen. Unser vaterrechtliches System hat eine technokratische Zivilisation ohne Seele, ohne Ideal und ohne wahre Liebe hervorgebracht. Auf falsche Werte gegründet, führt sie in die Vernichtung, in den Krieg. Übrigens erlebt sie derzeit gerade ihren Bankrott, einschließlich des sozialen und ökonomischen. Um daraus einen Ausweg zu finden, wird der Mann akzeptieren müssen, seine verborgene, verdrängte Weiblichkeit wiederzuentdecken.

Ist das utopisch? Nein, denn der alte Kult lebt wieder auf, und das Kapitel über die Wiederkehr der Hexen zeigt in welchem Ausmaß.

Die Muttergöttin

Die Muttergöttin, die Große Ahnin, war die erste Religion des Menschen und Gegenstand eines allgemein verbreiteten Kults. Davon zeugen die unzähligen Frauenbildnisse aus dem Paläolithikum und Neolithikum, die man in der Induskultur, in Frankreich, in Spanien, im gesamten Mittelmeerraum, in Jugoslawien, ja sogar in Sibirien gefunden hat.

Das ist logisch; denn wenn der Mensch sich fragt, woher er kommt, dann lautet die Antwort natürlich: »Aus dem Leib der Mutter«; sie wiederum ist hervorgegangen aus dem Leib ihrer Mutter und so fort. Geht man die ununterbrochene Kette der Mütter zurück, endet man bei der Urmutter, der gemeinsamen Ahnin, der Mutter aller Menschen. Es ist also völlig normal, sie zur Gottheit, zur Göttin schlechthin zu erheben!

Weshalb aber gibt ihr der prähistorische Bildhauer ein karikaturhaftes, beinahe abstoßendes Aussehen? Diese unförmigen und aufgedunsenen Gestalten sind weit davon entfernt, unseren ästhetischen Vorstellungen zu entsprechen. Doch es geht von diesen Matronen, deren Fettleibigkeit ans Groteske reicht, eine seltsame Faszination aus. Ganz offensichtlich hat eher die Symbolik als die Ästhetik oder der Realismus die Hand des anonymen Künstlers geführt. Auch wenn wir einräumen, daß die Technik der Bildhauer im Magdalénien recht primitiv war, ist zum Beispiel die Unförmigkeit der Venus von Lespugne ganz offensichtlich beabsichtigt. Denn wie anders sollte man die unerschöpfliche Fruchtbarkeit der Muttergöttin – Mutter von Mensch, Tier und Pflanze – versinnbildlichen als durch einen enormen Leib, der allein all ihre Kinder zu bergen vermochte? Wie anders kann dargestellt werden, daß sie die große nährende Mutter ist, als durch überproportionierte Brüste? Auch die gänzlich weibliche Grazilität des übrigen Körpers (Kopf, Oberkörper, Arme, Unterschenkel und Füße), die sich vom monströsen Umfang des Bauchs und der Brüste deutlich unterscheidet, ist beabsichtigt: Die Skulptur einer nur fettleibigen Frau hätte nicht die kosmische Mutter, die Große Ahnin symbolisiert. Wollte der prähistorische Künstler dagegen einfach eine gewöhnliche Frau darstellen, tat er dies mit überraschender Geschicklichkeit, wie die folgende Abbildung beweist.

Brassempuy, der nach 20 000 Jahren immer noch junge »Kopf mit Kapuze«

Auffällig ist, daß sowohl im Tantrismus wie auch im Hinduismus der mütterliche Aspekt der Frau fehlt: Es finden sich keine schwangeren Göttinnen, und die Mutter-Kind-Bildnisse lassen sich an zwei Händen aufzählen.

Werte der Weiblichkeit

Die Götter, die ich verehrte,
forderten den Totentanz...
Vielleicht sollten sich die Frauen
mit der Verantwortung für
die Welt betraut sehen,
denn sie sind von der Emotion geleitet,
und nicht vom Intellekt.

Von wem stammen diese Worte? Von einem Tantriker, der sich zurücksehnt nach der matrifokalen Gesellschaft der Induszivilisation, ehe die barbarischen Horden der Arier ihr Land überfielen, es brandschatzten, ausbluteten und die Bevölkerung versklavten? Ganz im Gegenteil, sie stammen von einem »Arier«, dem Repräsentanten eines patriarchalen und totalitären Regimes, das sich dem Kult jener Kriegsgötter weihte, die den Totentanz fordern. Diese Götter sind unsere heutigen Waffen und Verteidigungssysteme, die auf einen neuen Totentanz hinzusteuern scheinen. Wie also die totale Vernichtung und Selbstzerstörung der Menschheit aufhalten? Der Verfasser der am Anfang zitierten Worte weist darauf hin: den Frauen die Verantwortung für die Welt übertragen.

Von wem also stammen diese Worte? Adolf Eichmann persönlich schrieb sie in seinem Lebensbekenntnis, verfaßt in einem israelischen Gefängnis, während er als zum Tode Verurteilter auf seine Hinrichtung wartete. Freilich, im Angesicht des eigenen Todes

Die tantrische Sicht

reflektiert man sein Leben, auch dann, wenn man Adolf Eichmann heißt... Der Ankläger, Gideon Hausner, hatte die Veröffentlichung untersagt, und der damalige Premierminister David Ben Gurion ordnete an, die Papiere fünfzehn Jahre in den israelischen Geheimarchiven zu verwahren. Gewiß mag man die Aufrichtigkeit dieses Bekenntnisses, in dem Eichmann behauptet, nie Antisemit gewesen zu sein, bezweifeln; denn weder während noch nach dem Prozeß hat er je die geringste Reue gezeigt.

Dennoch, von einem solchen Menschen unter solchen Umständen verfaßt, lösen diese Worte Betroffenheit aus: den Frauen die Verantwortung für die Welt zu übertragen!

Tatsächlich ist dies nicht realisierbar, und obgleich der Weiblichkeitskult eine der Grundlagen des Tantra ist, wäre es reichlich naiv, alle Staatsoberhäupter und Minister ihrer Ämter zu entheben und sie durch Frauen zu ersetzen. Im übrigen denkt auch niemand ernsthaft an ein solches Unterfangen. Daß einige Frauen mit Erfolg wichtige Ämter bekleiden, kündet deshalb noch nicht von der Morgenröte einer neomatriarchalen Ära; ganz im Gegenteil, sie sind so sehr **im** System, daß man sie Frau Präsident oder Frau Minister nennt.

In Wirklichkeit geht es weit mehr um Werte denn um Personen, und unsere Zivilisation wird nur dann überleben, wenn sie den Werten der Weiblichkeit einen exponierten Platz einräumt. Nichtsdestoweniger bleibt zu wünschen, daß die Frau als Frau Anteil an der Gesellschaftsführung nimmt.

Um aber das Leben und die Gesellschaft den weiblichen Werten entsprechen umstrukturieren zu können, wird der Mann die verborgenen weiblichen Dimensionen **seines** Wesens entdecken oder wiederentdecken müssen – eine schwierige Aufgabe in einem Gesellschaftssystem, in dem erzieherisch männliche Werte Vorrang haben. Sich der weiblichen Werte bewußt zu werden, sie anzunehmen, zu entwickeln und dann sein Leben auf sie auszurichten, das ist der Kult des Weiblichen!

Von daher stellt sich die Frage: Welches ist biologisch das dominierende Geschlecht, wobei »dominierend« nicht gleichbedeutend mit »überlegen« ist. Eine weitere, diesmal eher abgeschmackte Frage: Was eigentlich ist denn genau das Geschlecht?

Naiverweise identifiziert man es mit den Genitalien und beschränkt es auf sie. Doch weit davon entfernt, prägt das Geschlecht jede Zelle, jedes Organ, ja sogar unser Blut: Der hämatologische Test bei Olympischen Spielen beweist eindeutig das Geschlecht der Athleten. Vor der Geburt schon ist das Gehirn programmiert auf ein unserem Geschlecht entsprechendes Verhalten. Und abgesehen von falscher Weichenstellung hat man ein männliches oder ein weibliches Gehirn und ein entsprechendes Mentales. So weist **mein** Geschlecht alle männlichen oder weiblichen physischen und psychischen Unterscheidungsmerkmale auf.

Die Umgangssprache unterscheidet zwischen dem schönen Geschlecht und dem starken, also herrschenden Geschlecht. Im patriarchalen System hat sich der Mann dank seiner Muskelkraft so sehr durchgesetzt, daß die ganze Gattung mit »Homo sapiens« bezeichnet wird, im Französischen heißt es schlicht *l'homme*, im Englischen *mankind*. Biologisch – wissenschaftlich – gesehen jedoch ist das dominierende Geschlecht **nicht** der Mann, sondern die Frau!

In den USA seit 1950 durchgeführte Forschungen jüngeren Datums – namentlich von Charles Phoenix, Robert Goy und William Young an der Kansas University – beweisen, daß die organische und zerebrale Grundstruktur der Säugetiere zunächst weiblich und dann erst männlich war.

Tom Alexander folgert, daß demnach der Adam-Mythos falsch ist: Wissenschaftlich ist Adam eine modifizierte Eva!

Vom ersten Entwicklungsstadium des Menschen an verfügt das Gehirn über den »Plan«, der darüber bestimmt, ob er männlich oder weiblich sein wird. Erhält der Fetus jedoch keine spezifischen Hormonimpulse, so wird er **immer** die weibliche Form ausbilden. Ganz zu Beginn der embryonalen Entwicklung sind die männlichen und weiblichen Gonaden homolog. Erst die Ausschüttung einer winzigen Menge androgenen Hormons – wodurch sie gesteuert wird, ist noch unbekannt – setzt eine Kettenreaktion in Gang, die in der Herausbildung eines männlichen Wesens endet. Dies schließt ein, daß im Gehirn des Embryos diejenigen Nervenzentren sich aktivieren, die das männliche Verhalten steuern. Erst später werden die dann differenzierten Gonaden spezifisch männliche Hormone produzieren.

Dennoch – und dies ist für das Tantra ein wesentlicher Punkt – bleibt der weibliche Aspekt teilweise bestehen. Das ganze Leben lang beeinflußt er das Verhalten des Mannes. Das bestätigt die Tantrathese, daß die Frau der ursprüngliche Mensch ist und der Mann sich seiner eigenen weiblichen Seite bewußt werden muß.

Körpergröße und Muskelkraft beweisen nicht Überlegenheit, ermöglichen es in den patriarchalen Gesellschaften aber dem Mann, die von ihm aufgestellten Gesetze durchzusetzen. In der Tierwelt hat das Weibchen hauptsächlich Mutterfunktionen; das Männchen muß es sowie die Nachkommenschaft vor Feinden schützen und verteidigen.

Das Reproduktionsvermögen des Mannes weist ihn als entbehrlich für die Menschheit aus. Theoretisch vermag eine Frau – es sei denn, sie brächte wiederholt Zwillinge zur Welt – kaum mehr als zwanzig Kinder zu gebären, was schon sehr viel ist.

Der Mann indes könnte theoretisch zwei- oder dreihundert Frauen im Jahr befruchten. Würden alle Männer bis auf einige ausgerottet, dann könnte ein Stamm sich binnen weniger Jahre neu bilden!

Die Entwicklung der feministischen Anlagen beim Mann schließt nicht seine Entmännlichung ein, ganz im Gegenteil, aber sie mündet bei ihm wie bei der Frau in eine neue Sicht von der Welt, es sei denn, es handelte sich um die Rückkehr zu einer archaischen Auffassung.

In der patriarchalen Gesellschaft muß die Frau dem Mann unterworfen und ihre Sexualität unterdrückt werden, denn könnte sie sich entfalten, würde sie die männliche Ordnung in Frage stellen. Indem er den weiblichen Aspekten des menschlichen Wesens Priorität einräumt, setzt der Tantrismus des linken Wegs dem arischen Patriarchat Indiens Widerstand entgegen, was erklärt, warum er stets verfolgt wurde.

Das vaterrechtliche Prinzip kam durch die Nomaden zu uns, die bei ihrer Suche nach Weideland zu Unterdrückern der Bevölkerung des in Besitz genommenen Landes wurden. Der Krieger und die männlichen Werte, die er verkörperte, waren damals existentiell für das Überleben des Stamms. Die männlichen Werte sind jedoch auch die des Intellekts. Heute treten sie in der Erforschung und Eroberung der materiellen Welt durch Wissenschaft, Technologie, Organisation und Industrie in Erscheinung. Eichmann grenzte die männlichen von den weiblichen Werten ab, indem er sagte, daß die Frauen »von der Emotion und nicht vom Intellekt« geleitet sind. Da er aber kein Philosoph ist, bedürfen seine Begriffe von Emotion und Intellekt der Interpretation.

Der Intellekt, das ist der scharfe Verstand, das diskursive Denken, die nüchterne Logik, nicht zu verwechseln mit der eher intuitiven Intelligenz, die irrationale, aber affektive Elemente weiblichen Typs enthält. Nicht jeder Intellektuelle ist ipso facto intelligent, und umgekehrt. Emotion muß also erweitert werden im Sinn von Affektivität denn von unüberlegter, unkontrollierter Emotionalität.

Unsere Werte ändern

Die weiblichen Werte sind Liebe, Zuwendung, Fürsorge, Übereinstimmung mit der Natur und dem Leben. Die Frau ist selbstverständlich auch die Mutter. Ich habe diesen grundlegenden Aspekt ihres Wesens nicht gleich an den Anfang gesetzt, um nicht den Argwohn zu erwecken, sie solle wie immer in die berüchtigte Kategorie der drei »Ks« – Kinder, Küche, Kirche – eingeordnet werden.

Weiblich sind auch Musik, Tanz, Dichtung und Literatur, also die schönen Künste. Ebenfalls weiblich ist die Wärme des Heims, das kunstvoll verschönert und durch Blumen, Tiere und – warum nicht – auch Kinder belebt wird. Die wahrsten, die tiefsten weiblichen Werte jedoch sind diejenigen, die das Rationale überschreiten, die eindringen ins Irrationale: ein Wort, das dem vom Verstand bestimmten Menschen, dem Wissenschaftler oder Technokraten und dem patriarchalen System ganz allgemein ein Greuel ist.

Das Irrationale, das sind die tiefen Schichten der Psyche, jene, die man gemeinhin das Unbewußte nennt, die Welt der Instinkte und Triebe. Die Frau handelt intuitiv, und ich mache mir zu eigen, was Herbert V. Guenther in *Yuganaddha, the Tantric View of Life* schreibt: »Das Bewußtsein der Frau ist anders: Sie hat die Dinge schon wahrgenommen, wo der Mann noch im dunklen tappt. Die Frau erfaßt ihre Umgebung und die Möglichkeiten, die mit ihr verknüpft sind, wozu der Mann im allgemeinen unfähig ist. Deshalb scheint ihm die Welt der Frau zum kosmischen Unendlichen und zu den Zeitaltern ohne Grenzen zu gehören. In Wirklichkeit aber vermag ihr diese Ausweitung zum und im Unendlichen, zum Zeitlosen und zum Transzendenten die tauglichsten Hinweise und Impulse zu geben. Diese Transzendenz ist die Weisheit, welche das intellektuelle Wissen überschreitet. [...] Die Frau und alles, was mit ihr verbunden ist, erscheinen dem Mann sehr fremd, und dennoch ist dies Teil auch **seines** intimsten Universums, das darauf wartet, von ihm realisiert zu werden.« (S. 172)

Ja, diese Werte existieren auch im Mann, weil aber die patriarchale Erziehung sie unterdrückt, ist es schwer, sie aufzudecken. Der Weg dahin verläuft über die Frau, sie ist deshalb die Initiatorin, und sie ist es, die dem Mann die geheimen Türen zu den Tiefen des Seins, zum Letztgültigen, zum Kosmischen öffnet. Wäre Tantra eine Religion, so wären die Frauen ihre Priesterinnen, und die Priester wären Männer, die dank der Frau ihre weiblichen Eigenschaften entwickelt hätten.

Der Tantriker betritt dieses weibliche Universum über die geheime Welt seiner Lebensgefährtin, seiner Frau, vorausgesetzt, er ist in der Lage, sich ihr zu öffnen. Die Frau ihrerseits muß ihre eigenen männlichen Seiten wahrnehmen. Noch einmal Guenther: »Immer wenn der Mann in Kontakt tritt mit seinem weiblichen Gegenstück, das einen Aspekt des Lebens darstellt, den er nicht lebt, nicht wahrnimmt, aus seinem Bewußtsein verdrängt, öffnet er sich seiner latenten Weiblichkeit, und die Frau öffnet sich ihrer latenten Männlichkeit. Sie geben die Einseitigkeit ihres Lebens auf und bereichern ihr ganzheitliches Sein, was für ihr künftiges Leben sehr viel bedeutet.

Die Weiblichkeit, die der Mann über und durch eine Frau und über die unbewußten Kräfte ihrer Psyche erfährt, ist tiefer im Bereich der Wirklichkeit verwurzelt als die männlichen Kräfte es sind, obgleich beide zusammenwirken. Wenn die männlichen Kräfte die weiblichen bekämpfen, besteht die Gefahr, den Kontakt zu den Tiefenschichten des Seins zu verlieren.« (S. 71)

Tantra im Alltag

Im Tantra ist die Frau – also auch meine – die Initiatorin, ohne daß der Mann sich unterzuordnen hat. Wie sieht das aber nun im konkreten Alltagsleben aus? Ich möchte das mit einem persönlichen Beispiel veranschaulichen.

Nachdem wir, meine Frau und ich, viele Jahre in der Stadt gelebt hatten, konnten wir endlich unseren Traum von einem eigenen Haus auf dem Land verwirklichen. Bauen ist ein rechtes Abenteuer! Vor allem bei der Planung und Konstruktion des Hauses wurde mir klar, wie sehr die Frau alles durch ihre mentale weibliche »Brille« sieht und der Mann durch die entsprechende männliche. Wahrlich zwei völlig konträre Weltsichten! Als wir die Pläne besprachen, unterhielt ich mich mit dem Architekten über Maße, Baustoffe, Heizsysteme, technische Dingen eben. Meine Frau jedoch interessierte

Die tantrische Sicht

sich vor allem für die Wohnräume, plante bereits deren Ausstattung, dachte an die Dekoration – und den Garten.

Danach traten der Bagger und die Maurer in Aktion, die Gerüste wurden hochgezogen, die Mauern wuchsen, und die Gestalt des Hauses nahm Form an: einfach, gut in die Natur integriert, mit vielen Fenstern, um jeden Sonnenstrahl der wenigen warmen Tage im Norden einzufangen.

Oft gingen wir zur Besichtigung auf die Baustelle. Eines Tages bewunderten der Architekt und ich die schöne Mauer aus landesüblichem Backstein, mit der die Gestalt des Hauses endgültig umrissen war. Meine Frau aber meinte dazu: »Diese Mauer ist grauenhaft! Diese ganzen Mauern sind häßlich.« Der Architekt und ich sahen uns bestürzt an: Durch unsere männliche mentale Brille gesehen, fanden wir diese Mauern schön, und das waren sie auch! Aber meine Frau ließ nicht locker: »Diese kahlen Mauern sind häßlich! Wenn wir das Haus bewohnen, werde ich sie bepflanzen!« Und sie pflanzte. Die Jahre gingen ins Land, die Pflanzen gediehen. Jetzt gefallen ihr die Mauern, weil sie beinahe verschwunden sind unter einem wuchernden Pflanzenteppich. Wenn im Mai die Waldrebe blüht, strahlt meine Frau, und ich muß gestehen, auch mir gefällt es. Von meinem Schreibtisch aus sehe ich die an der Fassade rankenden Blätter. Die Vögel, die von den Bauarbeiten vertrieben worden waren, sind zurückgekehrt und nisten im Grün. Die Mauer lebt und bietet vielen Tieren eine Heimat: Bienen, Marienkäfer und andere Insekten leben geschützt in diesem Mikrokosmos. Jetzt sehe auch ich die Mauern mit den Augen meiner Frau. Sie hatte recht, die kahlen Mauern waren tot, also häßlich.

Ich entdeckte auch den Garten mit ihren Augen. Der Mann sieht den Garten als Ganzes, als Synthese. Die Frau aber begreift ihn im Detail, Beet für Beet, Blume für Blume; vor allem aber **lebt** sie im Rhythmus des Gartens, sie spürt ihn.

Wenn der Winter zu Ende geht, stellt für sie der erste aus dem Boden hervorlugende Krokus das größte Ereignis dar; denn er kündigt den Frühling an, auch wenn sich das Thermometer noch um null Grad bewegt. Für mich als Mann ist der Termin um 10 Uhr 25 und dann der nächste um 11 Uhr 05 wichtiger. Betrachte ich jedoch den Krokus mit den Augen der Frau, dann wird er wichtig...

Mit dem Garten leben, heißt sein Leben teilen. Die Shakti verhält sich den Pflanzen gegenüber wie eine Mutter; ob es sich um bescheidene Vergißmeinnicht oder die mächtige Zeder handelt, sie kennt sie alle »persönlich«. Sie weiß, sie spürt, ob es einer Blume an einem Ort gefällt, und sie wird diese so lange umpflanzen, bis sie den günstigsten Platz für sie gefunden hat. Dann erst ist sie zufrieden.

Im Frühjahr macht sie alle Nester ausfindig, beobachtet die Jungen, schätzt ab, wann sie fliegen werden. Sie versteht die Sprache der Vögel, wenn der Kater durch die Büsche schleicht. Beschränke ich mich darauf, festzustellen, ob es Wind hat oder nicht, so weiß sie, ob er von Osten oder

Die Frau

*Dem Anschein zum Trotz hat die »Venus von Lespugne«
keinen Fettsteiß. Auch sind Kopf, Rumpf und Beine normal.
Der Kopf wurde »anonym« belassen. Darstellen wollte der
Künstler also die Fruchtbarkeit der Frau, der Großen Ahnin,
aus der wir alle hervorgehen und die uns nährt.*

Die tantrische Sicht

Norden weht, ob er die Richtung geändert hat, ob er feucht oder trocken ist. Sie weiß, ob die Radieschen Wasser brauchen, und nicht etwa, damit sie gut gedeihen und schmackhaft werden, sondern ganz einfach deshalb, weil sie Durst haben – was sie aber nicht am späteren Ernten hindert! Die Pflanzen sind keine Objekte, keine Nahrungsmittel, sondern Lebewesen, zu denen man eine Beziehung hat.

Als erstes werden morgens die Vorhänge aufgezogen, um das Wetter zu erschnuppern. Wie sieht der Himmel aus? Ist er bewölkt, wird es regnen, oder scheint die Sonne? All dies ist zwar für ihre Stimmung nicht wirklich entscheidend, beeinflußt aber doch sehr stark ihr körperliches und seelisches Gleichgewicht. Nach und nach finde ich Zugang zu diesem weiblichen Universum, und so wird die Frau zur Initiatorin.

Selbstverständlich beschränkt sich das nicht auf die Hausmauern und den Garten. Ich habe diese Beispiele gewählt, weil ich deutlich machen wollte, daß der tantrische Weiblichkeitskult nicht auf die letztgültigen Dinge beschränkt ist, sondern das ganz normale Alltagsleben einschließt. Über die Shakti entdecke ich mein eigenes, verborgenes weibliches Universum. Nach und nach tauchen die verdrängten weiblichen Werte aus den Tiefen auf, und dies auf allen Ebenen, die des weiblichen Sexuallebens miteingeschlossen.

Ich habe auch verstanden (und akzeptiert), daß Frauen keinen Zugang zu dem Bereich haben, den sie mit Verachtung »die Technik« nennen, von der sie nichts verstehen – und nicht etwa aus mangelnder Intelligenz, sondern aus völligem Desinteresse. Nichtsdestoweniger schätzen sie die Geschirrspülmaschine und manch andere technische Errungenschaft!

Die Unbefleckte Empfängnis

Bernard F. Picart schreibt in *Religious Ceremonies and Customs of the Several Nations in the Known World* (Bd. IV, S. 472):

»Eine der Hauptgöttinnen Chinas ist Shing-Moo, die Göttin der Natur, die Heilige Mutter, die Mutter der Vollendeten Intelligenz.

Sie ist die Entsprechung der Ägypterin Isis, der Inderin Ganga und der Griechin Demeter. Für die ersten christlichen Missionare, die in China eintrafen, war es ein Schock, verblüffende Ähnlichkeiten zwischen dieser Göttin und der Jungfrau Maria festzustellen; noch erstaunter und verstörter waren sie, als sie erfuhren, daß auch Shing-Moo einen Heiland empfangen und geboren hatte und dabei Jungfrau geblieben war.«

Im Fall der berühmten Huhn-oder-Ei-Frage kommt niemand auf den Gedanken, den Hahn an den Beginn zu stellen! Dieselbe Logik verwirft den Gedanken, die Menschheit aus einem uranfänglichen Mann entstehen zu lassen.

Am Anfang steht die Große Ahnin, die Muttergöttin. Da es aber keinen Mann gab, der sie hätte begatten können, war sie es zwangsläufig selbst, die, jungfräulich und auf mysteriöse

Die Frau

Weise schwanger, den ersten Mann zur Welt brachte. Freilich, Biologie und Mythologie vertragen sich selten, aber der Mythos der Unbefleckten Empfängnis hat zumindest die Logik auf seiner Seite. Es nimmt nicht Wunder, ihm in mehr als einer Religion zu begegnen. Hat also die Kirche, als sie das Dogma der Unbefleckten Empfängnis verkündete, nicht einen fundamentalen Menschheitsmythos für sich reklamiert und assimiliert?

Die Hexen sind wieder da

In Sachen Hexen handelt es sich eher um *witchcraft*, was nicht ganz der »Hexerei« entspricht, die bei uns magische Malefizien aus einem anderen Zeitalter beinhaltet. Im Mittelalter ein Verbrechen, auf das der Scheiterhaufen stand, wird heutzutage das Bekenntnis einer Frau, »Hexe« zu sein, mit einem Lächeln quittiert. Man denkt an das volkstümliche Inbild der Hexe als einer häßlichen, bösen, schwarzgewandeten Alten, die einen Besenstiel reitet, sich obszönen Riten mit Satan hingibt und Unglück bringt.

Mangels eines treffenderen Ausdrucks optiere ich für das englische **witch**, das sich zwar bei den Angelsachsen keines besseren Images erfreut, aber doch so manch anderes beinhaltet als unsere »Hexerei«, wie dieses Kapitel zeigen wird. Ich erspare mir deshalb eine Definition.

Eine moderne amerikanische *witch*, hinter dem Pseudonym Starhawk verborgen, sieht in der *witchcraft*, der Hexenkunst, die wohl älteste abendländische Religion. Die Ursprünge dieser Urreligion oder »Alten Religion«, wie sie sich nennt (Starhawk, *Der Hexenkult als Ur-Religion der Großen Göttin. Magische Übungen, Rituale und Anrufungen.* Anm. d. Ü.) liegen noch vor Christentum, Judentum, Islam, Buddhismus und Hinduismus. Im Unterschied zu letzteren steht sie geistig den Traditionen der amerikanischen Indianer und der arktischen Schamanen nahe. Kein Dogma, kein Glaubensbekenntnis und kein heiliges Buch ist vorgeschrieben, ebensowenig wie im Tantra. Ihre Unterweisung bezieht sie aus der Natur, von Sonne, Mond, Sternen, Vogelflug, langsamem Wachstum der Bäume und Zyklus der Jahreszeiten.

Starhawk sagt, daß dieser Kult vor mehr als fünfunddreißigtausend Jahren entstanden sei, als das Klima in Europa sich abkühlte und das Eis allmählich nach Süden vordrang. Damals entstanden der Schamanismus und der archaische Kult der Muttergöttin, der sich in den Sinnbildern der alles erschaffenden Muttergöttin und des Gehörnten Gottes, Jäger und Gejagter zugleich, der unentwegt das Tor des Todes durchschreitet, damit das Leben sich erneuern möge, äußerte.

Die männlichen Schamanen kleideten sich in Tierfelle und trugen Hörner, um sich mit dem Herdengott zu identifizieren. Die Priesterinnen verkörperten die Göttin; nackt standen sie den Fruchtbarkeitsriten vor. Leben und Tod wurden als fortwährendes Fließen aufgefaßt. Wie die im Industal gefundenen Skelette zeigen, so wurden auch in unseren Breiten die Toten in der Fetushaltung und mit all ihrem Werkzeug und Schmuck begraben, um in ein neues Leben zurückkehren zu können.

In Sibirien und in der Ukraine war die Göttin die Schutzpatronin der Mammuts; man meißelte ihre Gestalt in Stein; ihre üppigen Formen symbolisierten die Überfülle ihrer Gaben. In Europa wurden ihre Riten verborgen im Erdinnern, in den großen Tempelhöhlen Südfrankreichs und Spaniens, begangen.

Als dann das Eis geschmolzen war, folgten manche Stämme Wisent und Pferd hinauf in den hohen Norden; andere überquerten die Landbrücke, die über Alaska nach Amerika führte. Die in Europa Zurückgebliebenen jagten, fischten, sammelten Wildpflanzen und Weichtiere; Hunde bewachten ihre Lager. Neue Werkzeuge wurden gefertigt. Die vereinzelten Lager entwickelten sich zu Dörfern. Schamanen und Priesterinnen vereinigten ihre Kräfte und teilten ihr Wissen. Damals, so Starhawk, bildeten sich die ersten »Konvente«. In tiefer Übereinstimmung mit der Tier- und Pflanzenwelt zähmten die Menschen, was sie erjagt hatten, und domestizierten Schafe, Ziegen, Rinder und Schweine. Die Getreidekörner wurden nicht länger nur gesammelt, sondern auch ausgesät. Der Gott der Jagd wurde zum Gott des Korns; man opferte ihm im Herbst zur Ernte und begrub ihn im Uterus der Göttin, auf daß er im Frühjahr wiedergeboren werde. Die Schutzpatronin des Wildwuchses wurde Mutter der Ernte. Mond- und Sonnenzyklus bestimmten den Zeitpunkt von Aussaat und Ernte. In dem einst unter dem Eis begrabenen Teil des Landes wurde eine neue Kraft entdeckt, die wie ein Quell die Erde durchdrang.

Von kleinem, zartem Wuchs und sonnenverbrannter Haut, richteten die Menschen ungeheure Steinblöcke zu Kreisen angeordnet auf, in deren Inneren Priesterinnen das Geheimnis der Zeit und die verborgene Struktur des Kosmos zu ergründen suchten. Mathematik, Astronomie, Dichtkunst, Musik, Medizin und die Erkenntnis von den Kräften des menschlichen Geistes entwickelten sich zusammen mit der Kunde vom unergründlichen Mysterium des Lebens. Diese Menschen also haben Stonehenge und die anderen Megalithanlagen errichtet.

Die Megalithen sind uns näher als wir meinen! Die prähistorischen Menschen sind nach Robert Wernick (*The Monument Builders*) »keine Wilden«, wie man immer glaubt: »Seit der Steinzeit, als ihre Vorfahren diese Stätte wählten und das erste einer langen Reihe von Sanktuarien errichteten, ist die Bevölkerung reich und mächtig geworden.

Trotz der Völkervermischung durch andauernde Einwanderungswellen und Eroberungen bewahrte die bäuerliche Bevölkerung Europas noch etwas neolithisches Blut und huldigte Aberglauben und alten Bräuchen; womög-

Die tantrische Sicht

lich hat sie gar ein paar sprachliche Wandlungen bewahrt, die auf die damalige Zeit zurückgehen.«

Etwas neolithisches Blut? Ich glaube, diese Völkervermischung war eher unbedeutend. Das Bauerntum – beinahe unser aller Groß- oder Urgroßväter waren Bauern – hat sich bis in die jüngste Zeit hinein erhalten. Noch kurz vor Ausbruch des Zweiten Weltkriegs kam man meist auf einem Bauernhof zur Welt, wo man lebte und auch starb. Man blieb seiner Scholle treu, und selten wurde ein Mädchen aus einem anderen Dorf geheiratet. Beim Kirchweihtanz betrachteten die Einheimischen mißtrauisch jene Burschen von »auswärts«, die »ihren« Mädchen zu nahe kamen. Das schloß Bekanntschaften, folglich Liebeleien und Hochzeiten mit den »Fremdlingen« vom Nachbardorf aus. War der Cromagnon-Mensch anders?

Wernick erinnert an die Feuer, die auf den Anhöhen oder in der Ebene loderten, wie es der Brauch seit undenklichen Zeiten wollte, und fügt hinzu: »Auch in den künftigen Jahrtausenden werden Johannisfeuer dem Höhepunkt der Sonnentätigkeit gedenken. Wie in der Vergangenheit werden dann die jungen Burschen und Mädchen die ganze Nacht hindurch tanzen, um das Feuer hüpfen und über die Flammen springen. In der Nacht gerät die Menge außer Kontrolle: Gehüpfe und Gespringe, Tänze, Gesänge, flüchtige und leidenschaftliche Umarmungen im Dunkeln. Alles gibt Anlaß zu wüstem Gelage und Lustbarkeit. Aber gleichzeitig bleibt alles traditionell und heilig.

Einstmals erließen die Kirchenfürsten eine Verfügung nach der anderen gegen den Schwur auf Sonne und Mond, die Opfergaben an Steinen und Bäumen, die Sprünge über und die Tänze um das Feuer. Es liegt auf der Hand, daß die Kirche darum kämpfte, tausendjährige Glaubensvorstellungen auszurotten, die sich noch lange nach dem Ersatz einer Religion durch eine andere hartnäckig gehalten haben.«

Sind sie nun ganz und gar verschwunden, setzt sich die Kirche nicht dem Risiko eines Rückschlags aus?

Fahren wir fort. Die harten, zähen, verwegenen Menschen, die den Herden in die nordischen Steppen gefolgt waren, sind in der Bronzezeit erst Jäger und Krieger, dann Viehzüchter. Um neues Weideland zu erobern, brachen sie auf nach Europa, in den Mittleren Osten und nach Indien. Sie bemächtigten sich dabei der Länder, in die sie einfielen, zerstörten die dort herrschenden Zivilisationen, die sie als Nomaden geringschätzten, unterwarfen die eingesessene Bevölkerung, welche die Göttin der fruchtbaren Ebenen verehrte, und setzten ihre patriarchalen Werte durch. Dieses System hat bis heute Bestand.

Die Nachfolgerinnen der vormaligen Priesterinnen, die *fairies*, die im steinigen Hügelland Vieh züchteten und in Rundhütten lebten, bewahrten jedoch die Urreligion. Das Volk beging die großen Feste mit Umzügen, Gesängen, Anrufungen, und man entzündete rituelle Feuer. Oft gesellten sich die Eroberer dazu, und es entstanden Mischehen.

Die Hexen

Dann kam das Christentum, das anfangs nicht viel ausrichtete. Die Bauern sahen in der Christusgeschichte eine Variante der alten Legende von der Muttergöttin und ihrem göttlichen Kind. Bei den Dorffesten führten zuweilen die Priester selbst den Sabbattanz an. Laut Starhawk wurden die Konvente, welche das Wissen von den feinstofflichen Kräften hüteten, *wicca* oder *wicce* genannt. Aus der angelsächsischen Wurzel, die »gebeugt« oder »gestaltet« bedeutet, leitet sich *witch* ab. Denn jene Konvente wußten die unsichtbaren Kräfte ihrem Willen zu »beugen«. Als Heilkundige, Lehrmeisterinnen, Dichterinnen und Hebammen waren diese Frauen Mittelpunkt jeder Gemeinde.

Mit der Zeit begannen die Verfolgungen. 12. und 13. Jahrhundert hatten eine Renaissance der Urreligion erlebt. Die Troubadourdichtung, vornehmlich den adligen Damen zur Ehre, waren eigentlich Liebeshymnen an die Göttin. Zu Ehren Marias, die so manche Eigenschaft der Urgöttin in sich vereinte, wurden Kathedralen errichtet.

Die Urreligion trat somit in allzu bedrohliche Konkurrenz zur neuen Religion. Die *witchcraft*, das Hexentum, wurde der Ketzerei bezichtigt. Im folgenden Jahrhundert wurde ganz Europa heimgesucht von Kriegen, Kreuzzügen, Seuchen und Bauernaufständen. Die Kirche geriet ins Wanken, unterdessen das Feudalsystem zerbrach. Die Kirche konnte nicht länger tatenlos rivalisierende Kulte dulden. 1484 setzte Papst Innozenz VIII. die Inquisition gegen die Urreligion ein. Als die Dominikaner Kramer und Sprenger 1486 den *Malleus Malificarum*, den *Hexenhammer* veröffentlichten, war die Grundlage für eine – vornehmlich wider die Frauen gerichtete – Willkürherrschaft geschaffen, die bis Mitte des 18. Jahrhunderts dauern sollte! Die Zahl der hingerichteten »Ketzer« wird auf neun Millionen geschätzt. Achtzig Prozent davon waren Frauen. Man machte auch nicht vor Kindern und jungen Mädchen halt, die, so unterstellte man, das »Böse« von ihrer Mutter ererbt hatten. Das Asketentum des Urchristentums, das allem Fleischlichen abgeschworen hatte, war in der Kirche zu einem Haß auf jene verkommen, die Leben gebären. Die Misogynie wurde zu einer Grundeinstellung des mittelalterlichen Christentums. Die Frau und ihre Sexualität verkörperten das Böse schlechthin.

Nach dem *Malleus Malificarum* »rührt alle Hexerei von den fleischlichen Gelüsten, die bei den Frauen unersättlich sind«. Die Frauen waren unbeschreiblicher Verfolgung und Terror ausgesetzt: Beispielsweise von einem mißgünstigen Nachbarn denunziert, wurde die der Hexerei bezichtigte Frau eingekerkert und ohne die Möglichkeit eines rechtlichen Beistands schuldig gesprochen – es sei denn, sie konnte ihre Unschuld »beweisen«.

Die Angeklagte wurde so lange gefoltert, bis sie ein vom Inquisitor vorgefertigtes Geständnis unterzeichnete, in dem sie bekannte, mit Satan zu verkehren und sich obszönen Riten hinzugeben – die der wahren *witchcraft* stets fremd waren. Als »Belohnung« stand auf diese Beichte der gnädige Tod

Die tantrische Sicht

durch Erdrosseln. Die Widerspenstige aber, die starrsinnig ihre Unschuld beteuerte, wurde bei lebendigem Leib verbrannt. Wie in Indien das Tantra, ging die *witchcraft* in den Untergrund und wurde eine Geheimreligion. Die Überlieferung gab man nur noch an jene weiter, denen man bedingungslos vertraute; meist waren es Familienangehörige. Alle Verbindungen der Konvente untereinander wurden abgebrochen. Es gab keine Treffen mehr wie das Große Festspiel, wo man Wissen austauschte und über Rituale sprach. Vieles aus der Überlieferung ging unwiederbringlich verloren und fiel dem Vergessen anheim. Dennoch, ganz unbemerkt, versteckt in Märchen und Volksliedern, vergraben im Gedächtnis des kollektiven Unbewußten, hat das Saatkorn überlebt.

Im 18. Jahrhundert, nach den Hexenverfolgungen, begann das Zeitalter der Aufklärung und damit des Unglaubens. Die Erinnerung an die echte *witchcraft* war verblaßt. Erst in unserem Jahrhundert können die *witches* sich wieder zu erkennen geben, so behauptet Starhawk. Das Wort *witch*, sagt sie, hat einen so üblen Beigeschmack, daß man sich fragt, warum es noch Anwendung findet. Die Antwort lautet: »Wenn wir uns als *witches* bekennen, heißt das für die Frau, das Recht auf ihre Macht, ihre Potenz zu beanspruchen, und für den Mann, das Göttliche in der Weiblichkeit anzuerkennen.« Wenn das nicht pures Tantra ist!

»*Witch* sein«, sagt Starhawk, »heißt, sich mit den neun Millionen Opfern von Bigotterie und Haß zu identifizieren, heißt eine neue Welt aufzubauen,

in der niemand mehr unter Vorurteilen zu leiden hat. Die *witch* gestaltet, sie ist eine Schöpferin, die dem Unsichtbaren Gestalt verleiht. Ihr Leben ist von Magie und Weisheit durchdrungen. *Witchcraft* war stets eine poetische, keine theologische Religion. Die Mythen, Legenden und Unterweisungen werden als Allegorien des Nichtmitteilbaren, des Absoluten gesehen, das unser beschränkter Verstand nie in seiner Gesamtheit erfassen wird. Die Symbole und Rituale dienen dazu, veränderte Bewußtseinszustände zu schaffen, in denen die Sicht über die Wörter hinausreicht, in denen das Letzte offenbart wird. [...] Das primäre Symbol für das Unsagbare ist die Göttin. Unter einer Unzahl von Aspekten und tausenderlei Namen, hinter so vielen Metaphern **ist** sie Realität, manifestierte Gottheit, ist sie gegenwärtig in allem Leben, in jedem von uns. Die Göttin ist nicht von der Welt getrennt, sie **ist** die Welt und umfaßt alle Dinge: Mond, Sonne, Erde, Sterne, Stein, Samen, Fluß, Wind, Welle, Blatt und Zweig, Knospe und Blüte, Kralle und Fangzahn, Mann und Frau. In der *witchcraft* sind Fleisch und Geist eins. Die Religion der Göttin ist unvorstellbar alt, doch die *witchcraft* von heute könnte sich auch die Neue Religion nennen. Mehr als bloß eine Neubelebung, ist sie eine Neuschöpfung ihrer selbst, und in dieser Erneuerung ist die Frau die treibende Kraft: Sie erweckt aktiv die Göttin in sich, welche die ›Legitimität‹ und die Segnungen der weiblichen Macht symbolisiert.

Der Niedergang des Göttinnenkults nahm der Frau ein religiöses Vorbild

Die Hexen

und eine geistige Lehre, die ihren Bedürfnissen und ihrer Erfahrung entsprachen. Avatare [sanskr. *avatara* – Herabkunft; im Hinduismus die Fleischwerdungen Vishnus zur Errettung der Menschen, Anm. d. Ü.], Prediger, Propheten, Gurus und Buddhas sind nahezu alle männlich. Die Frau wird nicht dazu ermutigt, ihre eigene Kraft zu ergründen und sich zu verwirklichen. Der Autorität des Mannes unterworfen, muß sie sich mit seiner Wahrnehmungsweise und seinen geistigen Idealen identifizieren, ihren Körper verleugnen, ihre Sexualität unterdrücken und ihre Sicht von der Welt der männlichen Denkform anpassen.«

Starhawk hätte bei dieser Gelegenheit Tantra von den östlichen Religionen ausnehmen können, denn die folgende Passage entspricht tantrischen Vorstellungen:

»Das Symbol der Göttin ist dem von Gottvater nicht strukturell analog. Die Göttin **regiert** nicht die Welt, sie **ist** die Welt. Da sie sich in jedem von uns manifestiert, kann jeder sie in seinem Innern in ihrer großartigen Vielfalt erkennen. Sie trachtet nicht nach der Beherrschung eines Geschlechts durch das andere und verleiht den weltlichen Hierarchieführern keine Autorität. In der *witchcraft* muß jede(r) die eigene Wahrheit offenbaren. Die Gottheit wird erlebt unter dem Aspekt unserer eigenen Gestalt, gleich ob männlich oder weiblich, denn sie hat auch einen männlichen Aspekt. Der Sexus wird zum Sakrament, und die Religion besteht darin, das Einzelwesen an den Kosmos rückzubinden. [...] Als Frau fordert uns die Göttin dazu auf, unsere Göttlichkeit wahrzunehmen, zu spüren, daß unser Körper heilig ist...

Aber die Göttin ist für den Mann ebenso wichtig. Daß im patriarchalen System, dem ein paternalistischer Gott vorsteht, auch die Männer unterdrückt werden, ist zwar weniger augenfällig, aber deshalb für sie nicht weniger tragisch als für die Frauen. Der Mann ist innerlich gespalten; auf der einen Seite soll sein geistiges Selbst seine Erregbarkeit beherrschen, auf der anderen wirken seine tierischen Instinkte. Er muß sich selbst bekriegen, im Westen, um die Sünde zu besiegen, im Osten, um das Verlangen abzutöten oder das Ego auszulöschen.

[...] Dank dem Symbol der Göttin können die Männer ihre eigene Weiblichkeit, oftmals der tiefste und empfänglichste Teil ihres Wesens, empfinden und integrieren. Die Göttin schließt das Männliche nicht aus: Sie trägt es in sich, wie die schwangere Frau das männliche Kind in sich trägt.«

Von den folgenden Ausführungen wird kein Tantriker auch nur ein Wort missen wollen:

»Unser Verhältnis zur Erde und zu den Gattungen, die sie bevölkern, ist gleichfalls von den religiösen Vorbildern geprägt. Gott als einen Fremdling in der Natur zu begreifen, ermächtigt auch dazu, sie untertan zu machen und die Ressourcen des Planeten zu plündern... Resultat: Umweltverschmutzung und massive Zerstörung des ökologischen Gleichgewichts, die gleichermaßen die Menschheit bedrohen... Die *witchcraft* ist eine ökologische Religion, denn ihr Ziel ist der Einklang mit der Natur, damit das Leben

Die tantrische Sicht

nicht nur überleben, sondern auch gedeihen kann...«

Außer den modernen *witches* ahnen wohl nur wenige die große Bedeutung dieser verborgenen Strömung, die eine friedliche Revolution für die Grundwerte unserer bankrotten Zivilisation einleiten könnte. Die Rettung wird von dem ausgehen, was ich die weiblichen Werte nenne, von jener Bewegung, die sich, für die Gesellschaft noch unbemerkt, bereits in den USA und Großbritannien ausbreitet. Dort bilden die Anhänger der Urreligion Konvente, kleine eigenständige Einheiten mit nur zwanzig oder dreißig überwiegend weiblichen Mitgliedern, die jedoch einen starken Zusammenhalt haben. Sie werden von keinerlei Zentralmacht gesteuert, die Liturgie und Riten festlegt. Im Gegensatz zum männlichen Modell ist diese Bewegung nicht hierarchisch strukturiert. Diese scheinbare Schwäche beruhigt das Establishment, ist aber in Wirklichkeit eine unbezwingbare Kraft, kann doch eine solche Bewegung weder an der Spitze entmachtet noch aufgelöst werden.

Manche Konvente führen Praktiken fort, die seit den Uranfängen überliefert sind.

Für *witchcraft* wie für Tantra »ist jeder Liebesakt, jeder Lustakt ein Ritual«. Die Sexualität, unmittelbarer Ausdruck der Lebenskraft, ist heilig. Sie kann sich frei äußern, solange sie von der Liebe gelenkt ist. Die Ehe ist eine tiefe Verpflichtung, ein magisches Band, geistig wie körperlich, aber sie ist nur eine Möglichkeit unter anderen, Liebe und Sexualität auszudrücken.

Sexualität ist Magie. Es ist die Kunst, die unsichtbaren und feinstofflichen Kräfte, die sich in der Welt manifestieren, zu empfinden und zu formen. Es ist die Erweckung der tiefsten Bewußtseinsebenen jenseits aller Rationalität.

Die Riten der *witchcraft* sind magisch. Wie im Tantra »beginnt jedes Ritual mit dem Bilden eines heiligen, kreisförmigen Raums, der inmitten eines Waldes oder im Zentrum eines Orts, an dem es abgehalten wird, einen Tempel schafft. Nun werden Göttin und Götter beschworen und in allen Teilnehmern wachgerufen. Die subtile Kraft, welche die Wirklichkeit formt, wird durch Gesänge und Tänze wachgerufen; sie kann durch ein Symbol oder eine Visualisierung gesteuert werden. Das Erwecken dieses Energiekegels löst Ekstase aus und führt in einen visionären Trancezustand und zur unmittelbaren Wahrnehmung der letzten Wirklichkeit. Speise und Trank werden geteilt«. (Der Energiekegel erklärt die konische Form des Hexenhuts in den Karikaturen.)

Tantrisch ist auch folgende Ansicht, die ein Physiker vorbehaltlos akzeptieren würde: »Alle Objekte sind Energiewirbel, Kraftstrudel, Strömungen in einem unaufhörlich sich wandelnden Meer. Unter dem äußeren Anschein von Getrenntsein oder isolierten Objekten in einem linearen Raum- und Zeitsystem besteht die **Wirklichkeit** in einem Energiefeld, das vorübergehend zu Formen gefriert. Wenn ihre Zeit gekommen ist, lösen sich alle sogenannten ›festen‹ Dinge auf, um in neuen Formen und in neuen Medien zu erscheinen.«

Und dies: »Findet euch jeden Monat,

Die Hexen

vorzugsweise bei Vollmond, an einem geheimen Ort zusammen und verehrt mich, die Königin der Weisheit. Dann werdet ihr von aller Sklaverei befreit sein, und zum Symbol dieser Freiheit werdet ihr bei den Riten nackt sein. Singt, feiert, tanzt, musiziert und liebt euch, all dies in meiner Gegenwart, denn ich bin zugleich die geistige Ekstase und die Lust auf Erden. Mein Gesetz ist das der Liebe zwischen allen Lebewesen.«

Das ist beinahe die Beschreibung eines tantrischen Kreisrituals, eines *chakra puja*.

Eine Anmerkung möchte ich hier anbringen: Sehen Sie bitte in dem Gesagten keinen Versuch, die *witchcraft* für das Tantra zu vereinnahmen, das gleichfalls keine streng gegliederte, hierarchische Struktur besitzt und keine Religion ist. *Witchcraft* und Tantra sind keine Konkurrenten, die sich eine wie immer geartete Vormachtstellung streitig machen. Zieht man aber die Parallele, so kommt man zu der erfreulichen Feststellung, daß sich beide Weltsichten, die wahrscheinlich demselben Ursprung entstammen, beinahe vollkommen decken. Jeder Tantriker ist erfreut darüber, zu lesen: »Die Symbolik der Göttin ist für die moderne Frau ein Impuls. Die Wiederentdeckung der alten matriarchalen Zivilisationen gibt uns Frauen ein tiefes Empfinden des Stolzes über unsere Fähigkeit, die Kultur zu erschaffen und weiterzutragen. Die Aufdeckung der Verfehlungen des Patriarchats ist uns ein Vorbild an weiblicher Kraft und Autorität. Die archaische Göttin war die Schutzpatronin der steinzeitlichen Jäger und der ersten Säfrauen, unter ihrem Einfluß wurden die Tiere gezähmt und die Heilpflanzen gefunden, nach ihrem Bild wurden die ersten Kunstwerke geschaffen, für sie wurden die Megalithen errichtet, sie war die Muse in Musik und Dichtkunst. Und diese Urgottheit ist in der heutigen Welt wieder anerkannt.«

Das nun folgende Zitat entspricht in allem dem tantrischen Shakta-Kult: »Wir glauben in der *witchcraft* nicht an die Göttin, wir verbinden uns mit ihr durch Mond, Sterne, Weltmeer und Erde, durch Bäume, Tiere, Mitmenschen, durch uns selbst. Sie ist hier, sie ist im Herzen aller Menschen und Dinge. Sie ist der geschlossene Kreis: Erde, Luft, Feuer, Wasser und Äther – Körper, Geist, Seele, Gefühl, Veränderung [die fünf Elemente des Tantra also]. Die Göttin existiert vor aller Welt, sie ist die Dunkle, die Nährmutter, die alles Leben hervorbringt [nennen wir sie Kali, und wir sind mitten im Tantra!] Sie ist die befruchtende Lebenskraft, die Gebärmutter, aber auch das Grab, das uns aufnimmt, und die Macht des Todes. Alles geht aus ihr hervor, alles kehrt zu ihr zurück ... Sie ist der Körper, und der Körper ist heilig. Gebärmutter, Brust, Bauch, Mund, Vagina, Penis, Knochen, Blut: Kein Körperteil ist unrein, kein Aspekt des Lebensprozesses trägt den Makel der Sünde. Die Geburt, der Tod und der Zerfall sind die heiligen drei Teile des Kreislaufs. Ob wir essen, schlafen, uns lieben oder die Abfallstoffe aus unserem Körper ausscheiden: Stets manifestieren wir die Göttin.«

Ersetzt man Göttin durch Shakti,

Die tantrische Sicht

dann könnten diese Zeilen wie auch das Folgende in einer tantrischen Schrift stehen: »Ihr Kult kann jedwede Gestalt annehmen, überall stattfinden, und er erfordert weder Kathedrale noch Liturgie, noch Glaubensbekenntnis. [...] Das Verlangen ist das Bindemittel des Universums: Es verbindet das Elektron mit dem Atomkern, den Planeten mit der Sonne, es erschafft die Formen, er erschafft die Welt. Folgt dem Verlangen bis an sein Ende, vereinigt euch mit dem begehrten Objekt, bis ihr dieses Objekt geworden sei, bis ihr die Göttin seid.

Für die Frau symbolisiert die Göttin ihr tiefstes Wesen, ihre befreiende, nährende und segensreiche Kraft. Der Kosmos ist gestaltet wie der Körper der Frau, der heilig ist. Alle Lebensabschnitte sind heilig. Das Alter ist ein Segen, kein Fluch. Die Göttin engt die Frau nicht auf das bloße Körpersein ein, sie erweckt die Seele, den Geist, die Gefühle. Durch sie kann die Frau die Macht ihres Zorns und ihrer Angriffslust wie auch die Kraft ihrer Liebe kennenlernen.«

Vom »virilen« Mann entwirft *witchcraft* ein ähnliches Bild wie Tantra: »Das Inbild des Gehörnten Gottes in der *witchcraft* ist vollkommen verschieden von dem der Männlichkeit in unserer [patriarchalen] Kultur.«

Nicht leicht zu begreifen: »Der Gehörnte Gott, die Inkarnation des virilen Mannes, ist weder das Klischee eines Machos noch dessen verweiblichtes Gegenteil. Er ist sanft und freundlich, aber auch Jäger. Sein Tod steht immer im Dienste des Lebens. Er ist zügellose Sexualität so sehr wie tiefe, heilige Sinnlichkeit, welche Bindungsfähigkeit darstellt. Er verkörpert das, was die Männer ohne das Patriarchat wären. Das Inbild des Gehörnten Gottes wurde von der mittelalterlichen Kirche vorsätzlich zur Teufelsdarstellung verdreht.

Die *witch* verehrt keinen Satan, jene der Christenheit eigene Vorstellung. Der Gott der *witches* ist sinnlich, ja, aber seine Sexualität ist heilig, nicht obszön oder frevelhaft. Die Hörner unseres Gottes sind die Sichel der Göttin Mond, Symbol der animalischen Lebenskraft. In gewisser Hinsicht ist er schwarz, nicht, weil er schrecklich oder furchterregend wäre, sondern weil er seine Macht in den Nachtstunden entfaltet, die in den Zyklus der Zeiten gehören.

Der Gehörnte Gott verkörpert die positiven, starken männlichen Tugenden, die aus seinen Tiefen kommen, und ist nicht die gewalttätige und emotional verstümmelte Nachbildung des Mannes in unserer Gesellschaft. Der Mann, der dem Inbild des Gehörnten Gottes entspräche, wäre wild, ohne grausam zu sein, zornig, ohne Gewalt anzuwenden, geschlechtlich, ohne Zwang auszuüben, geistig, ohne geschlechtslos zu sein: Er wäre fähig, wahrhaft zu lieben. Dann würden die Sirenen – die Göttinnen – für ihn singen.

Unsere augenblickliche Kultur lehrt die Männer, Virilität setze Gefühlskälte voraus. Man richtet ihn dazu ab, nach militärischem Muster zu funktionieren, jegliches Gefühl zu unterdrücken, die Botschaften des Körpers zu ignorieren. Er ist gehalten, Widrig-

Die Hexen

keiten zu ertragen, Schmerz und Angst, damit er besser erobern kann, sei es auf dem Schlachtfeld oder im Schlafzimmer, oder im Beruf. Er soll aggressiv und dominant sein, die Frau passiv und gefügig. Im Patriarchat funktionieren Männer und Frauen in einer Hierarchie, in der die Mächtigen ihre Untergebenen beherrschen und unterdrücken.«

Ein westlicher Tantriker, John Mumford aus Melbourne, hat die Wichtigkeit des *Wicca*-Phänomens sehr gut erkannt. In seinem Buch *Tantrische Sexualmagie, Theorie und Praxis der okkulten Liebe* schreibt er:

»Das Auftreten modernen Hexentums in England und Amerika ist ein atavistisches Ereignis von ungekannten Ausmaßen. Jedes erfolgreiche System setzt ein Bedürfnis voraus, und ich behaupte, daß modernes Hexentum das im 20. Jahrhundert aufsteigende Tantra des Abendlandes ist, um seinen Appetit auf ein vitales Innenleben zu stillen.

Verblüffende Ähnlichkeiten zwischen Tantra und modernem Hexentum legen nahe, daß die ursprünglichen Schichten des Unbewußten in Ost und West in einem irdischen Kult Befriedigung suchen, der matriarchalisch und weiblich ist. [...]

Tantra vereint sich in Shakti als dem aktiven weiblichen Pol, der für dynamische Verwirklichung verantwortlich ist; ein direktes Äquivalent der Großen Mutter-Göttin, die den Mittelpunkt der Verehrung bei der Wicca-Gemeinde bildet.

Chakra puja, oder der Kreis der Anbeter, in dem Männer und Frauen sich abwechseln, ist das Paradigma der Hexenversammlung, und in beiden Gruppen legt man Wert auf rituelle Nacktheit. Den Kreis (ein weibliches Symbol) wählt man, um die vom nackten lebendigen Fleisch ausgestrahlte psychische *prana*-Energie einzuschließen und einzufangen. Indem die sexuell-emotionale Erregung zunimmt, wird mehr Strahlung, oder ›Dampf‹, für okkulte Zwecke hervorgebracht. Diese Energie bildet einen ›Energiekegel‹ über der Gruppe und ist dem wirbelnden Strudel sexueller Energie vergleichbar, der bei der sexuellen Vereinigung freigesetzt wird.

Selbst auf die Gefahr hin, simplistisch zu erscheinen, sollte auf die Ähnlichkeit von Shiva – *lingam* (dem phallischen Symbol des Tantra) und dem Besenstiel und Spitzhut hingewiesen werden.«

Ein wenig weiter zitiert John Mumford die wesentlichen Prinzipien der modernen *witchcraft*, wie sie die Zeitschrift *Gnostica* im August 1973 veröffentlicht hat:

»Anerkennung der Polarität in allen Manifestationen, eingeschlossen der Manifestation von Göttlichkeit als männlichen und weiblichen Kräften. Tantrisches Äquivalent: Shiva/Shakti; Radha/Krishna.

Anerkennung der sich in allen Lebensbereichen manifestierenden Göttlichkeit – eingeschlossen die Göttlichkeit in Mann und Frau.

Anerkennung des Weiblichen als der ›Blume‹ der Gattung – daß die Frau Schönheit und Fruchtbarkeit versinnbildlicht und wir durch sie Erfüllung erlangen.«

Die tantrische Sicht

Dem ist in *Gnostica* folgendes angefügt (in Kurzfassung):
- Die Frau als Blume bringt die Früchte der Liebe, der Magie und des menschlichen Bemühens hervor.
- Die Frau ist der Maßstab unseres Werks, das nach Schönheit, Fruchtbarkeit, Erfüllung strebt.
- Unsere Haltung gegenüber der Frau soll unserer Haltung gegenüber der Gattung und dem Leben selbst gleichen.
- Die Göttlichkeit ist Weiblichkeit, sie ist unsere Göttin, unsere Königin; sie steht über uns, nicht als Beherrscherin, sondern als Verehrte.
- Nach unserer Regel obliegt es einer Frau, die Hohepriesterin unserer Konvente zu sein, und sie soll die Weiblichkeit in ihrer ganzen Fülle vermitteln.
- Der Monatszyklus der Frau, in dem sich ihre Essenz ausdrückt, ermöglicht unser symbolisches Verständnis der in der Natur verkörperten weiblichen Kraft. Ihr Symbol ist der Mond, unsere Göttin ist die Mutter Erde, ihre Tochter (in Wirklichkeit sie selbst) ist die Mondgöttin, und hinter ihr ist die Große Mutter, das Leben selbst.

Was bleibt mir anderes übrig, als zu wiederholen, daß diese Vision in allen Punkten dem Wesen des Tantra entspricht, und noch einmal zu betonen, daß es ebenso leichtfertig wie bedauerlich wäre, die Bedeutung der modernen *wicca* zu unterschätzen, weil sie im verborgenen wirkt. Denn in ihr liegt die Hoffnung, durch die Wiederbelebung der weiblichen Werte den katastrophalen Zusammenbruch unserer Zivilisation zu verhindern. Ob nun als *witchcraft*, Tantra oder was sonst bezeichnet – das Etikett, unter dem diese grundlegenden Ideen zutage treten, ist unwichtig, Hauptsache, dieser Prozeß findet überhaupt statt.

Diese Strömung bahnt sich unaufhaltsam ihren Weg, denn sie ist universell und ewig. Vielleicht sind es der Zitate zu viele, aber wie sollte ich dem folgenden widerstehen, das einer völlig anderen Denkweise entspringt:

»In der Frau offenbart sich die Natur des ewig Weiblichen, die alle ihre irdischen Verkörperungen überschreitet – alle einzelnen Frauen und Symbole. Das Erscheinen des Archetyps der Weiblichkeit in allen Kulturen, zu allen Zeiten und unter allen Menschen seit der Vorgeschichte bildet auch die lebendige Wirklichkeit der modernen Frau, ihre Träume und Visionen, ihre Wunschvorstellungen und Triebe, ihre Projektionen und Beziehungen, ihre Fixierungen und Wandlungen.

Die Große Göttin inkarniert das weibliche Selbst, das sich in der Geschichte des Menschengeschlechts in jeder einzelnen Frau entfaltet; ihre Realität bestimmt das individuelle und kollektive Leben. Dieses archetypische psychische Universum liegt in der unterschwelligen Kraft beschlossen, die noch heute – teils mit denselben Symbolen und in derselben Reihenfolge, teils mit dynamischen Veränderungen und Abweichungen – die psychische Geschichte von Frau und Mann der Moderne bestimmt.«

Es lohnt sich, diese bedeutsamen

Die Hexen

und hoffnungsvollen Zeilen noch einmal zu lesen und im Gedächtnis zu behalten. Erich Neumann, Psychoanalytiker der Schule C. G. Jungs, hat sie in Tel Aviv niedergeschrieben, wo er 1960 starb.

Gilt nicht Israel als Bollwerk des Patriarchats? Heute zweifellos. Doch wie war es gestern? Und wie ist es morgen? In Kapitel 44 des *Buches Jeremias* steht, daß der Prophet selbst berichtete, wie er nach der Zerstörung Jerusalems durch Nebukadnezar im ägyptischen Patros angekommen war und in Zorn geratene israelitische Flüchtlinge ihm seine Loyalität zu Jahwe vorwarfen, in dem sie einen Gott sahen, der den Himmel usurpiert hatte und Ursache ihres Unglücks war. Sie mißtrauten dem heiligen Mann und verkündeten ihm, sie würden zu den Bräuchen von einst zurückkehren und der Himmelskönigin Opfergaben darbringen, »wie wir und unsere Väter, unsere Könige und unsere Prinzen es in den Städten Judas und in den Straßen Jerusalems taten, wobei wir uns sattessen konnten und uns wohl befanden und kein Unglück erlebten«.

Ich hebe in diesem Text hervor:
- »wir und unsere Väter« und »Bräuche von einst«, was eine Kontinuität beinhaltet;
- außer »unseren Vätern« auch »unsere Könige und unsere Prinzen«, was von der Verbreitung sowohl unter dem Volk als auch unter der Aristokratie zeugt;
- die »Städte Judas« und »Straßen Jerusalems«, denn das bedeutet, daß der Kult der »Himmelsgöttin« kein zeitlich und örtlich begrenzter war, sondern ihm das gesamte israelitische Reich huldigte.

Vergangene Zeiten, wird man sagen. Und wenn dies auch die Zukunft wäre? Hätte Victor Hugo statt »Sire, die Zukunft gehört Gott« nicht lieber schreiben sollen ». . . der Frau«?

(Die Bewegung, von der in diesem Kapitel die Rede ist, heißt eigentlich »Wicca-Kult«. Vgl. R. von Dülmen, *Hexenwelten. Magie und Imagination*, Frankfurt/M., 1987, Anm. d. Ü.)

Tantra, Sohar und Kabbala

Jeden Tag danken alle männlichen Juden Gott dafür, daß er sie nicht als Frau erschaffen hat. Sind also Tantrismus und Judaismus gänzlich unvereinbar? Die Antwort auf diese Frage ist weniger eindeutig, als es vielleicht den Anschein hat.

Eines Tages sagte mir ein befreundeter orthodoxer Jude, Direktor eines hebräischen Kollegs, nach einem Gespräch über Tantra: »Ein Kabbalist würde nicht anders sprechen.« Das war der Anfang eines Gedankenaustauschs über das Thema Kabbala, zunächst mit ihm, dann mit anderen »kabbalisierenden« Juden. Das Wort Kabbala, das übrigens Kabbalah geschrieben werden müßte, bedeutet »das Empfangene«, anders gesagt, die durch das Eine und die Meister empfangene Tradition – wie im Tantra. In Israel heißt *kabbala* (auch) das Trinkgeld, das man dem Taxifahrer gibt!

Dringt man ein wenig tiefer in diese Tradition ein, dann entdeckt man in ihr weit mehr als ein paar Gemeinsamkeiten mit der tantrischen Überlieferung. Die Grundthemen des Tantra sind vorhanden, seine Sicht der Sexualität miteingeschlossen.

Erste Gemeinsamkeit: Die Kabbala ist wie das Tantra kein heiliges Buch wie die Bibel, die Evangelien, der Koran oder die Veden, sondern ein Schatz von Geheimlehren des alten Israel, die mündlich vom Meister über den Schüler weitergegeben wurden. Zweite Gemeinsamkeit: Name und Begrifflichkeit des Tantra tauchten erst um das 6. Jahrhundert auf, während der Kult Jahrtausende alt ist; ebenso wurde die Gedankenwelt der Kabbala erst im 12. Jahrhundert schriftlich niedergelegt, wiewohl ihre Mystik bis in die ältesten jüdischen Geistesströmungen zurückreicht.

Das Grundprinzip der Kabbala lautet: »Was hier unten ist, ist wie das, was im Himmel ist.« Dies entspricht im Wesen dem tantrischen »Alles, was hier ist, ist anderswo«. Um etwas weiter vorzustoßen, muß man sich indes auf den *Sohar* oder das *Buch vom Glanz* von Moses Ben Schem Tov de Léon (um 1240–1305) beziehen, der an die Lehren von Simon Ben Jochai, dem großen Meister des 2. Jahrhunderts anknüpft. Dies wurde zwar angefochten, sicher ist jedoch, daß Moses Ben Schem Tov de Léon sich auf die uralte

Tantra, Sohar und Kabbala

jüdische mündliche Überlieferung stützte. Zur Zeit seiner Veröffentlichung fand der *Sohar* nicht die ihm gebührende Wertschätzung, doch sollte das Werk maßgebend für das nächste halbe Jahrtausend werden. Die Kabbalistik hat auch die Chassidim (hebräisch: die Frommen) bis in unsere Epoche hinein beeinflußt. Einige von dieser Strömung erfaßte große moderne Gestalten sind Martin Buber, Marc Chagall, Elie Wiesel und die Philosophen Abraham J. Heschel und Emmanuel Levinas; Gershwin und sein *Porgy and Bess* nicht zu vergessen.

Dem Chassidim wie dem Tantriker gilt: »Alle geschaffenen Dinge, so gering sie auch sein mögen, wie ein Stein oder noch weniger Bedeutsames, zeugen von Gott und *haben eine Seele*.« Die Idee des von Bewußtsein durchdrungenen Universums steht – wie wir bereits wissen – im Zentrum der tantrischen Weltanschauung.

Erstaunlicher noch für die Sicht eines jüdischen – folglich ins Gefüge einer patriarchalischen Religion eingebundenen – Mystikers ist die Bedeutung, welche in *Sohar* und Kabbala der Shekina, dem weiblichen Aspekt der Göttlichkeit, beigemessen wird. Der mündlichen kabbalistischen Überlieferung zufolge ist Gott zugleich männlich und weiblich, untrennbar verbunden: Shiva und Shakti? Shekina ist die »göttliche Gegenwart«, der »Schleier des Unbekannten«, die »Mutter der Ursprünge«, der »mütterliche Raum«. Die Kabbala sieht jede Frau als Stellvertreterin Shekinas, unter deren direktem Schutz sie steht, ganz wie die Shakti im Tantra.

Und wenn die Kabbala sagt, der Mann sei nur vereint mit seiner Shekina ein Ganzes, handelt es sich nicht einfach um eine Metapher. Im *Sohar* steht: »An einem Ort, wo sich nicht ein Männliches und ein Weibliches vereinigt finden, schlägt der Allheilige nicht seinen Wohnsitz auf, und auch der Segen findet sich nur an einem Ort, der Männlich und Weiblich vereinigt« (I, 55b). Und in III, 81a steht: »Wenn der Mensch in vollkommener Heiligkeit dieses Eine verwirklicht, ist er in diesem Einen! Und wann ist der Mensch dieses Eine? Wenn Mann und Frau sexuell vereinigt sind *(siwurga)*... Komm und sieh! Von dem Augenblick an, da der Mensch als ein Männliches und ein Weibliches vereinigt ist, ist er, wenn er wacht, daß seine Gedanken heilig sind, vollkommen und ohne Makel und wird das Eine genannt. Der Mann soll so handeln, daß seine Frau dann zum Genuß gelangt, wenn sie mit ihm einen einzigen Willen bildet – und beide müssen mit ihrem Geist über diese Vereinigung wachen.«

Es handelt sich um eine konkrete sexuelle Vereinigung, in der sich das Wesentliche des tantrischen *maithuna* wiederfindet: die Sakralisierung des Sexus als Mittel, zu den letzten Wahrheiten des Universums vorzudringen.

Louis Rebcke schreibt: »Sobald sich die Vereinigung des Gläubigen und seiner Liebhaberin vollendet, stellt sich auch die Einheit der Seele aus den beiden verlorenen Hälften, das sind Mann und Frau, wieder her. Nach der jüdischen Tradition muß diese Wiedervereinigung stattfinden, um die ursprüngliche göttliche Ordnung in der

Die tantrische Sicht

Schöpfung wiederherzustellen. Für den Liebhaber der Shekina und für den Suchenden allgemein ist diese Erfüllung der Trost in dieser traurigen und gewaltsamen Welt... Der Kabbalist findet somit den Schlüssel für einen neuen Anfang und lernt, daß der Suchende, der treu dem Pfad Gottes folgt, am Ende das Haus seiner verehrten Geliebten finden wird« (in *Prana: Jahrbuch für Yoga*).

Weiter spricht Louis Rebcke davon, daß der wahre Kabbalist ein Liebhaber ist, der die Shekina, so wie sie in der Schöpfung durch die Frau vertreten wird, nie verläßt. »Ohne Zögern nähert er sich ihr, lauscht ihren Worten der Weisheit und der Liebe, die sie hinter ihrem Schleier hervor an ihn richtet. Diese Worte verleihen ihm das innere Gesicht und die innere Erkenntnis, in der Kabbala *derasch* genannt.« Ist der **Schleier** nicht die »konkrete« Shakti, welche die kosmische Shakti verbirgt? Spielt sie nicht hier wie im tantrischen Ritus dem Mann gegenüber die Rolle der Initiatorin? Bedeutet dies nicht auch, daß Kabbalist wie Tantriker stets mit der äußeren und inneren Frau verbunden bleiben?

Im *Sohar* steht geschrieben: »So heißt es denn auch: ›Und Er segnete **sie** und nannte **ihren** Namen Adam, am Tage, da sie geschaffen wurden (1. Moses 5,2) und nicht ›Er segnete **ihn** und nannte **seinen** Namen Adam‹ [weil Gott nur segnet, wenn Mann und Frau vereinigt sind]. Denn sogar der Name ›Mensch‹ wurde nur dem Männlichen und Weiblichen zusammen gegeben.« (I.,55b) Die Verwendung der Begriffe »das Männliche« und »das Weibliche« weist eindeutig auf eine sexuelle Verbindung hin.

In seiner *Metaphysik des Sexus* erwähnt Julius Evola, nachdem er den *Sohar* zitiert hat, die Existenz einer geheimen Sexualmagie in der Kabbalistik. Er spricht von der Sekte der Sabbatisten, die mit den Lehren von Jacob Franck in Verbindung standen. Dieser geht noch viel weiter, wenn er behauptet, die mystische Kraft des Messias, die er für ein Symbol ansieht, sei in die Frau gelegt worden. Evola zitiert Franck wie folgt: »Ich sage euch, daß alle Hebräer sich in einem großen Unglück befinden, weil sie auf die Ankunft des Heilands warten und nicht auf die der Frau.« Das ließe sich von der ganzen Menschheit des 20. Jahrhunderts sagen!

Mircea Eliade notiert in *The History of Religions*, daß »mehrere rabbinische Kommentare zu verstehen geben, daß auch Adam zuweilen als androgyn aufgefaßt wurde. Die ›Geburt Evas‹ wäre also letztendlich nur die Aufspaltung des ursprünglichen Androgynen in zwei Wesen, ein männliches und ein weibliches, gewesen. ›Adam und Eva wurden Rücken an Rücken erschaffen, an den Schultern miteinander verbunden; da trennte Gott sie durch einen Schlag mit der Axt oder indem er sie zweiteilte.‹ Andere sind der Meinung, der erste Mensch (Adam) sei auf der rechten Seite Mann und auf der linken Frau gewesen, aber Gott habe ihn in zwei Hälften gespalten« (*Bereshit rabba*, I, 1).

Dies alles ist natürlich symbolisch zu verstehen, und man findet außer dem alten Mythos des Androgynen – im

Tantra, Sohar und Kabbala

Tantra *ardhanari* – die lateinische Etymologie des Wortes *Sexus*, abgeleitet von *sectus* (getrennt, gespalten), wieder. Daher ist die linke Seite weiblich und die rechte männlich!

Es gäbe auch zwischen den Sephirot des *Sohar* und den subtilen Energien des Tantra eine Parallele, aber darauf einzugehen, würde den Rahmen dieses Buches sprengen.

Ich hatte nicht die Absicht, mit diesen Textauszügen die Kabbala dem Tantra »einzuverleiben«, vielmehr wollte ich zeigen, daß sich das Judentum weniger patriarchalisch ausnimmt, wenn man einen Blick auf seine mündlich überlieferte esoterische Tradition wirft, die wahrscheinlich seit Jahrtausenden besteht.

Die jüdische Esoterik stimmt mit dem Tantra und der indischen Samkhja-Philosophie auch darin überein, was die Beschaffenheit des menschlichen Wesens betrifft, welches aus einer Seele und mehreren »Hüllen« (die genaue Übersetzung von Sanskrit *koshas*) sowie aus vier »Winden« besteht, die ihm seine Gestalt verleihen. Im Tantra wie in der jüdischen Esoterik sind diese Winde subtile Kräfte *(vayu)*, die den festen Körper zusammenhalten und beleben, der aus denselben vier Elementen wie im Tantra besteht, nämlich aus Erde, Wasser, Luft und Feuer. Allerdings kommt im Tantra und im Samkhja *akasha*, die »dynamische Leere« hinzu; aber auch sie ist der jüdischen Esoterik nicht unbekannt: »So schlug in einem der geheimsten Mysterien die Unendlichkeit mit dem Klang des Wortes die Leere...« Hier findet sich auch der Urlaut wieder.

Ein weiteres nichtarisches Element in Indien, das sich in der jüdischen Esoterik wiederfindet, ist die Reinkarnation – augenblicklich ein Modethema in der westlichen Welt. Noch einmal der *Sohar*: »Juda wie die anderen Stämme kannten nämlich dieses Mysterium; sie wußten, daß die Seele, wenn sie ihren Auftrag auf Erden nicht erfüllt hat, entwurzelt ist und zurück auf die Erde verpflanzt wird, so wie geschrieben steht: ›Und der Mensch kehrt zur Erde zurück‹ (Job 34,15). Doch die Seelen, die ihren Auftrag während ihres Aufenthalts auf der Erde erfüllt haben, haben ein besseres Los, weil sie in der Nähe des Allheiligen, er sei gesegnet, bleiben. Dies ist der Sinn der Worte der Schrift: ›Ich ziehe das Los der Toten dem der noch Lebenden vor‹ (Ecc. IV, 2). Glücklich die Seele, die nicht gezwungen ist, in diese Welt zurückzukehren, um die Verfehlungen des Menschen zu tilgen, den sie dort belebt hatte!« (I. 187b, 188a)

Für den westlichen Tantriker ist es unwesentlich, ob er an die Reinkarnation glaubt oder nicht. Bedeutung allein hat für ihn der gegenwärtige Augenblick und das Wissen vom Eingebundensein in den Kreislauf des Lebens. Es zählt, was hier und jetzt zu tun ist, das Menschsein so erfüllt wie möglich zu leben und seiner Aufgabe gerecht zu werden.

Kosmisches Sonnenbad

Gewiß, so manche Aspekte des indischen Tantrismus lassen sich nicht auf den Westen übertragen, und dennoch ist es möglich, zu seinem Kern vorzudringen, der nicht identisch ist mit bizarren oder perversen Sexualriten. Tantra schließt zwar die sexuelle Energie bewußt ein, viele Praktiken jedoch haben überhaupt keinen Bezug zur Sexualität. Tantrismus ist vor allem Bewußtseinserweitung und Bewußtwerdung der kosmischen Dimension des Lebens. Jedes Erlebnis, so simpel es auch sein mag, kann tantrisch werden, etwa ein Sonnenbad.

Auf welche Weise geschieht das? Während mein nichttantrischer Strandnachbar in der Sonne bräunt, spüre ich meinen Körperempfindungen nach: der Wärme, der Berührung der Haut mit der Unterlage, der Zehen im Sand, des Windes in meinen Haaren, der Seeluft in der Nase. Das ist die erste Stufe. Anschließend wird das Erleben »kosmisch gemacht«, indem ich mir des Ereignisses Sonne *real* bewußt werde.

Gewöhnlich ist die Sonne für uns das, was sie für die Menschen der Antike war: eine große Kugel hoch oben am Himmel. Als ein griechischer Denker die Vermutung aussprach, sie könne so groß sein wie die Akropolis, stieß er auf Ungläubigkeit, ja auf Feindseligkeit. Heute weiß in unseren Breiten jedes Kind, daß die Sonne millionenfach größer ist als die Erde, doch machen wir uns wirklich einen Begriff von dieser Größe? Ich bezweifle es. Auch die Wirkungsweise der Sonnenenergie verblüfft mich kaum, auch wenn ich weiß, daß das Licht eine Strecke von mehr als dreihunderttausend Kilometer pro Sekunde – fast das Achtfache des Erdumfangs – zurücklegt. Um zu veranschaulichen, wie enorm diese Entfernung ist, stelle ich mir eine Autobahn von der Erde zur Sonne vor. Führe ich mit hundert Stundenkilometer ohne Pause und rund um die Uhr, ich bräuchte fast sechzehn Jahre, um diese fünfzehn Milliarden Kilometer zu überwinden! Am Strand versuche ich, diese Zahlen zu konkretisieren. Ich denke an die Unermeßlichkeit des eisigen (minus 273 °C!), leeren Raums, der mich von der Sonne trennt; und ich sehe ihr Licht als einen Photonenkatarakt: alles winzige Geschosse, die auf mich niederprasseln und in mich ein-

Kosmisches Sonnenbad

dringen. Ich sehe das Licht als reale Sonnensubstanz, die sich noch vor kaum acht Minuten in dem Gestirn befand. Ich bin also durch einen kontinuierlichen Energiestrom mit ihm verbunden; ich bade buchstäblich in der Sonne, ich verleibe mir etwas von ihrer Materie ein. Auch versuche ich – natürlich vergeblich –, mir eine Vorstellung ihrer Eruptionen zu machen, diesem Herausschleudern heißglühender Masse Hunderttausende Kilometer über ihre Oberfläche hinaus. Aus der Nähe betrachtet wäre das ein schreckenerregender Anblick, einmal abgesehen von der physischen Unmöglichkeit. Wenn schon ein Vulkanausbruch ein höchst beeindruckendes Schauspiel ist, um wieviel eindrucksvoller, ja ganz und gar unfaßbar wäre es, sich unseren Erdball – multipliziert mit der Zahl dreiunddreißigtausend, um die Dimension der Sonne zu erreichen – als Vulkan vorzustellen. Keine menschliche Psyche könnte das ertragen. Schon die kurze Begegnung eines Astronauten mit dem Kosmos erschüttert dessen Weltsicht.

Auf dem heißen Sand liegend präge ich mir mit all meiner Vorstellungskraft das Ungeheuerliche des »Ereignisses Sonne« ein. Um mir bewußt zu werden, welche gewaltige Mengen an Energie in jedem Augenblick auf unsere Erde gelangen, setze ich dazu meinen Körper in Relation. Seine Oberfläche beträgt weniger als zwei Quadratmeter, wovon etwa die Hälfte der Sonne ausgesetzt ist. Die Erde bietet ihr hingegen Millionen von Quadratkilometern dar! Doch unser Planet, dieses winzige kosmische Staubkorn, nimmt nur eine äußerst geringe Menge der unerschöpflichen Sonnenenergie auf, die sich so in die interstellare Leere verströmt: Seit Jahrmilliarden findet dieser Vorgang statt, ohne daß der Planet dadurch an Kraft verloren hätte.

Ich bin buchstäblich erkaltete Sonnenenergie. Jedes Atom meines Körpers, jedes Sandkorn, jeder Gegenstand ist materialisierte Sonne, denn auch die Erde war glühendes Plasma und ist jetzt ein erkalteter Stern. Ich **bin** also verdichtete Sonne. Sie ist das Leben, sie ist mein Leben.

Das verstandesmäßige Wissen, verdichtete Sonne zu sein, ist zwar interessant, aber nichts weiter. Es jedoch auch nur flüchtig zu erleben, ist phantastisch, ist tantrisch! Ich liege noch immer am Strand, spüre die sich nie erschöpfende Sonnenenergie und bin direkt mit der kosmischen Kraft verbunden. So verfließt die Grenze zwischen dem Planeten und mir und löst sich auf; dann spüre ich die Shakti des Tantra, die allumfassende, letzte Wirkkraft, deren Manifestation das Universum darstellt. Das ist Tantra!

Unterdessen denkt mein Nachbar, falls er nicht einfach in der Sonne schläft, wahrscheinlich an seine Freunde zu Hause, die seine braungebrannte Haut bewundern werden. Während mein profanes Sonnenbad kosmisch wird, verbrennen die ultravioletten Strahlen gleichermaßen meine wie seine Haut, aber mir bleibt der Trost, daß mein Sonnenbrand tantrisch ist! Auf diese Weise kann sich das ganze Leben wandeln und kosmisch werden, ohne dabei an den Freuden des Lebens vorbeizugehen – ganz im Gegenteil.

Die tantrische Sicht

Noch ein anderes Beispiel für das »Kosmischwerden« möchte ich hier anführen. Das Baden in Meer, See oder Fluß kann sowohl einen sportlichen als auch einen rein hygienischen Zweck erfüllen.

Ich stelle mir vor, meine Waschungen im Ganges zu verrichten, in Benares, einem Ort, der in keinem Dokumentarfilm über Indien fehlt. Das Bad muß das Hier und Jetzt nicht überschreiten, aber alles ändert sich, wenn ich mir bewußt werde, daß der große Fluß eben nicht auf das Hier beschränkt ist; wenn ich den gesamten Strom als dreitausend Kilometer langes Bindeglied zwischen Himalaja und Ozean betrachte. Alles ändert sich, wenn ich mir gewahr werde, daß er mit allen Meeren des Erdballs verbunden ist. Der Ganges von heute gleicht dem von gestern, aber er ist niemals derselbe Fluß, denn zwischen seinen Ufern fließt immer neues Wasser. Von außen betrachtet unterscheiden sich meine Waschungen nicht von denen meiner nichttantrischen Nachbarn, aber mein inneres Erleben gewinnt an Reichtum.

Daher ist Tantra zunächst eine andere Art von Sein und Empfinden, bevor es sich in bestimmten Techniken oder rituellen Handlungen konkretisiert.

Doch Vorsicht mit dem Intellekt. Er ist es zwar, der zur Bewußtwerdung führt, den Ausschlag zur Wahrnehmung der Vorgänge als Ganzes jedoch gibt die Intuition. So wird aus einer belanglosen Handlung ein Ereignis, welches das Ego transzendiert.

Tantra findet seine Antwort vor allem in Kunst, Ritus und Symbol. Von allen Philosophien Indiens nutzt es am überlegtesten die Kunst als Tor zum Kosmischen, das im Banalen verborgen liegt.

3
Eine andere Betrachtungsweise der Sexualität

Wenn Sex zum Problem wird

Von ein paar Perioden der Liberalisierung abgesehen, wird die Sexualität seit ein- oder zweitausend Jahren unterdrückt; befreit, schlägt sie um in Obsession. Je weiter die Ausschweifung gegangen ist, um so strenger wird die Einschränkung sein, die ihr folgt. Wie auch immer die zukünftige Entwicklung verläuft, unsere heutige Gesellschaft gebärdet sich hypersexuell. Es ist bezeichnend, daß die Werbung, sei es nun für Kaffee, Seife, Fruchtsaft, Strickwolle oder Autos, an den Sexus appelliert. Das ist kein Zufall, sondern eine schier unvermeidliche Konsequenz unseres industriellen Zeitalters, in dem die Menschen in übervollen Metropolen auf engstem Raum miteinander leben müssen.

Wohnten noch vor wenigen Generationen achtzig Prozent der Bevölkerung auf dem Dorf oder Bauernhof, so ist das Verhältnis heute umgekehrt: In den USA ernähren sechs bis sieben Prozent Landwirte die übrige Bevölkerung, noch dazu mit enormen Exportüberschüssen. Vor der Mechanisierung der Landwirtschaft führte der Bauer ein hartes und entbehrungsreiches Leben. Seine Arbeit, die vor Tagesanbruch begann und erst spät abends endete, ließ kaum Raum für Sexualität. Sie stellte kein Problem für ihn dar und diente der Fortpflanzung.

Es herrschten andere Wertmaßstäbe: Wichtig war nicht die eigene Lust, sondern beispielsweise das Wetter oder die Ernte, ob das Vieh gesund war und gut im Futter stand. Die den ganzen Menschen fordernden vielfältigen Aufgaben verhinderten, daß die Sexualität an Bedeutung gewann.

Betrachten wir nun im Gegensatz dazu den Stadtbewohner. Während der Bauer in einer von der Natur geprägten Umgebung lebt, fristet der Städter sein Leben in einem künstlich geschaffenen Milieu: Gebäude, Glasscheiben, Wandverkleidungen und Teppiche, Möbel, Maschinen, Papier und selbst das Licht sind allesamt von Menschen hergestellte Produkte. Das Büro im dreißigsten Stockwerk überragt ein Meer von antennenübersäten Dächern, und durch die in Schächte eingebetteten Straßen schlängeln sich Hunderte von Autos wie winzige mechanische Insekten. Die Natur existiert höchstens rudimentär, sieht man einmal ab von den Bäumen in den Parks.

Eine andere Sexualität

Auf dem Bauernhof lebt der Mensch mit den Tieren: Hühnern, Rindern, Pferden, Schweinen, Ziegen und Schafen, auch Hunden, Katzen, Vögeln und Insekten. Wo aber findet in der Stadt tierisches Leben statt?

In seinem klimatisierten Büro hat der Städter den Kontakt zur Natur – frische Luft, Regen, Wind, Bäume, Bäche, Vögel, Wald- und auch Haustiere – verloren. Er lebt eingesperrt in seinem selbsterrichteten Bürogefängnis, wo andere Werte zählen. Die Arbeit ist selten befriedigend und noch seltener selbstbestimmt. Um den merkantilen Interessen Rechnung zu tragen, darf nichts den Menschen von seiner Arbeit ablenken – und dies in einer Umgebung, die vor knapp einem Jahrhundert noch als Utopie gegolten hätte. Was bleibt da dem derart Eingeschlossenen als Ausweg anderes als der Gedanke an angenehme Dinge? Nach der Arbeit findet er sich in der überfüllten U-Bahn oder im Verkehrsstau wieder, namenlos in der Masse, auf die er eher aggressiv als freundlich reagiert. Sex ist allgegenwärtig: in Kino und Fernsehen, in allen Medien. Die Freizeitindustrie unternimmt die größten Anstrengungen, dem Menschen die Flucht aus der Wirklichkeit zu ermöglichen. Dort findet er Sex als Mittel, die Langeweile zu vertreiben und den Frustrationen des Alltags zu entkommen. So übersteigert, wird Sex zum Problem.

Dieser Druck reißt zwar die Barrieren eines heuchlerischen Puritanismus nieder, fällt aber ins andere Extrem. Eine bemerkenswerte und selten erwähnte Tatsache ist, daß alle Diktaturen, egal welcher Couleur, stets und überall von Puritanismus begleitet sind. Solange Franco und Salazar – um nur zwei Diktatoren zu nennen – lebten, regierte die Prüderie. Die religiös ausgerichtete Staatsform im Iran etwa bildet da keine Ausnahme. Ganz im Gegenteil, nährt doch die hinter dem Puritanismus angestaute und deshalb verdrängte sexuelle Energie einen Fanatismus, den die Führer einer solchen Ideologie genau in die Bahnen lenken, die ihrem Machterhalt dienen.

Das Tantra des linken Wegs und die Gegner des Puritanismus glauben nicht, daß sich irgend etwas durch Prüderie lösen ließe – durch Zügellosigkeit allerdings auch nicht.

Was sind die Alternativen? Eine Antwort lautet: die »gesunde Sexualität« ohne Schuldgefühle. Übrigens ist der Besuch eines Sexladens, wenngleich von trister Eintönigkeit, aufschlußreich: Hier findet sich das ganze sexuelle Elend ausgebreitet. Die Pornostreifen sind fade, langweilig und eher antierotisch. Die gesunde Sexualität sollte die Norm sein, aber da unsere Sexualerziehung eher die Bezeichnung »genetische Information« verdient hätte, wird das Utopie bleiben.

Die andere Alternative und wahre Lösung des Problems ist die unserer Zeit vollkommen angemessene »Spiritualisierung des Sexus«, wie der linke Weg sie bietet. Sie richtet sich an all diejenigen, die sowohl die Prüderie wie auch die pornographische Pseudoerotik ablehnen und über die gesunde Sexualität hinausgelangen möchten.

Der linke Weg löst das Problem der Sexualität durch Befreiung im guten Sinn des Wortes und durch Zugang zum Heiligen. Tantra behauptet, daß in unserem dekadenten und destruktiven Zeitalter *(Kali Yuga)* allein dieser Weg noch zu einer wahrhaftigen Spiritualität führen kann.

Ich zitiere Julius Evola: »Die so verstandene sexuelle Vereinigung hebt das Gesetz der Dualität auf und ruft eine ekstatische Öffnung hervor. Wenn in der Gleichzeitigkeit des Rausches, des Orgasmus und der Verzückung, die zwei Wesen vereint und das Gesetz der Dualität aufgehoben ist, läßt sich der Zustand der Identität hervorrufen, der die absolute Erleuchtung, das Unbedingte ahnen läßt. Das *Kularnava*-Tantra geht so weit zu sagen, daß die höchste Vereinigung nur mittels der sexuellen Vereinigung erlangt werden kann.«

Ohne eine Rückkehr zur Achtung der Natur und Ausübung erotisch-magischer Riten, welche die Entfaltung des Menschen und seine Harmonisierung mit den anderen Seinsformen ermöglichen, wird der Untergang der Gattung Mensch nicht aufzuhalten sein.

Ich lasse René Guénon schließen, der in *Die Krisis der Neuzeit* sagt: »Es würde sich daher ingesamt nur um einen Wiederaufbau dessen handeln, was vor dem modernen Abweg bestanden hat, mit den notwendigen Angleichungen an die Bedingungen einer anderen Epoche... Der Orient kann sehr wohl dem Okzident zur Hilfe kommen, jedenfalls wenn dieser es wünscht, nicht, um ihm Auffassungen aufzuzwingen, die ihm fremd sind, wie manche es zu fürchten scheinen, wohl aber, um ihm zu helfen, seine eigene Tradition wiederzufinden, deren Sinn er verloren hat.« Ich füge hinzu: insbesondere, was seine Sexualität anlangt.

Sexualerziehung ist notwendig

In der patriarchalen Gesellschaftsordnung fällt die aktive Rolle beim Sexualakt dem Mann zu: Der Penis ist das ausführende Organ, die Vagina das aufnehmende. Der Penis dringt ein, zwingt dem weiblichen Partner seinen Rhythmus auf, ejakuliert – und der männliche Teil ist befriedigt oder gibt sich wenigstens damit zufrieden. In jahrhundertelanger männlicher Vorherrschaft hat die Frau die passive Rolle als selbstverständlich akzeptiert und sich mit ihr abgefunden. Selbst die Etymologie ist aufschlußreich: Vagina stammt aus dem Lateinischen und bedeutet »Futteral, Scheide«, und das niederländische *schede* oder das deutsche Scheide bezeichnet unterschiedslos sowohl das Futteral eines Schwerts als auch die Vagina. Ganz offensichtlich besitzt das Schwert die wichtigere Funktion, während das Futteral einfach nur als Schutz dient.

Selbst die im Okzident gebräuchlichste Liebesstellung, die sogenannte Missionarsstellung, drückt die männliche Herrschaft aus und schränkt den Spielraum für die aktive Beteiligung der Frau ein. Ein gräßliches deutsches Sprichwort sagt: »Nach dem Essen sollst du rauchen oder eine Frau gebrauchen.« Das Rauchen wird also noch vor das »Gebrauchen« gestellt!

Obendrein wird vom männlichen Geschlecht behauptet, daß es alles über Sexualität wüßte, so daß die Frau häufig nicht einmal wagt, auf ihre Unkenntnis oder Unerfahrenheit hinzuweisen.

Aber man kann den Männern kaum einen Vorwurf daraus machen: Als ich heranwuchs, wurden die Jugendlichen nach Geschlechtern getrennt, regelrecht kaserniert. Durch die systematische Unterdrückung jeglicher Sexualität wußten vor allem in kirchlichen Einrichtungen lebende junge Männer bis zum Alter von achtzehn oder zwanzig Jahren – manche sogar bis zu ihrer Heirat – nicht, wie das Geschlecht einer Frau aussah. Der Anatomieunterricht vergaß diese »Kleinigkeit«. Wäre es möglich gewesen, so hätte man auch den Männern noch die Existenz eines eigenen Geschlechtsorgans verheimlicht.

Nacktheit war so tabu, daß sich bei Nonnen erzogene Mädchen – zahlreiche Großmütter von heute werden sich noch erinnern – im Hemd duschten. Auch die Inderinnen baden mit ihrem

Sexualerziehung

Sati im Ganges – ein Erbe des viktorianischen Puritanismus, der Indien infiziert hat.

Mit wissendem Lächeln wird man sagen, daß diese früheren Internatsschülerinnen mittlerweile Mütter geworden sind, daß also nichts sie gehindert hat, Kinder zu bekommen. Richtig, aber unter welchen Voraussetzungen? Sexuelle Beziehungen vor der Ehe kamen nicht in Frage, weshalb man die Mädchen von den Jungen isolierte. Gewiß, trotz aller Vorsichtsmaßnahmen der Erwachsenen, die eine Begegnung verhindern wollten, entkamen sie oftmals der Aufsicht, trafen sich heimlich und fanden sich – unter heiklen Bedingungen – »irgendwie zurecht«. Mangels sexueller Initiation verhielten sich die Jungen zwangsläufig linkisch, daher für die Mädchen enttäuschend, und diese wiederum waren kaum aufgeklärter oder geschickter in sexuellen Dingen. Die sexuelle Begegnung stand dabei unter den Vorzeichen von Sünde und Schuld, dazu kam die Angst vor einer ungewollten Schwangerschaft. Wie ist unter solchen Bedingungen von einem Paar zu erwarten, daß es, erst einmal verheiratet, ein glückliches Sexualleben führen wird?

Heute steht Sexualerziehung zwar auf dem Lehrplan, aber hier handelt es sich allenfalls um Genetikunterricht, nicht um Sexual**erziehung**. Gegen einen Unterricht in Anatomie und Physiologie der Sexualorgane ist nichts einzuwenden, aber mit Erziehung zum Sexual**verhalten** hat das auch nichts zu tun. Natürlich wäre eine solche Unterweisung an unseren Schulen unvorstellbar – es sei denn, man würde die Klassenzimmer zu Schlafsälen oder vielmehr zu Liebeslagern verwandeln! Auf diesem Gebiet könnten wir von manchen »wilden« Stämmen Indiens lernen, bei denen mancherorts wirklich Sexualerziehung im *gothul*, das heißt im Schlafsaal der Jugendlichen, stattfindet. Auch wenn sich das nicht bei uns verwirklichen läßt, so ist es doch zumindest lehrreich, davon zu erfahren.

Elwin Verrier, der lange Zeit bei indischen Stämmen gelebt und sogar eine Stammestochter geheiratet hat, schreibt: »Für das im Schoß des Stammes lebende Individuum ist die Sexualität natürlicher. Der junge Knabe initiiert sich in die Sexualität bereits vor der Pubertät, indem er die Erwachsenen beobachtet und hört, was in seiner Umgebung gesprochen wird. Mit fortschreitendem Alter ahmt er das sexuelle Spiel nach, um schrittweise voreheliche Beziehungen aufzunehmen. Der Heranwachsende, der die Mädchen in ihrer Gesamtheit sieht, bildet sich eine Meinung, und umgekehrt.

[...] Die vorehelichen Beziehungen unterliegen im Rahmen des Stammeslebens keinen Einschränkungen, vorausgesetzt, die Regeln der Partnerwahl werden respektiert...

[...] Der Gothul, der heutzutage immer mehr verschwindet, bietet einen sozial sicheren Rahmen für die vorehelichen Beziehungen. Die Begegnung der Partner geschieht noch immer dort. In den Stämmen herrscht eine einfache, unverdorbene und natürliche Einstellung zur Sexualität. Im Gothul wird diese noch verstärkt durch das vollständige Fehlen von Schuldge-

Eine andere Sexualität

fühlen und durch die Freiheit, die aus dem Fernbleiben äußerer Einflüsse und Störungen erwächst. Die jungen Menschen sind überzeugt, daß die sexuelle Aktivität wohl tut, gesund und ästhetisch ist, wenn sie zum gewünschten Zeitpunkt mit dem adäquaten Partner am geeigneten Ort geschieht. Die jüngsten unter den Knaben und Mädchen initiieren sich durch Nachahmung in Liebe und sexuellem Verhalten. Der Liebesakt beginnt damit, daß man lacht, lächelt, zusammen im Schlafsaal tanzt, was nicht davon abhält, sich im tiefen Wald oder an einem abgelegenen Ort zu verabreden. So werden Jungen und Mädchen von Jugend an in die sexuellen Techniken eingeführt, sowohl durch Vorbilder als auch durch persönliche Initiation. In anderen Stämmen, wie den Santhals, die solche Einrichtungen nicht kennen, haben die Jugendlichen mannigfach Gelegenheit, einander zu begegnen: bei Festen, Hochzeiten, Tanzabenden, Besuchen in anderen Dörfern und sogar bei der Arbeit auf den Feldern. All dies erleichtert ihnen weitestgehend, Bekanntschaft zu knüpfen, die in konkrete sexuelle Beziehungen münden. Diese vorehelichen Beziehungen leiten übrigens häufig glückliche Ehen ein.

[...] Sofern es sich um Sexualität handelt, knüpfen manche sogar nach der Heirat außereheliche Bande, Reste ihres freien Sexuallebens vor der Hochzeit und einer in ihrer Jugend ausgebildeten vorurteilsfreien inneren Haltung.

[...] In den Stämmen bieten bestimmte Festlichkeiten die normale Gelegenheit zu außerehelichen Geschlechtsbeziehungen. Zu nennen sind hier die Feste der Santhals, der Hos, der Mundas und anderer, bei denen es dem einzelnen freisteht, sich den gewünschten Partner für den Geschlechtsakt auszuwählen. Die Vielheit der Ehen ist eine weitere Ausprägung des Sexuallebens der Stämme. Ist einer mit seiner Frau sexuell nicht zufrieden und sind seine sexuellen Wünsche nicht völlig befriedigt, so kann er mit anderen Partnerinnen eine Verbindung eingehen, sei es für den Liebesakt, sei es für ein außereheliches Verhältnis, sei es in der gebräuchlichen zeremoniellen Form.«

Es ist natürlich völlig unmöglich, diese Bräuche auf unsere Breiten zu übertragen, aber es ist gut, von ihrer Existenz und ihren Vorteilen zu wissen, und sei es nur, um unsere gesellschaftlichen Konditionierungen in diesem Bereich auszuloten. In diesen Stämmen gibt es keinen Besitzanspruch, keine Eifersucht, keine Tragödien wegen »Untreue« und die für Ehegatten wie Kinder schmerzlichen Trennungen, ganz abgesehen vom Ausbleiben sexueller Frustrationen, so daß ein stabiles psychologisches Gleichgewicht besteht. Sind diese Gepflogenheiten schon nicht auf unsere Kultur übertragbar, so muß man wenigstens versuchen, sie unparteiisch zu beurteilen.

In unseren Tagen findet bereits eine Wandlung statt: Mehr und mehr geht der Mann dem Bedürfnis nach sexueller Information nach und ist bestrebt, die Techniken zu erlernen, mit denen er seine Frau zum Orgasmus bringen

Sexualerziehung

kann. Um dies zu erreichen, kauft er Bücher über Liebeskunst.

Als eifriger Leser weiß er alles über Vorspiel, erogene Zonen, Küsse. Cunnilingus und Fellatio gehören zu seinem Wortschatz. Er kennt die hundertundeins Stellungen und ihre Variationen – kurz, er wird zum vollkommenen Liebhaber.

Nur, der Haken dabei ist, daß diese Bücher von Männern für Männer geschrieben sind und den »männlichen« Blickwinkel widerspiegeln. Sicher werden Sie einwenden, daß auch für dieses Buch ein Mann verantwortlich zeichnet! Aber worauf warten Sie, meine Damen, um ein Buch für Männer zu schreiben? Selbst der übrigens uns Männern wenig schmeichelnde *Hite Report* ist nicht das ersehnte Buch, in dem eine Frau uns endlich sagen würde: »Meine Herren, so sind wir, das empfinden wir, und so sollten wir geliebt werden!« Die meiste einschlägige Literatur vergißt die Hauptsache, nämlich eine radikale Änderung männlichen Verhaltens gegenüber der Frau und dem Sexus. Dies – und anderes – leistet das Tantra.

Der Mann sollte akzeptieren, daß auch die Frau die Initiative im sexuellen Spiel ergreifen kann; er sollte ihrer Weiblichkeit mit Achtung begegnen, indem er offen ist für ihre Sexualität. Dabei handelt es sich nicht um ein herablassendes Verständnis, sondern vielmehr um eine geschärfte Wahrnehmung des weiblichen Sexualpotentials. Ein Gespräch zwischen Mann und Frau über dieses Thema ist notwendig. Warum sollte sie ihm nicht in aller Klarheit sagen können, was sie von ihm erwartet? Warum sollte sie ihm nicht ihre Bedürfnisse und Wünsche mitteilen? Warum sollte sie nicht seine Initiatorin werden? Die Unwissenheit mancher Männer, die ihres häufigen Umgangs mit Frauen wegen als »Experten« gelten, ist oft erstaunlich.

Gut, Tantra ist kein banaler Sex, aber trotzdem sollte der Tantriker, ob Shiva oder Shakti, seinen Partner befriedigen können. Im übrigen ist die tantrische Vereinigung nur möglich unter Partnern, die auch zu einer guten »gewöhnlichen« Sexualbeziehung fähig sind.

In eine Abhandlung über Sexualität gehört das unvermeidliche Kapitel über das »Vorspiel« mit seinen mehr oder minder raffinierten Techniken. Im Tantra besteht das wahre Vorspiel nicht aus diesen oder jenen Liebkosungen an dieser oder jener Stelle. Das **wahre** Vorspiel im *maithuna* besteht darin, eine intime seelische und körperliche Beziehung herzustellen, eine tiefe Harmonie zu erreichen. Man durchdringt sich gegenseitig mit der Persönlichkeit des anderen, nimmt dessen Anwesenheit im wirklichen Sinn des Wortes wahr, empfindet sich als Gesamtheit und läßt das Geschlecht des anderen (was nicht gleichbedeutend ist mit Geschlechtsorgan) in sich eindringen. Dieses sich dem Partner Öffnen genügt, oft ohne die kleinste erotische Geste, jenen subtilen Kontakt herzustellen, den Strom fließen zu lassen. Wenn die Frau sich des im Mann verborgenen Männlichen bewußt wird, wird sich ihre *rati* (Leidenschaft) aktivieren, und umgekehrt wird bei ihm die *virya* (Virilität) erwachen. Die Liebkosungen und die ganze erotische Klaviatur des klassischen Vorspiels brauchen deshalb nicht verworfen zu werden, aber sie haben nur dann wirklich Sinn, wenn jene Beziehung sich einstellt – und damit werden sie beinahe überflüssig.

Wenn *rati* und *virya* erwachen, öffnet sich die *yoni*, und gewährt dem Mann Einlaß. Der *lingam* soll nicht eindringen, er soll langsam aufgenommen werden.

Allan Watts hat das genau verstanden. In *Natur – Mann und Frau* schreibt er: »Wenn das Paar sich so nahe ist, daß die Geschlechter sich berühren, genügt es, ruhig und ohne Hast zu bleiben, damit die Frau zu ihrer Zeit das Glied aufnehmen kann, ohne aktiv penetriert zu werden.«

Durch die kontrollierten Kontraktionen der *yoni* wird der *lingam* aufgenommen; die Shakti spürt, daß der Mann von nun an Teil ihrer selbst ist, daß beide nun ein Körper, ein Wesen sind, sich wieder im ursprünglichen androgynen Zustand befinden. Wieviel Zeit braucht es, um das zu »vollbringen«? Eigentlich gibt es nichts zu vollbringen, es genügt zu warten, so daß die Dinge geschehen!

Unsere doppelte Sexualität

Unsere Sexualität hat zwei Pole: einen Pol »Gattung« und einen Pol »Individuum«. Der Pol Gattung befindet sich im unteren Teil des Körpers, in den Genitalien (*muladhara* und *svadisthana chakra*). Sie sind die unsterbliche Enklave der Gattung in uns, deren einziger Zweck die Fortpflanzung, der Fortbestand der Rasse ist. Der Pol Individuum befindet sich am anderen Ende der Wirbelsäule, im Gehirn, es ist der tausendblättrige Lotos, der *sahasrara chakra*, der Sitz der Individualität, des Ich.

Die Sexualität der Gattung, deren Träger die Genitalien sind, ist der nicht zu unterdrückende Lebenstrieb, der für die Vermehrung allen Lebens auf dem Erdball sorgt, sie ist die *kundalini* des Tantra.

Diese fundamentale, animalische Sexualität – was nicht abwertend gemeint ist – löst bei der Frau an den fruchtbaren Tagen des Zyklus ein heftiges Begehren aus. Angeboren und programmiert, bestimmt es in der mit dem Mann vereinten Frau auch das instinktive Sexualverhalten, das beinahe mechanisch die rhythmischen Bewegungen des Beckens und die Kontraktionen der Vagina auslöst, um das befruchtende Sperma zum Erguß zu bringen und den Plan der Schöpfung zu erfüllen.

Dieser zwingende Impuls ist evident und wohlbekannt. Der andere, spezifischer menschliche Trieb des Pols Individuum bleibt häufig verborgen oder wird mit dem ersten verwechselt. Für das tantrische *maithuna* aber ist ihre Unterscheidung wesentlich. Gewiß verkennt das Tantra weder die Macht noch den vitalen Charakter des Pols »Gattung«, aber das Ziel des rituellen *maithuna* ist nicht die Fortpflanzung. Denn der Fortbestand der Gattung könnte mit nur wenigen Vereinigungen im Zeitraum eines Lebens gesichert werden. Theoretisch würden, über zwanzig Jahre verteilt, zwanzig Ejakulationen zum »richtigen« Zeitpunkt ausreichen, eine ansehnliche Sippe von zwanzig Nachkommen zu zeugen, und noch mehr, wenn darunter Zwillinge sind. Von dieser Fortpflanzungslogik ausgehend, verbieten so prüde Sekten wie Hare Krishna den Geschlechtsverkehr, es sei denn unter Eheleuten einmal im Monat. Selbst Gandhi vertrat diese antitantrische Auffassung.

Eine andere Sexualität

Tantra erkennt beide Formen der Sexualität an, unter deutlicher Bevorzugung der nicht rein reproduktiven. Ort und quasi mechanischer Reflexcharakter der Sexualität der Gattung lassen sich gut an der Gottesanbeterin veranschaulichen. Es heißt, daß sie während der Paarung mitunter den Kopf des Männchens abtrennt, da sie es für zu wenig »aktiv« hält: So eliminiert sie den Pol Individuum, unterdessen der Pol Gattung den Koitus mit gesteigerter Kraft weiterführt und das Weibchen befruchtet... welches das Männchen anschließend verschlingt! Allerdings halten dies manche Entomologen für eine Legende.

Durch Experimente jedoch ist belegt, daß die Männchen bestimmter Schmetterlingsarten unerschütterlich die Paarung fortsetzen, wenn man ihren Kopf vom übrigen Körper abtrennt, was ganz deutlich die Autonomie des Pols Gattung gegenüber dem des Gehirns beweist.

Eine Tatsache ist auch, daß Querschnittgelähmte Erektionen haben und in der Lage sind, Kinder zu zeugen: Da das Rückenmark durchtrennt ist, funktioniert hier allein der Pol Gattung, und es gelangt keine Empfindung ins Gehirn.

Der Pol Individuum hat daher seine eigene, vom animalischen Trieb des Pols Gattung wohlunterschiedene Sexualität. Indirekt genital, fußt auch sie auf der Polarität der Geschlechter. Die Erotik, die sich zur rein genitalen Sexualität verhält wie die Feinschmeckerküche zum animalischen Hunger, ist Ausdruck der Sexualität des Pols Individuum.

Paradies und Hölle

Was meint die Physiologie zu diesen Ausführungen? Nun, sie bestätigt die tantrische These: Das Zentrum der zerebralen Sexualität, der sexuelle Pol Individuum existiert, ist lokalisierbar und lokalisiert! Er ist auch der Pol der Glückseligkeit, der Ekstase.

Der amerikanische Forscher Olds hatte wieder einmal eine Elektrode ins Gehirn einer Ratte eingepflanzt, um festzustellen, wie sich die elektrische Stimulation bestimmter Zonen auf ihr Verhalten auswirkt. Wahlweise konnte er bereits Wut, Angst, Benommenheit und Apathie elektrisch hervorrufen. Nun verhielt sich aber an jenem Tag die Ratte recht sonderbar und ungewöhnlich. Weit entfernt, den Menschen zu fliehen, kehrte sie beharrlich zurück an den Ort, wo Olds die Stimulation ausgelöst hatte: Offenbar empfand sie höchste Lust, war sie im »Paradies«, um das Wort von V. Lévy aus Leningrad zu benutzen. Olds lokalisierte auf diese Weise weitere »Paradies«punkte, die ein Kreuz im Hypothalamus, nahe der Hirnbasis bilden. Aber er entdeckte leider auch eine zerebrale »Hölle«, deren elektrische Erregung das Tier terrorisierte; und sein Verhalten signalisierte: »Nur das nicht mehr, um keinen Preis!«

Die Natur ist jedoch barmherzig: Im Gehirn der Ratte ist das Paradies siebenmal größer als die Hölle. Solche zerebralen Paradies- und Höllenzonen hat man bei Fischen, Vögeln, Katzen, Hunden, Delphinen, Kaninchen und anderen Tieren lokalisiert.

Für das Tantra sind diese Entdek-

Doppelte Sexualität

kungen aufschlußreich. So hat Olds auch festgestellt, daß gesättigte Tiere weit weniger Glück empfinden, wenn man ihr Paradies stimuliert. Haben sie dagegen Hunger, ist ihre Lust größer, was die tantrische Behauptung stützt, daß durch das »große Fressen« der Eros beeinträchtigt wird. Das verbietet freilich dem Menschen nicht den Genuß raffiniert zubereiteter Nahrung, vorausgesetzt, man hält Maß. Die Karikatur vom feisten und rotgesichtigen Mönch bestätigt, daß grobe Tafelfreuden und Völlerei die Sexualität kompensieren und die Enthaltsamkeit erleichtern!

Nach Olds haben andere Forscher Tieren beigebracht, sich selbst zu erregen, indem sie ein Pedal bedienen, das die elektrische Erregung im Gehirn auslöst. Das ist übrigens einfach zu bewerkstelligen: Es genügt, daß das Tier zwei- oder dreimal das Pedal betätigt, um es fortan kaum noch zu verlassen! Es stimuliert sich unaufhörlich und gönnt sich einen Orgasmus nach dem anderen – bis zur Erschöpfung! Eine weitere entscheidende Feststellung ist die, daß die Auslösung der elektrischen Orgasmen von den Sexualhormonen abhängt. Kastraten hören auf, sich zu stimulieren, spritzt man ihnen aber männliche Hormone, beginnen sie damit von neuem.

Im tantrischen *maithuna* stimuliert die starke und fortgesetzte Erregung des Pols Gattung die Keimdrüsen und intensiviert die Produktion männlicher Hormone, die für die größtmögliche Aktivierung des Paradieses oben im Gehirn unerläßlich sind.

In seinem Kommentar über die Oldsschen Experimente erkennt Lévy an: »Lassen wir den Ratten Gerechtigkeit widerfahren. Solange es möglich war, blieben sie vernünftig und strebten gleichermaßen danach zu essen wie sich an elektrischer Selbsterregung zu delektieren, außer wenn die Elektrode sich an Punkten des Gehirns befand, deren Erregung sie alle anderen Freuden des Lebens vergessen ließ.«

Olds hat darüber hinaus festgestellt, daß diejenigen Ratten, die wenig aßen, aber sich selbst erregten, stärker und munterer waren: Die »Elektromanie« – ich würde sagen, die Stimulation des Pols Individuum – machte sie aktiv, energischer, als strömten ihnen durch diese Lust neue Kräfte zu; das ist zu vergleichen mit der Tatsache, daß die Tantriker beiderlei Geschlechts selbst im vorgerückten Alter erstaunlich jugendlich, vital und dynamisch sind.

Eine Frage stellt sich: Lassen sich diese Forschungsergebnisse auf den Menschen übertragen? Vielleicht können uns unsere tierischen Verwandten darüber Auskunft erteilen. Lévy, der Primaten erforscht hat, schreibt: »Dieser in seinem Spezialsessel sitzende Affe leidet nicht im geringsten und versucht nicht, sich loszumachen. Im Gegenteil, seinem Verhalten nach zu urteilen, erlebt er die schönsten Augenblicke seines Lebens. Er befindet sich im siebten Himmel! Er trägt einen Helm, aus dem in seinem Hirn eingepflanzte Elektroden kommen. Man sorgt sich um so weniger, als John Lilly, der für seine ›Menschlichkeit‹ gegenüber Tieren und als großer Kenner der Delphinsprache bekannt ist, die Experimente durchführt. Das Tier befindet sich auf dem Gipfel der Wonne, weil der Strom die in sein ›Paradies‹ eingelassene Elektrode durchläuft. Mit kurzen Unterbrechungen, um hastig etwas zu essen, oder sogar während des Essens, schickt er sich zwanzig Stunden lang den elektrischen Strom ins Gehirn, danach schläft er erschöpft ein. Sobald er erwacht, betätigt er von neuem unablässig das Pedal. Er ist nicht wiederzuerkennen. Einst ängstlich und jähzornig, ist er zutraulich und heiter geworden; er streichelt die Hand des Wissenschaftlers, statt sie zu kratzen.

[...] Entspricht die zerebrale Selbsterregung eines Tiers dem, was wir als einen groben Genuß betrachten, so ist möglicherweise in anderen Fällen sein innerer Zustand vergleichbar mit den nicht ausdrückbaren Empfindungen von Glückseligkeit, Enthusiasmus, Ekstase, die wir aus unterschiedlichen und komplexeren Gründen haben.«

Man könnte sich weitere Fragen stellen: Beweist das Gesagte, daß das Paradies erstens erotisch ist, zweitens unseren zweiten sexuellen Pol darstellt und drittens auf den Menschen anwendbar ist? Die Antwort lautet ja. Zum Beweis noch einmal Lévy: »Der erste Fall von (zufälliger) menschlicher Elektromanie ist von der Neurochirurgin Natalie Bekhtereva in Leningrad beobachtet worden. Eine Kranke, deren Paradiespunkte man mehrfach erregt hatte, begann alles daranzusetzen, dieselbe Empfindung zu wiederholen. Sie versuchte, sich so häufig wie möglich im Laboratorium aufzuhalten, knüpfte mit den sie behandelnden Ärzten Gespräche an, lauerte ihnen auf. Sie griff zu verschiedenen Tricks, zeigte Unzufriedenheit und Ungeduld, betrug sich provozierend. Mehr noch, die Patientin verliebte sich unsterblich in den Leiter des Experiments, verfolgte ihn auf besonders unangebrachte Weise mit ihren Aufmerksamkeiten, indem sie ihm übertriebene Dankbarkeit für seine Bemühungen bezeugte... Das ist eine Warnung!« Ich denke, Sie werden mir beipflichten, daß dies, auch wenn es sich hier um eine Kranke handelt, die erotische und orgasmische Natur des zerebralen Paradieses, folglich des Pols Individuum, bestätigt.

Am Rande bemerkt: Ich zitiere V. Lévy deshalb so gern, weil die sowjetische Wissenschaft kaum Vorurteile gegen Spiritualität kennt, was folgender Bemerkung besonderes Gewicht verleiht: »Man hat zuweilen den Eindruck, daß in vielen Fällen die moderne Wissenschaft, die das Gehirn und das psychische Leben zum Objekt hat, lediglich von einer anderen Seite an Phänomene herangeht, mit denen wir im Leben ständig zu tun haben und die man leicht selbst begreifen könnte, wenn man sich auf die Introspektion und die elementarste Beobachtung beriefe. Tatsächlich, so scheint es, hätte man die Existenz der zerebralen Systeme schon lange feststellen können, ohne Elektroden ins Gehirn versenken zu müssen.«

Das Tantra teilt diese Ansicht: Seit Jahrtausenden erforscht es dieses fremde und faszinierende Universum des Menschen und seiner Psyche, ohne deshalb Elektroden ins Gehirn einzupflanzen. Da nun aber diese Experimente angestellt wurden, sollten wir sie zur Kenntnis nehmen und festhalten, daß sie die tantrische These bestätigen.

Ehe wir die tantrischen Implikationen unserer doppelten Sexualität prüfen, gedenken wir der Warnung Lévys, die sich der Wissenschaftler Delgado, jener Zauberlehrling der Universität Yale (USA), zu Herzen nehmen sollte. Dieser treibt das vorgenannte Experiment um eine (riesige!) Stufe weiter, indem er die Elektroden in den Affengehirnen auf Dauer dort beläßt, um sie dann per Funksignal zu stimulieren: So wird das Tier zu einem ferngesteuerten Zombie, der dem Wissenschaftler blind gehorcht. Nun gibt es einen kaum erbsengroßen Fernstimulator, entwickelt vom Forschungszentrum der Universität Atlanta (Georgia, USA), der unter der Kopfhaut eingepflanzt wird. Vorläufig beschränken sich die Experimente auf Affen, aber die NASA denkt bereits darüber nach, daß die Fernstimulation das ideale Mittel wäre, um das Verhalten der Astronauten direkt von der Erde aus zu steuern. Man könnte sie dazu bringen, einzuschlafen, zu essen, gleichgültig gegen die Einsamkeit zu werden und ihre Aufmerksamkeit in gefährlichen Situationen auf das Zehnfache zu verstärken. Glücklicherweise sind diese Geräte keinem gewöhnlich Sterblichen zugänglich, aber man könnte auf diese Weise fließbandmäßig unerschrockene Krieger, Superkamikazes, oder – im Gegenteil – brave, gefügige Bürger und Schlimmeres »fabrizieren«. Die Elektrostimulation könnte schließlich die absolute Droge der Zukunft werden.

Das Tantra hingegen zielt darauf ab, den Menschen zu befreien, indem es ihm einen direkten und selbstkontrollierten Zugang zu seinem psychischen Energien verschafft: Der Tantriker ist der Antipode eines ferngesteuerten Roboters.

Die höchste Ekstase

Die beiden Sexualitäten lassen sich aufgrund einer weiteren Tatsache unterscheiden: der der erotischen Träume. Es kommt vor, daß man im Traum weit intensivere sexuelle Gefühle, ja psychische Orgasmen erlebt als in der Beziehung mit einem realen Partner. Nun ist die traumhafte Ekstase typisch für den Pol Individuum: Entstanden aus mentaler Imagination, ist sie psychischer Natur, obgleich der Orgasmus im Traum das Gehirn durch seine Echos am Pol Gattung – an den Genitalien – überschwemmt. Bei jungen Männern, die von ihren Frauen getrennt sind (Soldaten, Gefangene, Seeleute), münden solche Träume oft in das, was man eine Pollution nennt.

Klar voneinander unterschieden, sind die beiden Sexualitäten dennoch miteinander verbunden, denn auch der umgekehrte Fall tritt auf: Eine gefüllte Harnblase, die eine Erektion hervorruft, kann einen erotischen Traum auslösen.

Letztlich möchte Tantra seine Anhänger zur totalen Ekstase gelangen lassen, in der die orgastische Erfahrung des Pols Gattung – unser großes energetisches Zentrum – mit der geistigen Ekstase des Pols Individuum verschmilzt, so daß die eine die andere nährt und stimuliert. Deshalb werden im Tantra die Genitalzonen bewußt und kontrolliert erregt. Die so am Pol Gattung erweckte *kundalini* wird dann gedanklich über die Wirbelsäule bis zum zerebralen Pol *(sahasrara chakra)* geleitet, wo ihre Begegnung mit den »paradiesischen« Zentren die höchste Ekstase auslöst.

In der metaphorischen Sprache des Tantra findet nun die geheime Vermählung von Shakti-Energie und Shiva-Bewußtsein im tausendblättrigen Lotos statt.

Um den Pol Individuum und durch ihn hindurch den Pol Gattung zu stimulieren, bedarf es keiner Elektroden! So ist der Besucher, der sich einen Pornofilm anschauen möchte, am Kinoeingang im allgemeinen ruhig, aber schon bald erregt die erotische Phantasie seinen geistigen Pol, mit Reaktionen im genitalen Pol, die man nicht zu erläutern braucht...

Eine tantrische Situation? Ganz und gar nicht. Die Tantriker sind keineswegs prüde, aber die Pornographie ist nicht ihre Sache. Wenn ich trotzdem davon spreche, dann, um deutlich zu machen, wie leicht es ist, die Energie des Pols Gattung mit einer geeigneten mentalen Vorstellung zu aktivieren. Nun bedient sich der Tantriker oftmals der erotischen Phantasie, zunächst, um den Pol Gattung zu stimulieren, dann, um den angeregten sexuellen Fluß über die Wirbelsäule zum zerebralen Pol zu leiten. Dies geschieht hauptsächlich durch die *kriyas*, jene geistigen Prozesse, die dazu beitragen, alle Energien – sexuelle und andere – im Körper zu kanalisieren.

Mit welchem Ziel? Um dadurch zur Lust zu gelangen? In gewissem Sinn ja, denn im Tantra rückt sie den Menschen dem Höchsten, dem Letzten näher. Noch einmal Lévy: »Dostojewski empfand kurz vor seinen epileptischen Anfällen eine unsagbare Ekstase, eine höchste Lust, eine göttliche Wahrheit; einen kurzen Augenblick lang schien sich ihm der Sinn alles Existierenden zu enthüllen. Bei manchen Individuen kann dieser Zustand bisweilen sogar durch die Musik, auch und gerade, wenn sie rhythmisch ist, erzeugt werden.«

Diesen Satz sollte man noch einmal lesen und ihn dann meditieren. Er allein rechtfertigt bereits die sexuellen Riten im Tantra als den direktesten Weg zur Ekstase, die »erleuchtet« und in einem Aufblitzen das Geheimnis von Sein und Kosmos enthüllt, und zwar ohne Elektroden oder epileptischer Anfall! Auch Musik kann Ekstase auslösen, von daher ihre Rolle im tantrischen Ritus, um so mehr, als die indische Musik sehr erotisch ist. Angemerkt sei noch, daß bei Dostojewski diese ekstatische und hellsichtige Vision kurz vor einem epileptischen Anfall auftrat, einem zerebralen Vorgang – ein Phänomen also, das zum Pol Individuum gehört.

Wie der epileptische Anfall das gewöhnliche Bewußtsein verdunkelt, so findet auch das Auftreten einer kosmischen Vision auf einer anderen Bewußtseinsebene statt. Die Glückseligkeit sowie der Übergang zu einem anderen Bewußtseinszustand sind Bedingung, um letzte Wirklichkeiten zu erfahren.

Der Ausdruck »ein anderer Bewußtseinszustand« mag mysteriös klingen, ja bisweilen Angst machen, wie alles Unbekannte, zumal, wenn es sich um Epilepsie handelt. Aber der Übergang von einer Bewußtseinsebene zur anderen ist eine alltägliche Begebenheit, die auch dann auftritt, wenn man einschläft und träumt. Und wer hat normalerweise schon Angst vor dem Einschlafen?

Die einigende kosmische Erfahrung

Das Tantra weiß seit jeher, daß die Akme der sexuellen Vereinigung die Lust in eine unvergleichliche Wonne verwandelt und das gewöhnliche Wachbewußtsein – Sitz meines Ich, meines Ego – ausschaltet. Der Wechsel der Bewußtseinsebene ist daher ein erprobtes Mittel, das Ego zu transzendieren und zur einheitlichen kosmischen Erfahrung zu gelangen. Das Überschreiten der Ichgrenzen geschieht ohne Kasteiung, ohne aufgezwungene Askese, die häufig mehr Probleme schafft als löst.

Sie haben sicher bemerkt, daß ich zur Bezeichnung dieser Grenzerfahrung das zu eindeutige und zugleich zu weitgefaßte Wort Orgasmus vermieden habe und lieber von Akme spreche. Tantra lehnt den gewöhnlichen Orgasmus nicht ab, sieht ihn aber in zu großer Abhängigkeit von den genitalen Reflexmechanismen, was ihn der bewußten Kontrolle entzieht. Letztlich ist der Orgasmus bei der Frau eine Art Spasmus, der fast so wenig zu unterdrücken ist wie die Ejakulation beim Mann. In der geheimnisvollen tantrischen Alchemie verzichtet Shakti nicht auf den genitalen Orgasmus, vorausgesetzt, sie läßt Shiva nicht die Kontrolle verlieren: Sie soll nach und nach über den gewöhnlichen Orgasmus hinausgelangen, damit die so erweckte Energie die »Paradieszone« des Gehirns aktiviert. Ebenso soll Shiva über die Ejakulation hinauskommen, was als erstes Beherrschung verlangt. In beiden Fällen ist Akme dieser psychische Orgasmus.

So treffen sich in der tantrischen Erfahrung unsere beiden Sexualitäten, die genitale mit ihrem Orgasmus und die zerebrale mit ihrer Akme. Vorrangig ist indes das »Paradies«, das allein die Pforten zum Kosmischen zu öffnen vermag.

Es kommt vor, daß Frauen auch ohne tantrische Initiation zu einer ähnlichen Erfahrung gelangen. Hier die Beschreibung einer Frau: »Meine ersten Empfindungen konzentrieren sich in der Genitalgegend, danach breiten sie sich in großen Wellen in meinem ganzen Körper aus. Ich bin ganz Empfindung, ganz Sensibilität. Manchmal habe ich den Eindruck, ich möchte singen, als würden die Empfindungen die Stimmbänder gewinnen und sie in die Schwingung einer Tonart bringen, die noch zu entdecken bliebe...

Ich habe ein wundervolles Gefühl von Erfüllung. Es ist schwer zu beschreiben... In meinem ganzen Körper ist Elektrizität, und ich erlebe intensiv das körperliche und geistige Vereintsein mit dem anderen. Es kommt vor, daß ich zu Gott bete, daß ich mit Ihm eins bin, es ist die Lust der Ekstase!

Diese Art von Orgasmus ist für mich ein metaphysischer Sprung in eine andere Welt, eine religiöse Welt ... es ist, als würde ich einen Berg erklimmen. Alles geschieht hauptsächlich in meinem Kopf, der von Gefühlen überschäumt und mich zwingt, mich emotional ganz in der Nähe des Mannes zu halten, mit dem ich zusammen bin.

Der Orgasmus ist eine bezwingende Empfindung von Licht. Dieses Licht geht von seinem Kopf aus und in meinen hinein, und auch ich sende Licht aus... ich bin geblendet von dem Lichtglanz, der hinter meinen Augen aufscheint. Alles ist Licht in meinem Körper, und ich sehe nichts mehr als diese Erleuchtung, ich höre nichts mehr, ich spüre nichts Genaues mehr ... aber jedes Blutkörperchen fängt zu tanzen an, jede meiner Poren erstrahlt ... und die Spinnen in den Schränken, die Ameisen auf dem Boden müssen sich glücklich fühlen, daß sie eine solche Überschwemmung von Liebe empfangen.« (*Hite Report*)

Zu diesem Text findet man leicht Zugang, wenn man weiß, daß es zwei Sexualitäten und zwei Typen von Erfahrung gibt. Offensichtlich hat diese Shakti unwissentlich ihre *kundalini* aktiviert; ihr genitaler Orgasmus war die erste Zündstufe der Rakete, die sie in die »paradiesische« Erfahrung geschleudert hat. Sie siedelt diese Erfahrung ausdrücklich eher in ihrem Gehirn als in ihrer *yoni* an. Außerdem ist ihr Erleben spirituell, kosmisch, sogar mystisch, aber es ist wenig wahrscheinlich, daß sie bei jeder Begegnung soweit vordringt, und dasselbe gilt im Tantra. Shiva muß wissen, daß Shakti, wenn sie dorthin gelangt – der ekstatische Ausdruck ihres Gesichts zeigt es ihm –, vom Pol Gattung abgekoppelt ist: In diesem Fall besteht das einzige intelligente Verhalten für Shiva darin, sich nicht mehr zu bewegen und psychisch am Erleben der Shakti teilzunehmen.

Tantra »demokratisiert« gewissermaßen diese Erfahrung dank seiner Methoden und Rituale, welche die notwendigen physischen und mentalen Bedingungen schaffen. Nicht jede Frau wird sofort diesen Grad an Erfahrung erreichen, auch nicht die Tantraadeptin, aber jede Frau ist potentiell dazu in der Lage. Hierzu zwei Anmerkungen. Die Akme ist keine obligatorische Eintrittskarte, um den Zustand kosmischer Verschmelzung zu erreichen (vgl. das Kapitel »Der Weg des Tals«, Seite 331). Wenn die Frau ihre empfindsamen Genitalmuskeln trainiert und das *maithuna* mit einem Mann, der sich kontrollieren kann, ausübt, wird ihre doppelte Sexualität nach und nach befreit. Diese Erfahrung geht schrittweise vonstatten, und im besten Fall teilt sie sie mit ihrem tantrischen Partner.

Zum letzten Punkt möchte ich Sie noch auf die Kapitel über die tantrische Praxis verweisen.

Die erotische Meisterschaft der Frau

Merkwürdig, weshalb wollen Evas Töchter, unsere Gefährtinnen, Frauen sein und nicht weiblich, während der Mann eher stolz darauf ist, männlich zu sein?

Zweifellos deshalb, weil die Frau sexuell eine Ausnahme bildet und als solche den weiblichen Tieren nicht vergleichbar ist, während der Mann sich, von ein paar Kleinigkeiten abgesehen, verhält wie alle anderen männlichen Geschöpfe auf dem Erdball.

Worin ist die Frau einzigartig? Zunächst haben alle weiblichen Tiere ausgeprägte Brunstzeiten. Wenn eine Hündin läufig ist, bleibt das nicht unbemerkt! Selbst wenn man sie einsperrt, sind alle Rüden des Viertels auf den Beinen und belagern das Haus. Für das Leben in der menschlichen Gesellschaft ist es ein Glück, daß die Frau keine Brunst kennt. Eine Frau als »Hündin« zu bezeichnen, ist ein schlimmes Schimpfwort. In den USA ist die Betitelung mit »son of a bitch« – Sohn einer Hündin – die größte Beleidigung. Sie verunglimpft die Mutter, das geheiligte Wesen. Nun, die Biologie rechtfertigt diese Reaktion, denn die Frau unterscheidet sich schlichtweg von **allen** weiblichen Lebewesen. Ich wiederhole: Daß die Frau keine Brunst kennt, ist einzigartig in der Natur. Die geschlechtliche Erregung, die die Ovulation anzeigt, ist beinahe verschwunden. Die wenigen rudimentären Ansätze sind so unauffällig, daß sie im allgemeinen unbemerkt bleiben: Während der fruchtbaren Tage sondert die Vagina etwas mehr farbloses Sekret ab, die Temperatur steigt um ein Grad, die Brüste sind empfindlicher, aber das ist schon alles. Um das zu bemerken, muß sich die Frau wirklich beobachten und jeden Tag ihre Temperatur messen. Von der Meerkatze etwa geht in dieser Zeit ein starker sexueller Geruch aus, der die Männchen unwiderstehlich anzieht und erregt; ihre Genitalien sind angeschwollen, und sie fordert aktiv zum Koitus auf. Nichts von alldem bei der Frau.

Trotzdem die weiblichen Primaten mit der Frau manches gemeinsam haben, etwa die Klitoris und einen recht ähnlichen Monatszyklus, versetzt die Ovulation diese nur für etwa zehn Tage in Hitze. Paviane oder Schimpansen geben sich dann ausschließlich dem Sex hin, paaren sich promiskuitiv mit

Eine andere Sexualität

mehreren Männchen und lassen dabei alle Anzeichen heftiger Lust erkennen. Als unausweichliche Konsequenz dieses Verhaltens, dessen einziges Ziel die Fortpflanzung ist, werden sie trächtig. Von da an findet kein Sex mehr statt, weder während noch nach der Tragzeit, nicht einmal nach der Entwöhnung des Jungtiers. Also keine Liebhaber, keine Liebe vor Ablauf von zwei bis drei Jahren, was das Sexualleben im Lauf eines Affendaseins auf ein paar Wochen reduziert.

Die männlichen Primaten paaren sich etwa einmal im Monat und sind damit privilegiert unter den Säugetieren, die nur eine Begattungsperiode pro Jahr kennen. Verglichen mit den männlichen Primaten weist der Mann deutlich das größte Glied auf. Der Penis eines zweihundertfünfzig Kilo schweren Gorillas nimmt sich neben dem von Tarzan eher schmächtig aus: er hat allerhöchstens Knabengröße!

Ist die Frau also sexuelle Meisterin auf allen Gebieten? Unbestritten! Gewiß, wir leben nicht mehr in einer – übrigens gar nicht so weit zurückliegenden – Zeit, in der sie kein oder kaum Begehren zeigen durfte und es sich nicht schickte, daß eine »ehrbare« Frau einen Orgasmus hatte; der war den Freudenmädchen vorbehalten. Heute aber ist es fast zur Zwangsvorstellung geworden, in jedem Fall und um jeden Preis einen Orgasmus erlangen zu müssen. Und dennoch, selbst in unserer vermeintlich so liberalen Epoche glaubt man noch immer, Frigidität sei ein weibliches Los; niemand sagt von einem Impotenten, er sei frigide! Die »frigide« Frau hat ein falsches Bild von sich, zumeist ist ihre Sexualität verschüttet von der ebenso repressiven wie heuchlerischen patriarchalen Moral. Abgesehen von äußerst seltenen Ausnahmen ist die weibliche Frigidität immer erworben.

An anderer Stelle dieses Buches erwähne ich, daß es keine gefühlskalten Frauen, sondern nur »abkühlende« Männer gibt, vor allem durch Ungeschicktheit und vorzeitiges Ejakulieren. Theoretisch ist keine Frau wirklich frigide, und jede könnte sexuell aktiv sein und problemlos zum Orgasmus kommen. Dennoch gibt es gehemmte Frauen, ohne daß der Partner persönlich dafür verantwortlich wäre. Der Ursachen sind viele; sie reichen von der puritanischen Erziehung bis zum Fehlen einer sexuellen Erziehung.

Hat die Natur dann die Frau für die Liebe und die Erotik geschaffen? Helen E. Fischer schreibt in *The Sex Contract*: »Unsere Gattung ist dem Sexus geweiht. Man spricht und lacht darüber, man besingt ihn, man liebt sich regelmäßig ... Warum? Weil die Frau ständig erregt werden kann. Körperlich kann sie jeden Tag ihres ganzen Erwachsenenlebens lieben, selbst wenn sie schwanger ist. Wenige Tage nach der Niederkunft beginnt ihr Sexualleben von neuem. Sie kann lieben, soviel sie will. Das ist außerordentlich. In einer Gattung mit geschlechtlicher Fortpflanzung paart sich kein weibliches Wesen in diesem Rhythmus ... (S. 3).

Eine bemerkenswerte List der Evolution ist das Fehlen des Östrus, so daß die Frau nicht weiß, wann sie fruchtbar ist. Ein Paar, das sich ein Kind wünscht, muß sich regelmäßig lieben.

Erotische Meisterschaft der Frau

Es ist, als wollte die Natur, daß die Frau täglich liebt, denn sie hat dafür eine besondere Befähigung.

Erst um 1950 haben die Forscher einen zweiten Vorzug der Frau entdeckt. Nicht nur kann sie mit eindrucksvoller Regelmäßigkeit lieben [...], sondern der Sex gibt ihr auch eine unermeßliche Lust – weit mehr als dem Mann –, denn die Natur hat sie mit der Klitoris, einem allein dem Eros dienenden, hochsensiblen Nervenfaserbündel ausgestattet. Überdies laufen vier oder fünf sehr dichte Venennetze in ihren Genitalmuskeln zusammen, und in der Liebe heben diese sensiblen Adernbündel ihre erotische Leistungskraft von der des Mannes ab.

Wenn die Frau erregt ist, strömt das Blut in ihre Genitalien und in den ganzen Beckenraum. Dann öffnen sich die Nervenfaserbündel, und während die Muskeln die Klitoris umspannen, schwellen der Scheideneingang und der Anus unter dem Strom heißen Blutes an.

Das elastische Gewebe, das den Scheideneingang umgibt, schwillt auf das Dreifache seiner normalen Größe an, das Volumen der Vulva verdoppelt sich, alle Muskeln der Genitalzone füllen sich mit Blut.«

Ist das, was Helen E. Fisher hier beschreibt, nicht das weibliche Äquivalent zur männlichen Erektion ... falls nicht im Gegenteil die männliche Erektion die vaginale Schwellung kopiert?

Daraufhin vergleicht sie den männlichen mit dem weiblichen Orgasmus: »Plötzlich begehrt das gespannte Gewebe auf. Von Flüssigkeit und Blut durchflutet, wird ihm der Druck zu hoch, und es zieht sich zusammen, um ihn loszulassen.

Zuerst erbebt die Gebärmutterwand, gleich gefolgt von den Muskeln im ersten Scheidendrittel, vom analen Schließmuskel, von der Vaginalöffnung und der Klitoris. Halbsekundenweise treibt eine neue Kontraktion in der Beckengegend Blut in den übrigen Körper. Das ist der Orgasmus.

Dasselbe Schema gilt für den Mann. Die sexuelle Erregung beginnt bei erotischen Gedanken oder Liebkosungen, dann folgt die Erektion des Penis. Wenn der Druck in den Schwellkörpern des Glieds zu heftig wird, ziehen sich die Muskeln zusammen.

Dennoch unterscheiden sich hier Mann und Frau hinsichtlich des Orgasmus. Dies bedeutet in der Evolution eine außerordentliche Wende. Während des Orgasmus verspürt der Mann höchstens drei oder vier stärkere Kontraktionen, gefolgt von ein paar weiteren, weniger heftigen, alle in der Genitalgegend. Sofort danach schwindet sein Interesse am Sex. Das Blut fließt aus dem Penis ab, er wird schlaff, und alles muß von neuem begonnen werden.

Bei der Frau verläuft der Prozeß ganz anders. Normalerweise verspürt sie fünf bis acht sehr starke Kontraktionen, dann neun bis fünfzehn schwächere, die ins ganze Becken ausstrahlen. Weit entfernt, nach dem Orgasmus den Vorgang für beendet zu halten, hat der Sex für sie erst begonnen! Im Gegensatz zum Mann schwellen die Genitalien nicht ab; wenn sie weiß, wie man es anfangen muß, kann sie

Eine andere Sexualität

beinahe sofort einen neuen Höhepunkt erreichen, danach einen weiteren und mehr – wenn sie es möchte. Je mehr Orgasmen eine Frau hat, desto mehr kann sie tatsächlich haben, und desto intensiver werden sie ...« (S. 10f.).

Helen E. Fisher behauptet, dies sei nicht der Fall bei den Amerikanerinnen, von denen die meisten nichts von ihrem sexuellen Potential ahnen; nichtsdestoweniger ist jede Frau körperlich fähig, viele Orgasmen zu erleben. Es ist einfach eine Frage der Praxis, sagt sie. Die Orgasmen können so rasch hintereinander folgen, daß sie zu einem einzigen, durchgehenden Höhepunkt verschmelzen. Helen E. Fisher ist auch der Meinung, daß vom Standpunkt der Fortpflanzung der weibliche Orgasmus unnütz, ja ungünstig ist, da seine Pulsationen nach unten gerichtet sind.

So gesehen, müßte die Überschrift dieses Kapitels lauten: »Die Frau, genetisch programmiert zur erotischen Meisterin aller Klassen.«

Da Sexualität unsere Gattung bestimmt, ist sie weder schlecht noch unzüchtig, sondern einfach Charakteristik menschlichen Lebens. Unsere Gattung kann sich der Erotik hingeben, jenem subtilen Spiel, in dem der vom animalischen Fortpflanzungstrieb befreite Sexus dem Menschen über die völlige Vereinigung im Liebesakt den Zugang zum Spirituellen eröffnet. Das weibliche Tier bemächtigt sich des Spermas, um befruchtet zu werden, mehr nicht. Jenseits der unmittelbaren Lust sucht es keinerlei Verschmelzung auf einer anderen Ebene.

Helen E. Fisher beschreibt genau, was den männlichen Orgasmus vom weiblichen unterscheidet, aber sie unterschlägt das Problem, das daraus erwächst, daß nämlich der weibliche Orgasmus erst ein Anfang ist, während die Ejakulation den Mann an das Ende der Vereinigung bringt. Nur die Kontrolle der Ejakulation stellt das Gleichgewicht wieder her, übrigens zum Vorteil beider Partner.

Wenn diese männliche Sexualkontrolle erlernt werden muß, ist sie dann nicht künstlich oder gar widernatürlich? Die Antwort lautet nein. Das Kind muß von klein auf lernen zu sprechen. Würde man bis zu seiner Jugend warten, könnte es nie wirklich die Sprache beherrschen. Der junge Hund, der ins Wasser fällt, kann schwimmen, während der Mensch, der es nicht gelernt hat, ertrinkt. Aber durch das Erlernen wird der Mensch zu einem dem Hund weit überlegenen Schwimmer.

Entscheidend und in diesem Zusammenhang kaum erwähnt wird die Tatsache, daß wir Zweibeiner sind und daher gezwungen, alles erlernen zu müssen, aber auch alles erlernen können. Wer weiß übrigens schon, warum sich unsere Urahnen auf die Hinterbeine gestellt und so zu den einzigen Zweibeinern geworden sind? Immerhin haben sich unsere Vordergliedmaßen von der Aufgabe der Fortbewegung befreit und zu Händen entwickelt, die greifen können.

Das erlaubte dem Menschen, Werkzeuge zu erfinden. Einerseits perfektionieren Hirn und Hand sich gegenseitig, andererseits begünstigt die aufrechte Haltung das Wachstum des

Schädelvolumens, folglich auch des Gehirns.

Aber das Aufrechtstehen hatte noch eine andere, einschneidendere Folge. Die Senkrechtstellung des Rückgrats verlangte eine Neustrukturierung des Beckens, die eine Verengung des Geburtskanals bedingte. Und der zu groß gewordene Kopf des Fetus verursacht eine schmerzhafte Geburt.

Während die Tiere ausgereift geboren werden – das kleine Zebra beispielsweise trabt schon kurz nach der Geburt –, kommen wir durch die Verengung des Geburtskanals als Frühgeburt zur Welt. Ein Handikap? Zu Anfang ganz gewiß. Der neugeborene Schimpanse ist in seinen ersten Lebensmonaten weitaus beweglicher, reifer und gewiefter als das noch mit einem oder sogar zwei Jahren gar so ungeschickte Menschenbaby. Das Kind erlernt mühselig das Laufen. Es braucht mehrere Jahre, bis es das wirklich beherrscht. Das Tier wird gleich nach der Geburt instinktmäßig geleitet, und das Lernen spielt, wenn es denn vorhanden ist, eine geringe Rolle. Aber das Kind besitzt, eben weil es so früh geboren wird, einen Körper und ein Gehirn von phantastischer Formbarkeit. Es hat die Möglichkeit, alles zu erlernen, sich alles anzueignen. Sehr schnell ist der Intelligenzstand des kleinen Affen eingeholt. Der ausgewachsene Affe ist das genaue Ebenbild seiner jahrtausendealten Ahnen – doch welcher Unterschied liegt zwischen dem modernen Menschen und dem Neandertaler, wenigstens hinsichtlich seiner geistigen Entwicklung!

Erziehung, Kultur, alle Zivilisationen, welche die Menschheit durchlaufen hat, durchläuft und noch durchlaufen wird, sind nur möglich aufgrund der Formbarkeit des menschlichen Geistes. Ohne sie gäbe es keine Kunst, weder Pyramiden noch Kathedralen. Der Mensch muß alles bis auf das Lächeln, das Lachen, von Grund auf lernen. Schon der Säugling kann laut lachen. Tiere sind dazu nicht fähig.

Von daher ist es eigentlich normal, unsere Sexualität zu erziehen wie alles andere auch, denn sie unterscheidet sich ja auffallend vom animalischen Trieb. Die physiologisch größtmögliche sexuelle Intensität ist gewollt, weil implizit in unseren Genen, und legitim, vorausgesetzt, sie wird ohne Drogen oder andere widernatürliche Hilfsmittel erreicht. Ich würde sagen, wenn man sie nicht erreicht, ist das eine unbewußte, aber reale Frustration, eine »Nichtverwirklichung« seiner selbst auf einem äußerst wichtigen Gebiet.

Wir sind für den Eros geschaffen

Unser Dasein als Zweibeiner beeinflußt noch in anderer Weise unsere Sexualität. Beim Vierfüßer ist das Geschlecht fast verborgen: Will man Kater und Katze unterscheiden, muß man die Tiere von nahem betrachten. Beim nackten, aufrechtstehenden Mann hingegen ist der Penis gut sichtbar. Die Venus von Milo zeigt trotz der geschickten Drapierung, die ihren Unterleib verhüllt, deutlich ihr Geschlecht. Die erotische Bedeutung der Brüste überlagert deren »Nährwert«. Erregt etwa ein schönes Kuheuter den Stier? Bei der Meerkatze zum Beispiel haben die Zitzen im Vergleich zur weiblichen Brust weder deren Größe noch deren Rundung.

Schließlich begünstigt die Beckenlage den Koitus von vorn, also von Angesicht zu Angesicht, ein Vorrecht der Menschen und, so scheint es, gelegentlich auch von Gorilla und Orang-Utan. Die Koitusstellung von vorn läßt weit persönlichere und intensivere Beziehungen zu als die der Tiere von hinten. Die Vagina ist physiologisch genau dafür eingerichtet. Das Tantra vermeidet am Anfang diese meistgebräuchliche Stellung, weil der Ejakulationsreflex zu stark mit ihr verbunden ist. Die Aufhebung der Konditionierung ist leichter, wenn man eine andere Haltung einnimmt, wobei die von vorne aber nicht verpönt ist. Übrigens findet auch die Vereinigung, bei der die Shakti auf Shiva sitzt, in dieser Weise statt.

Nun ist es an der Zeit, uns zu fragen, warum wir der kahle Affe sind, von dem Desmond Morris sprach. Wo, wann und wie, aber vor allem warum haben wir unser Fell verloren? Und mit welchen Vorteilen für unser Überleben? Auf den ersten Blick sind keine zu erkennen. Trotzdem hat es uns nicht daran gehindert, uns auf dem gesamten Erdball zu verbreiten. War es das tropische Klima des urzeitlichen Afrika, das unsere Vorfahren haarlos werden ließ? Eine plausible Erklärung, wären wir nicht die einzigen, die ihr Haarkleid eingebüßt hätten. Die Affen, die noch in den Tropen leben, haben ihr Fell behalten. Wenn es sich wirklich um eine Klimaanpassung gehandelt hätte, warum sind dann die Eskimos nicht so behaart wie die Polarbären? Sind sie behaarter als wir? Kaum. Schließlich, warum hat die Evolution Haarreste, wie Bart und Brauen und die auf dem Kopf und an den Geschlechtsteilen, bewahrt? Und warum unter den Achseln? Wo liegt der Vorteil für unsere Entwicklung und unser Überleben? Unsere Aufmerksamkeit gegenüber diesen haarigen Restbeständen verhält sich umgekehrt proportional zu ihrer Oberfläche. Der Mensch gibt Milliarden aus, um sein eigenwilliges »Fell« zu pflegen und zu erhalten – oder er versucht es wenigstens.

Mangels überzeugender Argumente sollten wir zumindest eine einleuchtende Erklärung für unser Nacktsein haben. Bei den Tieren ist der sexuelle Kontakt auf die Genitalien beschränkt; an anderen Stellen verhindert das isolierende Fell eine unmittelbare intime Berührung. Der menschliche Körper aber bietet sich mit einer mit sensiblen Rezeptoren ausgestatteten Haut für taktile Liebkosungen geradezu an. Was würde wohl aus der Liebe, wenn wir das Fell eines Gorillas besäßen?

Alles spricht also dafür, daß die menschliche Spezies, und hier insbesondere die Frau, für Sexualität und Erotik prädestiniert ist wie keine andere auf der Welt. Der Mensch ist ein von Grund auf sexuell geprägtes Wesen, das einzige, dazu befähigt, dem Geschlechtsakt andere Dimensionen als die der Fortpflanzung zu verleihen. Denn wenn wir in einem etwa vierzig

Jahre währenden Eheleben zwei Intimkontakte pro Woche zugrunde legen, kommen wir auf etwa viertausend Geschlechtsakte. So hätte eine Mutter mit vier Kindern fortpflanzungstechnisch gesehen neunhundertneunundneunzig »unnütze« Intimkontakte auf einen nützlichen, das heißt fruchtbaren, gehabt. Dies zeigt, wie sehr sich unsere Sexualität von ihrem ursprünglichen reproduktiven Zweck entfernt hat. Und diese Ablösung ist in unseren Genen programmiert.

Tantra hat das seit Jahrtausenden erkannt.

Das eingeschlechtliche Hormon des Begehrens

Das erotische Hormon des Menschen ist unisexuell (eingeschlechtlich) und männlich: Es ist das Testosteron. Eigentlich produzieren beide, Mann und Frau, gleichzeitig männliche und weibliche Hormone, wenngleich es beim Mann zehnmal mehr Testosteron und zehnmal weniger Östrogene sind als bei der Frau. Für sie gilt das Umgekehrte, aber halten wir fest, daß nur das **männliche** Hormon die Frau stimuliert.

Es ist bezeichnend, daß der Mensch hormonell für die Sexualität programmiert ist. Brunst und Paarungstrieb werden bei allen weiblichen Tieren allein durch das **weibliche** Hormon ausgelöst. Wenn man einer Katze weibliches Hormon injiziert, wird sie sofort läufig. Bei der Frau hingegen bewirkt die Injektion weiblichen Hormons kaum sexuelles Verlangen.

In der Natur ist also die Frau das einzige Lebewesen, das eine nahezu vollständige hormonale Trennung zwischen Eros und Fortpflanzung aufweist. Während die Reproduktion den Eierstöcken zufällt, welche die weiblichen Hormone produzieren, geben die Nebennieren die geringe Menge männlichen Hormons ab, die nötig ist, um das sexuelle Begehren zu wecken. Die erotische Potenz der Frau bleibt somit dank der von den Nebennieren produzierten männlichen Hormone noch lange nach der Menopause erhalten, im Grunde bis ans Ende ihres Lebens.

Was aber, wenn das Testosteron das unisexuelle Hormon des Begehrens ist, unterscheidet den Mann dann von der Frau? Die Menge des Hormons, nichts anderes. Um die Frau zu stimulieren, braucht es zehnmal weniger männliches Hormon als beim Mann, bei dem die Hoden den größten Teil davon produzieren. Ich empfehle deshalb in meinem Buch *Yoga für den Menschen von heute* die morgendliche kalte Hodendusche; sie regt die Geschlechtsdrüsen an, hält sie jung und trägt zur Reaktivierung nachlassender Sexualität bei.

Der folgende, von J. Silber berichtete Fall veranschaulicht aufschlußreich die Bedeutung des männlichen Hormons für die weibliche Sinnlichkeit und die hormonale Aufspaltung von Eros und Fortpflanzung.

Ein Paar wollte um jeden Preis ein zweites Kind. In der Sprechstunde teilte die Frau ihrem Arzt J. Silber mit, sie habe wegen einer Erschöpfung einen anderen Arzt aufgesucht, der ihr zur

Wiederherstellung der Spannkraft eine sehr hohe Dosis Testosteron verschrieben habe. Zuvor fast frigide, wurde sie schier unersättlich, und nun war der Ehemann der Erschöpfte! Von einem Baby jedoch keine Spur: Das Testosteron hatte den Eros der Frau animiert, aber gleichzeitig die Hormonproduktion der Eierstöcke gehemmt.

Für den Mann gilt das Umgekehrte nicht. Bei ihm ruft das weibliche Hormon die entgegengesetzte Wirkung hervor. Wird es einem sexuell sehr regen Mann injiziert, so verliert er jedes Interesse, und das Begehren erlischt.

Zum Schluß dieses Kapitels komme ich zu einer Frage und einer (enttäuschten) Hoffnung: Kann man Impotenz wenn schon nicht heilen, so doch verbessern, wenn man den Betroffenen männliches Hormon spritzt, um ihre sinnliche Lust anzuregen? Diese Hoffnung ist vergeblich, denn selbst bei Impotenten oder Greisen bleibt der Testosteronspiegel – bis auf höchst seltene Ausnahmen – normal. Die Ursachen der Impotenz liegen woanders. Das hindert aber einige Leute nicht daran, Ärzte durch geschickte Werbung vom Erfolg testosteronhaltiger Präparate zu überzeugen. Sie offerieren das Hormon in Pillenform, was hohen finanziellen Gewinn verspricht.

Die orale Einnahme des Hormons ist völlig unwirksam, da es von den Magensäften zerstört wird. Außerdem ist es sehr schädlich für die Leber, weshalb die »Pillendreher« die Hormondosis so gering wie möglich halten und deshalb das Medikament so unschädlich wie wirkungslos bleibt.

Tantra und Homosexualität

In den etwa dreißig Jahren Vorbereitungszeit für dieses Buch hatte ich häufig Gelegenheit, vor dem unterschiedlichsten Publikum über Tantra zu sprechen. Immer wieder war ich überrascht von den Reaktionen.

Aufgrund meiner Kritik der patriarchalen Gesellschaftsform und der Herausstellung weiblicher Werte war ich zunächst darauf gefaßt, von meinen Geschlechtsgenossen als »Überläufer« abgelehnt zu werden – was aber nicht geschah. Wenn es Widerstand gab, kam er meist von Frauen, die vor der neuen Rolle, die ihnen in einer anderen Gesellschaft zufiele, Angst hatten.

Ebenso war ich auf Mißbilligung seitens der Kirche gefaßt, vor allem was die tantrischen Sexualpraktiken anbelangte. Aber auch hier täuschte ich mich, und mehr als ein Priester sprach mir, nachdem er mich gehört hatte, seine Zustimmung aus – freilich nicht immer ganz offen.

Die dritte Überraschung für mich kam häufig aus den Reihen des Publikums, denn eine Frage bewegte es sehr: »Wie denkt das Tantra über Homosexualität?« Ist die neue Krankheit Aids für diese Frage verantwortlich? Ich meine, daß auch mancher Leser sie stellen könnte, und will darauf eingehen.

Als erstes muß man die Frage umkehren: Kann die Homosexualität das Tantra akzeptieren? Hier muß daran erinnert werden, daß Tantra a-moralisch, a-religiös, a-theistisch, a-politisch ist und so weiter. Tantra beinhaltet oder erzwingt keinerlei besondere Moral, es ist weder Religion noch Theologie. Man »bekehrt« sich nicht zum Tantrismus, man verpflichtet sich zu nichts. Tantra urteilt über nichts und niemanden.

Da nichts abgelehnt wird, liegt es beim Tantriker, seine Moral bezüglich seiner Religion selbst zu definieren. Da Tantra zudem, eingedenk des Fehlens einer dogmatischen oder zentralisierten Autorität, glücklicherweise keine organisierte Struktur besitzt, ist niemand befugt, in seinem Namen zu sprechen, nicht einmal ein Guru, der stets nur für eine tantrische Strömung steht und nicht für **das** Tantra.

Doch bevor wir die Frage beantworten, ist es wichtig, daß der Heterosexuelle den Homosexuellen versteht. Um dieses Verständnis zu erlangen, muß man klären, welche Faktoren zur Homosexualität führen und zunächst die weibliche Homosexualität von der männlichen unterscheiden, wobei die erste eher akzeptiert (oder weniger verurteilt) wird als die zweite.

Der weibliche Säugling hat eine sinnliche, daher »homosexuelle« Beziehung zu seiner Mutter, was beim männlichen Säugling nicht zutrifft. Diese sensuelle Beziehung (ich sage nicht »sexuelle« im gebräuchlichen Wortsinn!) ist sehr wichtig. Das Neugeborene ist ohne Zeitbezug. Aus dem Leib der Mutter kommend, ist es noch Teil von ihr, und jäh in eine unbekannte Welt geworfen, bedarf es der Wärme, des direkten Hautkontakts mit der Mutter. Es verhält sich damit wie ein Säugling der Urgeschichte.

Das Wort »bedarf« meint hier tatsächlich den Bedarf – etwas so Lebensnotwendiges wie Nahrung. Es muß den mütterlichen Körper nicht nur berühren können, es muß ihn auch entdecken. Es handelt sich also sehr wohl um eine sensorische und sensuelle Beziehung. Häufig, um nicht zu sagen immer, »verpackt« man es in unserer modernen Welt in Textilien, die man Kleider nennt, und es berührt eine ihrerseits »verpackte« Mutter: Die erste Frustration ist vorprogrammiert.

Anschließend verbringt es lange Stunden der Trennung, statt sich nackt an den nackten Körper der Mutter schmiegen zu können. Für das Neugeborene bedeutet das ein Entrissenwerden. Wenn es in seinem Bettchen die mütterliche Stimme hört und wiedererkennt, weil es sie bereits vernahm, als es sich noch in ihrem Schoß befand, so ist es beruhigt, doch das ersetzt nicht den Körperkontakt. Bis vor nicht allzulanger Zeit wurden Neugeborene gleich nach der Geburt von der Mutter weg in einen Raum mit schreienden anderen Babys gebracht. Das Gefühl von Verlassensein stellt sich ein und damit eine Traumatisierung. Ich bin davon überzeugt, daß dies unabsehbare Konsequenzen bis ins Erwachsenenalter hinein hat. Bei einem kleinen Knaben kann dies später dazu führen, daß seine Beziehung zu Frauen schwierig wird und er sich seinem eigenen Geschlecht zuwendet.

Unabhängig davon liegt meiner Ansicht nach eine weitere Ursache für Homosexualität in der Geschlechtertrennung. Bekanntlich ruft in Internaten, auf Schiffen und in Gefängnissen das Fehlen heterosexueller Partner eine

Eine andere Sexualität

Homosexualität »umstandshalber« hervor, die häufig verschwindet, sobald heterosexuelle Partner verfügbar sind, jedoch bisweilen auch definitiv wird.

Eine weitere Ursache der Homosexualität sehe ich in der »Inadäquanz« (ich entschuldige mich für den Neologismus) des heterosexuellen Partners. Hier ein Beispiel. Eine junge, hübsche Witwe mit zwei Kindern war homosexuell geworden. Ich fragte sie nach den Gründen, und sie antwortete mir: »Ich habe nicht die geringste Lust mehr, einen Mann zu Hause zu haben, der raucht, hustet, meckert und Sonntag morgens um Viertel nach acht auf die Schnelle in meine Vagina masturbiert.« Ich wies sie darauf hin, daß nicht alle Männer rauchten und die ganze Zeit husteten, auch wenn alle mal meckerten. Und im übrigen kann man sich statt eines Ehemanns einen Freund nehmen. Ihre Antwort war: »Wenn meine Freundin mich besucht, fällt das weniger auf als ein Männerbesuch, ich riskiere weniger Klatsch im Viertel und laufe nicht Gefahr, schwanger zu werden!« Am Ende teilte sie mir aber wohl den wahren Grund mit: »Und dann wißt ihr Männer nicht, wie ihr es anstellen sollt! Ihr seid fertig, ehe ihr angefangen habt, und ihr kümmert euch bloß um eure Lust, ihr wißt nicht, wie man zärtlich ist. Und ein schöner Frauenkörper ist was Hübscheres als so ein dickbäuchiger, haariger, schlechtrasierter und manchmal auch noch ungewaschener Mann...« Was sollte ich dem entgegenhalten, wenn nicht Tantra, das ich damals noch nicht kannte!

Oftmals münden solche Liebesbeziehungen unter Frauen in eine tiefe und dauerhafte Bindung. Man hat mir von zwei Frauen berichtet, die seit mehr als dreißig Jahren als Paar zusammenleben und miteinander so glücklich sind, daß so manches »Heteropaar« sie beneiden würde!

Ich sage dies nicht, um einen Lobgesang auf die männliche oder weibliche Homosexualität anzustimmen, sondern um zu zeigen, daß heterosexuelle Partner oftmals nicht übereinstimmen; eine Frau kann dann bei ihrem eigenen Geschlecht das finden, was sie beim anderen vergeblich sucht.

Beim Mann verhält es sich etwas anders, denn bei ihm ist die Homosexualität häufiger »angeboren« als bei der Frau. Ich komme noch darauf zu sprechen. Außer der sich aus den Umständen ergebenden männlichen Homosexualität (Häftlinge, Seeleute usw.) existiert auch hier die »Inadäquanz«, aber sie ist anders gelagert.

So erlebte Italien eine Welle männlicher Homosexualität, die der Machozivilisation zu verdanken ist, die den jungen Männern ein Bild von der Frau als gefügigem Objekt und Freiwild vermittelt. Nun entspricht die moderne Italienerin diesem Klischee immer weniger, was den Mann, der ratlos ist und nicht mehr weiß, wie er sich verhalten soll, verwirrt.

Schließlich ist die »angeborene« Homosexualität zu erwähnen. Wir wissen, daß das Ausgangsgeschlecht weiblich ist und das männliche eine Anpassung. Aber es kommt vor – beim Mann ungleich häufiger als bei der Frau –, daß sich eine weibliche Seele in einen männlichen Körper verirrt. Be-

Tantra und Homosexualität

schränken sich manche davon Betroffene auf die Travestie, so nehmen Transsexuelle langwierige, mühevolle und sogar ruinöse Behandlungen auf sich, um ihrer Frauenseele endlich einen ihr gemäßen Körper zu geben.

Ein weiterer, eher auf den Mann zutreffender Fall: In jedem Mann schlummert irgendwo eine latente, uneingestandene Sehnsucht nach seinem Frausein, und deshalb akzeptieren männliche Heterosexuelle gelegentlich die Erfahrung, »penetriert zu werden«, was in eine Bisexualität münden kann.

Und was hat das Tantra damit zu tun? Ein homosexuelles Paar ist eigentlich ein heterosexuelles, das sich dessen nicht bewußt ist. Während der eine Partner eindringt, übernimmt der andere die Rolle der Frau, Shiva–Shakti! Spüren beide den sakralen Charakter des Sexualtriebs und die göttliche Natur des Partners, so kann die Beziehung tantrisch sein. Bei homosexuellen Frauen verhält es sich ein wenig anders, obgleich auch hier oftmals eine den männlichen und die andere den weiblichen Part übernimmt. Aber die Frau vermag sehr gut die »Göttin« in jeder anderen Frau zu erkennen.

Was Tantra betrifft, so ist in den Schriften und *pujas* lediglich von Shiva–Shakti, also heterosexuellen Beziehungen die Rede. Das bedeutet nicht, daß die Homosexualität in Indien unbekannt wäre, aber nach meiner Kenntnis existiert sie nicht unter Tantrikern.

Da Tantra schließlich eine andere Sicht der Welt vermittelt, ist es nicht auf die Sexualität beschränkt. Da es keine Religion ist, kennt es keine Dogmen, und ein jeder definiert sich nach Maßgabe dessen, was er ist, hier und jetzt, ob Homo- oder Heterosexueller.

Bevor ich dieses Kapitel beende, möchte ich die »Gays« in Los Angeles und San Francisco noch erwähnen, die als erste Opfer der Immunschwäche Aids wurden, häufig durch zügellos ausgelebte Sexualität mit jährlich Hunderten von verschiedenen Partnern. Selbst mit viel Verständnis fällt es schwer, darin etwas Geheiligtes zu sehen. Dennoch, die Bekundungen von Solidarität und menschlicher Wärme, welche diese Krankheit in der Gay Community dort ausgelöst hat, sind beispielhaft. Auch das muß gesagt werden.

Am Anfang war kein Mann...

Wir Männer müssen uns wohl eingestehen, daß unser Geschlecht ein aus praktischen Gründen entstandenes Organ ist – und in vielen Fällen entbehrlich. Nur das weibliche Genitale ist für die Fortpflanzung der Vielzeller wirklich unverzichtbar.

Tatsächlich stellte sich das Problem der Reproduktion vor Milliarden von Jahren, als das Leben die Mehrzeller »erfand«, was die Entstehung vielfältiger Gattungen ermöglichte. Die Parthenogenese (Jungfernzeugung) wäre die einfachste, logischste und effizienteste Lösung gewesen. Für das biblische »Wachset und mehret euch« hat eine »parthenogenetische« Gattung das doppelte Reproduktionsvermögen, da jedes weibliche Wesen allein soviel zeugt wie ein Paar. Die Fortpflanzung ohne männlichen Beitrag wäre nämlich ein leichtes gewesen. Erwähnt sei hier der mittelamerikanische Molly, ein fingergroßer Fisch, der eher *die* Molly heißen müßte, denn die Gattung ist rein weiblich, wobei jede Tochter das genaue Abbild der Mutter ist.

V. Dröscher schreibt: »In der Geschichte der Evolution ist das Männliche eine recht späte Erfindung. Das Weibliche ist das Gebärende und wird es stets sein. Ohne das Weibliche keine Nachkommen. Man kann ohne weiteres auf das Männliche verzichten... Mit dem Männlichen wurden bestimmte Verbesserungen zum Reproduktionsprozeß beigetragen, allerdings um den Preis zahlreicher Probleme... Nicht Adam ist Eva vorangegangen, und mitnichten wurde diese nachträglich aus einer seiner Rippen gemacht, um die allegorische Darstellung der Bibel aufzugreifen, vielmehr hat es sich umgekehrt zugetragen.«

Biologisch wäre die Parthenogenese sogar beim Menschen denkbar: Es genügte, daß die Eizelle statt einer Hälfte das ganze Erbgut enthielte. Liegt hingegen keine Parthenogenese vor, *muß* die Eizelle auf die Samenzelle treffen, von daher das Problem ihres Transfers – für das die Natur eine äußerst angenehme Lösung gefunden hat.

Tatsächlich könnte man schon heute eine künstliche Parthenogenese durchführen. Wenn ich nicht irre, hat Jean Rostand, indem er Froschlaich mit einem Tröpfchen Säure stimulierte, voll ausgebildete Laubfrösche gezüchtet! Technisch wäre es möglich, dem Ute-

Am Anfang war kein Mann

rus eine menschliche Eizelle zu entnehmen, sie zu stimulieren, ohne Samenzelle zu befruchten, und wieder in die Gebärmutter einzupflanzen: Die Frau würde ein Retortenbaby ohne männliche Beteiligung zur Welt bringen. Die Natur, die um Erfindungen nicht verlegen ist, hätte sich den Mann sparen können!

Warum also das Männliche? Um das zu ergründen, betrachten wir einmal, was hypothetisch bei einer Parthenogenese geschähe. Jede Frau würde eine vertikale Linie von Nachkommen erzeugen, die mit der Mutter identisch sind. Diese Erbkette würde sich ohne jede Möglichkeit zum genetischen Austausch untereinander separat und parallel fortsetzen. Käme es bei einer der Linien irgendwann einmal zu einer vorteilhaften Mutation, dann könnte diese Linie die günstige Information unmöglich auf die anderen übertragen.

Erfinden wir dagegen den Mann, ändert sich alles. Wenn zum Beispiel bei den polygamen Affen ein Männchen mehrere Weibchen befruchtet, resultiert daraus Vermischung und rasche horizontale Verbreitung der Gene. Monogamie würde diesen Prozeß verlangsamen, aber das Ergebnis wäre dasselbe. Wenn die Männchen jedoch nur ihre Mutter oder ihre Schwester befruchteten, würde sich die Linie zum Kreis schließen. Sexuelle Spielregeln – das Inzesttabu – verhindern deshalb die vertikale Genverbreitung; denn dies hätte dieselben Nachteile wie die Parthenogenese.

Wenn bei einem Männchen eine vorteilhafte Mutation stattfindet, wird es sie auf mehrere Weibchen übertragen, und bald wird die ganze Gattung davon profitieren. Geschieht die vorteilhafte Mutation bei einem Weibchen, so werden die männlichen Nachkommen für deren Verbreitung sorgen.

Um die horizontale Verbreitung der Gene zu gewährleisten, hat die Natur das männliche Geschlecht mit einem millionenfach größeren Genpotential ausgestattet als die Frau, die günstigenfalls (?) kaum mehr als ein Kind pro Jahr zeugen könnte, während der Mann in der Lage ist, hundert, zweihundert, ja dreihundert Frauen pro Jahr zu befruchten – und mehr noch durch künstliche Besamung: Da eine Ejakulation bis zu fünfhundert Millionen Spermatozoen enthält, könnte theoretisch ein einziger Mann per Samenbank mindestens ein Jahr lang alle geschlechtsreifen Inderinnen künstlich befruchten.

Die Natur hat übrigens den Transfer günstiger Gene etwa dadurch gefördert, daß zum Beispiel bei den See-Elefanten allein das stärkste Männchen seinen gesamten Harem deckt. Nähert sich ein Rivale, kommt es zum Kampf um Revier und Weibchen. Auf diese Weise gelangen nur wenige Männchen zur Zeugung. Zur Erhaltung der See-Elefanten als Gattung ist dies natürlich von Vorteil.

Das früher dem Lehnsherrn zugestandene Recht, die Hochzeitsnacht mit jeder Neuvermählten seines Lehnsgutes zu verbringen, könnte diesem Auswahlprinzip zugrunde gelegen haben. Der Herr, der biologisch als überlegen galt, »bereicherte« so das Erbgut des künftigen Kindes durch die gnädige Spende seines herrschaftlichen Spermas.

Womöglich ist das die Erklärung für die Privilegien des erstgeborenen Sohnes, der (als einziger) ein Bastard des Lehnsherrn sein konnte und dessen »herrschaftliche« Gene sich nach und nach auf die »Minderen«, die Knechte und andere Bedienstete, vererbt haben mögen.

Bei einer hypothetisch angenommenen biologischen Überlegenheit hätte sich das Niveau des Volkes dann langsam gehoben. So betrachtet könnte man das verbriefte Recht auf die erste Nacht als menschenfreundlich bezeichnen.

Dasselbe Recht galt jedoch – wie sollte es auch anders sein – nicht für die Dame des Lehnsherrn. Hier mußte verhindert werden, daß das »mindere« Sperma eines einfachen Mannes das Geschlecht eines Lehnsherrn »verunreinige«!

So stellt die Frau das Urgeschlecht dar, und der archaische Mensch achtete die biologischen Gesetze, indem er die Muttergöttin verehrte und den Kult der Frau zu seiner ersten Religion machte.

SeXY oder SeXX?

Die moderne Genetik bestätigt die tantrische Intuition: Das Männliche ist in Wirklichkeit eine modifizierte Weiblichkeit, um die Verbreitung der Gene zu ermöglichen. Deshalb trägt der Mann tief in sich eine latente Weiblichkeit.

So ist die Frau von den Chromosomen her seXX und der Mann seXY! Außer den vierundvierzig Chromosomen, die das gesamte Erbgut tragen, besitzt der Mann ein X- und ein Y-Chromosom, die Frau zwei X-Chromosomen. Nun sind es die X- oder Y-Chromosomen, die über das Geschlecht entscheiden.

Während die Eizelle stets X ist, ist das Spermatozoon entweder X oder Y. Vaters X plus Mutters X ergibt eine Tochter. Wenn aber Vaters Y auf Mutters X trifft, ergibt das XY, also einen Sohn. Sobald das Spermatozoon mit der Eizelle verschmilzt, ist das Geschlecht des Kindes fixiert, obwohl es während der ersten sechs Wochen latent bleibt. Ist diese Zeit vorüber, entwickelt sich die undifferenzierte Keimdrüse entweder zu Hoden oder Eierstöcken und damit zum weiblichen Genitalapparat (Uterus, Vagina und so fort).

Aber stimmt das wirklich so? Das ist nicht sicher, eher trifft das Gegenteil zu; denn dieser ersten Version widersprechen die Entdeckungen Alfred Josts vom Collège de France und des New Yorker Biologen Stephen Wachtel.

Entfernt man, so haben die Wissenschaftler beobachtet, beim Embryo eines trächtigen Kaninchens die Keimdrüse, bevor sich das potentielle Geschlecht manifestiert hat, werden alle Embryonen, egal ob XX oder XY, **immer** weiblich.

Das ist der Beweis dafür, daß das Urgeschlecht weiblich ist und das Männliche auf diesem »Grundriß« entstand.

Am Anfang war kein Mann

Mit der Parthenogenese...

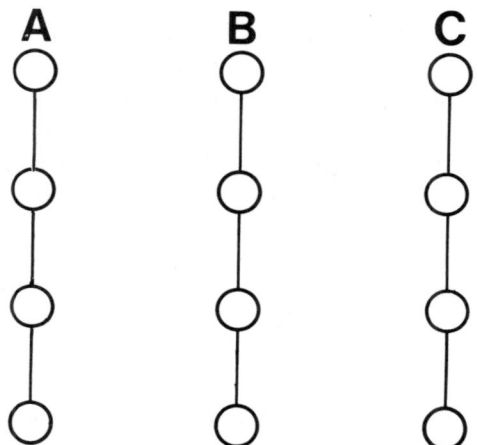

...ist keinerlei genetische Verbindung zwischen den Erbfolgen A, B und C möglich.

Erfinden wir das Spermatozoon...

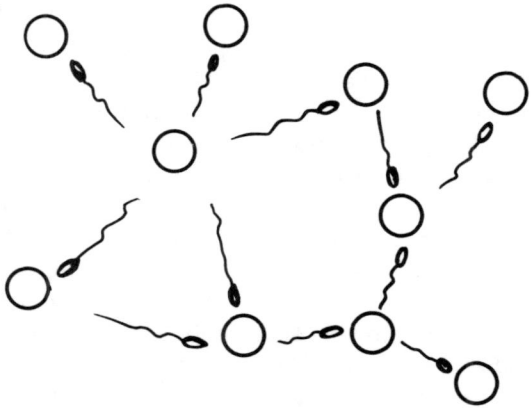

...und sofort verbreitet sich die genetische Information.

Eine andere Sexualität

Diese jüngeren Entdeckungen haben sich bei anderen Tiergattungen bestätigt.

Die Kastration eines XX-Embryos (potentiell weiblich) vor der Differenzierung hindert ihn nicht, weiblich zu werden, während ein vor der Differenzierung kastrierter XY-Embryo (potentiell männlich) sich immer zur weiblichen Form entwickelt.

Auf den Nenner gebracht, heißt das, daß ein der embryonalen Keimdrüsen beraubter potentiell weiblicher Embryo weiblich bleibt, während ein potentiell männlicher sich weiblich entwickelt. Noch kürzer und einfacher ausgedrückt heißt das: Ein kastrierter Embryo ist **immer** weiblich.

Wenn es das Männliche nicht gäbe?

Das Schema rechts zeigt die Situation einer Gattung vor der »Erfindung« des männlichen Geschlechts.

Die sich daraus ergebenden Konsequenzen sind:

1. Sie hat einleuchtenderweise nur weibliche Komponenten.
2. Alle Töchter sind mit ihrer Mutter identisch, daher verlaufen die Erbgänge stereotyp.
3. Die Gattung besteht aus isolierten Erbgängen ohne Möglichkeit zum genetischen Austausch.
4. Folglich überträgt sich eine bei einem Weibchen auftretende günstige Mutation nur auf **ihre** Töchter, nicht auf andere Erbgänge.

»Erfinden« wir das männliche Geschlecht!

Das Leben erfindet das Männliche! Das Ei oder, wenn Sie so wollen, die Eizelle teilt sich in eine weibliche und eine männliche Hälfte – das Erbgut wird damit aufgeteilt. Um die Gene aus der männlichen Eihälfte, das heißt die Spermatozoen, mit den Genen der weiblichen Hälfte zu verbinden, erfindet das Leben den Penis. Untersuchen wir diese neue Situation:

1. Der Gattung wird das Verlangen nach Vereinigung des männlichen und weiblichen Geschlechts verliehen; daher die Sexualität.
2. Die Gene tauschen sich unter den fortan genetisch verknüpften Erbgängen aus.
3. Eine zur Arterhaltung günstige Erbveränderung (Mutation) verbreitet sich in der gesamten Gattung; jedes Männchen kann mehr Weibchen befruchten.
4. Um die vertikale Genverbreitung zu vermeiden, wird das Inzesttabu aufgestellt. Die Männchen verbreiten ihr Sperma außerhalb der Sippe.
5. Die Genvermischung bringt hochdifferenzierte, nicht mehr stereotype Individuen hervor.
6. Der Träger einer für die Gattung ungünstigen Mutation wird durch natürliche Selektion – häufig noch vor der Geschlechtsreife – eliminiert.

Schlußfolgerung: Das männliche Geschlecht ist eine sehr nützliche »Erfindung«, aber der Grundriß ist und bleibt weiblich. Das Männliche ist ein modifiziertes Weibliches.

Am Anfang war kein Mann

Im Jahr 1703 beobachtete van Leeuwenhoek als erster Mensch unter dem Mikroskop, das er erfunden hatte, die sich schnell bewegenden Spermien. Er glaubte, vollständige Homunkuli mit Kopf, Armen und Beinen zu sehen (siehe Zeichnung links). Damit bestärkte er die Vorstellung von einem Vater, der sein Samenkorn in den Blumentopf Mutter einpflanzt; dies wiederum »rechtfertigte« die privilegierte Stellung des Vaters und seiner Söhne sowie die patriarchale Herrschaft mit ihrer daraus resultierenden Unterdrückung der Frau.

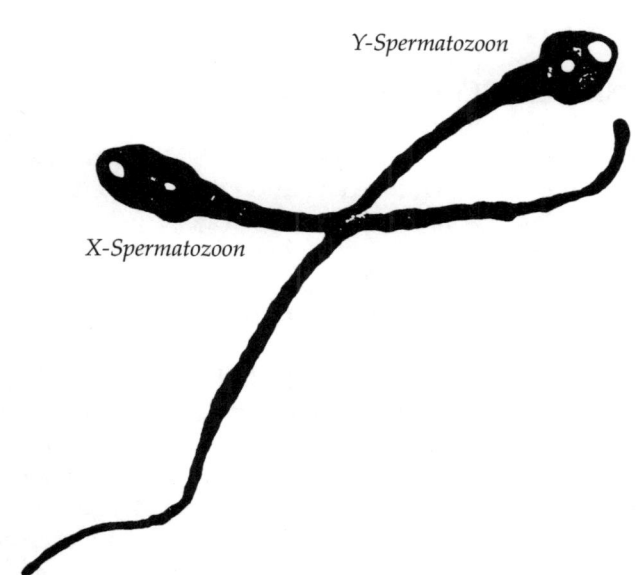

Y-Spermatozoon

X-Spermatozoon

Manchmal frage ich mich, ob die Männer nach einer Marathonlaufveranstaltung überhaupt noch Spermien besitzen! Nur der Sieger darf, am Ziel angelangt, das schöne Mädchen küssen, das ihn dort erwartet – wie symbolisch! Und was mag es wohl bedeuten, wenn er am Ende seines Wettlaufs energisch eine Magnumflasche Champagner schüttelt und den weißen Schaum in die Zuschauer spritzt?

Mantra – beschwörende Magie

Sein Name läßt nicht darauf schließen, aber Elwin Verrier ist ein echter Engländer. Der anglikanische Geistliche brach einst auf, Indien zu erobern, aber Indien hat ihn erobert! Nicht das brahmanische Indien, wohl aber das der Draviden und anderer in den dichten Wäldern lebender Eingeborenenstämme. Er war so von diesen »primitiven Eingeborenen« fasziniert, daß er dreißig Jahre unter ihnen lebte, seine Soutane an den Nagel hängte und sich mit der schönen Dravidin Lila, »sanft wie ein Mondenstrahl«, vermählte, die ihm Glück brachte und zwei Kinder schenkte. Kein Inder und schon gar kein Engländer kannte wohl diese Stämme besser als er. Dieser Mann schildert in seinem Buch *The Tribal World of Verrier Elwin* folgende Begebenheit: Eines Tages fuhren er und sein alter Freund Baiga im offenen Wagen auf einem Urwaldpfad, als plötzlich vor ihnen ein großer Tiger auftauchte. Verrier bekennt, er habe – verständlicherweise – große Angst gehabt. »Unterdessen«, schreibt er, »blieb der alte Baiga neben mir unerschütterlich; er murmelte magische Formeln vor sich hin, und zwei Minuten später kehrte der Tiger uns friedlich den Rücken und verschwand im Dschungel.«

Dieser Bericht zeigt das völlige Vertrauen, das die Inder in die Macht magischer Formeln oder – um sie beim Namen zu nennen – *mantras* haben. Freilich könnte man sich diesen Ausgang auch so erklären, daß man sagt, nicht die *mantras* hätten gewirkt, sondern das absolute Vertrauen in ihre Wirksamkeit haben den alten Baiga so beruhigt, daß der Tiger dies spürte. Kleine Kinder und Tiere, besonders, wenn es sich um wilde handelt, lassen sich nicht täuschen. So hätten also Furchtlosigkeit und Friedfertigkeit den Angriffsreflex des Tigers gehemmt. Das ist eine einleuchtende Erklärung, denn in der Tat »riechen« Tiere Angst (Angstschweiß!) und verhalten sich dementsprechend.

Eine andere Tatsache ist, daß Tiere sehr empfindlich auf Laute reagieren. In Gegenwart einer mir bekannten Französin, deren Name mir entfallen ist, werden die ungebärdigsten Hunde zahm, liegen ihr zu Füßen und lecken ihr die Hände. Ihr Geheimnis: Sie weiß, wie sie zu ihnen sprechen muß, sie kennt die Laute, die sie aggressiv machen, und diejenigen, die sie beruhigen; sie kennt die *mantras* der Hunde! Die *mantras* sind absolute Laute, haben also keine herkömmliche Bedeutung. Sie wirken durch ihre Schwingungskraft auf Körper und Geist. Die Tantriker haben diese Wissenschaft – denn es ist eine – der Laute auf ein für uns unvorstellbares Niveau gebracht.

Ein Buch über Tantra zu schreiben, ohne über *mantras* zu sprechen, wäre demnach gerade so, als wolle man unsere Zivilisation beschreiben, ohne die Elektrizität zu erwähnen! Trotzdem muß ich eine gewisse Verlegenheit bekennen. Einerseits fühle ich mich dazu verpflichtet, nicht nur über *mantras* zu reden, sondern auch eine Übungsanleitung zu geben. Andererseits besteht die tantrische Überlieferung darauf, *mantras* mündlich zu vermitteln, denn sollen sie nicht unwirksam bleiben oder gar schaden, müssen sie peinlich genau ausgesprochen werden. Ist also diese Wissenschaft schon nicht in toto zu vermitteln, so kann ich doch wenigstens genaue phonetische Angaben machen, um nach einiger Übung über eine genügend große Anzahl wirksamer und wohltuender *mantras* zu verfügen.

Lesen wir, ehe wir in das magische Universum der *mantras* eintreten, was der berühmte Indologe Max Müller in *The Six Systems of Indian Philosophy* schreibt: »Man muß sich unbedingt davor hüten, als unsinnig abzutun, was man nicht auf Anhieb erfaßt. Mehr als ein Brauch, der mir sinnlos oder gar absurd schien, barg, wie sich im nachhinein herausstellte, eine weit tiefere Weisheit, als ich es jemals hätte vermuten können.«

John Woodroffe, alias Arthur Avalon, schreibt in *The Serpent Power*: »Kein anderes Thema der *Shastras* [indische Schriften] ist unverstandener als die Wissenschaft vom *mantra*. Ob fundiert oder nicht, ist sie aber keineswegs die Absurdität, für die einige sie halten. [...] Die Tatsache, daß das Denken eine schöpferische Kraft ist, wird im Abendland immer mehr anerkannt. In Indien ist diese uralte Lehre die Grundlage der Tantrapraktiken, von denen manche geheimgehalten werden, um ihre mißbräuchliche Verwendung zu verhindern. Was im Abendland unverstanden ist, ist die eigentümliche Gestalt, welche die Wissenschaft von der Denkkraft im *Mantravidya* annimmt...

Nichts ist notwendig heilig oder geweiht in einem *mantra*, dessen Macht (*mantrashakti*) sich unterschiedslos jedem Gebrauch fügt.«

So kennt und benutzt Tantra seit Jahrtausenden die Körper und Geist heilenden und wiederbelebenden Kräfte des *pranava* (das OM) und der sechs Keimsilben *(bija mantras)* hram, hrim, hrum, hraim, hraum, hrah, deren jede auf ein Körperteil oder ein bestimmtes Organ Einfluß nimmt.

Weil jedoch der Abendländer gerne von allem das »Wie und Warum« erfährt, lohnt es sich, die Geschichte von Leser-Lasario zu erzählen, der dreißig Jahre lang die Wirkung der Laute auf die Mentalsphäre und den Körper studierte. In Wien geboren, war er von frühester Kindheit an von schwächlicher Konstitution. Er zeigte sich über alle Maßen strebsam, und seine Eltern,

Eine andere Sexualität

die darin eine Tugend sahen, gaben ihm eine Unmenge Bücher, was seine Gesundheit endgültig ruinierte.

Mit achtzehn verschlimmerten sich seine Leiden. Unter anderem litt er an akutem Gelenkrheumatismus, und den Ärzten galt sein Zustand als hoffnungslos. Er fühlte sich im Stich gelassen, bis er die Heilwirkung des regenerierenden Lautes und des Lebensatems entdeckte.

Er berichtet: »Eines Tages brachte unsere Nachbarin ihren Säugling zu uns, damit meine Eltern ein paar Stunden auf ihn aufpaßten. Die Anwesenheit eines Kindes, dem es gutging, ließ mich meine eigenen Leiden für eine Weile vergessen. Auf dem Rücken liegend, schaute der Säugling die Decke an und lallte *lah... lah... lah...* Ich bat unser Hausmädchen, ihn auszuziehen und zu mir ins Bett zu legen.... Ich erhob mich mit Mühe, und meine hungrigen Augen betrachteten begierig diesen schönen kleinen, einer vollkommenen Gottheit gleichenden Körper, und ich verglich ihn mit meinem, schwächlich und siech, vor dem ich soviel Abscheu empfand.

Nachdem der Säugling mich einen Augenblick angeschaut hatte, nahm er seine ernsthafte Beschäftigung wieder auf und sang weiter sein *Lah... lah... lah...* Es war köstlich, und ich hielt den Atem an, damit ich es besser hörte. Da bemerkte ich, daß jedes *Lah* seine drei oberen Rippen schwingen ließ. Neugierig geworden, unternahm ich selbst einen Versuch, mit demselben Ergebnis. Es war spannend! Ich machte das gleiche mit *poh... poh... poh* und spürte, wie die Schwingung jedesmal tiefer im Unterleib einsetzte.«

Für Leser-Lasario waren mehrere Dinge offenkundig. Erstens kündete jeder Laut von einer Geistesverfassung, einer bestimmten mentalen Haltung, und das Kind war sichtlich glücklich. Zweitens war die Schwingwirkung sehr ausgeprägt. Drittens wiederholte der Säugling sein *Lah... lah... lah...*, ohne Luft zu holen, bis seine Lungen völlig entleert waren. Viertens schließlich hielt er nach einem tiefen Atemzug die Luft mit vollen Lungen an, wobei er unter kurzem Anziehen des Zwerchfells nach oben regelmäßig und anhaltend seine Bauchmuskeln anspannte, bevor er sein *Lah* wieder aufnahm.

Der junge Leser-Lasario tat es dem Kind gleich: Auf dem Rücken liegend und im Vertrauen auf die Natur begann er damit, stundenlang monotone Laute zu wiederholen. »Anfangs hielt ich es nicht lange aus, mir war schwindlig, aber nach und nach gewöhnte ich mich daran. Ich versuchte stets, die mentale Gestimmtheit mit dem ausgestoßenen Ton in Übereinstimmung zu bringen. Das *Iii* war licht und fröhlich, das *Ooo* tiefer und dunkler, ohne dabei traurig zu klingen.« Nach ein paar Wochen trat deutliche Besserung seiner funktionellen Beschwerden ein, und sein Rheumatismus ging zurück. Die Laute hatten konkrete und lokalisierbare Wirkung. Das *Iii* zum Beispiel setzte viel Schleim aus der Kehle und den Bronchien frei. Leser-Lasario fragte sich, ob das, was die Situation so positiv beeinflußte, die mit der Schwingung kombinierte Atmung oder der Wechsel des inneren

Gefühlsklimas war. Dreißig Jahre später, inzwischen vollständig geheilt, stellte er sich diese Frage nicht mehr. Er war überzeugt, daß man, indem man die Atmung mit den Lauten kombinierte, das Blut – die Tantriker würden die vitale Energie hinzufügen – willentlich an jede gewünschte Stelle des Körpers leiten konnte. Er wußte auch, daß die Lautschwingungen auf den Sympathikus und die endokrinen Drüsen wirken. Leser-Lasario, der darin ohne es zu wissen mit dem Tantra übereinstimmte, sagt: »Der Mensch wäre schon kühn, der es wagte, der Macht der Laute und ihrer Verwendung Grenzen zu setzen.«

Auch seine Methode, den Laut auszustoßen, stimmt mit dem Tantra überein: »Zunächst muß man sich den Vokal vorstellen, emotional vorstellen, und ihn dann summen. Jeder Vokal hat sein eigenes Wirkungsfeld:

I vibriert nach oben, zu Kehlkopf, Nase und Kopf hin und löst Migränen;

E wirkt auf Kehle, Stimmbänder, Kehlkopf und Schilddrüse [Leser-Lasario führt an, er habe auf diese Weise zahlreiche Kröpfe geheilt];

A wirkt auf die Speiseröhre, die drei oberen Rippen und die oberen Lungenflügel (bekämpft Tuberkulose);

O wirkt auf das Zentrum des Brustkorbs und das Zwerchfell (nährt und kräftigt das Herz);

U wirkt auf alle Eingeweide des Unterleibs: Magen, Leber, Darm und Keimdrüsen.«

Leser-Lasario verwendete auf diese Weise zweiunddreißig Laute und Lautkombinationen, die er je nach Wirkungsweise einsetzte. Seine so einfache Methode entspricht Punkt für Punkt dem Tantra: »Begeben Sie sich in eine andächtige, gesammelte Haltung. Konzentrieren Sie sich auf die Empfindung, die der gewählte Vokal weckt. Atmen Sie dann, ohne diesen Geisteszustand zu ändern, durch die Nase ein, halten Sie ohne Anstrengung die Luft zurück, wobei Sie sich auf den auszustoßenden Vokal konzentrieren. Die Zeitdauer des Atemanhaltens ist nicht so wichtig, obwohl sie sich mit zunehmender Praxis verlängert.«

Dann stößt man summend den Laut aus. Dabei konzentriert man sich auf die Stelle, an der die Schwingung stattfindet, und leert die Lungen so langsam und gründlich wie möglich, jedoch ohne übertriebene Anstrengung.

Diese Vibrationsmassage setzt die in den Geweben abgelagerten Giftstoffe frei und scheidet sie anschließend aus, während der Zustrom sauerstoffreichen Bluts die Zellen nährt und belebt.

Das Buch Leser-Lasarios werden sie nicht im Buchhandel finden, da seine Erben sich einer Neuauflage widersetzen. Ich selbst verfüge nur über die vorstehend genannten Zitate. Indes hat Leser-Lasario lediglich den äußerlichen Aspekt des *mantra* entdeckt: das Lautausstoßen. Die Tantriker sehen darin etwas zweifellos Wichtiges, aber nur als Vorstufe zu Bedeutsamerem.

Am Anfang war . . . der Urlaut

»Zuvor« war gleichzeitig das »Alles« und das »Nichts« . . . Und dieses »Al-

Eine andere Sexualität

les« war die kosmische Energie in Ruhe, im Gleichgewicht.

»Nichts« – das war nicht einmal die Leere; es war der Zustand ohne Zeit und Raum.

Dann gab es eine gewaltige Explosion der uranfänglichen Schwingung im *akasha*, im »dynamischen Äther«. Für den heiligen Johannes ist das sein »Am Anfang war das Wort«, für den Physiker der Urknall, für den Tantriker der *damaru*, die Trommel Shivas. Der Urlaut – dessen Widerhall bis zur letztendlichen Auflösung, dem *mahapralaya*, im Universum schwingen wird – brachte Zeit und Raum hervor.

Und weil Materie Energie ist und umgekehrt, ist jede Materie, ob Galaxie oder Sandkorn, ein Kraftfeld in Schwingung.

Für den Tantriker war am Anfang die undifferenzierte Energie, die Shakti, wobei das OM die kosmische Energie im Reinzustand darstellt: den Urlaut. OM ist der mystische Vokal, dank dessen der Mensch mit der letzten Wirklichkeit, mit dem Ursprung des Universums selbst in Kontakt treten kann. OM ist die Keimsilbe des Universums, die *bija*, aus der alle weiteren Silben abgeleitet sind. In Indien herrscht über das OM Einmütigkeit: Für den Vaishnava ist das OM Vishnu, für den Vedantagläubigen ist es Atman, und der Brahmane baut es in jedes vedische Opfer oder Ritual ein. Für den Shakta-Tantriker ist es das weibliche Prinzip, das, mit dem männlichen Prinzip dynamisch vereint, das Universum zeugt. OM schwingt in allen Ashrams, in allen Tempeln, in allen indischen Familien jeglicher Klassen und Kasten.

Aber hinter dieser Universalität verbirgt sich dennoch ein großer Unterschied im Ausstoßen des Lautes. Denn es gibt OMS und OM... Das OM des brahmanischen Systems, das die Swamis und nichttantrischen Gurus sowohl in Indien wie im Westen propagieren, ist das »Goldfisch-OM«. Wenn man während der Ausatmung nacheinander OM-OM-OM-OM sagt, dann öffnet sich der Mund beim O und schließt sich wieder beim Mmm – wie beim Goldfisch.

Das gilt nicht für das okkulte OM: Ob es als einzelne Silbe oder zur Einleitung eines weiteren *mantras* gesprochen wird – etwa als *OM namah Shivaya* oder als das berühmte *OM mani padme hum* der Buddhisten –, oder ob es hintereinander wiederholt wird: der Mund bleibt dabei immer geöffnet. In bestimmten Fällen wird er nicht einmal während der Einatmung geschlossen.

Wie aber soll man ohne Einführung dieses tantrische OM finden? Ich will versuchen, es zu vermitteln: Man öffnet den Mund weit, gähnt und stimmt ein Aaa an, so als wollte der Arzt den Hals untersuchen oder als gurgelte man. Die Zunge sinkt ganz auf den Boden des Mundes, der sich leicht schließt, um ein O zu formen. Der Laut wird nun zu einem tiefen, von einem Ooo gefärbten Aaa, er ist also weder ein klares und deutliches A noch ein O. Er entsteht irgendwo zwischen den Ohren und läßt Gaumen, Schädel und Brustkorb vibrieren. Wenn man eine Hand flach auf das Brustbein legt, kann man ihn sehr gut fühlen. Je tiefer er sitzt, desto stärker schwingt der Brustkorb. Noch immer bei geöffnetem

Mantra

Mund wird die Zunge nach hinten und unten geführt, um die Stimmritze zu schließen: Das O hört auf, und der Laut geht in ein Mmm über. So ist also das tantrische O kein richtiges O und das M ist auch kein richtiges M! Tatsächlich schreibt man es M, aber es wird ausgesprochen wie das nasale Ng in la*ng*. Dieses Ng läßt Nasenflügel, Schädeldecke und Brustkorb vibrieren. Man muß übrigens nach der größtmöglichen Schwingung suchen.

Ich fahre fort, indem ich nun – noch immer mit geöffnetem Mund – das Ng ganz allein vibrieren lasse: Der Laut ist rein nasal, »schädelig«. Dann, mit einer leichten Vorwärtsbewegung der Zunge, bildet das Ao sich wieder und erfüllt den Raum um mich her.

Wo liegt der Unterschied? Wenn ich aufmerksam bin, höre ich das Ng in mir schwingen. Es ist das Grundgeräusch, auf dem das Ao hervortritt und wieder vergeht. Das Ng ist kontinuierlich, das Ao alternierend. Es ist also nicht so, daß die beiden Laute einander ablösen, vielmehr überlagern sie sich.

Das hört sich kompliziert an. Der Einfachheit halber sollten wir uns angewöhnen, OM zwar so zu schreiben, es aber künftig als Ong zu lesen.

Aber das ist noch nicht alles. Wenn man sich ein wenig bemüht, wird man das korrekte *Ngaong* finden, dasjenige, das am besten gefällt. Es füllt innerlich aus und entströmt zugleich nach allen Seiten. Es kommt aus dem Gesicht und dem Brustkorb, aus dem Hinterkopf, dem Rücken, den Hüften. Man hat den Eindruck, daß es alles umfaßt, daß der ganze Raum schwingt!

Sicher, es kostet ein wenig Mühe, das richtige OM zu finden, aber es lohnt sich, denn dies ist das tantrische Grundmantra, der Grundlaut, das *mantra*, das alle anderen *mantras* begleitet. Das OM ist so wichtig, daß man es *pranava* – dasjenige, das *prana*, die Energie, trägt und formt – nennt, oder auch *omkar*. Für das Tantra haben alle Empfindungen, alle Wesen, alle Gegenstände ihre Grundschwingung, egal ob Kristallglas oder gewöhnlicher Kochtopf! Und umgekehrt hat jeder Laut sein Bild: Das OM wird gezeichnet (und nicht geschrieben).

Dieses graphische Zeichen hält im Westen ein jeder für Sanskrit – ich habe das auch lange getan –, und niemand macht auf den Irrtum aufmerksam. Man zeichnet ॐ und spricht OM aus, das ist alles!

Um den tiefen Sinn des ॐ zu erfassen, sollten wir uns daran erinnern, daß OM die Schwingung ist, welche die Welten zeugt, daß das Universum vom kosmischen *maithuna* Shiva–Shakti geschaffen wird und daß schließlich das menschliche *maithuna* dessen konkreter Ausdruck in unserem Leben ist.

Das OM ermöglicht es dem Tantriker, seine ganze mentale Kraft auf diese letzte Wirklichkeit zu konzentrieren und in sie Eingang zu finden. In seinem Mentalen schiebt sich die Schwingung des OM über das gezeichnete ॐ, das dessen sichtbare Gestalt ist. Ob er es sich vorstellt oder eine Zeichnung davon betrachtet, spielt keine Rolle, Hauptsache ist, daß er seinen okkulten Sinn erfaßt.

Wie eine Hieroglyphe ist das ॐ sowohl ein *yantra*, ein mystisches und

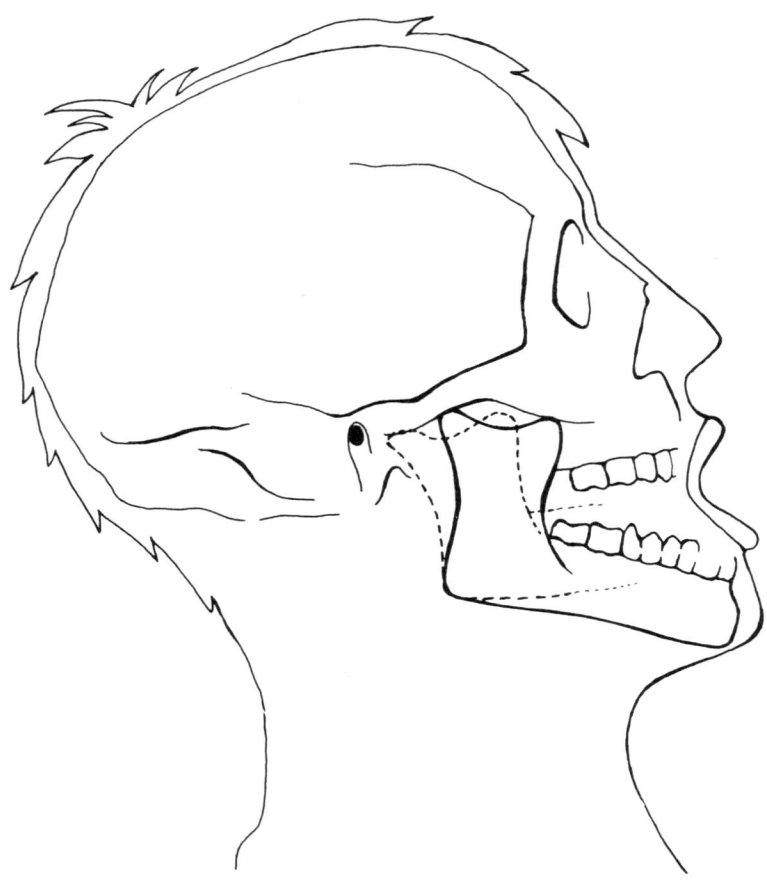

Die Zeichnung oben zeigt, wie man den Mund nicht öffnen sollte, nämlich indem man dabei das Kinn nach vorne und unten schiebt.

Die gepunktete Linie zeigt die Ausgangsstellung des Unterkiefers, die durchgehende Linie seine Stellung beim Ausstoßen des Tons: Er hat sich nach vorne verschoben.

Eine andere Sexualität

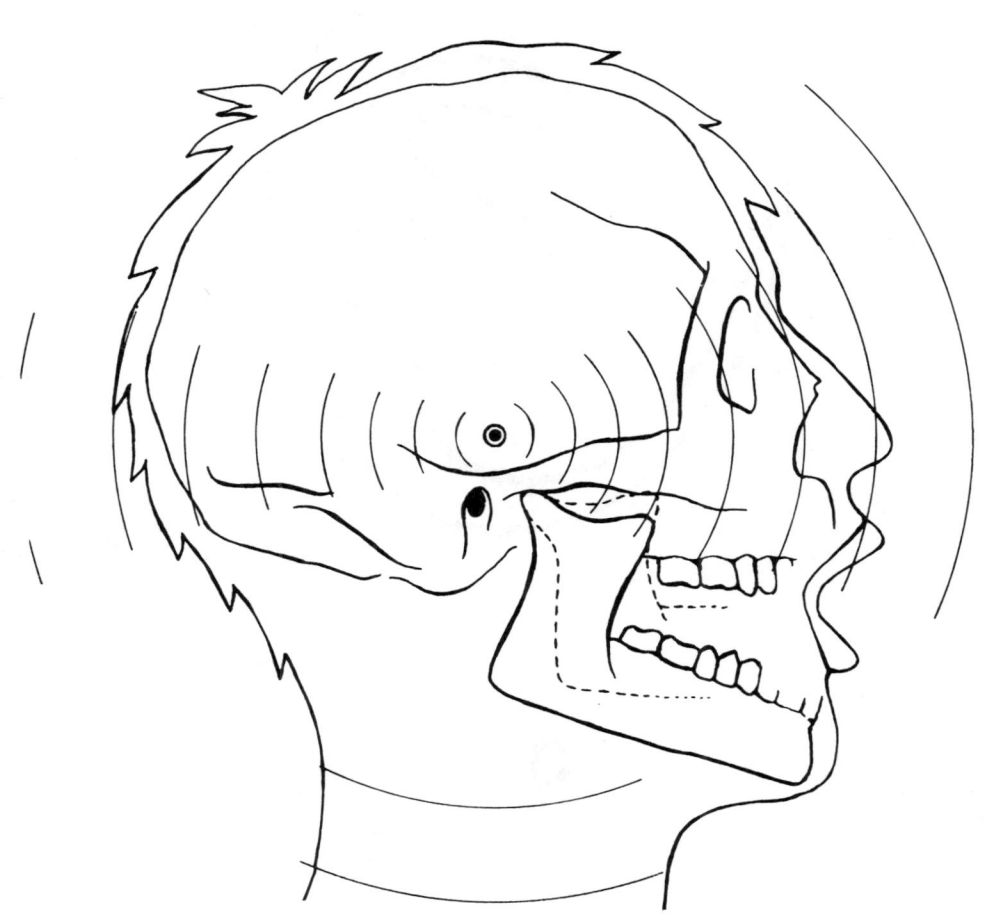

Hier dagegen läßt die gepunktete Linie erkennen, daß sich das vordere Ende des Unterkiefers zwischen Ausgangs- und Ankunftsstellung nicht verschoben hat.
Der Mund kann so am weitesten geöffnet werden und erlaubt die Entwicklung eines vollen, runden Tons.
Der Laut kann mit der Zunge nach Belieben moduliert werden, selbst wenn dabei der Unterkiefer nicht bewegt wird.

Eine andere Sexualität

*Das oben abgebildete ॐ ist eine Stilisierung
des ursprünglichen, echten Zeichens, wie es unten zu sehen ist.
Es wurde und wird noch immer auf Palmblätter gezeichnet
(unverfälschte Wiedergabe).*

Mantra

magisches Diagramm, als auch ein *mandala*, eine symbolische Zeichnung in einem Kreis, welche die Entfaltung der universalen Schöpfungskraft darstellt: Das ist zweifellos das komprimierteste, wesentlichste und mächtigste *mandala* des Tantra.

Bevor es das Sanskrit gab, ja noch vor der Devanagari-Schrift wurde das *omkar* in weichen Ton oder Palmblätter geritzt.

In unseren Tagen – und nicht nur in der tantrischen Esoterik – wird es wie hier abgebildet gezeichnet. Falls jemand daran zweifelt, mag er das Buch *Tantra, the Erotic Cult* von F. D. Colaabavala oder *The Soul of Symbols* von Jaya Raja zum Vergleich heranziehen.

Dieses *yantra* beinhaltet wesentliche Elemente, angefangen beim Kreis (siehe die *chakra puja*), der das, was er umschließt, beschützt, die Offenbarung symbolisiert, einen heiligen Raum schafft und sich um den Mittelpunkt zieht. Zur Zeichnung selbst erübrigt sich jeder Kommentar; anzumerken ist nur, daß er sowohl das rituelle und konkrete *maithuna* von Shiva und Shakti als auch die kosmische Vereinigung des Männlichen mit dem Weiblichen darstellt. Das ☽ bedeutet die Mondsichel, das weibliche lunare Prinzip, während der Punkt zugleich der *bindu* (der Keim, der Samen) und *anunasika*, das Nasalierungszeichen ist.

Es ist amüsant, dieses ॐ mit dem ♡ zu vergleichen, das Verliebte zur Erinnerung an ihre Liebe in Baumrinden ritzen, oder auch mit jenen naiven Bildchen, auf denen ein Engelchen (das künftige Kind!) den verhängnisvollen Pfeil abschießt. Wir müssen wohl zugeben, daß das Organ Herz – auch mit viel Phantasie und gutem Willen – im Liebessymbol Herz nur schwer wiederzuerkennen ist.

Der Tantriker, der sich vom tieferen Sinn des esoterischen OM durchdringen läßt, stößt zu den Wurzeln sowohl seines Seins als auch des Kosmos vor: Ich bin die Frucht des ॐ, der Vereinigung von Spermatozoon und Eizelle, ganz wie der Kosmos aus dem heiligen *maithuna* Shakti und Shivas hervorgegangen ist.

Die brahmanische Ächtung der Sexualsymbolik des OM erklärt sich aus einem überlebten Puritanismus oder aus Unkenntnis – oder aus beidem.

Der wirkliche Sinn eines *mantra* versteckt sich beispielsweise geschickt hinter dem bekannten buddhistischen *OM mani padme hum*, hübsch übersetzt mit »das Kleinod im Lotos«, was überhaupt nichts besagt. Die buddhistische Prüderie, die die neobrahmanische noch übertrifft, windet sich auf der Suche nach einer spitzfindigen Erklärung.

Was also ist der verborgene Sinn? Um ihn zu begreifen, muß man zurückgehen bis zum jungen Prinzen Siddharta, dem späteren Buddha. Seinerzeit stritten die Rajas und Prinzen mit den Brahmanen um ihren Einfluß. Letztere nämlich vermehrten nach Bedarf Götter und Sühneopferzeremonien. Da alle diese Opfer die – gebührend entlohnte – Mitwirkung immer zahlreicherer Brahmanen erforderte, ruinierte dies selbst die wohlhabenden Prinzen. Dazu kam noch der Hochmut der Brahmanen, die sich als Alleinbeauftragte Gottes sahen und öffentliches wie privates Leben reglementierten. Das rief verständlicherweise den Zorn der Rajas hervor, denen es immer mehr widerstrebte, ein Vermögen aufzuwenden, das sie lieber für ihre teure Hofhaltung, den Harem und das Heer verwendet hätten.

Prinz Siddharta deckte diesen Antagonismus auf. Als erstes verwarf er den gesamten Hindupantheon, ja er wagte sogar zu sagen, man werde nicht als Brahmane geboren, sondern müsse sich diesen Rang erst verdienen. Die Ironie der Geschichte liegt darin, daß Siddharta, der alle Götter ablehnte, von seinen Anhängern selbst zum Gott erhoben wurde!

Er distanzierte sich von den Kasten, gestattete die Wiederverheiratung der Witwen, vor allem aber stellte er sich gegen die Brahmanen. Mehr als ein Religionsstifter, war Siddharta ein Revolutionär und wurde bei seinem Bemühen, die Autorität der Brahmanen zu untergraben, von seinesgleichen unterstützt. Aus dieser Zeit stammen auch jene unzähligen, über ganz Indien verbreiteten buddhistischen Sakralbauten, die Stupas, die von den damaligen Herrschern errichtet wurden. Doch nachdem die Brahmanen die Lektion begriffen hatten und bescheidener auftraten, gewannen sie nach und nach ihren Einfluß zurück. Schließlich zogen sie dem Buddhismus »das Fell über die Ohren«; er wurde aus seinem Geburtsland Indien verdrängt, um daraufhin einen großen Teil Asiens zu erobern.

Was aber hat das mit Tantra zu tun? Buddha predigte in Prakrit, der Volkssprache, und nicht in Sanskrit, dem Erbe der Brahmanen und Pandits. Dies gefiel den Tantrikern, denn auch sie widersetzten sich den Brahmanen und deren System. So fanden sie unter einigen Buddhisten Verbündete und weihten diese in die tantrische Lehre ein. Von daher stammt der *Vajrayana*, der tantrische Zweig des Buddhismus, der ebenfalls Sexualriten – darunter auch die *chakra puja* – beinhaltet.

Jetzt aber lassen Sie uns das *OM mani padme hum* entschlüsseln. *Mani*, das Kleinod, ist das buddhistische Äquivalent zu *vajra* (Diamant) – das männliche Genitale. *Padme* ist die Lotosblüte, welche die *yoni*, das weibliche Prinzip, symbolisiert. Die richtige Übersetzung lautet daher: »OM = *lingam* in *yoni*, hum«. Das ist deutlich und reines Tantra. R. H. van Gulik, der lange Zeit im Orient und vor allem in China gelebt hat, schreibt in *Sexual Life in Ancient China* (S. 340): »Der *vajra*, das männliche Organ, genannt *mani*, das unzerstörbare Kleinod, dringt ein in *padma*, die Lotosblüte, welche die Vulva symbolisiert. Über den wirklichen Sinn des *Om mani padme hum* kann es daher kaum Zweifel geben. Da die sexuelle Mystik den Kern des *Vajrayana* bildet, wird es nicht überraschen, daß die Formel sowohl die mystische als auch die fleischliche sexuelle Vereinigung bezeichnet und daß die Mystik in der tibetischen Religionsausübung einen vorrangigen Platz einnimmt.«

Beachten wir als zusätzliche Bestätigung, daß in der tantrischen Terminologie *vajra* das männliche Organ ist und *vajra-nadi* ein subtiler Energieleiter, der im Penis mündet. Im Tibetischen ist das der *rdo-rje*, eine Art rituelles Zepter, dessen sexuelle Symbolik offenkundig ist. Ein weiteres Sexualsymbol des tibetanischen Tantrismus ist die Glocke (*yoni*) mit ihrem Klöppel (*lingam*).

Damit ist ein weiteres *mantra* des tantrischen Buddhismus, das andernfalls unverständlich bliebe, leicht zu entschlüsseln. Es handelt sich um »*vajra* in *padma*, *boddhicitta* zurückhalten«, das soviel wie »der Diamant (oder der Blitz) im Lotos, das erleuchtete Mentale kontrollieren« bedeutet. Unverständlich? Daß im *Vajrayana boddhicitta* das Sperma ist, erklärt alles: Diamant-Lingam in Lotos-Yoni, das Sperma zurückhalten.

Und trotzdem haben nichttantrische Buddhisten (darunter Lama Anagarika Govinda) ganze Bände geschrieben, um das *OM mani padme hum* zu erklären, ohne seinen wahren Sinn zu enthüllen. Warum? Um es dem alleinigen Gebrauch der Eingeweihten vorzubehalten? Oder aus Heuchelei?

Die Wissenschaft vom *mantra* hat eine Atmungskomponente, daher einen offenkundigen Bezug zu *Pranayama, la dynamique du souffle* (Die Dynamik des Atems), wie der Titel meines Buches lautet, in dem ich jedoch das Thema *mantra* nicht behandle.

Mantra und Atem

Das Aussprechen des *mantra* wird begleitet von einer verlängerten und tiefen Ausatmung, kompensiert durch eine stärkere Einatmung. Bei seiner Wiederholung setzt spontan ein regelmäßiger Rhythmus ein, ein weiteres wesentliches Element der Wissenschaft von *mantra* und *pranayama*.

Sehen wir uns zunächst die Ausatmung an. Außer daß sie tief ist, sagt Tantra, sollte sie »fließen wie Öl«: Während der gesamten Dauer des OM soll der Laut gleichmäßig bleiben, was voraussetzt, daß die an der Ausatmung beteiligten Muskeln entspannt sind. Man stößt OM aus, indem man sparsam mit der Luft umgeht, was mit dem Handballen kontrolliert wird. Selbst während eines klangvollen, tönenden OM läßt sich der Handballen dem geöffneten Mund bis auf fünf oder sechs Zentimeter nähern, ohne den warmen Luftstrom der Ausatmung wahrzunehmen; diesen spürt man aber zur Nase aufsteigen.

Gegen Ende der langsamen, anhaltenden Ausatmung zieht sich der Bauch zusammen, vibriert manchmal, und es setzt ein spontaner *mulabandha* (Kontraktion der Schließmuskeln und des analen Hebemuskels [*Musculus levator ani*]) ein, den man später bewußt intensiviert.

Aber nachdem man die Lungen entleert hat, muß man natürlich wieder einatmen. Ich schließe den Mund und atme langsam durch die Nase ein. Sobald meine Lungen wieder mit Luft gefüllt sind, beginnt von neuem das OM, entweder ein OM auf eine Ausatmung oder eine Folge von Ongongong auf jede Ausatmung, wobei die Zungenbewegung die Ngs steuert. Bei der Ongongon-Folge schlägt im allgemeinen der Herzrhythmus den Takt. Aber es gibt mehrere Stufen der Ausstoßung eines *mantra*, also auch des OM, vor allem das geflüsterte OM. In diesem Fall wird durch den kaum geöffneten Mund eingeatmet und die Stimmritze ein wenig verengt, wobei sich ein kaum hörbares A bildet, während man bei der Ausatmung – noch immer durch den geöffneten Mund – ein Ham vernimmt (das man hang schreiben müßte). Wenn diese Erklärungen nicht ausreichen, um den gewünschten Laut nachzuvollziehen, stellt man sich vor, richtig außer Atem zu sein und eine Verschnaufpause einzulegen, indem man durch den offenen Mund atmet: Das ergibt ungefähr ein A-hang.

Besagtes A-hang schreibt sich im allgemeinen aham, mißbräuchlich übersetzt mit »Ich bin jenes«. Selbstverständlich steht es jedermann frei, ihm den Sinn zu verleihen, der ihm gefällt, aber das widerspricht dem Prinzip des *mantra* selbst, das eine magische, nichtkonventionelle, nichtrationale Sprache ist, die durch ihre Schwingungsfrequenz eine physische und durch die von ihr geschaffene Stimmung eine mentale Wirkung erzeugt. Ein *mantra* ist weder ein Wort noch ein Satz, obgleich die vedischen *mantras* im Gegensatz zu den tantrischen häufig kurze Sätze sind. Wenn ich einem *mantra* keinen bestimmten Sinn unterlege, dann sauge ich mich mit dem reinen Laut voll – und er wirkt als solcher; ihm eine Bedeutung zu geben, lenkt die Aufmerksamkeit von ihm ab. Das ist zwar kein unbedingter Fehler, aber es liegt außerhalb des *Mantrashastra*: Man hat die Wahl!

Schließlich kann man ein *mantra* wiederholen *(japa)*, ohne den Mund überhaupt zu öffnen, indem man durch die Nase ein- und ausatmet. Mit geschlossenen Augen sitzend richte ich meine Aufmerksamkeit auf den Atem und lausche seinem Auf und Ab in den Nasenlöchern und in der Kehle. Wenn ich die Stimmritze ein wenig verenge, ergibt ein leichtes Rauschen ein A-ham, bei dem das ausgeatmete Ham ungefähr doppelt so lang dauert wie das A bei der Einatmung. Ich kann mir auch vorstellen, daß es bei der Einatmung ssss macht, bei der Ausatmung ham. Das Ganze wird dann soham geschrieben, was mit »Ich bin Er« übersetzt wird. Dabei gelten dieselben Vorbehalte wie oben.

Das auf diese Weise leise wiederholte A-ham erzeugt eine tiefe Verinnerlichung, beruhigt das Mentale und kann für sich allein eine Meditation sein. Maharishi Mahesh machte sich das *japa* zunutze, nachdem er es in Transzendentale Meditation oder T. M. umbenannt hatte – eine geniale Tautologie, denn was eigentlich wäre eine nichttranszendentale Meditation?

Die Umbenennung von *japa* (fortwährende Wiederholung eines beliebigen *mantra*) in »Transzendentale Meditation« ist genial deshalb, weil man den Vorschlag, *japa* zu praktizieren, nicht so gerne annimmt – noch dazu, wenn es kostenlos ist. So sind die Menschen eben: Rät man ihnen ihrer Gesundheit zuliebe zum Laufen, wird man wenig Erfolg haben, bezeichnet man das Ganze aber als Jogging, schon sind sie begeistert und rennen los! Deshalb hört sich »Transzendentale Meditation seriöser an als *japa*, besonders dann, wenn es viel Geld kostet! Besser noch wäre es, zu sagen, es handle sich um ein ganz persönliches, streng geheimes *mantra*. Niemand dächte wohl daran, daß dieses famose »Geheimnis« aller Welt zugänglich ist.

Wenn T. M., deren Vermarktung beachtlich ist, Enzephalogramme werbewirksam zur Schau stellt, die ihre Wirkung »beweisen«, dann ist das zwar richtig, aber erstens weiß man davon seit Jahrtausenden, zweitens ist dies nicht auf T. M. beschränkt und drittens tritt eine Wirkung mit jedem beliebigen, lange wiederholten *mantra* im Zustand der Entspannung auf. Denen aber, die T. M. bereits ausüben, rate ich weiterzumachen.

In Indien gibt der Guru seinem Schüler bei der Initiation **das** persönliche und geheime *mantra*, das er ihm – auch dann, wenn es keinen Zeugen gibt – ins Ohr flüstert; anschließend wird es vom frisch Initiierten mit leiser Stimme wiederholt, wobei er auf die genaue Intonation achtet. Hier handelt es sich wirklich um ein persönliches *mantra*. Man muß dabei beachten, daß Guru und Schüler, auch wenn sie sich nicht häufig sehen, ein ganz besonderes und inniges Verhältnis zueinander haben; sie sind weit mehr als Freunde, ja mehr als Brüder, und diese Beziehung wächst im Lauf der Jahre. Der Guru kennt also seinen Schüler sehr gut und weiß dessen Entwicklungsmöglichkeiten einzuschätzen. Er meditiert lange, bis das für die Psyche des Adepten geeignete *mantra* erscheint. Der Schüler ist übrigens zuvor lange schon in andere Techniken des Tantra und Yoga eingeweiht. Per definitionem besitzt der Guru auch das *mantra vidya* (*vidya* = metaphysische Erkenntnis, Wissenschaft, Anm. d. Ü.), das man nicht von heute auf morgen erwirbt. In diesem Fall kann man wirklich von einem persönlichen, für einen anderen ungeeigneten *mantra* sprechen.

Kommen wir nun zurück auf die Verbindung von *mantra* und Atem, und hier auf das Anhalten des Atems. Worum geht es? Man stellt gegen Ende eines vollen und tönenden OM in dem Maß, wie die Lungen sich entleeren, fest, daß die Bauchdeckenmuskulatur sich nach und nach zusammenzieht. Am Ende der Ausatmung vibriert sie, und die Afterschließmuskeln ziehen sich zusammen, ein unwillkürlicher *mulabandha* also. Dann, wenn die Lungen völlig leer sind, hat man entweder die Möglichkeiten, den Mund zu schließen und sogleich durch die Nase wieder einzuatmen, oder den Atem zu blockieren (*kumbhaka*).

Anhalten des Atems

Ich beschließe also, meinen Atem zu blockieren; während dieser Zeit klingt das – vorgestellte – Ng in mir weiter. Jetzt breitet sich die Wirkung des *mantra* auf allen Ebenen aus: der physischen, mentalen und spirituellen.

Die Dauer dieser Übung ist zeitlich nicht festzulegen, denn der eine wird es nur fünf, der andere hingegen zwanzig Sekunden aushalten, aber dies ist auch nicht von Belang.

Es gibt eine einfache Regel, die mir sagt, ob ich meine Ausdauer überschritten habe oder nicht: Meine Bauchdeckenmuskulatur zieht sich

Eine andere Sexualität

während des Atemanhaltens rhythmisch zusammen (siehe oben), aber sobald dies wirklich unangenehm wird, muß ich wieder einatmen. Wenn ich langsam wieder einatmen kann, ohne nach Luft »schnappen« zu müssen, bin ich auf dem richtigen Weg. Meine Grenze ist dann überschritten, wenn ich in letzter Sekunde hastig einatmen muß, das kann von Tag zu Tag variieren. Man darf sich also nicht von der Uhr, sondern einzig und allein vom Körper leiten lassen. Risiken sind keine zu befürchten, wenn man diese Regel beachtet.

Bei der erneuten Einatmung fülle ich meine Lunge mühelos und langsam wieder mit Luft, blockiere dann den Atem, bevor ich das OM spreche.

Die Dauer der Atemanhaltung bei gefüllter Lunge ist korrekt, wenn ich ohne Anstrengung ein langes OM ausstoßen kann, das »fließt wie Öl«. Die Folge von Einatmen – Anhalten – Ausatmen – Anhalten, müßte so dosiert werden, daß es möglich ist, die Übung mühelos über eine lange Zeit hinweg auszuführen.

Schließlich wissen wir inzwischen, daß OM das wichtigste *mantra* ist und seine Wiederholung das Mentale buchstäblich »beschwört«. Wenn ein Franzose sagt, er sei *enchanté* – bezaubert –, dann meint er damit die Wirkung dessen, was auf lateinisch *incantare*, »magische Formeln aussprechen«, heißt. Die beschwörende Magie des OM rührt daher, daß es ein Maximum an Vibration enthält. Ein absoluter Laut wird von allen verstanden. Erfährt beispielsweise eine Schulklasse von einem unerwarteten freien Tag, wird ein freudiges »Aah!« erschallen. Und wenn man nach einem langen Winter wieder die wärmenden Sonnenstrahlen des Frühlings genießt, wird man da nicht aufatmend »aah« sagen? Und beim Betrachten eines sprühenden Feuerwerks entlockt das der Menge ein bewunderndes »Ooh« und kein »I« oder »U«! Der Feinschmecker schließlich, der sein Lieblingsgericht genießt, drückt dies durch ein »Mmmh« aus. So können die Laute Aaa... Ooo... Mmm... – je nach Tag und Stunde – Empfindungen willentlich beeinflussen, also auch unangenehme Gefühle und Mißstimmungen vertreiben.

Am besten läßt sich beweisen, daß das übliche *kein »Sanskrit«-Zeichen ist, wenn man es in Devanagari-Buchstaben schreibt:*

ओम्
A + M

*Wie in jedem Devanagari-Text sind die Zeichen an einer waagrechten Linie »aufgehängt«.
Schließlich wurde das OM nicht von den Ariern eingeführt, es ist dem vedischen Kult fremd.* Monnier-Williams, *das maßgebliche Sanskrit-Englisch-Wörterbuch vermerkt, daß das Zeichen in den Texten vor den Upanishaden, also mehrere Jahrhunderte nach der Eroberung Indiens, unbekannt war.*

Ein psychischer Dynamo: das Yantra

Das *yantra* ist das visuelle Gegenstück zum *mantra* und ist untrennbar mit ihm verbunden. Das Wort leitet sich ab aus *yan* oder *yam*, »Energieträger«, und *tra*, dem Suffix für die Instrumentalität. In seinem alltäglichen Gebrauch bedeutet *yantra* alle Art Hilfsmittel – Hilfsmittel im weiteren Sinn: ein Roboter ist als hochentwickeltes Hilfsmittel ein *yantra*. In Tantra bezeichnet *yantra* ein magisch-symbolisches Diagramm in zwei oder drei Dimensionen. Dies reicht vom einfachen Punkt oder Dreieck bis hin zum Hindutempel, einem riesigen *yantra*-Komplex mit okkulten Eigenschaften.

Im Lauf der Jahrhunderte hat der Tantrismus aus dem *yantra* eine Wissenschaft und eine Kunst gemacht. Eine Wissenschaft deshalb, weil jedes *yantra* der Träger einer Dynamik, einer Shakti ist und seine Konstruktion genauen Gesetzen gehorcht. Eine Kunst deshalb, weil die Kombination von symbolischen Linien und Farben häufig regelrechte Kunstwerke hervorbringt, so daß *yantras* in keinem ernsthaften Buch über tantrische Kunst fehlen dürfen. Doch leider fehlt dort im allgemeinen der Geheimcode, der es ermöglicht, sie zu deuten und anzuwenden. Tantra ist übrigens die einzige yogisch-philosophische Strömung, die Kunstwerke hervorgebracht hat. Und das, ohne daß der Kunstgedanke dahintergestanden hätte.

Von der Ästhetik abgesehen, ist kein tantrisches Ritual, so einfach es auch scheinen mag, ohne *yantra* und *mantra* denkbar. In Indien allgemein und im Tantra besonders werden ihnen außerordentliche, ja übernatürliche Kräfte zugesprochen, was uns unbegreiflich, ja absurd erscheint. In der Tat, wie ist es zu begreifen, daß einfache, leblose geometrische Linien irgendeine Dynamik erzeugen?

Die letzte Abstraktion

Ein Foto oder ein Bildnis von einer Frau beschränkt sich auf das Individuelle: Das ist **meine** Mutter, **meine** Frau oder **meine** Schwester, sofern ich eine habe. Eine anonyme, prähistorische Frauenfigurine, wie die Archäologen sie zu Tausenden gefunden haben, stellt **die** Frau im allgemeinen dar. Die unbekannten Künstler haben oftmals das Genitaldreieck, den Genitalpol, deutlich herausgearbeitet, »geometrisiert«.

Wenn ich dieses Dreieck herauslöse, wenn ich es isoliere, dann symbolisiert es den Geschlechtsbereich im Körper der Frau und darüber hinaus den Genitalpol jedes weiblichen Tiers. Letzten Endes stellt es die Weiblichkeit, die Kosmische Mutter dar: Die Abstraktion überschreitet so die individuelle, »anekdotische« Darstellungsebene und öffnet sich dem Universellen. Von daher ist es nicht schwer zu erraten, daß im Tantra das Dreieck mit nach unten gerichteter Spitze die Kosmische Mutter, die Weiblichkeit, die Shakti symbolisiert.

Ob es sich um eine lineare Zeichnung oder eine Oberfläche handelt, das Dreieck umschreibt einen Raum; und eine der Funktionen des *yantra* ist es, den Raum zu gliedern, zu organisieren; im Fall des Dreiecks mit so wenig wie möglich Strichen. Zum wahren *yantra* der Weiblichkeit wird das Dreieck mit nach unten gerichteter Spitze jedoch erst, wenn es rot ist. Auch hier ist nicht schwer zu erraten, daß sich dies von der Menstruation herleitet. Auf den Plakaten zur Familienplanung, die in Indien für die Beschränkung auf zwei Kinder pro Familie werben, findet man ein solches rotes Dreieck mit der Spitze nach unten: Das versteht alle Welt! Wenn in Indien ein Leichenzug vorüberzieht, weiß jeder, daß es sich bei einem in Rot gehüllten Leichnam um eine Frau, bei einem in Weiß gehüllten um einen Mann handelt.

Ist in alldem nur eine rein verstandesmäßige Abstraktion oder eine von der Wirklichkeit weit entfernte Phantasie zu sehen? Ich möchte zunächst eine bemerkenswerte Feststellung treffen: Wenn man einer Frau regelmäßig hohe Dosen männlicher Hormone verabreicht, bekommt sie einen Stimmbruch, aber darüber hinaus entwickelt sich auch eine Körperbehaarung, besonders an der Scham, und zwar wie beim Mann in Gestalt eines Dreiecks mit der Spitze nach oben! Im Tantra wird Shiva durch ein solches Dreieck, weiß wie das Sperma, dargestellt.

Die Magie des *yantra* wirkt in hohem Maß sogar auf denjenigen, der seine Symbolik nicht kennt: Das Unbewußte **weiß**, es entschlüsselt. So habe ich eines Abends in Antwerpen einem tantrisch inspirierten Schauspiel beigewohnt, das von Alain Louafi inszeniert und aufgeführt und von Maurice Béjart gestaltet wurde. Am Ende des Stücks kam im Hintergrund der Bühne ein drei Meter hohes rotes Dreieck mit nach unten gerichteter Spitze von der Decke herab: Die Menschen im Saal waren fasziniert. Eine »einfache«, ganz gewöhnliche geometrische Figur hätte eine solche Wirkung nicht erzielt.

Symbolisch gesehen stellt das Dreieck selbstverständlich die Triade dar. Als gleichschenkliges Dreieck bedeutet es Gleichgewicht und Harmonie. Mit der Spitze nach unten versinnbildlicht es das Wasser, mit der Spitze nach oben das Feuer: Darin finden wir zwei *tattwas* (subtile Elemente) wieder.

Das rote Dreieck mit nach unten gerichteter Spitze ist daher ein sehr starkes *yantra*, das die Shakti als universelle Schöpferkraft, als kosmische Matrix symbolisiert und materialisiert. Für den Tantriker ist die Shakti – die große Göttin – das ewige dynamische Prinzip, aus dem die gesamte Schöpfung immer und überall hervortritt. Das seltener gebrauchte weiße Dreieck mit der Spitze nach oben symbolisiert dagegen den statischen Aspekt des Universums, das männliche Prinzip Shiva, das von Shakti nicht zu trennen ist.

Interessanterweise ist in der Cheopspyramide der Eingang zur Kammer der Königin durch ein verkehrtes Dreieck gekennzeichnet.

Ein Punkt,
das ist »Alles«

Was gibt es scheinbar Unbedeutenderes als einen schlichten Punkt? Dennoch bedeutet im Tantra ein Punkt buchstäblich »Alles«. Zunächst organisiert und gliedert sich jedes *yantra* um einen Mittelpunkt, ob dieser nun eingezeichnet ist oder nicht. Bei der Evolution entwickelt sich das *yantra* ausgehend vom Punkt und um ihn herum; bei der Involution kehrt es in ihn zurück und verdichtet sich wieder in ihm. Übrigens »liest« sich ein *yantra* entweder von seinem Schwerpunkt, dem Mittelpunkt, aus zum Rand hin, oder umgekehrt vom Rand aus zum Schwerpunkt, zum Zielpunkt hin, der es absorbiert und wobei es dennoch an Kraft gewinnt.

Tatsächlich ist der Punkt das denkbar einfachste *yantra* und erstaunlicherweise auch das dichteste. Er ist aufs äußerste verdichtete Energie, und das um so mehr, je kleiner er ist. Zum Verständnis möchte ich einen Vergleich zu Hilfe nehmen. Wir alle haben als Kinder mit einer Lupe und den Sonnenstrahlen gespielt. Wenn man sie dicht an ein Papier oder ein Stück Holz hält, bildet sich ein großer, nicht sehr heller und heißer Kreis. Bei zunehmender Entfernung der Lupe aber wird er kleiner, heller und heißer, bis das Papier oder Holz sich schwärzt, entzündet und schließlich brennt. Als infinitesimaler Punkt wäre seine Kraft unendlich groß – theoretisch.

So sieht Tantra im Symbol des Punktes das mächtigste *yantra*, besonders, wenn der Punkt nicht eingezeichnet ist, sondern wie der »verborgene Punkt« der Kabbala als unsichtbares Zentrum der Zeichnung wahrgenommen wird.

Wie jedes Symbol ist der Punkt mehrdeutig. Für den Physiker stellt er die gesamte, geballte kosmische Energie vor dem Urknall dar. Tantra nennt ihn *bindu*, das heißt wörtlich, das mit der Eizelle vereinte Sperma. So ist der Punkt für sich allein ein Gegenstand tiefer Meditation, denn wir alle haben als winziger Punkt begonnen, so klein, daß man zehn davon nebeneinander setzen müßte, um auf einen Millimeter zu kommen.

In diesem Punkt, in dieser befruchteten weiblichen Eizelle, die **ich** war, sind das männliche und das weibliche Prinzip untrennbar miteinander vereint. Für Tantra bedeutet der Punkt Shiva–Shakti, und in ihm ist »Alles« anwesend, so wie in der befruchteten Eizelle das gesamte Erbgut meiner Ahnen, der Gattung Mensch und sogar des Lebens seit seinen Uranfängen vorhanden ist. Ausgehend von dieser Eizelle, diesem winzigen Punkt, hat sich mein körperliches und seelisches Sein entfaltet, wobei es den im *bindu* eingeschlossenen Plan befolgte; und so wird es bis ans Ende meiner individuellen Existenz sein. Parallel und zur gleichen Zeit kehrt alles fortwährend zum Punkt zurück: Im verborgenen des Pols der Gattung, in den Keimzellen, in jedem Spermatozoon oder jeder Eizelle werde ich wieder zum *bindu* des Anbeginns; doch auf geheimnisvolle Weise sind dabei die Gattung und das Leben um eine zusätzliche Erfahrung reicher geworden.

Der Mittelpunkt des *yantra* bündelt zunächst meinen äußeren Blick, dem dann der mentale folgt. Wenn ich meine Aufmerksamkeit konzentriere, vermehrt er auch meine mentale und psychische Kraft, die als ein materielles Kräftefeld betrachtet wird. Was die Lupe den Sonnenstrahlen ist, ist das *yantra*, insbesondere sein Zentrum, der psychischen Energie.

Die Lupe, ein passives, lebloses Instrument, verleiht der Sonnenstrahlung mehr Kraft, ohne mehr Energie zu benötigen. Und das ist eines der Geheimnisse des *yantra*, wie übrigens auch des *mantra*: Es konzentriert als passive geometrische Figur meine psychische Energie, die so an Kraft gewinnt. Und wer kann der konzentrierten mentalen Kraft des Menschen eine Grenze setzen?

Kurz gesagt, ohne die Lupe wird die Sonne nicht die Kraft haben, das Holz zu entzünden, doch umgekehrt kann auch die Lupe ohne Sonne nichts ausrichten.

Das Grundquadrat

Das Quadrat ist die statische Grundlage schlechthin. Stabil und fest, stellt es das Substrat, das Element Erde, die Kräfte der Verdichtung, die Ebene der Manifestation dar. Es enthält die vier Kardinalpunkte und die vier Dimensionen von Raum und Zeit. Als Tetrade (Vierheit) ergibt sein Quadrat sechzehn, die heilige Zahl des Tantra.

In der Wissenschaft vom *yantra* bedeutet das Quadrat einen heiligen Bezirk, der durch vier T-förmige Pforten, die gleichzeitig Initiationsschwellen sind, zur »Außen«welt hin offen ist. Die meisten *yantras* ordnen sich übrigens in einem solchen viertürigen Quadrat an.

Kreis und Lotos

Der Lotos ist die tantrische Blume, und die meisten *yantras* enthalten auf einer Kreislinie angeordnete Lotosblätter.

Der Samen *(bindu)* und die Blüte stellen den ewigen Kreislauf dar, der vom Samen zur Blüte und von der Blüte zum Samen führt. Die Blüte ist auch die *yoni*, das kosmische Organisationsprinzip, die weibliche Schöpferkraft, Ursprung jeglicher Form. Und der Lebensraum des Lotos ist das Wasser, ein weiteres weibliches Symbol.

In jeder Blume erblickt der Tantriker eine Konzentrierung subtiler Energie. Tatsächlich sind Atome und Moleküle, die eine Blume bilden, nebensächlich; anderswo gepflanzt, wäre sie aus anderen Molekülen entstanden, aber noch immer eine Lotosblüte.

Das Wahre der Blume ist ihre geheimnisvolle, unsichtbare Organisationsdynamik, die sich der materiellen Teilchen der Außenwelt bemächtigt, um die Rose, das Maiglöckchen oder den Lotos zu erschaffen, den ich in den Händen halte.

Der Tantriker erspürt diese subtile Dynamik und weiß, daß sie auch in seinem Körper wirkt, wo jede Zelle, jedes Organ seine eigene Lebenskraft, den van Helmontschen *Archeus*, besitzt. Zur Materialisierung dieser Energien, die insbesondere in den *chakras*, den Energiezentren des Körpers, aktiv sind, stellt Tantra sie durch *yantras* dar, die stets eine bestimmte Blütenblätteranzahl plus einer »Gottheit«, das heißt eine besondere Energie »nach Menschengestalt«, enthalten. Die Tatsache, daß sie stets weiblich sind, weist auf den tantrischen Ursprung der Methoden hin, die das *Kundalini*-Yoga anwendet, um die genannten Kraftzentren zu aktivieren. Die sexuellen Techniken, die im praktischen Teil dieses Buches beschrieben sind, regen diese übrigens automatisch an.

Ich möchte anmerken, daß die Bedeutung der Blüten im tantrischen Ritus sich in dem Wort *puja*, aus dem dravidischen *pu* = »Blume«, und *gey* = »machen«, spiegelt. In Sanskrit drückt das Stammwort *puj eine huldigende Haltung aus. Verbindet man dies nun miteinander, bedeutet puja* »rituelle Verehrung mit Blumen«, was auch als solche gebräuchlich ist.

Der Kreis, das zentrale Symbol der *chakra puja*, drückt die zyklische Entwicklung des Sichtbarwerdens aus; er ist die kosmische Form schlechthin.

Der archaische Mensch sah den Kreis in der Scheibe der aufgehenden Sonne, im Kreis des Horizonts, ja sogar in der Rundung des Mundes.

Die amerikanischen Indianer haben ein ausgeprägtes Bewußtsein für Symbole, und der Kreis gehört zu ihren wichtigsten. Nehmen wir als Beispiel eine achtzigjährige Indianerin, welche die ältesten religiösen Traditionen ihres Volks überliefert. Sie kennt das Geheimnis der Heilpflanzen. Sie singt die Beschwörungsformeln gegen bösen Zauber. Und Catherine, so ihr Name, unterhält sich mit dem Großen Geist, denn sie ist eine Medizinfrau, eine Schamanin.

Ihren schweren nach hinten fallenden Haarknoten schmückt sie stets mit Flaumfedern eines Adlers; sie trägt Ohrringe aus Türkis, und um ihren Hals und auf jeder Hand strahlen Sonnen. Auf ihrem Gürtel leuchten silberne Monde, und ihr Kleid ist von einem strahlenden Blau, wie der Azur des Himmels.

»Schau«, sagt sie, »sieh diese Zeichnungen. Sie sind meine Geschichte und die meines Volkes. Dieser schwarze Strich ist der heilige Berg: Big Mountain. Und hier sind wir Menschen. Am Anfang wurden wir auf diesem Berg abgesetzt. Die Sonne war unser Vater und die Erde unsere Mutter. Sie hatten Zwillinge: das wassergeborene Kind und das tötende Ungeheuer. Dank des wassergeborenen Kindes überlebten wir. Und das tötende Ungeheuer bringt die Tornados und Stürme. Hier«, fährt sie unermüdlich fort, »ist ein Regenbogen. Und dieser Punkt ist die Erde... Die ganze Natur ist in diesem Schuh gegenwärtig. Ins Innere habe ich die Ritualgegenstände gelegt: den Gebetsstab, die Kerzen und den farbigen Sand. Zusammen bilden sie einen Kreis. Denn die Kräfte des Universums wirken stets im Kreis. Der Himmel ist rund, die Erde ist rund, die Sterne sind rund, die mächtigen Winde blasen in Wirbeln, das Vogelnest ist rund, das Herz des Baumes ist ein Kreis und unsere ›Hoogans‹ sind rund. Das ist die heilige Macht des Kreises. Deshalb bilden wir bei unseren Tänzen immer einen Kreis. Schau unsere zehn heiligen Berge an: auch sie bilden ein Rund. Und wir Navajos vom Big Mountain sind in der Mitte, am Ort der Erscheinung, das heißt da, wo der Mensch aufgetaucht ist. Hier können wir dank der Schwingungen zum Großen Geist sprechen, der die magischen Kräuter, den Trost, den Glauben und den Mut spendet. Warum sollten wir von hier fortgehen? Für Geld? Nein, niemals!« Catherine schließt die Augen. Sie betet . . .

Wir modernen Menschen wissen, daß die Himmelskörper kugel- und nicht kreisförmig sind, aber das *yantra* wird auch plastisch gelesen. Wenngleich es auf ein Blatt Papier, also zweidimensional, gezeichnet wird, besitzt es doch eine dreidimensionale Dynamik, wie sie in den um eine Kreislinie gezeichneten Blütenblättern augenfällig wird. Als Samen hat selbstverständlich auch der *bindu* drei Dimensionen.

Eine Kreislinie mit ihrem Mittelpunkt bildet die horizontale Projektion eines Kegels. Ein Kegel wird erzeugt durch die Drehung eines Dreiecks um seine Achse, zu vergleichen mit dem Energiekegel der »Hexen«. Das Quadrat bringt den Würfel hervor.

Wenn ein *yantra* sich in einem Kreis statt in einem Viereck befindet, nennt es sich *mandala*. Der sich um seine Achsen drehende Kreis erzeugt die Kugel.

Unendliche Kombinationen

Jede Elementarzeichnung – Punkt, Dreieck, Quadrat, Kreis und Blume – ist ein eigenes, vollständiges *yantra*. Indem es aber diese elementaren »Wurzel*yantras*« miteinander kombiniert, bildet Tantra häufig sehr komplexe Ensembles, in denen jede Figur ihre eigene Symbolik erhält, deren Kraft jedoch durch die Zusammenstellung vervielfacht wird.

Hier ein paar einfache Beispiele, die auch für den nicht mit der Materie vertrauten Abendländer verständlich sind: Ein rotes Dreieck mit nach unten gerichteter Spitze und dem *bindu* im Zentrum symbolisiert den schwangeren Uterus sowie die Kosmische Mutter. Das rote Dreieck mit nach unten weisender Spitze, das ein weißes Dreieck mit nach oben zeigender Spitze überlagert, versinnbildlicht die Vereinigung von Männlich und Weiblich oder die kosmische Vereinigung von Shiva und Shakti. (Übrigens unterscheiden sich diese sich überlagernden Dreiecke vom Davidstern darin, daß letzterer aus ineinander verschlungenen Dreiecken besteht.)

Wenn zwei Dreiecke sich an der Spitze treffen, bedeutet das Beginn oder Ende der Vereinigung von Shiva und

Shakti, Beginn oder Ende des manifesten Universums. Plastisch gesehen ist es die dravidische Trommel, die der tanzende Shiva in seiner Hand hält, das Symbol der uranfänglichen Schwingung, die alle Teilchen im Innern der Materie in Bewegung hält.

In Indien schließt ein komplexes tantrisches *yantra* oder *mandala* eine vollständige Kosmogonie ein: An jedem Kreuzungspunkt, an jedem Winkel des Dreiecks oder aller Dreiecke, in jedem Blütenblatt wohnt eine Gottheit, auch wenn sie nicht dargestellt ist. Beim Meditieren geht der Tantriker vom zentralen *bindu* aus. Er baut, zeichnet das *yantra* in seiner Gesamtheit mental nach, um in es einzudringen und es in sich eindringen zu lassen. Jedem Kreuzungspunkt entspricht eine Grundschwingung, ein *mantra* – dargestellt durch einen Sanskritbuchstaben –, den der Adept ausstößt, wenn er sein inneres Auge auf ihn richtet. Die Tantriker verwenden diese Buchstaben deshalb, weil sie die Gesamtheit der von der menschlichen Stimme »ausstoßbaren« Laute enthalten, und in diesem Sinn ist das Sanskritalphabet universell.

Es versteht sich von selbst, daß man für die komplexen *yantras* eine Initiation braucht, daher einen Meister – daher sind sie für uns Abendländer ungeeignet. Die Tantriker sind nicht die einzigen, die *yantras* benutzen, sie haben sie nicht einmal erfunden, obgleich sie sich dieser Wissenschaft ausgiebig bedient haben. Trösten wir uns damit, daß auch die einfachen *yantras* große psychische Wirkung erzielen können.

Das lateinische Kreuz ist beispielsweise ein abendländisches *yantra*. Ein christlicher Mystiker, der es meditiert, kann auf diese Weise in Verbindung mit seinem Glauben einen höheren Bewußtseinszustand erlangen.

Sollte jemand an der Macht der *yantras* zweifeln, so braucht er nur am hellichten Tag in Beirut einen Davidstern an eine schiitische Moschee zu zeichnen ... oder ein Hakenkreuz auf die Klagemauer in Jerusalem! In beiden Fällen wird er sofort den Beweis erhalten.

Das letzte Yantra

Dieses Kapitel möchte ich mit einem Zitat aus *Obscure Religious Cults*, von S. B. Dasgupta abschließen: »Kein äußeres Symbol, so ausgeklügelt es auch sei, ersetzt das Körper*yantra*. Mit seinen physischen und psychischen Existenzebenen wird der menschliche Körper im Tantrismus als eines der mächtigsten Instrumente der spirituellen Wandlung betrachtet: Er stellt das physische Substrat des Göttlichen dar, den Ort, an dem die evolutionäre Entfaltung vonstatten geht, den unerschöpflichen Verwahrer von Kräften, die man an ihrem Quell auffangen kann. Erst wenn man ihn in Bewegung versetzt und aus seiner Benommenheit erweckt, kann man seine göttliche Anmut würdigen. Seine ewige Essenz ist innerlich, weshalb also draußen Mittel zur Befreiung suchen?

Der Körper ist der heilige Mittelpunkt jeden Rituals, jeden *mantras*, jeder Opfergabe, jeder Liturgie.«

Eine andere Sexualität

Das *Ghandarva*-Tantra ergänzt: »Hier selbst [in diesem Körper] sind der Ganges, Prayaga und Benares, die Sonne und der Mond [das Männliche und das Weibliche] und die heiligen Stätten... Es gibt keinen Wallfahrtsort, keinen Ort der Glückseligkeit, der meinem Körper gleichkommt. In Wahrheit ist das *yantra*, welches der eigene Körper ist, das beste aller *yantras*.«

Um auf das Kreuz zurückzukommen: Alle Länder haben das rote Kreuz übernommen – außer den arabischen, die es durch eine rote Sichel ersetzen. Für sie ist ein christliches *yantra* tabu, obwohl doch ein Kreuz – unvoreingenommen betrachtet – nichts anderes darstellt als zwei gekreuzte Linien.

So sollte jeder, ob Tantriker oder nicht, mit seinem oder seinen *yantras* leben. Die Besonderheit der tantrischen *yantras* besteht darin, daß sie universell und neutral, also keine religiösen Symbole sind, da Tantra keine Religion ist. Am Ende dieses Buches stelle ich ein tantrisches Ritual für den Abendländer vor: gläubig oder nicht, ein jeder kann es praktizieren.

Yantra

ÄTHER

LUFT

FEUER

WASSER

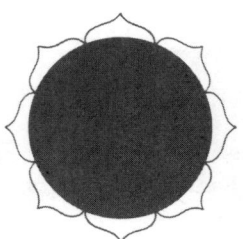

Jede geometrische Figur stellt bereits für sich genommen ein bedeutsames Symbol dar. Indessen versinnbildlichen der Punkt, der Kreis, das Dreieck mit nach unten gerichteter Spitze, die Mondsichel und das Quadrat auch die fünf tattwas *oder tantrischen Elemente.*

Die beiden sich gegenüberliegenden und an der Spitze berührenden Dreiecke stellen den damaru*, die Trommel Shivas (welche auch die der Draviden ist) dar, der zugleich die uranfängliche Schwingung, die das Weiterbestehen der Materie bewirkt, symbolisiert. Er bedeutet auch den Beginn der Manifestation durch die Begegnung von Shiva und Shakti.*

Der Lotos symbolisiert die yoni *sowie das letzte Prinzip der Manifestation. Durch den Kreis in der Mitte und die acht Blütenblätter beinhaltet er auch die Symbolik des Mondes. Nimmt man ein Paar pro Blütenblatt, ergibt dies die Askese der Sechzehn.*

In ihrer Kombination bringen diese Zeichnungen unendlich viele yantras *und* mandalas *mit einer ihnen je eigenen psychischen Dynamik hervor. Das Leben verfährt nicht anders: Basierend auf wenigen elementaren »Bausteinen«, haben sich seit ewigen Zeiten die vielfältigsten Lebensformen entwickelt.*

ERDE

Eine andere Sexualität

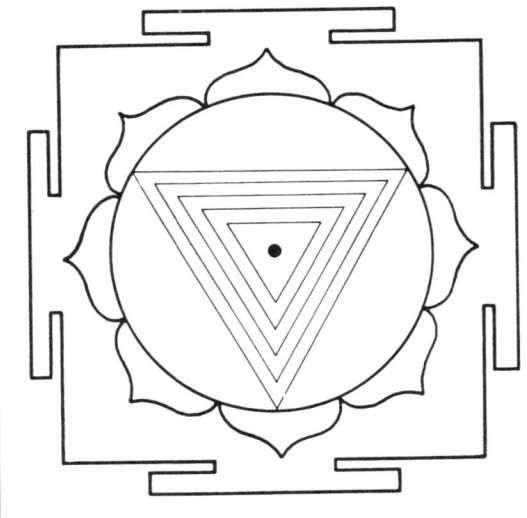

Ausgehend von den fünf Elementen, ist dieses yantra *leicht zu entschlüsseln. Wir finden das Quadrat mit seinen vier Türen, die Dreiecke und den zentralen* bindu, *um den herum das Ganze sich anordnet. Dieses* yantra *wird sowohl zwei- wie auch dreidimensional gesehen: Die Dreiecke bilden eine Pyramide, deren Mittepunkt zugleich der Schwerpunkt, der Gipfel und der Ursprungspunkt ist.*
Die Pyramide steht im Mittelpunkt des Lotos, dessen Blütenblätter zum Himmel weisen. Das Quadrat bildet einen Sockel, eine solide Grundlage, eine Art Podium, das sich mit seinen vier Türen zur Außenwelt öffnet.

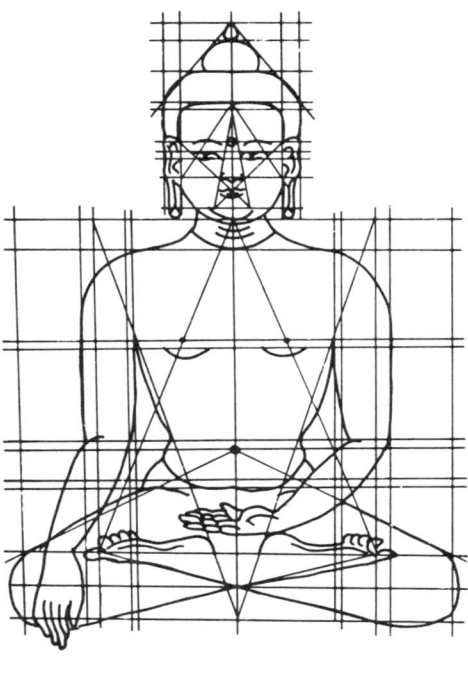

Für den Tantriker besitzt jeder Winkel des Quadrats, jede Tür, jedes Blütenblatt eine eigene Energie, symbolisiert durch eine Shakti, die der Adept an jedem dieser Punkte vor seinem inneren Auge sieht. Diese Art von Visualisierung ist dem Abendländer im allgemeinen nicht möglich.
Auch im Buddhismus findet sich eine Vielzahl von yantras, *die sich noch in den kanonischen Buddha-Darstellungen verbergen, nach denen sich jeder Bildhauer zu richten hat. Der menschliche Körper wird übrigens als das höchste* yantra *betrachtet.*
Andererseits ist jeder indische Tempel ein riesiges, dreidimensionales yantra, *so wie der berühmte buddhistische Komplex von Borubodur, um ein Beispiel zu nennen.*

4
Von Mythen und Symbolen

Muß man an die Hindugötter glauben?

»Glauben Sie **wirklich** an die Hindugötter?« Auf diese Frage würde ich antworten: »Genauso wie an den Weihnachtsmann!«

Verstehen Sie mich richtig! Ich **glaube** an den Weihnachtsmann und an Knecht Ruprecht. Ich meine, ich glaube in gewisser Weise an sie.

Doch was eigentlich ist ein Hindu»gott«? Bevor ich dies erörtere, möchte ich mein Bedauern darüber aussprechen, daß die Sprache den Begriff Gott so eng faßt. Gott – das ist das höchste Wesen, der Schöpfer, zwangsläufig einzig in unserem Geist, ob man nun Monotheist oder »Monoatheist« ist. Vergessen wir die Götter, seien es solche der Hindus oder andere.

Wenn ich dem christlichen, jüdischen oder islamischen Glauben anhänge, so zwingt mir meine Religion einen einzigen Gott auf, der ipso facto »die« Götter im Plural ausschließt: »Du sollst nur einem Gotte dienen.« Als Gegenstand wissenschaftlicher Forschung freilich würde man die Hindumythologie gelten lassen, aber an sie zu glauben oder gar polytheistisch zu werden, das ist undenkbar. Die Anbetung dieser vielarmigen Götter wäre ein Frevel, auf den die Exkommunikation stünde. Aber keine Sorge, ich will keinen Abfall vom Glauben predigen.

Bin ich »Monoatheist« (ich bitte das Wörterbuch um Verzeihung), so ist es noch einfacher: Da ich aber Atheist bin, weshalb sollte ich mir dann eine Unzahl von Göttern aufhalsen, wo mir doch schon einer zu viel ist!

Für den Abendländer sind also die Hindugötter ebenso befremdlich wie fremd, und sie werden es auch bleiben. Warum also sich darum kümmern? Doch weisen wir gleich darauf hin, daß ein Hindu»gott« oder eine Hindu»göttin« mit unserem Gott nicht im entferntesten Ähnlichkeiten aufweist: Die Übersetzung »Gott« für *deva* ist ungenau, denn *deva* kommt von *div*, »leuchten«, und bedeutet im weiteren Sinn leuchtendes, göttliches, himmlisches Wesen. Es wäre besser, sich an *deva* zu halten und »Gott« oder »Götter« zu vergessen. Am Rande sei vermerkt, daß die Bezeichnung »Diva« für eine berühmte Sängerin aus dem lateinischen *dea* kommt.

Die Arier der vermeintlich höheren Kasten, die Brahmanen und Kshatriyas, ernannten sich selbst zu *devas*,

Mythen und Symbole

Söhnen des Lichts, und stellten sich damit in Gegensatz zu den Dämonen, den Mächten der Finsternis, womit auf die besiegten Ureinwohner angespielt wurde.

So schildert und rühmt der *Rigveda*, das älteste und seit drei Jahrtausenden mit erstaunlicher Treue überlieferte indoarische Schriftzeugnis und Grundlage der brahmanischen Religion, den Kampf zwischen den Guten, den *devas*, und den Dämonen des Bösen, den *dasas*.

Doch handelt es sich wirklich um einen mythischen Kampf? Ist der *Rigveda* nicht vielmehr der »mythologisierte«, vergöttlichte Bericht des unerbittlichen Eroberungskrieges, den die Arier in Indien geführt haben? Die indische Professorin Malati J. Shendge von der Nehru-Universität in Neu-Delhi stellt in ihrem bemerkenswerten Werk *The Civilized Demons: The Harappans in Rigveda* die Wahrheit wieder her:

»Was bedeuten die ständigen Bezugnahmen des *Rigveda* auf die Kämpfe, die sich die Götter mit den Dämonen liefern? Handelt es sich wirklich um das Gute, das wider das Böse kämpft, wie man allgemein annimmt, oder um einen ganz realen Krieg zwischen den Ariern und den einstigen Bewohnern Indiens? Preist der *Rigveda* nicht vielmehr den Sieg der Arier über ihre Feinde, die Asuras, Rakshasas, Gandharvas, Yakshas und Pishakas? [...] Als die Arier ausgehend von diesen Ereignissen eine Religion schufen, maßten sie sich, nachdem sie ihre Häuptlinge zu Göttern gemacht hatten, den Titel des ›Kosmischen Guten‹ an, wobei ihre Feinde natürlich zu ›Dämonen‹, Verkörperungen des ›Kosmischen Bösen‹ wurden.

[...] Die Hymne II. 20. 7 singt das Loblied Indras, der ›die Festungswälle schleift, welche die *dasas*, die dunkelhäutigen Völker *(krishnayoni)* birgt‹.«

Da der Widerstand der Harappier – die den Angreifern wirklich schwer zu schaffen machten – mit Waffengewalt allein nicht zu brechen war, scheuten die Arier nicht davor zurück, zu Wasser und Feuer zu greifen. Die Zivilisation von Mohenjo Daro lebte vom Ackerbau. Dieser hing ab von einem bemerkenswerten Bewässerungssystem, in dem der Monsunregen aufgefangen und hinter Dämmen gestaut wurde. Lange bevor die Alliierten im letzten Krieg einen deutschen Staudamm sprengten, um feindliche Städte zu vernichten, tötete der arische Hauptgott Indra Harappas obersten Feldherrn Vritra, der den Damm bewachte, und »ließ die Fluten los«. Damit hatte er doppelten Erfolg. Einerseits verwüsteten die Fluten alles, was sich ihnen in den Weg stellte, ertränkten die Bewohner von Städten und Dörfern, brachten Unheil und Chaos über das Land. Andererseits machte nach der Überschwemmung der Felder und der Vernichtung der Ernten der Wassermangel jeden Anbau unmöglich, so daß die überlebenden Bewohner hungern mußten.

So vergöttlicht, in den Himmel gehoben, glorifiziert als Zerstörer der Festungen, wird Indra, »Derjenige, der die Wasser losläßt«, zum Gott des Regens befördert, und seine Waffe ist der Blitz.

Hindugötter

Agni, der Gott des Feuers, der beinahe ebenso verehrt wird wie Indra, ist nicht mehr die Vergöttlichung eines Kriegshelden, wohl aber die eines Elements, das im Opferkult des *Rigveda* eine zentrale Stelle einnimmt. Für die nomadischen Arier spielte das Lagerfeuer eine wesentliche Rolle: Bei der Rast versammelte sich die Sippe um das Feuer, hauptsächlich um die Barden zu hören, aus denen später die Brahmanen, die Hüter des Opferfeuers, hervorgingen. Zur Kriegswaffe erhoben, wurde das unter dem Namen Agni vergöttlichte Feuer zu einem zentralen Bestandteil des Kults. *Agnihotra*, das Feueropfer, wird noch heute so zelebriert wie in vedischen Zeiten; ich war mehrmals dabei. Man hütet sich allerdings zu sagen, daß die verschiedenen Beigaben deshalb ins Feuer geworfen werden, um der Großtaten des Feuers bei der Vernichtung der Feinde, der *dasas*, zu gedenken. Die Getreidekörner symbolisieren die Vernichtung der Ernten, der Städte und Festungen, und die Fleischfetzen stellen die verbrannten Feinde dar.

Ein weiteres mythisches Element des *Rigveda* ist das *soma*. Tatsächlich bleibt der unerschrockene und ungestüme Krieger Indra auch in seiner Vergöttlichung sehr menschlich. Er muß ein arger Zecher gewesen sein, denn seinen Schlachten wider die »Finsternis« gingen ausfernde Saufgelage voraus. Bewundernd beschreibt der *Rigveda*, wie Indra riesige Mengen des berauschenden Gebräus *soma* – das zu »seinem« Getränk wurde – in sich hineinschüttet, aber auch, welche Szenen ihm seine Gemahlin machte, wenn er zuviel getrunken hatte! Auch die anderen *devas* waren dem *soma* nicht abgeneigt – ganz im Gegenteil!

In diesem gleichsam breughelschen Paradies herrschte keine Langeweile: Um die vedischen Götter abzulenken und zu entzücken, gab es die Nymphen und die himmlischen Tänzerinnen, die *apsaras*, deren poetischer Name »Essenz des Wassers« bedeutet, und die durch die Wolken am Himmel symbolisiert werden. Während der irdischen Kriege steigen sie – wie ihre teutonischen Schwestern, die Walküren – auf das Schlachtfeld herab, um die im Kampf getöteten (selbstverständlich arischen!) Krieger einzusammeln, sie blumenumkränzt auf ihre Karren zu betten und sie daraufhin geradewegs in Indras Paradies zu überführen. In ruhigen Zeiten machen sich die *devas* gern einen Spaß daraus, die Nymphen in irdischer Mission zu entsenden, auf daß sie die Asketen, Rishis und andere Vorläufer des heiligen Antonius verführen oder, besser noch, zu Ausschweifungen verleiten: Das arische Paradies ist nicht fade, und die *devas* amüsieren sich göttlich!

Nach und nach bevölkert sich der arische Pantheon, der schon vor der Ankunft der Arier in Indien nicht gerade leer war, mit einer Unmenge neuer Götter: Das himmlische Standesregister wird um Bände erweitert! Der Eroberungskrieg bringt zahlreiche arische Helden hervor, die sich gebührend als Götter verehren lassen, so etwa Vishnu, der zur Hindutrinität gehört. Varuna, der zusammen mit dem Kriegsgott Indra über das arische Paradies waltet, jedoch nicht mit ihm ver-

Mythen und Symbole

bündet ist, ist der Alles-Wissende, der »Innenminister«, der »Chef des Geheimdienstes«, der Hüter über Recht und Ordnung. Rudra, dem wir noch im Shiva-Mythos begegnen werden, ist im *Rigveda* nur eine zweitrangige Gottheit: War er der Häuptling eines zu den Feinden übergelaufenen ortsansässigen Stammes? Wie dem auch sei, in seinem Gefolge befinden sich seine Söhne und Anhänger, die Sturm- und Gewittergottheiten der Maruts.

Halten wir einen Augenblick ein. Wir sehen hier also die erste Stufe der Vergöttlichung. Sippenhäuptlinge zeichnen sich in der Schlacht aus und ziehen – zu Helden befördert – als *devas* ins indoarische Walhalla ein. Zwischen zwei Saufgelagen und den Tänzen der *apsaras* gestalten sie ihre himmlische Freizeit, indem sie über die atmosphärischen Phänomene wie Gewitter und Wind walten, denen man in Vayu oder Vata menschliche Gestalt verleiht.

Die arische Sonne ist keine einheitliche Naturerscheinung. So ist Savitar die »ansehbare«, also aufgehende oder untergehende Sonne; wenn sie blendet, heißt sie Surya. Einzig unter diesen Sonnen männlichen Geschlechts finden wir die bezaubernde Ushas, die Morgenröte, die den Himmel rosig färbt. Sie ist weiblich, weil sie Morgen um Morgen die Sonne zur Welt bringt: Selbst im Paradies ist die Niederkunft eine Aufgabe, die man gern der Frau überläßt... Der *Rigveda* ist sehr bemüht um Ushas und widmet ihr zahlreiche Hymnen. Die anderen Göttinnen erfüllen die subalterne Funktion von Göttergattinnen; im Tantra hingegen sind die Göttinnen der Mittelpunkt des Kults.

Die Ashvins, die fast so sehr verehrt werden wie Indra, herrschen über das blasse Licht, das der Morgenröte vorausgeht, und runden so den Sonnenzyklus ab. Auf sie folgt Ushas, die Savitar erzeugt, der zu Surya wird, um in der Abenddämmerung wieder Savitar zu werden. Merkwürdigerweise haben die Arier den Sternen kaum Beachtung geschenkt.

Ich hoffe nicht, Ihre Geduld überstrapaziert zu haben, doch lösen Indra, Varuna und die anderen Götter bei Ihnen helle Begeisterung aus? Bei mir jedenfalls nicht. Aber wir können sie nicht ganz unberücksichtigt lassen, und sei es nur, um sie von den tantrischen Gottheiten zu unterscheiden.

Die brahmanische Religion, alles andere als missionarisch und bekehrend, sieht sich rassistisch und geschlossen. Einzig die »Zwiegeborenen«, den Ariern vorbehalten, schließt sie die Nachfahren der Besiegten, die Shudras und – noch mehr – die Unberührbaren aus. Das ist logisch, denn diese sollten nicht zu einer Religion Zutritt haben, welche die Niederlage ihrer Ahnen glorifiziert, auch wollte man die Erinnerungen an ihren bewaffneten Kampf auslöschen.

Im Lauf der Jahrhunderte fand eine merkwürdige Osmose statt. Verwehrten die Arier den ihnen Unterlegenen den Zugang zur indischen Religion auch so strikt wie den zum Eigentum, so stellten sie es ihnen jedoch frei, ihre alten Kulte zu praktizieren und ihre vorarischen Götter zu verehren. So haben sich nach und nach einheimische Götter in den brahmanischen Pantheon eingeschlichen und nach ihrer Arisierung zuweilen die vedischen ersetzt.

Ob arisch oder nicht, kein indischer Gott wird mit dem Höchsten Wesen gleichgesetzt, da jede Gottheit nur jeweils eine seiner Eigenschaften verkörpert. Die idealisierten, zu *devas* beförderten Männer und Frauen bleiben trotz allem sehr menschlich, sind eifersüchtig, rachsüchtig, kleinmütig, scheuen gelegentlich nicht einmal vor Lügen zurück, wenn sie mythologisch »festsitzen«. Ihr gleichnishafter Mythos will aufzeigen, daß die Menschen zu einer Vollkommenheit gelangen können, die sich in der indischen Kunst in wundervollen Skulpturen und Bronzen niedergeschlagen hat.

Um ihre übernatürlichen Kräfte zu versinnbildlichen, stattete man sie mit mehreren Armen und verschiedenen Attributen aus. Oftmals enthüllen sie auch unter einem bedrohlichen, dunklen oder monströsen Äußeren nach und nach ihren wahren Charakter. In den indischen Familien werden sie beinahe zu verehrungswürdigen Angehörigen. Obwohl sie als »himmlische« Wesen über übernatürliche Kräfte verfügen und auf einer anderen Ebene leben, kann man sie dennoch anfassen, und zwar in einer jedem Idol eigenen Kultform. Dadurch gewähren sie den Frommen Vergünstigungen oder fügen ihnen wenigstens keinen Schaden zu – und als solche werden sie uns wohl auf immer fremd und unzugänglich bleiben.

Aber besitzen wir nicht etwas Gleichwertiges? Unsere Heiligen sind wie jene idealisierte Menschen, die zwar im Himmel wohnen, für die Gebete und Wallfahrten der Frommen aber empfänglich sind. Die Verehrung, die man ihnen angedeihen läßt, indem man ihnen Statuen errichtet, zu ihnen betet und Blumen und Kerzen spendet, weist viele Ähnlichkeiten auf. Unsere ländlichen Kapellen unterscheiden sich – abgesehen von ihrer Architektur – kaum von den kleinen Tempeln indischer Dörfer. Für ihre Verehrung legen die Heiligen bei den himmlischen Instanzen Fürbitte ein oder bedienen sich ihrer eigenen übernatürlichen Kräfte, um beispielsweise zu heilen. Fromme Katholiken vertrauen oft auf einen Heiligen, ganz wie die Hindus auf ihre *ishta-devata*, ihre Lieblingsgottheit. Manche – beispielsweise der heilige Medardus – gebieten auch über Naturerscheinungen wie den Regen. Andere sind Schutzheilige von Ständen, etwa der heilige Eligius von Noyon oder die heilige Barbara, oder beschützen die Seefahrer.

Der Weihnachtsmann, ein ganz lebendiger Mythos

Nur die indischen Götter, die universelle Mythen oder Archetypen verkörpern, können in unsere Kultur widerstandslos übernommen werden. In Japan – immerhin liegt Indien auf halbem Weg dorthin – finden wir ein Beispiel für eine gelungene Umwandlung. Tatsächlich haben die Japaner ein Weihnachtsfest, das sie *Karusumasu* (eine ungefähre Lautmalerei für Christmas!) nennen, und damit **unseren** Weihnachtsmann importiert. Seit-

Mythen und Symbole

her haben auch die Kinder dort ein Anrecht auf das Spielzeug – natürlich made in Japan –, das er verteilt. Schließlich ist ja der Weihnachtsmann der universelle Archetyp des Vaters, des Stammespatriarchen, der dem kollektiven Gedächtnis der gesamten Menschheit innewohnt. Kann man ihn sich aber als Cowboy ausstaffiert vorstellen? Sein weißer Bart und sein roter Kapuzenmantel wie auch sein Tragkorb voller den braven Kindern zugedachter Spielzeuge weisen ihn als wohlwollenden Mann aus. Mütze und Umhang, gefüttert mit dickem Pelz, zeigen an, daß er aus kalter, langer Winternacht kommt. Der ihn begleitende finstere Knecht Ruprecht ist die komplementäre, repressive Seite des archaischen Vaters, »der im Himmel ist«. Was hat das Kind, wenn es, herangewachsen, »die Wahrheit entdeckt«, durch diese Erfahrung mit dem Weihnachtsmann gelernt? Ich glaube nichts, falls es nicht später selbst als ein solcher verkleidet den Mythos des Vaters verkörpert!

Ich war übrigens der Meinung, der Weihnachtsmann sei ein aus ältester Zeit auf uns überkommener Mythos, doch wurde er erst 1850 »erfunden«! Dennoch habe ich mich nicht völlig geirrt, denn seine Ahnenreihe reicht wohl zurück bis zu den alten Legenden der europäischen Völker: Schon Gargan, der Sohn des keltischen Gottes Bel, trug einen Korb auf dem Rücken und teilte Geschenke aus, vor allem an Kinder. Vergnüglich ist folgende Geschichte: 1981 bezeichnete Kardinal Roques, der Erzbischof von Rennes, diesen Brauch als »unwahrscheinliche Blödheit eines imaginären Lumpensammlers, genannt Weihnachtsmann«. 1961 hatten auf dem Vorplatz der Kathedrale von Dijon zweihundertfünfzig Kinder den Weihnachtsmann symbolisch verbrannt, doch tags darauf war er auf dem Dach des Rathauses wieder auferstanden! Ein Archetyp läßt sich eben nicht so leicht aus der Welt schaffen!

Das Mitternachtsessen zu Weihnachten und Neujahr entspricht den vorchristlichen Feiern zur Wintersonnenwende, mit denen die Wiedergeburt der Sonne und des Lichts begangen wurde. Die Kirche war realistischer und geschickter als der Erzbischof von Rennes, und weil sie wußte, daß sie die heidnischen Bräuche nicht unterdrücken konnte, hat sie beschlossen, sie zu christianisieren. So ist seit dem Jahr des Herrn 354 auf Geheiß des Papstes Liberius der Heiland »offiziell« am 25. Dezember geboren, während man seine Geburt zuvor entweder am 6. Januar (in der östlichen Kirche), am 10. April oder am 29. Mai feierte. Diese Entscheidung stellte alle Welt zufrieden!

Kommen wir nun zurück zum Weihnachtsmann. Je mythischer, also »unwirklicher« eine Gestalt ist, desto stärker ist sie an ihr Stereotyp gebunden. Alles am Weihnachtsmann und seiner Ausstattung ist symbolisch, also nahezu unantastbar. Die geringste Änderung an seiner Symbolik würde die sinnbildliche Kraft herabsetzen. Es ist so gut wie ausgeschlossen, ihn beispielsweise mit einem grünen Mantel zu versehen. Das Rot ist sehr symbolträchtig, und das Unbewußte des Kindes täuscht sich darin nicht. Auch wäre es undenkbar, ihn ohne Bart darzustellen: Er wäre nicht mehr die Verkörperung des archaischen Vaters. Sogar seine Körpergröße ist wichtig. Groß und majestätisch wäre er beängstigend; klein und rundlich – also lebenslustig – wirkt er beruhigend und wird zum »kleinen Weihnachtsmann«.

Das Kind weiß nichts von den Deutungen der Erwachsenen, aber wenn es den Weihnachtsmann sieht, entschlüsselt sein Unbewußtes ihm den archaischen Vater. Das Kind tritt ein in die magische, märchenhafte Welt der Liebe der Eltern zu ihren Kindern. Die Kleinen, die keinen Weihnachtsmann kennen, sind zu bedauern. Der Weihnachtsmann ist weder französisch noch japanisch, sondern universal, auch wenn seine Rolle vom heiligen Nikolaus, seiner nordischen Variante, übernommen wird.

Und so wie ich an den Weihnachtsmann »glaube«, so »glaube« ich auch an Shiva, dessen Gestalt, Legende und Charakter symbolisch ist. Der Abendländer wird sich fragen, wo und wie er in den authentischen Tantrismus Eingang finden könnte.

Die Initiation hängt in großem Maß von der unbewußten Auslegung und Entschlüsselung der symbolischen Mythen ab, die das Tantra bietet. Ganz wie der heidnische Weihnachtsmann sowohl mit unserer christlichen Religion als auch den japanischen Kulten vereinbar ist, so sind die tantrischen Mythen mit jeder beliebigen Religion vereinbar.

Dieses lange einleitende Kapitel war, wie ich glaube, unerläßlich, ehe wir uns nun Shiva und seiner Symbolik zuwenden. Wer die Shiva-Symbolik nicht kennt, weiß nichts über das Wesen des Tantra.

Lebenssymbole

*Die Symbole offenbaren, indem sie verhüllen,
und verhüllen, indem sie offenbaren.*
G. Gurvitch

Das Wort informiert, das Symbol aber offenbart. Als nonverbale Annäherung an die letzten Dinge des Seins ist es eine der tragenden Säulen des Tantra, wie übrigens in jeder religiösen Tradition. Gewiß stellt die Sprache für den Menschen eines der wichtigsten Kommunikationsmittel dar, und wenn sie die Dimension der Rhetorik erreicht – was selten geschieht –, so ist sie unübertrefflich. Bevorzugtes Werkzeug des Verstandes, bleibt sie dennoch an der Oberfläche der Dinge.

Der moderne Mensch, der in einer Flut von Wörtern ertrinkt, hat den Zugang zur symbolischen Sprache verloren, und das ist schade. In diesem Zusammenhang möchte ich anmerken, daß der Text, der das tantrische Denken über die Symbole am besten wiedergibt, von dem Seher und Medizinmann der Sioux, Tahca Ushte, stammt. An seinen weißen Freund Richard Erdoes richtete er folgende Worte: »Was, mein Freund, sehen Sie hier? Ganz recht, einen alten Kessel, verbeult und rußgeschwärzt. Dieser Kessel steht auf einem alten Holzofen, den man geschürt hat, und das Wasser kocht in großen Blasen. Der Dampf steigt zur Decke, und der Deckel des Kessels hebt sich leicht an. In dem Kessel kochendes Wasser, Fleischstücke mit Knochen und Speck und viele Kartoffeln.

Dieser alte Kessel scheint keine Botschaft zu beinhalten, und ich wette, Sie bringen nicht das geringste Interesse für ihn auf, außer vielleicht, daß die Suppe gut riecht, was Sie daran erinnert, daß Sie Hunger haben. Womöglich haben Sie Angst, daß Sie es mit einem Hundegulasch zu tun haben! Seien Sie unbesorgt. Es ist nur Ochsenfleisch – kein richtig fettes Haustier wie an den Festtagen. Es handelt sich um eine ganz gewöhnliche Mahlzeit.

Aber ich bin Indianer. Ich denke an ganz und gar gewöhnliche Dinge wie diesen Kessel. Das brausende Wasser kommt aus einer Regenwolke. Das Feuer kommt aus der Sonne, die uns alle, die Menschen, Tiere und Bäume wärmt. Das Fleisch ist Symbol der vierbeinigen Geschöpfe, unserer Tierbrüder, die sich opfern, damit wir leben können. Der Dampf ist der Atem des Lebens.

Er war Wasser, jetzt steigt er zurück in den Himmel und wird wieder zur Wolke. All dies ist heilig. Wenn ich den mit guter Suppe gefüllten Kessel anschaue, sage ich mir noch einmal, daß Wakan Tanka, der Große Geist, sich auf diese einfache Weise um mich kümmert.

Wir Sioux verbringen viel Zeit damit, an die alltäglichen Dinge zu denken, die in unseren Augen mit dem Spirituellen verwoben sind. Wir sehen in der Welt ringsumher zahlreiche Symbole, die uns den Sinn des Lebens lehren. Wir haben ein Sprichwort, in dem es heißt, der weiße Mann sehe so wenig, daß er wohl nur ein Auge haben müsse. Wir sehen viele Dinge, die ihr nicht bemerkt. Ihr würdet sie bemerken, wenn ihr Lust dazu hättet, aber ihr habt es im allgemeinen so eilig. Wir Indianer leben in einer Welt von Symbolen und Bildern, in der das Spirituelle und der Alltag eins sind.

Für euch sind die Symbole nur Wörter, die man sagt oder in den Büchern liest. Für uns sind sie Teil der Natur, unserer selbst – Erde, Sonne, Wind und Regen, Steine, Bäume, Tiere, selbst Insekten wie Ameisen oder Heuschrecken. Wir versuchen, sie zu verstehen, nicht mit dem Kopf, sondern mit dem Herzen, und ein einfacher Hinweis genügt, um uns ihren Sinn zu offenbaren.

Was ihr als belanglos anseht, erscheint uns durch die Symbolik wundervoll. Das ist merkwürdig, denn wir haben für ›Symbolik‹ nicht einmal ein Wort, und dennoch durchdringt uns die Symbolik im Innersten unseres Wesens. Ihr dagegen habt das Wort, aber das ist alles.

[...] Von der Geburt bis zum Tod sind wir Indianer von Symbolen umgeben wie von den Falten einer Decke. Das Holz der Wiege eines Neugeborenen ist mit Zeichnungen bedeckt, die über das gesunde und glückliche Leben des Kindes wachen sollen. Die Mokassins der Toten haben auf besondere Art gefertigte Sohlen, um die Reise ins Jenseits zu erleichtern. Aus demselben Grund haben die meisten von uns Tätowierungen auf dem Handgelenk: keine Tätowierungen mit Dolchen, Herzen oder nackten Mädchen wie eure Seeleute, nur ein Name mit Buchstaben oder Zeichnungen.

[...] An jedem Tag meines Lebens sehe ich Symbole in der Gestalt bestimmter Wurzeln oder bestimmter Zweige. Ich lese Botschaften in den Steinen. Ihnen widme ich besondere Aufmerksamkeit, denn ich bin ein Seher, ein *yuwipi*, und die Steine sind meine Sache. Ich bin aber nicht der einzige. Viele Indianer machen das ebenfalls.

Inyan, die Steine, sie sind heilig. Jeder Mensch braucht einen Stein, der ihm leben hilft.«

Ja, jeder braucht einen Stein, der ihm leben hilft, und meine Frau und ich leben im vertrauten Umgang mit einem schwarzen, eiförmigen Stein, den wir aus Indien mitgebracht haben, in einem Wort, mit einem *lingam*.

Der Lingam, das absolute Symbol

Der *lingam* ist das bekannteste Symbol in Indien; er wird dort sowohl von den Hindus wie auch vom Tantra des linken und rechten Wegs akzeptiert.

Katherine Mayo schrieb 1927 in *Mutter Indien*: »Shiva, eine der Hauptgottheiten des hinduistischen Pantheons, ist allerorten dargestellt, entlang der Straßen, auf den kleinen Altären, in den Tempeln, in den indischen Hauskapellen oder auf den persönlichen Amuletten. Täglich wird er durch das Bild des Zeugungsorgans hindurch von seinen Anhängern verehrt.«

Der *lingam* ist der einzige allen indischen Tempeln gemeinsame Bestandteil; er darf von jedermann, egal welcher Religion, Sekte oder Kaste angehörend, angeschaut und berührt werden. In jedem Tantraritual spielt er eine zentrale Rolle, sowohl bei den Shivaiten als auch bei den Shakti-Anhängern.

Die Eigentümlichkeit des Symbols ist, daß es je nach der es betrachtenden Person verschiedene Aspekte offenbart, was natürlich auch mit dem jeweiligen Augenblick und den Umständen zu tun hat; von daher sein Inhaltsreichtum. Der symbolische Wert des *lingam* ist außerordentlich. Da er universell ist, können ihn alle, ob Gläubige oder Atheisten, akzeptieren.

Handelt es sich um ein phallisches oder priapeisches Bild? Das letztere glaubten die ersten abendländischen Indienreisenden darin zu sehen. 1670 entrüstete sich der Kapitän der holländischen Indienkompagnie, ein gewisser Stravorinus: »Hie und da gibt es Darstellungen einer Gottheit, die sie unter dem Namen *lingam* verehren. Das ist der skandalöseste Kult unter all den Greueln, die der menschliche Aberglaube auf der Erdoberfläche vermehrt hat...«

Kein Kommentar!

Tantra ist die Annäherung an die letzten Wahrheiten für die gesamte Menschheit, ungeachtet der Unterschiede in Rasse und Religion.

Auf den ersten Blick jedoch scheint es nichts Befremdenderes zu geben als die tantrischen Auffassungen, Riten und Techniken, besonders der Kult des *lingam*. In unserem Unbewußten allerdings weckt er ein tiefes Echo, sobald man in seine geheimnisvolle Welt eindringt.

Für Tantra ist der *lingam* das vom weiblichen Geschlecht umschlossene männliche Organ und nicht der Phallus allein, obwohl dieser bereits ein sehr starkes und auf der ganzen Welt verbreitetes Symbol ist.

George Ryley Scott schreibt: »Es war natürlich, daß die alten Bretonen die Steine und Säulen als Embleme des männlichen Prinzips verehrten, wie auch die alten Hebräer, Griechen, Römer, Ägypter, Japaner und viele mehr. Spuren dieses Kultes wurden an zahlreichen Siedlungsstätten in England, Schottland und Gallien gefunden, wenn auch realistische Phallusbildsäulen bemerkenswert selten sind. Solche Spezimina haben existiert, doch wurden sie wahrscheinlich von Klerus und anderen Obrigkeiten niedergerissen und die schriftlichen Spuren darüber so weit wie möglich sorgsam verwischt.«

Lebenssymbole

Derselbe Autor zitiert J. B. Hannay in *Christianity: The Sources of its Teaching and Symbolism*: »Die phallischen Säulen waren in der Bretagne nicht selten. Wir besitzen eine lange Liste davon, die nach alten Schriften erstellt wurde. Eine Vielzahl von ihnen wurde zertrümmert oder umgekippt, an der Spitze beschädigt oder durch die Witterung zerstört. Dennoch findet man bei Feldforschungen phallische Säulen, die so vollkommen sind, daß ein indischer Shivait noch heute vor ihnen niederknien und sie verehren würde. Andere zeigen nur die Eichel und jene Formen, die von den Assyrern verehrt werden.«

Auf der prähistorischen Stätte Filitosa auf Korsika sieht man aufgerichtete Steine mit solch realistischen Abbildungen, daß sie unschwer als *lingams* identifiziert werden können, wenngleich die Archäologen sie verschämt als »Krieger« bezeichnen. Auch hier ist ein Vergleich zwischen sexueller und kämpferischer Virilität des Mannes zu ziehen.

Was aber hätte unser Freund Burgess erst gedacht, wenn er der Szene beigewohnt hätte, von der Kapitän Hamilton in *A New Account of the East Indies* berichtete. Dieser sah ein »sanctified rascal«, wörtlich also einen heiligen Schurken, einen sieben Fuß (mehr als zwei Meter) großen Kerl mit wohlproportionierten Gliedmaßen von der Sekte der Jougies (sic), der »praktisch nackt im Schatten eines Baumes saß, mit einem *pudenda* [lateinisch im Text] wie ein Esel und einem durch die Vorhaut gezogenen Goldring. Diesem Kerl machte eine große Zahl junger Ehefrauen ihre Aufwartung; sie knieten vor dem lebenden Priapus nieder, nahmen ihn fromm zwischen ihre Hände und küßten ihn, während sein geiler Besitzer ihren törichten Kopf liebkoste, wobei er unzüchtige Gebete murmelte, die ihnen einen Sproß sichern sollten«.

Man versteht, daß dieser Untertan Ihrer Hoheit der Britischen Majestät von diesem Schauspiel schockiert war! Er begriff nicht, daß diese Frauen in Wirklichkeit nicht das männliche Glied, sondern den *lingam* verehrten, das Zeichen der Schöpferkraft Shivas.

Ein anderer Reisender sah einen nackt unter einem Baum sitzenden Asketen, der Blumenkränze und andere rituelle Opfergaben an seinem erigierten Glied befestigte! Für ihn stellte die Erektion die Schöpferkraft dar, die neues Leben entstehen läßt – und diesem kosmischen Prinzip galt seine Andacht ... Er war fähig, seinen individuellen Pol (das bewußte Ich) von dem seiner Gattung zu trennen. All das ist selbstverständlich nicht auf die westliche Welt übertragbar.

In Indien reicht der Ursprung des Lingamkultes bis in die Urgeschichte zurück, bis zu den alten Fruchtbarkeitsriten, bis zum Kult der Großen Göttin. Die Männer und Frauen hielten sich dicht bei den Feldern auf, und die gemeinschaftlichen Vereinigungen sollten durch Übertragung die Fruchtbarkeit des Bodens vermehren. Dann wurden (und werden noch immer) Steine aufgerichtet, um die Zeugungskraft zu beschwören.

Dieser Kult ist sehr viel älter als die arische Invasion: Der *Rigveda bezeugt, daß der lingam*, wenn nicht das einzige, so zumindest das wichtigste religiöse Symbol vorarischer Zeit war, und daß er den Ariern nicht nur unbekannt war, sondern daß sie ihn auch ekelhaft fanden.

Die beleidigenden Eigenschaften, die man den Draviden zuschrieb, etwa *akarman* – Ritenloser, *ayajvan* – der, der keine Opfer bringt, und *shishna-devah*, wörtlich »dessen Gott der Penis ist« (VII.21.5 und X.99.3), beweisen, daß die tiefe Symbolik des *lingam* den Ariern unzugänglich blieb. Seine kultische Verehrung war deshalb aus den vedischen Ritualen verbannt.

Dennoch sollte es zu einer Veränderung kommen. Nachdem die Arier im eroberten Land Fuß gefaßt hatten und ihre angebliche Rassenintegrität durch die strikte Trennung der Klassen gesichert war, konnten sie sich den Luxus religiöser Toleranz leisten. Sie gestanden es ihren Knechten, den Shudras, zu, ihre alten Götter und Kulte beizubehalten.

Während für gewöhnlich der Sieger den Besiegten seine Religion aufzwingt, haben die Arier in Indien nicht nur ihre Knechte nicht »brahmanisieren« wollen, sondern ihnen (und den Arierinnen) sogar das Anhören der Veden untersagt. Im Fall einer Verbotsübertretung sah das Gesetzbuch des Manu für diesen »Frevel« schwere Strafen vor.

Indessen annektierten die »Herren« nach und nach Götter, Glaubensvorstellungen und magische Praktiken der Unterjochten, um sie – »arisiert« – in ihren eigenen Kult und ihren eigenen Pantheon einzugliedern: Das Ergebnis dieser Osmose ist der Hinduismus.

Und solcherart wurde der zunächst so verachtete *lingam* zum meistverbreiteten Symbol in Indien. Die patriarchalen Arier sahen darin vornehmlich das männliche Glied, was es ihnen leichtmachte, das Symbol zu integrieren.

Noch in unseren Tagen wird dem Lingamkult mit Hingabe gehuldigt. Ich zitiere Mircea Eliade (*L'épreuve du labyrinthe*): »Die zweite Lehre, die Indien mir vermittelt hat, ist der Sinn des Symbols. In Rumänien zog mich das religiöse Leben kaum an, die Kirchen schienen mir mit Ikonen überladen. Und diese Ikonen sah ich wohlgemerkt nicht als Idole an, aber nun ja ... Nun geschah es, daß ich in Indien in einem bengalischen Dorf lebte. Dort sah ich, wie Frauen und Mädchen einen *lingam*, ein Phallussymbol, genauer gesagt einen anatomisch sehr exakten Phallus aus Stein, berührten und schmückten; und selbstredend konnte wenigstens den verheirateten Frauen seine Natur, seine physiologische Funktion nicht unbekannt sein. Ich begriff also die Möglichkeit, das Symbol im *lingam* zu ›sehen‹. Der *lingam* war das Mysterium des Lebens, des Schöpferischen, der Fruchtbarkeit, das sich auf allen kosmischen Ebenen manifestiert. Diese Epiphanie des Lebens war Shiva, es war nicht das Glied, das wir kennen. Diese Möglichkeit, durch das Bild und durch das Symbol religiös bewegt zu werden, hat mir also eine ganze Welt von geistigen Werten offenbart.«

Auf den ersten Blick scheint der *lingam* wohl ein phallokratisches Symbol zu sein; doch wenn das männliche Glied sich aufrichtet, dann wohl der

Frau wegen! Ein tantrischer Spruch lautet: »Shiva ohne Shakti ist bloß ein *shava*, ein Kadaver.« Die Erektion beweist die weibliche Macht!

Auf diese Weise schafft der *lingam* (scheinbares) Einvernehmen: beim Phallokraten, der dem aufgerichteten Penis Priorität einräumt, und beim Tantriker, der hinter der Vereinigung von weiblichem und männlichem Geschlechtsorgan die solcherart symbolisierten kosmischen Prinzipien sieht. Ist das männliche Glied einfach in Stein nachzubilden, so entzieht sich das weibliche Genitale einer plastischen Gestaltung. Daraus resultiert, daß in den indischen *lingams* das weibliche Organ sich darauf beschränkt, die Basis des männlichen Glieds zu umschließen.

Warum sind die *lingams* stets aus Stein – außer jenen, die man aus Tonerde modelliert und anschließend in den Ganges wirft –, und warum ist dieser Stein im allgemeinen schwarz? Die Antwort lautet: der Hautfarbe der Draviden wegen, deren Gott Shiva war.

Wie aber vollzieht sich eine *linga puja*, eine Lingamanbetung, in einem puritanischen Umfeld, wie beispielsweise dem Ashram von Rishikesh am Fuß des Himalaja? Der Priester streichelt zunächst lange, beinahe verliebt den *lingam* aus glattem Stein, schmückt ihn mit Girlanden und zeichnet mit einer gelben Sandelholzpaste die rituellen und symbolischen Zeichen auf ihm ein. Während der ganzen Feier singen er und die Teilnehmer stundenlang im Chor »Om Namah Shivayah«, wobei sie Blumen und Blütenblätter auf den *lingam* streuen, der schließlich fast völlig darunter verschwindet.

Auf dem Höhepunkt der Zeremonie angekommen, leert der Priester dann eine weiße, zähe Flüssigkeit aus Milch und Honig (deren Symbolik augenfällig ist) über den *lingam* aus, die langsam am Stein herabrinnt und sich in ein Weihegefäß ergießt, um anschließend unter den Teilnehmern verteilt und mit großer Andacht getrunken zu werden. Wie in der Kommunion einer katholischen Messe ist für sie in diesem Augenblick Shiva im *lingam* verkörpert.

Wenn man die Priester auf den offensichtlich sexuellen Charakter dieses Rituals anspricht, weisen sie diese Unterstellung entrüstet zurück. Ich habe eine Frau aus dem Westen erlebt, die ihnen darin gutgläubig folgte. Sie glaubte sogar, einen unwiderlegbaren Beweis zu erbringen: Wenn es sich wirklich um ein Symbol sexueller Vereinigung handelte, meinte sie, dann müßte der Phallus waagerecht und nicht senkrecht dargestellt sein! Für die bei uns übliche Missionarsstellung träfe dies in der Tat zu, aber nicht im tantrischen *maithuna*, wo Shakti rittlings auf Shiva sitzt und das männliche Organ senkrecht steht. Die Inder – die sehr wohl Bescheid wissen! – sprechen nicht darüber und streiten alles ab.

Die Tantriker sehen in der Ejakulation den zeugenden Moment schlechthin, den Moment, in dem die weibliche Energie sich des Spermas bemächtigt, um neues Leben zu schaffen. Für sie ist jeder Schöpfungsakt das Ergebnis einer ständigen, orgastischen kosmischen Vereinigung, die sich bis ans

Mythen und Symbole

Ende der Zeiten fortsetzt: Jede Galaxie ist die Frucht eines kosmischen Orgasmus. Alle kosmische Erfahrung ist notwendig ekstatisch, wie die Ekstase der abendländischen Mystiker. Das rechtfertigt die Sexualriten des linken Wegs, welcher als direktester zur Ekstase führt. Für das Tantra ist die kosmische Libido (Freud mag sich darüber freuen) die grundlegende Antriebskraft der Schöpfung. Wie jedes Lebewesen, so wird auch das Universum aus dem Begehren geboren. Begehren und Lust begleiten jeden wahrhaft schöpferischen Akt.

In den tantrischen Sexualriten wird alles unternommen, um das Begehren zu wecken, um intensive, erotisierende Situationen zu schaffen, um auf dem Weg der konkreten, ritualisierten und sakralisierten Vereinigung zur Glückseligkeit, zur Ekstase zu gelangen. Übrigens wird die Vereinigung nur dann spirituell, wenn ihre heilige, göttliche Wesensart wahrgenommen wird. Die sexuelle Vereinigung ist das konkreteste, symbolischste »Zeichen« überhaupt, und sie ist begleitet von der höchsten Glückseligkeit, die in einem menschlichen Körper empfunden werden kann. All dies setzt eine Sicht voraus, die von der üblichen Auffassung, daß nämlich Lust und Spiritualität unvereinbar seien, abrückt. Die folgenden Auszüge aus heiligen Schriften bekräftigen den Symbolgehalt des *lingam*: »Die manifestierte Natur, die universelle kosmische Energie wird symbolisiert durch die *yoni*, das weibliche Organ, das den *lingam* umschließt. Die *yoni* stellt die weltzeugende Energie dar, die Matrix alles Manifestierten.« (Karapatri, *Lingopapasana rahasya*, Siddhanta, Bd. 2, S. 154)

»Das Universum stammt aus der Beziehung einer *yoni* mit einem *lingam*. Folglich trägt alles die Signatur des *lingam* und der *yoni*. In Gestalt individueller Phallen dringt die Gottheit in jede Matrix ein und zeugt so alle Wesen.« (Ebda., S. 163)

Physische und mentale Kraft erwirbt man, indem man den Sexus kontrolliert und ritualisiert, nicht indem man ihn unterdrückt. Die ihn erfüllenden Organe sind der sichtbare Ausdruck der Zeugungskraft und deren konkretestes Symbol. Wenn die Hindus den *lingam* verehren, so vergöttern sie nicht ein physisches Organ, sie erkennen ganz einfach eine ewige und göttliche Form, die im Mikrokosmos manifestiert ist. Gerade weil die menschliche Zeugungskraft im Sexus besteht, ist dieser zugleich Sitz und Sinnbild des Göttlichen, der in allen Dingen ewig gegenwärtigen ursächlichen Form: »Diejenigen, welche die göttliche Natur des Phallus nicht erkennen und die Bedeutung des sexuellen Ritus nicht begreifen wollen, welche den Liebesakt als nieder und verachtenswert oder als eine simple Körperfunktion betrachten, können gewiß sein, bei ihren Versuchen materieller oder spiritueller Verwirklichung zu scheitern. Es ist gefährlich, den heiligen Charakter des Phallus zu verkennen. Wenn man ihn dagegen verehrt, erlangt man die Lust *(bhukti)* und die Befreiung *(mukti)*.« (Karapatri, siehe oben)

Oder aber: »Wer sein Leben verstreichen läßt, ohne den Phallus geehrt zu haben, ist erbarmungswürdig und eigentlich schuldig und verdammt. Wenn man auf der einen Seite die Verehrung des Phallus und auf der anderen die Barmherzigkeit, das Fasten, die Wallfahrten, die Opfer und die Tugend auf die Waagschale legt, so wiegt die Anbetung des Phallus mehr; er ist Quell der Lust und der Befreiung und Schutzwall gegen das Unglück.« (*Shiva Purana*, 1; 21, 23, 24, 26).

»Wer den Lingam verehrt im Wissen, daß er die erste Ursache, der Quell, das Bewußtsein, die Substanz des Universums ist, ist mir näher als alle anderen Wesen.« (Ebd.)

Diese Zitate, die aus einer arischen Schrift stammen, erfordern zwei Anmerkungen. Erstens ist man weit entfernt vom *Rigveda* und seiner Achtung der »Anbeter des Penisgottes«. Zweitens macht ein »phallokratisches« Zauberkunststück aus dem *lingam* einen simplen Phallus, während für Tantra der *lingam* die unauflösbare Verbindung der *yoni* mit dem männlichen Organ darstellt – was mehr als nur einen kleinen Unterschied ausmacht.

Um dieses Kapitel zu beschließen, möchte ich noch einmal den Sioux Tahca Ushte zu Wort kommen lassen, der ohne es zu wissen ein Tantriker ist: »Dem weißen Mann sind die Symbole gerade eben eine angenehme Sache, durch die man sich Spekulationen, einem geistigen Spiel hingeben kann. Für uns sind sie mehr, viel mehr. Für uns gilt es, sie zu **leben**.«

Deshalb sind die Spekulationen (also mein Text!) nur insoweit nützlich und gerechtfertigt, als sie uns die Fülle der Symbole aufzeigen, die zu gebrauchen unser Geist dann akzeptiert. Sie sollen in den Tiefen des Unbewußten wirken, dort wo unsere Wurzeln liegen, wo wir mit den lebendigen Kräften des Universums in Berührung kommen.

Kehren wir zurück in die westliche Hemisphäre: Ist das Kreuz ein okkulter *lingam*? Diese Frage läuft – übrigens zu Unrecht – Gefahr, die Katholiken zu brüskieren, für die es das Symbol des christlichen Erlösungsereignisses darstellt. Doch ist es nicht erlaubt, darin **auch** das Symbol der Vereinigung der letzten Schöpfungsprinzipien zu sehen? Darf ein Symbol nicht vieldeutig sein? Ist es ein Frevel, darin ein möglicherweise phallisches Symbol zu sehen? Ich glaube mich zu erinnern, daß das Christussinnbild einst – vor dem Kreuz – der Fisch war, ein unbezweifelbar phallisches Symbol. In Süditalien ist das Wort Fisch synonym mit dem männlichen Glied.

Lingam – Definition

Linga bedeutet... Zeichen! »Das unterscheidende Zeichen, durch das man die letzte Natur der Dinge erkennen kann, heißt *linga*.« (*Shiva Purana*, 1, 16, 106). So bezeichnet *linga* die vereinten männlichen **und** weiblichen Organe, wobei ihre Vereinigung das sichtbare »Zeichen der universellen Schöpferkraft ist.

Was immer unsere Religion (beziehungsweise deren Fehlen) und unsere Philosophie sein mag, die Existenz des Universums selbst impliziert auch die einer kosmischen Energie – die Shakti im Tantra –, welche die unendliche Vielfalt der Formen, von der Galaxie

Mythen und Symbole

bis zum Atom, vom Virus bis zum Elefanten, erschafft. Nun steht am Beginn jeden Lebewesens die Vereinigung der Geschlechter, die Vereinigung des männlichen und des weiblichen Prinzips. Im Geschlechtsakt ist die kosmische Dynamik **wirklich** am Werk; er symbolisiert den Übergang vom Nichtsein zum Sein. Das neue Wesen ist potentiell in den Genen der Eltern vorhanden. Damit es sich manifestiert und verwirklicht, muß das sexuelle Begehren geweckt und das *maithuna*, der Geschlechtsakt, vollzogen werden. Dieses wird im Tantra als der »bezeichnendste«, der heiligste Akt überhaupt begriffen, weshalb er zum höchsten tantrischen Symbol wurde.

Den *lingam* nun identifiziert Guru Nishtura Nanjanacharya (aus der *Virashaiva*-Richtung) mit Shiva, dem Absoluten, das nur über seine Manifestation, das heißt die Schöpfung, wahrgenommen werden kann. Er leitet *lingam* ab aus der Wurzel *gam* – erzeugen, tief eindringen, begreifen – und *lin* – aufsaugen, auflösen. Auch Radhakrishnan leitet *lingam* aus den Wurzeln *li* – auflösen – und *gam* – hervorgehen aus, erzeugen – ab, was »die letzte Wirklichkeit, in der alle Geschöpfe sich auflösen und aus der sie von neuem hervorgehen...« bedeutet.

Deshalb die beiden Schreibweisen *linga* und *lingam*.

Weiter bedeutet *lingam* auch das erigierte männliche Glied, weil es das augenfällige »Zeichen« für die in diesem Moment beim Mann geweckte Zeugungskraft ist.

Aus einer einfachen Stele mit abgerundetem Ende entstand ein eindrucksvolles Symbol: Aus dem steinernen lingam *taucht Shiva als Hauptfigur auf. Über ihm befindet sich eine weitere zur Hindutrinität zählende Gestalt,* Brahma *(nicht zu verwechseln mit* Brahman *mit »n«, der das Absolute ist), und unter ihm* Vishnu, *der dritte der Götter.*

Lebenssymbole

Die elementarste Form des lingam *ist ein aufrechter eiförmiger Stein. Er wird in die Erde eingelassen, die das weibliche Element darstellt.*

Eine archaische Form des »Zeichens«, des lingam*: der männliche Stein ist von einer recht wirklichkeitsgetreuen* yoni *umschlossen.*

Hier befindet sich der eiförmige Stein auf einem eigentümlichen Untersatz: Sein Sockel ist eine Glocke, ein weiteres Symbol des weiblichen Organs.

Mythen und Symbole

Einer der Monolithen, die an der prähistorischen Stätte Filitosa auf Korsika gefunden wurden: Jeder indische Tantriker würde darin sofort einen lingam *erkennen. Aber ist er nicht ein rein männliches Symbol? Denn wo befindet sich die* yoni, *das weibliche Genitale? Die* yoni *ist nichts anderes als die Erde selbst.*

Denise Van Lysebeth betrachtet einen der »lingams« der prähistorischen Stätte Filitosa auf Korsika und vermittelt gleichzeitig eine Vorstellung von seiner Größe.

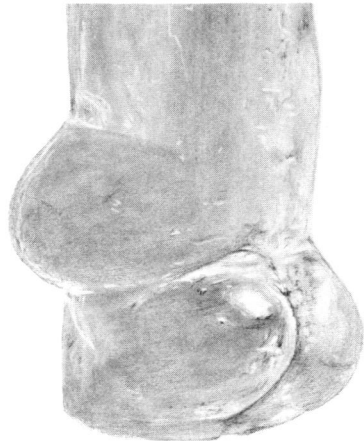

Die untere Hälfte symbolisiert die weibliche Fruchtbarkeit: Man erkennt darin deutlich den Leib einer schwangeren Frau und ein wohlgeformtes Gesäß.

Lebenssymbole

Betrachtet man die Rückseite, entdeckt man ein gleichfalls wohlgeformtes männliches Organ. Das Ganze, in dem Shiva und Shakti zusammengefaßt werden, verdient es, **lingam**, das heißt Zeichen, genannt zu werden.

Diese einzigartige, aus der Jungsteinzeit stammende Statuette wurde in Italien, in der Nähe des Trasimenischen Sees gefunden: Dem Künstler ist es gelungen, auf sehr einfache Weise zugleich das männliche und das weibliche Prinzip darzustellen. Sie werden allerdings nur dem zugänglich, der zu sehen versteht.

Shiva

Es scheint, der Tanz sei – ganz wie der Eros – am Ursprung aller Dinge in Erscheinung getreten, und dieser uranfängliche Tanz habe die Choreographie der Sternbilder, der Gestirne und der Planeten in ihrem Zusammenspiel und ihrer wechselseitigen Abhängigkeit hervorgebracht...

Von den Ariern ignoriert oder gar verachtet, stieg Shiva im Lauf der Jahrtausende zur höchsten Gottheit sowohl im Hinduismus als auch im Tantra auf. Zusammen mit Brahma und Vishnu bildet er die Hindutrinität.

Das Beispiel des Weihnachtsmanns hat gezeigt, wie die subtile Symbolik einer fiktiven Gestalt den Zugang zu den Tiefen der Seele eröffnet. Wenn man an diese archaischen Schichten stößt, wird die Symbolik paradoxerweise lebendiger als eine reale Person.

Übrigens ist man sich unter westlichen und indischen Indologen weitgehend darüber einig, daß der Shiva-Kult eher auf die dravidische Zivilisation als auf die Ureinwohner zurückgeht:

»Unter den wilden Ureinwohnerstämmen vom Himalaja bis Kap Comorin sucht man vergeblich nach der geringsten Spur für irgendeine Form des tantrischen Kultes um Shiva oder seine Gemahlin Kâlî. Selbst das phallische Emblem, Symbol für Shiva, ist nie gefunden worden.« (D. N. Bose: *Tantras, Their Philosophy and Occult Secrets*, S. 72).

Man kennt nicht einmal seinen Namen, er ist so heilig und geheim, daß man es vermeidet, ihn auszusprechen. Das Wort »Shiva«, mit dem er überall in Indien bezeichnet wird, ist lediglich ein Adjektiv und bedeutet »wohlwollend«, »gewogen«. Er ist verbunden mit dem Sonnenkult: »Der Shiva-Kult leitet sich von einem in der ursprünglichen Menschheit sehr verbreiteten Sonnenkult her; der Name *shivan*, den man der Sonne gab, ist dem tamilischen Wort *shivappu* – rot – ähnlich, deshalb eignet sich *shivan*, der Rote, zur Bezeichnung der aufgehenden Sonne. *Shivan* ähnelt auch den tamilischen Ausdrücken *schemam* und *shemmai*, die Gedeihen, Redlichkeit bedeuten. Mit der Zeit erhielt *shivan* außer dem Sinn ›der Rote‹ auch die Bedeutungen ›glückbringend‹, ›gedeihlich‹.« (V. Paranjoti, *Shaiva Siddhanta*, S. 13).

Man nennt ihn auch *Shambhu, Sham-*

kara, den Wohltäter, den Huldvollen. Alain Daniélou glaubt, sein wahrer Name sei *An* oder *Ann*, andere dagegen neigen zu *Hari*, das bedeutet Gott.

Als feindlicher Gott wurde Shiva von den arischen Eindringlingen zunächst abgelehnt. Nachdem sie jedoch die Draviden besiegt und unterworfen hatten, waren sie von diesem unter ihren Knechten so allgemein verbreiteten Kult beeindruckt und haben ihn nach und nach übernommen und in ihre Religion integriert.

Es ist interessant, den Prozeß der Arisierung Shivas zu verfolgen, der allmählich mit Rudra, einem im Pantheon des Veda eher die Stellung eines Außenseiters einnehmenden Gott, identifiziert wurden.

Wahrscheinlich waren Rudras wie Maruts übergelaufene Ureinwohner, die sich während des Eroberungskrieges mit den Ariern verbündet hatten, weswegen ihr Oberhaupt Rudra vergöttlicht wurde – allerdings »widerwillig, als Gott der Tränen, welcher den Schmerz verursacht. Weit entfernt, wie Indra, Varuna oder Vayu angebetet und geachtet zu werden, hat Rudra (der Schreihals) keinerlei Anteil am Feueropfer. In seiner Eigenschaft als Gott der Tränen logiert er außerhalb der Residenz der Götter, auf oder neben den Verbrennungsfeldern«. (Bhattacarya, *Shaivism and the Phallic World*, S. 216)

Im *Shatarudriya* schickt man Shiva-Rudra in die Berge und Wälder, wo er mit Jägern und Waldarbeitern zusammentrifft, aber auch mit Dieben und Straßenräubern. Ein schöner Leumund!

Indem sie Shiva, die Verkörperung des männlichen Schöpferprinzips, schufen, handelten die Draviden wie Voltaire: »Gott schuf den Menschen nach seinem Bilde, aber der hat es ihm schön heimgezahlt!« Shiva ist eines der mächtigsten und ältesten Symbole im Tantra: Als Pasupati (Vater und Meister der Tiere) erscheint er bereits auf dem hier abgebildeten Indussiegel, sitzend und von wilden Tieren wie Tiger, Büffel, Elefant und Rhinozeros umgeben.

Seine Hörner symbolisieren die lunaren Kräfte oder den Stier, sein Reittier, ein Musterbeispiel sexueller Potenz: Denken wir nur an die Stierhörner in den Sanktuarien von Çatal Hüyük und an den gehörnten Gott der Hexen, der in der Ikonographie der Kirche zum Teufel geworden ist. Die drei Gesichter Shivas offenbaren, daß er das Universum erschafft, erhält und auflöst. Als Gott der Yogis stellt er in seiner Körperhaltung die männlichen Attribute heraus.

Durch den Nebeneingang in den vedischen Pantheon gelangt, erklimmt er nach und nach die Sprossen der göttlichen Hierarchie und wird Vishnu und Brahma, mit denen er die Hindudreiheit bildet, ebenbürtig. Allerdings geschah dies »auf Druck von unten«, wie man heute sagen würde.

Als Günstling der Draviden verkörpert Shiva deren Widerstand gegen die arischen Eindringlinge. Es ranken sich um ihn zahllose Legenden. Die folgende drückt die Feindschaft zwischen dem Indien der Besetzer und dem der Besetzten aus. Sie beginnt mit einer Romanze zwischen Shiva und Sati, der Tochter des arischen Königs Daksha.

Mythen und Symbole

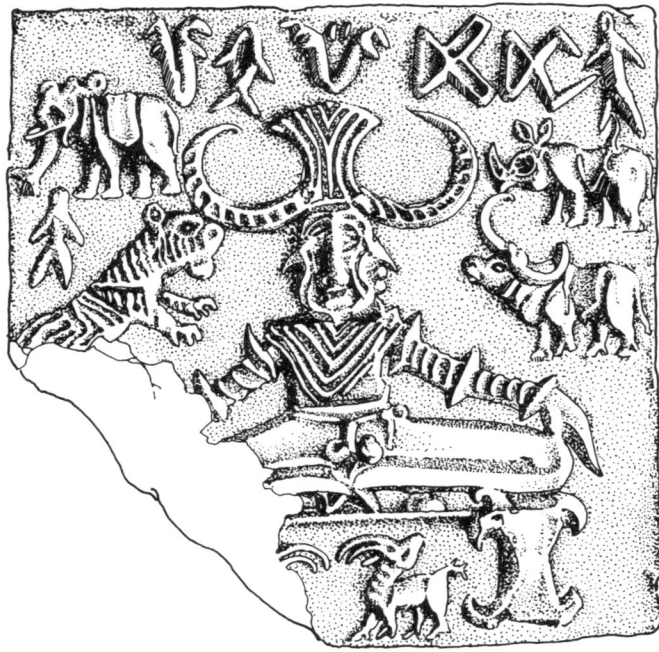

Steatitsiegel mit einer Vorform Shivas als Herr der Tiere, in Yogahaltung und mit ausgeprägten männlichen Attributen. Das Original wird im Nationalmuseum in Neu-Delhi aufbewahrt und mißt ca. 3,5 × 3,5 cm (entnommen aus Die Induszivilisation*).*

Sati, die sich in Shiva verliebt hat, heiratet ihn gegen den Willen ihres Vaters und zieht mit ihm auf den Berg Kailash im Himalaja. Nach langen Jahren, die sie fern von ihrer Familie verbracht hat, erfährt Sati eines Tages, daß ihr Vater ein prunkvolles Fest gibt. Obwohl sie nicht eingeladen ist, möchte sie es gern besuchen, so groß ist ihr Wunsch, die Ihren wiederzusehen.

Ihr göttlicher Gemahl rät ihr ab, doch zum erstenmal hört sie nicht auf ihn. Als sie ankommt, findet sie die höchsten Vertreter der arischen Gesellschaft dort versammelt: Könige, Prinzen, Adlige und ihre Gemahlinnen, allesamt prächtig gewandet. Als der König seine in Lumpen gekleidete Tochter erblickt, fühlt er sich beleidigt und stößt, blind vor Wut, die schlimmsten Verwünschungen gegen Shiva aus. Für die arme Sati ist das zu viel: Sie fällt in Ohnmacht, um nie wieder daraus zu erwachen.

Die traurige Nachricht verbreitet sich sogleich in der Stadt, und als Shiva sie erfährt, ist er außer sich. Seine Anhänger, ein kleines Völkchen, erheben sich und rebellieren. In der ganzen Stadt herrscht Aufruhr. Der allgemeine Groll wider die brahmanische Tyrannei, der sich seit langem angestaut hatte, macht sich Luft. Der heilige Ort der Zeremonie wird entweiht und geplündert, Satis Vater Daksha erniedrigt. Die Menge verlangt, Shiva solle mit den arischen Göttern auf eine Stufe gestellt werden. Um den Zorn zu beschwichtigen, nehmen die Brahmanen Shiva in den Hindupantheon auf.

Die Legende, in der dieser Aufruhr geschildert wird, ist noch heute so populär, daß es sie als Comic gibt. Indien – bedenken wir, jeder fünfte Mensch ist Inder – ist ein brodelnder Vulkan, unter dessen verkrusteter, durch die jahrtausendealte arische Herrschaftsstruktur geprägter Oberfläche der Druck zunimmt. Wenn Indien aus den Fugen gerät, wird die Welt erzittern...

Shivas bevorzugte Waffen sind der Dreizack und das Wurfseil. »Offiziell« symbolisiert sein Dreizack – der mit dem des Neptun nicht vergleichbar ist – die drei *gunas* des *Samkhya (sattwa, raja, tama guna)* oder auch die drei *nadis* (feine Energieleitungen) des Yoga: *ida, pingala* und *sushumna*.

Der Eingeweihte aber weiß, daß der Dreizack die bevorzugte Waffe der Draviden war, während sein arisches Gegenstück vier Zacken hatte. Der *Rigveda* sagt: »Mit ihren vierzackigen Waffen *(chaturashri)* töten Mitra und Varuna die Träger des Dreizacks« (152.7 und 8). Der Inder Rajmohon Nath kommentiert diesen Vers im *Rigveda Summary*: »Dies gibt uns einen Hinweis bezüglich des alten Konflikts zwischen den beiden Lagern, der noch [in unseren Tagen] in Indien besteht.«

Der göttliche Tänzer

Das ist sicher alles sehr interessant, doch gestehen wir uns ein, daß uns westliche Menschen das Geschick Shivas nicht wirklich berührt. Hingegen spricht uns der Mythos des göttlichen Tänzers Shiva durch seine universelle Symbolik an.

Um diese zu verstehen, müssen wir uns daran erinnern, was der Tanz zu allen Zeiten für die Menschheit bedeutet hat. Für den modernen Menschen, der fast nur noch auf Bällen oder in Diskotheken tanzt oder auch nur, um sich körperlich auszutoben, ist die Choreographie zu einer Kunst, einem Schauspiel, einer Profession geworden.

Für den archaischen Menschen aber oder die heute noch lebenden Naturvölker war und ist der Tanz wichtigster Ausdruck ihres Lebensgefühls. Hochzeiten, Geburten, Todesfälle – alles dient dem Stammesmenschen als Anlaß zum Tanz. Er tanzt, um den Wettergott gnädig zu stimmen oder um einen erfolgreichen Verlauf der Jagd oder einer Schlacht... Unermüdlich tanzt er ganze Nächte hindurch. Der Tanz weckt die Kollektivseele des Stammes, durch ihn gerät er in Ekstase; seine Rhythmen führen ihn zu den geheimnisvollen Kräften des Kosmos.

Der folgende Text von Maurice Béjart bringt diese tantrische Sicht des Tanzes zum Ausdruck: »Tanzen... ist vor allem ein Kommunizieren, Sich-Zusammenfinden, Vereinigen, in den Tiefen seines Seins zum anderen sprechen. Der Tanz ist Vereinigung, Vereinigung des Menschen mit dem Menschen, des Menschen mit dem Kosmos, des Menschen mit Gott.

Die gesprochene Sprache bleibt dem Bereich des Scheins verhaftet; wo wir die Wörter zu verstehen glauben, ver-

Mythen und Symbole

bergen oder enthüllen sie uns Trugbilder, ziehen uns hinein ins stets neubegonnene Labyrinth der babylonischen Semantik. Wenn die Menschen sich anschicken, lange zu reden, gibt es selten Einverständnis. Diskutieren heißt Disputieren. Die Sprache teilt.

Und dann heißt Tanzen auch, die Sprache der Tiere sprechen, mit den Steinen kommunizieren, den Gesang des Meeres und den Atem des Windes verstehen, mit den Sternen reden, sich dem Sitz der Existenz selbst nähern. Das bedeutet, unsere arme menschliche Bedingtheit völlig zu überschreiten, um voll und ganz am reichen Leben des Kosmos teilzunehmen.

Als ich auf die Offenbarung des afrikanischen Tanzes stieß, spürte ich in mir die reinste und größte, die menschlichste und wirklichkeitsnahste Freude und Gewißheit.«

Léopold Sédar Senghor sieht es ähnlich: »Um die höchste Geistigkeit auszudrücken, greift der afrikanische Tanz zurück auf die Erscheinungen der sichtbaren Welt, aber nur deshalb, um sie zu durchdringen und die auf dem Grund des Ahnengedächtnisses ruhenden archetypischen Bilder zu erfassen: die Symbolbilder, welche das Unbewußte ausdrücken. Deshalb also halten sie es wie die schwarzafrikanischen Künstler, denn die analogen Bilder hätten keinen Sinn, wären keine Symbole, wenn sie nicht melodiös und rhythmisch wären, wenn sie nicht gesungen und getanzt würden.«

Tanzend findet der Mensch Zugang zum Heiligen. Denken wir nur an die Grotten von Lascaux, jene eindrucksvollen Sanktuarien, deren Boden noch die Spuren der prähistorischen Tänzer aufweist, die ihn festgestampft haben. Wahrscheinlich wurden dort auch sexuelle Riten vollzogen.

Der Tanz ist auch erotisch. Die Kirche, die einst Walzer und Tango als Aufforderung zu Sünde und Unzucht verbot, ist sich dessen wohl bewußt. Aber der Tanz bedeutet ebenso Magie. Die Ackerbauern der Jungsteinzeit haben bei Aussaat oder Ernte ihre Fruchtbarkeitstänze aufgeführt, die mit gemeinschaftlichen Paarungen einhergingen.

In Indien hat der Tanz in Gestalt der Tempeltänze eine besondere Rolle gespielt. Ursprünglich waren diese erotischen Tänze Vorspiel zu rituellen, also heiligen sexuellen Vereinigungen im Tempel: Die Tänzerinnen waren noch wahrhaftig *devadasis*, Dienerinnen Gottes. Dann kamen die Brahmanen, die rasch begriffen, daß sich durch ihre Ausbeutung Gewinn schlagen ließ. Der Tempel wurde zum Bordell!

Welchen Bezug hat dies nun alles zu Shiva, dem göttlichen Tänzer? Zunächst ist Tanz Rhythmus, und der Rhythmus durchdringt das ganze Universum. Das Wesen des Kosmos ist letztlich von Rhythmus und Bewußtsein beseelte Energie; der Wechsel von Tag und Nacht und die Bewegungen der Gestirne zeugen davon. Aber der Rhythmus ist auch im Innersten der Atome verborgen. Auch das Leben ist Rhythmus. In einem Hühnerei entsteht wenige Stunden nach der Befruchtung an der Stelle, wo das Herz pochen wird, ein Pulsieren: der Rhythmus nimmt das Organ und sogar den Embryo vorweg.

Vielleicht gibt der Tanz auch eine intuitive Antwort auf eine Frage, die der Verstand nicht beantworten kann: Warum hat Gott sich die Mühe gemacht, dieses riesige Universum mit seinen Milliarden Sonnen zu erschaffen? War Gott nicht sich selbst genug? Warum hat er sich diese unvollkommene Welt aufgeladen? Tantra meint dazu: Die Manifestation ist Shiva-Lila, ein Spiel, ein Tanz. Denn weder Spiel noch Tanz bedürfen der Rechtfertigung; sie sind sich selbst genug.

Shiva tanzt umringt von Flammen, oder vielmehr tanzt er – aus tantrischer Sicht – inmitten des kosmischen Feuers, das ihn umfängt und das in der Darstellung zwangsläufig auf einen einfachen flammenden Ring reduziert ist. Das Feuer stellt eines der wichtigsten Symbole der Menschheit dar. Nicht nur ist es unser ältester Gefährte, es existiert auch im ganzen Universum, unseren Körper miteingeschlossen. Leben bedeutet kontrollierte und verlangsamte Verbrennung. Die Leiche ist kalt. Auf kosmischer Ebene gibt es die unzähligen Galaxien, die jeweils aus Milliarden Sonnen bestehen, deren Temperatur unvorstellbar hohe Grade erreicht. Auf unserem Planeten ist das Feuer noch unter einer Erdkruste verborgen, die – vergleichsweise – dünner ist als eine Eierschale!

Entschlüsseln wir den Tanz Shivas

Unter den Varianten des Shiva-Tanzes ist in Südindien der *Nadanta* die bekannteste. Er ist auf der gegenüber abgebildeten Bronze jüngeren Datums dargestellt, die ich vor einigen Jahren aus Tamil Nadu mitbrachte, wo der Shiva-Kult noch immer lebendig ist. Um die Dechiffrierung zu erleichtern, sind die wichtigsten »Schlüssel« kurz zusammengefaßt in der Abbildung enthalten. Diese Symbole bedürfen für Europäer einiger zusätzlicher Hinweise.

Das Auffälligste an dieser Bronze sind die vier Arme Shivas.

Die **Trommel** in seiner rechten Hand bestätigt seinen vorarischen Ursprung: Die Draviden »schlagen« vortrefflich die Trommel. Symbolisch ist die Trommel, *damara*, der Urlaut. Vers 36 des *Unmai Villakam* sagt: »Die Schöpfung kommt von der Trommel...« Ist das vielleicht der Urknall der modernen Physik? Die Übereinstimmung ist zumindest verblüffend.

Mit seiner **rechten Hand**, die er in *abhya mudra* hält, sagt Shiva: »Ich beschütze.«

Das **Feuer**, das wandelt und vernichtet, züngelt aus der Hand hervor, die den flammenden Ring berührt. Eine Beleidigung für die Brahmanen: Shiva vereint auf sich allein die drei kosmischen Funktionen Schöpfung, Bewahrung und Auflösung. Bei den Brahmanen erschafft Brahma, Vishnu bewahrt und Shiva vernichtet – eine wenig rühmliche Macht, die man ihm zugestanden hat.

Die **Hand, die zum Fuß weist** befreit denjenigen, der in den Mythos eindringt, indem sie ihm das Wesen des Kosmos offenbart.

Der **rechte Fuß** zertritt einen **bösartigen Zwerg**. Für die Tantriker stellt er

Mythen und Symbole

Shivas arischen Schwiegervater dar, der für den Tod der lieblichen Sati verantwortlich ist, doch »offiziell« handelt es sich um den Dämon Muyalaka, der eine Kobra hält. Das Ganze ruht auf einem lotosförmigen Sockel.

Die **Haartracht** vereint mehrere Symbole auf sich. **Kleinodien** schmücken Shivas zu Zöpfen geflochtene Haare, die flatternd auf das Ungestüm seines das Universum bewahrenden Tanzes hinweisen.

Eine **Kobra** hat sich in seinen Haaren verfangen, ohne ihm zu schaden.

Der **Schädel** ist der von Brahma! Die **Nymphe** besagt, daß der Ganges dem höchsten Punkt seines Hauptes entspringt.

Sein Kopf ist gekrönt mit einem **Kranz** aus **Kassia**, einer Heil- und Gewürzpflanze. Der Männerohrring an seinem rechten und der Frauenohrring am linken Ohr zeigen an, daß er beide Geschlechter in sich vereint.

Die **Kleinodien** betonen seine Göttlichkeit: Um den Hals trägt er prächtige Ketten, sein Gürtel ist mit Edelsteinen besetzt, Handgelenke, Fesseln und Arme sind mit Reifen geschmückt, und an Fingern und Zehen trägt er Ringe! Die einzigen **Kleidungsstücke** sind eine enge Hose aus Tigerfell und ein Schal. Um den Brahmanen zu trotzen, trägt er auch die heilige Schnur.

Von der Darstellung geht eine große Anmut und Unbeschwertheit aus: Shiva-Lila ist ein »Spiel«! Trotz seines wilden Tanzes aber bleibt Shivas Antlitz ernst. Auf der Stirn öffnet sich ein **drittes Auge**, das Auge der Erleuchtung, welche die Erscheinungen durchdringt und die Sinnesgrenzen aufhebt.

Wer zu sehen versteht, dem offenbart der Tanz Shivas das Letztgültige. Shiva ist *Nataraja*, der Herr des Tanzes.

Ein weiterer, sehr populärer Tanz Shivas ist der *Tandava*, in dem Shiva-Bhairava nachts in Begleitung von Schabernack treibenden Teufelchen auf den Verbrennungsstätten einen wilden Tanz vollführt. Dieser eindeutig vorarische Tanz wendet sich an einen halb göttlichen, halb dämonischen Shiva. Er wird an so weit voneinander entfernten Orten wie Elephanta, Ellora und Bhubaneswar aufgeführt.

Shiva-Mythos und moderne Wissenschaft

Tantra geht über den Kult des Sexus weit hinaus, auf den es ein gewisses Publikum allzuoft reduziert. Es ist vor allem eine durch Symbole und/oder Mythen vermittelte, also »initiatische« Tradition. »Initiatisch« bedeutet ein intuitives, nichtdiskursives, nichtintellektuelles, nichtrationales Herangehen an das Reale und seine verborgenen Triebfedern, um sich in sie zu integrieren. Alle Tradition geht so vor, im Gegensatz zur Wissenschaft, die per definitionem ein organisierter Komplex von Erkenntnissen über Tatsachen und Gesetze des manifesten Universums ist. Die Wissenschaft stellt sich absichtlich auf die rein intellektuelle Ebene, und eine ihrer wesentlichsten Qualitäten, auf die sie sich beruft, ist die Objektivität. Trotzdem schließen tantrische und wissenschaftliche Sichtweisen sich nicht aus, sie können sich auch ergänzen.

Für den Szientisten jedoch ist nichts so überholt, ja primitiv wie die Symbolik oder der Mythos, und das einzige Zugeständnis an sie wäre, sie zu seinem Untersuchungsgegenstand zu machen. Sich ihrer zu seiner persönlichen Entwicklung oder zur Wesenserfassung des Kosmos zu bedienen, käme ihm nicht in den Sinn! Das ist nicht erstaunlich, denn unser Zivilisationstypus verdankt seine Entwicklung und seine Einzigartigkeit im wesentlichen der Wissenschaft und deren Entsprechung, der Technologie: Niemals hat die Menschheit so viel Wissen in so kurzer Zeit erworben, niemals hat sie über eine solche materielle Fülle und Macht verfügt. Von dieser Warte aus ist es nur noch ein winziger Schritt, das technisch-wissenschaftliche Herangehen als das einzig taugliche zu betrachten – und dieser Schritt ist schnell getan!

Der Preis, den wir für diese unleugbar wertvollen Errungenschaften bezahlt haben, ist eine Hypertrophie des Intellekts, der mißt, wägt, vergleicht, Gesetze ableitet und so fort. Dieses auf der praktischen Ebene doch so effiziente Verhalten kratzt kaum an der Oberfläche der Dinge und versperrt den Zugang zu den letzten Dingen, die hinter den Phänomenen verborgen liegen. Selbst wenn die Wissenschaft den Atomkern spaltet oder die Geheimnisse der Zelle lüftet, selbst wenn die Astronomie schwindelerregende interstellare Räume erkundet, bleibt sie oberflächlich: Der Beobachter soll sich neutral verhalten und sich nicht weiter darauf einlassen.

Je mehr der Intellekt durch Wissen hinter die letzten Dinge zu kommen glaubt, um so mehr entfernt er sich paradoxerweise von ihnen. Dieses endlose Bemühen läßt mich oft an eine Kindheitserinnerung denken. Ich war zehn Jahre alt. Es war nach einem Gewitter. Ich sehe noch immer diesen wundervollen Regenbogen vor dem Hintergrund anthrazitfarbener Wolken. Er war zum Greifen nahe, und es schien, als läge er auf dem regennassen Gras, gerade vor einer Reihe von Weiden. Rasch sprang ich auf mein Fahrrad, um ihn aus nächster Nähe zu betrachten. Meine Enttäuschung war groß, denn je weiter ich vorankam, desto mehr »wich« der Regenbogen »zurück«, und als ich an den Weiden angelangt war, befand er sich vor dem Hain!

Die letzte Wirklichkeit ist dieser Regenbogen, dem die Wissenschaft vergeblich nachstellt. Es könnte für sie sogar ein Anreiz sein, wenn es nicht in eine Sackgasse mündete. Tatsächlich schafft die Wissenschaft, Kind des Intellekts und Mutter der Technologie, mehr Probleme als sie löst.

Der Intellekt vermag per definitionem nur kühl zu denken und zu rechnen. Da die Wissenschaft sich als »objektiv« sehen will, heißt das im Klartext: Sie gibt dem Universum den Rang eines simplen »Objekts« – ein Universum, das seinerseits von einer Unzahl weiterer »Objekte« bevölkert ist. Alles gerät somit zum »Objekt«, sogar das Lebendige. So hat der moderne Mensch schließlich zwischen seinem künstlichen, technologischen Universum und der Natur, zwischen seinen intellektuellen Abstraktionen und dem wirklichen Erleben einen tiefen Graben gezogen. Unter dem Vorwand zu »entmystifizieren«, entmythifiziert, entheiligt der Intellekt.

Wenn nichts mehr heilig ist, nicht einmal das Leben, ist das sehr zweckdienlich: Nichts hindert zum Beispiel daran, die natürlichen Rohstoffressourcen scham- und gewissenlos auszubeuten, und man hält erst ein, wenn der Mensch selbst sich bedroht fühlt – falls überhaupt. Die Tiere werden als Objekte dem »guten« Willen der Menschen unterworfen, der millionenfach Hühner, Rinder und Schweine in der Retorte züchtet, vorausgesetzt, es ist auch einträglich genug. Der empfindungslose Intellekt weiß nichts vom Leiden der Tiere, das kümmert ihn einfach nicht!

Hat die Umweltbedrohung der modernen Welt, die wohl – abgesehen von denen, die nichts hören und sehen wollen – niemand mehr leugnen kann, einen anderen Ursprung? Indem er die Natur entfremdet, entfernt sich der Mensch von seiner eigenen Natur: Er ist ein Entwurzelter, und er wird vergehen wie jeder entwurzelte Baum, falls er nicht zu seinen Wurzeln zurückkehrt... Schon in meinem Buch *Yoga für Menschen von heute* habe ich die Frage gestellt: »Soll man die Laboratorien schließen und die Wissenschaftler einsperren?« Und selbstverständlich habe ich mit nein geantwortet, weil ich davon überzeugt bin, daß die moderne

Wissenschaft mit Tantra und dessen Symbolik und Mythologie in Übereinstimmung zu bringen ist. Es wäre unrealistisch, auf den Verstand und seine Domäne, die Wissenschaft, verzichten zu wollen, doch um zu vermeiden, daß sich dieses unvergleichliche Instrument destruktiv auswirkt, muß dringend die symbolische, ja mythologische Komponente hinzukommen. Ich glaube, es ist möglich, Nataraja und moderne Physik, die Speerspitze der Wissenschaft, miteinander zu versöhnen.

Nataraja und der Physiker

Die moderne Physik und das östliche Denken sind miteinander vereinbar und ergänzen sich. In dem Maß, wie die Kernphysik voranschreitet, weicht für den Physiker unsere sichtbare, vertraute, beruhigende, kompakte Welt einem fremden, geheimnisvollen Universum, das sich in mathematische Formeln auflöst. Die Objekte, die unsere Sinne als dichte Stoffe erfassen, werden zur Leere, zu wirbelnden Kraftfeldern reiner Energie – im Tantrismus Shakti. Fassungslos gibt der Verstand das Verstehenwollen auf, und es ist nicht auszuschließen, daß sich im Lauf der Zeit die Trennung zwischen Intellekt und Realität verstärken und damit einhergehend unsere Verwirrung zunehmen wird. Tantra kann durch seine den Verstand überschreitenden Mythen und Symbole dieses geistige Schwindelgefühl überwinden.

In seinem Buch *Das Tao der Physik* hat Fritjof Capra es beschrieben: »Eines schönen Abends saß ich am Strand am Ufer des Ozeans und schaute, während ich meinem Atemrhythmus folgte, dem Anbranden der Wellen zu, als ich plötzlich wußte, daß alles, was mich umgab, ein gigantischer kosmischer Tanz war. Als Physiker wußte ich, daß sich die Felsen, der Sand, das Wasser und die Luft um mich herum aus vibrierenden Molekülen und Atomen zusammensetzen, und daß die Teilchen, aus denen sie bestehen, durch Interaktion ständig neue erschaffen und zerstören.

Ich wußte, daß die Erdatmosphäre fortwährend von Orkanen kosmischer Strahlen bombardiert wird, hochenergetische Teilchen, die bei ihrem Eintritt in die Atmosphäre zahlreichen Kollisionen ausgesetzt sind. All das war mir als Forscher aus der Hochenergiephysik vertraut, doch bis dahin hatte ich nur durch Graphiken, Diagramme und mathematische Theorien Kenntnis davon.

Meinem ersten Erleben des Shiva-Tanzes folgten noch etliche andere, ähnliche. Nach und nach begriff ich, daß allmählich aus der modernen Physik eine kohärente Sicht des Universums hervorzugehen beginnt, die mit der alten östlichen Weisheit im Einklang steht...

Ich hoffe, unter meinen Lesern viele Wissenschaftler zu finden, die sich für die philosophischen Auswirkungen der Physik interessieren, auch wenn sie das östliche Denken noch nicht kennen. Sie werden entdecken, daß es einen kohärenten und harmonischen Rahmen bietet, der die Spitzentheorien der Physik sehr gut integriert.«

So machte Fritjof Capra an diesem Strand eine spontane tantrische Erfahrung. Sein Intellekt wußte seit langem, daß die Materie verdichtete Energie ist, aber das war ein abstraktes Konzept und keine gelebte Erfahrung. Mit einem Schlag wurde sein »Wissen« zu einer »vereinenden Wahrnehmung«, und die lebendige Wirklichkeit offenbarte ihm den verborgenen Sinn des Mythos vom kosmischen Tänzer Shiva. Das also ist das Wesen des Tantra: durch seine Symbole und Mythen, seine Riten und Praktiken den Intellekt überschreiten und die letzte Wirklichkeit begreifen, ohne dabei vom Zufall einer spontanen Erfahrung abzuhängen. Wenn sie eintritt, verschwinden die Grenzen zwischen dem illusorischen, von unseren Sinnen wahrgenommenen Universum und dem darunter verborgenen unsichtbaren, aber wirklichen Universum, zwischen Spirituellem und Materiellem.

Fritjof Capra hat die rhythmische Schwingung des Kosmos real **wahrgenommen**, er hat die energetische Natur des Universums **gesehen**, er hat ihren universellen Laut **gehört**, nicht mit seinen physischen Augen oder Ohren, sondern mit seinem inneren Wahrnehmungsorgan, dem »dritten Auge«.

Die Zeit ist also gekommen, die Wissenschaft mit Tantra zusammenzuführen und zu versöhnen. Für den Physiker ist die Wahrnehmung der nicht sichtbaren Wirklichkeit eine neue und prägende Erfahrung, für Tantra jedoch bestätigt die moderne Wissenschaft seine Sicht des Kosmos.

Shiva und Parvati (Bronze, Museum von Madras)

Shakti, die Schöpfernatur

Wenn der Tantrismus eine Münze prägen müßte, dann wäre die Vorderseite Shakti, die weibliche Schöpfernatur, und die Rückseite Shiva, ihr männlicher Aspekt. Gewißt, man mag Kopf oder Zahl vorziehen, aber da sie in einem Geldstück vereint sind, ist es unmöglich, sie voneinander zu trennen. Im Tantra gibt der Shivaismus Shiva den Vorzug, während die Shaktarichtung oder der Shaktismus mit Rücksicht auf das tantrische Sprichwort »Ohne Shakti ist Shiva ein Shava« (das heißt eine Leiche) Shakti den Vorrang einräumt.

In gewöhnliche Sprache übersetzt bedeutet Shakti **die** Schöpfernatur; **der** wäre ungehörig! Aber »Natur« ist ein abstrakter Begriff, und Abstraktionen widerstreben dem menschlichen Geist. Personifiziert wird sie zu einer tantrischen »Göttin«, zur Shakti, zur universellen Schöpfungsenergie, die der Tantriker jenseits von Mythen und Symbolen als etwas begreift, das allen wahrnehmenden Sinnen immanent ist. Der Nichttantriker, der im Wald spazierengeht, mag sich in Übereinstimmung mit der Natur empfinden, und das ist gut so. Wenn ich jedoch meine »tantrische Brille« aufsetze, dann erblicke ich in jeder mächtigen Buche die Shakti als universelle Organisations- und Schöpfungsdynamik: Sogleich verwandelt sich der Wald in einen gigantischen Quell vitaler Energie.

Ein Quell, in dem jeder Baum, jeder Grashalm, jedes Lebewesen ein außerordentliches Kraftfeld darstellt, ein Wirbel reiner und intelligenter Energie im endlosen Ozean des Lebens, in dem alle Grenzen sich aufheben. Und auch mein eigener Körper **ist** diese ursprüngliche Energie. Im Kapitel »Der Körper, das unbekannte Universum« (S. 157) vermittle ich eine Vorstellung von jener höchsten Intelligenz, die immerzu, Tag und Nacht, von der Empfängnis (und noch davor) bis zur Auflösung, die man Tod nennt (und zweifellos noch danach), am Werk ist. Von ihr getragen und geleitet, bin ich in Sicherheit: Sie beschützt mich in jedem Augenblick vor den Unwägbarkeiten des Lebens, sie hält mich am Leben, denn sie **ist** das universelle Leben, das sich durch mich hindurch ausdrückt.

Durch sie gelange ich im Tantra zurück zum archaischen Menschen, der in einem magischen Universum lebt, indes der moderne Mensch sich, geblendet von seiner entheiligenden Wissenschaft, der Magie des Universum, miteingeschlossen sein eigenes Sein und besonders sein Körper, nicht mehr gewahr wird. Unser Planet hätte auch nur ein großer Kieselstein oder so ausgetrocknet und staubig wie der Mond sein können, verloren im interstellaren Raum. Statt dessen schuf das Leben durch seine Magie die reiche Vielfalt der Wesen, und die Wissenschaft ist weit davon entfernt, deren letzten Ursprung zu ergründen.

Der archaische Mensch fühlt sich umgeben von unsichtbaren Kräften, beschützenden und bedrohenden. Als er nun alle Wesen aus der nährenden Erde hervorgehen sah, erkannte er ihren geheiligten Charakter. Zum Ackerbauern geworden, nannte er die Erde die große Göttin, die Mutter alles Lebenden. Daraufhin verband der Mensch die Fruchtbarkeit der Frau mit der der Erde, wie es beispielsweise in einem außergewöhnlichen Siegel zum Ausdruck kommt, das man in Mohenjo Daro (oder war es Harappa?) gefunden hat. Es zeigt eine Frau, die kopfunter mit einem Baum samt Stamm und Ästen niederkommt!

Die dravidischen Göttinnen

Während ich mit diesem Kapitel »niederkomme«, drängt sich mir die Frage auf, ob ich Ihnen diese unzähligen indischen Gottheiten, die uns immer fremd bleiben werden, überhaupt zumuten soll. Natürlich nicht! Das wäre auch nicht möglich, denn im Land der Draviden hat jedes Dorf eine *amma* oder *mata*, eine örtliche »kleine Mutter«, die oftmals der vergöttlichte Geist einer Toten ist. Es handelt sich stets um Göttinnen und nicht um Götter wie im vedischen Pantheon.

Oftmals sind sie furchterregend, denn mitunter verschlingt die Göttin ihre eigenen Kinder, wie auch die Natur vernichtend sein kann. Das trifft vor allem in Indien mit seinem extremen Klima zu: erdrückende Hitze, verheerende Monsunregen, mörderische Epidemien.

Zu diesen angsteinflößenden weiblichen Gottheiten, um nur eine zu nennen, gehört Poleramma, die Göttin der Pocken. Erzürnt, macht sie krank, besänftigt, heilt sie. Ihr Tempel steht vor dem Dorf, und zur Besänftigung ihres Zorns verlangt sie nach Blut. Dann opfert man ihr eine Ziege, einen Ochsen oder ein Stück Geflügel. Einstmals, zu Zeiten großer Heimsuchungen, glaubten die Dorfbewohner sogar, daß allein Menschenopfer die Katastrophe abwenden könnten. Die Geopferten, oft Freiwillige, waren hochgeehrt, denn nach Art der Kamikazepiloten brachten sie ihr Leben dar, um zahlreiche andere zu retten.

Da vor allem die Inder im Süden des Landes sehr abergläubisch sind, leben sie ständig in Furcht. Sie glauben, daß das Unglück vornehmlich die Glücklichen trifft, deshalb müssen sie um jeden Preis vermeiden, die Aufmerksamkeit der bösen Geister zu wecken. Darum machen Sie, wenn Sie zu Gast sind, niemals Komplimente; denn der

Gastgeber liefe sonst Gefahr, den bösen Blick auf sich zu ziehen. Höflich ist es, überall Mängel zu sehen. In Unkenntnis dessen sind die Ausländer erstaunt, wenn sie einen Vater seinen Sohn als »Dreckskerl«, »Idiot« oder »Blödian« beschimpfen hören. Die Kette oder seine Kleider, die das Kind trägt, dürfen Sie hingegen bedenkenlos bewundern; das lenkt die Aufmerksamkeit der bösen Geister ab. So sind denn die nicht vorgewarnten Abendländer enttäuscht, wenn ihre indischen Freunde ihr hübsches Haus oder ihr neues Auto anstatt es zu bewundern herabsetzen.

Doch noch der bescheidenste Dorfbewohner weiß, daß diese unzähligen Göttinnen nur jeweils eine Facette der Großen Göttin darstellen. Indes sind im Lauf der Jahrhunderte einige Göttinnen aus dieser Vielzahl hervorgetreten; durch ihre archetypische, universelle Wesensart gehen sie uns alle an.

Die tantrischen Göttinnen

Dies trifft auf die tantrischen Göttinnen zu, zumeist Gemahlinnen Shivas, aus denen er seine Energie schöpft. Im Gegensatz zu den unmaßgeblichen Gattinnen des vedischen Pantheons sind sie ihm wenigstens ebenbürtig und häufig auch überlegen. Ihre Legenden haben einen bedeutenden mythologischen und symbolischen Hintergrund, wie übrigens auch unsere Märchen. So verbringen im Himalajaparadies Shiva und seine Gemahlin Parvati ihre Zeit mit Liebesspielen und philosophischen Gesprächen. Wenn Shiva seine Gattin unterrichtet, ist die Schrift eine *agama*, verhält es sich umgekehrt, so ist sie eine *nigama*. Eine weitere bevorzugte Gemahlin Shivas ist die getreue Sati, von der bereits die Rede war.

Doch zwei Göttinnen sind von besonderer tantrischer Symbolik: Kâlî und Durga, die letztlich nur eine einzige Gottheit darstellen. Beide sprechen uns durch ihre Symbolik an und führen uns zurück in den alpin-mediterranen Raum unserer Vorfahren. Zu diesem Thema bemerkt W. C. Beane (*Myth, Cult and Symbols in Shakta Hinduism*, S. 67) verblüfft »die symbolisch-religiösen Ähnlichkeiten zwischen der anscheinend ältesten indischen Zivilisation und den Kulturen der mittleren und späten Jungsteinzeit des Mittelmeerraums sowie Zentral- und Ostasiens. Diese Ähnlichkeiten haben indische und weltliche Gelehrte zu der Schlußfolgerung veranlaßt, daß eine außerindische Streuung nach Osten oder aber eine panreligiöse Entwicklung nach Westen stattgefunden hat« – also nach Indien hin.

Einer dieser indischen Gelehrten, Laksmanshastri Joshi, zeigt sich beeindruckt:

»In den ersten Zivilisationen Ägyptens, Kretas und Mesopotamiens finden wir die Götter Shiva, Vishnu, die Göttin Kâlî, die Verehrung von Reptilien (der Kobra) und der Geschlechtsorgane, des Mondes und der Ahnen. So hat Indien etliche Bestandteile von Zivilisationen geerbt, die an den Ufern des Nil, des Tigris, des Euphrat sowie des Indus entstanden waren.«

Dies bestätigt die tantrische Anschauung, daß sich die Draviden als Alpin-Mediterraniden nach Indien ausgebreitet hatten und mit ihnen die Mythen und Symbole, die man im Tantra wiederfindet und die in unserem kollektiven Gedächtnis auf Resonanz stoßen.

Wie dem auch sei, es ist nicht von Bedeutung, ob diese Ausbreitung nach Westen – wovon ich überzeugt bin – oder in umgekehrter Richtung stattgefunden hat. Wichtig ist die fortbestehende Verbindung zwischen Indien und dem ursprünglichen Europa. Sicher ist hingegen, daß die tantrischen Göttinnen nicht arischen Ursprungs sind. Was ihre spezifisch tantrische und dravidische Form betrifft, lasse ich indes die Hypothese einer gemeinschaftlichen dravidischen und vordravidischen Entstehung gelten.

Kâlî, Kâla, Kalki...

Ich möchte mich nicht in etymologischen Haarspaltereien ergehen, aber die etymologische Mehrdeutigkeit des Namens *Kâlî* selbst ist bereits ein Symbol. Denn ausgehend von der dravidischen Wurzel *Kâl*, schwarz, entsteht *Kâlî*, die Schwarze Göttin, die Angst und Schrecken verbreitende, schreckliche Zerstörerin, und *Kâla*, der Schwarze Gott, der zuweilen mit Shiva identisch ist. Die Arier haben die Wurzeln *kâl, kal, khal* den dravidischen Sprachen entlehnt und dann *schwarz* mit *Zerstörung* in Verbindung gebracht, woraus die Zeit, *Kâla*, der große (männliche) Zerstörer entstand. Indessen haben weder er noch die Schwarze Kâlî einen vedischen Ursprung; der *Rigveda* kennt sie nicht.

Als Schwarze Göttin schreibt sich Kâlî der Symbolik des Mondes ein. *Kâl* ist der dravidische Name für den »schwarzen Mond«, sein letztes Viertel, seine nicht sichtbare Phase. Sie ist auch die Göttin im Mond, und in ihrer Ikonographie als Symbol der kosmischen Gesamtheit findet man die Sechzehn wieder, die heilige Zahl der sechzehn Mondphasen, dargestellt durch ihre sechzehn Arme, während ihre Stirn sich mit der Mondsichel schmückt. So befindet sie sich in der zyklischen Zeit.

Andererseits ist sie als Adyakâlî ohne Form und daher dem menschlichen Geist unvorstellbar. Sie ist die Nichtmanifestation, die Nichtzeit, sie ist ohne Anfang und Ende, sie hat keine Attribute. Zu Kâlî geworden, erzeugt sie die manifestierte Zeit, in der wir leben und die das Universum, dessen vierte Dimension sie ist, hervorbringt. Aber wie auch Chronos seine Kinder verschlingt, nimmt sie »am Ende der Zeiten« alles von ihr Geschaffene wieder in sich auf.

Ihre Symbolik ist so vieldeutig wie die Etymologie ihres Namens. Als erstes ist sie die Große Zerstörerin, als Schreckliche Mutter verbreitet sie Angst und Grauen – und dennoch ist sie Gegenstand einer sehr reichen Ikonographie. Es gibt kaum ein tantrisches Werk, in dem sie fehlte, und jeder Künstler will sie so grausam wie möglich darstellen.

Die Mehrdeutigkeit liegt einerseits in ihrer »offiziellen« Symbolik und andererseits in ihrer – speziell für die Draviden – okkulten Bedeutung. In der ersten, der »offiziellen« Deutung ist sie schwarz wie die mondlose Nacht, weil Schwarz alle Unterschiede aufhebt. Sie ist nackt, »raumgewandet«, weil sie die Schleier des Scheins abgeworfen hat. Ihr Antlitz ist schrecklich; damit sie alle Geschöpfe verschlingen kann, hat sie Fangzähne wie Dracula. Sie betrinkt sich mit Blut, das aus ihrem Mund mit der Feuerzunge rinnt.

Wenn sie »nur« vier Arme hat, schwingt eine linke Hand das Schwert (*khadga*), die andere packt an den Haaren das blutige Haupt, das sie soeben abgeschlagen hat, eine rechte Hand hält eine Schlinge oder ein Lasso (*pasha*), die andere einen Spieß (*khatvanga*), auf dem ein Schädel steckt. Makaber. Doch das ist nicht alles: Anstelle einer Kette und eines Gürtels trägt sie aufgereihte Menschenköpfe; ihre Ohren hat sie mit zwei zuckenden Leichen behängt; ihre Handgelenke sind mit Reifen geschmückt, auch sie aus Schädeln oder abgeschlagenen Köpfen. Schließlich tritt sie noch auf eine Leiche. Das bedeutet, daß nichts und niemand ihrem Zugriff, dem Tod, der Vernichtung entgeht. Manche Darstellungen zeigen über Feuer röstende Leiber oder von Schakalen zerfetzte Körper.

Dieser »offiziellen« Symbolik schließen sich die Tantriker an, fügen ihr jedoch ihre eigene Symbolik hinzu. Oder vielmehr verhält es sich sogar umgekehrt: Ursprünglich gab es die dravidisch-tantrische Kâlî, an deren Stelle die »offizielle« Kâlî getreten ist. Um hinter die geheime dravidische Bedeutung zu kommen, muß man darauf hinweisen, daß alle Menschenköpfe und Leichen männlich und hellhäutig oder allenfalls sonnengebräunt sind; es gibt keine Frauen und Dunkelhäutige.

Erstaunlicherweise ereifert sich der arische Brahmanismus nicht darüber, daß die Körper ausschließlich hellhäutig sind. Wenn man weiß, warum, ist die Antwort einfach! Die Alpin-Mediterraniden, die sich mit den schwarzhäutigen Ureinwohnern vermischt hatten und dem tropischen Klima Indiens ausgesetzt waren, besaßen den dunklen Teint der heutigen Draviden, ihre nordischen Feinde hingegen waren »Bleichgesichter«.

Von daher erklärt sich alles. In der *Markandeya Purana* lesen wir über die als behütende Gute Mutter reiche Ernte schenkende Ambika: »Wenn sie ihrem Zorn gegen Feinde Ausdruck verlieh, wurde ihr Antlitz vor Wut tintenschwarz. Dann tauchte aus ihrer tiefgefurchten Stirn Kâlî mit dem fürchterlichen Antlitz auf.«

Kâlî ist also eine Emanation der Guten Mutter, eine Manifestation ihres Hasses und Zorns wider ihre Feinde. Wer aber waren die Feinde der Draviden, wenn nicht die hassenswerten Arier? So verkörpert Kâlî den Haß auf sie, und um sie zu bekämpfen und zu vernichten, hat sie sich mit den favorisierten Waffen der Draviden – bis auf den Dreizack, der Shiva vorbehalten ist – ausgerüstet.

Der Krieg der Eroberer Indiens war grausam. Die dravidischen Verteidiger haben zunächst widerstanden, aber die bessere Bewaffnung der Arier, hauptsächlich ihre Streitwagen, waren letztendlich entscheidend für ihre Unterwerfung.

Der folgende Auszug aus den von H. von Glasenapp übertragenen tamilischen *Purananuru*-Gedichten ist durchdrungen von Haß und Heroismus:

Ihre Adern traten hervor,
Ihr Fleisch hing schlaff am Leib,
Denn dieser weißhaarigen Mutter
hatte man gesagt,
Daß ihr Sohn kehrtgemacht
und vom Schlachtfeld geflohen sei!
Darauf geriet sie in gewaltige Wut,
Sie schwor, wenn solches wahr wäre,
würde sie sich die Brüste abschneiden,
Die ihn einst genährt hatten,
Und sie fortschleudern.
Das Schwert in der Hand,
Erkundet sie das blutige Schlachtfeld,
Und siehe, unter den
hingemetzelten Körpern
Fand sie doch ihren Sohn,
In zwei Stücke geteilt!
Und wahrhaftig, ihre Freude
War größer als zu der Zeit,
Da sie ihn an ihrem Herzen trug.

Wenn sie nur gekonnt hätte, diese Mutter hätte sich selbst zur Kâlî gewandelt, zur Rächerin ihres Sohnes und aller dravidischen Helden...

Daß alle von Kâlî Hingemetzelten männlich und weißhäutig sind, ist somit »normal«, denn es handelt sich ja um feindliche Krieger. Diese so logische wie inoffizielle Version, die ich von Nataraja Guru hörte, zeigt das Bild der Kâlî in einem ganz anderen Licht.

Die Kali-Ära, das apokalyptische Zeitalter...

Wir leben mitten im *kali yuga*, der Kali-Ära, das heißt dem Zeitalter des Eisens, der Ära der Dämmerung am Ende der Zeiten, das in den indischen Schriften weisgesagt ist. Kâlî und Kali sind also nicht zu verwechseln.

Yuga (nicht *Yoga*!) bedeutet Viertel; so hat der Mond vier Viertel. Nach Mircea Eliade bedeutet *kali* hier »Zwist, Konflikt, Streit«. Es ist das Zeitalter, in dem die menschliche Gesellschaft ihren höchsten Grad an Dekadenz, Unmenschlichkeit und Zerfall erreicht.

Für die Inder, die vieles durch Würfeln entscheiden, bedeutet *kali* die Verliererseite mit nur einem Punkt... Die vier *yugas* tragen die Namen der Würfelseiten:

Krita oder *krita yuga* ist das Goldene Zeitalter der Menschheit, die Würfelseite mit vier Punkten.

Treta oder *treta yuga* ist das Silberne Zeitalter, die Seite mit drei Punkten.

Dvapara oder *dvapara yuga* ist das Kupferne Zeitalter, die Seite mit zwei Punkten.

Kali oder *kali yuga* ist also die Verliererseite mit nur einem Punkt.

Was sagen und weissagen nun die alten Schriften, die *Puranas*, zu diesen *yugas*: »Mit wenig Verstand ausgestattet, werden die Menschen aller Art körperlicher und geistiger Gebrechen ausgesetzt sein, sie werden täglich Sünden begehen, und alles, was die Lebewesen betrüben kann, alles Lasterhafte und Unreine wird in der Kali-Ära gezeugt werden.

Mythen und Symbole

Zum Ende des Kali-Zeitalters hin werden die Männer ketzerische Sekten bilden und sich um die Frauen streiten. Das steht außer Zweifel... In jenem Eisernen Zeitalter wird es Seuchen, Hungersnöte, Dürren und Revolutionen geben. Die Männer werden ohne Tugend sein, sie werden böse Kräfte haben, sie werden jähzornig, gierig und unehrenhaft sein. Es wird viele Bettler im Volk geben, das Leben wird kurz sein, von Unwissenheit und Sünde verursacht, werden Erschöpfung, Krankheit, Elend vorherrschen.

Im Eisernen Zeitalter wird nicht einmal Mahadeva [der große Gott Shiva], der Gott unter den Göttern, den Menschen göttlich sein. Die Leute werden sich rasch verschleißen, weil sie eine gegenläufige Lebensweise (wider die Regeln) pflegen.«

Im *Harivamsha* steht zu lesen: »Während des letzten Zyklus wird es große Kriege, große Aufstände, große Fluten, große Schrecknisse geben.« Alain Daniélous Buch *Shiva et Dyonisos* (S. 277) entnehme ich die bezeichnendsten Stellen des *Linga Purana*: »Die Menschen [des Kali-Zeitalters] sind von der Gier gequält und reizbar, sie sind gleichgültig gegen die Folgen ihres Handelns... Ihre Wünsche sind schlecht ausgerichtet, sie benutzen ihr Wissen zu bösen Zwecken... Die Staatsoberhäupter sind meist niederer Herkunft. Es sind Diktatoren und Tyrannen...

Die Diebe werden Könige und die Könige Diebe. Tugendhafte Frauen sind selten. Die Promiskuität breitet sich aus... Die Erde erzeugt mancherorts fast nichts, und andernorts sehr viel. Die Mächtigen raffen das Gemeinwohl an sich und beschützen nicht länger das Volk... Sittenlose Leute predigen den anderen Tugend... Kriminelle Banden bilden sich in Stadt und Land.«

Andere Weissagungen der indischen Schriften erinnern stark an die der Apokalypse... Der einzige Trost ist: Die Kali-Ära soll vierhundertzweiunddreißigtausend Jahre dauern. Shri Sadashiva erklärt im *Mahanirvana*-Tantra: »Während der ersten drei Zeitalter war dieser [tantrische] Ritus ein großes Geheimnis: Die Menschen praktizierten ihn im verborgenen und erlangten so die Befreiung. Wenn das Kali-Zeitalter herrschen wird, müssen sich die Adepten des tantrischen Kula-Ritus als solche bekennen und am Tag wie in der Nacht offen initiiert werden.« In seinem bereits zitierten Werk erwähnt W. C. Beane auch das *Rudramayala*: »Ich werde die Praktiken des linken Wegs, die höchste *Sadhana Durgas* verkünden. Wenn sie diesen Weg einschlagen, werden seine Adepten in jenem Kali-Zeitalter rasch die Vollkommenheit erlangen.«

Das Ende der Zeiten, das Ende des Kali-Zeitalters wird durch die Ankunft von Kalki, der letzten Verwandlung Vishnus, gekennzeichnet sein. Rächer und Erlöser zugleich, wird er in Gestalt eines Kriegers auf einem geflügelten Schimmel erscheinen. Mit der einen Hand wird er das Schwert schwingen, mit der anderen eine Scheibe, denn so wie der Dreizack das Abzeichen Shivas darstellt, ist die Scheibe das Abzeichen Vishnus, des zweiten Gottes der Hindutrinität. Dann wird er die Welt vernichten...

Sollten wir also Kâlî zu unserem Meditationsthema erwählen? Das vielleicht nicht, aber diese furchtbare Göttin mußte erwähnt werden, denn auch das Leben hat seine dunklen Seiten.

Die annehmbarste Seite der Shakti, der uranfänglichen kosmischen Energie, ist im tantrischen Ritus jedoch niemand anderes als die Frau, denn jede Frau ist Göttin . . .

Jede Frau ist Göttin

Jede Frau, sei sie auch noch so unscheinbar, verkörpert für Tantra die Göttin. Sie **ist** die Göttin, die absolute Frau, die Kosmische Mutter.

Diese Worte werden die meisten Männer für unsinniges Gerede halten. Denn wie kann man in jeder Frau, mit der man Umgang hat, eine Göttin im wahrsten Sinn des Wortes sehen? Und auch der Ehemann, der sich gerade mit seiner Frau gestritten hat, wird amüsiert lächeln: »Ich laß mich doch nicht veräppeln! Göttin? Tigerin vielleicht!«

Nun ist im Tantra eine Voraussetzung des *maithuna*, die göttliche Seite jeder Frau konkret zu sehen. Das tantrische Ritual, das der heiligen sexuellen Vereinigung vorausgeht, zielt darauf ab, diese Realität zu erkennen. Doch wie ist es möglich, die in jeder Frau verborgene Göttin wahrzunehmen?

Hier bietet Tantra uns eine erste Möglichkeit: Wenn wir schon nicht wieder Kind werden können, so betrachten wir doch wenigstens einmal die Beziehung zwischen einem Neugeborenen und seiner Mutter. Aus ihrem Leib hervorgegangen, ist es noch Teil ihres Körpers, und es wird Monate, ja Jahre dauern, bevor es eigenständig ist. In der verzauberten Welt des Kindes ist die Mutter Mittelpunkt und Ideal. Auch wenn wir sie uns vielleicht häßlich, bösartig und mürrisch vorstellen, das Kind sieht sie nicht so. Für es ist die Mutter Verkörperung von Schönheit, Güte und Liebe, in einem Wort, sie ist die Göttin, sie ist vollkommen, weiß alles und kann alles. Erst sehr viel später wird das Kind entdecken, daß seine Mutter eine »reale« und ganz gewöhnliche Frau mit Fehlern und zuweilen einem schlechten Charakter ist.

Ist also die göttliche Mutter des Kindes eine Illusion, die gerade noch für die kindliche Einbildungskraft taugt? Tantra sieht hier nicht den Erwachsenen, sondern das Kind im Recht, weil es jenseits der Erscheinungen die letzte Wirklichkeit erfaßt und seine »reale«, konkrete Mutter als die das kosmische Leben verkörpernde göttliche Mutter erkennt.

Der andere Weg zum Absoluten, das in der Frau (oder auch im Mann) verborgen liegt, ist überaus verführerisch: Es genügt, verliebt zu sein! Beklagenswerter Mensch, der nicht das wunderbare Gefühl kennt, das die Begegnung

Jede Frau ist Göttin

mit dem – wenigstens vorläufig – idealen Wesen weckt! Die Liebenden verkörpern füreinander Schönheit und Vollkommenheit; sie schweben in einem luftleeren Raum, in dem alles sie entzückt. Ein Wort, eine Geste, die zarteste Berührung, und sie sind hingerissen. Dann kommen die Rendezvous, der erste Kuß, die Liebkosungen, die Umarmungen; alles ist wie ein Wunder!

Aber sehen die Verliebten die Realität? Jeder von uns kennt solche Paare: Eine sehr schöne und kluge junge Frau beispielsweise ist unsterblich verliebt in einen Mann, der in unseren Augen weder schön noch schlau, noch jung, ja nicht einmal reich ist! Jeder denkt: »Was findet sie nur an diesem Mann?« Für sie aber **ist** er der ideale Mann. Die Tantriker würden sagen: Er verkörpert Shiva. Eines Tages dann, wenn sie verheiratet und ernüchtert ist, wird sie ihn sehen, »wie er ist«, und das Paar wird in jenen Alltag verfallen, an dessen Ende oft die Trennung oder die Resignation stehen. Nachdem sich der göttliche Shiva in Luft aufgelöst hat, wird man sagen: »Endlich sieht sie klar...« Aus tantrischer Sicht jedoch sah die verliebte Frau die letzte Realität jenseits der konkreten Person. Und umgekehrt stellt für den verliebten Mann die Geliebte die Shakti, die Göttin, dar.

So verwechseln wir das Oberflächliche und Anekdotische mit dem Tiefen und Wahren, das unter den Erscheinungen verborgen liegt. Auch physisch gesehen maskiert der reale den wahren Körper. Niemand hat den von der Natur für ihn vorgesehenen wahren Körper verwirklicht. Folglich ist jener der wahre, und ihn geben wir an die künftigen Generationen weiter.

All dies beinhaltet der Mythos Shaktis und Shivas, und darüber hinaus schließt er die Gesamtheit der kosmischen Möglichkeitsformen ein, deren Stempel die lebende Materie trägt. Deshalb also verehren die Tantriker in jeder Frau die kosmische Shakti. Die **Verwirklichung** ist eines der Ziele des Tantra und gehört zur Bewußtseinserweiterung, die es anstrebt.

Wir stoßen hier auf den Begriff des *kundalini*, jener Entwicklungsdynamik, durch die der heutige Mensch aus den Prähominiden hervorgegangen ist und durch die er sich vielleicht in der Zukunft, mit uns verglichen, zum Übermenschen entwickeln wird. Doch die Evolution verläuft nicht linear: In Zeiten »fieberhafter« Evolution bringt diese Dynamik eine oder mehrere Gattungen hervor. In »Flautezeiten« leitet sie die Entwicklung eines Lebewesens an. Tantra sieht die *kundalini* – den Pol der Gattung, der sich in unseren Geschlechtsorganen befindet – mit unserer vitalen Dynamik und unserer Sexualität verbunden. Zumeist bleibt sie latent, im »Schlafzustand«, wie es die schlafende, sich um den *lingam* windende Schlange symbolisiert. Tantra will sie »wecken«, will verborgene Kräfte für die künftige Entwicklung der Menschheit aktivieren.

Dahin also hat uns, in wenigen Sätzen geschildert, die in jeder Frau verkörperte Göttin geführt...

Nach diesem kosmischen Gedankenflug möchte ich das Kapitel mit der Anekdote über einen älteren Mann beenden, der zu seiner jungen Gefährtin sagte: »Ich weiß wohl, daß ich den absoluten Shiva verkörpere, aber trotzdem verstehe ich nicht, wie eine so junge und schöne Frau wie du sich in einen alten Milliardär wie mich verlieben kann.«

Der »sinistre« Weg

Eines Tages erhielt ich von einer in Indien lebenden Europäerin einen beunruhigten Brief: Ein katholischer Missionar habe ihr ausdrücklich von Yoga abgeraten, weil es seiner Meinung nach »immer in sexuelle Praktiken führt«. Dieser wackere Priester hatte denselben Widerwillen wie die Brahmanen gegen Tantra und Yoga, welches er – übrigens zu Recht – mit Tantra assoziierte, entwickelt. Dem Brahmanismus ist Tantra ein unzüchtiger, sittenwidriger und abscheulicher Kult, der zu den schlimmsten sexuellen Perversionen führt. Es gibt keine Niedertracht und kein Verbrechen, deren die Tantriker nicht bezichtigt würden – und das nicht erst seit heute!

Der anglikanische Missionspfarrer W. J. Wilkins etwa interessierte sich so sehr für die Hindumythologie, daß er 1882 in Kalkutta ein Werk darüber herausbrachte, das so gut geschrieben war, daß es ein indischer Verleger 1972 in Benares neu druckte, ohne etwas daran zu ändern. Im Kapitel über den Shakti-Kult zeigt der Verfasser die unerbittliche Opposition zwischen dem Hinduismus und dem Tantra des linken Wegs auf:

»Es gibt einen anerkannten und ehrwürdigen Shakti-Kult, den man den Weg der rechten Hand nennt, aber es existiert ein anderer, entgegengesetzter, den man als den Weg der linken Hand bezeichnet. Im ersten werden die Riten und Zeremonien in der Öffentlichkeit durchgeführt und unterscheiden sich kaum von denen der hinduistischen Sekten. Die Adepten der linken Hand indes tragen die größte Sorge, die Lehren und Praktiken, die ihre Anbetungsform bilden, vor den Nichtinitiierten geheimzuhalten. Was aber davon bekannt ist, reicht, einen darüber erröten zu lassen, daß man mit diesem System in Verbindung steht. Zum Kult der Göttin gehören der Verzehr von Fleisch, der den gewöhnlichen Hindus streng verboten ist, und das ebenso streng untersagte Zusichnehmen berauschender Getränke sowie derb unzüchtige Handlungen. Ganz ohne Zweifel wurden in alten Zeiten bei den Festlichkeiten sogar Menschenopfer gebracht.«

Das ist der Leumund, den man den Tantrikern nachsagt! Im Glauben an solche Behauptungen haben die Briten verboten, dem, was sie für unaus-

Mythen und Symbole

Ardhanari, das androgyne Geschöpf, symbolisiert die Einheit der kosmischen Ursprünge.
Auch der Ur-Adam ist männlich und weiblich zugleich, und alle Menschen verfügen über die Merkmale beider Geschlechter. Dem Anschein nach ein männlicher Gott, ist Shiva jedoch androgyn. Deshalb trägt er am linken Ohr einen Frauenring und am rechten einen Männerring.
Ob die linke Seite wohl deshalb der Shakti angehört, weil dort das Herz sitzt?

*Ardhanari symbolisiert die ursprüngliche kosmische Einheit
von Shiva und Shakti.
Ihre Trennung bringt den Sexus (aus dem lateinischen
»sectus«, spalten) hervor.
Im tantrischen* maithuna *wollen Shiva und Shakti die
uranfängliche Einheit wiederfinden.
Aber welche Herausforderung für den Künstler, eine halb
weibliche, halb männliche Gestalt zu schaffen, ohne sie
»monströs« wirken zu lassen.*

sprechliche unzüchtige Ausschweifungen hielten, öffentlich nachzugehen; aber es ist ihnen damit allenfalls gelungen, es in den Untergrund abzudrängen.

Der linke Weg, der den uralten Kult der Vorarier fortführt, schließt den Sexus ein, weil er vom Leben nicht zu trennen ist: Jede Weltanschauung, die diesen wesentlichen Aspekt des Seins und des Kosmos abwertet, geht an der Wirklichkeit vorbei.

Implizit erkennt auch der *Rigveda* an, daß der linke Weg, *vama marga*, tantrisch ist, indem er den vorarischen Gott Shiva als *Vama* (Links) bezeichnet.

D. N. Bose und Hiralal Haldar stellen diese Anschuldigungen und Vorurteile in ihrem Werk *Tantras, Their Philosophy and Occult Secrets* richtig: »Man muß jedoch, wenn auch widerstrebend, einräumen, daß es sogar unter aufrichtigen Leuten Vorurteile und Vorbehalte gegen die tantrische Sicht gibt, und zwar wegen bestimmter Riten, die oberflächlich betrachtet arg verludert, grausam und äußerst widerlich erscheinen. Wenn man sich jedoch die Mühe macht, tiefer in sie einzudringen, stellt man fest, daß sie weder verludert, noch grausam, noch widerlich sind, sondern einen mystischen Sinn besitzen. Dieser Sinn wird in manchen Fällen von verderbten Menschen verdreht und geschändet, um ihrer Selbstsucht und ihren animalischen Gelüsten zu dienen. Dem Tantriker aber hilft er, auf seinem Weg sittlicher Vervollkommnung, unabkömmlich für seine letztliche Emanzipation, voranzuschreiten.«

Der linke Weg

Für die (zahlreichen) Verleumder des sogenannten *Wegs der linken Hand* sind die Tantriker »sinistre« Gestalten, Lüstlinge, die sich der schwarzen Magie, ja Menschenopfern verschrieben haben. In diesem Zusammenhang ist ein Vergleich mit dem lateinischen *sinister* (links) aufschlußreich. Aus der Bedeutung »links« hat sich »sinister« zum Symbol des schlechten Vorzeichens, des Unheilvollen, des Unglücks, der Verderbnis, des Finsteren, Bedrohlichen und Entsetzlichen entwickelt. Sinister sind eine Katastrophe, ein Schicksalsschlag, ein Unfall. In Indien ist die linke Hand unrein, und zwar aus einem ganz praktischen Grund: Toilettenpapier ist in Indien so gut wie unbekannt, und der Hindu wäscht sich den Anus mit der linken Hand, die daher nie mit Nahrungsmitteln in Berührung kommen darf. So versteht sich der Ekel, den ein Inder empfindet, wenn er einen unaufgeklärten Europäer seine Nahrung mit der linken Hand berühren sieht; auch wenn er kurz vor dem Verhungern stünde, würde ein Hindu eine mit der linken Hand gereichte Speise ablehnen – und sei sie noch so gründlich gewaschen und desinfiziert! Übrigens sind den Hindus körperliche Berührungen ein Greuel, und sie finden den abendländischen Brauch, sich die Hände zu schütteln, abstoßend. Nur ganz wenige lassen sich zögernd dazu herbei, die Hand zu geben, selbst wenn es die rechte ist. Sagen aber nicht auch wir zu unseren Kindern: »Gib dem Herrn die schöne Hand?« Die rechte natürlich.

Man dressiert sogar Hunde, das schöne Pfötchen zu geben!

Dem Brahmanismus wird es also leichtgemacht, dem Tantra der linken Hand, das in seinen Augen allein angemessene Tantra der rechten Hand gegenüberzustellen. Nun ist die Bezeichnung **linke Hand** absichtlich tendenziös, denn im *Vama-marga*-Tantra (*vama* heißt links, *marga* heißt Weg) gibt es keinen Bezug zur **linken Hand**!

Ich teile die Ansicht von Francis King: »Zum Thema der Worte ›linke Hand‹ ›rechte Hand‹ wurden von westlichen Okkultisten etliche Dummheiten gesagt, weil sie die irrige Deutung von H. P. Blavatsky übernommen und ihr einen moralischen Sinn unterlegt haben.

Der Übergang von links zu sinister und von dort aus zu schlecht, ist zugleich einfach und für einen Europäer mißverständlich.

In Wirklichkeit schließen diese Wörter keinerlei moralische Nebenbedeutung ein, sie drücken einfach aus, daß sich in dem Ritus, der in der sexuellen Vereinigung gipfelt, die weibliche Partnerin zur Linken des Mannes befindet, während sie in dem Ritus ohne konkrete Vereinigung zu seiner Rechten sitzt.«

Ich füge hinzu, daß im Symbol des Androgynen die weibliche Hälfte stets die linke ist. *Vama marga* ist also der Weg des Weiblichen, nicht mehr, aber auch nicht weniger! Wenn man sich zum linken Weg bekennt, zieht man den Bannstrahl der neuen Brahmanen auf sich, etwa jener Swamis, die fast immer im »System« sind. Agehananda Bharati schreibt: »Bestimmte Themen sind für die indischen Brahmanen und Pandits tabu, und Tantra ist Gegenstand eines sehr strengen Tabus... Von ein paar gewissenhaften Anthropologen und Sanskritisten abgesehen, gehen im Westen die heutigen Lobhudler alles Indischen der offiziellen indischen Kultur auf den Leim, die durchtränkt ist von jenem asketischen und antihedonistischen Puritanismus, wie er die indischen kanonischen Schriften prägt.«

Der Ruf des Tantra ist im Westen nicht gut, und jetzt wissen Sie auch warum. Ich persönlich habe meinen Entschluß schon längst gefaßt und denke an das arabische Sprichwort: »Die Hunde bellen... die Karawane zieht weiter.«

Der Mythos des Androgynen

Diese sehr symbolische und tantrische Zeichnung auf der gegenüberliegenden Seite ist dem Buch *Ancient Faiths and Modern* von T. Inman entlehnt, das 1868 in Indien erschienen ist.

Sie stellt das androgyne Geschöpf *Ardhanari*, halb Shiva, halb Shakti, dar. Shiva nimmt selbstverständlich die rechte Hälfte ein, und wir erkennen dort seine wichtigsten Attribute: Eine Kobra, die sich um seinen Hals schlängelt und über seinen Kopf hinausragt, dient ihm als Collier. Dann fallen die typisch männliche Haartracht des Gottes sowie sein Ohrring auf. Eine weitere Schlange windet sich um seinen Arm. Schlangen stellen immer ein Sexualsymbol dar.

Mythen und Symbole

Die linke Hälfte stellt natürlich Shakti dar, erkennbar nicht nur an der Rundung von Hüfte und Brust, sondern auch an ihren Ohrringen von der Art, wie sie die indischen Frauen tragen. Auch ihr Teil von Collier und Gürtel sind weiblicher Zierrat, ebenso die Reifen um ihre Fußgelenke. Als Göttin der Fruchtbarkeit hält sie einen Lotos in der Hand. Und das Paar steht auf einem großen Lotos, der auf den uranfänglichen Wassern schwimmt.

Um ihre sexuelle Vereinigung zu symbolisieren, hat der Künstler am Sitz des Geschlechts gut sichtbar den ägyptischen Hank angebracht. Die Schlaufe bedeutet ganz offensichtlich die *yoni*, weil sie sich auf der Shakti-Seite befindet, während das Kreuz für den *lingam* steht. An zentraler Stelle plaziert, drückt der Hank prägnant die sexuelle Vereinigung von Shiva und Shakti aus. Die etymologische Wurzel von *lingam* ist »Zeichen« (der Vereinigung von männlichem und weiblichem Prinzip)!

Da seit alters her zwischen Indien und Ägypten Handelsbeziehungen bestanden, ist es nicht verwunderlich, den Hank auch hier zu finden, wobei nicht sicher ist, ob die Ägypter ihn nicht von den Indern übernommen haben. Hauptsache jedoch ist seine Symbolik, und die könnte deutlicher nicht sein!

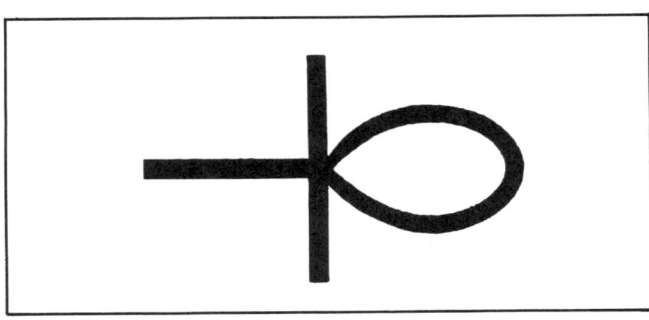

5
Das tantrische Ritual

Der Weg des Tals

Der tantrische Weg, den man den »des Tals« nennt, ist – besonders für die Ejakulationskontrolle – der einfachste, da diese wenig »bewegte« Vereinigungsweise auf einer physischen und geistigen Entspannung beruht. Bezeichnet man ihn als wenig »erregend«, so ist das in gewisser Hinsicht richtig, dennoch eröffnet er uns eine Welt unbekannter Empfindungen und Erfahrungen; er führt zur vollendeten Vereinigung zweier Wesen – zweier Körper, des Geistes und der Seele –, gibt Erfüllung und ist Quell eines Glücks, das die Menschen unserer rastlosen westlichen Welt nicht kennen.

Die divergente Erfahrung

Gerade dem Weg des Tals verdankt der Tantriker die Möglichkeit, seine sexuelle Erfahrung zu »feminisieren«. Für den »normalen« Mann ist der auf die Geschlechtsorgane konzentrierte Sexualakt eine **konvergente** Erfahrung in Raum und Zeit. Anders gesagt, sein sexuelles Erleben bleibt begrenzt. Die Frau weckt sein Verlangen, und vom Augenblick der Erektion an beschränkt sich sein Erleben auf einen immer kleineren Körperbereich – auf den der Genitalien. Sobald der Penis in die Vagina eindringt, zieht er alle Aufmerksamkeit des Mannes auf sich, die sich schließlich mehr und mehr auf die Empfindungen in der Eichel konzentriert. Damit einher geht eine zeitlich begrenzte Lustempfindung, sie konvergiert im kurzen Augenblick der Ejakulation. Daraufhin läßt sein Verlangen sogleich nach, er zieht sich zurück und wendet sich von der Frau ab.

Für den Tantriker hingegen ist das *maithuna* auch außerhalb des Rituals eine divergente Erfahrung weiblichen Typs. Denn bei der Frau beschränkt sich das sexuelle Erleben keineswegs auf die Vagina oder den Penis, den sie umschließt, vielmehr geht es allmählich über die Genitalebene hinaus, erfaßt den ganzen Körper und im Augenblick des Orgasmus jede ihrer Fasern, und durchdringt dann ihr Sein. Die Ekstase strebt nach Intensität, nach Dauer, sie neigt also dazu, sich zeitlich auszudehnen. Noch lange nach der Vereinigung klingt ihr Echo in der Frau nach.

Die gleiche umfassende Erfahrung kennt auch der Tantriker; er paart sich nicht mit einer Vagina, sondern vereint sich mit einem ganzheitlichen Wesen, mit dem weiblichen Körper, der weiblichen Psyche und dem weiblichen Kosmos, das heißt mit der Verkörperung Shaktis. Sobald der *lingam* die intime Verbindung aufgenommen hat und die *yoni* berührt, hat Shiva teil am Verlangen und erotischen Empfinden der Shakti. Ausgehend vom *lingam* breitet sich sein erotisches Erleben aus wie ein Ölteppich; es ergreift allmählich den Bauch, steigt die Wirbelsäule hinauf und versetzt schließlich jede Körperfaser in Vibration. Intensiv erlebt er mit der Shakti die äußerste sexuelle Erregung bis hin zu ihrem Orgasmus. So dringt er in das verborgene Reich der Frau ein, ohne danach zu streben, sich ihres Körpers oder ihres Geschlechts zu bemächtigen. Er denkt nicht: Das ist **meine** Frau, ihr Geschlecht und ihre Sexualität gehören mir. Er erkennt im Geschlecht den Ausdruck der überpersonalen kosmischen Schöpferkraft. Anders als beim normalen Geschlechtsverkehr, der ausschließlich auf den *lingam* konzentriert bleibt, wird in der Vereinigung mit der Shakti der ganze männliche Körper zum Geschlechtsorgan.

Ausführung

Bevor wir uns jedoch der praktischen Ausführung zuwenden, sollten wir uns erst mit den geeigneten Stellungen befassen.

Die im Abendland übliche Koitusstellung, die sogenannte Missionarsstellung, ist alles andere als geeignet: Sie ermüdet die Shakti, weil diese das Gewicht des auf ihr liegenden Mannes lange Zeit tragen muß, besonders dann, wenn der Mann sich entspannt – was er tun sollte. Nun kann die Vereinigung auf dem Weg des Tals bis zu zwei Stunden oder länger dauern. Eine gewisse Schläfrigkeit ist keineswegs von Nachteil, denn sie führt nahe an das Unbewußte und ermöglicht einen intensiven magnetischen und psychischen Austausch.

Die Rittlingsstellung, *purushayita*, kann angemessen sein, wenn sich beide Partner, gestützt von Kissen im Rücken, völlig entspannen.

Aus tantrischer Sicht könnte man die sogenannte X-Stellung wählen, die sowohl im Liegen als auch in einem Fünfundvierziggradwinkel ausgeführt werden kann (siehe dazu das Kapitel »Die Asanas des Maithuna, Seite 341). Dieses traditionelle und spezifisch tantrische *asana* erleichtert das Fließen der subtilen Energien und erlaubt gleichzeitig tiefste Entspanung bei der richtigen Art des Geschlechtsverkehrs: Man bewegt sich wenig oder gar nicht. Auf ein praktisches Detail sei hingewiesen: In unseren eher kühlen Breiten sollte man sich zudecken, da die Körpertemperatur bei völliger Entspannung sehr schnell sinkt und ein Frösteln oder Frieren die positive Erfahrung beeinträchtigt. Bei diesem *asana* bereitet die Kontrolle der Ejakulation keinerlei Schwierigkeiten.

Eine andere günstige Stellung ist die Seitenlage, *paryankasana*. Obwohl sie asymmetrisch ist, läßt sie tiefste Entspannung zu und entspricht den westlichen kulturellen Gegebenheiten (Bett, Bettdecke usw.).

Der Weg des Tals beinhaltet relative Bewegungslosigkeit des Körpers. Die Bewegungen sowohl Shivas als auch Shaktis sind begrenzt, wenig ausladend und kontrolliert: Immer nur ein Partner ist aktiv, der andere bleibt passiv und entspannt sich.

Oft bewegt sich Shakti, etwa um die Erektion zu erhalten, die nicht unbedingt während der ganzen Vereinigung andauert. Auch wenn der *lingam* nicht ganz steif ist, kann das Erleben der Shakti sehr intensiv sein; das gleiche gilt für Shiva. Erektionsschwankungen sind normal und gehören zum erotischen Spiel.

Sollte der Körper Shaktis spontan von rhythmischen Wellenbewegungen ergriffen werden, dann kann sie sich ihnen hingeben, sofern sie sich zügelt, wenn sie stärker und schneller werden; denn die Bewegungen könnten das erotische Erlebnis unterbrechen, weil sich der nur schwach erigierte *lingam* in der Vagina nicht halten kann oder eine unerwünschte Ejakulation eintritt. Der Weg des Tals kann Shakti so zu einer anderen Art von Orgasmus führen, der fast ausschließlich am Pol Individuum, im Gehirn, erlebt wird, und nicht wie sonst am Pol der Gattung, an den Geschlechtsorganen.

Auch die umgekehrte Rollenverteilung ist möglich, das heißt, Shakti entspannt sich, Shiva vollzieht leichte, unwillkürliche, aber beherrschte Bewegungen. Das mag widersprüchlich erscheinen, tatsächlich aber läßt man den Körper selbst die Bewegungen auslösen (insofern sind sie unwillkürlich), während man sie im Geist beobachtet und beherrscht, falls die Gefahr besteht, daß Rhythmus und Ausmaß außer Kontrolle geraten.

Die Partner können sich abwechseln: Erst leitet Shakti das Spiel, dann Shiva – oder auch umgekehrt. Dazwischen liegen Phasen ohne Bewegung, in denen man sich der Körpersprache bedient, das heißt der vaginalen Kontraktionen, auf die der *lingam* reagiert. Man vermeide es, Bewegungen zu »denken« oder die Vereinigung, obwohl sie ein bewußter Akt bleiben soll, intellektuell zu durchdringen. Nur dann ist das Paar empfänglich für den Reichtum des erotischen Erlebens, wie es auf der genitalen Ebene und im ganzen Körper stattfindet.

Der Weg des Tals führt fast immer zu einem unbeschreiblichen Gefühl der Verschmelzung, auch wenn er anfänglich oft weniger befriedigend erscheint als die üblichen, nichttantrischen Formen der Vereinigung. Aber schon sehr bald wird man der Faszination dieser neuen Erfahrungswelt erliegen.

Außerdem geht es nicht darum, ein für allemal zu dieser Art der Vereinigung zu »konvertieren« und jede andere Form abzulehnen: Ein bestimmter Weg schließt niemals einen anderen aus. Der Weg des Tals ermöglicht es Shiva, die Dauer des sexuellen Kontakts beliebig lang auszudehnen und zu erfahren, daß die Unterdrückung der Ejakulation weder Schwierigkeiten bereitet noch das Lustempfinden verringert – ganz im Gegenteil.

Die Karezza-Methode

Im Abendland wurde eine sexuelle Technik »entdeckt« und praktiziert, die dem Weg des Tals sehr ähnlich ist: die Methode Karezza. Auch wenn es sich dabei keineswegs um verschleierten Tantrismus handelt – denn dazu fehlt ihr der rituelle und sakrale Kontext –, weist sie doch viele Gemeinsamkeiten mit dem Weg des Tals auf und widerlegt damit einen der Einwände gegen den Tantrismus, nämlich daß dieser bei uns nicht praktizierbar sei.

Karezza wurde 1844 von dem Amerikaner John Humphrey Noyes, dem Begründer der Gemeinschaft Oneida, »erfunden«. Das von ihm gewählte italienische Wort »Carezza« bedarf wohl keiner Übersetzung! Er sprach auch von »Zurückhaltung des Mannes«. Karezza fand in den Vereinigten Staaten Anklang und erlebte dort vor dem Ersten Weltkrieg lebhaften Zuspruch. Zu dieser Zeit schrieb Alice Stockham, eine leidenschaftliche Anhängerin der Methode: »Karezza ist die höchste und vollkommenste Technik der Liebeskunst, bei der weder die Frau noch der Mann nach einem Orgasmus verlangen oder ihn erstreben.« Ein anderer glühender Verfechter der Methode in den USA war John W. Lloyd. In den folgenden Ausführungen beziehe ich mich in erster Linie auf diese beiden Autoren.

Die Karezza-Methode ist sehr einfach: Es ist alles erlaubt außer der Ejakulation. Sollte der Mann doch ejakulieren, dann niemals in die Vagina, das heißt, er muß sich vorher zurückziehen. Der Orgasmus der Frau wird akzeptiert, es sei denn, er beeinträchtigt die Zurückhaltung des Mannes.

Für Karezza sind Ejakulation und Orgasmus des Mannes identisch. Für das Tantra vereitelt die Ejakulation den männlichen Orgasmus; sollte der Mann aber ejakulieren, dann in der Vagina. Der Gedanke, daß Ejakulation und Orgasmus keineswegs dasselbe sind, war aber den Anhängern des Karezza nicht völlig fremd. So räumt Alice Stockham ein, daß »auch der Mann ohne zu ejakulieren einen Orgasmus erleben kann, und zwar auf die gleiche Weise wie die Frau, die ja keinen Samenerguß haben kann«. Was versprechen nun Karezza und Tantra ihren Anhängern?

Wichtigste Voraussetzung der Methode Karezza ist eine tief empfundene Liebe zwischen den Partnern und der Wunsch, die Sexualität über das Alltägliche hinaus zu erheben. Nach John W. Lloyd fußte »die allererste Religion [...] auf Sexualität, und nur durch sie können wir zu unserem wahren Ursprung zurückfinden« – diesen Satz hätte auch ein Tantriker schreiben können. Für Karezza ist die sexuelle Vereinigung ein wahres Liebesfest, und die Ejakulation – und auch darin stimmt es mit dem Tantra überein – wird als ein Mißgeschick betrachtet, das für eine gewisse Zeit jedes Verlangen nach Nähe zur Frau aufhebt. Der Mann, der noch kurz zuvor von sexueller Begierde durchdrungen war, wendet sich, sobald er ejakuliert hat, von der Frau ab und verletzt durch seine Gleichgültigkeit ihre Gefühle.

John W. Lloyd vergleicht die mit dem Samenerguß endende sexuelle

Vereinigung mit einem Feuerwerk, das dadurch frühzeitig zu Ende geht, weil alle Raketen auf einmal verschossen wurden. Laut Lloyd tötet die Ejakulation die wahre Liebe und verhindert ihre Sublimierung.

Die Vereinigung der Geschlechter ist bei Karezza ein gegenseitiger Austausch, der in der intimsten Berührung zweier Menschen gründet und seine wahre Erfüllung nur findet, wenn er lange andauert.

Die Karezza-Methode rät zu keiner bestimmten Stellung, empfiehlt aber, alle rhythmischen, fortgesetzten und beschleunigten Bewegungen zu vermeiden, da sie zur Ejakulation führen. Rhythmus, Umfang und Dauer der Bewegungen sollten variieren, um so notfalls eine gewisse Zeit reglos zu verharren, bis die Gefahr vorüber ist.

Karezza hat einen besonders für den Weg des Tals bedeutsamen Aspekt des tantrischen *maithunas* wiederentdeckt, und zwar den magnetischen, pranischen Austausch.

Albert Chavannes, ein anderer Karezza-Anhänger, nennt »Magnetisierung« das, was im Tantra mit »pranischem Austausch« bezeichnet wird. Männliches und weibliches Geschlechtsorgan sind für ihn magnetische Pole.

John W. Lloyd schreibt: »Normalerweise übernimmt der Mann als Artist des Geschlechtsverkehrs den aktiven Part, während die Frau passiv bleibt wie ein alles anziehender Magnet. Karezza muß sich in der Kunst der Zärtlichkeiten und der magnetischen Berührungen üben. Der Mann hat, gleich einer elektrischen Batterie, zwei Pole in seinem Körper, deren er sich bewußt sein muß: Die rechte Hand ist der positive Pol, die linke der negative. Sobald seine Hände ein rezeptives Wesen berühren, wird ein elektrischer Strom erzeugt und in Umlauf gebracht.

Er muß das Strömen der elektrischen Energie von seiner linken Körperhälfte in die rechte Körperhälfte der Frau wahrnehmen und danach streben, diesen Fluß seinem Willen zu unterwerfen, damit er ihn steuern kann. Wenn er die Frau mit nur einer Hand berührt, wird er spüren, wie dieser Teil des weiblichen Körpers unter dem Einfluß seines Magnetismus reagiert.

Außerdem kann der Mann diesen Strom, wenn er ihn zu beherrschen gelernt hat, in jene Körperteile oder Nervenzentren des geliebten Menschen lenken, die er magnetisch aufladen, erregen oder beruhigen möchte. Er muß so lange verharren, bis er sich seines Tuns und dessen Wirkung sicher ist. Man kann an seinem eigenen Körper üben, die magnetischen Ströme wahrzunehmen, damit man durch Handauflegen Schmerzen lindern lernt.

Man verstehe mich recht: Die Methode Karezza kann wunderbar zum Erfolg führen, wenn man von alledem nichts weiß, einfach weil der natürliche Magnetismus seine Wirkung tut und die Intuition uns richtig handeln läßt; dennoch sind auch auf diesem Gebiet eine bewußte Kenntnis und der Wille, seine Kräfte selbst zu lenken, von Vorteil.

Es hat sich gezeigt, daß magnetische Berührung Schwache kräftigen und

Kranke heilen kann. So verstehen wir, warum Karezza, richtig angewandt, gut für die Gesundheit ist. Schädliche Nebenwirkungen sind völlig ausgeschlossen. Harry Gaze meint, daß Karezza die Liebe erhält und bis ins hohe Alter heiteres Vertrauen, Schönheit und Jugend verleiht.

Deswegen sollte man lernen, die Geliebte so zu berühren, daß dieser Strom vitaler Energie ihren Körper wie ein ekstatisches Schaudern erfaßt, während er sie von ihrer eigenen angestauten Energie befreit. Auch die Frau erzeugt magnetische Kräfte, die sie auf den Mann überströmen lassen kann. Auf diese Weise kann sie ihn so vollkommen befriedigen, daß jedem Verlustgefühl vorgebeugt wird und sie ihm zum höchsten Glück verhilft. Der Ansturm und Austausch dieser Energien führt zu vollkommener Ausgeglichenheit und wohltuender Ruhe. Bei einem Meister der Liebeskunst entströmt dieser Magnetismus den Fingerspitzen, den Handflächen, strahlt aus den Augen, schwingt in der Stimme und kann sich in jedem beliebigen Körperteil vom einen auf den anderen übertragen, sogar unsichtbar und ohne physischen Kontakt, über die Aura.«

Dieser Text, den ich ungekürzt wiedergegeben habe, könnte, abgesehen von einigen Abweichungen in der Wortwahl, einer tantrischen Schrift entnommen sein!

John W. Lloyd führt weiter aus: »Wenn Karezza erfolgreich durchgeführt wird, sind die Geschlechtsorgane danach ebenso entspannt und entmagnetisiert wie nach einer Ejakulation. Während dem Körper der Liebenden eine wunderbare Kraft und ein bewußt erlebtes Lustempfinden entströmen, ruhen die Geschlechtsorgane in einer süßen Befriedigung wie nach einem fröhlichen Spiel. Das ganze Sein der Liebenden erstrahlt in liebestrunkenem und romantischem Glück und ist von einem Gefühl der Gesundheit, der Reinheit und der Vitalität durchdrungen. Wir sind von Glück und Dankbarkeit erfüllt, wie nach einem gesegneten Mahl.

Was geschieht hingegen nach einer Ejakulation? Meist läßt sich beobachten, daß nach einigen Augenblicken angenehmer Entspannung und einem Gefühl der Befreiung, der Eindruck entsteht, etwas verloren zu haben, geschwächt zu sein: Nachdem die wunderbare Traumvision vergangen ist, bleibt der Mann ernüchtert zurück. Sicherlich hat er einen Moment großer Leidenschaft erlebt, der aber so kurz und flüchtig ist, daß er, ähnlich wie ein epileptischer Anfall, keine Erinnerung, keine Spur hinterläßt. Die Lichter sind erloschen, die Musik verklungen und das Fest zu Ende, bevor es richtig angefangen hat. Manchmal ist die auf die Ejakulation folgende Schwächung so stark, daß sie ein Erbleichen, Schwindel, Verdauungsschwierigkeiten, Verwirrung, Enttäuschung, ja Scham- oder sogar Rachegefühle hervorruft. Dies gilt nicht nur für den Mann, sondern auch für die Frau, denn sie fühlt sich nach dem unvermittelten Abbruch der schönen Erfahrung enttäuscht. In den meisten Fällen schläft der Mann ermüdet und gleichgültig schnell ein. Die Liebesglut ist erloschen.

Mit der Methode Karezza ist die Erfahrung eine ganz andere. Die Liebenden trennen sich nur nach und nach, empfinden ein süßes Bedauern, sie zögern, küssen sich, bleiben umschlungen, streicheln sich. Erfüllt von Liebe und Bewunderung, lassen sie das Echo des Glücksempfindens, das nie ganz vergehen wird, in sich nachklingen.«

Ist dieses Loblied übertrieben? In ähnlichem Stil ist die gesamte Literatur zu diesem Thema abgefaßt. Welche Einstellung man auch immer haben mag, Karezza beweist zumindest, daß auch wir in der westlichen Hemisphäre diesen Weg einschlagen können. Für Karezza wie für Tantra ist das allgemein übliche Verständnis von Sexualität, das diese beschränkt auf die Geschlechtsorgane, ein neurotisches Symptom. Das Gegenmittel heißt *maithuna*, die tantrische Vereinigung.

Maithuna, die tantrische Vereinigung

Beim *maithuna* bleibt der Mann oft passiv; er umgeht alles, was eine Ejakulation hervorrufen könnte. Die Shakti ist aktiv und behält während des rituellen Ablaufs die Initiative. Der Mann ist der empfangende Teil, die Shakti der gebende. Es ist nicht wichtig, daß die Erektion bis zum Ende anhält, es genügt, wenn beide vereint bleiben. Im Tantra fängt eher Shakti als Shiva die kosmischen Rhythmen des Mondes, der Sonne und der Erde ein und gibt sie weiter. Um die Ekstase zu erleben, muß der Mann lange mit der Shakti vereint bleiben und ihre magnetische Energie absorbieren, bis ihn die »göttliche Schwingung« erfaßt. Er braucht dafür eine entspannte Aufmerksamkeit, aber auch eine unfehlbare Sensibilität dem gegenüber, was in seinem Körper geschieht.

Diese Vereinigung kann – und sollte – bis zu zwei Stunden oder länger dauern. Der Mann muß die Frau sinnlich wahrnehmen, ihr pulsierendes Blut hören, sich ihrer Stimmung anpassen und in ihrem Rhythmus atmen (dies ist besonders wichtig!): Auf diese Weise gelangt er zur Ekstase.

Rita Ashby, eine kalifornische Anhängerin des Tantrismus, beschreibt dies folgendermaßen: »Die tantrische Shakti blüht in ganz wörtlichem Sinn auf. Ihre Haut erstrahlt im vollen Glanz des Eros, und ihr offener, unschuldiger Blick nimmt jeden gefangen, auf den sie ihn richtet. Das Tantra ist ein Kult, der der Shakti Selbstvertrauen verleiht. Jede Frau ist die Gemahlin Shivas. Shakti! Shakta! Selbst der Orgasmus der Shakti bleibt dem Zufall überlassen und hat keine reelle Bedeutung, da die Sensibilität der Frau nicht so sehr auf das Geschlechtsorgan ausgerichtet ist. Im Gegensatz zur Ejakulation des Mannes schürt der weibliche Orgasmus das göttliche Feuer der Lust, anstatt es zu löschen.«

Und Ted Ashby, ihr Partner, fügt hinzu: »Nachdem man sich einige Stunden geliebt hat, ist man zu allem fähig: Musik zu spielen, zu tanzen wie ein Gott oder Tantra mit einer Gruppe von Adepten in einem magischen Kreis auszuüben, in dem sich alle bei den Händen halten und so die Schwingungen und den Magnetismus der anderen wahrnehmen. Der Tantriker versucht nicht, seine Identität als einzelner durchzusetzen. Er ist voll und ganz ›hier‹ und ›jetzt‹, er lebt und wird leben. Ihr seid **eins** mit eurem Partner und bereit, **eins** zu werden mit allen Wundern des Seins.«

Weder Karezza noch der Weg des Tals aber verurteilen ihre Anhänger zu einer andauernden Bewegungslosigkeit. Neben der geheimen Körpersprache, die sich besonders zu gegenseitigem Austausch eignet, sind alle Bewegungen erlaubt, solange sie keine Ejakulation provozieren. Ganz im Gegenteil werden die Adepten eine freudige Überraschung erleben, wenn sie entdecken, daß alles, was beim üblichen Geschlechtsverkehr zur Ejakulation führt, möglich ist, ohne dadurch das »Mißgeschick« auszulösen und ohne die Sorge, sich beherrschen zu müssen.

Das Tantra macht den Menschen frei von Ejakulation als einem körperlichen Reflex. Allerdings wird ein Paar, das seit Jahren an den »normalen« Geschlechtsverkehr gewöhnt ist, diese Konditionierung nicht so schnell verändern können. Zu Anfang ist die Ejakulation vielleicht nur einmal bei zwei oder drei Versuchen zu vermeiden, was manchmal auch an der mangelnden Kooperation der Partnerin liegen mag; denn schließlich ist auch sie konditioniert und fühlt sich wie der Mann bei dieser Form der Vereinigung zuerst weniger befriedigt.

Wenn man beharrlich ist, wird man eine positive Entdeckung nach der anderen machen, denn der Weg des Tals ist der einfachste Weg zu einer Meditation zu zweit. Über dieses Thema hat Rajneesh einige schöne Gedanken formuliert, wie folgender Ausschnitt, der der Zeitschrift *Sannyas* vom Februar 1971 entnommen ist, zeigt:

»Macht aus Sex eine Meditation zu zweit. Bekämpft ihn nicht, widersetzt euch ihm nicht. Seid seine Freunde. Ihr seid ein Teil der Natur! Im Grunde genommen ist der Geschlechtsakt kein Dialog zwischen Mann und Frau, sondern ein Dialog zwischen Mann und Natur mittels der Frau oder zwischen Frau und Natur mittels des Mannes. Für einen Augenblick fließt ihr im kosmischen Strom mit, habt ihr teil an der himmlischen Harmonie und seid im Einklang mit dem Ganzen. So findet der Mann über die Frau und die Frau über den Mann Erfüllung.

Wenn ihr erst fähig seid, euch selbst beim Geschlechtsakt zuzuschauen, dann werdet ihr ihn transzendieren können, denn über das Zuschauen werdet ihr euch von ihm befreien.

Denn der Mensch kann nur über den Sex die Fähigkeit erlangen, die innersten Gründe seines Seins zu schauen.

Darin liegt das Geheimnis der Öffnung eines neuen Tors. Wenn ihr euch dem Sex unbewußt hingebt, dann seid ihr nichts anderes als ein blindes Instrument in den Händen der biologischen Evolution. **Ihr** seid nicht wirklich da. Die Evolution schlägt sich ihren Weg durch euer Sein, und **ihr** werdet verstoßen! Wenn ihr dagegen gelernt habt, den Geschlechtsakt bewußt zu erleben, so wird er zu einem Akt tiefster Meditation.«

Um dorthin zu gelangen, ist der Weg des Tals mit seiner relativen Bewegungslosigkeit besonders geeignet.

Der Rhythmus Maithuna

Das Leben ist Rhythmus! Nun dominiert in unserer westlichen Form der Geschlechtervereinigung der Mann, indem er den Ablauf und insbesondere den Rhythmus bestimmt. Es ist ihm dies so selbstverständlich, daß er sich oft – ohne es zu bemerken – konträr zum Rhythmus seiner Partnerin bewegt. Es ist ein wenig so, als würde er ihr einen Tango aufzwingen, obwohl sie lieber einen Walzer tanzen möchte. Beim Tanz führt immer der Kavalier die Tänzerin, aber das ist ohne Bedeutung, denn das Paar folgt gemeinsam dem Rhythmus der Musik und auf diese Weise verschmelzen ihre Bewegungen.

Das *maithuna* sollte ein Tanz sein, bei dem Shiva mit dem Rhythmus Shaktis verschmilzt. Dieser Rhythmus ist nicht nur von Frau zu Frau verschieden, sondern variiert auch von Tag zu Tag, von Augenblick zu Augenblick. Was sollen wir Männer also »tun«? Und genau darüber müssen wir uns klar sein, daß wir eben nichts »tun« können, sondern alles »geschehen lassen« sollen. Mit einer erfahrenen Shakti wird es sehr einfach sein: Der Mann wartet, bis sie die Initiative ergreift, und folgt dann ihren Bewegungen.

Wenn dagegen die Frau gewohnt ist, sich dem männlichen Rhythmus anzupassen, wird es etwas schwieriger werden. Der Mann muß dann sehr aufgeschlossen sein für das Erleben der Frau, er muß ihren Atemrhythmus beachten und versuchen, sich nicht willkürlich zu bewegen. Sollte nichts geschehen, genügt es einfach zu warten, bis die erotische Spannung im Körper der Shakti leichte, unwillkürliche Zuckungen auslöst, um sich dann mit ihnen zu vermählen. Ja, das ist das treffende Wort: vermählen! Der Mann vermählt sich harmonisch mit dem Rhythmus der Frau, der langsam oder schnell sein kann, heftig oder sanft.

Der Mann hat nichts zu verlieren, wenn er seine dominante Stellung aufgibt, ganz im Gegenteil: Er wird in der Frau eine aufblühende und lebendige Partnerin finden, eine wahre tantrische Shakti.

Tantrisches Ritual

Diese Zeichnung von Rembrandt (um 1646) bezeugt, daß auch zu jener Zeit die beliebteste Stellung die Missionarsstellung war, nur daß sich damals die Partner nicht entkleideten. Diese Art des Koitus befriedigt ohne Zweifel den sexuellen Trieb – in erster Linie den des Mannes – und sicherte die Fortpflanzung, aber er ist geradezu der Antipode zu der tantrischen Vereinigung.

Die Asanas des Maithuna

Jede sexuelle Vereinigung, zwischen Menschen und zwischen Tieren, selbst zwischen Pflanzen, ist heilig: Sie wiederholt den Schöpfungsakt, die Vereinigung der kosmischen Prinzipien Shakti und Shiva.

Für das Tantra ist jeder sexuelle Kontakt, und sei er noch so unbedeutend, geheiligt und kosmisch, auch wenn sich – wie in den meisten Fällen – die Beteiligten dessen nicht bewußt sind. Und genau darin liegt der Unterschied zwischen der tantrischen Vereinigung und dem profanen Koitus, und ihn muß man bei der Erörterung der *asanas* des tantrischen Rituals im Auge behalten.

Das Tantra, das danach strebt, die Partner und ihre Sexualität »zu vergöttlichen«, ist kein Erotismus, sonst wären auch *Kama Sutra* und andere *Koka Shastra* tantrisch. Die erklärte – und legitime – Absicht dieser Schriften ist es, die sinnliche Lust zu steigern; zu diesem Zweck empfehlen sie eine Vielzahl sexueller Techniken, vor allem Liebesstellungen. Zuerst geht es nur darum, daraus die *asanas* des tantrischen *maithuna* zu entnehmen.

Es gibt im Grunde nur wenige traditionelle *asanas* der Meditation zu zweit, die für den tantrischen Ritus spezifisch sind. Was sind ihre Merkmale? Die tantrischen Gurus wählten bequeme Positionen, um die sexuelle Vereinigung mitunter über Stunden auszudehnen, ohne dabei öfter das *asana* wechseln zu müssen, was die Verinnerlichung stören würde. Oft sind sie so bequem, daß sie eine vollkommene physische und geistige Entspannung zulassen und auf eine andere Bewußtseinsebene oder in den Schlaf führen. Das *asana* sollte außerdem den magnetischen, *pranischen* Austausch begünstigen und die Kontrolle des Samenergusses erleichtern. Deshalb sind einige dieser *asanas* absichtlich wenig »erregend«.

Mit Rücksicht darauf schließt der Tantrismus, zumindest zu Anfang, jene von den meisten Paaren bevorzugte sogenannte Missionarsstellung (*uttana bandha* in Sanskrit) aus, bei der der Mann auf der Frau liegt. Ihre Bezeichnung soll sie übrigens einigen Afrikanern verdanken, die durch die Spalte einer Hütte die Vergnügungen eines Pastors mit seiner Frau beobachteten! Sie amüsierten sich köstlich über diese bei ihnen ungebräuchliche Stellung.

Im übrigen hat die Prüderie noch immer Konjunktur und manche Frauen lehnen alle anderen Stellungen als »pervers« ab!

Das Tantra rät nur aus einem einzigen Grund von dieser Art des Koitus ab, und zwar deshalb, weil sie die Kontrolle der Ejakulation erschwert. Wenn nämlich über lange Zeit hinweg eine bestimmte Position immer mit der Ejakulation verbunden war, entsteht ein sehr wirksamer »konditionierter Reflex« (Pawlow!).

Nun ist es einfacher – oder weniger schwierig –, sich zu beherrschen, wenn man die Spielregeln, mit der Stellung beginnend, ändert.

Rajneesh schreibt dazu: »Ob die Partner viele Stellungen einnehmen oder nicht, sie werden sich entspannen. Dies hängt von der Lebenskraft ab, nicht vom Mentalen. Nichts sollte vorher entschieden werden. Die Entscheidung ist es, worin das Problem liegt. Selbst um euch zu lieben, entscheidet ihr, lest ihr Bücher, die erklären, wie man sich lieben soll. Man sieht daran, welcher menschliche Mentaltypus sich herausgebildet hat. Wenn ihr Bücher lest, um zu erfahren, wie man sich liebt, wird die Liebe zu einer Angelegenheit des Verstandes; ihr ordnet alles dem Verstand unter.«

Das Neotantra Rajneeshs ist vor allem ein No-Tantra, insofern es sich vollständig von der tantrischen Tradition abgelöst hat, was Rajneesh auch nicht bestreitet.

Ist es nach diesen apodiktischen Sätzen noch notwendig, die traditionellen tantrischen *asanas* zu beschreiben? Ich meine schon!

Purushayita

Beginnen wir mit der umgekehrten Missionarsstellung, bei der die Shakti die obere Position einnimmt. In der tantrischen Ikonographie vereinigen sich Rati und Kama unter dem Schutz der Göttin Chinnamasta in dieser Stellung.

Shakti bestimmt und kontrolliert dabei die Bewegung, Shiva kann sich entspannen und hingeben.

Für die Shakti ist diese Stellung möglicherweise unbequem, und wenn sie danach verlangt, sie zu wechseln, könnte das Erleben gestört werden. Dies muß allerdings nicht von Nachteil sein, denn einem Mann, der gerade lernt, die Ejakulation zu beherrschen, kann eine Änderung des *asana* im richtigen Augenblick helfen, die erotische Spannung abzubauen und die Kontrolle zu erleichtern.

Diese Stellung ermöglicht auch eine Umkehrung der Vereinigung, bei der sich der Mann mit einer Frau identifiziert und genau die Haltung einnimmt, die üblicherweise der Frau in der Missionarsstellung zukommt; das heißt, er liegt mit gespreizten Beinen auf dem Rücken, während die Frau die Rolle des Mannes übernimmt und ihre Beine geschlossen hält. Auf diese Weise kehren Shiva und Shakti die Vereinigung um und »tauschen« sozusagen das Geschlecht. Der Mann kann in die weibliche Erfahrung eindringen, indem er sich vorstellt, eine Frau zu sein, und umgekehrt.

Im Süden Indiens wird diese Stellung besonders geschätzt, weil sie das erotische Erleben, vor allem der Shakti,

Die Asanas des Maithuna

in höchstem Maß steigert. Diese Stellung überläßt der Shakti, die in ihren Bewegungen frei ist, die Initiative. Bei uns holt die Frau bei der Hebung und Senkung des Beckens meist weit aus, weil sie die langen, eindringenden Bewegungen, deren Rhythmus sie nach Lust und Laune bestimmt, besonders liebt. Auch der Mann schätzt sie, aber leider lösen diese heftigen Bewegungen am raschesten eine Ejakulation aus.

Das Tantra empfiehlt für dieses *asana* eine Ausführung, die Arvind und Shanta Kale aus Indien »Korkenzieher« nennen und die die tamilischen Shaktis berühmt gemacht hat: »Der Mann liegt auf dem Rücken, den Penis in der Vagina der Frau, die auf ihm ruht, und versetzt sein Becken in Rotationsbewegung. Er spannt und entspannt abwechselnd sein Gesäß, wodurch sein Becken sich hebt und senkt; gleichzeitig führt er mit Hilfe der unteren Rückenmuskulatur schleifende Rotationsbewegungen mit dem Schambein durch. Dieses leichte Hin- und Herbewegen bedingt in Verbindung mit der Rotation eine spiralförmige Bewegung des Glieds, welche die *yoni* intensiv stimuliert und stärkstes Lustgefühl hervorruft. Die Frau folgt dieser Bewegung aufmerksam und unterstützt sie, indem sie das Kreisen ihrer eigenen Hüften auf sie abstimmt. Wendet man den ›Korkenzieher‹ in der Missionarsstellung an, dann wird die Rotationsbewegung, das Hoch und Nieder des Beckens, durch eine ›saugende Kontraktion‹ der Vagina ergänzt, so als würde der Penis ›gemolken‹. Das Zusammenwirken von Rotation, Auf- und Abbewegung und saugender Kontraktion ist eine unglaubliche sexuelle Stimulierung.«

Man könnte annehmen, daß der Mann, der dieser strengen Regel unterworfen ist, sich vollkommen kontrollieren muß, damit er nicht ejakuliert. Dabei ist das Risiko hier geringer als bei den üblichen Beckenbewegungen. Der »Korkenzieher« stimuliert die Shakti bei geringster Bewegung maximal. Die Folge sind oft überwältigende, lang anhaltende und sich wiederholende Orgasmen. Indem die kreisförmigen Beckenbewegungen des Mannes, dessen Schambein sich fest an das der Shakti drückt, die Klitoris stark erregen, wird gleichzeitig auch die Vagina stimuliert. Zusammen mit dem durch die vaginalen Kontraktionen bedingten »Saugen« führt das nicht nur die Frau, sondern auch den Mann zu höchstem Lustempfinden – und das, obwohl das Glied nur wenig erregt wird.

Das Paar Kale vermerkt, daß dies mit einigen Abänderungen auch auf die Missionarsstellung übertragbar ist. Tatsächlich kann der Mann in der umgekehrten Position, wenn er das Gesäß an- und entspannt, das Hoch und Nieder der Bewegung provozieren, weil sein Gesäß durch eine feste Unterlage gestützt wird. Dies gilt hingegen nicht, wenn er auf der Shakti liegt. In diesem Fall befindet sich nämlich ihr Gesäß auf festem Untergrund, so daß sie es rhythmisch an- und entspannen muß. Möglicherweise kann sie das Hoch und Nieder durch ein leichtes Wippen des Beckens verstärken. Die Anspannung des Gesäßes erleichtert zudem die Kontraktionen der Vagina, um den *lin-*

gam »zu melken«. So findet fast eine Umkehrung der Rollen statt, wobei man von der Position »Shiva unten« zu einer Position »Shiva oben« übergeht. In beiden Fällen muß der Mann in intimer Berührung mit der Klitoris bleiben, Shakti wiederum wird zu verhindern wissen, daß sich ihr Schambein während der Kreisbewegungen Shivas von seinem löst.

Upavishta, sitzende Position

Der Begriff *upavishta*, »sitzende Position«, bezeichnet eher eine Kategorie von *asanas* als eine bestimmte Stellung. Bei allen Varianten dieser Position sitzt Shakti rittlings oder in der Kalistellung auf Shiva. Die einfachste Variante ist *sukhasana*, die glückspendende Stellung, von *sukha*, Glück, im Gegensatz zu *dukha*, Leiden.

Der Adept sitzt bei dieser Position mit gekreuzten Beinen im Schneidersitz auf einem Teppich oder einer dünnen Matte und umfaßt die Shakti, die sich auf ihn setzt; sie wendet ihm das Gesicht zu, umarmt ihn und legt ihm ihre Hände entweder auf die Schultern oder um den Hals.

Wenn die Partnerin leicht ist, kann diese Stellung auch während einer längeren Vereinigung bequem sein. Sie eignet sich sowohl für den »Weg des Tals« als auch für den »Schnellen Weg«.

Da sie nicht sehr erotisierend ist und die Möglichkeiten einer Hoch- und Niederbewegung eher eingeschränkt sind, erleichtert sie die Kontrolle des Samenergusses; sie begünstigt außerdem die geheime Körpersprache.

Upavishta, asymmetrische Variante

In dieser wenig bekannten asymmetrischen Variante der *upavishta* sitzt die Shakti zu Anfang auf dem Boden, wobei nur Steißbein und Gesäßbacken die Unterlage berühren. Sie lehnt sich etwas nach hinten und stützt sich mit den Händen auf dem Fußboden ab, um das Gleichgewicht zu halten. Nimmt Shiva die gleiche Position ein, so befinden sich *lingam* und *yoni* einander gegenüber.

Nun legt die Shakti ihren rechten Schenkel auf den linken ihres Partners, der wiederum seinen rechten Schenkel auf ihren linken legt: Wenn *yoni* und *lingam* miteinander vereint sind, wobei beide Körper leicht nach hinten gebeugt bleiben, dann halten sich Shakti und Shiva gegenseitig an den Oberarmen fest.

Diese Stellung ist ideal für die »Verschmelzung der Blicke«. Das Paar schaut sich in die Augen oder auch auf die Stelle zwischen den Augen, auf die Mitte der Stirn, das *ajna chakra*. In beiden Fällen bleiben der Blick fest und die Augen weit geöffnet.

Diese Stellung erleichtert auch die geheime Körpersprache, für die der Körper bewegungslos bleiben muß, damit *yoni* und *lingam* ihre rhythmischen Kontraktionen austauschen können. Meistens aber dient sie einer »rhythmisierten« Vereinigung, denn

Die Asanas des Maithuna

da sich die Fersen auf dem Boden abstützen, können die Partner leichte Stöße ausführen und sich in Übereinstimmung mit dem Atemrhythmus bewegen.

Dieser Rhythmus muß sehr regelmäßig sein, weshalb es notwendig ist, den Atem zu »polarisieren«, das heißt, beim Zurücklehnen wird eingeatmet und beim Nach-vorne-Kommen ausgeatmet. Auf diese Weise atmet er ein, wenn sie ausatmet.

Darüber hinaus muß der Atemrhythmus auch angeglichen werden: Das Einatmen muß genausolang dauern wie das Ausatmen. Die Partner begleiten ihre wiegenden Bewegungen entweder mit dem OM, das sie im Takt des Ein- und Ausatmens wiederholen, oder aber mit einem bestimmten *mantra* ihres Gurus.

Das *sukhasana* wirkt nicht sehr erotisierend, versetzt aber die Partner in eine gegenseitige Faszination und läßt sie einen Bewußtseinszustand erreichen, der der Hypnose nahekommt; es stellt eine intensive Beziehung zwischen den Partnern her.

Sobald man die Augen nicht mehr offenhalten kann, ohne zu blinzeln, schließt man sie, bleibt einander aber weiterhin seelisch verbunden. Man kann auf diese Weise, besonders wenn die Partner sehr ineinander verliebt sind, in kurzer Zeit zu einer Verschmelzung, zu einem tiefen psychischen und physischen Sichdurchdringen gelangen.

Im übrigen kann dieses *asana* mit gleicher Wirkung auch ohne Penetration, ja sogar ohne jeden Genitalkontakt, durchgeführt werden.

Upavishta-Variante

Die bisher beschriebenen Stellungen bedürfen keiner besonderen körperlichen Vorbereitung. Es gibt allerdings eine Variante der hohen Kunst des *upavishta*, für die die besondere körperliche Beweglichkeit Shivas Voraussetzung ist. Auf dem Boden sitzend legt er zuerst die Fußsohlen aneinander, zieht dann die Fersen bis an das Perineum (Damm), ohne es zu berühren; so dienen die Füße Shakti als Sitz. Wenn die Hüften Shivas nicht gelenkig genug sind, kann er die Knie nicht ausreichend dem Boden nähern, und die Stellung ist für beide Beteiligten unbequem; in diesem Fall sollte man besser darauf verzichten.

Die Bedeutung dieser Variante für das Tantra unterscheidet sich nur wenig von der des einfachen *sukhasana*. Die Entscheidung für das eine oder andere *asana* hängt ausschließlich von der Übereinstimmung der Partner und ihrer Beweglichkeit ab. Eine Variante der Variante nennt sich *padmasana*, Lotossitz. Dabei setzt sich der Mann, der diese Position mühelos beherrschen sollte, im Lotossitz auf den Boden und schafft so wiederum einen Sitz für die Shakti, die sich auf seinem Schoß niederläßt und den *lingam* in sich aufnimmt.

Uttana-Bandha

Ist von der üblichen Missionarsstellung am Anfang abzuraten, so ist ihre Variante, *uttana-bandha*, sehr zu empfehlen. Wenn Shiva nicht auf Shakti liegt, sondern hockt, hält sie nicht nur

Tantrisches Ritual

Im tantrischen Buddhismus Tibets wird die Vereinigung fast ausnahmslos in dieser Position, das heißt in der Rittlingsstellung, dargestellt. Der männliche Gott hat immer einen furchterregenden Gesichtsausdruck, während die bhairavi im Vergleich zu ihm sehr klein ist.

einfach still, sondern er kann jede ihrer Bewegungen unterbinden und sich dadurch ohne Schwierigkeiten kontrollieren.

Tiryakasana

Tiryak bedeutet »nebeneinander«, »von der Seite«. Es handelt sich dabei um eine asymmetrische Stellung, die in Indien wenig verbreitet ist, aber aus bestimmten Gründen Vorteile für den westlichen Menschen hat.

Zu Anfang liegt Shakti, wie bei der Missionarsstellung, auf dem Rücken, nur daß sie ihr rechtes Bein anwinkelt und das linke auf dem Bett ausstreckt. Shiva liegt rechts von ihr auf seiner linken Körperseite und bildet mehr oder weniger einen rechten Winkel zu ihr. Dann schiebt er sich unter das rechte (angewinkelte) Bein Shaktis und preßt ihren Schenkel zwischen die seinen. Das rechte Bein Shaktis ruht nun auf der rechten Körperseite Shivas. Wenn der *lingam* in die *yoni* eindringt, befindet sich Shivas Schambein im rechten Winkel zu dem Shaktis.

Diese Stellung mag kompliziert erscheinen, sie ist aber einfacher einzunehmen als zu beschreiben. Alle offenen Fragen beantwortet die Abbildung.

Es gibt eine vereinfachte Form dieser Position: Die Frau liegt wieder wie bei der Missionarsstellung auf dem Rücken, hat aber die Knie angezogen und die Fußsohlen aufgestellt. Der Mann liegt zu ihrer Rechten auf seiner linken Körperseite, im rechten Winkel zu ihr. Er legt sich nun unter die »Brücke«, die durch Shaktis angewinkelte Beine entsteht und bringt den *lingam* vor die *yoni*, um ihn einzuführen. Das ist alles! Die Beine Shaktis ruhen nun auf Shiva, das rechte an seiner Flanke, das linke auf seinem Schenkel, während bei dem klassischen *asana* das linke Bein Shaktis ausgestreckt ist und von den Schenkeln Shivas gefangengehalten wird. In der oben beschriebenen klassischen Position sind die Beine der Partner ineinander verschlungen, anders als bei der einfacheren Variante, deren einziger Nachteil der weniger intime Genitalkontakt ist.

Worin liegt nun der Vorteil dieser *asanas* für die abendländischen Menschen? In unseren Breitengraden ist die Lufttemperatur, außer im Sommer, meist zu niedrig, um sich nackt und ohne Decke längere Zeit zu vereinigen. Nun ist aber jede Art von Bekleidung, auch wenn die tantrische Tradition sie nicht verbietet, hinderlich. Zudem wird bei uns das Tantra oft in oder auf einem Bett praktiziert; Betten aber sind für die oben beschriebenen *asanas* zu weich. Die Seitenlage ist hingegen ideal, und Decken stören dabei nicht, im Gegenteil – in einem kühlen Zimmer gewährleisten nur Decken jene angenehme Wärme, die notwendig ist, um den Ritus nackt auszuführen. Es ist verständlich, daß die indischen Tantriker, die nur selten über ein Bett oder eine dicke Matratze verfügen, die Seitenlage kaum anwenden, da sie auf harter Unterlage unbequem ist.

Ein weiterer Vorteil der Seitenlage ist, daß sie einen sehr intimen Kontakt *lingam–yoni* schafft, der auch weiterbesteht, wenn – wie bei einem langdauernden Geschlechtsverkehr möglich – die Erektion nachläßt. Obwohl das *tiryakasana* eine asymmetrische Stellung ist, läßt sie sich problemlos auch über einen längeren Zeitraum einnehmen: Sie ist so bequem, daß man sich dabei völlig entspannt und fast einschläft, was sich aber nicht nachteilig auswirkt; denn auch wenn das bewußte Ich abwesend ist, wissen die Körper doch sehr genau, was geschieht. Die Verschmelzung und der magnetische Austausch werden im Schlaf nicht aufgehoben. Einige tantrische Paare im Westen nehmen diese Stellung abends ein, um einzuschlafen, und behalten sie einen Großteil der Nacht bei; manchmal berühren sich dabei die Geschlechtsorgane, aber es erfolgt keine Penetration.

Diese nur wenig erotisierende Stellung eignet sich sowohl für den »Weg des Tals« als auch für den »Schnellen Weg«. Da die Bewegungsfreiheit der Partner relativ eingeschränkt ist, erleichtert sie es dem Mann, sich zu kontrollieren, zumal der *lingam* an seiner empfindlichsten Stelle, der Eichel, nur wenig stimuliert und so die Gefahr des Samenergusses verringert wird. Schließlich läßt sich die sexuelle Erregung der Shakti, da die Hände für Zärtlichkeiten frei bleiben, steigern, ohne daß Shiva Gefahr liefe, die Kontrolle zu verlieren!

Parshva piditaka, rückwärtige Seitenlage

Diese Stellung, eine Variante des *tiryakasana*, ist für den »Weg des Tals« und für *Tantra nidra*, den tantrischen Schlaf, in dem das Paar vereint bleibt, zu empfehlen. *Tiryakasana*, das oben beschrieben wurde, eignet sich nur für einen kurzen Schlaf, aber nicht für die Dauer einer ganzen Nacht, denn nach einer gewissen Zeit werden die Gelenke der Partner steif. Deshalb ist für einen langen Schlaf die rückwärtige Seitenlage, *parshva piditaka*, vorzuziehen, weil man sie ohne Schwierigkeiten sehr lang beibehalten kann!

Bei dieser Stellung liegt die Shakti mit angezogenen Beinen auf der Seite, an Shivas Schoß geschmiegt; auch Shiva liegt auf der Seite und schmiegt sich von hinten an Shakti. Obwohl sie nur einen begrenzten Körperkontakt ermöglicht – der Brustkorb Shivas berührt den Rücken Shaktis nicht –, ist diese Stellung doch sehr lustvoll, weil das Gesäß Shaktis eng am Bauch Shivas anliegt.

Man kann von *tiryakasana* in die rückwärtige Seitenlage gelangen, ohne den *lingam* aus der *yoni* zu ziehen: Die Shakti löst ihr angewinkeltes Bein aus der Umklammerung, dreht sich auf die Seite und kommt so im Schoß Shivas zu liegen. Es geht nicht darum, in dieser Stellung einzuschlafen, wenn es aber geschehen sollte, dann ist das weiter kein Problem, ganz im Gegenteil. Meist löst man sich während des Schlafes unwillkürlich voneinander, ohne dabei aufzuwachen. Der Vorteil dieser Stellung ist, daß der Kontakt – ob die Partner wach sind oder nicht – über Stunden andauern kann, weil auch der schlaffe *lingam* in der *yoni* »gefangen« bleibt.

Viele tantrische Paare nehmen diese

Stellung auch für den »Schnellen Weg« ein. Shakti bleibt dabei passiv und vollkommen bewegungslos, so daß die Initiative bei Shiva liegt, dem damit die Kontrolle zufällt. Shiva ist es nun möglich, unendlich lange am äußersten Punkt zu verweilen, ohne befürchten zu müssen, daß eine unvorhergesehene Bewegung Shaktis zwangsläufig den Samenerguß auslöst.

Bei den anderen Stellungen hält Shiva, wenn er diesen Grenzpunkt erreicht, in seinen Bewegungen inne und nimmt sie erst wieder auf, wenn die Gefahr vorüber ist. In der rückwärtigen Seitenlage hingegen kann er, weil er sich der Bewegungslosigkeit Shaktis sicher ist, lernen, sich auch in diesem Grenzbereich weiter zu bewegen – was sehr wichtig ist. Anders ausgedrückt: Er verbleibt »auf des Messers Schneide«, bewegt sich ganz konzentriert und sanft, und wird dabei feststellen, daß er, auch zu einem Zeitpunkt, an dem es kein Zurück mehr gibt, nicht unausweichlich zu absoluter Bewegungslosigkeit verdammt ist. Diese Stellung ist so einfach, daß auf eine Abbildung verzichtet werden kann.

Janujugmasana, die X-Stellung

Janujugmasana, die X-Stellung oder auch »Gegenüber-Stellung«, ist ein spezifisch tantrisches *asana* des *maithuna*. Es ist interessant zu wissen, daß sie schon im prähistorischen Indien praktiziert wurde, im Chalkolithikum. Anläßlich der Ausgrabungen in Daimabad, dem heutigen Maharashtra, fand man eine Keramik, die mit einer Abbildung eines in eben diesem *asana* vereinten Paars geschmückt ist. Ganz offensichtlich ging es dem Künstler weder um Erotik noch um reine Dekoration, sondern um eine dem Tantrismus nahestehende kulturelle Absicht.

Trotz weitgehender Stilisierung ist die Zeichnung eindeutig, und man sollte darauf hinweisen, daß zum einen prähistorische Abbildungen des Koitus selten sind und zum anderen gerade diese Position ungewöhnlich ist, denn wir finden sie nicht unter den erotischen Skulpturen der hinduistischen Tempel von Khajuraho in Konarak, die in dieser Hinsicht doch sehr reich ausgestattet sind! Sie fehlt ebenso in den bekannten erotischen Miniaturzeichnungen Indiens, wie im *Kama Sutra* und in anderen *Koka Shastra*, die doch sonst sehr viel Einfallsreichtum beweisen! Was mag der Grund dafür sein? Wird die Stellung als zu wenig »erregend« empfunden? Ich weiß es nicht. Auch im Abendland ist sie nicht gebräuchlich, ja fast unbekannt. Sie taucht aber in einem anderen Einflußgebiet des Tantra auf, nämlich in Nepal, und zwar auf einer Zeichnung aus dem 18. Jahrhundert, die in dem *Tantra Asana* von Ajit Mookerjee wiedergegeben wird.

Das Tantra schätzt die X-Stellung besonders, weil sie einen lange anhaltenden Kontakt bei völliger Entspannung ermöglicht und damit den magnetischen pranischen Austausch zwischen den Geschlechtsorganen begünstigt. Wenn die profane Liebe sie verschmäht, so zweifelsohne deshalb, weil der *lingam* nicht tief eindringt, und

Tantrisches Ritual

eine starke Erektion sogar störend wirkt. Für den »Weg des Tals« ist das eher ein Vorteil, denn der Kontakt kann trotz schwacher Erektion, ja sogar ganz ohne sie, bestehen bleiben.

Zwar ist die Genitalbeweglichkeit bei dieser Stellung eingeschränkt, aber doch möglich. Sie vermittelt, trotz ihrer scheinbar wenig erotischen Wirkung, eine vollkommene tantrische Erfahrung und verhindert weder Lustempfindungen noch Höhepunkte, insbesondere bei der Frau.

Janujugmasana ist besonders leicht einzunehmen. Oft beginnt man den Kontakt mit einer Rittlingsstellung, *sukhasana*, in der man dann kürzer oder länger verweilt. Um von ihr in die X-Stellung zu gelangen, muß man sich nur nach hinten beugen und die Beine ausstrecken, damit beide Partner auf dem Rücken zu liegen kommen.

Eine Variante: Anstatt sich mit flachem Rücken auf den Boden zu legen, so daß sich die Partner gegenüberliegen, kann man auch mit Unterstützung eines Kissens den Rumpf beugen, beispielsweise in einem Fünfundvierziggradwinkel. Alle Vorteile des *asana* bleiben auf diese Weise bestehen, aber der Geschlechtskontakt ist intimer, tiefer, und eine starke Erektion ist weniger störend.

Diese Position des *maithuna* zeigt, wie tief der Tantrismus im prähistorischen Indien verwurzelt war. Und es ist faszinierend, wenn man sich heute die Paare vergangener Zeiten in Erinnerung ruft.

Der rituelle, initiierende Charakter dieser Stellung offenbart sich in einer anderen, dem Abendland nahestehenden Tradition. Zeugnis dafür ist das auf Seite 351 abgebildete esoterische *mandala* – läßt man einmal das magische Viereck »ROTAS«, das in alle Richtungen gelesen werden kann, außer acht. Es sei nur kurz darauf hingewiesen, daß dieses aus der Kabbalistik stammende Viereck auf einer Münze aus Pompeji zu finden ist, dann an einer italienischen Kirche, auf einer lateinischen Bibel aus dem Jahr 822, auf einer griechischen Handschrift und an den Mauern einer Burg in der Charente – beide aus dem 12. Jahrhundert. Vier Jahrhunderte später taucht es auf einer österreichischen Münze wieder auf! Bemerkenswert!

Wenn wir das *mandala* mittels der tantrischen Symbolik entschlüsseln, erkennen wir die nackte Shakti in einem auf den Kopf gestellten Dreieck, dem universalen Symbol der *yoni*. Shakti regiert über die Mächte der Nacht, über das Unbewußte, weswegen ihre Haut schwarz ist und sie von der Mondsichel, dem Gestirn der Frau, gekrönt ist. Shiva ist wie im Tantra auf einem Dreieck abgebildet, dessen Spitze nach oben zeigt. Die männliche Farbe Weiß ist ein Symbol für die Macht des Verstandes und der Tat in der konkreten Welt. Diese Macht manifestiert sich bei Tag im Sonnenlicht. Die ineinander verschränkten Dreiecke versinnbildlichen die Vereinigung des männlichen und weiblichen Prinzips. Verborgen vom magischen Viereck, das hier als Feigenblatt dient, sind Shiva und Shakti in der X-Stellung vereint! Das N im Mittelpunkt des Vierecks, das heißt im Schwerpunkt, bedeckt ihr Geschlecht, das sich berührt oder mitein-

Die Asanas des Maithuna

Abbildung der X-Stellung, wie sie auf einer prähistorischen, in Daimabad ausgegrabenen Vase zu finden ist.

ander vereint ist. Wo aber befinden sich die Hände, und was tun sie? Der einzige Unterschied zur X-Stellung besteht darin, daß bei dem tantrischen *asana* die Beine der Shakti auf denen des Shiva liegen.

Das abgebildete *mandala* ist ein Symbol für den ursprünglichen Schöpfungsakt und für die im manifestierten Universum wirkenden schöpferischen Kräfte.

Außer den beiden großen Dreiecken gibt es sechs kleinere, ein Hexagon, zwei Kreise und schließlich in den vier Himmelsrichtungen jeweils eine mythologische, symbolische Figur. Unten, an der Spitze des Dreiecks der Shakti, ist ein Stier zu sehen (*nandi*, das Reittier Shivas!), das Symbol der sexuellen Potenz. Er ist weder gezähmt noch wild und hält den Kreis in Bewegung. Der Adler, das ist *garuda*! Auch der geflügelte Löwe, ein beliebtes esoterisches Bild des Mittleren Orients, ist dem Tantra nicht fremd, nur daß er im Tantra keine Flügel hat.

Die vierte Figur ist der Engel, oder genauer gesagt ein Mensch mit Flügeln, die seine spirituelle Dimension symbolisieren.

Ist es nicht erstaunlich, daß man in diesem *mandala* den Kern der tantrischen Tradition wiederfindet? Sicher haben meine wenigen Ausführungen den gesamten Symbolgehalt dieses Bildes bei weitem nicht erschöpft! Es bleibt jedem überlassen, noch weiter vorzudringen . . .

Purushâyita, *die umgekehrte Missionarsstellung*

Upavishta, *sitzende Position*

Upavishta (*oder* Sukhâsana) *auf einem orientalischen Sitzkissen*

Uttana-Bandha, *eine Variante der Missionarsstellung*

Tiryakâsana, *Seitenlage*

Janujugmâsana, *die X-Stellung*

Janujugmâsana, *Variante mit gekreuzten Beinen*

Variante der X-Stellung

Die Rituale des Maithuna

Die yoni puja ist »wahre« Anbetung.
Wenn man dies außer acht läßt, verlieren alle anderen Formen
des Kultes ihren Wert.
(Yonitantra, I, 5b; VI, 24cd und VIII.13)

Dieses Zitat unterstreicht die Bedeutung der *yoni puja*, das heißt der Anbetung der *yoni*, für den Kult der Shakti, der Schöpferkraft, wie sie im Geschlecht der Frau verkörpert ist.

Von den wenigen veröffentlichten Texten, die dieses Ritual bezeugen und beschreiben, kenne ich nur das *Yonitantra* (nicht zu verwechseln mit den *Yoginitantra*) und das *Brihadyonitantra*, das zwar umfassender ist, von dem uns aber keine vollständig erhaltene Abschrift überliefert ist. Meine Beschreibungen dieses wesentlichen Rituals, zu dem man mit geringfügigen Änderungen auch im Westen Zugang findet, stützt sich auf das *Yonitantra*. Wie bei fast allen tantrischen Texten handelt es sich eher um eine Zusammenfassung als um eine Abhandlung; denn eigentlich ist es Acharya, der Lehrer, persönlich, der die Techniken vermittelt. Der Acharya (der im übrigen auch eine Frau sein kann) spielt eine Schlüsselrolle bei der *yoni puja*, die in seiner Gegenwart vollzogen werden muß. Für den Fall, daß er einmal abwesend ist, sind besondere Maßnahmen vorgesehen.

Da wir im Abendland, abgesehen von einigen Ausnahmen, nicht die Möglichkeit zu unmittelbarer Initiation haben, ist es notwendig, die unzureichenden Anweisungen des Originaltextes zu vervollständigen. Nachdem der – anonyme – Autor skizziert hat, welche Frauen sich für den Ritus eignen, präzisiert er: Die Yogini solle »lüstern, ja sogar zügellos *(pramada)* sein, geliebt werden *(kanta)* und keine (falsche) Scham kennen«. Oft ist es die Shakti des Guru, die das Ritual leitet, oder aber die Gefährtin des Adepten.

Zu Beginn der Anbetung stellt sich die Shakti in die Mitte des *mandala*, das im allgemeinen die Form eines Dreiecks, dem Symbol der kosmischen *yoni*, hat und um das ein Kreis gezogen ist. Dann überreicht ihr der *sadhaka* ein Aphrodisiakum, *vijaya*. Die Zusammensetzung dieses Getränks wird nicht angegeben, wahrscheinlich, weil man damals davon ausgehen konnte, daß sie jeder Inder kennt. J. A. Schoterman, der Übersetzer des Textes, nimmt an, daß es sich um *bhang*, eine Mischung auf der Basis von indischem Hanf, handelt; es ist jedoch festgelegt, daß die Shakti in keinem Fall unter Drogen stehen darf. Bei uns sollte man der Shakti ein Glas Champagner zu trinken geben oder ein anderes, leicht alkoholisches Getränk. Es dient dazu, sie zu stimulieren und ihre sexuelle Energie anzuregen, um sie in Ekstase zu versetzen.

Dem Text zufolge beginnt der erste Teil der *yoni puja* nach einem einleitenden Ritual aus *mantras* und *bijas* (Vokalfolgen ohne begrifflichen Inhalt), das der Autor nicht näher beschreibt.

Die Yogini setzt sich dann auf den linken Schenkel des Adepten, der zunächst ihrer *yoni* huldigt. Die *yoni* ist *sakuntala*, das heißt nicht rasiert. Der Adept bestreicht sie nun mit einer wohlriechenden Sandelholzpaste, so daß sie einer »bezaubernden Blume« gleicht. Daraufhin überreicht der Anbetende der Shakti eine weitere Schale *vijaya* und malt ihr mit roter Farbe den *ardhachandra* (Halbmond) auf die Mitte der Stirn.

Die Partner erleben intensiv die Symbolik jeder Geste. Während der Adept den Halbmond zeichnet, wird sich das Paar der Mondkräfte, die in der Shakti wirken, bewußt.

Dann legt Shiva seine Hände auf die Brüste Shaktis, und während er ganz in ihrer kosmischen Mütterlichkeit versinkt, spricht er einhundertachtmal die *bhagabija* (die Keimsilbe der Vulva), die nicht näher beschrieben ist; im allgemeinen dürfte es »hrim« sein. Der Anbetende versucht nun durch Gesten und Berührungen die Shakti in höchstem Maß zu erregen: Er streichelt lange Brüste und Schenkel und dann ihre *yoni*.

Die Erregung Shaktis während der *yoni puja*, die sich auf Shiva überträgt, regt das *tattva uttama* an, die »sublime Essenz«, das heißt das Vaginalsekret. Vor allem stimuliert sie auch jene subtilen, pranischen Kräfte, die eine wesentliche Rolle im weiteren Verlauf der *puja* spielen.

Nun kommen wir zum Mittelpunkt. Die Shakti bestreicht nun ihrerseits den *lingam* mit jener safrangelben Sandelholzpaste, deren Duft aphrodisische Wirkung hat. Der Guru wacht während der ganzen Zeit darüber, daß die Regeln streng befolgt werden, und spricht die zum Ritual gehörenden *mantras*. Jetzt erst wird der *lingam* in die *yoni* eingeführt. Das *maithuna* darf sich nicht in einem profanen Koitus erschöpfen, sondern muß trotz höchster Erregung der Kontrolle beider Partner unterliegen und mit jenem Sinn für das Heilige erlebt werden, ohne den keine tantrische Vereinigung möglich ist.

Ein wesentlicher Aspekt des Ritus liegt darin, daß die Partner gegenseitig ihre »sublime Essenz« austauschen. Das vaginale Sekret mischt sich mit dem des *lingam*. Die Tantriker glauben, daß die Yogini und der Yogi die beiden miteinander vermischten Flüssigkeiten in sich aufnehmen: die Shakti dank eines osmotischen Vorgangs über die Schleimhäute der Vagina und Shiva dank *vajroli*. Nach tantrischer Überzeugung belebt und kräftig dieser Austausch die beiden Adepten. Aber selbst wenn diese gegenseitige Absorption nicht stattfinden sollte, wird die Ausschüttung der Sexualhormone durch die intensive und anhaltende sexuelle Erregung verstärkt. Und warum sollte es sich nicht auch bei diesen um die »sublime Essenz« handeln?

Während des *maithuna* meditiert das Paar über die Schöpferkraft, die auf diese Weise im Leib der Frau wie auch in dem des Mannes geweckt wird, und verehrt die kosmische Energie.

Über die Dauer der Vereinigung *yoni–lingam* gilt das, was schon an anderer Stelle in diesem Buch gesagt wurde: Niemals handelt es sich um ein »Je schneller desto besser«! Nach der rituellen Vereinigung erweist Shiva der *yoni* seinen ehrfürchtigen Respekt. Dafür bietet die Yogini, die mit gespreizten Beinen auf dem Rücken liegt, sie seinem Blick und seiner Verehrung dar. Der Schüler benetzt einen Finger mit der Vaginalflüssigkeit und zeichnet damit eine *tilaka*, jenen Punkt, den die Inderinnen auf der Stirn tragen, auf seine Stirn und auf die seiner Partnerin, die sich noch in Ekstase befindet. Das gleiche tut der Acharya. Dann erweist das Paar ihm Ehrerbietung und Verehrung, weil er ihnen mit seiner Gegenwart geholfen hat, sich während des Rituals zu kontrollieren und so den heiligen Sinn des Ritus zu bewahren. Die Ausübung des Rituals in Gegenwart des Gurus knüpft ein Band innigen Vertrauens zwischen den Beteiligten.

Das *Yonitantra* schreibt eine tägliche Ausübung des *yoni puja* vor (II, 6 ab; IV, 30 a). In ihrer indischen Variante stellt sie eine vorbereitende Stufe zur *chakra puja* dar.

Sicherlich können wir es nur schwer akzeptieren, daß der Acharya und seine Shakti den Sexualritus mit ihren Adepten ausführen, weil es unserer Vorstellung widerspricht – aber sollte es deswegen verschwiegen werden?

Auch wenn westliche Anhänger des Tantra die *yoni puja*, wie sie oben beschrieben wurde, nicht ausüben können, so ermöglichen doch die Anweisungen den tantrischen Paaren, eine abgewandelte und unseren Verhältnissen angepaßte Form zu entwickeln und dabei den Geist des *yoni puja* zu bewahren – und das ist es, worauf es ankommt.

Das rituelle Dreieck

Bei einer rituellen tantrischen Vereinigung trifft nicht Herr X auf Frau X, sondern Shiva auf Shakti. Deswegen muß sich der Partner von seinem Ich lösen und in sich **den** absoluten Mann, Shiva, erkennen und in seiner Partnerin **die** absolute Frau, Shakti. Dieser Wandel der Wahrnehmung muß vorbereitet werden.

Zu diesem Zweck zeichnet der Adept vor dem *maithuna* am Ort der Vereinigung ein rotes Dreieck mit dem Keimpunkt, dem *bindu*, in der Mitte. Dann meditiert er über die symbolische Bedeutung des umgekehrten Dreiecks und des *bindu*. Er projiziert das Bild der Shakti mental auf das Dreieck und wiederholt dabei ständig sein *mantra*, bis er fühlt, daß die konkrete Frau, seine Ritualpartnerin, die kosmische weibliche Energie – Shakti – wahrhaftig verkörpert.

Danach vergegenwärtigt er sich vor seinem geistigen Auge die *yoni* in ihrer kosmischen Bedeutung als Eingangspforte jeglichen Lebens. Auf diese Weise erkennt er die Schöpfungsdynamik, wie sie im Geschlecht der Shakti, in ihrem Pol Gattung gegenwärtig ist. Er spürt ihre unwiderstehliche sexuelle Anziehung, die fähig ist, seinen *lingam* zu wecken, ihn in sich aufzunehmen und sich seines befruchtenden Spermas zu bemächtigen.

Dann stellt er sich das weiße Dreieck des Shiva, dessen Spitze nach oben zeigt, vor und legt es im Geist über das weibliche, rote Dreieck. Der *bindu*, der Mittelpunkt beider Dreiecke, ist Symbol für die intime Verschmelzung der kosmischen Prinzipien Shakti und Shiva. Der Adept schaut auf diese Weise das unergründliche Mysterium und den tiefen, heiligen Sinn der Vereinigung der Geschlechter, wobei er die ganze Zeit stumm das *mantra* seines Gurus wiederholt. Der westliche Adept kann, wenn er kein eigenes *mantra* hat, das OM oder das *OM mani padme hum* wählen.

Erst wenn in seinem Geist die beiden Aspekte der Partnerin – der individuelle und der kosmische – eins geworden sind, geht sie auf ihn zu – und sie vereinigen sich, nachdem sie weitere rituelle Handlungen auf dem Dreieck ausgeführt haben.

Dies erinnert sie an ihre absolute Dimension, die ihren individuellen Aspekt transzendiert.

Die Askese der Sechzehn

»Warum so viel reden? O Kalika, es gibt ganz sicher keinen anderen Weg als den des Kula, der uns das Glück auf dieser und in den anderen Welten gewähren kann. Ein Adept des Kula, der diesen Weg verschweigt, im Zeitalter des Kali, in dem alle Religionen vergessen sind, verdient die Hölle.«
Mahanirvana-Tantra (VII, 202)

Die Askese der Sechzehn, *chakra puja*, die Anbetung im Kreis, ist gemeinsam mit den fünf *makaras* der wesentliche Ritus des Tantra, derjenige, der am häufigsten mißverstanden wird und im Abendland fast nicht praktikabel ist. Mit seiner außergewöhnlichen symbolischen Dichte und gleichzeitigen Gegenständlichkeit gleicht er einer anschaulichen Skizze vom Wesen des Kults und des tantrischen Gedankens. Kennt man die *chakra puja* und die fünf *makaras* nicht, ist das Tantra nicht zu begreifen.

Worum geht es bei diesem Ritual? In wenigen Worten möchte ich zuerst den Ablauf darstellen, daß heißt die konkrete Ausführung in all ihrer »Radikalität«.

An einem geheimen Ort versammeln sich acht Männer und acht Frauen. Am Eingang nimmt jeder der Männer ein beliebiges Kleidungsstück oder ein Schmuckstück aus einem Kästchen: Seine Besitzerin wird während des Ritus die Partnerin sein. Nachdem sie sich dem Ritual entsprechend in einem Kreis verteilt haben, trinken sie gemeinsam Wein *(madya)*, essen Fleisch *(mamsa)*, Fisch *(matsya)* und Getreide *(mudra)*. Danach paaren *(maithuna)* sie sich jeweils mit der Partnerin »einer Nacht«. Eine Orgie eben – zumindest in unseren Augen! Wir erkennen die fünf *makaras* (Buchstaben des Sanskrit), die 5 M, denn das Initial eines jeden Elements ist der Buchstabe M.

Es ist in erster Linie das *maithuna*, das zu Mißverständnissen Anlaß gibt. Sogenannte Lebemänner werden sich vorstellen, daß man dabei wohl sein Vergnügen hat. Die »anständigen« Menschen werden darin Verderbtheit sehen. Wie man ahnt, treffen beide Ansichten nicht den Kern der Sache. Es handelt sich sehr wohl um reale Handlungen, aber mir geht es darum, ihre tiefere Symbolik aufzudecken.

Tantrisches Ritual

Betrachten wir als erstes – ausgehend von Zeugenberichten – die konkreten Tatsachen. Edward Sellon, 1818 in England geboren und eine ungewöhnliche Persönlichkeit, war während seines kurzen Lebens – weniger als ein halbes Jahrhundert – nacheinander Soldat, Postkutscher, Fechtlehrer und Autor pornographischer Bücher! Sein Vater, »ein Edelmann ohne Vermögen«, starb, als Edward noch ein Kind war. Mit sechzehn Jahren bereits hatte er es zum Offizier des vierten Regiments der Madras Native Infantry gebracht und lebte in Indien, in Madras, dem dravidischen Zentrum. Während seines zehnjährigen Aufenthalts dort hatte er unzählige Abenteuer – Abenteuer im doppelten Sinn des Wortes. Er beschäftigte sich intensiv mit dem sozialen Leben Indiens, seiner Religion und seinen sexuellen Praktiken – und hier ist das »intensiv beschäftigen« wörtlich zu verstehen.

In seiner Autobiographie *The Ups and Downs of Life* berichtet er ausführlich über seine galanten Abenteuer und entwirft – wenn man so sagen will – aus erster Hand ein Bild der indischen Gepflogenheiten seiner Zeit: »Ich begann zu dieser Zeit einen intensiven und regelmäßigen Beischlaflehrgang [sic!] mit indischen Frauen. Der übliche Preis beträgt zwei Rupien. Für fünf Rupien kann man die verführerischsten Mohammedanerinnen haben oder eine beliebige andere Kurtisane hoher Herkunft. Die Frauen zu fünf Rupien sind von anderer Klasse als ihre bleichen europäischen Schwestern; sie trinken nicht, achten peinlichst auf Sauberkeit, kleiden sich prunkvoll und tragen wertvollen Schmuck im Übermaß; sehr gebildet, können sie wunderbar singen und begleiten sich dazu auf einer Gambe [einer Art Gitarre]. Ihre Haare schmükken sie mit Klematissträußen oder wohlduftenden Bilwablüten und mit Edelsteinen oder Perlen. Sie kennen alle Künste der Verführung und sind vollendete Meisterinnen der Liebeskunst, die alle Wünsche befriedigen können. Weder in Körperbau noch in Anmut werden sie von anderen Frauen dieser Welt übertroffen... Es ist mir unmöglich, die Freuden zu beschreiben, die ich in den Armen dieser ›Sirenen‹ gekostet habe. Ich habe seitdem andere Frauen kennengelernt, Engländerinnen, Französinnen, Deutsche und Polinnen, Frauen aus allen sozialen Schichten, aber keine konnte einem Vergleich mit jenen süßen und wollüstigen Huris des Orients standhalten.« (Huris sind mohammedanische Paradiesjungfrauen, Anm. d. Red.)

Bis hierhin hat das wenig zu tun mit unseren fünf *makaras* oder der Askese der Sechzehn. In dem folgenden Abschnitt (aus *Memoirs Read Before the Anthropologican Society of London*, S. 274) beschreibt Edward Sellon Einzelheiten des tantrischen Rituals, die auch für die *chakra puja* gelten, obwohl er hier nur über ein einzelnes Paar spricht: »Zu einer bestimmten Zeit des Jahres feiern die Hindus mit einem großen Fest, genannt *Shiva Ratri*, den Venuskult. Um das Ritual zu vollziehen, wählt der Mann ein schönes und junges Mädchen aus, egal welcher Kaste es angehört: eine Paria, eine Sklavin oder eine Kurtisane, am besten aller-

Die Askese der Sechzehn

dings eine Tänzerin. Man nennt sie *duti*, Engelsbotin, Vermittlerin, weil sie das Bindeglied im Kontakt zwischen dem Mann und der Göttin (Shakti) ist. Sie wird auch Yogini genannt, das heißt ›die, die verbunden hat‹. Nach einer Fastenzeit nimmt sie ein Bad und setzt sich dann, prachtvoll gekleidet, auf einen Teppich. Sobald der Mann ein Diagramm auf den Boden gezeichnet und wiederholt seine Beschwörungsformeln gesprochen hat, werden schließlich die fünf Handlungen vollzogen (der Wein, das Fleisch, der Fisch, die Magie und die Wollust). Der Adept meditiert dann über die Frau als Verkörperung von *prakriti* (die Natur) und über sich selbst, wobei er sich mit dem Gott identifiziert. Daraufhin bringt er Gebete dar und gibt jedem Körperteil das Bildnis einer Göttin oder einer Vielzahl von Gottheiten bei. Er verehrt in seiner Vorstellung jeden einzelnen Teil ihrer Person mit seinen Anrufungen und stellt sich vor, wie in jedem Körperteil und in allen ihren Gliedern eine Fee wirkt, auch in ihrer *yoni*, dem Mittelpunkt der Wonnen. Er reicht ihr dann das Fleisch, den Fisch und den Wein. Er läßt sie essen und trinken, er selbst ißt und trinkt nur das, was sie übrig läßt. Schließlich entkleidet er sie und entledigt sich seiner eigenen Kleidung. Von neuem beginnt er, jeden einzelnen Teil ihres Körpers anzubeten. Als letztes verehrt er mit ehrfürchtigen Worten, aber mit unzüchtigen Gesten das *agni mandalam (Pudendum muliebre)*, das heißt ihre *yoni*, um sich dann mit ihr zu vereinigen.«

Bevor ich den Text kommentiere, weise ich darauf hin, daß *agni mandalam* wörtlich »Feuerkreis« bedeutet, ein treffender Ausdruck...

Die *chakra puja* wird in Indien immer noch zelebriert, das bestätigt Devangana Desai, selbst Inderin, in ihrem Buch *Erotic Sculpture of India*: »Heute wird in Rajasthan der Kult, der die geheimen Riten des *chakra puja* praktiziert *lajadharma* genannt; im Himalaja nennt man ihn *cholimarg*.« Ich möchte allerdings diejenigen warnen, die in der Hoffnung, daran teilnehmen zu können, nach Indien fahren; sie werden nicht mehr Glück haben als jemand, der in den Pyrenäen nach einem Bären sucht! Infolge der Ächtung des Tantras durch die Hindus ist es sehr schwierig, genaue Auskünfte zu erhalten, zudem werden nur auserwählte Eingeweihte zugelassen, und weil der Ritus sehr lange dauert und sehr komplex ist, bedarf es einer langen Vorbereitung, um an ihm teilnehmen zu können.

Entgegen dem äußeren Anschein setzt die *chakra puja*, sowohl in ihrer Form als auch in ihren gemäßigten Varianten, außergewöhnliche moralische Qualitäten bei den Adepten voraus.

Die *puja* kreist um den Guru, der ebenso eine Frau sein kann (sie heißt dann *bhairavi*) oder um das Paar Guru–Shakti, dessen Aufgaben weit über eine Rolle im magischen Kreis selbst hinausgehen und unter anderem darin bestehen, die Teilnehmer, acht verheiratete oder nichtverheiratete Frauen und Männer, auszuwählen und im Sinne des Tantra auszubilden. Diese sind dem Guru seit langer Zeit bekannt, zuverlässig und miteinander »vereinbar«.

Wenn die geeignete Nacht hereinbricht, treffen sich die Adepten an einem geheimen Ort: in einer Berghöhle, in einem verlassenen Tempel, auf einer abgeschiedenen Lichtung oder auch in der Wohnung eines der Adepten. Früher zelebrierte man die *puja* auch an Orten der Feuerbestattung, einmal, weil die Sexualität als Mittel gegen den Tod angesehen wurde, und zum anderen, weil die den Kasten angehörenden Hindus, denen es vor diesen Stätten graute, sie dort mit Sicherheit nicht störten!

Wie ist nun der genaue Ablauf? Der Schleier des Geheimnisses ist sehr dicht, so daß man viel Geduld braucht und manchmal sogar List anwenden muß, um durch das akribische Zusammenfügen einzelner Teile ein genaues Bild zu erhalten.

Manchmal wird sogar die Existenz der *chakra puja* abgestritten, wie Francis King uns wissen läßt: »Von beiden Seiten des hinduistisch-buddhistischen Grabens wird beteuert, daß die Anhänger des eigenen Glaubens sich niemals sexuellen Riten hingeben, die eine tatsächliche physische Kopulation beinhalten. Einige hinduistische Panditen zum Beispiel behaupten, daß alle Tantras, die von sexueller Vereinigung handeln, symbolisch ausgelegt werden müssen, und daß alle, die etwas anderes denken, unzüchtige Lüstlinge seien. Es ist zu bedauern, daß dieser Un-Sinn sich auch unter westlichen Gelehrten verbreitet hat, die besser informiert sein sollten. Unter ihnen legt besonders Evans-Wentz eine extrem puritanische Haltung gegenüber dem Tantra an den Tag – sicher in Gedenken an seine Anfänge bei der Theosophischen Gesellschaft –, so daß er sich gar dazu hinreißen läßt, seine Unparteilichkeit, die doch für jeden Gelehrten oberstes Gebot sein sollte, aufzugeben und all jene ›als Heuchler‹ zu denunzieren, ›die, in Bengalen oder anderswo, dem Weg der linken Hand folgen‹. Wenn der Lama Anagarika Govinda versichert, die physische Sexualität spiele im tibetanischen Tantrismus keine Rolle, so ist dies – wörtlich genommen – eine Lüge.«

Bevor ich Ihnen die ernst zu nehmenden und miteinander in Einklang stehenden Zeugenberichte, die ich habe zusammentragen können, vorstelle, möchte ich noch eine Bemerkung voranschicken.

Es gibt unter der reichhaltigen tantrischen Literatur nur wenige Bücher, die als unwiderlegbare Zeugnisse gelten oder gelten können. Dazu gehören das *The Hevajra Tantra*, übersetzt von D. L. Snellgrove, das einer tantrischen Strömung im Buddhismus zuzurechnen ist, das *Mahanirvana* des indischen Tantra, übersetzt von Manmatha Nath Dutt (im folgenden zitiere ich die beiden Texte mit den jeweiligen Abkürzungen HEV oder MAH), sowie das *Sarada-Tilaka Tantra*, das zwar schon veröffentlicht, aber noch nicht übersetzt ist. Ich werde meine Ausführungen durch die anderer Autoren stützen, um ihnen mehr Gewicht zu verleihen.

Horace Haymann Wilson beispielsweise stellt die *chakra puja*, wie sie die Kanchulias-Tantriker praktizieren, folgendermaßen dar: »Diese Sekte unterscheidet sich von anderen durch einen besonderen Ritus, dessen Ziel es ist,

Die Askese der Sechzehn

alle Bündnisse zwischen Mann und Frau zu lösen und durcheinanderzubringen und das Gemeinschaftsgefühl der Frauen, nicht nur unter den Zuschauern, zu stärken – unter Mißachtung der natürlichen Neigungen. Anläßlich der kultischen Zeremonien legen die weiblichen Anbetenden eines ihrer Kleidungsstücke in eine Kiste, die unter der Obhut des Guru steht. Zum Ende des Rituals nimmt jeder männliche Anbeter ein Kleidungsstück aus dieser Kiste, und die Frau, der es gehört, wer immer es sein mag, wird Partnerin seiner unsittlichen Vergnügungen.« (*Works*, Bd. I, S. 263)

Monier-Williams bezeugt, daß trotz des Verbots der englischen Regierung die *chakra puja* weiter ausgeübt wurde: »Es ist allgemein bekannt, daß auch noch heute die Anhänger der Sekte Shakta zu bestimmten Anlässen das Zeremonial mit all seinen empörenden Einzelheiten vollziehen. Wenn sich diese Gelegenheit ergibt, wird ein Kreis gebildet, in dem Frauen und Männer nebeneinander sitzen, unter Mißachtung ihrer Kastenzugehörigkeit. In ihrer Vorstellung sind die männlichen und die weiblichen Adepten während dieser Zeit jeweils Verkörperungen des Shiva oder seiner Gemahlin Shakti, entsprechend der Lehre, wie sie ein Tantra verkündet, in dem Shiva zu seiner Gattin gewandt spricht: ›Alle Männer haben meine Gestalt und alle Frauen haben deine Gestalt; wer immer eine Unterscheidung im Magischen Kreis (*chakra*) nach Kastenzugehörigkeit annimmt, ist verrückt.‹« (*Religious Thought and Life in India*, S. 192)

Edward Sellon, der oben schon als Wegbereiter des Tantra im Abendland zitiert wurde, war auch der erste, der die geheimen Rituale beschrieb, insbesondere die berühmten fünf *makaras*: »Wenn jede beliebige Göttin Gegenstand des Kultes Shakta sein kann, so bezeichnet der Begriff ›Shakti‹ sie alle. In Bengalen jedoch weihen die Shaktas ihren Kult fast ausschließlich der Gemahlin des Shiva.

Entsprechend der besonderen Absicht, mit der die Ausübung des Kultes verbunden ist, gibt es ein eigenes Ritual. Aber Element aller Formen des Rituals sind einige oder alle *makaras*: *mamsa* (Fleisch), *matsya* (Fisch), *mady* (Wein), *maithuna* (der rituelle Geschlechtsakt) und *mudra*, das heißt bestimmte Handbewegungen. Auch die *muntrus* [sic!], Beschwörungen, gehören unabdingbar dazu, variieren aber je nach verfolgter Absicht; es handelt sich dabei um Einsilber ohne inhaltliche Bedeutung oder um Buchstabenkombinationen, denen große Wirksamkeit beigemessen wird.

[...] Die wichtigsten Zeremonien beinhalten alle die Anbetung der Shakti, oder der (Lebens)macht, und deswegen muß ein junges Mädchen als Verkörperung der Göttin daran teilnehmen. Der Ritus wird in einer gemischten Gemeinschaft vollzogen: Die Männer repräsentieren die Bhairavas oder Viras und die Frauen die Bhairavis oder Nayakas.

Der Shakti, die von einer jungen, nackten Frau repräsentiert wird, reicht man Wein und Fleisch, die sie dann unter den Anwesenden verteilt. Der Verteilung folgt die Beschwörung durch die *muntrus* und durch heilige Texte, die von *mudras* begleitet werden. Abgeschlossen wird das Ritual von einer sehr freizügigen Orgie, an der alle Adepten teilnehmen. Diese Zeremonie nennt man Sri Chakra oder Purnabisheka, Ring der vollständigen Initiation.

Jene Schriften, die für die Vanis unangefochtene Gültigkeit haben, erkennen unbestreitbar diese Form der Verehrung Shaktis an. Die Mitglieder der Sekte müssen schwören, das Geheimnis zu wahren, und werden niemals zugeben, an einer Shakta-Puja teilgenommen zu haben. Vor einigen Jahren jedoch gaben einige ihre Zurückhaltung auf und sprechen heute«, so Sellon weiter, »offen über ihre eigene Initiation und die Mysterien, ohne jedoch zu verbreiten, worin sie bestehen.«

Falsche Eingeweihte

Im *Kularnava*-Tantra steht folgendes geschrieben: »Zahlreich sind jene, die fälschlicherweise vorgeben, Eingeweihte zu sein, und behaupten, die Riten Kaulas zu praktizieren. Wenn sich Vollkommenheit durch übermäßigen Genuß von Wein erreichen ließe, so wären alle Säufer Heilige; wenn die Tugendhaftigkeit darin bestünde, Fleisch zu essen, wären alle fleischfressenden Tiere dieser Welt tugendhaft; führte der Weg ins Paradies über die geschlechtliche Vereinigung, so würden dort alle Lebewesen aufgenommen.«

Die – zahlreichen und leidenschaftlichen – Gegner des Tantra bedienen sich dieses Textes und legen ihn ihrer Absicht entsprechend aus. Ihnen zufolge verdammt der Text den Genuß von Wein oder Fleisch und den Vollzug der sexuellen Vereinigung während des tantrischen Rituals, was dem Tantra an sich wie auch dem *Kularnava*-Tantra widerspricht. Denn eigentlich bedeutet der Text: »Wenn sich Vollkommenheit **nur** durch übermäßigen Genuß von Wein erreichen ließe, dann...«; denn alles muß vom Geist des Tantra erfüllt sein und nach den tantrischen Regeln vollzogen werden!

Obwohl das Ritual je nach Region verschieden ist, bleiben die wesentlichen Aspekte doch dieselben: der Kreis, das Kreiszentrum, die zufällige Zusammenführung der Paare, das in der Gemeinschaft vollzogene rituelle *maithuna*, vor allem aber der Grundgedanke, daß sich jeder Adept in seiner kosmischen Entsprechung, das heißt mit Shakti oder Shiva, identifiziert.

Der Ritus zielt darauf ab, die Kollektivpsyche oder das sogenannte *overmind* – dieser englische Begriff scheint angemessener als der des »Supramentalen« – wachzurufen, um so zeitweilig die trügerische Identifizierung mit dem Ego, die uns den Zugang zu höheren Bewußtseinsebenen versperrt, aufzuheben. Solange ich mich in meinem Ich einschließe, wird es mir nicht möglich sein, den normalen Bewußtseinszustand zu transzendieren.

Schließlich erweckt der Ritus die sexuelle Kraft zur schöpferischen Lebenskraft, aus der das manifeste Universum hervorgeht.

Die Askese der Sechzehn

Im magischen Kreis werden die vorher bestehenden Paarverbindungen für die Dauer der *puja* aufgehoben, und wir wissen, daß die Paare zufällig und nur für eine Nacht zusammenfinden.

Bevor die Zeremonie beginnt, werden diese vom Zufall zusammengeführten Paare getraut:

»Die Ehe Shaiva, die der Ritus Kula vorschreibt, kennt zwei Formen. Die eine wird für die Zeitdauer der *chakra puja* geschlossen, die andere für das ganze Leben.

[...] Der Adept bittet die anderen Teilnehmenden um die Erlaubnis zu dieser Shambu-Ehe [Shambu ist ein anderer Name für Shiva].

Dann, o Shiva, spricht er vor den versammelten Adepten zu Shakti: ›Wählst du mich mit reinem Herzen zum Gemahl?‹ [für die Dauer des Rituals]. Sie willigt ein und überreicht ihm als Zeichen der Zustimmung Blumen und geschälten Reis, um dann, entsprechend des Kularitus, ihre Hände in die seinen zu legen. Schließlich wird das Paar, das dabei das geheime Mantra spricht, vom Acharya [dem Guru], der die *puja* leitet, mit duftendem Wasser besprengt und vor den versammelten Tantrikern getraut.« (MAH, VIII. 268, 278)

Dieses Ritual wird für jedes Paar, das an der *chakra puja* teilnimmt, wiederholt. Hinter diesen »Ehen« liegt eine tiefe Weisheit verborgen. Die meisten Teilnehmer haben einen festen Partner, ob sie nun mit ihm verheiratet sind oder nicht, während der *puja* aber wird jeder mit einem anderen Partner eine intensive körperliche Beziehung eingehen. Sicherlich ist die Teilnahme an der *puja* an sich schon als Einverständnis mit dem Partnertausch zu werten, aber durch diese begrenzte »Eheschließung«, die vom Acharya und allen Anwesenden offiziell bestätigt werden muß, wird festgelegt, daß es sich nur um eine Beziehung für die Dauer des Rituals handelt, die nicht in einem Flirt oder einem Verhältnis enden darf: Während der *puja* ist der Partnertausch erlaubt, danach nicht mehr.

Warum aber überläßt man die Zusammenführung der Paare für die *chakra puja* dem Zufall und nicht etwa dem Guru? Es wird damit beabsichtigt, die übliche Beziehung Mann–Frau in Frage zu stellen und aufzuheben. Diese Form der Geschlechterbeziehung, in der die individuellste Erfahrungsmöglichkeit gesehen wird, muß überwunden werden, um gleichzeitig auch jegliche Vorstellung von Besitz zu überwinden und die Sexualität als überpersonale, ja sogar überpersönliche Kraft zu erleben. H. V. Guenther schreibt dazu in *Tantric View of Life* (S. 58): »Sicherlich muß man von einer konkreten Beziehung zwischen Mann und Frau sprechen, aber diese Beziehung darf nicht als rein persönliches Übereinkommen gewertet werden. Seine Wurzeln liegen in unbekannten Tiefen und transzendieren die Grenzen des Ego, des Individuums. [...] Es gibt eine Unzahl von Beweisen dafür, daß die Vereinigung des Männlichen und des Weiblichen die Liebesverbindung zwischen zwei Individuen überschreitet.« In der *chakra puja* geht es darum, dies ganz konkret zu beweisen, denn in demselben Kreis, in dem Shakti sich mit einem anderen Shiva vereinigt,

vereinigt sich zu gleicher Zeit ihr Gatte mit einer anderen Shakti, wobei allerdings jeder weiß, daß dieser Tausch nur für die Dauer der *puja* gilt.

Üblicherweise glauben Paare, daß ihr Aufeinandertreffen einmalig und schicksalhaft sei und eine Liebe wie die ihre nur zwischen ihnen möglich sein könne. Ohne die wahre und tiefe Liebe zu verleugnen, relativiert das Tantra diese Beziehung und hält sie für weniger individuell und persönlich, als es die Liebenden tun, die sich der überpersonalen Bedeutung ihrer Beziehung nicht bewußt sind. Das Tantra weiß, daß der Mann in der individuellen, konkreten Frau die ewige Shakti verehrt, deren ideales, schematisches Bild er in sich trägt. Die Geliebte ist, für hier und jetzt, ihre Verkörperung. Für die Frau gilt selbstverständlich das Umgekehrte, sie verehrt in ihrem Geliebten in Wirklichkeit Shiva, das kosmische, das absolute Männliche.

Die normalen Liebenden erkennen nicht den transzendentalen Charakter ihrer Beziehung. Das Tantra weiß auch, daß mehr als alles andere der Zufall die Paare zusammenführt, daß ihre Sexualität Ausprägung der panhumanen (gesamtmenschlichen) Libido ist, die – jenseits der menschlichen Gattung – alles umfaßt, was lebt.

Wenn eine Frau zu ihrem Mann sagt: »Mein Geliebter, du bist der Mann meines Lebens und ich könnte niemals jemand anderen lieben als dich...« dann, so meine ich, ist sie ganz und gar aufrichtig. Wo also bleibt der Zufall? Ganz einfach: Wenn sie ihn nicht kennengelernt hätte oder er nicht geboren worden wäre, so hätte sie denselben aufrichtigen Schwur in den Armen eines anderen getan! Und wenn er sterben sollte, wird sie, die anfangs ganz untröstlich war, nicht genauso wie die junge Witwe in der Fabel La Fontaines schon nach kurzer Zeit ihren Vater fragen: »Wo also ist der junge Gatte, den ihr mir versprochen hattet?« Ein unbeständiges Herz? Das Tantra denkt nicht so, denn jede Frau, jede Shakti, liebt immer nur – und kann nicht anders – den einen kosmischen Shiva, den jeder Mann mehr oder weniger vollkommen verkörpert. Ihre Liebe ist um so größer, je mehr der jeweilige Mann dem idealen Shiva entspricht. Umgekehrt gilt natürlich das gleiche.

Aus diesem Grund also überläßt man es, absichtlich und symbolisch, dem Zufall, die Paare für die *puja* zusammenzuführen.

Für den abendländischen Menschen stellt sich im Hinblick auf die *chakra puja* eine wichtige Frage: »Und wo bleibt die Liebe bei all dem?« Denn wir betrachten die Liebe als Vorbedingung für die sexuelle Vereinigung, eine Vereinigung ohne Liebe wird als fragwürdig, ja sogar unmoralisch bewertet. Nun kennt die *chakra puja* diese Vorbedingung nicht, eben weil die »Ehen« auf Zeit zufällig geschlossen werden. Die Tantriker kehren den Satz um, indem sie den Begriff *faire l'amour* (Liebe »machen«) wörtlich nehmen: Das tantrische *maithuna* erweckt eine subtile Liebe, die nichts mit der romantisch-leidenschaftlichen Liebe zu tun hat. Es handelt sich um eine Zuneigung, die der Anbetung des göttlichen Prinzips, wie es in dem Partner beziehungswei-

Die Askese der Sechzehn

se in der Partnerin verkörpert ist, entspringt. Dank der Idee des Zufalls können die Tantriker die reinste, die uneigennützigste Form der Liebe entwickeln, die Mutterliebe. Oft empfindet die Mutter sie nicht gleich bei der Geburt des Kindes, besonders nicht bei der des ersten; manchmal entfaltet sie sich erst einige Tage danach, wenn die Mutter das Kind stillt. Diese Liebe, die »persönlichste«, die man sich vorstellen kann, hängt auch vom Zufall ab, denn hätte die Zeugung vier Wochen früher oder später stattgefunden, wäre eine andere Eizelle befruchtet und ein anderes Kind geboren worden. Die Mutter hätte dieses »potentielle Kind«, das sie niemals kennen wird, genauso »persönlich« geliebt, wie jenes, das auf die Welt gekommen ist! Das Leben ist wirklich eine große Lotterie, denn wiederum der Zufall bestimmt, welches der hundert Millionen Spermien die Eizelle befruchten wird.

Die Tantriker, die an den Ritualen teilnehmen, erleben keine romantische Liebe, statt dessen kommen sie sich einander sehr nahe und bilden eine Kollektivpsyche, in der sie sich alle vereinen, wobei Egoismus und Besitzanspruch ausgeschlossen bleiben, und diese außergewöhnlich intensive und tiefgreifende Erfahrung übersteigt die Erfahrung gewöhnlicher Liebe. Dennoch, ich wiederhole es, werden die so für eine Nacht »verheirateten« Adepten, wenn sie ins normale Leben zurückgekehrt sind, nicht versuchen, sich zu einem persönlichen Abenteuer zu zweit wiederzutreffen. Außerdem nehmen an den verschiedenen *pujas* meist nicht genau die gleichen Shaktis und Shivas teil, und es bilden sich auch nicht die gleichen Paare.

Es stellt sich eine weitere Frage: »Warum ißt und paart man sich in einer Gruppe; könnte man es nicht genausogut zu zweit tun?« Wir Menschen aus der westlichen Welt sind für die kollektive Ausübung des Koitus nicht ausreichend vorbereitet. Deshalb kann es auch nicht mein Ziel sein, Sie mit diesem Kapitel zu animieren, die *chakra puja* hier bei uns zu praktizieren.

Aber wir sollten uns wenigstens bemühen, sie zu verstehen. Ajit Mookerjee erklärt im *Tantra Asana*: »Die kollektive Ausübung hat eine besonders starke Wirkung auf die Teilnehmer. Die Schwingungen des Rituals leiten alle in dieselbe Richtung, zu demselben Ziel. Diese gemeinsame Teilnahme setzt sowohl die Ichidentifikation als auch die Selbstbejahung voraus. Sie befreit die Aspiranten von jeglicher Egozentrik und Gebundenheit, sie weckt in ihnen verborgene Energien.«

Es sei darauf hingewiesen, daß die *chakra puja* das Ich nur vorübergehend »aussetzt«. Die kollektive Ausübung vernichtet das Ego nicht – das wäre gar nicht möglich –, sondern integriert es in das *overmind*, in dem es seine Erfüllung findet. Ein anderer Aspekt der kollektiven Ausübung ist das feine Band, das mittels des gemeinsamen Lustempfindens geknüpft wird. So liegt doch ganz offenbar die Bedeutung eines Hochzeitsmahls darin, die Familien zu vereinen und nicht darin, sie zu bewirten: Die Eltern der Braut nehmen selbstverständlich nicht an, die andere Familie sei ausgehungert und die Hochzeitsfeier eine Gelegenheit, ihnen ausreichend zu essen zu geben. Und je mehr der »ernährende« Zweck in den Hintergrund tritt, desto erlesener muß das Mahl sein. Das gleiche gilt in der Sexualität: Auch bei einer vorzeitigen Ejakulation ist ein Mann zeugungsfähig, aber für die Meditation zu zweit scheidet er damit aus... das wird ihm nicht passieren, wenn er den praktischen Anweisungen des Buches folgt! Das Band, das Menschen, die ihre Nahrung teilen, verbindet, ist so stark, daß in manchen Kulturen ein Zeuge vor Gericht abgewiesen wird, wenn er mit dem Angeklagten gespeist hat. Zusammenfassend läßt sich sagen, daß das kollektive Erleben das individuelle Glücksgefühl verstärkt, auch in der Sexualität: In einer Gruppe praktiziert, wird das gemeinschaftliche Lustempfinden das individuelle um ein Vielfaches übersteigen.

Ein anderer unerläßlicher Bestandteil des Rituals ist der Kreis, das *chakra*. Wenn die acht Paare des Kreises von der gemeinsamen, intensiven sexuellen Empfindung erfaßt werden, gleichen sie in gewisser Weise einem psychischen Zyklotron. Der Mensch fühlt instinktiv das Bedürfnis, einen Kreis mit anderen Menschen zu bilden. Die Stammestänze in Indien und in anderen Ländern werden fast ausnahmslos im Kreis getanzt.

Der Kreis ist als geometrische Figur einzigartig. In ihm sind die einzelnen Menschen durch Körpernähe miteinander verbunden und zugleich alle auf einen Mittelpunkt ausgerichtet. Im magischen Kreis ist dieser Mittelpunkt meist die Bhairavi oder eine nackte, schön junge Frau, die Verkörperung der Shakti, mit der sich der Guru vereinigen wird.

Als Göttin jener prähistorischen Kulte, die den Shakti-Kult hervorgebracht haben, reicht man ihr Wein, Fisch, Fleisch, aphrodisisch wirkende Getreidekörner, auch Blumen. All dies verteilt sie schließlich, nach der Weihung durch den Acharya, rituell unter den Teilnehmenden.

Die junge Frau, das lebendige Symbol der kosmischen Matrix, liegt mit gespreizten Beinen auf dem Rücken und bietet ihre nach Sandelholz duftende *yoni* dem Blick und der Meditation der anderen dar: Ob Kaiser oder Clochard, ob Mörder oder Heiliger, jeder kam durch diese schmale Tür zur Welt. Der tantrische Acharya, ein Mann oder eine Frau, küßt ehrfürchtig die *yoni* und malt daraufhin mit einer roten Paste einen Punkt gerade oberhalb der *yoni* und einen anderen Punkt zwischen die Augenbrauen, dann verbindet er die beiden durch eine gepunktete Linie; sie zeichnet jenen Weg vor, den die durch den Ritus erweckte *kundalini* nehmen wird.

Die männlichen Adepten neigen sich ihrer Shakti zu, küssen ehrfürchtig verschiedene Stellen ihres Körpers und sprechen dabei leise: »Gesegnet seien deine Knie, die sich für diesen magischen Kreis öffnen, gesegnet sei deine *yoni*, Quell des Glücks, gesegnet sei dein Leib, Quell des Lebens, gesegnet seien deine Brüste, Quell der Nahrung, gesegnet seien deine Lippen, die die heiligen und magischen Worte sprechen, gesegnet sei deine Stirn, hinter der sich die wachgerufene *kundalini* verbirgt.«

Die Askese der Sechzehn

Bei den nicht abgewandelten Formen der *puja* vereinigen sich der Guru und die Shakti in der Mitte des Kreises und übertragen auf diese Weise die Vereinigung der kosmischen Prinzipien des Weiblichen und Männlichen auf die menschliche Ebene, gleichzeitig geben sie den anderen Paaren das Zeichen zur rituellen Vereinigung.

Anfangs bleiben die Partner bewegungslos, nur die geheime Körpersprache ist erlaubt. Von jedem Shiva wird die absolute Kontrolle der Ejakulation verlangt. Wenn außerhalb einer *chakra puja* der Mann unerwünscht ejakuliert, dann handelt es sich um eine »technische Panne«. Während einer *puja* hingegen würde dies das Erleben eines oder mehrerer Paare unterbrechen und verschiedene »Kurzschlüsse« im psychischen Zyklotron zur Folge haben. Die kollektive Spannung wäre sehr bald aufgelöst. Aus diesem Grund wählen die Acharyas die Teilnehmer sorgfältig aus, und nur jene bleiben übrig, die den höchsten Grad an sexueller Selbstbeherrschung und die erforderliche spirituelle Ebene erreichen.

Im späteren Verlauf sind Bewegungen erlaubt, und die Shaktis dürfen ohne Einschränkung Orgasmen zulassen, wenn dadurch keine Ejakulation des Partners ausgelöst wird. Diese Orgasmen werden nach und nach von jeder einzelnen Teilnehmerin im Kreis erlebt und steigern die sexuelle Spannung über außergewöhnliche Kettenreaktionen in der Gruppe allmählich bis zu ihrem Paroxysmus.

Von Indien kamen die *chakra puja* nach China.

In van Guliks Buch *Sexual Life in Ancient China* (Die sexuellen Gebräuche im alten China) lesen wir: »Es gibt eine Beschreibung der tantrischen Riten, die im Palast des Kaisers begangen wurden. Sie stimmt mit den Beobachtungen von Tscheng Se-hsiao überein. Folgendes steht dort geschrieben:

›Ha-Ma, ein Günstling des Kaisers [Hoei-Tsong, 1333–1367], stellte ihm den tibetanischen Mönch Ka-lin-chen vor, der ein Kenner des geheimen [tantrischen] Rituals war. Dieser Mönch sprach zum Kaiser: 'Eure Majestät regieren über alles in Eurem Reich und besitzen alle Reichtümer der vier Meere. Aber Eure Majestät täten gut daran, nicht nur an dieses eine Leben zu denken. Das Leben eines Mannes ist kurz, deswegen sollte er die geheime Methode der Höchsten Lust praktizieren [die ein langes Leben verleiht].' Der Kaiser begann also diese Methode, die man die 'Disziplin der Paare' nennt, auszuüben. Man nennt sie auch *yen-t'ier-eur*, das heißt geheim. Alle diese Praktiken gehören der 'Kunst des Schlafzimmers' an. Der Kaiser ließ bald darauf indische Mönche kommen, damit sie diese Zeremonien leiten, und verlieh einem tibetanischen Mönch den Titel eines Ta-Yuan-kouoche, Meister des Großen Reiches Yuan.

Um die Riten auszuführen, nahmen sie alle sich drei oder vier junge Mädchen aus guter Familie und nannten dies 'opfern' (*kong-yang*). Der Kaiser gab sich jeden Tag diesen Praktiken hin und versammelte zu diesem Zweck eine große Anzahl von Frauen und jungen Mädchen; er konnte Freude und Lust nur noch bei diesen ausschweifenden Vergnügungen empfinden.‹«

Auch wenn der Text die historische Authentizität der sexuellen Rituale bestätigt, so beweist er doch nicht, daß der Kaiser über die Ebene des rein physischen Lustempfindens hinausgekommen ist. Um ipso facto ein vollendeter Tantriker zu werden, genügt es nicht, eine – selbst authentische – *chakra puja* einzuführen und auszuüben, auch wenn sie von einem indischen Guru geleitet wird. Auf jeden Fall aber kann man aus der Tatsache, daß er die *puja* täglich ausübte, schließen, daß der Kaiser von China die Kontrolle über die Ejakulation beherrschte!

Durch die Figur des Kreises fügt sich die *puja* in die Symbolik des Mondes, in die zyklische Zeit, ein. Für das Tantra ist die 16 die heilige Zahl schlechthin, da sie die vier Mondphasen mal die vier Jahreszeiten einschließt. Zudem sind in der 16 die traditionellen heiligen Zahlen enthalten: die Quadratzahl der 3 plus die 7, das heißt 3 × 3 + 7 = 16! Die 16 und die 8 finden wir auch im buddhistischen Tantra wieder.

Der folgende Ausschnitt beweist darüber hinaus den sehr konkreten Charakter der geheiligten sexuellen Vereinigung in diesem Kult: »Das Ritual des *mandala* [des Kreises] muß entsprechend dem *Tattvasamgraha* erfüllt werden: ›Wenn er die **sechzehn** Jahre alte *prajna* fest in seine Arme nimmt und sich dabei das *vajra (lingam)* und die Glocke *(yoni)* vereinigen, so erhält er den Segen des Meisters.‹« (HEV, II.111.13)

Oder: »In den Kreis werden **acht** bezaubernde, fröhliche Mädchen im Alter zwischen zwölf und **sechzehn** Jahren eingeladen, die mit Halsketten und Armbändern geschmückt sind. Man nennt sie jeweils Gattin, Schwester, Tochter, Nichte, Gattin eines Onkels mütterlicherseits, Tante mütterlicherseits, Schwiegermutter oder Tante väterlicherseits. Der Yogi muß seiner Partnerin mit Küssen und engen Umarmungen die Ehre erweisen. Er möge Kampfer trinken und damit auch den Kreis besprengen. Er möge ihnen Getränke reichen, und sehr bald wird er zur Vollendung gelangen. Sie trinken den Wein und essen das Fleisch und auch die Kräuter. Wenn er seine Partnerin entkleidet hat, umarmt und küßt er sie wieder und wieder. Sie ehrt ihn ihrerseits so gut sie kann mit Gesang und Tanz, dann werden sie in der Vereinigung von *vajra* und Lotos zu höchster Lust kommen.« (HEV, II.v.57–63)

Ganz offensichtlich handelt es sich hier nicht um das tatsächliche Alter der Yogini, sondern eher um ein symbolisches. Denn würde man diese Zahl wörtlich nehmen, dann könnte jede Frau nur während eines Jahres, eben wenn sie sechzehn ist, an dem Ritus teilnehmen. Ich weise darauf hin, daß man sie, diesem Auszug zufolge, Mutter oder Schwester nennt. Das bedeutet, daß der Mann die Shakti auch in diesen Gestalten erkennen soll. Die Gegner des Tantra konnten nicht darauf verzichten, zu behaupten, daß der Tantriker sich mit seiner Mutter, seiner Schwester, ja mit seiner ganzen Familie paart!

Fast immer wird der Kreismittelpunkt durch ein mystisches Diagramm, ein *yantra* – zum Beispiel ein

Die Askese der Sechzehn

rotes Dreieck – markiert, oder man stellt einen in schwarzen Stein gehauenen *lingam*, Symbol der kosmischen Vereinigung, in die Mitte des Kreises. Der Guru und die Adepten murmeln über eine lange Zeit *mantras*, wie beispielsweise das *OM nami shivaya*. Währenddessen wird der steinerne *lingam* mit einer Mischung aus Milch und Honig besprengt, und die Flüssigkeit rinnt am *lingam* entlang nach unten in die *arghya*, das Symbol der Vulva, in der sie eine dafür verantwortliche Shakti auffängt, um sie dann unter den Anwesenden zu verteilen. Dieser Teil des Rituals, der auch bei den Anhängern des rechten Wegs ausgeführt wird, beansprucht viel Zeit; man praktiziert ihn auch in den besonders puritanischen Ashrams der Hindus.

Zu diesem Zeitpunkt ist die erotische Spannung schon sehr groß, aber noch wird jede Zärtlichkeit oder jeder direkte Kontakt mit den Geschlechtsorganen vermieden. Leichte Tücher sollen helfen, während der Berührung die Aufmerksamkeit ganz auf den Tastsinn zu konzentrieren und visuelle Verlockungen zu vermeiden – diese werden für später aufgespart. Es sind aber nur Beine und Genitalien mit Tüchern bedeckt, der Oberkörper ist nackt.

Obwohl es Nacht ist, herrscht keine vollkommene Dunkelheit. Das Licht, das vom schwachen Schein einer Öllampe ausgehen sollte, läßt die Paare, und auch den Guru und seine Shakti, eher erahnen, als daß man sie genau erkennen könnte.

Wenn die gemeinsame sexuelle Erregung einen bestimmten Punkt erreicht hat, legen sich die Shaktis auf ein Zeichen des Guru oder einfach seinem Beispiel folgend, wenn er sich in der Mitte des Kreises mit der Shakti vereinigt, mit angezogenen Beinen auf den Rücken. Jeder Shiva legt nun die ausgestreckten Beine unter die Knie seiner Partnerin; sie nehmen die X-Stellung ein, mit dem Unterschied, daß nur die Shakti liegt, der Shiva hingegen, zur Mitte des Kreises gewandt, sitzt. Die Hände der Shakti ruhen auf seinen Beinen, er legt seine Hände auf ihre. Noch immer haben die Genitalien keine Berührung; bald aber wird die Shakti auf den Shiva zugleiten, bis sich sein steifer *lingam* direkt vor der *yoni* befindet. Jetzt werden auch die Hände aktiv und beteiligen sich am erotischen Spiel, wobei jedoch der *lingam* noch nicht eingeführt wird. Die Genitalien bleiben währenddessen weiterhin unter Tüchern verborgen.

Die *chakra puja* macht das Ego frei, hebt das empirische Bewußtsein des Wachzustandes zugunsten tieferliegender Bewußtseinsschichten auf, und dieses Erlebnis, das durch die Kollektivpsyche der Gruppe noch gesteigert wird, eröffnet den Zugang zum *overmind*, zum Supramentalen.

Die *chakra puja* ist tief in präarischen sexuellen Riten verwurzelt, denen der Kult der Shakti entsprungen ist. Dieser Kult ist ein Nachfahre archaischer Fruchtbarkeitsriten, mit denen die gemeinschaftlich in der Natur vollzogene Paarung verbunden war.

Diese orgiastischen Riten sind so tief im *overmind* der Menschheit verankert, daß sie, wenn auch nur vereinzelt, bis heute selbst in unserer westlichen Welt überlebt haben – und das trotz zweitausendjähriger Verdrängung. Bei der *chakra puja* handelt es sich, wie wir wissen, nicht um eine sexuelle Orgie; aber vielleicht hat selbst sie ihren Ursprung in prähistorischen, orgiastischen Riten.

Wenn ich die *chakra puja* beschreibe, dann, um ihre Bedeutung aufzuzeigen, nicht um Sittenlosigkeit in ihr aufzudecken. Meine Absicht ist es auch nicht, zu ihrer Ausübung im Westen zu ermutigen; zumindest nicht in naher Zukunft, wobei ich nicht ausschließen möchte, daß ernsthafte Adepten vielleicht eines Tages auch hier Zugang zu dieser Erfahrung finden.

Sicher wurde und wird auch heute noch – selbst in Indien – Mißbrauch mit der Bezeichnung *chakra puja* getrieben. Dies kann aber der wahren Bedeutung des Rituals nichts anhaben.

Es ist möglich, dem linken Weg zu folgen, ohne jemals an einer *chakra puja* teilzunehmen, aber als Tantriker darf man keinesfalls diesen Aspekt des Shakti-Kults außer acht lassen oder ihn sogar verdammen.

Gibt es schon wenige authentische Schriften aus erster Hand über die *chakra puja*, so gibt es noch weniger Berichte von glaubwürdigen Zeugen, die das Ritual miterlebt haben, ohne es zu praktizieren. Alexandra David-Néel hatte dank des (entlohnten) Entgegenkommens eines Gärtners die Gelegenheit dazu. Ich gebe hier ihren Bericht eines »Voyeurs« wieder: »Ich traf den Gärtner. Er bestätigte mir, daß seine Herrschaft tatsächlich in gewissen mondlosen Nächten die Göttin anbete. Er selbst gehörte einer vaishnavitischen Sekte an und empfand starken Widerwillen vor dem Kult, den seine Herrschaft und ihre Gäste in einem abgelegenen Pavillon ihres Gartens zelebrierten, weil während dessen Ablauf eine Ziege geopfert wurde.

Der Gärtner versicherte mir, daß er mich problemlos nachts durch eine Dienstbotenpforte, die in der Nähe seiner Hütte lag, einlassen könne. Von einer Ecke der Veranda aus führe eine Treppe auf die Terrasse, und von dieser Treppe aus würde ich durch einen Freiraum oberhalb der Türen die Vorgänge im Innern des Pavillons beobachten können.«

Am vereinbarten Tag kleidete Alexandra sich in einen dunkelblauen Sari, wie ihn die Frauen der niederen Kasten tragen. Von der Treppe aus konnte sie das *yantra* sehen, das auf einen mit Erde aufgefüllten Rahmen gezeichnet war. Sie erkannte auch die Platten, auf denen die zu Kugeln geformten Speisen angerichtet waren, und einen riesigen irdenen Weinkrug. Von ihrem Platz aus konnte sie den Ablauf des Ritus verfolgen: »Mich ergriff Müdigkeit. Es wurde immer schwieriger, meine unbequeme Stellung auf den Treppenstufen, bei der ich den Kopf so nah wie möglich an die Öffnung halten mußte, um nichts zu versäumen, weiter beizubehalten.

Die Teilnehmer wurden von einer Bewegung ergriffen. Man führte das Opfer herein, eine kleine arme blökende Ziege. Sie wurde mit einer Flüssigkeit übergossen, und der Guru flüsterte ihr ein *mantra* ins Ohr. Dann schlug er ihr mit einem gekrümmten Messer mit einem Hieb den Kopf ab. Dieser

Die Askese der Sechzehn

wurde auf das *yantra* gelegt, zwischen die beiden Hörner stellte man eine kleine Lampe. Es war eine mitleiderregende Szene.

Die Rezitationen begannen, und dann wurde gespeist. Das Mahl erschien mir recht üppig, besonders was die Getränke betraf. Nach jedem Bissen fester Nahrung wurde jeweils ein gefülltes Glas geleert. Trotzdem zeigte keiner der Anhänger, soweit ich es bei meiner eingeschränkten Sicht beobachten konnte, Zeichen von Trunkenheit.

Es verging noch viel Zeit, bevor jeder Mann seine Shakti an sich zog. Ich habe in dieser Versammlung keine Puja-Shakti ausmachen können, die dazu auserkoren gewesen wäre, als Verkörperung der Göttin verehrt zu werden. Jeder Anhänger war nur mit einer Shakti verbunden, die seine legitime Ehefrau oder auch seine rituelle Gemahlin gewesen sein mag. Ich konnte natürlich nicht erraten, welche Art Band die anwesenden Paare vereinte.

Kann ich es wagen, zu sagen, daß das fünfte Element, die rituelle sexuelle Vereinigung, in vollkommenem Anstand vollzogen wurde? Die orientalischen Vorstellungen davon, was anständig und was unanständig ist, unterscheiden sich grundlegend von unseren, und nichts, was im Zusammenhang mit der Sexualität steht, ist ihnen Anlaß zu Heiterkeit oder Entrüstung.

Die Sadhakas waren ganz still und konzentriert, sie saßen mit aufrechtem Oberkörper in der Haltung von manchen der tantrischen Götter, die in der Vereinigung mit ihren Gemahlinnen abgebildet waren, und vollzogen einen wahrhaftigen religiösen Akt, der frei von jeglicher Lüsternheit war.

Es mag andere Shaktas geben, in anderen Versammlungen, die sich trunken der Orgie hingeben – das ist bekannt, und ich selbst habe etwas Derartiges in Nepal gesehen –, aber das war nicht der Fall in jenem unbekannten Haus, in das ich mich hineinschmuggeln ließ.« (*L'Inde où j'ai vécu*, [Indien, wo ich gelebt habe], S. 190 f.)

»Ein wahrhaftiger religiöser Akt, frei von jeglicher Lüsternheit«, um die Worte von Alexandra David-Neel aufzugreifen, nur so kann und muß man eine authentische *chakra puja* beschreiben. Wir sind weit entfernt von einer Orgie.

Sicherlich mag das Ziegenopfer uns stören, aber in der *chakra puja* sind die zwei höchsten Mächte, die sowohl gegensätzlich als auch komplementär sind, so konkret gegenwärtig: die Macht, Leben zu nehmen, und die Macht, Leben zu geben. Tod und Sexualität. Der abendländische Mensch mit seiner »empfindsamen« Seele läßt, um in den Genuß eines Steaks zu kommen, im Auftrag töten. Weil er nicht gesehen hat, wie das Rind geschlachtet wurde, und besonders weil er es nicht selbst getötet hat, denkt er nicht daran. Mir sei die Zwischenbemerkung erlaubt, daß die Ziege, der man mit einem Hieb den Kopf abschlägt, nicht leidet. Ihr Schicksal ist weniger mitleiderregend als das unserer Tiere in den Schlachthöfen.

Ein Baul in Bengalen (ein Baul ist ein umherziehender Tantriker) antwortete einmal auf die Frage eines Europäers, warum er während des Ritus eine Ziege töte: »Um sie zu essen...« Diese schlichte Antwort birgt eine wesentliche Wahrheit: Seit jeher hat sich das Leben vermehrt, indem es sich selbst verschlang. Es gilt die Regel: Ich überlebe, wenn ich anderes Leben, tierisches oder pflanzliches, opfere.

Nicht bei jeder *chakra puja* wird während des Rituals ein Tier geschlachtet, aber wenn die Adepten das Fleisch, den Fisch und das Getreide essen, so denken sie an diese Regel und vereinen sich auf diese Weise bewußt mit dem repräsentierten »Element«.

Die Orgie und wir

Die Askese der Sechzehn schockiert uns, gerade weil sie in einem Kreis von sechzehn ausgeübt wird! Nach unseren Moralvorstellungen handelt es sich um eine Orgie, also um etwas Obszönes, etwas Unmoralisches, etwas Schlechtes. Ich beabsichtige nicht, Sie zu überreden, einem orgiastischen Kult zu huldigen, aber wir sollten uns klar darüber sein, daß die angeborene Sexualität sich stark von ihrem heutigen kulturell geprägten Ausdruck unterscheidet. Uns sind unnatürliche Einschränkungen auferlegt, zum wiederholten Mal aber betone ich, daß es nicht darum geht, alle Barrieren zu durchbrechen, denn das hieße die soziale Ordnung stören. Auch ohne unsere mehr oder weniger puritanische Erziehung ganz zu verwerfen, wissen wir, daß so »eindeutige« Begriffe wie Scham und Anstand sehr relativ sind und daß das, was heute und hier als unzüchtig gilt, morgen schon selbstverständlich sein kann: Wer empört sich heute noch über die Frauen, die an unseren Stränden mit entblößtem Oberkörper liegen? Aber welch ein Aufsehen hätte das beispielsweise in der Belle Époque hervorgerufen? Wenige Jahrzehnte haben genügt, um die Begriffe von Anstand, Schicklichkeit und Unanständigkeit zu verändern. Diese Begriffe sind so subjektiv, daß die Teilnehmer einer »Internationalen Konferenz der obszönen Veröffentlichungen«, die 1923 in Genf stattfand, nicht in der Lage waren, das Wort **obszön** zu definieren: »Nachdem wir sorgfältigst untersucht haben, ob es möglich sei, eine Definition des Wortes ›obszön‹ aufzustellen, die von allen Staaten akzeptiert werden könnte, mußte die Konferenz feststellen, daß dies nicht möglich ist, und anerkennen, wie schon anläßlich der Konvention von 1910, daß jeder Staat dem Begriff die Bedeutung geben muß, die ihm angemessen erscheint.«

Und so ist die Vorstellung von Sünde, die wir mit der Sexualität und allem, was dazu gehört, verbinden, nicht angeboren, sondern erworben. Der archaische Mensch schämte sich seiner Genitalien nicht, und der Geschlechtsverkehr war ein ganz natürlicher Vorgang, der ihm Freude bereitete und gleichzeitig Fortbestand und Wohlstand des Stammes sicherte. Die Fruchtbarkeit der Frau und der Natur hatten einen Zusammenhang: Bei allen Völkern dieser Welt existierten zu einem bestimmten Zeitpunkt ihrer Entwicklung orgiastische Fruchtbarkeitsriten. So gab sich der ganze Stamm während der Feiern zur Saat- oder Erntezeit erotischen Tänzen hin, und sobald die allgemeine sexuelle Erregung ihren Höhepunkt erreichte, befreiten sich alle in einer kollektiven Paarung.

Mircea Eliade schreibt in *Die Religionen und das Heilige. Elemente der Religionsgeschichte*, S. 408 ff.: »Im allgemeinen entspricht die Orgie der Hierogamie. Der Vereinigung des göttlichen Paares muß auf Erden unbeschränkte geschlechtliche Raserei entsprechen. Neben den jungen Paaren, die auf dem Acker die Hierogamie wiederholten, sollten auch alle Kräfte der Gemeinschaft zu einem Höhepunkt anwachsen. [...] Die Ausschweifungen erfüllen in der Ökonomie des Sakralen eine ganz bestimmte heilbringende Rolle. Sie brechen die Schranken zwischen Mensch, Gesellschaft, Natur und Göttern; sie fördern den Umlauf der Kraft, des Lebens, der Keime von einer Ebene zur anderen und zwischen allen Bereichen der Realität. Was leer war an Substanz, sättigt sich wieder; was angebrochen war, ergänzt sich wieder in der Einheit; was abgesondert war, wird wieder eingeschmolzen in dem großen allgemeinen Mutterschoß. Die Orgie bringt die lebendige und heilige Kraft in Umlauf.

[...] Die *Holi* [das größte indische Vegetationsfest, bei dem alles erlaubt war] hat bis in neuere Zeit alle Merkmale einer allgemeinen Orgie bewahrt, die zur Aufreizung und höchsten Steigerung der hervorbringenden und schöpferischen Kräfte der ganzen Natur entseelt wird. Aller Aufstand ist vergessen, handelt es sich doch um eine viel ernstere Sache als die Achtung vor Sitte und Brauch, nämlich darum, dem Leben seine Fortdauer zu sichern.

[...] Die Hindus erlauben sich auch bei den Bali-Festen eine sehr weitgehende geschlechtliche Freiheit; jede Vereinigung ist erlaubt, bis auf den Inzest [...]. Die Hoses in Nordwestindien halten während der Ernte gewaltige Orgien. [...] Die bei den Erntefesten übliche Ausschweifung in Mittel- und Nordeuropa wurde von vielen Konzilen gebrandmarkt, zum Beispiel durch das Konzil von Auxerre 590, und von vielen mittelalterlichen Autoren, hat sich aber nichtsdestoweniger in gewissen Gegenden bis auf unsere Tage gehalten [...].

[Die Orgie ist eine] Modalität des Gemeinschaftslebens [...]. Wie die Samen bei der großen unterirdischen Einschmelzung ihren Umriß verlieren, sich auflösen und zu *etwas anderem* werden (Keimung), so verlieren in der Orgie die Menschen ihre Individualität, indem sie zu einer einzigen lebendigen Einheit verschmelzen. [...] Der Mensch reintegriert sich in einer biokosmischen Einheit, selbst wenn dies einen Rückschritt von der Modalität der *Person* zu der des *Samens* bedeutet.«

Und weiter: »In den europäischen Volksüberlieferungen haben sich Spuren oder Bruchstücke von archaischen Spielanweisungen erhalten [...]. In Europa gibt es jetzt noch den Brauch, daß man im Frühjahr, zu Sommeranfang oder am Johannestag einen Baum aus dem Wald holt und in der Mitte des Dorfes aufstellt [...]. In den Vogesen findet die Zeremonie am ersten Sonntag im Mai statt. In Schweden stellt

Tantrisches Ritual

man ›Maimasten‹ *(Maj stänger)* in den Häusern auf, besonders zur Sommersonnenwende [...].

Überall, wo dieses Brauchtum vorkommt (von Schottland und Schweden bis in die Pyrenäen und zu den Slawen), ist der ›Maimast‹ ein Anlaß zu allgemeiner Unterhaltung, die mit einem Tanz um den Mast schließt. [...] Es ist ein Frühlingsfest, das aber, wie alles Derartige, mehr oder weniger von der Orgie hat.

Ein puritanischer englischer Autor, Phillip Stubbes, verurteilt in seiner *Anatomy of Abuses* (London 1583) diese heidnischen Überbleibsel mit Entrüstung. Denn, sagt er, die jungen Leute von beiderlei Geschlecht verbringen die Nacht im Wald, mit Satan als Gott, und wenn sie den ›Maimast‹ in ihr Dorf bringen (›this stynking ydol rather‹), tanzen alle um ihn herum einen heidnischen Tanz. Nur ein Drittel der jungen Mädchen kommt ›undefiled‹ nach Hause [...].

Aber trotz aller Polemik der Kirche wurde das ›Maifest‹ weiter gefeiert. Auch tiefe soziale Umschichtungen haben es nicht abschaffen können; sie haben nichts daran geändert als den Namen. In Périgord und an vielen anderen Orten wird der Maibaum zum Symbol der Französischen Revolution; man nennt ihn ›l'arbre de la liberté‹ [›Freiheitsbaum‹, Anm. d. Ü.], aber um ihn herum tanzen die Bauern dieselben archaischen Runden, die ihnen ihre Vorfahren überliefert haben[...].

Der Erste Mai wird heute als Tag der Arbeit und der Freiheit gefeiert; so bewahrt dieses Fest der modernen Mentalität einen Teil des Mythos [...].« (Ebd., S. 356 ff.)

Die Arbeiter, die an den Demonstrationen des Ersten Mai teilnehmen, wissen sicher nichts vom Ursprung dieses Festes. Was nun, *Maibaum* oder *lingam*? Die Tantriker würden sie ohne zu zögern einander gleichstellen.

Neben dem oben beschriebenen skandinavischen Fest des heiligen Johannes, ist es im heutigen Europa vor allem der Karneval, in dem die Fruchtbarkeitsriten weiterleben. Ehemals war es so, daß dank der intensiven sexuellen Stimulierung alle fruchtbaren Frauen geschwängert wurden. Heute, im Zeitalter von Spirale und Pille, erscheint uns dies Ergebnis eher unwillkommen, aber zu allen anderen Zeiten galt es als ausgesprochen wünschenswert.

Auch die Semiten haben, zu einem bestimmten Zeitpunkt ihrer Geschichte, ein göttliches Paar verehrt, Ba'al, den Gott des Wetters und der Fruchtbarkeit, und Belit, die Göttin der Fruchtbarkeit (insbesondere der Erde). Dieser paleosemitische Kult, der – bis zu höchster Ekstase und Ausschweifung – der Heiligkeit des organischen Lebens, den elementaren Kräften des Blutes, der Sexualität und Fruchtbarkeit huldigte, behielt seine Gültigkeit wenn nicht über Jahrtausende, so doch über Jahrhunderte hinweg.

Diese Ausführungen bringen die Askese der Sechzehn in ein neues Licht. Das Tantra vereint in ihr die »normalen und ursprünglichen« orgiastischen Kulte, um sie zu ritualisieren, zu heiligen – und das hat nichts mit einer Orgie zu tun!

Tantrismus und Promiskuität

Sollten sich unter den Lesern solche befinden, die das Tantra mit sexueller Promiskuität gleichsetzen, möchte ich für sie wiederholen, daß ich mit meiner Beschreibung der *chakra puja* keineswegs zu deren Verbreitung im Abendland beitragen will, sondern aufzeigen möchte, wie unter bestimmten Bedingungen und mit der notwendigen geistigen Haltung ausgewählte Adepten, die umfassend vorbereitet sind und von einem wahren Guru angeleitet werden, die *chakra puja* bis auf die höchste Stufe gemeinschaftlicher spiritueller Erfahrung heben können.

Die *chakra puja* ist nicht einfach ein Exportartikel, eignet sich jedoch mit Hilfe ihrer Symbolik dazu, den grundlegenden tantrischen Gedanken aufzuzeigen. Die reine Promiskuität ist antitantrisch, weil sie die für das Tantra unabdingbare spirituelle Dimension ausschließt.

Wenn jedoch einer das Tantra durch Promiskuität in Verruf gebracht hat, dann war es Rajneesh – der Mann mit den zweiundneunzig Rolls-Royce –, der sich selbst in aller Bescheidenheit zum Baghwan Shree Rajneesh, Unserem Göttlichen Herrn, erklärt hat. Ein Hindu würde »Unser Herr Jesus Christus« mit »Baghwan Shree Christus« übersetzen! Als außergewöhnliche Persönlichkeit, charismatischer Redner und sehr eigenwilliger, aber utopischer Denker hat er viele schöne Dinge gesagt, die ich gelegentlich auch zitiere. Der Grundgedanke seiner Botschaft ist oder war: »Ihr seid alle Neurotiker. Also liebt euch, und liebt euch, um eure sexuellen Hemmungen zu überwinden und um euch von eurer Neurose zu befreien.«

Diese Lehre beherrschte das Leben in Poona, wo Rajneesh ein Zentrum errichtete. Endlos liefen dort Orgien ab. Diese sexuelle Zügellosigkeit empörte die Bewohner Poonas so sehr, daß es ihnen schließlich gelang, Rajneesh aus Indien zu vertreiben und sein Zentrum mit Bulldozern dem Erdboden gleichzumachen. Seine Lehre nannte er Neotantra, obwohl sie nichts von der authentischen tantrischen Tradition beinhaltet: Es gibt keine Rituale, keine *mantras* und *yantras*, keine tantrischen Symbole, ja es fehlt selbst der Gedanke der Heiligung von Sexualität. Es ist etwa so, als würde man eine Sekte »neokatholisch« nennen, deren Lehre weder Christus noch die Evangelien, noch die Messe oder Priester kennt! Denn mit jedem beliebigen Menschen zu jeder beliebigen Zeit Geschlechtsverkehr zu haben, das ist nicht Tantra.

Rajneesh hat das Tantra in Verruf gebracht. Für viele wurde es zum Synonym für Promiskuität. Aber auch andere haben zu diesem Ruf beigetragen. Wenn ein Buch über Tantra sich bei der Beschreibung der *chakra puja* ganz auf den äußeren Ablauf – das Zusammentreffen der acht Paare, den Partnertausch und schließlich die sexuelle Vereinigung – beschränkt, ist es nicht weiter verwunderlich, daß sie leicht mit einer Orgie verwechselt wird.

Es gibt weitere Gründe für Mißverständnisse: Weil das Tantra weder eine Religion noch eine soziale Ordnung darstellt, vertritt es kein Dogma, besitzt kein Glaubensbekenntnis und keine festgelegte Moral. Für das Tantra ist jede Moral relativ, abhängig von Zeit und Ort. Ein Beispiel: Die Entscheidung für das Links- oder Rechtsfahren im Straßenverkehr läßt sich kaum theoretisch begründen. Weil es sich um eine a priori festgelegte Verhaltensnorm handelt, nimmt das Tantra keine Stellung dazu. In England jedoch ist es »moralisch«, links zu fahren, auf dem europäischen Kontinent hingegen wäre es gesetzwidrig. Der Tantriker wird also, je nachdem, ob er sich in Frankreich oder in Großbritannien befindet, rechts oder links fahren, und er ist sich dabei bewußt, daß es sich jeweils um eine Konvention ohne Allgemeingültigkeit handelt. Auch wenn man also keine vorgefertigte Moral vertritt, bedeutet dies keineswegs, alle Regeln zu mißachten.

Ebensowenig wird ein Tantriker die Institution Ehe ablehnen, weil man »sexuelle Beziehung« und »Ehe« auf der Ebene Shakti – Shiva voneinander trennt: Jeder Adept füge sich einem sozioreligiösen Kontext ein. Sicher, das Tantra kennt unseren Begriff der Sündhaftigkeit von Sexualität nicht und sieht in ihr die höchste Form menschlicher Kommunikation. Es kümmert sich nicht darum, ob das Paar einen Vertrag unterschrieben hat oder nicht. In jeder Gesellschaft muß der sexuelle Umgang und die Beziehung Mann – Frau notwendigerweise geregelt sein. Der Tantriker muß sich in dieser Hinsicht entscheiden. Bei uns im Westen scheint die Ehe unumgänglich zu sein, und mögliche Alternativen sind nicht in Sicht, obwohl »Ehe« und »Paar« nicht unbedingt gleichbedeutend sein müssen.

Gefährdet also das Tantra die Paarbeziehung? Zuerst sollte man darauf hinweisen, daß bei uns die Zahl geschiedener Ehen sehr hoch ist. Ich kenne außerdem mehr als ein verheiratetes Paar, dessen Ehe stark gefährdet war und das dank tantrischer Vision und Praxis wieder zueinander fand. Die Ausübung des tantrischen *maithuna* fordert zudem »Schulung« und eine Übereinstimmung der Partner, die sich mit der Zeit sublimiert und einen Partnertausch erschwert. Es geschieht mit ihnen das gleiche wie mit den Paaren im Eiskunstlauf: Weil sie gemeinsam trainiert haben, können sie sich fast nicht mehr voneinander trennen. Bei manchem erfahrenen und reifen tantrischen Paar kann es außerhalb ihrer Beziehung andere **tantrische** Beziehungen geben, die akzeptiert werden und eine Bereicherung darstellen. Meine Erfahrung ist, daß tantrische Paarbeziehungen, seien sie nun legitimiert oder nicht, nicht weniger gefestigt sind als andere, eher ist das Gegenteil der Fall!

Die Symbolik der
fünf Makaras

Im tantrischen Ritual sind die *chakra puja* und die fünf *makaras* so eng verflochten, daß es undenkbar ist, sie voneinander zu trennen. Trotzdem habe ich mich dafür entschieden, erst den Ablauf der *puja* mit den fünf *makaras* zu beschreiben, ohne mich bei ihrer Symbolik aufzuhalten, auf die ich nun zurückkomme.

Eine Bemerkung möchte ich vorausschicken: Obwohl die *chakra puja* ohne die fünf *makaras* nicht denkbar ist, weil sie ihr erst ihren Sinn verleihen, so ist sehr wohl das Umgekehrte möglich, was der Ausübung im Abendland sehr zum Vorteil gereicht. Die fünf *makaras* lassen in ihrer tiefen Symbolik und trotz ihres gleichzeitig konkreten Erscheinungsbildes die letzten kosmischen Kräfte erkennen und bereiten den Weg zum Heiligen, zu dem hinter dem »Un-Bedeutenden« verborgenen »Bedeutenden«.

Nun wirken in den fünf *makaras*, die scheinbar nur aus gewöhnlichen Tätigkeiten wie Essen, Trinken und Sich-Paaren bestehen, zwei alles bestimmende Kräfte: die Kraft, Leben zu nehmen, und die, Leben zu geben – beide untrennbar miteinander verbunden.

An dieser Stelle sei noch einmal aus Mircea Eliades *Die Religionen und das Heilige* (S. 58) zitiert: »Für den Modernen sind nur physiologische Akte, was in der archaischen Kultur Sakramente sind, Zeremonien, durch deren Vermittlung eine Verbindung mit der Macht hergestellt wird, welche das Leben repräsentiert. Wir werden später sehen, daß Macht und Leben nur Epiphanien der letzten Realität sind; diese elementaren Akte werden bei Primitiven ein Ritus, dessen Vermittlung dem Menschen hilft, sich der Realität zu nähern [. . .].

Ritus besteht immer in der Wiederholung einer archetypischen Handlung (Geste), die von den Ahnen oder den Göttern *in illo tempore* (am Anfang der Geschichte) ausgeführt wurde, und man versucht, wie wir noch sehen werden, die banalsten und unbedeutendsten Akte durch Vermittlung einer Hierophanie zu ›ontisieren‹. In der Wiederholung koinzidiert der Ritus mit seinem ›Archetyp‹, die profane Zeit wird aufgehoben. Wir wohnen gleichsam dem *in illo tempore*, in der kosmischen Frühzeit vollzogenen Vorgang, noch einmal bei. Der archaische

Mensch versucht, indem er so alle physiologischen Akte in Zeremonien verwandelt, ›sich hinwegzusetzen‹, sich aus der Zeit und aus dem Werden heraus in die Ewigkeit zu stellen. [...] Sich nährend oder sich liebend fügt sich der Primitive in eine Ordnung, die jedenfalls nicht die der Nahrung und des Geschlechtes ist.«

Das Tantra strebt mittels der fünf *makaras* der *chakra puja* eine Erweiterung des Bewußtseins an, die Überwindung des Ego, den Abbau der illusorischen Grenzen zwischen »Du«, »Ich«, »die anderen«, zwischen der »Innenwelt« und der »Außenwelt«. Für das Tantra ist das Universum ein riesiges Gewebe, und jedes Lebewesen, jeder Gegenstand, jedes Atom ist davon eine Faser. Als Individuum erliege ich dem Anschein, mir nahezu selbst zu genügen, ein Ego, eine autonome Entität zu sein. Aber das ist eine tragische Illusion, denn dieses Ego wird, zumindest wenn ich es nicht transzendiere, zu meinem Gefängnis und zur verborgenen Ursache allen Leidens. Dabei meint transzendieren nicht negieren oder zerstören. Mein Ego hat eine reale, aber begrenzte Existenz, es ist ein notwendiges Gefüge, aber es ist niemals das reale und letzte Selbst.

Man muß sich in diesem Zusammenhang daran erinnern, daß sich für den Tantriker wie für den Physiker in der unendlichen Vielfalt der von unseren Sinnen wahrgenommenen Daseinsformen die grundlegende Einheit der Materie und ihr Wesen – die kosmische Energie, die Shakti – verbirgt! Zudem verdeckt die Vielzahl der Arten und Individuen die Einheit des Lebens, die Daseinsform der kosmischen Schöpfungsenergie.

Aber anstatt dem Leben den Rücken zu kehren und um den Preis der Askese der Idee einer absoluten Metaphysik zu folgen, läßt sich der Tantriker ein auf die Welt, auf das Leben und genießt es. Für ihn ist der Genuß *(bhoga, ananda)* wesentlich. Immer und überall versuchen Lebewesen, ihn zu finden und das Leiden – als Kehrseite der Medaille – zu fliehen.

Auch das Individuum, das sich ganz in sich zurückzieht, muß sich, ob es will oder nicht, um zu leben und zu überleben, mit anderen Lebensformen vereinen, indem es ißt und sich paart. Essen ist ein ebensolcher Verschmelzungsakt wie die sexuelle Vereinigung, ja er ist sogar noch intimer; denn das, was ich esse, wird zu meiner eigenen Substanz. Um sich fortzupflanzen, muß der Mensch sein Ego, mit dem er sich identifiziert, preisgeben: Er muß seine Erbmasse, seine Gene mit denen eines »Fremden« oder einer »Fremden« vermischen.

Die lebende Materie wird in einem ununterbrochenen Kreislauf immer wieder erneuert: Was heute der Körper eines Lebewesens ist, wird morgen in einem anderen sein und so weiter bis ins Unendliche. Um zu essen, müssen wir eine Pflanze oder ein Tier töten, daher zum Beispiel das Ziegenopfer. Der moderne Mensch denkt nicht an das Rind, das getötet wurde, während er in angenehmer Gesellschaft sein Steak ißt. Der Tantriker jedoch wird sich beim Verzehr des Ziegenfleisches bewußt sein, daß er, nachdem er dem

Ziegenopfer während der *puja* beigewohnt hat, nur um den Preis des Todes anderer, pflanzlicher oder tierischer, Lebensformen überlebt.

Aber wenn das Essen, also das Töten, unausweichliches Gesetz für alle ist, so bedeutet dies auch, daß wir selbst von anderen verschlungen werden; dem versucht der Mensch zu entrinnen, indem er seinen Leichnam in einem Sarg verschließen oder einäschern läßt.

Aber darüber hinaus bedeutet das Leben Einheit, und sein vitaler und universeller Trieb ist die Sexualität, der Antipode des Todes, der Lebensfaden der Gattungen. Essen und Zeugen sind somit die höchsten Formen des Genusses: Weit entfernt, in ihnen etwas Schuldhaftes zu sehen, huldigt ihnen Tantra in der *chakra puja* und den fünf *makaras*.

Da doch alle Lebewesen töten, essen und zeugen, sind sie deshalb Tantriker? Nein, denn im Tantra wird der biologische Trieb geheiligt, ritualisiert. Mircea Eliade schreibt dazu in *Die Prüfung des Labyrinthes*: »Im Tantrismus wird das menschliche Leben durch Rituale verklärt, die erst nach langer Yogavorbereitung begangen werden. In der rituellen Vereinigung ist die Liebe mehr als ein erotischer oder einfach sexueller Akt, sie ist eine Art Sakrament; den Wein zu trinken bedeutet in der tantrischen Erfahrung nicht, ein alkoholisches Getränk zu sich zu nehmen, sondern ein Sakrament zu teilen...«

Ritualisierung, Verklärung – darin liegt das Wesen und der Sinn der fünf *makaras*.

Die fünf Elemente und ihr verborgener Sinn

»So wisse, Geliebte, daß das Feuer [die Energie] das erste *tattwa* ist, die Luft das zweite, das Wasser das dritte, die Erde das vierte. Dank der Wissenschaft der fünf *tattwas* und der Riten Kulas emanzipiert sich der Mensch schon in diesem Leben.

Das erste *tattwa* ist ein Allheilmittel, das den Geschöpfen Lebensenergie verleiht und ihre Traurigkeit tilgt. Das zweite wird aus einem Dorf, aus der Luft oder aus dem Wald hervorgehen; es muß nahrhaft sein, Klugheit, Energie und Kraft vermehren. Das dritte, o wohlgesonnene Herrin, wird im Wasser geboren, es ist schön, köstlich und spendet Zeugungskraft. Das vierte, das nicht viel kostet, wird von der Erde erzeugt, es verleiht den Geschöpfen Leben und ist der Lebensgrund in den drei Reichen. Das letzte *tattwa*, o Göttin, schenkt uns große Freuden; am Ursprung aller Geschöpfe, ohne Anfang noch Ende, ist es die Wurzel des Universums. Also sprach Sadashiva der Wohlgesonnene.« (MAH, S. 111)

Nach M. N. Dutt handelt es sich bei dem zweiten *tattwa* oder der zweiten Ingredienz um das Fleisch einer Ziege oder eines Hammels, um ein Rebhuhn oder anderes Geflügel, oder aber auch um einen Hirsch oder anderes Wild. Das dritte *tattwa* weist eindeutig auf den Fisch hin, der dem Text zufolge »die Nachkommenschaft vermehrt«, oder, anders ausgedrückt, die Zeugungskraft steigert. Das vierte sind die Getreidekörner und das fünfte ist das *maithuna* »als Säule der Schöpfung«.

Die fünf Elemente des Tantra – Erde, Wasser, Luft, Feuer, Äther – sind auch die fünf Elemente der Alchemie, deren letztes Ziel es ist, den gewöhnlichen, profanen Menschen zu regenerieren und ihm die letzte Wahrheit und die Kräfte, die sich hinter seiner scheinhaften Natur verbergen, zu offenbaren. Wenn diese Aussage sich zum Teil auch mit dem Tantra deckt, so unterscheiden Alchemie und Tantrismus sich vornehmlich in der Auswahl ihrer Mittel.

Diese Lehre der fünf Elemente herrschte im Abendland bis zur Heraufkunft der modernen Chemie vor, die sich – wie übrigens auch die Physik – ihrer dann entledigte. Warum sich also damit aufhalten?

Definition der Tattwas

Es ist nicht einfach, die *tattwas* oder Elemente zu definieren, weil sie zugleich konkret und abstrakt, feinstofflich und materiell sind. Ganz allgemein gesagt, ist ein Element nicht gegenständlich, sondern das Ergebnis eines Zusammenwirkens verschiedener physikalischer Gesetze und Kräfte, die eine bestimmte Form der Materie bedingen und ihr spezifische Eigenheiten verleihen.

Das Element Erde *(ksiti).* Es genügt, die Augen zum Sternenhimmel zu erheben, um sich bewußt zu werden, daß das Universum zuallererst Leere ist. Dennoch verdichtet sich die kosmische Materie an einigen Stellen, anstatt sich gleichmäßig in dieser intergalaktischen Leere, die Pascal erschaudern ließ, zu verteilen.

Ausgehend von der Definition eines Elements läßt sich sagen, daß alle Gesetze und gewaltigen kosmischen Energien, die zu dieser Verdichtung beitragen, das Element Erde bilden. So ist unser Planet nur eine einfache und räumlich begrenzte Manifestation des Elements Erde. Auch die Sonne und alle anderen Himmelskörper sind Manifestationen des Elements Erde, dem grundlegendsten Element, da wir doch darauf sitzen! Tatsächlich sind die Atome eines jeden sinnlich wahrnehmbaren Objekts Verdichtungen kosmischer Materie, die zuvor Teile eines glühenden Himmelskörpers waren. Mein Körper ist buchstäblich abgekühlte, verfestigte Sonne.

Das Element Wasser *(apa):* Es handelt sich dabei um das, was die Materie in flüssigem Zustand erhält – und das Wasser ist davon der Prototyp. Aber worin liegt die besondere Bedeutung? Sie liegt darin, daß die Flüssigkeiten die kosmischen Rhythmen einfangen, die ihrerseits unseren Biorhythmus bestimmen. Einer der augenfälligsten dieser Rhythmen sind die Gezeiten, die Tag und Nacht die Ozeane aufwühlen. Ihr Rhythmus ist in erster Linie eine Reaktion auf die Anziehungskraft des Mondes, aber auch auf die der Sonne: Wenn beide aufeinandertreffen, verursachen sie eine Springflut. Letztendlich wirkt jede einzelne Galaxie auf alle Flüssigkeiten des Universums ein, nicht nur die unseres Planeten.

Diese kosmischen Rhythmen erfassen nicht nur die Ozeane; es gibt auch in einem Wasserglas, in einem Wassertropfen kleine Gezeiten. Und da mein Körper zu fünfundachtzig Prozent aus Wasser besteht, ist auch mein Biorhythmus von ihm beeinflußt.

Selbst die Bäume unterliegen den Gezeiten: Je nach Mondphase weist das Holz beim Fällen unterschiedliche Eigenschaften auf. Das Holz, das man im Winter bei Neumond schlägt, hält sich am besten, denn die winterliche Vegetationspause, während der die Säftezirkulation fast zum Stillstand kommt, reduziert den Gezeiteneinfluß beinahe vollständig. In *Das sensible Chaos* schreibt Theodor Schwenk, daß die Edelhölzer Südamerikas – um ihren Wert zu steigern – mit einem Siegel versehen werden, das die Mondphase zum Zeitpunkt des Fällens angibt.

So bestimmen der Mond und alle anderen Himmelskörper durch ihren Einfluß auf meine Körperflüssigkeit meinen Lebensrhythmus.

Das Element Luft *(vayu)* stellt die Materie in gasförmigem Zustand dar. Für das Tantra ist das Gas Träger der subtilen kosmischen Energien. Seit Jahrtausenden wissen die tantrischen Yogis, daß die Luft kein bewegungsloses Gas ist, sondern eine nicht spürbare resorbierende und weiterleitende Energie, das *prana*, das je nach Jahreszeit und Ort variiert. Sie wissen, daß die menschliche Lebenskraft von ihr abhängt und daß »sie die Natur eines Blitzes hat«.

Nun befaßte sich die Wissenschaft (und besonders die Biologie) bis vor kurzem vornehmlich mit der molekularen Zusammensetzung der Luft: Stickstoff, Sauerstoff, seltene Gase; die Ionisierung ließ man dabei außer acht. Wir wissen heute, daß das Sauerstoffatom der Luft ionisiert werden kann, das heißt, es kann ein kleines »Paket« überschüssiger, also verfügbarer Energie tragen.

Je nach Größe der ionisierten Sauerstoffatome weist die Luft sehr unterschiedliche vitale Eigenschaften auf. Die Yogis, die sich dessen bewußt waren, haben besondere Techniken entwickelt, die es ermöglichen, das *prana* einzufangen, es zu sammeln, zu kontrollieren und dadurch die Lebenskraft zu steigern. Ich empfehle Ihnen zu diesem Thema mein Buch *Pranayama, die Dynamik des Atems*.

Die konkrete Wirkung dieses Elements, das mit den Quellen unserer Lebenskraft verbunden ist, und seine Bedeutung zeigen sich unter anderem bei der »Bürokrankheit«, an der jene leiden, die in geschlossenen und mit Klimaanlagen ausgestatteten Räumen leben. Die »Theorie des Yoga hat eine einfache Erklärung für dieses Phänomen: Eine Luft, die keine *prana* enthält, muß notgedrungen die Lebenskraft schmälern und Störungen verursachen. Nachdem man es lange Zeit nicht einsah oder nicht einsehen wollte, beginnt man nun langsam, sich dieser Ursache bewußt zu werden. Wer gezwungen ist, in solchen Räumen zu leben, kann diesen Mangel ausgleichen, indem er täglich einige Minuten den Übungen des *pranayama* widmet, wie ich sie in meinem oben erwähnten Buch beschrieben habe.

Das Element Feuer *(tejas)* ist die Materie in ihrem »strahlenden Zustand«, wie etwa das Strahlen der Sonne oder

der Sterne, aber auch das des gewöhnlichen Feuers. Ohne das Element Feuer wäre unser Planet kalt und jegliches Leben undenkbar. Erinnern Sie sich an Shiva, den kosmischen Tänzer, der im Herzen des Weltenfeuers tanzt?

Das Element Äther *(akasha)* ist das alchemistische Element, das am längsten den Angriffen der Wissenschaft standhielt. Tatsächlich galt es als unwiderlegbarer Grundsatz, daß das Universum mit einer äußerst feinen Substanz gefüllt sei, die der Bewegung von Lichtwellen und hochenergetischen Teilchen keinen Widerstand entgegensetzt: Es schien unvorstellbar, daß sich irgend etwas im Nichts fortbewegte. Diese Überzeugung wurde 1890 durch die negativen Ergebnisse der Experimente Albert Abraham Michelsons widerlegt, der versucht hatte, den Äther mittels eines von ihm erfundenen hochempfindlichen Interferometers nachzuweisen. Seitdem hat die Physik dieses Element abgeschrieben, zumindest vorläufig, denn es scheint sich eine heimliche Wiederkehr abzuzeichnen...

Für das Tantra bedeutet das Element Äther, *akasha*, einmal unser Äther, das heißt die Materie in dem subtilsten denkbaren Zustand, und zum anderen etwas wissenschaftlich nicht Definierbares (vielleicht nur vorläufig), das ich in Ermangelung eines besseren Ausdrucks den dynamischen Raum nennen möchte. Nach landläufiger, naiver Meinung stellt der Weltraum ein kaltes, lebloses Loch dar, in das Gott das Universum gestopft hat. Sicher, dies ist nicht der Standpunkt der Wissenschaft, der es aber letztlich auch nicht besser ergeht; denn wir wissen nichts über die **Natur** des Universums, ebensowenig übrigens auch über die **Natur** der Zeit.

Im Tantrismus ist *akasha*, der dynamische Raum, aus dem die Schöpfung hervortritt, der Grenzbereich, in dem sich immer und überall das Manifeste aus dem Nichtmanifesten entwickelt. Es ist der allgegenwärtige Träger des manifest gewordenen Universums. Deshalb ist *maithuna*, die rituelle Vereinigung, sein Symbol; denn als Zeugungsakt ist *maithuna* der schöpferischste aller möglichen Akte und Replik auf den letzten, den kosmischen Schöpfungsakt.

Ich muß gestehen, daß dies alles recht schematisch ist, wie so vieles andere in diesem Buch, das sich eher als ein Überblick denn als akademische Darstellung versteht. Nachdem dies klargestellt ist, gilt es nur noch, diese Symbolik in die fünf *makaras* zu integrieren.

Beginnen wir bei *mudra*, dem Korn. Wenn der Tantriker das Korn ehrfürchtig ißt, weiß er, daß es sich dabei um die Ingredienz handelt, »die nicht viel kostet, die von der Erde erzeugt wird, die den Geschöpfen Leben verleiht und die Lebensgrundlage in den drei Reichen ist«. Über das Korn kehren wir zurück zur fruchtbaren Mutter Erde des archaischen Menschen, der ihr zu Ehren orgiastische Fruchtbarkeitsriten vollzog. Indem man Getreide ißt, vereinigt man sich mit der Nährmutter Erde, man nimmt die materielle Welt, mit der man in einer ständigen Wechselbeziehung steht, in sich auf.

Indem der Tantriker *matsya*, den

Die fünf Makras

Fisch, ißt, der »im Wasser geboren wird, schön ist, köstlich und Zeugungskraft spendet« – die sexuelle Symbolik des Fisches ist bekannt –, vereinigt er sich symbolisch mit dem Element des Wassers, dem Quell allen Lebens, ohne das die Erde ein toter Stern wäre, und mit allem, was in den Meeren, den Seen oder den Flüssen lebt. Ich möchte hier einen Satz von Cousteau aufgreifen, der sagte: »Wir sind organisiertes Meerwasser.« Das ist im reinsten Sinn des Wortes wahr: Ich bin ein wandelndes Aquarium. Deswegen befindet sich unter den rituellen Gegenständen die *ghata* (eine Amphore, das Symbol des Uterus), die mit duftendem Wasser, als Symbol für das Fruchtwasser, gefüllt ist und zum Zeichen der Fruchtbarkeit mit Blumen, Früchten und Zweigen geschmückt sowie mit *tilakas*, rituellen Zeichen aus zinnoberrotem Puder oder Sandelholzsalbe, versehen wird. Im Uterus habe ich während meiner Entwicklung als Fetus das Stadium eines »Fisches« durchlaufen, und irgend etwas in mir erinnert sich an diese Zeit.

Indem er das *mamsa*, das Fleisch, zu sich nimmt, vereinigt sich der Adept mit allem, was durch Luft lebt, mit allem tierischen Leben, von den Säugetieren bis zu den Vögeln. Wenn er das Fleisch einer geopferten Ziege ißt, weiß er, daß er töten muß, um es zu essen, und ehrfürchtig nimmt er dieses Opfer an. Bevor er der Ziege mit einem Hieb den Kopf abschlägt, wodurch ihr Leid erspart wird, wurde sie »initiiert«, rituell geweiht. Der Guru hat ihr das heilbringende *mantra* ins Ohr geflüstert, durch das sie in einer höherentwickelten Lebensform wiedergeboren werden kann.

In der *Markandeya Purana*, XCI.32, steht geschrieben:

OM, gesegnet sei das Tier
mit seinen Hörnern und Gliedern
OM, binde das Tier an den finsteren Pfahl,
der das Leben vom Tode trennt
OM, binde das Tier gut fest,
das einen Teil des Universums symbolisiert.

Kurz bevor der tödliche Hieb erfolgt:

OM, Hrim, Kâlî, Kâlî,
mit deinen schrecklichen Zähnen
zerfleische, verschlinge, zerteile
töte...

Damit das Tieropfer dem menschlichen Geist gegenwärtig bleibt, wird, wie ich schon ausführte, sein Kopf zusammen mit einer brennenden Lampe, Symbol ihres unsterblichen und bewußten Selbst, auf eine Platte gelegt.

Madya, der Wein, bedeutet das Element Feuer. Im *Mahanirvana*-Tantra (VI, 185–187) kann man lesen: »Zur Linken des Anbeters sitzt seine Shakti, und er reicht ihr einen schönen goldenen, silbernen, kristallenen Kelch oder aber auch eine Kokosnußschale *(pana patra)*. Zu seiner Rechten stellt er die Fleischplatte *(shuddi patra)* ab. Dann wird der weise Lehrer, der Rangordnung entsprechend, den Wein in die Schalen gießen und das Fleisch verteilen, oder er läßt dies einen der Adepten tun. Er wird mit seinen Adepten trinken und essen, zuerst vom besten Fleisch, dann heben die Tantriker in vergnügter Stimmung die Weinschalen. Und während sie über *kundalini*, den Sitz des Bewußtseins und der spiralförmig angeordneten Energie, die von der Zunge bis zur Körperbasis reicht, meditieren, sprechen sie das Haupt*mantra*; schließlich erteilen sie sich gegenseitig die Erlaubnis, die Schalen an die Lippen zu führen.«

Die Schale, die die *yoni* symbolisiert, erinnert an eine Schädeldecke: In der *puja* müssen die Teilnehmer das Bild des Todes vor Augen haben, damit den Antidoten Essen und Zeugen Gestalt verliehen wird.

Früher wurde traditionsgemäß der Wein, der an das Blut, das Symbol des Lebens erinnert, aus einem echten Schädel getrunken. Besonders begehrt waren dafür Brahmanenschädel. Später dann wurden sie durch Kokosnußschalen ersetzt. Wenn man dies weiß, sieht man eine noch heute gebräuchliche indische Sitte mit anderen Augen: Bevor der älteste Sohn eines Hindus höherer Kaste, insbesondere eines Brahmanen, das Leichenfeuer für den Vater entzündet, zertrümmert er ihm den Schädel. Die offizielle Begründung dafür lautet: damit die Seele den Körper verlassen könne; die inoffizielle hingegen: damit eine unangemessene »Wiederverwertung« verhindert werde!

In Tibet wurden diese Schädelschalen innen mit Silber verkleidet, in das man rituelle Motive ziselierte.

Der Wein soll das Verlangen wecken und das Feuer der *kundalini* am Pol der Gattung – am Endpunkt der Wirbelsäule, die mit der Zunge in Beziehung steht – schüren. Zusammen mit dem Acharya nimmt jeder Shiva die Schale in beide Hände und reicht sie seiner Shakti genau in Höhe der Lippen, wobei er seinen Blick tief in ihre Augen versenkt. Sie nimmt die Schale mit beiden Händen an und trinkt langsam einen Schluck daraus. Dann gibt sie ihm die Schale zurück, damit er nun trinke. Während sich die Shivas und Shaktis tief in die Augen schauen und dadurch eine starke Verbindung untereinander herstellen, geht die Schale zwischen ihnen hin und her. Dies ist ein besonders intensiver Moment des Rituals, weil jeder weiß, daß der Höhepunkt der *puja* naht.

Es folgt dann die rituelle Vereinigung, das *maithuna*: »Das letzte *tattwa*, o Göttin, schenkt uns große Freuden; am Ursprung aller Geschöpfe, ohne Anfang noch Ende, ist es die Wurzel des Universums.« Wir wollen diesen Satz noch einmal lesen und ihn meditieren: So lapidar er auch klingen mag, er enthält das Wesentliche der *puja*.

Das gesamte Ritual ist auf das *maithuna* ausgerichtet und dient dazu, die Erfahrung so intensiv wie möglich zu gestalten, vor allem aber, sie zu einer spirituellen Erfahrung werden zu lassen. Ich zitiere Colaabavala: »Im Tantra muß die sexuelle Energie, nachdem sie geweckt wurde, umgesetzt werden. Um zu reiner Lebensenergie zu werden, muß sie ihren gewohnten Sitz, die Geschlechtsorgane, verlassen. Auf diese Weise mündet die physische Intimität, die durch den sexuellen Kontakt entsteht, in eine psychische Verschmelzung: Man versucht keinesfalls, einen Orgasmus über Reibung der Genitalien auszulösen, alles hingegen ist darauf ausgerichtet, einen mächtigen Strom spirituellen Austauschs zu

Die fünf Makras

schaffen... Der Orgasmus wird nicht abgelehnt, er soll sich aber auf der Ebene des Gehirns und nicht wie in der profanen Vereinigung im Genitalbereich ereignen. [...]

Die räumliche Verteilung der tantrischen Paare ist nicht bei allen Ritualen die gleiche. So liegen manchmal die Shaktis mit geöffneten Armen und Beinen auf dem Rücken und bilden so jede ein Pentaculum, den symbolischen, flammenden Stern.

Der Kopf, die fünfte Spitze des Diagramms, zeigt meist in Richtung des Kreisinneren, obwohl auch die umgekehrte Position vorkommt.«

Zudem wird die *chakra puja*, in jedem Augenblick und auf allen Ebenen, von der beschwörenden Magie der *mantras* und ihren visuellen Veranschaulichungen, den *yantras*, die in einem eigenen Kapitel behandelt werden, begleitet.

Auch wenn die *chakra puja* sich nicht im Westen praktizieren läßt, so können doch die fünf *makaras* in abendländische Praktiken integriert werden.

6
Die sexuelle Meisterschaft

Der männliche Orgasmus

Wenn man Sexologen und Psychologen Glauben schenken darf, kennt die Mehrzahl der Frauen keinen Orgasmus. Die sexologische Literatur aber hat den »Orgasmus um jeden Preis« zum Problem gemacht, indem sie den Standpunkt vertritt, ein sexueller Kontakt ohne Orgasmus sei gescheitert. Tantra kennt die Obsession des obligatorischen Orgasmus nicht. Dennoch ist das Problem des weiblichen Orgasmus vorhanden. Rajneesh, als tantrische Quelle höchst zweifelhaft, schrieb indessen in seinem *Book of the Secrets* (Bd. I, S. 397): »Deshalb sind die Frauen zornig und gereizt und werden es auch bleiben. Keine Meditation kann ihnen Frieden bringen; keine Philosophie, Religion oder Ethik vermag zu erreichen, daß sie sich mit den Männern, mit denen sie leben, wohl fühlen. Die Frauen führen ein frustriertes Leben, denn wie die moderne Wissenschaft, so behauptet auch Tantra, daß die Frau in der Familie Probleme schafft, wenn sie nicht durch den Orgasmus zur Erfüllung gelangt. Diese Entbehrung wird ihre Reizbarkeit schüren, und so wird sie stets in streitbarer Stimmung sein.

Wenn eure Frau zänkisch ist, müßt ihr euch die ganze Situation noch einmal anschauen, denn es kann sein, daß die Ursache nicht einfach bei der Frau, sondern auch beim Mann liegt. Wenn die Frauen nicht zum Orgasmus gelangen, entwickeln sie eine Abneigung gegen den Sex und verlieren die Lust daran. Warum sollten sie auch Lust darauf verspüren, wenn sie doch nie die tiefe Glückseligkeit empfinden? ›Danach‹ haben sie das Gefühl, benutzt worden zu sein.

Beinahe die Gesamtheit aller Frauen erreicht nie diesen Höhepunkt, dieses Durchzucken des Körpers, bei der jede Faser des Körpers vibriert, jede Zelle zum Leben erwacht. Und zwar deshalb nicht, weil die Gesellschaft eine antisexuelle Einstellung hat. So unterdrückt, wird die Frau streitsüchtig in ihrem Mentalen und frigide.«

Zur Vervollständigung des Bildes zitiere ich diesen entsetzlichen Satz aus dem *Hite Report*: »Ja, häufig müssen die Frauen lernen, **trotz** ihres Partners zur Lust zu gelangen, und nicht **durch** ihn.«

Daß es Probleme mit dem Orgasmus gibt, ist allgemein anerkannt, jedoch nur in bezug auf die Frau: Der Mann ejakuliert, deshalb hat er einen Orgasmus. Dieses »deshalb« ist überflüssig!

Die Ejakulation ist eine Sache, der Orgasmus eine ganz andere. Einige moderne Sexologen wissen das wohl, das große Publikum jedoch nicht. Der Durchschnittsmann ist erstaunt, wenn man ihm sagt, daß mindestens neunzig Prozent der Männer keinen Orgasmus kennen. Weil die Ejakulation und die paar Sekunden davor der Gipfelpunkt seines sexuellen Erlebens sind, ist der Mann davon überzeugt, das sei nun der männliche Orgasmus. Hingegen weiß Tantra seit Jahrtausenden, daß die Ejakulation den Mann gerade vom wahren Orgasmus trennt, von jener sexuellen Ekstase nämlich, die in die höheren, kosmischen Bewußtseinsebenen führt. Die Ejakulation unterbricht abrupt diese Erfahrung, für die Frau ebenso wie für den Mann. Sagen wir es ganz deutlich: Wenn neunzig Prozent der Frauen keinen Orgasmus haben, liegt das daran, daß fünfundachtzig Prozent der Männer unter vorzeitiger Ejakulation leiden!

Definition: Unter vorzeitiger Ejakulation leidet jeder Mann, der nicht in der Lage ist, seine Ejakulation wenigstens so lange aufzuschieben, bis seine Frau nach einem oder mehreren Orgasmen befriedigt ist. Der Aufschub der Ejakulation allein beinhaltet jedoch nicht, daß der Mann zum wirklichen Orgasmus gelangt, auch wenn sein sexuelles Erleben intensiv und zufriedenstellend ist – aber es ist bereits ein Fortschritt.

Die Ejakulation versperrt den Weg zum männlichen Orgasmus und tötet das Begehren, den magischen Magnetismus, der das Paar auch außerhalb des sexuellen Kontakts verbinden sollte. Mit dem Abschwellen des *lingam* erlischt dieser Magnetismus und damit der Zauber der Vereinigung von Shiva und Shakti: Das Paar trennt sich, um sich in der Banalität des Alltags wiederzufinden, und das ist bedauerlich.

Tantra verspricht dem Mann unbegrenzte sexuelle Potenz, Erektionen, die so lange anhalten, wie seine Gefährtin und er es wünschen, die Fähigkeit zu zwei oder drei sexuellen Vereinigungen am Tag – und dem Tao zufolge noch mehr! –, ohne daß sein Verlangen nach der Shakti nachließe. Diese Aussicht erscheint ihm so verlockend wie seiner Partnerin, aber wenn man den Preis dafür nennt – Verzicht auf die Ejakulation –, dann vergeht ihm das Lachen, und er zieht ein langes Gesicht.

In der Tat erscheint uns der klassische Ablauf (Küsse, Austausch von Zärtlichkeiten, Eindringen, rhythmische Bewegungen, Ejakulation, Abschwellen) ganz natürlich und unvermeidlich. Außerdem ist der Ejakulationsreflex, den wir seit Urzeiten in uns tragen, hartnäckig. Der Geschlechtstrieb wurzelt im unwiderstehlichen Trieb der Gattung, und die will überleben, daher sich fortpflanzen – daher die Ejakulation. Dieses konditionierte Verhalten wird durch Erziehung verstärkt. Für Tantra ist die Ejakulation überflüssig, außer natürlich für die Fortpflanzung. Daß der Mann sich jedoch sträubt, wenn man ihm vorschlägt, seine Konditionierung zu verändern und die zum Störfaktor erklärte

Männlicher Orgasmus

Ejakulation zu vermeiden, ist nur verständlich. Aber auch wenn man die vom Tantra angestrebte Spiritualisierung des Sexus nicht in Betracht zieht, ist eine Verhaltensänderung schon allein für das gelungene Zusammenleben eines Paares erstrebenswert.

Auch das Tao, das gewissermaßen ein chinesisches Tantra ist, nimmt diesen Standpunkt ein. So schreibt Jolan Chang in seinem *The Tao of Love and Sex (Das Tao der Liebe)*:

»Die (alten) Taoisten lehrten, daß der Orgasmus des Mannes und die Ejakulation nicht dasselbe waren. Seltenere Ejakulationen bedeuteten keinesfalls, daß ein Mann sexuell eingeschränkt war oder weniger körperlichen Genuß empfunden hätte. Daß man die Ejakulation als ›Höhepunkt der Lust‹ bezeichnet, ist reine Gewohnheit, und eine schädliche dazu.

Häufig werde ich gefragt, welchen Genuß ich empfinden kann, wenn ich nur einmal von ungefähr hundert Malen ejakuliere. Im allgemeinen antworte ich darauf folgendes: ›Die intensive Lust, die ich empfinde, würde ich mit Sicherheit nicht gegen eure Art von Lust eintauschen. Die zwölf Jahre, in denen ich mich an die Lust gehalten habe, die mit dem kurzen Augenblick der Ejakulation verbunden ist, sind für mich lange Jahre vertaner Zeit!‹

Wenn mein Gesprächspartner ein Mann ist, so wird er an meiner Aufrichtigkeit keinen Zweifel hegen, denn er sieht, daß ich friedvoll und bei guter Gesundheit bin und daß ich der sexuellen Liebe ganz unstreitig zugetan bin. Handelt es sich um eine Frau, so bedauert sie am Anfang unserer Beziehung häufig meine Haltung – meinetwegen.

Aber bald nimmt ihr mein Feuer den geringsten Zweifel an der Intensität der Lust, die ich mit ihr empfinde. Ein paar Stunden genügen, und sie wird feststellen, daß sie eine völlig neue Art des Liebens erlebt, und wahrscheinlich wird sie bemerken, daß ihr die Liebe noch nie solche Wonnen geschenkt hat. Und wirklich haben viele Frauen freimütig bekannt, bis dahin nicht gewußt zu haben, daß der Liebesakt eine so tiefe Freude bereiten kann.

Zwölf Jahre lang also habe ich mich damit zufriedengegeben zu ejakulieren – oder in eine Vagina zu masturbieren, denn so sehe ich das heute. [...] Ich kann jetzt sagen, daß auch der Liebesakt ohne Ejakulation ein Nachlassen der Spannung bewirkt, jedoch ohne Explosion. Es ist ein Genuß, der sich in einer Besänftigung und nicht in der Heftigkeit äußert, eine wollüstige, sinnliche und anhaltende Verschmelzung mit etwas, das umfassender und übergreifender ist als das Selbst. Es ist das Gefühl von einer Kommunion mit einem Ganzen und nicht von einem Getrenntsein, das Gefühl von einer engen Vereinigung, einem Miteinander-Teilen und kein vereinzelter, einsamer Spasmus, der die Partnerin ausschließt. Es ist mit keinem Wort auszudrücken.«

Bevor wir jedoch zur Praxis übergehen, möchte ich betonen, daß es keineswegs um einen plötzlichen, gänzlichen und endgültigen Verzicht auf die Ejakulation geht, sondern um eine stufenweise Entwicklung.

Die folgenden Überlegungen haben

zahlreiche Paare davon überzeugt, einen ehrlichen Versuch zu machen.

Erstens: Das sexuelle Vermögen des Mannes ist sehr variabel und reicht vom einmal wöchentlichen bis zum täglichen Verkehr, aber es ist zwangsläufig beschränkt.

Zweitens: Solange der Mann Verlangen hat, ist physiologisch weder die Anzahl noch die Dauer seiner Erektionen begrenzt. Der Verzicht auf die Ejakulation hält das Begehren wach und ermöglicht eine unbegrenzte Anzahl und Dauer von sexuellen Kontakten.

Folglich ist jeder Geschlechtsverkehr ohne Ejakulation für das Paar ein »erotischer Reingewinn«! Je länger der Mann seine »Ejakulationsladung« zurückhält, desto eher erreichen sein Begehren und seine sexuelle Potenz die Ebene der Frau, und dieses Gleichgewicht bringt das Paar in Harmonie.

Warum also keinen Versuch wagen?

Ich weiß selbstverständlich, daß wir uns gleichsam noch in Bodennähe bewegen, auf der Stufe der »einfachen« geschlechtlichen Lust, aber bevor wir über sie hinausgelangen können, müssen wir sie erst einmal erreichen!

In der Erfahrung der meisten Menschen bilden die letzten Sekunden vor der »einen Bewegung zuviel«, die die Ejakulation auslöst, das Maximum an männlichem Lustempfinden. Darauf folgt dann der Spasmus, der zur Enttäuschung des Paares alles in Frage stellt. Die kurze Lust der Ejakulation ist schon weit weniger stark als die des Punktes kurz davor, die Schwelle. Die tantrische Lösung ist von genialer Einfachheit; sie besteht darin, diese letzte Phase, die intensivste und interessanteste, zu verlängern und deshalb den Spasmus zu verhindern.

Für einen tantrischen Shiva ist es die höchste Kunst, unbegrenzt lange auf der Schwelle zu verharren und so Zugang ins »geistige sexuelle Paradies« und damit zum wirklichen Orgasmus zu finden. Das Erleben des Paares wird nicht länger vom Samenerguß des Mannes eingeschränkt oder unterbrochen. Diese Erfahrung bietet Tantra allen Paaren, denn sie beinhaltet keine sexuelle Akrobatik. Sie erlaubt es, vom rein Genitalen zum Sexuellen und darüber hinaus zum Spirituellen zu gelangen.

Der unerfahrene Shiva wird – wie die Shakti – auf der Schwelle noch in seiner Bewegung einhalten müssen, um die Ejakulation zu verhindern, denn dieser Grat ist so schmal wie »des Messers Schneide«. Nur erfahrene Tantriker vermögen es nach jahrelanger Praxis, auf der Schwelle völlig aktiv zu bleiben, ohne zu ejakulieren. Und leider sind diese auch in Indien selten zu finden! Dennoch kann jeder Mann mit einem Minimum an Übung und mit Hilfe der Frau immer länger dort verweilen. Seine anfängliche Reglosigkeit wird er nach und nach durch leichte Bewegungen, die langsam ausgedehnter werden, ohne den Spasmus auszulösen, ersetzen können. Das ist eine Frage der Entspannung, der Atmung und der Verinnerlichung, aber auch der Übung, weshalb ich auf die Kapitel über die Ejakulationskontrolle verweise.

Die Erektion, ihre Geheimnisse und Probleme

Das Überleben der Menschheit ist abhängig von der Erektion! Bliebe der Penis weich, würde die Eizelle vergeblich auf das befruchtende Spermatozoon des Mannes warten. Ob uns diese Vorstellung gefällt oder nicht, seit Adams Tagen hängt unser aller Leben von einem aufgerichteten Penis ab!

Diese so wichtige Erektion, um die der Mann sich nur dann sorgt, wenn sie ausbleibt, scheint so einfach und banal zu sein wie das Aufblasen eines Schlauchs. Nun beinhaltet die Erektion des Mannes – und des Affen! – eine ungemein komplizierte »Hydraulik«. Bei anderen Säugetieren hat sich die Natur häufig für das Einfache und Sichere entschieden. Der Penisknochen, mit dem sie manche männlichen Tiere ausstattet, ist Garantie für eine Erektion, die Steife gewährleistet! Der Nachteil: Ein Knochen kann brechen, ein erigierter Penis nie. Das Fischottermännchen ist ein derart ungestümer Liebhaber, daß es sich sein Geschlechtsorgan mehrmals im Leben bricht. Glücklicherweise heilt es von selbst. Der Knochen des winzigen Eichhörnchenglieds ist spitz wie ein Nagel. Der Meister unter den Tieren ist der Wal: Er bringt es auf zwei Meter Penisgröße! Das Walroß dagegen »nur« auf achtzig Zentimeter. Auch Hund, Bär und Wolf besitzen einen Penisknochen.

Dem Mann ist oftmals der physiologische Aufbau seines Glieds nicht bekannt. Erst vor kurzem hat man den Mechanismus der Erektion in all seiner Komplexität beschrieben. Und warum ist die Aufklärungsliteratur, die doch den Genitalapparat der Frau in aller Ausführlichkeit behandelt, so bescheiden in bezug auf den Penis?

Nichts über den Aufbau des Glieds zu wissen ist ein Luxus, den sich nur derjenige leisten kann, der überhaupt kein Erektionsproblem hat und auch nicht den Ehrgeiz, die Ejakulation zu beherrschen: Die Tantriker sind es sich schuldig zu wissen, wie »es« funktioniert. Wenn ich Tantriker schreibe, meine ich damit auch die Yogini: Wie könnte sie sich am Verlauf beteiligen, wenn sie die Spielregeln nicht kennt?

Ohne nun die Physiologie des *lingam* bis in alle Einzelheiten zu untersuchen, sollten wir uns eine schematische, aber korrekte Vorstellung von ihr machen. Viele Männer wissen nicht, daß ihr

Glied einer Luftmatratze mit drei getrennten Kammern gleicht. Diese sind bei der Luftmatratze nebeneinander angeordnet, beim *lingam* aber bilden sie ein Bündel.

Das zylindrische Mittelstück, der »Schwammkörper« *(Corpus spongiosum penis)*, in dem die Harnröhre entlangläuft, spielt eine wichtige Rolle bei der Ejakulation. Er endet in der Eichel, dem empfindlichsten Teil des Penis. Das *Corpus spongiosum* wird von zwei gleichsam aufblasbaren Kammern flankiert, den Schwellkörpern *(Corpus cavernosum penis)*, die für die Erektion verantwortlich sind. Die Peniswurzel stützt sich am Bulbus auf eine Knochenbasis, das Schambein, das vor dem Anus liegt, andernfalls würde das steife Glied ohne Halt herumbaumeln.

Überdies hat der Penis eine Muskulatur. Seine Basis besteht aus kräftigen Muskeln, deren spasmische Kontraktionen die allzu kurze Lust der Ejakulation erzeugen. Das Ganze ist von einer elastischen Haut umgeben.

Gut sichtbar und der Umwelt ausgesetzt, erscheint das Glied leicht verletzbar und anfällig für äußere Einwirkungen, und doch übersteht es die schlimmsten Mißhandlungen und trägt selten dauerhaften Schaden davon. Die Chirurgen sagen, daß es sogar unter dem Skalpell nur schwer zu handhaben ist: Es entgleitet der Klinge wie ein Aal! Selbst bei teilweiser Abtrennung genügt es, den Penis wieder in die richtige Lage zu bringen und ihn mit ein paar Nadelstichen zu befestigen; er wächst ohne Schwierigkeiten zusammen.

Drei aufblasbare Kammern, ein paar Muskeln und das alles in einem Hautmantel: Das scheint nicht sonderlich kompliziert; auch die Erektion nicht: Die Kammern werden aufgeblasen – und schon steht das Organ und ist bereit zur Tat. Ganz einfach! Nun gefällt sich aber die Natur darin, alles zu verkomplizieren.

Tatsächlich enthält die Erektionshydraulik Millionen (!) von Klappen, die die Blutzufuhr und den Blutdruck im Glied regeln. Die nervale Abstimmung dieses Vorgangs ist ein Wunderwerk, mit dem es kein vom Menschen konstruiertes Bewässerungssystem aufnehmen kann.

Man denkt, daß der Blutdruck im schlaffen Penis so hoch sei wie im übrigen Körper und die Erektion durch einen lokalen Überdruck zustande käme, etwa wie bei einem aufgeblasenen Reifen. Das ist nicht der Fall, erst während der Erektion erreicht das Glied den Blutdruck des Körpers! Dies mag unwichtig erscheinen, aber da viele Männer das nicht wissen, werden diejenigen, die ihre Impotenz zu kurieren versuchen, indem sie die Peniswurzel beispielsweise mit Ringen einschnüren, um das Blut darin zu stauen, enttäuscht sein. Der Penis schwillt zwar ein wenig an, wird blau, ja schwarz, bleibt aber ganz jämmerlich weich.

Im Ruhezustand ist also die Blutzufuhr im Penis verringert; damit er erigiert, müssen sich die Millionen von Klappen weit öffnen. Und das ist sehr wichtig: Die Erektion kommt aus einer Entspannung der Klappen, die den Blutzufluß in den *lingam* regeln, und deshalb wird sie durch Streß und nervöse Spannungen – etwa die Angst vor

Erektion, Geheimnisse und Probleme

einem Versagen – verhindert. Nur Entspannung läßt den Blutstrom ungehindert fließen und das Glied steif werden. Die – glücklicherweise meist nur vermeintlich – impotenten Männer sind alle mehr oder minder ängstlich und verkrampft. Um Abhilfe zu schaffen, müssen sie sich innerlich loslassen und in der langsamen, tiefen Atmung üben.

Das Hervorrufen einer Erektion ist eine Sache, sie aufrechtzuerhalten aber eine andere. Letzteres hängt von einer zweifachen Regulierung ab, die sehr kompliziert ist.

Für den Reifen genügt ein einziges Ventil: Wenn der Überdruck erreicht ist, wird die Luft eingeschlossen. Stellen wir uns jetzt einmal einen Reifen mit zwei Ventilen vor: Das eine läßt die Druckluft ein, das andere ab. Damit der Druck konstant bleibt, müssen die beiden Ventile präzise aufeinander abgestimmt sein, sonst würde der Reifen entweder Luft verlieren oder zuviel Luft bekommen. Diese ungemein präzise Regulierung leistet die überlegene Intelligenz unseres Körpers ohne unser Wissen.

Im Reifen hält sich die Luft normalerweise über Monate, im *lingam* aber muß das mit Nährstoffen angereicherte arterielle Blut durch das Schwammgewebe transportiert werden, währenddessen das mit Abfallstoffen beladene venöse Blut abläuft. Wenn der gewünschte Druck erreicht ist, kann also die Aufrechterhaltung der Erektion nur durch ein präzises Gleichgewicht zwischen dem in das Glied fließende und dem daraus abfließenden Blutvolumen gewährleistet werden.

Die Erektion im tantrischen Maithuna

Die tantrische Vereinigung stellt zwei scheinbar widersprüchliche Bedingungen:
- Einerseits eine kräftige und anhaltende Erektion, was eine starke erotische Stimulanz voraussetzt.
- Andererseits gilt es zu vermeiden, daß gerade deren Heftigkeit eine Ejakulation auslöst.

Um diese beiden Bedingungen in Einklang zu bringen, müssen wir festhalten, daß der sexuelle Ablauf von drei völlig unterschiedlichen Nervengruppen abhängt:
- Die eine hält die sensorisch-motorische Verbindung zwischen Geschlecht und Gehirn, also dem Mentalen, das unser hauptsächliches Geschlechtsorgan ist, aufrecht.
- Der Parasympathikus löst die Erektion aus und hält sie aufrecht.
- Der Sympathikus schließlich ist verantwortlich für die Ejakulation.

Bevor wir daraus Schlußfolgerungen für die tantrische Praxis ziehen, müssen wir erstens die nächtlichen (oder morgendlichen) Erektionen unterscheiden, die rein reflektorischen Ursprungs sind, also keine erotische, nicht einmal eine im Traum entstandene Erregung beinhalten, und zweitens die erotischen Erektionen, die nachts durch einen sexuellen Traum und am Tag durch tatsächliche oder imaginierte sinnliche Situationen mit oder ohne direkte Stimulierung des *lingam* ausgelöst werden.

Die Erektionen des ersten Typs werden von alten Ehepaaren, in denen der

Mann nicht mehr so potent ist, sehr geschätzt und auch von den scheinbar Impotenten, die ihr Unvermögen meist auf irgendeinen obskuren physiologischen Defekt zurückführen. Von überaus seltenen Ausnahmen abgesehen, hat jeder Mann, auch der vermeintlich impotente, in jeder Nacht wenigstens fünf »volle« Erektionen von jeweils einer halben Stunde, und das praktisch von der Wiege bis ins Grab!

Sherman J. Silber zitiert in *Understanding Male Sexuality* deutsche Forscher, die zahlreiche Männer im Schlaf beobachtet haben und dabei feststellten, daß deren Penisse alle vierundachtzig Minuten (sic!) fünfundzwanzig Minuten lang steif waren, und zwar stets in einer REM-(Rapid-Eye-Movement-)Phase, also während eines Traums. Wenn man die Versuchsperson weckte, konnte sie sich sehr gut an ihren Traum erinnern; man weiß deshalb, daß die nächtlichen Erektionen vom Trauminhalt, der meist nicht einmal erotischer Natur ist, unabhängig sind. Nach guter Erektionsarithmetik ist also der Penis eines Fünfundsiebzigjährigen ungefähr dreiunddreißigtausend Stunden lang erigiert; das sind vier Jahre, vier Monate und vier Wochen, Schaltjahre nicht mitgerechnet!

Wenn man weiß, daß die Erektion vom Parasympathikus abhängt, der auch für die Verlangsamung des Atems und den Herzschlag verantwortlich ist, erkennt man eine Gemeinsamkeit zwischen Impotenz und vorzeitiger Ejakulation: die Übererregung des Sympathikus durch Angst.

Hier eine klassische Situation: Der Mann trifft sich zum erstenmal mit einer Frau, die er sehr begehrt. Beklommen denkt er: »Hoffentlich bin ich in Form...« Die Furcht vor dem Versagen überreizt seinen Sympathikus. Resultat: Sein Herz klopft wie wild, sein Atem geht kurz und schnell und hemmt dadurch die Funktion des Parasympathikus, der für die Erektion verantwortlich ist. Trotz seiner großen Erregung ist er nicht in Form! Oder er ist so übererregt, daß er noch vor Einführen des Glieds ejakuliert!

Die erfahrene Frau kann die Situation retten, indem sie das Liebesspiel verlängert und ihren Partner ruhig entspannen läßt. Wenn der Sympathikus durch langsame und tiefe Bauchatmung beruhigt ist, wird der Parasympathikus seine Funktion aufnehmen. Wird die Angst jedoch chronisch, ist durch jedes weitere Versagen der Teufelskreis perfekt.

Kommen wir jetzt zur Ejakulation. Ob vorzeitig oder nicht, sie ist abhängig vom Sympathikus. Dieser gibt den unmittelbar hinter der Prostata liegenden Samenbläschen *(Vesicula seminalis)* das Signal, sich für den Ausstoß des während der sexuellen Erregung angesammelten Spermas bereitzumachen. Eine kleine Bewegung mehr (eine zuviel, würden die Tantriker sagen), und der Sympathikus bewirkt, daß sich die Muskeln an der Basis des Penis kräftig zusammenziehen und damit die Ejakulation auslösen: ein Vorgang, der durch nichts aufzuhalten ist.

Daraus folgt für die tantrische Praxis: Um der Impotenz abzuhelfen, muß der Sympathikus beruhigt, und um die Erektion zu kontrollieren sowie die

Ejakulation – vorzeitig oder nicht – zu verhindern, der Parasympathikus stimuliert werden.

Wie ist das in die Praxis umzusetzen? Zur Aktivierung des Parasympathikus muß man die Atmung kontrollieren, bewußt, langsam und tief »in den Bauch« atmen. Die Ausatmung soll wie ein langsamer, leiser Seufzer sein, der die entspannte Stimmung unterstützt. Diese Atmung wird mit dem Vorspiel begonnen und während der Dauer des Verkehrs beibehalten. Der Mann ist mit sich aufmerksam, bleibt ruhig, gelassen und läßt sich nicht von seinem sexuellen Verlangen mitreißen. Der Lohn dafür ist eine lang anhaltende Erektion, eine verzögerte Ejakulation und eine zufriedene Shakti.

Um den Sympathikus zu zügeln, ist es wichtig, daß die Bewegungen des Mannes harmonisch sind und sich dem Rhythmus seiner Partnerin anpassen; sein Körper sollte geschmeidig und entspannt sein.

Die Potenz des tantrischen Shiva nimmt mit dem Alter nicht ab, im Gegenteil: Das Zurückhalten des Spermas verstärkt das Verlangen. Der junge Mann gleicht seine raschen Ejakulationen dadurch aus, daß er sein Glied schleunigst wieder aufrichtet. Die Phase zwischen zwei Vereinigungen währt in diesem Alter oftmals nur wenige Minuten; später sind es dann mehrere Stunden.

Doch mit den Jahren findet auch der Nichttantriker zur sexuellen Reife, die ihn zu einem beliebten Partner werden läßt.

Doch kommen wir noch einmal zurück auf das Abnehmen der Sexualität im Alter. Was ist dafür die Ursache? Die unbedachte Vergeudung des Spermas, die im Lauf der Jahre ein Nachlassen der Leistung mit sich bringt. Der seltene Samenerguß hingegen erhält die Virilität. Die viel zu häufigen Ejakulationen der meisten Männer verkürzen den »Orgasmus« und lassen den Samenausstoß dürftig erscheinen. Jetzt folgt auf die Ejakulation auch schneller die Erschlaffung!

Um das zu vermeiden, gibt es nicht beliebig viele Möglichkeiten, das Problem zu lösen. Es nützt nichts, die sexuelle Aktivität einzuschränken – man muß mit dem Sperma haushalten. In der Tat hat die Natur eine solche Verschwendung nicht vorgesehen. Sicher ist der Mensch im Vergleich zu den anderen Säugetieren insofern eine Ausnahme, daß er keine Brunftzeiten kennt und sich jederzeit paaren kann – mehrmals pro Woche oder mitunter sogar jeden Tag.

Tantra und Tao sind der Meinung, daß zu häufiges Ejakulieren die Vitalität herabsetzt und vorzeitige Vergreisung zur Folge hat. Das Zurückhalten des Samens hingegen ermöglicht in ihrer Auffassung ein sehr erfülltes Sexualleben mit mehreren Vereinigungen am Tag; darüber hinaus hält es erstaunlich jung. Wenn ein Mann mit nachlassender Potenz sich etwa eine oder auch zwei Wochen zurückhält, kann er seine sexuelle Spannkraft zurückgewinnen.

Der Einwand, daß die Hoden ständig, unabhängig von der Zahl der Ejakulationen, Spermatozoen produzieren, ist richtig. Folgen jedoch die Samengüsse zu schnell hintereinander,

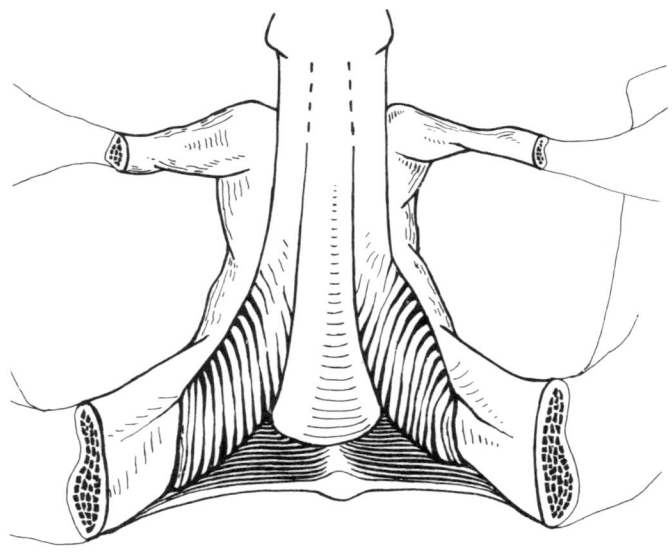

Diese Abbildung zeigt die kräftigen Muskeln, von denen die Basis des männlichen Genitals umgeben ist. Wie alle anderen Muskeln auch, können sie durch Übung gestrafft werden. Sie erlauben nämlich die geheime Körpersprache im Tantra, bei der die Körper sich nicht bewegen, sondern yoni *und* lingam *durch rhythmische Kontraktionen miteinander kommunizieren. Da sich die Becken- und Genitalmuskulatur bei Frau und Mann anatomisch sehr ähneln, kann auch der männliche Adept die im Kapitel »Straffung der Vaginalmuskulatur« beschriebenen Übungen auf seine Muskulatur anwenden und sie dementsprechend übernehmen.*

Erektion, Geheimnisse und Probleme

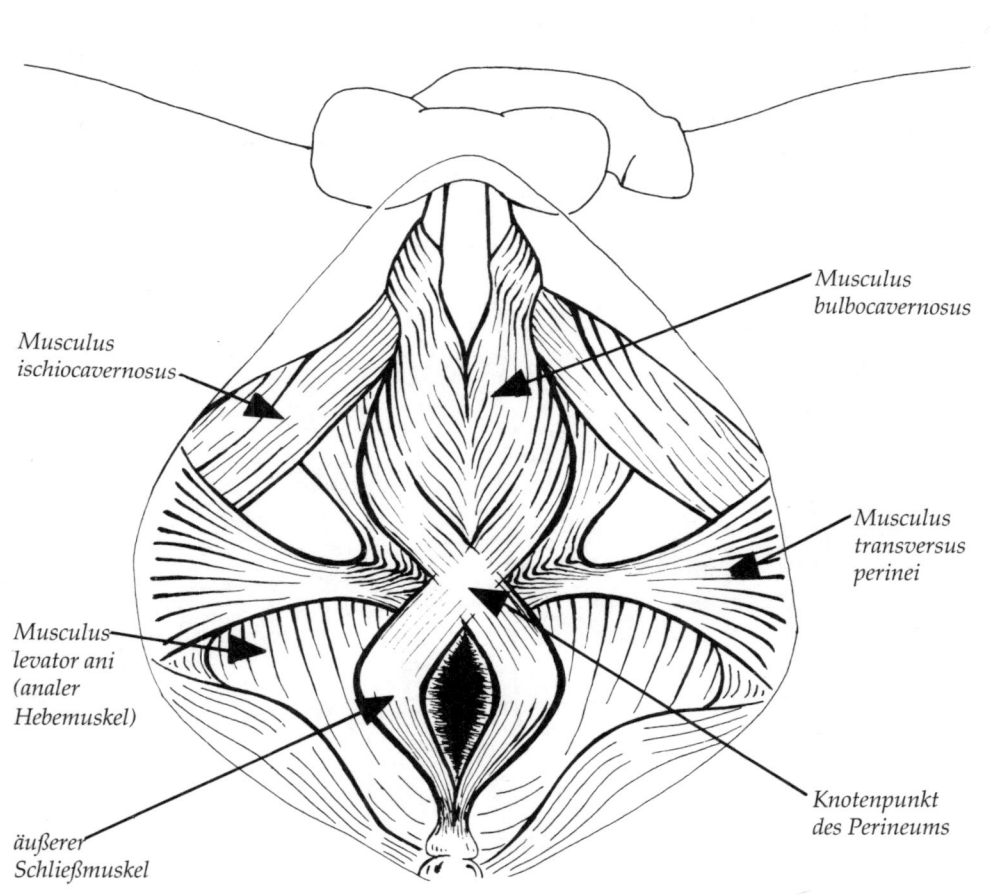

Auf dieser Zeichnung ist deutlich zu sehen, daß die Schließmuskeln des Anus und des Scheideneingangs eine Acht bilden und das Perineum einen wichtigen Knotenpunkt darstellt.

so bilden sich weniger Spermatozoen, und es finden sich viele unreife Geschlechtszellen. Dies ist Zeichen dafür, daß die Hoden einer Überproduktion ausgesetzt und deshalb überfordert sind. Die jahrtausendealte Erfahrung des Tantra und Tao beweist, daß es in jeder Hinsicht ratsam ist, so wenig wie möglich zu ejakulieren.

Zur Beruhigung aller sei gesagt, daß das – auch völlige – Zurückhalten des Samens keinerlei Risiko mit sich bringt, denn der Körper findet immer Mittel und Wege, einen eventuellen Spermastau abzubauen, im Notfall mittels eines erotischen Traums. Seinerzeit nannte man das eine »nächtliche Pollution«.

Die Erektion, Grundpfeiler des Tantra

Stärke und Dauer der Erektionen bilden den Maßstab der Virilität: Ein Mann, dessen Glied sich nicht mehr versteift, wird für impotent erklärt, gleichgültig, welchen Umfang sein Brustkorb und sein Bizeps aufweisen. Was die Ausdauer anbelangt, so betrachtet Tantra jede Ejakulation beim Mann als vorzeitig, die nicht wenigstens bis zum Orgasmus der Frau zurückgehalten werden kann. Weiß ein Mann sich zu kontrollieren, so wird er für viril erklärt, mehr aber nicht; denn Tantra erfordert die völlige Beherrschung der Ejakulation, um zum Orgasmus weiblichen Typs zu gelangen.

Die Durchführung bestimmter Übungen gewährleistet nun über lange Zeit anhaltende Erektionen. Die Erektion ist daher der Grundpfeiler, der jegliche sexuelle Erfahrung trägt, die männliche wie die weibliche, die profane wie die tantrische: Weder der impotente noch der vorzeitig ejakulierende Mann sind in der Lage, die sexuelle Vereinigung in eine geistige Erfahrung zu verwandeln. Glücklicherweise ist beidem mit Hilfe der in diesem Kapitel beschriebenen Übungen abzuhelfen.

Wie wir gesehen haben, ist die Erektion ein biologisches Wunderwerk. Bevor wir uns jedoch den angekündigten praktischen Übungen zuwenden, sollten wir das Wesentliche der auf den vorhergehenden Seiten im einzelnen beschriebenen Physiologie der Erektion noch einmal zusammenfassen:

Bei der sexuellen Erregung fließt Blut in die Schwellkörper, der Penis versteift sich. Auch ohne erotische Stimulanz können rein physiologische Faktoren eine Erektion auslösen; das ist der klassische Fall der morgendlichen Erektion, die durch eine gefüllte Harnblase zustande kommt. In der Mehrzahl jedoch entstehen Erektionen durch zerebrale Stimulation, hängen also von der Psyche ab. Daraus folgt, daß nahezu alle Fälle von Impotenz eine psychische und keine physiologische Ursache haben. Die Ausnahme sind zu häufige Ejakulationen, die eine vorübergehende Impotenz verursachen können. In diesem Fall normalisiert eine mehr oder minder lange sexuelle Enthaltsamkeit die Situation. Bei einem nicht oder nur selten ejakulierenden Mann beeinträchtigt häufiger Verkehr weder die Potenz noch die Vitalität – das Gegenteil ist der Fall.

Jetzt wollen wir uns den Muskeln zuwenden. Die Muskelfasern der Peniswurzel *(Musculus bulbocavernosus)* drücken den steifen Penis fester an den Körper und rücken ihn damit nach oben und nach vorn. Je stärker sie sind, um so mehr wird der *lingam* sich aufrichten. Gleichzeitig aber – das ist sehr wichtig – umschließen sie seine Basis und tragen so dazu bei, die Erektion aufrechtzuerhalten.

Tantra will diese drei Arten von Muskeln stärken: den Schließmuskel des Harnleiters, die Quermuskeln des Perineums *(Musculus transversus perinei)* sowie die Muskeln der Peniswurzel. Werfen Sie einen Blick auf die Abbildung Seite 398 und 399. Die Muskeln sind nur durch **ein** Mittel zu stärken, und das ist Training! Schon der tantrische Geschlechtsverkehr trägt merklich zu ihrer Spannkraft bei, auch ohne spezielle Übung.

Allein aus dieser Tatsache geht hervor, warum beim Tantriker die sexuelle Kraft – und die Kraft ganz allgemein! – mit den Jahren nicht ab-, sondern zunimmt: Seine Virilität bleibt auch im vorgerückten Alter erhalten. Seine erstaunliche Jugendlichkeit verdankt er hauptsächlich den von seinen Geschlechtsdrüsen produzierten Hormonen.

Ein weiteres Thema ist die Größe des *lingam*. Seit es den Mann gibt, zerbricht er sich überall auf der Welt den Kopf darüber, welche Tricks und Hilfsmittel er anwenden könnte, um sie zu steigern. Die meisten »Erfindungen« sind völlig untauglich oder von allenfalls vorübergehender Wirkung. Erwähnen möchte ich einen recht umstrittenen Apparat, der auf dem Saugnapfprinzip beruht. Er besteht aus einem Zylinder, in den der Penis eingeführt wird, und einem Gummiballon, der Unterdruck erzeugt. Dadurch wird Blut in das Organ gepumpt, wodurch sich die Kapillaren (Haargefäße) außergewöhnlich dehnen. Das Glied wird länger und schwillt stärker an als gewöhnlich, doch leider ist dieser Zustand nicht von Dauer. In der Kontroverse um dieses Gerät, dessen Benutzung übrigens nicht ganz ungefährlich ist, befinden sich auf der einen Seite die Verkäufer, die versichern, bei ständiger Anwendung erziele man damit einen dauerhaften Erfolg, und auf der anderen die Physiologen, die behaupten, der im Erwachsenenalter erreichte Umfang des Penis ließe sich nicht vergrößern. Was soll man also glauben? Ich schließe mich der Meinung der Physiologen an, allerdings mit einer wichtigen Einschränkung. Tatsächlich läßt die Kürze des üblichen Geschlechtsverkehrs auch bei einer starken Erektion den Kapillaren im Penis nicht die notwendige Zeit, ihre größtmögliche Ausdehnung zu erreichen. Das genannte Gerät dehnt sie auf mechanischem Weg, weshalb die Gefahr besteht, sie zu überdehnen und damit zu verletzen. Starke, anhaltende und häufige Erektionen hingegen machen die Kapillaren elastisch und weit, wodurch der *lingam* seine tatsächliche Größe erreicht. Daraus folgt, daß bei den meisten Männern der erigierte Penis unterhalb seiner möglichen Größe bleibt! Die Tantriker erreichen das beste Ergebnis nicht durch mechanisches Einwirken von außen, sondern allein

Erektion, tantrischer Grundpfeiler

durch den Druck des Blutes in den Haargefäßen, der mit keinerlei Risiken verbunden ist.

Eine weitere Möglichkeit, das Glied zufriedenstellend zu entwickeln, besteht darin, die Muskeln, die die Basis des *lingam* umschließen, durch Übung zu kräftigen.

Tantrische Texte sprechen von einer Penisgröße von fünfundzwanzig bis dreißig Zentimeter Länge, was für eine Frau beängstigend sein kann. Der Physiologe wird mit einer Länge zwischen fünfzehn und achtzehn Zentimetern kontern und dreißig Zentimeter als Prahlerei betrachten.

Sind die Tantriker deshalb »talentierter« oder Aufschneider? Weder noch: Man muß nur festlegen, wo der *lingam* beginnt!

Während wir vom Schambein ab messen, setzen die Tantriker an der Wurzel des Gliedes (dem *muladhara chakra*, dem Wurzel*chakra*) an, also am Bulbus des Perineums unmittelbar vor dem Anus.

Wozu ist diese Unterscheidung wichtig? Wenn man sich während der sexuellen Vereinigung über die ganze Länge des Penis bewußt ist – von der Wurzel bis zur Eichelspitze – ändert sich einiges! Prüfen Sie es selbst nach.

Übungen

Die Ziele der Übungen sind erstens, sich des genitalen Muskelkomplexes in seiner Gesamtheit bewußt zu werden, zweitens, ihn zu kräftigen, drittens, die Muskeln zu unterscheiden und einzeln anzuspannen.

Wenn man die Genitalmuskulatur der beiden Geschlechter vergleicht, sieht man, daß sie – allem Anschein zum Trotz – einander sehr ähnlich, ja im Grunde gleich aufgebaut ist: Man findet dieselben Muskeln mit denselben Namen! Es ist mithin logisch, daß die Übungen sowohl für den Mann als auch für die Frau von großem Nutzen sind.

Mula bandha

Die Grundübung ist *mula bandha*. Da die Muskeln des Anus (die inneren und äußeren Schließmuskeln sowie der anale Hebemuskel [*Musculus levator ani*]) zusammenhängen, spürt man durch *mula bandha* bei den Kontraktionen, wie man über den Analbereich hinausgelangt und alle Muskeln des Gliedes einbezieht. Man spürt sogar, wie sich das Steißbein bewegt! Wenn das Glied halb erigiert ist, läßt sich die Wirkung der Kontraktion beobachten: Die Hebemuskeln richten den *lingam* ruckartig auf. Bei vollständiger Erektion verhält es sich genauso, ist aber weniger sichtbar. Dank dieser Muskeln kann der *lingam* auf die rhythmischen Kontraktionen der *yoni* reagieren, und diese geheime Körpersprache bringt dem Paar ganz neue Lustgefühle und steigert die Erregung ohne Risiko einer ungewollten Ejakulation.

Mula bandha kann überall, jederzeit und in jeder Lage durchgeführt werden, sei es sitzend, liegend oder stehend, ja sogar im *shirsasana*, also im Kopfstand! Viele Yogis nutzen übrigens ihre tägliche *asana*-Sitzung, um *mula bandha* zu üben. Zu Anfang reagiert gleichermaßen beim Mann wie bei der Frau der ganze Muskelkomplex. Dann aber erreicht man durch Verinnerlichung und ausdauerndes Üben, die Muskulatur des *lingam* von der des Anus und des Rektums zu trennen – ein wichtiges Ziel.

Man nimmt sich jeden dieser Muskeln einzeln vor, spannt ihn an und entspannt ihn wieder. Hier unterscheidet sich die Übung für Shiva von der der Shakti. Sie muß sich nicht um das Zurückhalten der Ejakulation bemühen und kann sich deshalb auf die Kontrolle ihrer Vaginalmuskulatur beschränken.

Der Mann führt dieselben Übungen durch, die auch der vaginalen Kontrolle dienen, ich verweise ihn also auf das entsprechende Kapitel.

Der Mann muß fähig sein, die genannten Muskeln rasch und gründlich zu entspannen; denn wenn man sich bei einer Ejakulation beobachtet, spürt man, daß der Spasmus sich in diesen Muskeln ausbreitet. Eines der Verfahren zur Ejakulationsverhinderung besteht darin, sofort diese Muskeln zu entspannen, wenn man sich der Schwelle nähert.

Zur Praxis: Führen Sie zunächst die ab Seite 407 beschriebenen Übungen zur Kräftigung und Trennung der Muskeln des Anus, des Perineums und des Penis durch. Danach müssen Sie lernen, diese in allen Lagen zu entspannen: stehend, sitzend, liegend oder in einem Yoga*asana*.

Lenken Sie dabei ihr Bewußtsein auf den Genitalbereich, atmen Sie langsam und tief, während Sie nacheinander die Schließmuskeln und den analen Hebemuskel, die Quermuskeln des Perineums und schließlich den *Musculus ischiocavernosus* und den Bulbus entspannen. Nehmen Sie sich dazu jede Zeit, um sie vollständig zu entspannen. Später üben Sie sich darin, diese Muskeln immer rascher zu lösen, um dann im *maithuna* eine ungelegene Ejakulation zu vermeiden.

Hier ein weiteres Verfahren zur Kontrolle der Penis- und Anusmuskulatur, die ganz einfach ist: Lernen Sie, beim Austreten zwei Verrichtungen voneinander zu trennen, das heißt, lassen Sie nicht gleichzeitig Harn, wenn Sie Ihren Darm entleeren. Das fällt anfangs schwer, aber schon bald ist man dazu in der Lage. So wird man sich bewußt, welche Muskeln die Harnröhre steuern und welche die Ejakulation – es sind teilweise dieselben –, um sie anschließend kontrollieren zu können.

Diese Übungen sind für jedermann leicht auszuführen und nehmen wenig Zeit in Anspruch.

Eine weitere Kontrollübung

Hier ein zusätzliches Verfahren zur Verhinderung der Ejakulation. Die Muskeln des Skrotums (Hodensack) sind vor allem der *Musculus cremaster* und die *Tunica dartos*, ein Geflecht glatter Muskelfasern in der Skrotalhaut. Diese Muskeln sind wenig bekannt. Die meisten Männer betrachten ihr Skrotum als einen einfachen Hautsack. Der *Musculus cremaster* (Hodenheber) ist ein die Hodenhülle umschließender

Muskel, dessen Funktion über die Stützfunktion hinausgeht. Wenn er sich zusammenzieht, hebt er die Hoden und führt sie näher an den Körper heran; dies ist insbesondere auch für die Wärmeregulierung von Bedeutung, die die Spermatogenese und damit das Überleben der Art beeinflußt.

Beim Nahen der Schwelle zur Ejakulation zieht er die Hoden nach oben, führt sie an den *lingam* und bringt so die Samenleiter in »Position«. Er »lädt« gewissermaßen den *lingam* wie eine schußbereite Pistole! Diese Muskeln funktionieren vegetativ, das heißt ohne willentliche Beeinflussung, es ist aber nicht schwierig, sie zu spüren und zu kontrollieren. Wir gehen vor wie bei den anderen Übungen: Zuerst verinnerlichen wir uns, konzentrieren uns dann auf die Muskeln und spannen sie abwechselnd an und lassen sie wieder los. Wir nutzen die Zeit, etwa beim Halten vor einer roten Ampel, oder andere Gelegenheiten während des Tages, um diese Übung auszuführen. Anfangs ist der Erfolg gering, doch bald stellen sich ermutigende Fortschritte ein. Mit ein wenig Übung kann man seine Hoden willentlich heben und senken! Aber auch ohne Übung ist diese Kontrolltechnik im *maithuna* möglich.

Wenden wir sie nun bei der Meditation zu zweit an. Falls die Gefahr besteht, zu Ejakulieren, führt man zunächst die aufgezeigten Techniken zur Kontrolle des Atems und der Muskulatur aus. Zusätzlich aber versucht man, den Cremaster zu entspannen. Zu Anfang ist das nur in regloser Position möglich, mit ein wenig Praxis aber gelingt das auch bei rhythmischen Bewegungen.

Eine Anmerkung sei noch erlaubt: Zu Beginn der tantrischen Praxis ist es nach einem ein- oder zweistündigen *maithuna* völlig normal, daß man in den Hoden für die Dauer etwa einer Stunde eine Verkrampfung, eine Schwere, beinahe einen Schmerz verspürt. Das ist nicht ganz angenehm und darauf zurückzuführen, daß sich auch die Muskeln der Hoden anstrengen beziehungsweise überanstrengen können! Nicht vorgewarnte Männer halten das für anomal und machen sich Sorgen. Seien Sie beruhigt, es handelt sich um eine völlig harmlose Erscheinung, ja sogar um ein Zeichen, daß Sie auf dem richtigen Weg sind. Bald schon kräftigen sich die Muskeln, und die Verkrampfung läßt nach, bis sie ganz verschwindet. Wenn man sich davon beeinträchtigt fühlt, gibt es eine ganz einfache Methode, dem abzuhelfen: Man duscht die Hoden mit nicht zu heißem Wasser.

Die Hoden – das Leben

Über die Stärke der Erektionen und ihre Dauer hinaus ist die männliche Vitalität von einem weiteren Merkmal charakterisiert, und zwar von Aussehen und Zustand des Hodensacks. Werfen Sie einen kurzen Blick darauf, und Sie wissen Bescheid! Wenn die Haut glatt und schlaff ist, wenn die Hoden angeschwollen sind und in einem schlaffen Sack baumeln, dann gehören sie ganz ohne Zweifel einer schwächlichen oder senilen Person. Hat die Haut aber ein runzeliges, rauhes Aussehen wie eine Baumrinde, und sitzen die Hoden dicht an der Basis des *lingam*, so ist sein Besitzer jung, kräftig und viril, was übrigens nicht von seinem biologischen Alter abhängt.

Kennen Sie die *Tunica dartos*? Das ist ein Geflecht glatter Muskelfasern in der Skrotalhaut, das zu einem großen Teil den Zustand des Hodensacks und der Hoden beeinflußt. Wenn es im Bereich der Hoden zu warm ist, löst sich die *Tunica dartos* – und die Hoden senken sich. Daraus ist zu schließen, daß die Hoden sich im Kühlen besser »halten«. Das ist nicht nur scherzhaft gemeint!

Warum aber befinden sich diese lebensnotwendigen Organe an einer dermaßen exponierten Stelle außerhalb des Körpers? Warum sind sie nicht warm und sicher in die Bauchhöhle eingebettet? Das ist ganz einfach eine Frage der Temperatur: Das gute Funktionieren der Hoden und der Spermatogenese ist nur dann gewährleistet, wenn die Temperatur um drei Grad Celsius unter der des Körpers liegt. Der Körper trägt dem Rechnung und kühlt das Blut, das in die Hoden strömt, ab. Deshalb sollten eigentlich die Männer – wie die Schotten oder die griechischen Soldaten – einen Rock tragen. Das wäre eine angemessenere Bekleidung als es die enganliegenden Jeans sind.

Die Wärmeregulierung des Skrotums ist sehr komplex, und ich werde nicht weiter auf sie eingehen. Wenden wir uns nun der Praxis zu. Um das Muskelgeflecht der *Tunica dartos* und die anderen Hodenmuskeln zu kräftigen, ist die tägliche kalte Hodendusche unerläßlich. Ihr sollte eine Abreibung mit dem Luffahandschuh vorangehen. Die Haut ist an dieser Stelle weder empfindlich noch leicht verletzbar. Am besten benutzt man die Handdusche der Badewanne; der Wasserstrahl kann ohne Bedenken recht kräftig eingestellt werden. Auch ein Sitzbad tut seine Wirkung, zum Beispiel in einem mit kaltem Wasser gefüllten Bidet. Es ist also die niedrige Temperatur, die die Hormonproduktion der Geschlechtsdrüsen anregt, die eine wichtige Rolle für Gesundheit und Jugend des Körpers spielen.

Die Kontrolle der Ejakulation

In Tibet erzählt man sich eine merkwürdige Geschichte über den fünften Dalai-Lama, der um 1680 starb und sich gegenüber seinen Vorgängern dadurch auszeichnete, daß er Libertin, Lebemann und notorischer Frauenheld war.

Bis in die jüngste Zeit waren die Liebeslieder, die er geschrieben hatte, noch unter den kleinen Leuten in Tibet verbreitet. Bestimmte Häuser in Lhasa – Stätten galanter Tête-à-têtes mit verschiedenen Mätressen – waren mit einem geheimnisvollen roten Zeichen versehen und Orte heimlicher Verehrung, was darauf hindeutet, daß das Volk sein Tun billigte.

Eines Tages – so die Geschichte – sei der Dalai-Lama auf der höchsten Terrasse seines Palastes, dem berühmten Potala, den Vorwürfen seiner Ratgeber ausgesetzt gewesen, die seine sexuelle Freizügigkeit kritisierten. Er sagte zu ihnen: »Es stimmt, ich habe Frauen, aber diejenigen, die mich kritisieren, haben auch welche. Außerdem ist für mich die sexuelle Vereinigung nicht, was sie für euch ist«, und um seinen Worten Gewicht zu verleihen, urinierte er über die Brüstung. Der Harnstrom ergoß sich kaskadengleich von Terrasse zu Terrasse bis zum Boden des Palastes. Daraufhin aber sog der Dalai-Lama ihn auf geheimnisvolle Weise wieder ein und ließ ihn dorthin zurückströmen, wo er entsprungen war! Triumphierend sprach er zu seinen verdutzten Kritikern: »Wenn ihr das könnt, werdet ihr auch wissen, daß meine Sexualität ganz anders ist als die des gemeinen Mannes.«

Diese Geschichte charakterisiert auf einfache Weise die Geisteshaltung der Tantriker. Der wahre Sinn, der sich in ihr offenbart und mit dem eine geheime Tantrapraktik beschrieben wird, bleibt jedoch dem Nichttantriker verborgen.

Die Aussage: »Für mich ist der Geschlechtsakt nicht, was er für euch ist«, bedeutet, daß der gewöhnliche Mann – und sei er Ratgeber des Dalai-Lama – sich nur zum Vergnügen paart, um seinem Primärtrieb zu folgen, der nach dem Fortbestand der Art strebt. Der Tantriker dagegen transzendiert die sexuelle Vereinigung und hebt sie dadurch auf eine kosmische Ebene!

Und wie ist die Rückkehr des Harns in den Körper zu interpretieren? Welches tibetischen und indischen Tantrikern gemeinsame Geheimnis verbirgt sich dahinter?

Wir werden es sehen. Sowohl tantrischer Buddhismus als auch Taoismus fordern die unbedingte Kontrolle der Ejakulation, die im Prinzip **nie** eintreten sollte, während indische Meister sie zuweilen akzeptieren.

Wie wir bereits wissen, ermöglicht das Zurückhalten des Spermas dem Mann, den Akt unbegrenzt auszudehnen und ihn auf dem Höhepunkt zu intensivieren, um so zum wirklichen Orgasmus und auf eine höhere Bewußtseinsstufe zu gelangen. Dies erfordert eine vollendete Beherrschung des Urogenitaltrakts, vor allem aber der Schließmuskeln. Ein bevorzugtes Verfahren, dies zu erreichen, besteht darin, etappenweise zu urinieren statt in einem Strahl.

Das ist ganz einfach wenn man die Regeln beachtet. Ein oder zwei Sekunden lang läßt man ein wenig Harn laufen, dann bricht man abrupt ab und hält sich etwa fünf Sekunden zurück, dann läßt man wieder einen kleinen Strahl laufen und so fort, bis die Blase entleert ist.

Während des Anhaltens stellt man sich vor, den Harn wieder in die Blase zu absorbieren; dabei führt man einen energischen *mula bandha* aus, anders gesagt, man spannt gleichzeitig die beiden Schließmuskeln sowie den analen Hebemuskel kräftig an. Das erzeugt eine sonderbare, schwer beschreibbare Empfindung, die häufig mit einem Schaudern entlang des Rückgrats einhergeht. Es genügt eigentlich, all dem intensiv nachzuspüren, was man unwillkürlich macht, wenn man einem mächtigen Harndrang nicht nachgeben kann. Wie oft man das Harnlassen unterbricht, ist von einem zum anderen Mal unterschiedlich, wichtig ist, so viele »Stufen« wie möglich einzuschieben, im allgemeinen fünf bis zehn. Diese für jedermann ausführbare Übung läßt sich leicht zur Gewohnheit machen, und regelmäßig angewandt, erleichtert sie die Ejakulationskontrolle erheblich.

Übung

Bisher haben wir die Kontraktion derjenigen Muskeln betont, deren Tätigkeit leicht nachzuprüfen ist: Wenn man sie bei einer Erektion willentlich zusammenzieht, bewegt sich der *lingam* und wird näher an den Körper herangezogen. Diese Muskeln dienen auch der geheimen Körpersprache, denn durch sie kann der in die *yoni* eingeführte *lingam* auf die vaginalen Kontraktionen antworten.

Damit man aber die Ejakulation beherrschen lernt, muß man versuchen, diese Muskeln vor dem kritischen Punkt bewußt zu entspannen. Die Übung dafür besteht darin, sie während einer Erektion durch das *mula bandha* so fest wie möglich zusammenzuziehen, bis ein Schaudern über den Rücken läuft. Anschließend folgt der wesentliche Teil der Übung. Es gilt, diese Muskeln zu entspannen. Die Spannung im *lingam* läßt sofort ein wenig nach; er entfernt sich etwas vom Körper. Dann wird erneut ein paar Sekunden lang angespannt und anschließend wieder entspannt; dabei besonders auf die Entspannung achten. Indem man die Entspannungsphase betont und immer länger hinauszieht, wird die Erektion schwächer und verschwindet schließlich ganz.

Dieses Verfahren kann gleich bei der nächsten Vereinigung angewandt werden. Anfangs führt man diese einfach zu erlangende Kontrolle in Ruhestellung durch, später ist es möglich, die Muskeln auch während der Paarungsbewegungen zu entspannen. Es ist eine sehr wirkungsvolle Methode, sich vom Schwellenbereich fernzuhalten und damit eine Ejakulation zu vermeiden.

Wenn der Mann sein eigenes unwillkürliches Verhalten beim Nahen des Samenergusses beobachtet, wird er außer der Veränderung des Atemrhythmus und -umfangs auch eine starke Spannung in der Gesäß-, Bauch-, Lenden- und Penismuskulatur feststellen. Folgt er seinem Trieb, was für gewöhnlich der Fall ist, wird unausweichlich der Ejakulationsreflex ausgelöst, an dem all diese Muskeln beteiligt sind.

Um diesen Reflex hinauszuzögern oder zu verhindern, muß man – wie an anderer Stelle erläutert – den Atem kontrollieren und, ohne dabei zwangsläufig in der Bewegung einzuhalten, seine Muskeln entspannen. Dank dieser Entspannung werden die Bewegungen Shivas harmonischer und im Rhythmus für die Shakti angenehmer. Doch der wichtigste Effekt dieser Übung ist natürlich die Entspannung der Penismuskeln und damit die Selbstbeherrschung.

Mit ein wenig Übung kann der Tantriker seine Shakti bis zum Höhepunkt bringen, ohne sich selbst allzu nahe an die Schwelle zu begeben. Indem er mit ihr eins wird, hat er teil an ihrer Lust, und sein eigenes Glücksempfinden übersteigt bei weitem das allzu kurze Vergnügen der Ejakulation. Allein dieses Erlebnis steht schon auf einer weit höheren Stufe als das des gewöhnlichen Mannes, es bildet jedoch noch nicht den absoluten Gipfel – die Akme.

Vom Genuß zur höchsten Lust...

Der vielumstrittene Bhagwan Shree Rajneesh schrieb: »Bei innerer Unruhe kommt es schnell zur Ejakulation. Ist man dagegen frei davon, kann die Ejakulation stunden-, ja tagelang hinausgezögert werden, denn sie ist nicht notwendig. Wenn die Liebe tief geht, können die Partner sich gegenseitig kräftigen. Dann hört die Ejakulation völlig auf, und so können die Liebenden sich jahrelang ohne Ejakulation, ohne Energieverschwendung begegnen. Sie entspannen sich einer im andern. Die Körper begegnen und lösen sich. Früher oder später beruht der Sex nicht mehr auf der Erregung wie jetzt; er wird zu einer Entspannung – einem tiefen ›Loslassen‹.

Aber dazu kann es nur dann kommen, wenn ihr euch der vitalen Energie in euch hingebt – der Kraft des Lebens. Erst dann könnt ihr euch eurem Liebhaber oder eurer Geliebten hingeben. Tantra sagt, daß das geschieht, es lehrt uns unter anderem, *wie* es zu verwirklichen ist.« (*The Book of the Secrets*, S. 398)

Sexuelle Meisterschaft

Hier hat Rajneesh recht. Im Bereich der Sexualität ganz allgemein sind Unruhe und Spannungen große Beeinträchtigungen, denn sie bilden häufig die Ursache für Impotenz oder vorzeitige Ejakulation, und sie verhindern auch die Kontrolle der Ejakulation – aber nicht nur.

Lesen wir nun eine Passage aus *An Introduction to Tantric Buddhism* von S. B. Dasgupta: »Nach den Adepten des *Vajra-yana* und des *Sahaja-yana* ist die von der Ejakulation erzeugte Lust von ihrer Intensität und Eigenart her der Glückseligkeit, die man durch die Kontrolle dieses Stoffes [des Spermas] erlangt, weit unterlegen. Mittels der subtilen Yogaverfahren stoppt man den Abwärtsfluß des Spermas und verleiht ihm eine Aufwärtsbewegung, durch die es in den Lotos, der im Gehirn liegt, zurückfließt und dort festgehalten wird. Das Glücksempfinden, das durch Stillegung des Spermas erlangt wird, heißt *mahasukha*« (maha = groß, sukha = Glück) (S. 142).

Was steckt eigentlich hinter diesen rätselhaften Worten. Um die genannte tantrische Methode zu verstehen, müssen wir uns ins Gedächtnis rufen, daß sich nach der subtilen Yoga- und Tantraphysiologie die weltumfassende Lebensenergie in fünf hauptsächliche *vayus* unterteilt, welche die verschiedenen organischen Funktionen regeln. Vom Gesichtspunkt der Ejakulationskontrolle aus beschränken wir uns auf zwei davon, nämlich auf *prana vayu* und *apana vayu*. Die erste, *prana vayu*, hat die Aufgabe, Energie und Materie aufzunehmen, während *apana vayu* die Energie abgibt. In der vitalen Buchhaltung des Körpers kümmert sich also *prana vayu* um die »Eingänge« und *apana vayu* um die »Ausgänge«, und die Gesundheit ist das Ergebnis eines Gleichgewichts der beiden Posten. Mangel an *prana* bedeutet Mangel an Vitalität, wenn aber *apana vayu* nicht alles ausscheidet, was aus dem Körper muß, vor allem die Stoffwechselabfälle, sammeln sich Schadstoffe im Körper an, und die Gesundheit ist bedroht. Die Ausscheidungsenergie also führt den Stuhl, den Urin, den Schweiß und das Blut bei der Menstruation ab. Darüber hinaus regelt *apana* die Niederkunft sowie die Ejakulation. Schließlich wirkt *apana* nach unten, zu den verschiedenen »Ausgängen« hin. (Ausführlich sind diese Vorgänge in meinem Buch *Pranayama, la dynamique du souffle* behandelt.)

Die tantrische Vorgehensweise zur Ejakulationshemmung ist ganz logisch. Sie besteht darin, die Richtung der Ausscheidungsenergie, die zur Ejakulation führt, **umzukehren**. Dies erklärt die rätselhaften Worte Dasguptas: »Man muß den Fluß nach unten, zum Ausgang [*apana*], stoppen und ihn dann nach oben, zum Gehirn, lenken.« Es ist natürlich nicht das Sperma, das »ins Gehirn steigt«, sondern die subtile Energie *apana*, welche die Ejakulation kontrolliert.

Deshalb die Bedeutung des *vajroli* und des in der Geschichte des Dalai-Lama verborgenen Yogaverfahrens, mit dessen Hilfe die Ejakulation während der Meditation zu zweit unbegrenzt aufschiebbar ist.

Bisher habe ich mit Vorbedacht

etwas sehr Wichtiges nicht erwähnt, nämlich die **Ausatmung**.

Auch sie fällt in den Zuständigkeitsbereich von *apana*: Die ausgeatmeten gasförmigen Gifte sind genauso schädlich wie beispielsweise der Urin. Den Yogis ist dabei nicht der wichtige Umstand entgangen, daß die Atmung eine Doppelfunktion besitzt: Beim Einatmen hängt sie von *prana*, beim Ausatmen von *apana* ab. Es leuchtet also ein, daß wir, um auf *apana* und damit auf die Ejakulation Einfluß zu nehmen, die Ausatmung beherrschen lernen müssen. Darüber hinaus weist der Atem in seiner Funktion als »Gelenk« zwischen vegetativem, also unbewußtem und bewußtem Leben eine weitere Eigenart auf. Tatsächlich brauche ich mich um meine Atmung nicht zu kümmern, denn sie geschieht automatisch, aber ich kann sie mir, wenn ich nur will, in jedem Moment bewußt machen und sie beeinflussen, also *prana* und *apana* kontrollieren. Und das wiederum ermöglicht ohne komplizierte Techniken die Kontrolle der Ejakulation.

Zunächst gilt es, während der ganzen Vereinigung sehr ruhig zu bleiben und sich auf das Erleben zu konzentrieren, dabei jedoch auf die Atmung zu achten. Normalerweise stimmen Atemrhythmus und Paarungsbewegungen unwillkürlich überein: Das Vorstoßen ist von der Ausatmung und das Zurückziehen von der Einatmung begleitet. Solange man sich nicht dem Höhepunkt nähert, kann dieser Rhythmus beibehalten werden.

Der Mann hat mehrere Möglichkeiten. Erstens: Sobald er sich der Schwelle zum Samenerguß nähert, kann er den Rhythmus umkehren, also bei jedem Zurückziehen des *lingam* ausatmen und bei jedem Vorstoßen einatmen. Zweitens: Er kann während der gesamten Vereinigung langsam und tief atmen und Ein- und Ausatmung auf mehrere aufeinanderfolgende Paarungsbewegungen verteilen.

Diese Möglichkeiten können auch abwechselnd genutzt werden: Langsame, tiefe Einatmung, sobald der *lingam* in der *yoni* ist und während des ganzen Verkehrs, bis zum Nahen der Schwelle, dann Umkehrung des Rhythmus wie oben beschrieben. Muß das Paar für eine Weile einhalten, um die Ejakulation zu vermeiden, geht man zur zweiten Atmungsweise über. Danach können die Bewegungen mit langsamer, tiefer Atmung wieder aufgenommen werden.

Dann gibt es noch eine weitere, sehr wirksame Technik: das stufenweise Einatmen durch die Nase und das Ausatmen durch den Mund in einem Vorgang. Anders gesagt: Vorstoßen mit partieller Einatmung – Zurückziehen bei angehaltenem Atem – erneutes Vorstoßen mit partieller Einatmung – erneutes Zurückziehen mit angehaltenem Atem und so fort, bis die Lungen gefüllt sind (im allgemeinen in fünf bis neun Stufen). Nach einem kurzen Atemanhalten wird dann auf ein Zurückziehen des *lingam* die gesamte Luft mit einem »A« durch den Mund ausgestoßen. Das Ganze ist rhythmisch auf die Paarungsbewegungen abgestimmt. Beim Lesen erscheint das vielleicht kompliziert, in der Ausführung ist es jedoch sehr viel einfacher.

Wichtig ist es vor allem dann, langsam und tief zu atmen, wenn man kurz vor dem Samenerguß steht. Jede Bewegung ist gefährlich. Die Atmung sollte so tief sein, daß man das Gefühl hat, die Luft bis in den Unterleib zu ziehen. Gleichzeitig versucht man, Bauchmuskeln und Gesäß zu entspannen.

All diesen Übungen läßt sich noch *jiva bandha* hinzufügen. Es besteht darin, die Zunge so weit wie möglich nach hinten zu rollen und zu stoßen. Auf diese Weise berührt die Zungenunterseite das Gaumensegel. Dann spannt man die Zunge an, so daß ein Druck auf den Gaumen entsteht.

Jiva bandha wird auf der Schwelle zur Ejakulation angewendet und ersetzt *khechari mudra*, ein sehr spezielles Verfahren, zu dem der Abendländer so gut wie keinen Zugang hat: Das Zungenbändchen wird täglich um eine Haaresbreite eingeschnitten, dann »melkt« sich der Adept die Zunge wie ein Kuheuter, um sie so weit zu verlängern, daß er sie »verschlucken« kann. Wenn sie hinter das Zäpfchen geklemmt wird, blockiert sie vollständig den Atem. Mein erster Meister hatte eine derart lange Zunge, daß er mit der Spitze einen Punkt zwischen seinen Augenbrauen berühren konnte! Ich brauche nicht darauf hinzuweisen, daß ein solcher Eingriff nur unter Anleitung eines Gurus vorgenommen werden darf. Nach jedem Einschnitt wird die Wunde mit Salz bestrichen, um einer Vernarbung vorzubeugen; dies geschieht so lange, bis die Kerbe die gewünschte Länge erreicht hat, was ein paar Wochen dauert. Würde das Zungenbändchen zu stark eingeschnitten, wären Sprachstörungen die Folge.

Khechari mudra, das ich der Vollständigkeit halber genannt habe, widerspricht der Regel, den Atem an der Schwelle **nicht** zu blockieren; das ist aber die Ausnahme.

Ein taoistischer Kunstgriff besteht darin, vor der Ejakulation oder während der gesamten kritischen Phase mit den Zähnen zu knirschen und sie dabei so fest wie möglich aufeinanderzubeißen sowie die Lider so stark zusammenzupressen, daß eine Vibration in den Ohren entsteht.

Dieses Verfahren mindert die Gefahr des »Ausgleitens« erheblich. Nach und nach wird der Mann in der Lage sein, sich der Schwelle immer mehr zu nähern und dort immer länger verharren zu können, indem er sich auf Atem und Unterleib konzentriert; denn laut Tantra »muß das Sperma im Leib gehalten werden«.

Was ist darunter zu verstehen? Beim Ejakulieren hat der Mann den Eindruck, das Sperma komme aus den Hoden. In Wirklichkeit aber wird es von der dicht an der Harnblase liegenden Prostata aus durch die Harnröhre getrieben. Auf diesen Weg muß man versuchen einzuwirken, und darin besteht auch das Ziel der besagten Übung des Dalai-Lama. An der Schwelle wird Shiva seine Aufmerksamkeit vom *lingam*, vor allem von der Eichel abwenden und sie auf seinen Leib richten, wobei er *mula bandha* ausführt.

Trotz dieser Techniken wird es natürlich Rückfälle geben, die gleichsam als Lehrgeld zu betrachten sind und durch die späteren Fortschritte wieder aufgewogen werden.

Tantra sagt auch: »Wer den Geist

kontrolliert, kontrolliert auch Atem und Sperma.« Das ist richtig, aber da der Mann die Vereinigung nicht allein vollziehen kann, muß auch die Frau in die Kontrolle miteinbezogen werden. Die erfahrene Shakti weiß, ja spürt genau, wann Shiva sich an der Schwelle befindet. Sie hilft ihm, indem sie sich nicht mehr bewegt und sich ganz auf das Erleben konzentriert. Tatsächlich hängt ein Großteil der Beherrschung des Mannes von der Frau ab, denn nur wenige Männer können dem leidenschaftlichen Ausbruch einer Frau widerstehen. Natürlich wird die zurückhaltende Vereinigung am Anfang weniger befriedigend erlebt, aber bald schon entdeckt das Paar, daß sie auf allen Ebenen beglückender ist. Nur die Shakti, die das ungewöhnliche Glück hat, sich mit einem tantrischen Shiva, der *khechari mudra* beherrscht, zu vereinigen, kann sich ohne jede Einschränkung verströmen.

Indes verurteilt uns das tantrische *maithuna* nicht zu lebenslänglicher Reglosigkeit! Man sollte also die Muskeln berücksichtigen, die bei den Paarungsbewegungen im Spiel sind. Ganz wie beim Atmen muß man zunächst die Reflexbewegungen der Muskeln während des Akts kennenlernen. Der Mann beobachtet also während der Vereinigung und ganz besonders dann, wenn er an die Schwelle gelangt, welche Muskeln am instinktiven, rhythmischen Beckenspiel beteiligt sind. Dann sollte er sich der Ejakulation als eines simplen technischen Ablaufs bewußt werden und auf die für die Beckenstöße verantwortlichen Lendenmuskeln sowie die Gesäß- und Bauchmuskeln achten, die sich beim Nichttantriker in der letzten Phase verkrampfen. Shiva wird sie also entspannen und alle ruckartigen, zuckenden und unharmonischen Bewegungen vermeiden. Die Bewegung muß geschmeidig, wellenartig sein und aus der gesamten Wirbelsäule kommen; sie soll nicht aus Beckenstößen bestehen. Je mehr man die für die Ejakulation verantwortlichen Muskeln entspannt, um so besser kann man sich kontrollieren. Der Muskelring an der Basis des *lingam*, der die Erektion stützt, ist hingegen fest anzuspannen. Je mehr dies geschieht, desto weniger läuft man Gefahr zu ejakulieren, außer in der letzten Phase, wo er entspannt werden muß, um den Samenerguß zu vermeiden.

Was die Bewegungen betrifft, empfiehlt Tao zu Beginn »drei leichte und einen tiefen Stoß« auf einundachtzig Stöße. (Für die Taoisten ist 81 die vollkommene Zahl: Sie bildet das Quadrat von neun, dieses wiederum das Quadrat von drei, der heiligsten Zahl überhaupt.) Ist man weiter fortgeschritten, kommen neun leichte Stöße auf einen tiefen. An der Schwelle zieht der Taoist, wenn er befürchtet zu ejakulieren, seinen *lingam* zurück, nur die Eichel bleibt in der Vagina. Nach zwanzig bis dreißig Sekunden nimmt er seine Stöße wieder auf. Nahe am Höhepunkt, blockiert der Taoist mit gefüllten Lungen den Atem, hebt das Zwerchfell an und zieht den Unterleib ein. Tantra empfiehlt in diesem Fall *uddyiana bandha*, die Zusammenziehung des Abdomens, das in etwa den taoistischen Vorschriften entspricht, außer daß die Lungen entleert sind. Im

Tao soll der Mann sein *king* (Sperma) nicht herausschleudern, bevor er fünftausend Stöße ausgeführt hat.

Jolan Chang merkt in *Das Tao der Liebe* an, daß das Zurückziehen im Laufe der Zeit immer weniger notwendig wird und man schließlich nur noch selten darauf zurückkommen muß.

Im alten China preßte man kurz vor der Ejakulation drei oder vier Sekunden lang Zeige- und Mittelfinger der linken Hand auf die Stelle zwischen Hodensack und Anus, wobei man tief einatmete. Dieses Verfahren kann die Ejakulation verhindern, und falls sie doch geschieht, verläßt das Sperma nicht den *lingam*, sondern wird nach innen zurückgeleitet. Wohin fließt es? Physiologisch gesehen kann es lediglich in die Blase gelangen, wo es mit dem nächsten Harn ausgeschieden wird, denn daß es dahin zurückkehren könnte, wo es hergekommen ist, also in die Prostata, erscheint mir unmöglich!

Im Unterschied zum Taoisten akzeptiert der Tantriker, daß die Ejakulation, wenn sie sich nicht verhindern läßt, in der *yoni* geschieht. Er bedauert nur, daß sie die Meditation zu zweit vorzeitig beendet und das Begehren – für kurze oder längere Zeit – zum Erlöschen bringt.

Vorzeitige Ejakulation

Um die vorzeitige Ejakulation zu verhindern, sitzt die Shakti rittlings auf dem liegenden Shiva. Dann spreizt sie mit den Fingern ihre Schamlippen und umfängt mit ihnen den Schaft des *lingam*, ohne die Eichel zu berühren. Auf diese Weise stellt sie eine Berührung der Genitalien her, ohne den Penis einzuführen. Während sich der Mann entspannt (vor allem Bauch und Gesäß) und tief atmet, läßt die Frau ihre feuchte Vulva (einschließlich der Klitoris) sanft auf dem *lingam* hin- und hergleiten. Dabei kann sie manchmal zum Orgasmus kommen. Wenn die »Versuchung« für den Shiva zu groß wird, hält die Shakti fünf bis zehn Minuten still, bis das Risiko vaginaler Kontraktionen vorüber ist.

Dann kommt der ersehnte Augenblick der Vereinigung. Beim gewöhnlichen Koitus ist es der Mann, der etwas mit der Frau »anstellt«: Er dringt in sie ein. Im *maithuna* aber nimmt die Shakti ohne jede Hast den *lingam* in sich auf. Zu Beginn umfängt die *yoni* nur die Eichel und hält sie mit den Muskeln des Scheideneingangs fest. Mit wachen Sinnen und ohne sich zu bewegen spürt das Paar dem nach, was zwischen ihnen und in ihren Körpern geschieht. Es werden keine Zärtlichkeiten mehr ausgetauscht, nichts, was die sexuelle Spannung erhöht. Das Paar öffnet sich der intimen Verschmelzung. Keine Bewegungen, kein Eindringen des *lingam*, nur die Geheimsprache der intimen Kontraktionen ist erlaubt.

Wenn sie auf den Schwellenbereich zusteuern, wenden sie die andernorts beschriebenen Kontrolltechniken an, insbesondere die Entspannung des Cremaster-Muskels. Sobald die erotische Spannung sich stabilisiert hat, kann mit den rhythmischen Bewegungen, harmonisch wie beim Tanz, begonnen werden. Die Shakti wacht über ihre eigenen Reaktionen, um sich nicht instinktiv zu den weit ausholenden Beckenbewegungen hinreißen zu lassen. Sie kann – und sollte! – allein durch kaum wahrnehmbare Bewegungen in ihrem Rhythmus zum Orgasmus gelangen.

In der gewöhnlichen Vereinigung werden die Hüftbewegungen immer ausladender und schneller; bei jedem Vorstoßen treffen die Schamhügel aufeinander, um sich dann beim Zurückziehen wieder zu trennen. Das unvermeidliche Ergebnis ist bekannt: Bis auf wenige Ausnahmen ergießt sich nach zwei oder drei Dutzend langen, tiefen Stößen das Sperma, »entleert« sich der Mann und läßt die Frau unbefriedigt zurück.

Ganz wie sich der gute Reiter dem Schritt seines Reittiers anpaßt, ohne gegen den Sattel zu stoßen, gleicht sich der Mann einfühlsam und geschmeidig dem Rhythmus seiner Partnerin in all seinen Nuancen und Varianten an. Dabei verbleibt er in der Schamhügel-an-Schamhügel-Position, um den Bewegungsspielraum zwischen *yoni* und *lingam* und damit das Risiko des »Ausgleitens« in Grenzen zu halten.

Tantrische Acharyas empfehlen die stufenweise Einführung des *lingam*: Nachdem sie die Eichel umfangen hat, nimmt die Shakti den *lingam* zu einem Drittel seiner Länge auf, dann zu zwei Dritteln und schließlich ganz, wobei sie jeweils wie oben beschrieben vorgeht. Oder sie schlagen die seitliche Position *paryankasana* vor, die der Frau recht ausladende Beckenbewegungen erlaubt, aber die Bewegungen des *lingam* stark einschränkt, weil Shiva einen Schenkel von Shakti mit seinen Beinen umklammert. Darüber hinaus liegt hier der männliche Schamhügel quer zu dem der Shakti, stimuliert so ihre Klitoris und erhöht ihre Lust, ohne daß Shiva ein größeres Risiko einginge.

Ruhig und entspannt wird das Paar ohne größere Schwierigkeiten eine Stunde oder länger vereint bleiben.

Vajroli

Unter den Möglichkeiten, die Ejakulation zu verhindern, verfügen wir mit *vajroli* über ein unfehlbares Instrument, das schon so manchen unter *Ejaculatio praecox* Leidenden zum Experten auf diesem Gebiet gemacht hat!

Unter den esoterischen Verfahren des Tantra ist *vajroli* ein seit Jahrtausenden wohlgehütetes Geheimnis: In der umfangreichen Literatur, die zur Verfügung steht, sucht man vergeblich nach ausführlichen und genauen Angaben. Bestenfalls findet man eine summarische Beschreibung des Verfahrens, das im Abendland praktisch nie, im modernen Indien selten gelehrt wird.

Zwar ist *vajroli* für die perfekte Kontrolle der Ejakulation nicht zwingend notwendig, doch ist es ein sensationell einfaches und wirkungsvolles Verfahren. Es betrifft nur den Mann, da ja die Frau nicht ejakuliert.

Kurz gesagt besteht *vajroli* darin, einen Katheter durch die Harnröhre bis in die Blase einzuführen. Anschließend übt der Adept, immer in der Konsistenz festerer Flüssigkeiten anzusaugen, zunächst mit der Sonde, dann ohne.

Vajroli wurde stets vom Meister an den Schüler weitergegeben, denn ohne Anleitung praktiziert, birgt es Risiken, die man jedoch mühelos umgeht, wenn man die weiter unten beschriebenen antiseptischen Maßnahmen beachtet. Bevor ich auf die technischen Einzelheiten eingehe, muß ich noch erwähnen, daß der zweite Schritt im *vajroli*, also das Ansaugen von Flüssigkeiten, für die Beherrschung der Ejakulation nicht unumgänglich und deshalb für den Abendländer verzichtbar ist.

Kommen wir zur konkreten Technik. Zunächst benötigt man einen Katheter. Die modernen Yogis benutzen eine Harnröhrensonde aus Gummi oder Kunststoff, die in der Apotheke oder in einem Geschäft für Arztbedarf erhältlich ist. Eine Nasensonde erfüllt denselben Zweck und ist leichter zu erhalten, denn anscheinend läßt sich die Harnröhrensonde auch zur Abtreibung verwenden, weshalb einem Kauf oft mit Mißtrauen begegnet wird. Der Durchmesser ist aus der Abbildung ersichtlich. Besorgen Sie sich gleich zwei oder drei Sonden mit verschieden großem Durchmesser. Bevor es Gummisonden gab, verwendete man in Indien steife Metallkatheter, zumeist aus Silber. Das dürfte nicht gerade einfach gewesen sein und barg zugleich Gefahren in sich, die durch elastische Sonden wegfallen.

Die Harnröhrensonde wird aus der sterilen Verpackung genommen und mit einem gynäkologischen Gel, das zugleich als Gleitmittel und Antiseptikum dient, auf einer Länge von drei bis vier Zentimetern versehen. Während mit der einen Hand der Penis gehalten wird – er darf in keinem Fall erigiert sein, auch nicht halb – führt man mit der anderen die Sonde vorsichtig in die Harnröhre ein.

Bis zum ersten Zentimeter geht alles glatt, man spürt praktisch nichts. Etwas weiter dann berührt die Sonde die sehr empfindlichen Schleimhäute der Harnröhre; man schiebt die Sonde also mit vorsichtigen Hin-und-Her-Bewegungen vorwärts. Das tut nicht weh, ist aber ein wenig unangenehm. Am ersten Tag begnügt man sich mit einem Zentimeter. Die Sonde wird zurückgezogen. Da die Blase vor dem Eingriff nicht vollständig entleert wurde, geschieht dies jetzt. Das Harnlassen

Ejakulationskontrolle

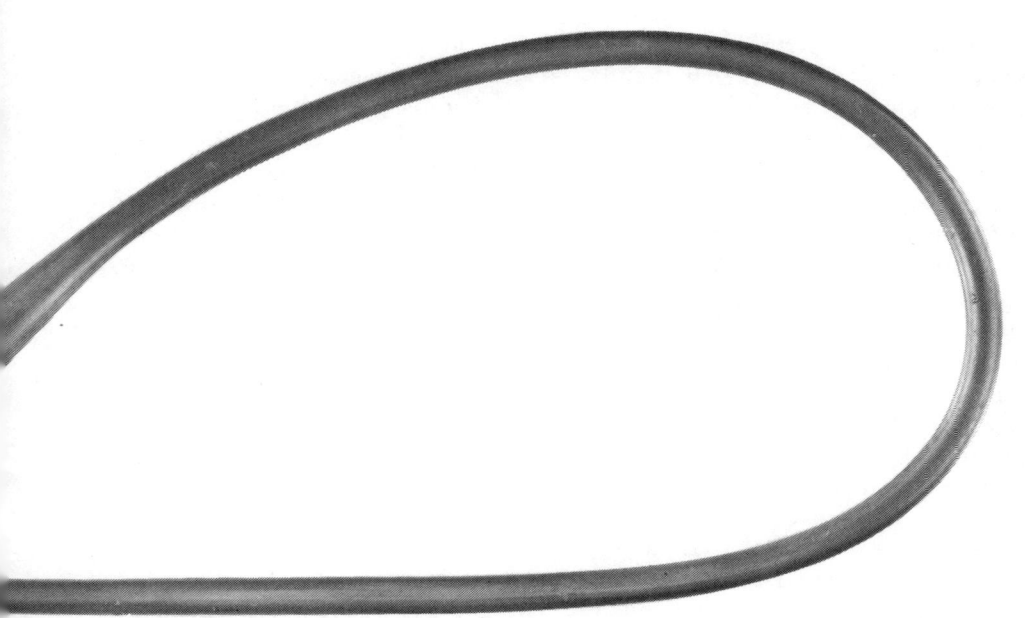

schmerzt leicht. Die Sonde ist mit Wasser zu reinigen und in einer Wasserlösung mit einem gewöhnlichen Antiseptikum, das in jeder Apotheke erhältlich ist, aufzubewahren.

Am nächsten Tag – nicht früher – beginnt man von neuem und geht ein wenig weiter. Jeden Tag dringt man ein bißchen tiefer in die Harnröhre ein und schiebt einige Male die Sonde hin und her, bevor man sie wieder zurückzieht. Dann wird die Harnröhre mit Urin durchspült. Das Ziel ist, die Harnröhrenschleimhaut zu desensibilisieren. Danach zieht man die Sonde heraus und legt sie wieder in eine antiseptische Lösung.

So gewinnt man allmählich »Terrain«: fünf, zehn, zwanzig Zentimeter. Das geht so lange, bis man auf eine verengte Stelle stößt. Da man immer behutsam vorgegangen ist, wird man sich nicht beunruhigen, wenn jetzt ein paar Tropfen Urin aus dem anderen Ende der Sonde tröpfeln: Man ist in die Blase eingedrungen – ein weiterer Grund, die Blase vor dem *vajroli* nicht ganz zu entleeren. Die Sonde wird ein paar Millimeter zurückgezogen, gerade so weit, daß der Harnfluß aufhört. Hier befindet sich also die Stelle, an welcher der Prostatakanal in die Harnröhre mündet, also in unmittelbarer Nähe des Ejakulationsreflexpunktes.

Mit etwas Ausdauer wird die Sonde wie eine Rohrpost durch die Harnröhre gleiten. Für mich ist dann das wichtigste Ziel erreicht.

Diese Methode ist, verglichen mit der in den Kliniken, wo der Katheter dazu dient, an Harnverhalten leidenden Patienten zu helfen, sehr sanft. Dort hat man nicht die Muße für behutsames Vorgehen, und die Sonde wird in einem Vorgang eingeführt!

Wenn die Sonde sich in der Blase befindet, führen die Adepten *uddyiana bandha* aus, das Baucheinziehen, oder besser noch *nauli*; das ist die einzelne Hervorstülpung des linken, rechten und mittleren Bauchmuskels. Der daraus entstehende Unterdruck im Abdomen saugt die Luft durch den Katheter bis in die Blase an. Anfangs, solange der Katheter noch nicht bis in die Blase reicht, bläst man sehr stark in eine zweite, in die erste hineingesteckte Röhre, um die Harnröhre zu dehnen.

Später taucht man das Ende der Sonde in Wasser, und der bei *nauli* entstehende Unterdruck saugt die Flüssigkeit bis in die Blase. Mit zunehmender Übung ist es möglich, immer dickere Flüssigkeiten anzusaugen: Milch, dann mit Honig verdickte Milch und schließlich »abgetötetes«, das heißt entgiftetes Quecksilber.

Im Westen wird das Aufsaugen von Flüssigkeit – wenn man es denn praktizieren will – allenfalls bis zur Milch gehen, die man zuvor sorgfältig abkocht, um sie keimfrei zu machen. Das Aufsaugen von Flüssigkeit stellt keine Notwendigkeit dar, ist jedoch eine noch striktere Kontrolle über die Ejakulation.

Was ist das Ziel von *vajroli*? Erinnern wir uns, daß während der Ejakulation spasmische, reflexartige und durch nichts zu unterdrückende Kontraktionen die Harnröhre dazu veranlassen, das Sperma herauszuschleudern. *Vajroli* vermindert das Risiko einer Ejakulation, indem es die Nervenenden der Harnröhre desensibilisiert, was den Ejakulationsreflex herabsetzt, ohne die sexuelle Lust zu beeinträchtigen. In diesem Stadium ist es nicht mehr nötig, jeden Tag *vajroli* durchzuführen, es reicht, dies alle zwei bis drei Tage zu tun und am Ende einmal pro Woche.

Außer der Desensibilisierung ist für den Tantriker wichtig, sich des Verlaufs der Harnröhre bis zur Prostata bewußt zu werden, was wiederum zur Erleichterung der Ejakulationskontrolle dient.

Doch die Tantriker, die Sonden von zunehmend größerem Durchmesser verwenden, um die Harnröhre immer mehr auszudehnen, verfolgen noch ein anderes, geheimgehaltenes Ziel: Wenn die Harnröhre genügend gedehnt ist, vermag sie die Klitoris rhythmisch anzusaugen; das ist die höchste Form der umgekehrten Vereinigung, von der in der tantrischen Literatur so viel die Rede ist, ohne daß definiert wäre, worin sie besteht. Die übliche Erklärung, wonach die umgekehrte Vereinigung darin besteht, daß Shakti auf Shiva sitzt, ist falsch. In der umgekehrten Vereinigung dringt die Klitoris (die weibliche Entsprechung des Penis) in den *lingam* ein, der auf diese Weise zu einer kleinen Vagina wird. Der Tantraguru Shri Prabhuji vertraute mir an, daß der Adept, der solchermaßen die Shakti stimuliert, ihr die höchste, die göttliche Glückseligkeit schenkt – ohne eine Ejakulation befürchten zu müssen.

Schließlich festigt *vajroli* die Hoden und kräftigt die Keimdrüsen, was Ausdauer und Virilität steigert, indessen die vermehrte Produktion von Hormonen den Organismus spannkräftig hält und verjüngt. Warum also vor der Ausübung zurückschrecken? Man hat nichts zu befürchten, und gute Ergebnisse sind gewährleistet.

Werfen wir zum Schluß noch einen Blick auf die Veröffentlichungen tantrischer Literatur. Lediglich der *Hatharatnavali*, ein uraltes Manuskript, das erst 1982 durch Venkata Reddy übersetzt und publiziert wurde, gibt etwas genauere, jedoch für die Ausführung unzureichende Auskünfte über *vajroli*. Er schreibt etwa vor, das Rohr solle aus »Gold, Silber, Kupfer oder Eisen« sein (II.78).

Die technische Beschreibung beschränkt sich auf folgendes: »Man muß furchtlos die Röhre eine Weile in den Harnleiter einführen. Dies wird dem Penis Festigkeit [kräftige und dauerhafte Erektionen] und Stärke verleihen, wobei es auch die Spermaproduktion steigert.« (II.84)

In II.85 fügt er hinzu, daß es darum gehe, »die Öffnung des *lingam* auszuweiten«, ohne Genaueres darüber zu sagen. In den folgenden Sutras wird der Text dann konkret: »An einem verborgenen Ort soll er mit einer schönen nackten Frau sein, die auf dem Rücken liegt; auch er ist nackt, legt sich auf sie, und sie machen ein wenig *kumbhaka* [Atemanhalten].« (87)

»Wenn sie so tief umschlungen sind, wird der Penis in die Vagina eingeführt. Dann trinken sich die Lippen und machen dabei kleine Geräusche.« (88)

»Sie kratzen einander mit den Nägeln und betätigen sich, bis sie ins Schwitzen geraten. Der von der Vagina ausgeschüttete *bindu* [Samen, Flüssigkeit] wird vom Penis dank ständiger Übung aufgesaugt.« (9)

»Wenn dann das männliche Organ den *bindu* abgibt, wird er wieder aufgesaugt [vom Penis dank *vajroli*]; indem der Yogi auf diese Weise seinen *bindu* rettet, besiegt er den Tod.« (90)

Nach diesem Text, der so eindeutig ist, komme keiner mehr daher und sage, der Yogi sei eine Art Eunuch, der alle Sinnlichkeit ersticke und Enthaltsamkeit übe. Diese Erläuterungen lassen sich auch im *Hathayogapradipika* finden, nur fehlen sie in den modernen Ausgaben, da der prüde Neobrahmanismus aus den Yogatexten Ausführungen sexuellen Inhalts gestrichen hat – eine Zensur, die sich durch den Vorwurf der »Obszönität« rechtfertigt!

So liest man in der von Rai B. Chandra Vasu übersetzten *The Gheranda Samhita* folgende Anmerkung des Übersetzers: »Das im Original in diesem Kapitel beschriebene *vajrondi* [sic!] *mudra* wird weggelassen, denn es handelt sich um eine obszöne Praktik, der sich Tantristen niederer Klasse hingeben.« Dieselbe Zensur und Eliminierung von Textteilen findet sich in dem von Svatmarama in Madras veröffentlichten *Hathayogapradipika*.

Die Straffung der Vaginalmuskulatur

Eines Tages habe ich eine Freundin tief gekränkt, als ich ihr sagte, bis auf Ausnahmen wäre die *yoni* der westlichen Frau so muskulös wie ein alter Schuh. Das Feingefühl, das diesem Vergleich fehlt, gestehe ich ein, nicht jedoch seine Richtigkeit – leider!

Verstehen Sie mich nicht falsch, niemand will unseren Frauen etwas vorwerfen; denn wer spricht mit ihnen darüber, wer informiert sie, wer lehrt sie, die Muskulatur der *yoni* zu entwickeln? Ein Beispiel. Zur Vorbereitung dieses Buches habe ich außer den tantrischen Quellen auch eine abonnierte sexualkundliche Zeitschrift herangezogen, die sich als ungemein fortschrittlich versteht. In der Rubrik »Leserbriefe« fand ich das Bekenntnis eines prahlerischen Frauenhelden, der selbstgefällig seine zahlreichen Eroberungen aufzählte und sich einer Frau entsann, die über eine erstaunliche Vaginalmuskulatur verfügte: Er war völlig überrascht. Doch anstatt dieses Thema in nur einigen Zeilen abzuhandeln, wäre das Magazin besser beraten gewesen, den Techniken, über die bei uns so gut wie nie gesprochen wird, eine eingehende Untersuchung zu widmen. Es ist deshalb nicht verwunderlich, daß die Beherrschung der Vaginalmuskulatur im Abendland so selten ist? Diese Gabe beschert der Frau große Verführungskraft. Außerdem bietet sie auch in anderer Hinsicht Vorteile, sie erleichtert beispielsweise eine Entbindung.

Die Beherrschung der Vaginalmuskeln ermöglicht auch die geheime Körpersprache, die sich im *maithuna* entwickelt; darüber hinaus kann die Frau dem Mann dabei helfen, sich zu kontrollieren.

Jede Frau sollte deshalb diesen Muskelbereich trainieren, ihn also kräftigen und beherrschen lernen – unabhängig von ihrem Alter. Natürlich wird eine ab der Pubertät initiierte junge Inderin – etwa in bestimmten Regionen Indiens, wo die Mütter ihre Töchter unterweisen – einer Europäerin überlegen sein, aber schon die geringste Beherrschung ist von Nutzen.

Sahajoli, die Kontrolle der Vagina

Den Kenner Richard Burton zitierend, schreibt der Sexologe Alex Comfort in

Vaginalmuskulatur

The Joy of Sex: »Die gesuchteste von allen weiblichen Sexreaktionen. ›Sie muß [...] die *yoni* schließen und verengen, bis sie den *lingam* wie mit einem Finger festhält, nach Belieben öffnen und schließen, und schließlich verfahren wie die Hand des Gopala-Mädchens, das die Kuh melkt. Das läßt sich nur durch lange Übung erlernen und insbesondere, indem man den Willen in den betreffenden Körperteil verlegt, so wie die Männer sich bemühen, ihr Gehör zu schärfen. [...] Dann wird ihr Mann sie höher schätzen als alle Frauen, und er würde sie nicht für die schönste Königin der drei Welten eintauschen.‹« (S. 187)

Alex Comfort fügt hinzu: »Sie [die Partnerin] kann ihrerseits lernen, ihre Vaginal- und Beckenmuskulatur zu benutzen, ›indem sie ihr Herz in den beteiligten Körperteil verlegt‹, sagt Richard Burton. Dieser unübertreffliche Trick läßt sich erlernen, denn die Mädchen in Südindien kennen ihn. Es hat nichts mit ›Völkern‹, aber sehr viel mit Übung zu tun. Wie sie ihn lernen, wurde leider nie genau schriftlich festgehalten...« (S. 172/187)

Ich weiß nicht, ob ich wirklich der erste bin, der diesen Trick beschreibt, doch ermöglichen die nachfolgend beschriebenen und auch bewährten Tantratechniken jeder Frau, ihn zu erlernen.

In Indien werden die jungen dravidischen Shaktis frühzeitig in diese *sahajoli* genannten Techniken eingewiesen, oftmals bereits vor der Pubertät. Gewöhnlich erzieht die Mutter ihre Töchter. Sonst wird der Tantraguru diese Aufgabe übernehmen. Je frühzeitiger die Initiation stattfindet, desto kräftiger entwickeln sich die Muskeln und desto vollkommener wird deren Beherrschung sein.

Sahajoli gehörte auch zur geheimen Ausbildung der *devadasis*, der heiligen Tänzerinnen in den Hindutempeln, sowie der griechischen Hetären. Die letzteren mußten gleichsam als »Aufstiegsexamen« einen Test bestehen, in dem sie mit den Muskeln ihrer *yoni* einen Phallus aus Modelliermasse durchtrennten!

Die moderne abendländische Frau wird ihnen, da sie keine Erziehung auf diesem Gebiet genossen hat, nicht ebenbürtig sein, dennoch aber kann sie unabhängig von ihrem Alter mit ein wenig Ausdauer zu einem guten Ergebnis kommen. Denn die Vagina besteht vor allem aus Muskeln, die man wie alle anderen Muskeln trainieren kann. Mit *sahajoli* verhält es sich wie mit den *asanas*: Die indischen Yogis üben diese Stellungen meist von klein an und erlangen daher eine erstaunliche Beweglichkeit und Körperbeherrschung, wie sie dem erst im Erwachsenenalter Beginnenden nicht mehr gelingt. Aber die Erfahrung zeigt, daß man selbst im vorgerückten Alter durch Übung wieder Elastizität erlangen kann.

Wie ist vorzugehen? Die alles in allem recht einfache Methode gründet sich auf *mula bandha*. Dieses besteht in der Kontraktion der beiden Schließmuskeln des Anus und des analen Hebemuskels. Allerdings erfordert die tantrische Praxis das verfeinerte *mula bandha*, das ich nachfolgend beschreibe.

Mula bandha

Machen Sie sich in sitzender oder liegender Haltung die Analregion bewußt; atmen Sie dabei ruhig ein und aus. Nach etwa einer Minute, wenn Sie sich gut konzentriert haben, ziehen sie zunächst den ersten, den äußeren Afterschließmuskel zusammen. Wenn sie dann ein wenig fester drücken, erreicht die Kontraktion den zweiten Muskelring. Kontrahieren Sie schließlich den analen Hebemuskel und ziehen Sie so die beiden Schließmuskeln nach oben.

Bei langsamem und schrittweisem Vorgehen lassen sich die drei Ebenen gut unterscheiden, sogar schon beim ersten Versuch. Dann pressen Sie alle Muskeln zusammen, so fest Sie können, bis der ganze Analbereich vibriert. Manchmal werden Sie sogar spüren, wie ein Schaudern ihre Wirbelsäule durchläuft. Halten Sie diese Kontraktion bei angehaltenem Atem mindestens sechs Sekunden. Lösen Sie dann die *bandha*, bleiben Sie aber innerlich auf diese Muskeln konzentriert. Entspannen Sie nun den ganzen Bereich und spüren Sie dem daraus folgenden Wärmegefühl nach. Wenn Sie wollen, können Sie auch während der *bandha* weiteratmen. Wiederholen Sie den Vorgang nach Belieben, mindestens jedoch fünf Minuten.

Dank dieser kraftvollen Übung werden Sie eine Reaktion außer im Anus auch im Perineum, der Vulva, der Klitoris, der Vagina und sogar im Uterus feststellen. Das ist normal, denn die Schließmuskeln des Scheideneingangs und die des Anus bilden zwei Schlaufen wie bei einer Acht: Wenn man die eine zusammenzieht, hat das Auswirkungen auf die andere.

Machen Sie den Versuch: Ziehen Sie eine der beiden Schlaufen zusammen und achten Sie auf die Empfindungen, die Sie in die Verbindung mit dem Perineum, dem Anus und dem Scheideneingang wahrnehmen.

Wenn diese Übung gut gelungen ist, richten Sie Ihre Aufmerksamkeit mehr nach innen, in die Vagina, wo Sie neue Empfindungen feststellen werden. Dank *mula bandha* und vor allem auch der folgenden Übung werden die anfangs schwachen Kontraktionen rasch kraftvoller.

Wie alle Schließmuskeln und Hohlorgane, so ist auch die Vaginalmuskulatur in der Lage, sich zusammenzuziehen. Während des Orgasmus wird die *yoni* in rhythmischen Wellen konstringiert, was lustvolle, sich auch auf den *lingam* übertragende Empfindungen erzeugt.

Straffung der Vaginalmuskeln

Folgende Übung für die Vaginalmuskelkräftigung wird normalerweise nicht während des Geschlechtsverkehrs und ohne erotische Erregung durchgeführt. Um eine wirksame Konstriktion zu ermöglichen, wird der *lingam* durch einen geeigneten zylindrischen Gegenstand ersetzt: Je ähnlicher er dem *lingam* ist, desto besser wird die *yoni* ihn umklammern können. Später kann die Übung dann mit einem richtigen *lingam* durchgeführt werden, etwa im Weg des Tals.

Vaginalmuskulatur

Der *lingam*ähnliche Gegenstand muß nicht den gleichen Durchmesser wie ein echter *lingam* aufweisen, er kann auch geringer sein. Der Zapfen einer Vaginaldusche wäre dafür geeignet, da er so konstruiert ist, daß er keine Reizung oder Verletzung verursacht. Viele Frauen benutzen einen Vibrator, wie er in Sexshops erhältlich ist. Wenn die *yoni* zu trocken ist, befeuchten Sie den Pseudo*lingam* mit Speichel oder einem in der Apotheke erhältlichen gynäkologischen Gel, niemals aber mit einer fetthaltigen Substanz. Nachdem der Zylinder in die Vagina eingeführt ist, können Sie Ihre Muskeln spüren und sich auf sie konzentrieren.

Die Übung wird natürlich auf dem Rücken liegend ausgeführt. Wenn sich der Gegenstand in der Scheide befindet, ziehen sie die beiden Afterschließmuskeln so fest es geht zusammen, um ihn so fest wie möglich zu umklammern. Halten Sie diese Konstriktion, in die immer mehr Muskeln des Anal- und Genitalbereichs einbezogen werden, mindestens sechs Sekunden lang mit angehaltenem Atem bei leeren Lungen. Danach atmen Sie wieder ein und entspannen diese Muskeln. Nach drei bis vier normalen Atemzügen führen Sie erneut das *mula bandha* durch, doch diesmal mit angehaltenem Atem bei gefüllten Lungen. Das Ganze bildet einen Zyklus, den Sie nach Belieben wiederholen.

Variante: Einatmen, danach drei Sekunden *mula bandha*, drei Sekunden Ausatmen, dabei die Muskeln entspannen; wieder Einatmen, erneut drei Sekunden *mula bandha* und so fort.

Die Gesamtdauer beträgt etwa drei Minuten, falls Sie nicht vorher ermüden. Wichtig ist die Regelmäßigkeit: Eine kurze, aber tägliche Ausführung ist besser als lange, aber sporadische Sitzungen.

Handhabung des Gegenstands

Nachdem Sie die Muskulatur der Vagina trainiert haben, sollen Sie lernen, den *lingam*ähnlichen Gegenstand zu »handhaben«, um die vollkommene Beherrschung der *yoni* zu erlangen. Ich schreibe deshalb »handhaben«, weil die *yoni* in der Tat so kräftig und geschickt werden soll wie die Hand einer *gopi*, einer Kuhhirtin, die eine Kuh melkt: Alex Comfort verwendet ausdrücklich diesen Vergleich!

Um diese Fähigkeit zu erlangen, empfiehlt sich ein Gegenstand, der wie ein Anzeigeinstrument funktioniert. Wenn Sie den Zapfen der Vaginaldusche verwenden, führen Sie an dessen freiem Ende, das aus der Scheide herausragt, einen etwa zwanzig Zentimeter langen Schaft ein; das Ausmaß seiner Bewegung zeigt Ihnen die Wirkung der Vaginalkontraktionen an. Anfangs wird er sich durch das rhythmische Zusammenziehen der ersten Übung vor und zurück bewegen, später dann, mit etwas mehr Praxis, seitlich. Die große Kunst besteht schließlich darin, den Schaft im Uhrzeigersinn und anschließend in umgekehrter Richtung zu bewegen. Dieses Ziel zu erreichen, ist zwar nicht obligat, zeigt aber, wie weit die Übungen gehen können. Im Westen wird jede Frau, die sich ihnen täglich auch nur fünf Minuten widmet, ungeahnte Kraft und Beherrschung erlangen. Es lohnt wirklich die Mühe, denn diese Übungen können das Leben eines Paars verändern und darüber hinaus jeder Frau, auch nach dem Klimakterium, die elastische, muskulöse und gut befeuchtete Vagina einer jungen Frau erhalten oder wiedergeben – und das ist so wünschens- wie begehrenswert.

Kann man auch ohne Requisit üben? Natürlich, aber mit einem Gegenstand ist es wirkungsvoller. Er spielt die Rolle der Hanteln beim Krafttraining, deren Gewicht die Muskeln stärkt. Dasselbe gilt auch für den Muskelring der Scheide. Um ihn zu kräftigen, muß man ihn dehnen und ihm einen Widerstand bieten. Diese doppelte Funktion übernimmt der *lingam*ähnliche Gegenstand.

Die Kontraktionen bewirken zusammen mit der mentalen Konzentration einen starken Blut- und Energiestrom *(prana)* in den Geschlechtsorganen. Dies hat eine ausgesprochen positive Wirkung auf das hormonelle Gleichgewicht im Bereich der Genitalien und damit auch auf den gesamten Organismus.

Diese Übungen erzeugen auch angenehme Empfindungen, sind unauffällig, lassen sich deshalb jederzeit und überall durchführen, sogar in der U-Bahn! Selbstverständlich ohne einem Requisit! Dennoch gibt es zwei besonders geeignete Gelegenheiten dafür: abends im Bett vor dem Einschlafen und morgens gleich nach dem Aufwachen, ebenfalls im Bett.

Die vollkommene Vaginalkontrolle

Die folgenden Übungen ermöglichen es der Frau, sich in der »Kunst« der Vaginalkontrolle zu vervollkommnen, die nicht das Vorrecht tantrischer Shaktis oder anderer Orientalinnen bleiben soll.

Im *Ananga-ranga* steht: »Bei manchen Völkern sind die Schließmuskeln der Vagina gut ausgebildet. In Abessinien beispielsweise kann die Frau sie so fest zusammenziehen, daß sie in der Lage ist, dem Mann weh zu tun. Rittlings auf den Schenkeln ihres Partners sitzend, kann sie die Ejakulation auslösen, ohne andere Körperteile zu bewegen. Solche Künstlerinnen nennen die Araber *kabbazah*, was wörtlich ›das Umklammernde‹ bedeutet; es nimmt nicht wunder, daß die Sklavenhändler für solche Frauen große Beträge bezahlen.

Jede Frau verfügt mehr oder minder über diese Fähigkeit, doch sie vernachlässigt sie oft völlig: tatsächlich wissen viele Völker nicht einmal davon.

[...] Um ihrem Mann Lust zu bereiten, muß sie sich stets darum bemühen, ihre *yoni* zusammenzuziehen, bis sie den *lingam* fest umklammert, wie eine Hand, die sie nach Belieben öffnet und schließt. Das läßt sich nur durch lange Übung erlernen und insbesondere, indem man den Willen in den betreffenden Körperteil verlegt, wie jemand, der auf ein sehr leises Geräusch lauscht.«

Durch die zuvor beschriebenen Übungen erwirbt die Shakti die Fähigkeit, die Muskeln des Anal- und Vaginalbereichs insgesamt zu kontrahie-

Vaginalmuskulatur

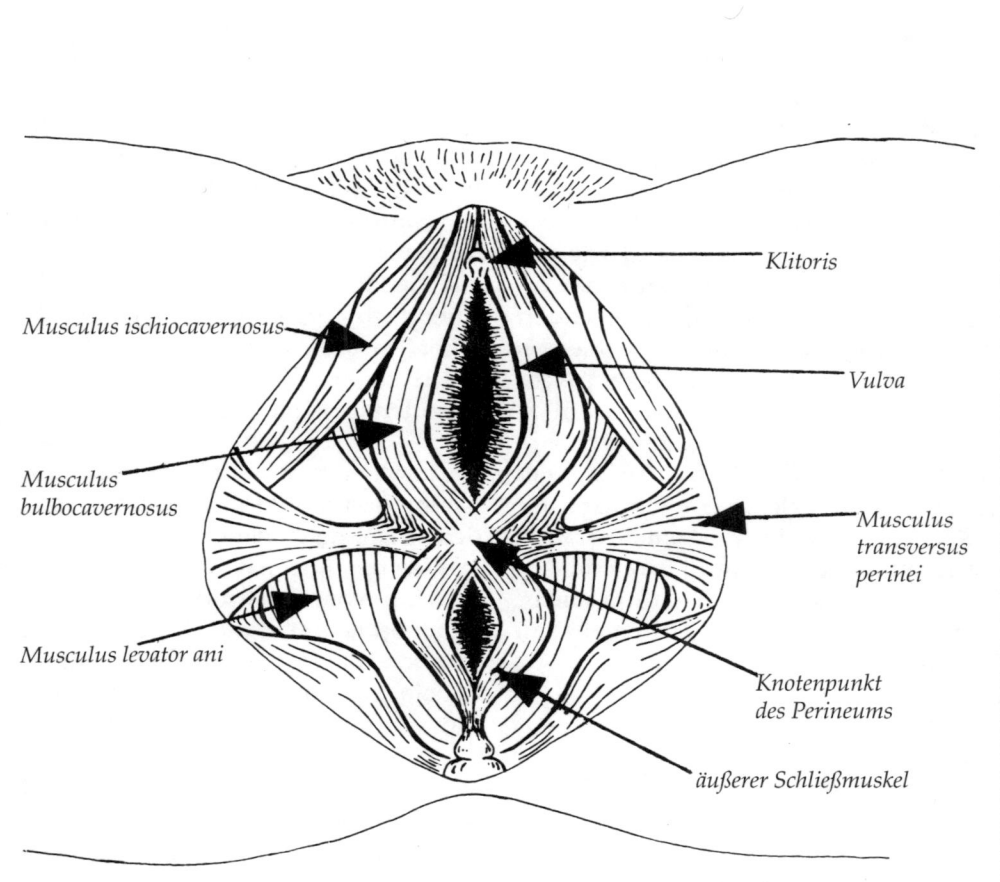

Wie diese Namen zeigen, ist die Struktur von Muskeln und Bändern im Genitalbereich bei beiden Geschlechtern identisch. Die verschiedenen Übungen für Muskelkontrolle und Leistungskraft der Genitalien betreffen daher gleichermaßen Mann und Frau.

ren oder zu entspannen. Die folgenden Übungen ermöglichen es, dies mit den einzelnen Muskeln zu tun.

Bereits in den Übungen zuvor bezieht *mula bandha* die Hebemuskeln der Vagina mit ein, die am Schambein verankert sind. Ihre Fasern verlaufen an der Vulva entlang bis zur Klitoris, die auf diese Weise erigierbar ist wie der *lingam*. Die separate Bewegung der Vaginalmuskulatur, die ich im folgenden beschreibe, ergänzt die des Perineums – des Damms –, jener kleinen Weichteilbrücke zwischen Anus und Vulva. Hier befindet sich übrigens auch *muladhara chakra*, das Wurzel*chakra*, einer der großen vitalen Knotenpunkte des Körpers. Auch die Muskeln des Unterleibs unterstützen die Tätigkeit der Vaginalmuskulatur – ein Grund mehr, den Muskelring des Abdomens zu kräftigen.

Wie die Hand einer Gopi

Die Shakti wird nun lernen, jeden Muskel aus diesem Komplex einzeln, also getrennt von den anderen, zu kontrahieren. Das ist kein Kunststück.

Erst versucht man, Rektum und Vagina voneinander zu trennen, um letztere zu kontrahieren. Mit ein wenig Ausdauer gelingt das ohne große Mühe. Danach wird abwechselnd der Schließmuskel des Scheideneingangs und der Hebemuskel zusammengezogen und wieder entspannt. Um die Wirkung zu überprüfen, wird ein Finger in die Scheide gesteckt: Der Schließmuskel umklammert ihn, während ihn der Hebemuskel nach innen zieht.

Das Ziel ist, daß die Kontraktion der Vaginalmuskulatur wellenförmig von oben nach unten und von unten nach oben verläuft. Jetzt erst gewinnt der Vergleich mit der Hand einer Gopi seinen Sinn. Ohne selbst mit dem Kuhmelken vertraut zu sein, weiß jeder, daß die Finger bei dieser Tätigkeit sich einer nach dem andern um das Euter schließen und dann durch Druck die Milch herauspressen. Die Arbeit der Scheidenmuskeln vollzieht sich ähnlich.

Zunächst wird der Hebemuskel der Vagina kontrahiert (am besten, nachdem man den zylindrischen Gegenstand eingeführt hat), dann entspannt man ihn, vom Gebärmutterhals ausgehend Stufe um Stufe. Danach kehrt man die Bewegung um: Vom Scheideneingang aus kontrahiert man langsam von unten nach oben.

Während der theoretischen Übung, also außerhalb des *maithuna*, erfordert das Trainieren der Vaginalmuskulatur eine bewußte und sorgfältige Kontrolle, die dann bei der Vereinigung im *maithuna* fast von allein geschieht. Im Grunde genommen wird hier bewußt nachvollzogen, was beim Orgasmus vor sich geht. Überdies wird die Frau neue Lustgefühle entdecken und – nun Expertin auf diesem Gebiet – dem Partner helfen können, sich zu beherrschen.

Indem die Frau den Mann auf diese Weise im Bemühen, der Ejakulation aus dem Weg zu gehen, unterstützt, öffnet sie ihm den Weg zum männlichen Orgasmus.

Mula bandha im Stehen

Diese Übung wird im Stehen – mit oder ohne *lingam*ähnlichem Gegenstand – ausgeführt. Das Körpergewicht ruht dabei mehr auf den etwa zwanzig Zentimeter voneinander entfernten Fersen als auf den Zehen, damit Rumpf und Beine besser entspannt werden. Die Arme hängen seitlich herab. Man kann sie jedoch auch auf den Rücken nehmen und mit verschränkten Fingern das Gesäß berühren, um so die Kontraktionen besser zu spüren.

Denken Sie jetzt an Kniescheiben, die sozusagen nach vorne schauen. Dann richten Sie, ohne die Füße zu bewegen und indem Sie das Gesäß kontrahieren, die Kniescheiben so weit wie möglich nach außen, so daß sie sozusagen »schielen«; versteifen Sie dabei jedoch nicht den Oberkörper. Die Kontraktion von Gesäß und Unterleib erzeugt ein unwillkürliches *mula bandha*, das bei normaler Weiteratmung lange gehalten werden kann.

Indem Sie den Scheideneingang zusammenziehen, spüren Sie, wie die Klitoris nach unten gezogen wird. Möglicherweise tritt eine Erektion ein: In diesem Fall machen Sie sich ihre Muskulatur bewußt. Für das Tantra befindet sich in der Klitoris das *chakra svadisthana*, das vitale Zentrum, das die *kundalini* aktiviert, während *muladhara*, das Wurzel*chakra*, am Perineum liegt. *Mula bandha* stimuliert den Bereich insgesamt.

Durch die Bewußtmachung der Klitorismuskeln lassen sich diese trennen, einzeln kontrollieren und intensiver zusammenziehen. Fahren Sie etwa eine Minute lang mit dieser Übung fort, entspannen Sie sich dann und spüren Sie, noch immer im Stehen, der Übung im Genitalbereich, vor allem aber im Bereich der Klitoris, nach.

Diese Übung kräftigt den gesamten Beckenboden und den Unterleib; sie kann beliebig oft, auch mehrmals am Tag, wiederholt werden. Unauffällig, wie sie ist, kann man sie sogar in der Öffentlichkeit durchführen, was auf die nun folgende nicht zutrifft.

»Hula-Hoop«

Auch diese Übung findet im Stehen statt, indem man mit dem Becken einen Kreis beschreibt, es ist also eine Art Bauchtanz.

Die Füße stehen in mindestens dreißig Zentimeter Abstand voneinander entfernt und zeigen nach außen. Gehen Sie dann in die Knie, um das Becken etwa zwanzig Zentimeter, nicht mehr, zu senken. Legen Sie die Hände auf die Hüften.

In dieser halb sitzenden, halb stehenden Haltung beschreiben Sie mit dem Becken einen möglichst weiten Kreis, wie mit einem Hula-Hoop-Reifen; dabei ist der Unterleib kontrahiert, der Rücken aber entspannt. Während der gesamten Übung bleiben Oberkörper und Kopf an einer Stelle; die Bewegung findet ausschließlich unterhalb der Taille statt.

Anfangs unterteilt man den Bewegungsablauf in vier Abschnitte:

1. Schwingen Sie mit dem Becken das Schambein nach vorn und hinauf.

2. Schieben Sie die Hüfte nach links.
3. Schwingen Sie das Gesäß nach hinten.
4. Schieben Sie schließlich die Hüfte nach rechts.

Miteinander verbunden ergeben diese vier Bewegungen ein vollständiges Beckenkreisen. Führen Sie auf diese Weise drei Drehungen in eine, dann drei in die andere Richtung durch. Danach richten Sie sich wieder auf; die Füße bleiben in gespreizter Stellung.

Erholen Sie sich ein wenig, atmen Sie ruhig durch, und beobachten Sie die Wirkung, vor allem im Beckenboden. Danach beschreiben Sie wieder einen Zyklus von zwei mal drei Drehungen und beliebig so fort.

Diese Übung macht das Becken beweglich und steigert die sexuelle Leistungsfähigkeit. Die von den Lendenwirbeln ausgehenden Nerven werden angeregt und gekräftigt, was dem gesamten Genitalapparat zugute kommt.

Bei drei Minuten täglicher Übung werden die Schenkel kräftig und schlank, und die Zellulitis wird positiv beeinflußt. Außerdem bekämpft das Hula-Hoop auch ein Übel unserer Zeit – die Obstipation!

Ein Muskel gegen Frigidität

Mary Cool (der Name ist erfunden, der Fall aber wahr), eine zweiundvierzig Jahre alte Frau aus den USA, hielt sich für »frigide«, und zwar im höchsten Maß: Nach zwanzig Jahren Ehe hatte sie noch nie einen Orgasmus gehabt, und das Sexualleben beschränkte sich auf ein paar kurze Vereinigungen pro Jahr (!), und die waren enttäuschend. Im günstigsten Fall fühlte sie nichts, in den anderen Fällen war die Scheide so trocken, daß der Verkehr für beide unangenehm war. Kurz, ein scheinbar unheilbarer Fall.

Ein weiteres Unglück erwies sich später als ein Glück: Sie litt an unwillkürlichem Harnfluß. Wenn der Druck im Bauch plötzlich anstieg, etwa beim Niesen oder Husten, war ihr Slip durchnäßt. Dasselbe geschah beim Heben schwerer Gegenstände oder beim Laufen.

Nach sieben Jahren hatte sie genug und wollte sich operieren lassen, als sie von einer Freundin erfuhr, daß ein Gynäkologe namens Arnold Kegel solche chirurgischen Eingriffe umging, indem er den Muskel, der das Schambein mit dem Steißbein verbindet *(Musculus pubococcygeus)*, heilgymnastisch behandelte. Arnold Kegel ist auch der Erfinder des »Perineometers«: Dieser Apparat besteht aus einem Gummizylinder, der mit einem Manometer gekoppelt ist. Der Zylinder wird in die *yoni* eingeführt, die Frau preßt ihre Vagina so fest wie möglich zusammen, und das Gerät zeigt den erreichten Druck – sowie die später erzielten Fortschritte – an.

Die erste Untersuchung erbrachte eine Atrophie der stark gedehnten Vaginalmuskulatur: Die Nadel des Manometers blieb beharrlich auf Null. Mary Cool wußte nicht, daß man diese Muskeln kräftigen kann, doch nach nur sechs Wochen Training zeigte das Manometer bereits 12 mm Hg an. Nach drei Monaten war der Harnfluß vergessen. Bei der letzten Visite wurden mit dem Manometer 22 mm Hg gemessen, die Vaginalmuskulatur hatte sich gut entwickelt und gekräftigt.

Errötend, aber mit einem Lächeln, teilte Mary dem Arzt ihr Bedauern mit, daß sie nicht schon zwanzig Jahre früher von der Möglichkeit, diesen Muskel zu trainieren und zu kräftigen, gewußt hatte. Sie sagte ihm auch, daß sie und ihr Mann jetzt in einer Woche mehr Verkehr hätten als früher in einem Jahr! Sie gestand ihm sogar, den allerersten Orgasmus gehabt zu haben.

Folglich ist es niemals zu spät, und eine scheinbar frigide Frau ist in Wirklichkeit eine sinnliche Frau, die nur noch nichts davon weiß. Schade, daß es durch Unwissenheit so viele Mary Cools gibt!

Gestützt auf die nicht vorhersehbaren, aber zufriedenstellenden Ergebnisse seiner Harnflußbehandlung, veröffentlichte Arnold Kegel 1951 einen Artikel über die Geschlechtsfunktion, in dem er dazu rät, bei vermeintlich frigiden Frauen als erstes die Vaginalmuskulatur zu untersuchen, vor allem den Muskel zwischen Scham- und Steißbein. In vielen hundert Fällen konnte er einen direkten Bezug zwischen dem Ausbleiben sexueller Empfindungen und der mehr oder minder ausgeprägten Verkümmerung dieses Muskels ermitteln. Andererseits stellte er fest, daß sexuell gut entwickelte Frauen im allgemeinen eine muskulöse, straffe und elastische Vagina aufweisen, Harnfluß praktisch nicht kennen und wenig gynäkologische Probleme haben.

Das ist logisch, denn die Scheidenschleimhaut ist im Gegensatz zu den Vaginalmuskeln nur mit sehr wenigen Nerven ausgestattet, deshalb auch weniger empfindsam. Wenn nun die Muskeln verkümmern, schlaff und in ihrer Existenz weitgehend unbekannt sind, werden die sexuellen Empfindungen natürlich geringer sein. Zudem leiden viele Frauen im Klimakterium an Östrogenmangel, der eine dünne und trockene Schleimhaut zur Folge hat.

Tantra hat dank häufigen und ausgedehnten Geschlechtsverkehrs bei vielen dieser Frauen die Sekretion der Scheidenflüssigkeit reaktiviert. Das legt die Vermutung nahe, daß die Hormone wieder in ausreichender Menge produziert werden und man somit auch der Gefahr einer Osteoporose ohne Hormonbehandlung begegnen kann.

Betrafen die vorangegangenen Übungen die Schließ- und Hebemuskeln des Anus und der Vagina, so zielen die folgenden auf die Straffung des Schambein-Steißbein-Muskels ab, den die Abbildung auf Seite 425 als wesentlichen Teil des Beckenbodens ausweist und der durch drei Öffnungen charakterisiert ist, und zwar dem Anus, der Vagina und der Harnröhre.

Erste Übung

Legen Sie einen Teppich oder eine fest zusammengerollte Decke auf den Boden und setzen Sie sich rittlings, also mit den Knien auf der Erde, darauf. Beachten Sie, daß Vulva und Steißbein fest auf der Rolle liegen; das erleichtert die Bewußtmachung des Schambein-Steißbein-Muskels und das Gefühl für die Wirkung der Übung.

Die Hände dienen Ihnen als Perineometer. Die linke befindet sich vorn zwischen Rolle und Vulva und legt sich auf diese. Wenn Sie nackt sind, führen Sie den Mittelfinger oder diesen zusammen mit dem Ringfinger in die Scheide ein.

Die rechte Hand schiebt sich hinter den Rücken: Der Mittelfinger preßt sich auf die Stelle zwischen Steißbein (das dabei berührt werden muß) und Anus. Kurz gesagt, der linke Mittelfinger ist in der Vulva, der rechte am Steißbein.

Jetzt sind Sie bereit für die Übung. Schließen sie die Augen, um sich besser zu konzentrieren. Atmen Sie tief ein, und entleeren Sie dann gründlich die Lungen, halten Sie den Atem an und ziehen Sie den Schambein-Steißbein-Muskel so fest wie möglich zusammen, bis der ganze Beckenboden vibriert.

Unter dem Mittelfinger der rechten Hand spüren Sie, wie das Steißbein sich nach vorn bewegt. Mit der linken Hand fühlen Sie, wie die Vulva reagiert. In diesem Stadium ist es normal, diesen Muskel, das Gesäß und die Afterschließmuskeln gleichzeitig zu kontrahieren. Wir werden Sie später getrennt trainieren. Im Augenblick ist die Straffung das Wichtigste.

Sobald das Anhalten des Atems unangenehm wird, atmen Sie wieder ein und entspannen den Beckenboden. Ruhen Sie sich zwei oder drei normale Atemzüge lang aus und beginnen Sie dann von neuem, durchschnittlich etwa fünfmal.

Diese Übung kann auch auf einem Stuhl sitzend ausgeführt werden, vorzugsweise auf einem gepolsterten, damit die Vulva mit dem Sitz in Kontakt ist. Wenn es keine störenden Zeugen gibt, plazieren Sie die Hände wie angegeben. Sonst läßt sich die Übung auch unauffälliger durchführen, aber mit den Händen ist der Ablauf besser zu verfolgen.

Ein festes und muskulöses Gesäß

Außer dem Schambein-Steißbein-Muskel spielen auch die Gesäßmuskeln eine wichtige Rolle. Die Übung dafür ist einfach: Sie sitzen entweder im Schneider- oder Lotossitz auf dem Boden oder auf einem Stuhl. Leeren Sie gründlich die Lungen, halten Sie den Atem an, und spannen Sie das Gesäß so fest wie möglich an. Wenn das Atemanhalten unangenehm wird, atmen Sie wieder ein und entspannen das Gesäß. Nach ein paar normalen Atemzügen wiederholen Sie die Übung, insgesamt etwa vier- bis fünfmal.

Später versuchen Sie, Schambein-Steißbein-Muskel und Gesäßmuskeln getrennt zu kontrahieren. Auch das Atmen während der Übung geht dann normal weiter, so daß die Übung länger ausgeführt und die Kontraktion intensiviert werden kann.

Regel: Die Erholungsphase ist etwa doppelt so lang wie die Kontraktionszeit.

Die nächste Stufe besteht darin, dieselben Muskeln mehrmals hintereinander und sehr schnell anzuspannen und zu lösen. Über ihren tantrischen Gebrauch hinaus ersparen diese Übungen so manche gynäkologischen Probleme, insbesondere nach einer Entbindung und im Klimakterium.

Das Gesäß ist nicht nur für die sexuelle Leistungskraft bei Mann und Frau sehr wichtig, es trägt auch viel zum weiblichen Sex-Appeal bei. Ich möchte in diesem Zusammenhang noch ein erprobtes Verfahren der Ballerinen von einst erwähnen, die sich eine fingerdicke und fünf Zentimeter breite Scheibe zwischen die Pobacken schoben. Falls nicht vorhanden, erfüllt ein Radiergummi denselben Zweck!

Die Übung wird im Stehen durchgeführt. Wenn die Scheibe zwischen den Pobacken sitzt, atmen Sie gründlich ein, halten den Atem an und kneifen die Scheibe – oder den Radiergummi – fest zusammen. Dann wippen Sie mit dem Becken, indem Sie das Schambein nach vorne und oben stoßen. Halten Sie diese Stellung, solange sie bequem ist, und leeren Sie dann die Lungen. Ausruhen, entspannen. Wiederholen Sie die Übung fünfmal, sie kann bei Bedarf auch ohne Requisit durchgeführt werden.

Schlanke Schenkel

Schlanke und muskulöse Schenkel sind ein sexuelles Attribut für Tantriker beiderlei Geschlechts.

Stellen Sie die Füße etwa dreißig Zentimeter auseinander, und lassen Sie das Körpergewicht auf den Fersen ruhen. Atmen Sie ein, und halten Sie den Atem an; dann drehen Sie die Füße auf den Fersen, bis die Zehen so weit wie möglich nach außen zeigen. Gleichzeitig wippen Sie mit dem Schambein nach vorn und oben und kontrahieren den Hebemuskel des *lingam* beziehungsweise der Vagina.

Halten Sie diese Stellung so lange wie möglich, leeren Sie dann die Lungen und entspannen Sie den Muskel.

Eine drei- bis fünfmalige Wiederholung der Übung ist zu empfehlen.

Die gleiche Übung wird dann mit dem auf den Zehen liegenden Körpergewicht und mit nach außen gedrehten Fersen durchgeführt. Dies unterstützt die Kräftigung der restlichen Schenkelmuskulatur.

Paarübung

Das tantrische Paar Arvind und Shanta Kale aus Indien schlägt folgende Übung vor:

»Die Partner sitzen einander gegenüber, jeder auf einem Schemel. Der Abstand muß so bemessen sein, daß sie einander die Knie umklammern können. Während sie sich an den Schultern halten, versucht der Partner, dessen Knie gefangen sind, diese zu spreizen, also zu befreien; der andere verhindert dies und drückt so fest wie möglich dagegen, während er bis sechs zählt. Dann entspannt er sich, und die Positionen werden vertauscht. Die Übung sollte langsam bis auf insgesamt fünf Minuten ausgedehnt werden. Einmal pro Woche genügt.«

Das Perineum, ein strategischer Knotenpunkt

Die anatomischen Einzelheiten sind vielleicht ein wenig abstoßend, aber sie sind nötig, um die Übungen, vor allem das Perineum betreffend, genau zu verstehen und auszuführen.

Das Perineum ist die Weichteilbrücke zwischen After und äußeren Geschlechtsteilen, umfaßt also einen recht ausgedehnten Bereich, den ich, um Verwechslungen auszuschließen, lieber Beckenboden nenne. Um ihn besser lokalisieren zu können, betrachten Sie am besten die Abbildungen auf Seite 398 und 425.

Seine Lage zwischen Anus und Vagina beziehungsweise Anus und Bulbus an der Peniswurzel macht ihn zu einem wahren tantrischen »Gibraltar«: Alle großen Genitalmuskeln (insgesamt acht!) und die Muskelfasern von Rektum und Anus laufen hier zusammen und kreuzen sich. Es handelt sich um einen wahrhaftig fest geknüpften Knoten. Bei der Entbindung wird er stark beansprucht, und es kommt häufig zu Verletzungen. Wenn diese durch den Chirurgen nicht behoben werden, ist der anale Hebemuskel nicht in der Lage, den Beckenboden zu halten.

Diese Komplikation nennt man Zystozele: Einstülpung der Harnblase in die vordere Scheidenwand, manchmal mit einem Vorfall bis in den Scheideneingang und weiter. Die folgende Übung kräftigt die Genitalmuskeln und verringert dieses Risiko ganz erheblich.

Es ist wie folgt zu verfahren: Knien sie sich auf den Boden und setzen Sie sich auf oder zwischen die Fersen, oder setzen Sie sich einfach auf einen Stuhl. Schließen Sie die Augen und vergessen Sie eine Weile die Schließ- und Hebemuskulatur des Anus sowie die Muskeln der *yoni*. Konzentrieren Sie sich ganz auf das Perineum. Wenn Sie ganz bei der Sache sind, ziehen Sie ohne Hast alle strahlenförmig mit dem Perineum verbundenen Muskeln zusammen, und zwar nacheinander und konzentrisch. Spannen Sie den Beckenboden fest an, bis er vibriert, dann die Unterleibsmuskeln, nicht aber das Gesäß, die Schenkel und das Kreuz. Atmen Sie normal, und halten Sie die Kontraktion so lange wie möglich. Anfangs werden das nur ein paar Sekunden sein, aber mit ein wenig Praxis kommen Sie leicht auf eine Minute oder länger.

Merken Sie sich, daß in dieser Übung die Kontraktion vom Knoten des Perineums ausgeht und sich konzentrisch und schrittweise über den ganzen Beckenboden fortsetzt.

Der zweite Teil der Übung beginnt, wenn Sie die Kontraktion nicht mehr halten können. Lassen Sie die Spannung nicht auf einmal los, sondern lösen Sie sie allmählich, und zwar in umgekehrter Richtung, also von der Peripherie zum Ausgangspunkt, dem Perineum, hin.

Entspannen Sie anschließend diese Muskeln, und richten Sie Ihre Gedanken auch weiterhin auf diesen Bereich. Gehen Sie aufmerksam den Wahrnehmungen nach, die Sie empfinden (Hitze, Pulsieren, feine Vibrationen usw.); dadurch fließt *prana*, die Lebensenergie, ein. Die Entspannungs- und Verinnerlichungsphase ist mindestens so wichtig wie die Kontraktionsphase, denn in ihr wird die in den Übungen aktivierte Lebensenergie auf den gesamten Genitalbereich verteilt.

Eine Kontraktion, der eine gründliche Entspannung folgt, bildet einen Zyklus. Die vollständige Übung umfaßt mindestens drei Zyklen; sie kann überall und jederzeit durchgeführt werden und gilt gleichermaßen für Frau und Mann.

Diese Übungen, die unmittelbar auf *maithuna* abzielen und seine Erfüllung gewährleisten, haben jedoch auch einen absoluten Wert: Sie nutzen allen, auch außerhalb jeglicher Geschlechtsbeziehungen, denn sie leiten die Lebensenergie in die Keimdrüsen, die auf diese Weise gekräftigt werden und ihre Produktion an verjüngenden Hormonen verstärken. Die Auswirkungen sind kumulativ, das heißt, sie addieren und intensivieren sich mit der Zeit. Das sollte zu täglicher Übung ermutigen!

7
Tantra in unserer Welt

Tantrische Initiation im Abendland

Die tantrische Initiation im Abendland stellt ein Problem dar, wie der folgende Brief zum Ausdruck bringt: »Da ich an Tantra sehr interessiert bin, habe ich über dieses Thema umfangreiche Literatur gelesen, und ich halte diese Lebens- und Denkweise für die kühnste, die es gibt. Ich habe mich jedoch nie auf die Suche nach einer Initiation begeben, weil ich fürchtete, daß das Image, das vom Tantra im Westen umgeht und in dem es mit einer Zusammenstellung schlüpfriger Kunststücke gleichgesetzt wird, allzu viele Scharlatane hervorbringt.

Ich erlaube mir daher, Sie zu fragen, wo ich diese Praktik ernsthaft erlernen oder vertrauenswürdige Leute kennenlernen kann.«

Ich habe geantwortet, daß ich nicht in der Lage sei, eine solche Adresse zu nennen. Tatsächlich besteht das Problem schon länger, aber es wird in dem Maß zunehmen, wie Tantra an Boden gewinnt. Wegen des schlechten Leumunds, den die Tantriker ihren Gegnern verdanken, und auch infolge der Diskretion der wahren Tantriker, geben sich seltsame Gestalten mehr als zweifelhaften Praktiken hin und werden es auch in Zukunft tun, und das sogar in Indien. Denn die authentischen tantrischen Gurus sind auch dort dünn gesät und werden überdies durch Anfeindungen in eine Schattenexistenz gedrängt. Weil man sie in der Öffentlichkeit nicht kennt, ist es sehr schwierig, an sie heranzukommen.

Ist die Lage aussichtslos? Nein, denn ich glaube, es ist möglich, den Grundgehalt von Denkweise und Praktiken des Tantra schriftlich zu vermitteln, wozu wäre sonst dieses Buch gut? Ich ziehe ein seriöses Werk immer noch einer Pseudoinitiation durch einen Pseudoguru vor. Es gibt gute Bücher über Tantra, aber sobald es an die Praxis geht, fehlen ihnen die Worte.

Allerdings kann ich die Zurückhaltung dieser Autoren verstehen. Ich selbst habe lange gezögert, bevor ich mich zu einer Veröffentlichung dessen entschloß, was ich im Lauf der Jahre zusammentragen konnte. Aber eine sachgerechte Information ist immer noch der beste Schutz gegen falsche Gurus; immerhin ermöglicht sie, auch ohne personelle Hilfe sehr weit auf dem tantrischen Pfad voranzuschreiten.

Dennoch kann bei einer genügenden Anzahl ernsthafter Adepten die vollständige und authentische Initiation unter Einhaltung von Diskretion und Stillschweigen möglich werden. Dabei sind einige unumstößliche Regeln zu beachten. Die Initiation ist stets individuell – es gibt also keine Masseninitiationen – und wird erst nach einer sorgfältigen körperlichen und seelischen Vorbereitung gewährt, die sich oftmals über mehrere Jahre erstreckt. Und das Ganze steht in einem spirituellen Zusammenhang.

Schließlich stellt sich bei uns das Problem des Gurus, der im Tantra eine noch entscheidendere Rolle spielt als im Yoga.

Guru und Schüler

Seit jeher ist der Guru Kernpunkt des Tantra gewesen, und seine Beziehung zum Schüler erreicht vor allem auf dem linken Weg eine Intensität und Intimität, die nur jene begreifen können, die sie erlebt haben. Es ist wie mit einem Leckerbissen: Erst wenn wir ihn gekostet haben, wissen wir, wie er schmeckt. Alle Abhandlungen dieser Welt können uns diese Erfahrung nicht ersetzen. Hier jedoch muß ich mich auf die Beschreibung beschränken, um den wahren tantrischen Guru vom Pseudoguru zu unterscheiden.

Der Satz: »Ist der Schüler bereit, kommt der Guru beizeit'« ist in der Tat wahr. Aber auch das Umgekehrte gilt: »Ist der Meister bereit, kommt der Schüler beizeit'«. Ihre unvorhersehbare Begegnung ist in beider Leben ein einschneidendes Erlebnis, so unauslöschlich wie eine Tätowierung. Beachten wir, daß im Tantra Guru und Chela häufig entgegengesetzten Geschlechts sind und der Guru genausogut eine »sie« sein kann!

Weder Schüler noch Guru begeben sich auf die Suche nach dem anderen; sie warten, daß »es« geschieht. Dieses »es« unterliegt nicht dem Zufall. In vieler Hinsicht ähnelt die Begegnung zwischen Guru und Chela der Liebe auf den ersten Blick, in dem Sinn, daß sie sich sofort erkennen. Woran? Darauf gibt es keine Antwort. Es ist so, und das genügt. **Sie** wissen. Ihr Zusammentreffen stellt sich auf geheimnisvolle Weise eher wie ein Wiedersehen denn eine Entdeckung dar. Sogleich entsteht zwischen ihnen ein unverbrüchliches, dauerhaftes Band, eine tiefe Gefühlsbindung: »Danach« ist nichts mehr wie »zuvor«.

Der tantrische Guru ist zugleich Ausbilder, Meister, Bewahrer der Überlieferung, ein Führer, der Zweifel beseitigt, Unterweisungen gibt, Techniken vermittelt und die Praxis anleitet. Der Schüler hat sich meist – aber nicht notwendigerweise – seit langem durch Ausübung yogischer und tantrischer Techniken unter Anleitung verschiedener Ausbilder auf diese Begegnung vorbereitet.

Die Gegenseitigkeit ihrer Beziehung erzeugt eine psychische Katalyse. Was weder der eine noch der andere für sich allein verwirklichen konnte, geschieht nun durch ihre gegenseitige Anwesenheit. Niemals handelt es sich um ein Gehorsamsverhältnis, nicht einmal um ein solches, wie es zwischen einem Lehrmeister und seinem eifrigen, ergebenen Schüler besteht. Der Guru beutet niemals seine Schüler aus (Ausbeutung ist übrigens eine Charakteristik von Pseudogurus). Das Verhältnis ist auch nicht einseitig, indem der eine gibt und der andere empfängt. Der Guru bekommt mindestens so viel zurück, wie er gibt, so daß sich manchmal nur schwer feststellen läßt, wer der Guru ist, denn das ist unabhängig von Geschlecht, Kompetenz, Alter oder Dauer der Praxis.

Die Beziehung hängt von einer wesentlichen Bedingung ab: dem gemeinsamen Üben. So offenbaren sich Guru und Chela ihr Verhältnis oft dadurch, daß zuweilen gleich in den ersten Sitzungen eindrucksvolle Reaktionen ausgelöst werden, beispielsweise das Erwachen neuer Energien *(kundalini)*. Bei der Shakti kann es das sein, was man in Ermangelung eines treffenderen Wortes »Orgasmus« nennt. Durch die Magie dieser gegenseitigen Katalyse können in kurzer Zeit Erfahrungsebenen und Bewußtseinszustände erreicht werden, die andere selbst um den Preis einer langen und strikten Askese vergeblich zu erlangen suchen. Darüber hinaus ist ihre Beziehung endgültig: Eine »Scheidung« gibt es nicht.

Sind Guru und Chela entgegengesetzten Geschlechts, bringt ihr Verhältnis häufig konkrete sexuelle Beziehungen mit sich, die – verglichen mit gewöhnlichen Erfahrungen – oftmals von außerordentlicher Intensität sind. Auch leben sie meist getrennt und können sich körperlich nur bei seltenen Gelegenheiten begegnen. In der Zwischenzeit gehen sie beide unabhängig voneinander einem reichen Sexualleben mit ihrem gewohnten Partner nach (ob tantrisch oder nicht), ohne daß dies im geringsten Anlaß zur Eifersucht gäbe. Das Verhältnis von Guru und Chela ist weit entfernt, eine bestehende Paarbindung zu zerstören; es kann sie im Gegenteil stärken und bereichern. Paradox? Unannehmbar? Vielleicht unseren Vorstellungen nach, aber was taugen sie? Sind sie absolut und universal? Wie immer die Antwort lautet, es wird von niemandem verlangt, daß er diese Sicht der Dinge teilt.

Alles, was die übliche Liebesbeziehung kennzeichnet (Besitzenwollen, Eifersucht usw.), existiert nicht zwischen Guru und Chela; sie bilden eine Einheit, die der von Zwillingen ähnelt. Doch ist es nicht gerade diese geistige Verschmelzung, die ihre Beziehung unauflöslich macht? Selbst in langen Phasen körperlicher Trennung kennen sie keine Traurigkeit. Ihre Beziehung transzendiert Zeit und Raum. In ihrer täglichen Meditation treffen sie sich auf subtiler Ebene; aber auch ohne Meditation und ohne sich dessen bewußt zu werden, korrespondieren ihre Seelen ständig miteinander – vielleicht sogar über den Tod hinaus.

Eine solche Begegnung ist die Ausnahme, aber es gibt sie. Mitunter leben Guru und Chela auch lange Jahre nahe beieinander, und dank der oben erwähnten geheimnisvollen Katalyse klingt die Entwicklung des einen in der des anderen an. Aus alledem geht hervor, daß der tantrische Guru nur sehr wenigen wahren Chelas begegnet und begegnen kann; seine jeweilige Beziehung wird von den anderen ganz verschieden sein. Daraus folgt, daß der tantrische Guru weder über einen sehr großen Ashram noch eine Heerschar von Schülern verfügt. Oftmals ist er nicht einmal als Guru bekannt.

Die Schlußfolgerung, die daraus zu ziehen ist, scheint wenig ermutigend: Nur sehr wenigen ist es vergönnt, einem Guru, **ihrem** Guru zu begegnen, nicht nur in Europa, sondern auch in Indien. Besteht für die anderen keine Hoffnung? Der ernsthaft Suchende findet stets Hilfestellung genug, um mit Erfolg auch seinen Weg allein gehen zu können. Ein Guru ist eine wertvolle, unersetzliche Hilfe, aber für den, der ein wirkliches Ziel hat, gibt es den höchsten Guru: das Selbst, sein subtiles Sein...

Guter Guru, schlechter Guru?

Gewarnt sei vor den Gurus, die nach Dummköpfen Ausschau halten: Unsere Einfältigkeit ist ihr Vorteil. Sie haben im Westen bereits um sich gegriffen und das Blaue vom Himmel heruntenversprochen. Man glaubt ihnen, weil sie Inder sind und sich mit hochtrabenden Namen schmücken. Sie haben die Stirn, binnen weniger Stunden dem einen die Erweckung der *kundalini*, dem anderen die Öffnung der *chakras* und dem dritten das *samadhi* zu garantieren, alles eigentlich Dinge, die weitaus schwerer zu erlangen sind, als man akrobatische Kunststücke erlernt: Die indischen Adepten unterziehen sich dafür einer langen Übung und werden von einem wahren Guru geleitet. Aber man glaubt den Rattenfängern und geht ihnen auf den Leim – und bezahlt noch dafür! Hier eines der unfehlbaren Rezepte: Zu ein wenig Firlefanz gebe man eine Prise Charisma, rühre einen oder zwei kleine Tricks unter, serviere es mit etwas Werbung – und schon kann man in kürzester Zeit bei einem unbedarften Geist erstaunliche Wirkungen erzielen.

Diese Tricks sind zwar für Tantra wert- und bedeutungslos, können jedoch Unerfahrene verwirren. Im Fall von sich einstellenden schädlichen Folgen, die erst später bemerkt werden, können sie sich nicht auf den großen Meister berufen; denn der hat sich bereits zu neuen Horizonten aufgemacht, um unter anderen Himmeln anderen Unbedarften das Geld aus der Tasche zu ziehen. Skepsis und Mißtrauen sind gegenüber solchen Scharlatanen also angebracht.

In Indien ist übrigens ein falscher Guru deshalb berühmt geworden, weil er öffentlich allerlei Gegenstände »materialisierte«: Ringe, Münzen, Schmuck und vieles andere. Er gilt deshalb als spiritueller Großmeister und hat unzählige Anhänger. Keiner scheint zu bemerken, daß man dergleichen auf jedem Jahrmarkt findet. Doch in Indien ist auch damit Eindruck zu machen.

Mein bevorzugter Guru heißt Seine Heiligkeit Maharishi Yogiraja Sinn-undverstand-*anandadji*. Ich wende mich oft an ihn, denn er ist ein vortrefflicher Ratgeber. Aber leider finden nur wenige den Weg zu ihm, was vielen wahren Gurus widerfährt. Ist es, weil ihre Ratschläge nüchtern oder – schlimmer noch! – kostenlos sind?

Ein Ritual für das Abendland

Hier stehe ich nun vor der heiklen Aufgabe, dem Abendländer ein tantrisches Ritual zu beschreiben, ein Ritual, das authentisch und zugleich unserem Lebensstil angepaßt sein soll sowie unsere Überzeugungen, zumal die religiösen, respektiert. Der letzte Punkt stellt kein Problem dar, denn Tantra ist zwar ein Kult, aber keine Religion, und ein Ritual ist keine heidnische »Messe«, sondern vielmehr die Ausführung symbolischer Handlungen, die uns aus dem Alltag befreien sollen, damit wir Zugang zu den letzten Wahrheiten finden.

Machen wir uns zuerst die Ziele des Kults deutlich. Der Körper ist zugleich Subjekt und Objekt des tantrischen Kults, er ist Tempel, also privilegierter Ort des Wirkens kosmischer Kräfte. In *Shakti and Shakta* schreibt Arthur Avalon: »Im Körper sind die höchsten Energien von Shiva – Shakti anwesend, die alles Existierende durchdringen. In Wirklichkeit ist der Körper ein großes Reservoir von Kräften (Shakti). Das Ziel des tantrischen Rituals ist es, diese Energien zu wecken, damit sie zu ihrem vollständigsten Ausdruck gelangen.« Letztendlich bietet mir Tantra an, meine verborgenen Fähigkeiten zu wecken, also meine Persönlichkeit zu entfalten, was mit jeder Religion vereinbar ist. (Zum Körper und seinen Kräften siehe das Kapitel »Der Körper, das unbekannte Universum«, Seite 157.)

Am Anfang soll das Ritual dazu dienen, sich der realen und lebendigen kosmischen Kräfte bewußt zu werden, die in mir wie im Partner oder der Partnerin existieren. Nachdem dies geschehen ist, sollte man sie durch Yogaübungen in Fluß bringen, etwa durch das *pranayama*, vor allem aber durch das tantrische *maithuna*, das den Höhepunkt des Rituals darstellt.

Die einfachste Lösung bestünde darin, das eine oder andere indische Tantraritual zu beschreiben, ist deren Übertragung auf das Abendland meist auch sehr schwierig. Subtil und komplex, erfordern diese Rituale zunächst tägliche Disziplin, günstige Umgebung, viel Zeit – bei uns sehr rar –, aber vor allem seriöse Initiation durch einen Guru, was schon in Indien nicht ganz einfach ist. Die andere Möglichkeit besteht darin, sich ein stark vereinfachtes Ritual anzueignen, was aber nicht mit einem in seinem Wesen verstümmelten oder verkürzten Ritual gleichzusetzen ist. Um die Einfachheit des tantrischen Rituals wiederzuentdecken, muß man an seine Quelle zurückgehen.

Ich möchte einen Vergleich ziehen: Die katholische Messe ist eine komplexe und, wenn es sich um ein Hochamt handelt, höchst ausgefeilte Zeremonie. Doch der ursprüngliche Sinn des letzten Abendmahls, als Christus das Brot teilte und sprach: »Tut dies zu meinem Gedächtnis«, ist in dieser Zeremonie, wie sie sich durch die Jahrhunderte hindurch in der katholischen Kirche entwickelt hat, nur noch rudimentär vorhanden, ohne jedoch ganz verlorengegangen zu sein.

Mit dem Tantrismus verhält es sich ähnlich: Die einfachen Handlungen zu Beginn hat man im Lauf der Jahrtausende kultiviert und um – gewiß bedeutsame – Praktiken erweitert, bis man bei den heutigen subtilen Ritualen angelangt ist, miteingeschlossen die *chakra puja*, die sich von den Fruchtbarkeitsriten herleitet. Doch wie kann man ohne Dokumente und Zeugnisse zur Einfachheit des Anbeginns zurückfinden? Ich glaube, der Weg ist vorgezeichnet: Man muß sich an das Wesentliche halten.

Das Wesentliche findet sich in dem folgenden Auszug des *Kularnarva*-Tantra, VI.56: »Der Verehrer beginnt das Ritual, wenn er die Bewußtseinsstufe erreicht hat, wo er die Gottheit schaut, wo er wahrhaft mit dem Göttlichen in Bezug steht, wo er sich dem Göttlichen schenkt. Dafür muß er sich seiner eigenen Stufe der Göttlichkeit bewußt werden.«

Nun ist der Körper »göttlich«, das heißt, er wird ständig hervorgebracht von der höchsten Intelligenz, die das Leben aufrechterhält. Diese Intelligenz ist mein tiefes, vom Ich unterschiedenes Selbst. Das **ist** das Wesentliche.

Nun habe ich kaum Aussicht, eine höhere Stufe zu erreichen, solange mein Ich auf der Ebene des empirischen Wachbewußtseins bleibt, und hier setzt das Ritual an, das nichts Starres, Festgelegtes hat: Jeder kann sich mit ein paar einfachen Regeln sein eigenes Ritual schaffen.

Theoretisch benötigt man dazu gar nichts: Es genügt, sich in eine Haltung zu begeben, die der Verinnerlichung dient, die Wirbelsäule aufzurichten, seinen Atem zu beobachten und sich beispielsweise der Meditation über das Leben zu widmen, bis man spürt, daß es hier und jetzt in meinem Körper stattfindet. Daß **ich** eigentlich dieses Leben **bin**, das meine Individualität übersteigt, und daß das Leben **mich** lebt.

Diese Erfahrung gelingt jedoch besser, wenn man sie in geeigneter Weise unterstützt. So muß man sich ein Refugium schaffen, einen Ort im Haus, an dem man allein sein kann und der nach Möglichkeit dem tantrischen Ritual vorbehalten bleibt.

In diesem Zimmer gilt es, eine Ecke zu reservieren, um dort einen kleinen privaten »Altar« aufzustellen. Dieses Wort vermag Gläubige wie Atheisten gleichermaßen abzuschrecken. Ich hätte eigentlich auch von einem »kleinen Tisch« sprechen können, ziehe aber »Altar« vor, weil in ihm das Heilige mitenthalten ist. Und das Heilige existiert auch außerhalb jeglichen religiösen Zusammenhangs: Das Leben ist heilig, die Erde und auch das Vaterland.

Dieser Altar sollte nicht durch indiskrete Blicke »entweiht« werden. Ein kleiner, niedriger Tisch, mit einem kostbaren Tuch, etwa aus Seide, genügt. Darauf ordnet man die entsprechenden symbolischen Gegenstände an. Einige davon sind das *yantra* und ein rotes Dreieck, in dessen Mittelpunkt eine Kerze steht, die Shiva oder den *lingam* darstellt. Wenn Sie aus Indien einen echten *lingam* mitgebracht haben, können Sie diesen in der Mitte des Dreiecks aufstellen. Ist ein solcher oder eine kleine Statue des tanzenden Shiva nicht vorhanden, erfüllt auch eine Abbildung diesen Zweck. Ich verbreite mich nicht weiter über ihre Symbolik, da sie Ihnen ja bekannt ist.

Unerläßlich ist ein Gegenstand, der das kosmische *maithuna* darstellt, damit Sie sich bewußt machen, daß das Universum in einem Akt der Liebe gezeugt wurde – aus der Vereinigung des männlichen und weiblichen kosmischen Prinzips. Falls Ihnen ein anderes symbolisches Bild mehr zusagt, zögern Sie nicht, es aufzustellen. Falls Sie nichts von alledem besitzen, tun Sie es südindischen Dorfbewohnern gleich, für die ein einfacher, aufgerichteter Stein die Vereinigung von Shiva und Shakti symbolisiert. Füllen Sie dann Sand (das Element Erde) in ein vorzugsweise halbkugelförmiges Gefäß und stellen Sie darin einen Stein auf, beispielsweise einen schönen einförmigen Kieselstein, der das Wasser und den *lingam* darstellt.

Eine mit gefärbtem Wasser gefüllte amphorenförmige Vase (Sinnbild des mütterlichen wie des kosmischen Uterus) symbolisiert das uranfängliche Wasser sowie das Fruchtwasser. Eine Muschel erinnert an unsere Mutter, das Meer. Aber vor allem benötigt man Blumen, so einfach sie auch sein mögen, denn keine *puja* ist vorstellbar ohne Blumen, dem lebendigen Ausdruck universaler Schöpfungsdynamik und Symbol der Schönheit des Universums.

In Indien stellen die Teilnehmer vor dem Ritual selbst den Altar auf, das heißt, sie selbst berühren die symbolischen Gegenstände und ordnen sie an. Das trägt zu ihrer Einstimmung bei. Sie haben sich auch symbolisch gereinigt, das heißt gewaschen und parfümiert.

Nachdem alles an seinem Platz steht, gilt es, das Ambiente zu schaffen. Das Ritual sollte im Halbdunkel stattfinden; nur die Kerze, Ersatz für die traditionelle Öllampe, wird einen schwachen Lichtschein darauf werfen. Falls Sie indische Räucherstäbchen besitzen, zünden Sie drei oder vier davon an; ihr Geruch schafft eine angenehme Stimmung. Aber ein Parfüm tut es auch. Denken Sie an Hintergrundmusik, vorzugsweise erotische, am besten wäre indische Musik. Es soll alles unternommen werden, um eine Atmosphäre von Schönheit, Luxus, Ruhe und Lust zu schaffen, wobei der Luxus natürlich relativ ist.

Die Anbeter, wenn möglich in leichte, kostbare Seidengewänder gehüllt, setzen sich dem Altar gegenüber Seite an Seite auf den weichen Teppich. Knie und Hände berühren sich, um einen ersten, diskreten Körperkontakt herzustellen. Dann beobachten sie – während sie in die Flamme, die kurz und gleichmäßig brennen sollte, blicken – ihren Atem und lassen die vorhandenen symbolischen Gegenstände und ihre Bedeutung auf sich einwirken. Dies wird nicht in Worten ausgedrückt; es geht einfach darum, sich den Symbolen zu öffnen, sie ins Unbewußte eindringen zu lassen.

Wenn der Geist ruhig ist, werden Mann und Frau im Schneidersitz gegenüber Platz nehmen; dabei berühren sich Knie und Hände. Sie sehen sich in die Augen und lassen die Anwesenheit des anderen auf sich wirken; vielleicht spüren sie, wie das Verlangen erwacht. Es gibt keinerlei Hast. Nach einer Weile wird der Mann ein Tablett zwischen sich und die Frau stellen, auf dem Kekse und Früchte liegen. Es ist nicht nötig, die fünf *makaras* der *chakra puja* zu versammeln, wenngleich es nicht verboten ist! Die Frau verteilt die Nahrung, dann wird schweigend gegessen und daran gedacht, daß die Speise zu einem Teil des eigenen Körpers wird und daß wir vom Außen abhängen, um zu überleben.

Dann kommt der Augenblick, in dem die Frau Rotwein in eine Schale füllt und langsam einen oder zwei Schlucke davon trinkt, wobei sie ihrem Partner in die Augen schaut. Danach reicht sie ihm die Schale, und auch er trinkt. Abwechselnd wird die Schale hin und her gereicht, bis sie leer ist. Dann nehmen beide für eine Weile ihre Meditationshaltung wieder ein. Die Initiative zur ersten Zärtlichkeit sollte von der Shakti ausgehen. In Indien vollzieht man zunächst *nyasa*, das heißt die Berührung verschiedener Körperteile in einer genau festgelegten Reihenfolge, um dort die Energien zu erspüren und wachzurufen. Es ist dies jedenfalls der Augenblick, wo die Frau ihr Gewand ablegt: Nackt wird sie zum lebenden Symbol der uranfänglichen Göttin, nein, sie **ist** die inkarnierte Göttin, die kosmische Shakti.

Was dann folgt, bleibt dem Paar überlassen, aber nichts darf zur Routine werden. Wichtig ist ein langsames, andächtiges aufeinander zugehen, ein gegenseitiges Hineinhorchen. Das *maithuna* stellt den Höhepunkt des Rituals dar; der praktische Teil des Buchs gibt darüber Auskunft. Die sexuelle Vereinigung ist ein Fest, an dem jede Faser, jede Zelle des Körpers teilhat – das Fest der wiedererlangten Einheit, die Rückkehr zum ursprünglichen Zweigeschlechtlichen, die Wiederholung des kosmischen Schöpfungsakts, das Eintauchen in die *ananda*, die Glückseligkeit.

Die Botschaft Nataraja Gurus

Meine Mutter sagt, ich hätte, als ich zur Welt kam, ein Häubchen gehabt. Wie es scheint, ist das ein Glücksbringer, und allmählich glaube ich das auch.

Dabei hat es übel begonnen. Kaum hatte man mir die berühmte Glückshaube abgenommen, bekam ich eine unangenehme Enteritis, so daß ich mit sechs Monaten noch immer nicht mehr wog als bei meiner Geburt. Das hat meine Gesundheit und mein Wachstum bis ins Jugendalter und noch darüber hinaus beeinträchtigt. Mager und von schwächlicher Konstitution, war ich der kleine Schmächtige in der Klasse, den die Großen herumschubsten. Das sah scheinbar nach Pech aus, war es aber nach späteren Überlegungen nicht mehr, obwohl es in meinem weiteren Leben noch genug Unangenehmes gab.

Mein erstes richtiges Glück war es, zwei sehr wichtige Schuljahre bei einem ganz bemerkenswerten Lehrer zu verbringen, der in französischer Sprache und Literatur bestens bewandert war und es verstand, sie zu lehren und seine Schüler für sie zu interessieren. Ohne ihn hätte ich mich vielleicht nie schriftstellerisch betätigen können.

Ich glaube, daß das Glück sich gerne tarnt. So war der Krieg für mich eine Prüfung, aus der ich krank und geschwächt hervorging, aber gerade das hat mir indirekt die Chance meines Lebens gebracht – ich entdeckte nämlich das Yoga, durch das ich gesundete, und später das Tantra.

All dies verdanke ich drei »zufälligen« Begegnungen. Der erste Weise, der eine Wende in meinem Leben herbeiführte, war jener anonyme Yogi aus Chidambaram, durch den ich meditieren lernte. Danach kam Swami Sivananda aus Rishikesh, der mich in physisches und mentales Yoga einführte und mich dann dazu anregte, die Zeitschrift YOGA herauszugeben, die ich seit fünfundzwanzig Jahren verfasse.

Meine entscheidende Chance aber war es, auf Nataraja Guru zu stoßen – eine Ausnahmeerscheinung. Durch ihn lernte ich das andere Indien, »sein« Indien, das Indien der von den Brahmanen unterdrückten Draviden kennen und lieben. Alle drei Männer stammten aus Südindien.

Nataraja Guru war einer der bedeutendsten Persönlichkeiten unserer Zeit. Bereits in seiner Jugend war er der Lieblingsschüler Narayana Gurus, der in seiner Geburtsstadt Kerala eine spirituelle Bewegung ins Leben gerufen hatte, die mehr als zwei Millionen Anhänger fand, und der in ihm seinen Nachfolger sah. Und in dieser Absicht hat er ihn erzogen. Nataraja Guru besaß eine ungeheure Kultur und ein fabelhaftes Gedächtnis. Er sprach mehrere dravidische Sprachen sowie Sanskrit, Englisch und Französisch. Die wichtigsten Schriften und philosophischen Abhandlungen Indiens kannte er aus dem Gedächtnis.

Sein Meister, dem daran lag, daß er seine indische Kultur durch eine Ausbildung westlicher Art ergänzte, schickte ihn zum Studium nach England. Er lebte auch in Paris und erwarb an der Sorbonne ein französisches Diplom. Dann kehrte er nach Indien zurück, um dort zu leben und zu unterweisen. Er baute sein eigenes Zentrum in den Nilgiris, den blauen Bergen, auf.

Ich bin ihm gegen Ende seines Lebens begegnet. Das tantrische Denken barg für ihn kein Geheimnis mehr. Wir trafen uns häufig und unterhielten uns viele Stunden lang. Er war unerschöpflich, ein universeller Geist, wie man ihn in unserer Zeit nur noch selten findet. Er zitierte aus dem Gedächtnis textgetreu Teilhard de Chardin, Karl Marx und Shakespeare ebensogut wie Einstein und erörterte mit mir die verschiedensten Themen, wie etwa moderne Mathematik.

Unsere westliche Zivilisation sah er mit kritischem Blick, und ich gebe hier wieder, was er 1967 für einen kleinen Kreis in seiner Zeitschrift *Values*, die er in Indien herausgab, geschrieben hat. Dies ist eine Botschaft, die über seinen Tod hinaus Gültigkeit besitzt.

Nataraja Guru beginnt seinen Leitartikel mit einem Zitat Narayana Gurus, seines eigenen Meisters.

»Der Mensch geistert über den Erdball wie ein zerstörerischer Dämon. Auf seiner Bahn sät er Verwüstung. Er fällt die Bäume, zerstört die Schönheit der Natur und ersetzt sie durch einförmige Plantagen oder stinkende Städte und Fabriken, um seine grenzenlosen Begierden zu stillen. Mit oberflächlicher Zerstörung gibt er sich nicht zufrieden, er macht sich auch an die Erdkruste selbst und schwächt sie durch exzessiven Raubbau.

Er häuft Abfall auf Abfall, und seine Gier wird erst dann befriedigt sein, wenn er alles Leben zerstört hat. Das wäre nicht weiter von Belang, wenn die Fehlleistungen des Menschen nur ihn selbst beträfen. Doch die unschuldigen Tiere, wie die Vögel im Wald, leben wegen des Menschen nicht mehr in Frieden. Die übrige Natur wäre ihm dankbar, wenn er in seinem Prozeß der Selbstzerstörung den gesunden Menschenverstand besäße, nur sich selbst zu zerstören und den Rest der Schöpfung in Frieden zu lassen, was ihr natürliches Recht ist.«

Die Zivilisation retten

Danach ergreift Nataraja Guru das Wort. Er spricht von unserem Müllhaldenplaneten, von dem Beton, der jedes Jahr Abermillionen Hektar mehr Land unter sich begräbt, von der Entwaldung, die in Verwüstung mündet, von der Verseuchung der Erde durch Kunstdünger und vor allem durch Pestizide, von der Verschmutzung der Luft und der Meere, die zu Kloaken unter offenem Himmel geworden sind und in denen das Plankton – mikroskopischer Erzeuger jeglichen lebens im Meer – seiner Lebensgrundlage beraubt wird und so fort.

Er zitiert James Oliver, Biologe am American Museum of Natural History: »Eine ökologische Katastrophe großen Ausmaßes steht uns unmittelbar bevor.« Wäre er noch am Leben, so spräche Nataraja Guru von der Zerstörung der Ozonschicht und der damit verbundenen Bedrohung allen Lebens. Diese Themen sind leider nur allzu bekannt, und ich erspare mir ihre Aufzählung.

Diese Bedrohungen machen auch vor Indien nicht halt. Nataraja Guru fährt fort: »Die Umweltverschmutzung erstreckt sich nicht nur auf die sogenannten hochentwickelten Länder. In Monghyr mußten die Leute letztes Jahr darauf verzichten, Wasser aus dem Ganges zu trinken, weil es durch die Abwässer verseucht war, welche die Fabriken in den Fluß leiten. Die Unwissenheit über die Schädlichkeit von Pestiziden und chemischen Düngemitteln führt zum Mißbrauch. In den Nilgiris, dem südindischen Hochplateau, erzielt man durch den massiven Einsatz von Pestiziden reiche Ernten von Riesenkartoffeln, die der Gegend zu Ansehen verhelfen. Aber mit dem Regen gelangen diese Gifte in die Erde, dringen in die Früchte ein und vergiften die Menschen.« (Nataraja Guru hätte es sicher auch nicht unterlassen, Bhopal und die Katastrophe der Union Carbide anzuführen, deren Opfer noch immer auf eine Entschädigung warten.)

»Erinnert ihr euch, wie optimistisch die Gelehrten vor dem Zeitalter der Entlaubungsgifte, der Insektizide und der nuklearen Abfälle waren? Sie sagten die Heraufkunft des Goldenen Zeitalters und die Wiederkehr des Paradieses auf Erden voraus. Doch der Optimismus ist verschwunden, außer in den Entwicklungsländern in Asien, Afrika und Lateinamerika, wo die Politiker sich von den Giftfabrikanten bestechen lassen. Den großen multinationalen Gesellschaften ist es völlig gleichgültig, daß sich Millionen farbiger Menschen langsam, aber sicher vergiften. Das interessiert sie einfach nicht: Entweder scheffelt man Dollars, oder der Laden wird geschlossen.

Nur in den Gegenden der Welt, in denen sich noch keine großen Städte befinden, vor allem in den Tropen, wo die Menschen seit Jahrtausenden im Einklang mit der Natur leben, preist man noch die trügerischen Segnungen der Wissenschaft und des Fortschritts, hält man den Mythos der Zivilisation und ihrer Wunder noch aufrecht.

Aber das Abendland ahnt allmählich die tragische Zukunft, die es erwartet. Weil nämlich auch die Gelehrten selbst, die Verantwortlichen, die Zauberlehrlinge, davon betroffen sind. Ihre Erfindungen sind außer Kontrolle geraten. Jetzt schließen sie sich denen an, die gegen die Verwüstung, die Verunstaltung und die Verschmutzung unserer einst so schönen Welt protestieren.

Zum erstenmal erwähnt man die gegenseitige Abhängigkeit allen Lebens auf dem Erdball, die fundamentalen Zusammenhänge aller Dinge, die grundlegende Einheit unseres manifesten Universums, genau das, was die Yogis seit Jahrtausenden verkünden. Verstehen wir das, dann begreifen wir auch, warum, wenn ein Teil außer Kontrolle gerät, das Ganze bedroht ist.

Herausgefordert durch den starken Einsatz von DDT, wird die Natur resistente Arten hervorbringen, die gegen dieses Gift immun sind. Indem er mit der Chemie und dem Atom ein gewagtes Spiel treibt, stört der Mensch die Natur. Und das im Namen einer Zivilisation, die auf dem Mißbrauch jeglicher Natur beruht, auf Macht, Gier, Geld, Überfluß, Gewalt, Rivalität, Neid, Verrat, unrechten Gesetzen, Restriktionen, auf der Fehlleitung des Geistes von Anfang an, auf der Ächtung der Alten, Behinderten und Kranken, die man in spezielle Einrichtungen steckt, damit sie aus dem Blickfeld sind.

Mit ihren Menschenmassen und ihrem Gestank, ihren Slums, Büros und Fabriken erzeugt die Zivilisation gleichermaßen physisches wie psychisches und geistiges Elend. Die Droge frißt an der Jugend und an den Eliten, sie erzeugt verkommene, orientierungslose Individuen, die alle, die ihnen nicht gleich sind, ablehnen und angreifen. Vom wahnsinnigen Wettlauf der Rüstung und den unaufhörlichen, immer mörderischeren Konflikten ganz zu schweigen.

Kein Feind des Menschen, kein Feind des Lebens, kein Feind der stillen Betrachtung, kein Feind des Glückes, kein Feind der Weisheit ist so schlimm wie dieses Monstrum, das ›moderne Zivilisation‹ heißt. Jetzt, wo es fast zu spät ist und nachdem sie die Behausung der Menschheit in Brand gesteckt haben, waschen die Gelehrten ihre Hände in Unschuld und wollen wenigstens ihre eigene Haut retten. Es wäre zweifellos gut, die Menschheit zu retten, aber die meisten wissen nicht einmal, daß sie bedroht ist. Sie weigern sich, gerettet zu werden, während allenthalben das Schiff zu Wasser gelassen wird: Wir erleben die Arche Noah in ihrer modernen Version.

Ja, es wäre gut, die Menschheit zu retten, und noch besser, alles Leben zu retten. Was immer geschehen mag, die Natur wird sich schon selbst darum kümmern, Ordnung zu schaffen. Nur ein Irrer kann davon träumen, eine solche Zivilisation zu retten.«

Seit Nataraja Guru diese Worte geschrieben hat, ist die Lage nicht besser, sondern eher schlechter geworden. Soll man die Hände untätig in den Schoß lege? Können wir etwas tun? Ist diese Zivilisation noch zu retten? Niemand weiß es, aber es steht fest, daß die tiefere Ursache für den völligen Bankrott in ihrer patriarchalen Struktur und ihren rein männlichen Werten liegt.

Was ist zu tun?

Um uns aus dieser verfahrenen Situation zu befreien, müssen wir zu den Werten der Weiblichkeit zurückkehren. Würden diese über die Welt regieren, dann müßte die Menschheit nicht all ihre Kräfte und astronomische Summen Geldes darauf verschwenden, Raketen, Panzer, Bomber, Atom-U-Boote, Flugzeugträger, tausendfach Atomsprengköpfe und andere Vernichtungswaffen zu produzieren – diese alle Dimensionen übersteigende Auf- und Überrüstung, von der man bestenfalls hoffen kann, daß sie nie zum Einsatz kommt. Jede dieser Maschinen kostet ein Vermögen, in jeder verkörpert sich der patriarchale Expansionswille, und der führt geradewegs in den Krieg. Keine Mutter wünscht sich ihre Söhne oder Enkel als Kanonenfutter.

Zunächst muß man die Wissenschaft und die aus ihr hervorgegangene Technologie von ihrem Mythos befreien.

Unsere Zivilisation, die wir gern als Prototyp **der** Zivilisation schlechthin betrachten, zeichnet sich gegenüber allen früheren aus durch die ebenso großartige wie anarchische und unkontrollierte Entwicklung der Wissenschaft. Und zwar **der** Wissenschaft im absoluten Sinn, denn wir sind ihr so hörig, daß nur sie allein zählt und alles Übrige von geringem Wert ist. Dazu noch zwei Anmerkungen: Niemand bestreitet, daß die Menschheit in ein paar Jahrzehnten mehr Wissen erworben hat als in den Jahrtausenden zuvor. Und ohne die Wissenschaft zur Alleinverantwortlichen für den völligen Bankrott der patriarchalen Gesellschaft machen zu wollen, sollten wir festhalten, daß sie diesen jedenfalls nicht vorausgesehen und vor allem nicht verhindert hat.

Verstehen Sie mich nicht falsch. Ich will in meiner Haltung als Tantriker die Wissenschaft nicht verteufeln. Ich sehe sehr wohl ihren Wert, doch der betrifft nur einen kleinen Bereich des Menschen. Die Wissenschaft hat in ihrer derzeitigen Form das Wesentliche nicht erfaßt, weil sie nur einen begrenzten Teil der Wirklichkeit erforscht. Ein Vergleich wird den Unterschied deutlich machen.

Stellen Sie sich einen verliebten jungen Mann vor, dem der Postbote den langersehnten Brief seiner Geliebten bringt. Angesichts des Briefs sind nur zwei Verhaltensweisen möglich: die wissenschaftliche, intellektuell und präzise, und die intuitive. In der ersten, der wissenschaftlichen, wird das Papier analysiert. Ist es holzhaltig oder nicht, welcher Art, Länge und Herkunft sind die Fasern, ist es gegautscht oder satiniert, mit welchem Bindemittel wurde es hergestellt? Dann kommt der Inhalt an die Reihe: Wurde er mit einem Füllfederhalter oder einem Kugelschreiber abgefaßt, wie lautet die chemische Formel der Tinte... Ich erspare ihnen lieber den Rest! Am Ende wird die Wissenschaft **alles** über den

Brief wissen, aber **nichts** über die Liebesbotschaft, die er überbringt. Für den Verliebten aber ist gerade sie das Wichtige!

So weiß auch der Tantriker, daß es angesichts der Realität, also sowohl seines eigenen Daseins gegenüber als auch seiner Umwelt, als deren Teil er sich sieht, zwei mögliche Herangehensweisen gibt. Er zieht die intuitive Möglichkeit vor: Er wird versuchen, die hinter der »Wirklichkeit« verborgene Botschaft zu erfassen und sich darin einzufügen, anstatt unaufhörlich die Seiten des großen Buches der Natur auseinanderzunehmen.

Natürlich gäbe es ohne Wissenschaft und Technologie kein Papier, keinen Federhalter und keine Tinte... Doch das Interesse für die Wissenschaft wird bedingter mit der Einsicht, daß Liebende, ob mit oder ohne Papier, noch stets die Möglichkeit gefunden haben, sich ihre Gefühle mitzuteilen und sich ihrer zu versichern – ganz ohne Kardio- oder Enzephalogramm! Was nichts gegen diese nützlichen Instrumente aussagt. Letztlich schließen sich beide Sichtweisen nicht aus, denn sie nähern sich der Wirklichkeit unter zwei verschiedenen Blickwinkeln, ohne dadurch zwangsläufig metaphysisch zu werden.

Was kann man im Grunde dieser wackeren Wissenschaft vorwerfen? Ist es von Übel, das Universum systematisch zu erforschen, um seinen Gesetzen und Geheimnissen auf die Spur zu kommen? Dagegen ist sicher nichts einzuwenden. Übrigens habe ich mehr als einmal unsere Wissenschaft herangezogen, um bestimmte Aspekte des Tantra zu beleuchten, aber dies nur, um unseren cartesianischen Geist zufriedenzustellen. Forschung ist nie Selbstzweck: Der moderne Mensch unterwirft sich ihr, weil Wissen Macht und Besitz bedeutet. Der Tantriker hingegen will **erkennen**, um zu **sein**.

Die Wissenschaft bringt Auswüchse des Intellekts hervor, der, zum Schaden der lunaren und weiblichen Werte, solar und männlich ist. Der Szientist läßt sich ausschließlich vom Rationalen leiten, weshalb er die tiefen, das heißt spirituellen Dimensionen des Seins ignoriert oder unterdrückt.

Die Wissenschaft bedroht das Leben, weil sie sich von der Überlieferung oder – besser – von den Überlieferungen abgekoppelt hat. Die moderne Zivilisation spaltet und zerlegt, die Überlieferung hingegen fügt zusammen, vereint, schafft Synthesen. In unseren Tagen sind Religion, Wissenschaft und Kunst autonome Einheiten, die nicht miteinander kooperieren und wieder in Untereinheiten zerfallen: Die Wissenschaft verzweigt sich in die verschiedensten Disziplinen, in Fachbereiche; die Kunst teilt sich auf in schöne Künste, Literatur und so fort.

Das Gefährliche, ja Heimtückische ist, daß wir unterschiedslos jedem, ungeachtet seiner moralischen Ebene, das Recht auf Wissen zusprechen.

In den große Überlieferungen mußte man sich das Wissen verdienen, und zwar nicht nach Maßgabe des Intelligenzquotienten oder des elterlichen Vermögens, sondern gemäß dem geistigen Niveau des Initiierten: Die Stufe des Wissens muß einer Stufe der Weisheit entsprechen, denn jedes falsch angewandte Wissen ist gefährlich.

Zu den auf den ersten Blick ungefährlichsten Wissenschaften zählt man gerne die Mathematik. Aber Einstein, ein guter, gerechter und sogar mystischer Mensch, hat, indem er seine Formeln anderen zugänglich machte, sehr viel zur Entwicklung der Atomphysik beigetragen.

Hat also Einstein Hiroshima, Nagasaki oder Tschernobyl gewollt? Mit Sicherheit nicht. Erinnern wir uns nur an seine zahlreichen Aufrufe für den Frieden in der Welt. Aber es war zu spät; das Rad läßt sich nicht zurückdrehen, ganz im Gegenteil. Nichts kann mehr die unkontrollierte Verbreitung atomarer Waffen verhindern, die beispielsweise Pakistan oder Libyen zugänglich sind – falls sie sie nicht schon besitzen. Und wer gewährleistet, daß man sich ihrer nicht bedient? Das tödliche Risiko bleibt in jedem Fall bestehen.

Die Spaltung von Wissenschaft und Religion geht unter anderem auch auf die Inquisition zurück, die Galileo Galilei aburteilte, weil er es gewagt hatte, zu behaupten, daß die Erde sich drehe. Sein »Und sie dreht sich doch« ist berühmt. Daß die Wissenschaft sich so schnell wie möglich aus dieser Umarmung löste und ihre Autonomie anstrebte, ist verständlich. Niemand will die Rückkehr zur Inquisition...

Für Tantra ist das rein intellektuelle Wissen nicht nur hinderlich für unsere Entfaltung oder gar unser Glück, es ist auch nutzlos, weil es nur die Oberfläche der Dinge berührt. Die Gentechnik ist Ergebnis brillanter menschlicher Denkarbeit, aber sie offenbart nicht das Wesen des Lebens. Die Bestimmung des Datums, wann auf unserem Planeten das Leben begann, ist nicht wirklich wichtig. Wenn sich aber der Tantriker innewird, daß er die Verkörperung dieses uranfänglichen Lebens ist, dann überschreitet er seine Ichgrenzen und mündet ein in das Kosmische.

Natürlich soll die Wissenschaft nicht in Bausch und Bogen verdammt werden – sie hat auch viele positive Seiten –, aber man muß sich ihrer Grenzen bewußt sein; denn sie beruht einzig und allein auf äußeren Wahrnehmungen. Alain Daniélou schreibt in *Yoga, the Method of Re-Integration*: »Eine äußere Wahrnehmung für sich allein macht keine wahre Erkenntnis aus, und die einzige Möglichkeit des Menschen, von einem Gegenstand eine wahrhafte Erkenntnis zu erlangen, ist, sich mit ihm zu identifizieren; erst wenn er mit diesem eins ist, kann er ihn erkennen, wie er ist, und nicht mehr nur, wie er erscheint.«

Die Wissenschaft macht den Menschen hochmütig; sie läßt ihn das Leben unterschätzen. Das Problem liegt nicht in der Frage, ob man die Wissenschaft ablehnen soll, es geht vielmehr darum, sie in eine umfassende kosmische Sicht zu stellen und ihr den Sinn für das Heilige zurückzugeben.

Es wäre ganz undenkbar, auf Wissenschaft und Technologie verzichten zu wollen, denn nur durch sie sind wir in der Lage – mittels anderer Werte und Prioritäten –, den Umweltschutz wirkungsvoll zu betreiben, die Wälder aufzuforsten, die Wüsten fruchtbar zu machen, die Natur von Abfall zu befreien und ihren ursprünglichen Zustand herzustellen. Unsere Zivilisation, die glaubt, ungestraft plündern und dann vergeuden zu können, wird dazu gezwungen sein, im wahrsten Sinn des Wortes zu einer »Ökonomie« zurückzukehren, sowohl auf globaler wie individueller Ebene, denn wir sind alle verantwortlich. Wir eignen uns im übrigen erst die natürlichen Ressourcen der dritten Welt an und lagern dann unseren Giftmüll in rostigen Fässern dort ab, weil die Not dieser Länder sie zwingt, solche Geschäfte zu machen.

Eine umweltgerechte Industrie käme, auf kurze Sicht gesehen, um vieles teurer als es die Emission von Milliarden Tonnen toxischer Abgase in die Atmosphäre, das Einleiten weiterer Milliarden Tonnen Abfallstoffe in unsere Flüsse und Meere ist – siehe den Rhein und die Nordsee. Uneinsichtig und dumm wie die Menschheit ist, bewaffnet sie sich lieber bis an die Zähne und probt den Krieg der Sterne, statt Luft und Wasser zu säubern. Wir haben keine Wahl mehr: Es muß sofort gehandelt werden; denn in etlichen Bereichen haben wir bereits den Punkt erreicht, an dem es kein Zurück mehr gibt.

Ferner gilt es, mit einem weiteren Irrtum aufzuräumen, nämlich dem Mythos vom »ständigen Fortschritt«, der in dem Glauben seine Wurzeln hat, der technische Vormarsch bedinge das Glück. Die technischen Geräte bringen bestenfalls Komfort, aber kein Glück: Ist der Mensch wirklich glücklicher, seit seine Füße den Mond betreten haben? Wird er wirklich glücklicher sein, wenn er auf dem Mars gelandet ist? Wenn er unbedingt dorthin will, soll er das tun, aber zuvor sollte er die von ihm verursachten Probleme auf der Erde lösen.

Ein bißchen mehr »Bodennähe« wäre vonnöten: Werden wir wirklich glücklicher sein, wenn in nächster Zeit hochauflösende Fernsehschirme in unvergleichlicher Brillanz immer unsäglichere Serien ausstrahlen? Daß das Publikum darauf versessen ist, beweist übrigens, daß die Fülle wissenschaftlicher Erkenntnisse und technologischer Fortschritte keine Entsprechung auf dem kulturellen Niveau der Menschen hervorgebracht hat.

Das Wissen, daß unsere technischen Geräte bestenfalls Komfort bringen, bedeutet natürlich nicht, daß man seine Geschirrspülmaschine verrosten läßt oder seinen Fernseher in Stücke schlägt. Es bedeutet, in ihnen das zu sehen, was sie sind, nämlich nützliche Gebrauchsgegenstände. Ich für meinen Teil lebe in keiner Höhle und lehne die Technologie nicht ab – mit ihrer Hilfe ist auch dieses Buch entstanden –, aber ich will sie auch nicht überbewerten und sie als die einzige Möglichkeit des wahren Fortschritts der Menschheit sehen.

Es geht auch nicht darum, den »Sieg« des Weiblichen über das Männliche oder eine Art »sanfte Revolution« zu propagieren, sondern vielmehr einen Wandel, eine Entwicklung von innen heraus zu vollziehen. Wenn auf allen Ebenen der Gesellschaft mehr Männer und Frauen von diesen Werten überzeugt sind und sie ohne missionarischen Eifer in ihr persönliches Leben integrieren, werden diese zwangsläufig auch in breitere Schichten der Gesellschaft Eingang finden.

Wir müssen erkennen, daß wir alle mitverantwortlich sind.

Herausragendstes Ziel aber ist es, das Leben zu achten, angefangen bei meinem Körper, diesem unbekannten Universum, bei meiner Gesundheit, für die ich verantwortlich bin; respektieren muß ich aber auch das Leben meiner Mitmenschen, der Tiere und Pflanzen. Aber – noch einmal – um die Welt zu ändern und die alten weiblichen Werte wieder an ihren alten Platz zu setzen, müssen wir einen Umdenkungsprozeß auf individueller Ebene in Gang bringen.

Was die Frage von Nataraja Guru betrifft, so haben wir nicht mehr die Zeit, uns zu fragen, ob man eine derartige heruntergekommene Zivilisation noch retten soll, vielmehr müssen wir uns fragen, ob es überhaupt noch möglich ist, die Menschheit – und die Natur – vor dem drohenden Untergang zu retten.

Gibt es Hoffnung? Vielleicht. Kaum erkennbare, aber real existierende Zeichen weisen darauf hin, daß rechtzeitig ein neues Zeitalter anbrechen könnte. Deshalb **muß** die Frau sich ihres Wertes wie ihrer Werte, ihres Genius wie ihres Gewichts in der Gesellschaft bewußt werden – und sie wird die Welt verändern.

Als ich die Fehlleistungen des Patriarchats anprangerte, glaubte ich, von den anderen Männern als »Überläufer« abgestempelt zu werden. Doch das ist nicht eingetreten, und ich mache mir die Worte Ernest Bornemans zu eigen, der sagt: »Wenn ich als Mann dieses Buch schreibe, das den Frauen ein Werkzeug in die Hand geben wird, mit dem sie die Herrschaft meines Geschlechts über das ihre werden stürzen können, dann, weil ich keine andere Möglichkeit sehe, den Mann zu befreien.«

Die Zukunft des Tantra im Abendland

Wenn ich Ihnen nun sage, daß Tantra auch in unser modernes westliches Leben paßt, überrascht Sie das sicher nicht. So möchte ich am Ende dieses Buches Wendell Charles Beane zitieren, der sein exzellentes Buch *Myth, Cult and Symbols in Shakta Hinduism* mit folgenden Zeilen beschließt:

»Ein Sinn und Zweck unserer Studie liegt in ihren theoretischen und praktischen Auswirkungen für andere, *außerhalb* von Indien, als eine neue Möglichkeit, die theologische Versinnbildlichung der letzten Realität und die Rolle der menschlichen Reproduktionsfähigkeiten (das heißt die Sexualität) anders zu beurteilen.

Es ist hierin nicht notwendigerweise ein romantischer Aufruf oder eine Ermutigung zur entgegengesetzten Perspektive der sexuellen Freiheit zu sehen, wenngleich es möglich ist, daß auch in Indien die radikalsten Aspekte des linken Wegs völlig verschwunden sind. In Anbetracht der häufig geäußerten Verallgemeinerung, daß die Strukturen des Pantheons dazu tendieren, sich in den gesellschaftlich-politischen Strukturen der Zivilisation widerzuspiegeln, ist das Wichtige, daß die Verehrung der Göttin alle Aspekte des menschlichen Lebens zu

Tantra in unserer Welt

einer Einheit verbindet, welche ein Gleichgewicht schafft. In einer anderen Zivilisation als der in Indien kann diese Möglichkeit indes sehr heilsam sein.

Überdies ergibt sich daraus eine gewisse Bedeutung in bezug auf die modernen Bewegungen zur Liberalisierung der sexuellen Praxis, zumal diese einen Einfluß nimmt auf die Befreiung der Frauen, die als Sexualobjekte und nicht als eigenständige Persönlichkeiten betrachtet werden.

Auch wenn sich einige Ideen und Formen des Tantra für manches moderne Milieu als ungeeignet herausstellen sollten, können die einzelnen aus dem Zeugnis der Verehrer der Göttin (das heißt der Tantriker) lernen, was wirklich zählt, nämlich die Vision dessen, was Mann und Frau in gegenseitiger Achtung ihrer Identität, ihres Einflusses und ihrer Tätigkeit in der Welt füreinander werden können.«

Ist auch der Stil, der dem akademischen Charakter des Werks entspricht, ein wenig abschreckend, so ist doch die Schlußfolgerung daraus nicht weniger bedeutsam. W. C. Beane verleiht hier einer Überzeugung Ausdruck, die ich teile: Nicht nur ist die tantrische Sicht dem modernen Menschen angemessen, sie wird auch – ohne besondere Zusammenschlüsse oder Umwälzungen – durch Bewußtwerdung und allmählichen Wertewandel gesellschaftlich-politischen Widerhall finden.

So vermag Tantra, auch ohne dabei Religionen, Glaubensformen oder Kulten abzuschwören, Werte zu verändern.

Ein Punkt –
ist das alles?

Das Leben ist sonderbar. Es ist wie ein Gewebe aus unentwirrbaren Fäden: Unvorhersehbare Umstände, unerwartete Geschehnisse und Ereignisse treten ein, alles scheint ohne erkennbare Ordnung oder Logik zu sein.

Diesen Eindruck gewinnt man, wenn man in den Tag hinein lebt.

Doch plötzlich strebt alles auf einen Punkt zu, nimmt Form und Sinn an. Dieser Punkt ist für mich dieses Buch: Aus meiner heutigen Sicht scheint sich mein ganzes Leben auf diesen einzigen Punkt – auf die tantrische Sichtweise und ihren Ausdruck in diesem Band – hinbewegt zu haben.

Dieses Buch ist schon so lange Zeit in mir, daß ich eigentlich nicht mehr weiß, wann ich damit begonnen habe, mich mit ihm auseinanderzusetzen und es zu schreiben. Und doch gibt seine Botschaft meiner ganzen Vergangenheit einen Sinn, all den Irrtümern des Jugendlichen und den Prüfungen des Erwachsenen, an denen es nicht mangelte.

Jetzt, da ich am Ende dieses Buches angelangt bin, schwanke ich zwischen Erleichterung, es geschafft zu haben, und dem Bedauern, so viele Aspekte des Tantra – wie etwa die *kundalini* – nur gestreift zu haben. Aber eines Tages muß man schließlich an ein Ende kommen, denn all die Freunde, denen ich dieses Buch versprochen habe und die nun schon so viele Jahre darauf warten, würden es sonst nie zu lesen bekommen.

Man hatte mir nahegelegt, zwei Bände daraus zu machen, um es früher – oder weniger spät – herauszubringen.

Ich habe dieser Versuchung widerstanden, denn ich konnte mich nicht entschließen, erst einen Band zur Theorie, dann einen zweiten zur Praxis zu veröffentlichen: Theorie ohne Praxis taugt nicht viel, und umgekehrt.

Setzen wir ihn also, diesen Schlußpunkt.

Juni 1988

Anhang

Die tantrische Philosophie im Überblick

Tantriker sind vor allem praktische Menschen. Deshalb will dieses Werk vor allem die wesentlichsten Punkte tantrischen Denkens darlegen, um dem Leser zu einer intuitiven Erfassung der tantrischen Weltsicht zu verhelfen. Es erhebt also keinen Anspruch auf eine philosophische Abhandlung.

Dennoch hat sich im Lauf der Jahrtausende ein zusammenhängendes tantrisches Gedankensystem herausgebildet. Denjenigen, die sich für die tantrische Philosophie interessieren, gebe ich im folgenden einen Überblick, der auf dem *Sarada Tilaka Tantram* beruht:

Tantrische Philosophie

Im absoluten, undifferenzierten Sein erwacht zunächst die bewußte Energie, die auch die Urmutter der Welt ist. Diese letzte Shakti, die untrennbar mit Shiva verbunden ist, wird zur schöpferischen kosmischen Schwingung (»Am Anfang war das Wort« plus dem Urknall?). Diese undifferenzierte Schwingung materialisiert sich und erreicht den Zustand unmittelbar vor der Manifestation, genannt *para bindu*, der absolute »Keim« – der Ursprung.

Zur universellen bewußten Schwingung geworden, bildet sie die mannigfaltigen Formen aus. Im Individuum wird *para bindu* (zuweilen auch *shabda brahma* genannt) zur höchsten Lebensenergie *(kundalini)*.

Aus dem uranfänglichen Bewußtsein *shabda brahma* geht – wenn die kosmische Energie in Fluß gerät, daß sie potentiell schöpferisch wird – zunächst *mahat*, die manifestierte kosmische Intelligenz hervor. Daraus entsteht *ahangkara*, das manifestierte kosmische Selbst, aus dem alle Dinge und Wesen des Universums sich entwickeln.

Daraus folgt – sowohl im tantrischen wie im indischen Denken überhaupt –, daß alle Dinge und Wesen, da sie denselben Ursprung und dieselbe Natur haben, sich untereinander nur durch den Grad von Kohäsion, Dichte und Organisation unterscheiden. Alle subtilen Energiemanifestationen teilen sich auf in die fünf Elemente oder *tanmantras*, die im Ritus der fünf *makaras* oder der *chakra puja* eine wesentliche Rolle spielen.

Von diesen Elementen wird der Klang als das subtilste betrachtet, denn er ist nur ein Pulsieren der Energie, das dann den Raum, *akasha* – Sitz aller Schwingung –, erzeugt (wir hingegen glauben, daß der Raum vor aller Schöpfung existierte). In absteigender Subtilitätsordnung folgen dann der Tastsinn – Quell aller Sinneswahrnehmung – und die subtile Luft, *vayu* – das Lebensprinzip.

Danach manifestiert sich das Prinzip der Leuchtkraft, *teljas*, oder Strahlenenergie, das auf der Ebene der Verdichtung das Feuer, die Hitze und das Licht erzeugt. Dann folgt das Prinzip des Flüssigen, das Element Wasser, *apa*, und schließlich das dichteste Element, die Erde, *prittvi* oder *kshiti*. Jedem dieser Elemente entspricht eine Sinneswahrnehmung in Beziehung zu dem oder den speziellen Wahrnehmungsorgan(en).

Was wir unter dem Ende der Welt verstehen, betrachtet das Tantra als Umkehrung der Manifestation, als die große Auflösung, *mahapralaya*: eine Entwicklung, die in umgekehrter Richtung verläuft, bis sie am Ursprung angelangt ist, dem kosmischen Shiva – Shakti – in Erwartung des nächsten Manifestationszyklus. Während für uns der Tod das Ende des Lebens bedeutet, stellt er für das Tantra einen Prozeß in umgekehrter Richtung dar.

Es ist zu beachten, daß die meisten tantrischen Begriffe vorarisch sind und am Ursprung der Philosophie des Samkhya und Vedanta stehen.
Diese knappe Zusammenfassung ist der Verständlichkeit halber noch einmal vereinfacht. Die Leser, die sich für indisches Denken interessieren, wer-

Tantrische Philosophie

para bindu oder *shabda brahma*

|
mahat
kosmische Intelligenz

|
ahangkara
Prinzip der Individualisierung;
erzeugt das Ego

Hieraus entstammt das mentale Organ, das zwar in sich geschlossen ist, jedoch in fünf Wahrnehmungsorgane (die fünf Sinne) und fünf Handlungsorgane (Mimik, Gestik, Fortbewegung, Ausscheidung, Fortpflanzung) unterteilt wird.	Die fünf Elemente (Erde, Wasser, Luft, Feuer, Äther)
akasha (Äther, Klang)	*shabda tanmatra* (Gehör und Gleichgewicht)
vayu (subtile Luft, Leben)	*sparsha tanmatra* (Tastsinn und Lebenskraft)
tejas (Feuer, Strahlung)	*rupa tanmatra* (Sicht und Licht)
apa (Flüssigkeit)	*rasa tanmatra* (Geschmack und Wasser)
prittvi oder *kshiti* (Erde)	*gandha tanmatra* (Geruch und Festigkeit)

den nur wenige Bücher finden, die ausführlich genug und zugleich auch authentisch darüber berichten. Eines davon stammt von H. Zimmermann und trägt den Titel *Die Philosophien Indiens*.

Glossar

Abhayamudra: beschützende Geste
Abhichara: Magie, Zauber, Riten (vor allem der schwarzen Magie)
Abhinavagupta: wichtiger tantrischer Shakta (7. Jh.). Schrieb namentlich die Shaivagamas.
Abhisheka: brahmanische Weiheriten
Acharya: Führer, Lehrer; Synonym für Guru
Adhikara: Befähigung zu tantrischer Initiation und Praxis
Adya shakti: uranfängliche göttliche Energie
Agama: »Was herabgekommen ist« – traditionelle nichtvedische Schriften, hauptsächlich der Shaivasekten. Shaivagamas = tantrische Texte
Aghora: Shiva in seiner schreckenerregenden Gestalt; wird vor allem im Süden verehrt
Agni: vedischer Gott des Feuers
Agnihotra: vedisches Feueropfer
Ahamkara: im Samkhya das Prinzip des Ego
Akasha: »das Alldurchdringende«; der Raum; das wichtigste der fünf Elemente *(tattwa)*
Akula: der Shiva-Aspekt in der Shakti
Amba: »Mutter«; einer der Namen der Durga

Ambika: eine Muttergöttin des Hindupantheons
Ananda: höchste Seligkeit
Anjali mudra: Geste der Verehrung; die Hände, Innenfläche gegen Innenfläche aneinandergelegt
Apana: Erscheinungsform der vitalen Energie *(prana)*; bewirkt die Ausscheidung
Amrita: Unsterblichkeit (verneinendes A und *mrita*, der Tod)
Apsara: Himmelsfee, Wassergeist. Entspricht in der Hindumythologie den germanischen Walküren
Asana: wörtlich »Sitz, Thron«, Yogahaltung; im Tantra *maithuna*-Haltung
Ashrama: Einsiedelei. Lebensstadien
Asura: Dämon, Feind der Devas (Arier)
Ashvamedha: Pferdeopfer
Atharvaveda: der Veda der magischen Formeln
Atman: »Essenz oder Prinzip des Lebens«, im weiteren Sinn Seele des Menschen, in diesem Fall kleingeschrieben und mit *jiva-atman* oder *jivatman* verbunden
Ayurveda: von *ayus* (Leben) und *ved* (Wissenschaft). Traditionelle indische Medizin; tantrischer Herkunft

Anhang

Bhaga: Vulva
Bhairava: »furchterregend«, eine der Formen des Rudra-Shiva
Bhairavi: »Schrecken«, furchterregender Aspekt der Shakti. Die okkulte Macht des Todes, die von der Zeugung an in den Lebenden wirkt
Bhakti: von *bhaj*, fromme Hingabe, Verehrung, Zuneigung; einer der Wege des Yoga
Bhang(a): indischer Name für Haschisch, geraucht oder als Aufguß
Bhavini: anderer Name für die *devadasi*
Bhoga: Genuß
Bhuta: die materiellen Elemente
Bija: Keim*mantra*, bestehend aus einer Silbe; Sperma
Bindu: subtile Energie im *muladhara chakra*, die der Yogi durch *sushumna* nach oben leitet. Im *ajna* wahrgenommen in Gestalt von Licht. Bedeutet auch einen Punkt
Brahma: in der Hindudreiheit (Brahma, Vishnu und Shiva) der Schöpfer
Brahman: die ursachenlose Ursache, das Absolute
Brahmachari: im brahmanischen System ein junger, zölibatärer Studierender. Einer der *ashramas* oder Lebensstadien (das erste von vieren)
Brahmane: Hindupriester
Buddha: »erweckt«, »erleuchtet«; Ehrentitel eines Weisen. Name für Gautama, den Buddha
Buddhi: im Samkhya der menschliche Verstand

Chitshakti: das Prinzip des Bewußtseins
Chakra: »Rad«, »Scheibe«, »Kreis«; Zentrum subtiler (feinstofflicher) psychisch-physiologischer Energie
Chakra puja: tantrischer Ritus, bei dem die Teilnehmenden einen Kreis bilden
Chandala: Kastenloser, Unberührbarer. Von den Ariern der Kasten nicht einmal als Mensch angesehen
Chandra: der Mond, als Göttin personifiziert
Chandrakala: Halbmond in der Krone der Göttin
Chinnamasta: tantrische Göttin mit abgeschlagenem Kopf. Eine der Formen der Durga

Dakini: dämonische weibliche Wesenheiten, die sich von rohem Fleisch ernähren. Sehr populär im buddhistischen Tantrismus, namentlich in Nepal
Dakshina-marga: rechter tantrischer Weg, vedisch, ohne konkrete sexuelle Vereinigung
Damaru: Trommel in der Gestalt einer Sanduhr oder zweier sich gegenüberliegender Kegel. Emblem von *lingam – yoni* und der Schöpfungskraft Shivas
Dasha: Name, den die arischen Eroberer den Eingeborenenstämmen gaben, welche sich ihnen widersetzten
Dashyu: Synonym für *dasha*
Dayana: Meditation über eine ausgewählte Gottheit bei Kontrolle der Sinnesorgane
Deva: »leuchtendes Wesen«. Vedische Gottheit, Personifizierung natürlicher Erscheinungen oder Kräfte
Devadasi: »Sklavinnen – Dienerinnen des Gottes«. Tempeltänzerinnen und -prostituierte, vornehmlich in Südindien. Sie gewährten den Brahmanen des Tempels ihre »Gunst« und füllten überdies deren Kassen!

Glossar

Devi: weibliche Form von *deva*
Dharma: Pflicht, Gesetz, Brauch
Dhyanayoga: im Tantrismus die Konzentration auf das Aufsteigen der *kundalini*
Diksha: vedische rituelle Initiation
Dravida: dunkelhäutige, langschädelige Volksgruppe, die weite Teile Indiens wenigstens ein Jahrtausend vor der arischen Invasion bewohnte. Die Draviden schufen die Harappazivilisation
Durga: vielgestaltige tantrische Göttin, vor allem des Shakta-Kults. Aspekt der Muttergöttin, wurde später von den Ariern übernommen. Gefürchtete Kriegsgöttin
Duti: weibliche Partnerin des tantrischen Ritus

Ganapati: siehe Ganesha
Ganesha: Gott der Weisheit mit Elefantenkopf
Garuda: mythischer Adler
Gopi: wörtlich »Cowgirls«. Hirtinnen, die mit Krishna »flirteten«
Grihavadhuta: Adept des Tantra, der ein ganz gewöhnliches Familienleben führt
Guru: Unterweisender, Lehrer; leitet die Initiation

Hamsa: Mantra, bestehend aus der Kombination von *ham* bei der Einatmung und *sa* bei der Ausatmung

Ida: lunares *nadi*, das vom linken Nasenloch ausgeht. Im erweiterten Sinn auch linkes Nasenloch
Indra: Schutzgott der Arier, Oberhaupt der Götter. Zerstört die feindlichen Festungen und tötet die Dasuy. Seine Waffe ist der Blitz

Jati: auf der Rasse, der Erbfolge fußender gesellschaftlicher Status
Jivashakti: anderer Name für die *kundalini*, die vitale Energie, die den Körper belebt
Jivatma: Einzelseele
Jnana-yoga oder **Jnana-marga:** spekulatives, philosophisches Yoga

Kala: die Zeit
Kalanyasa: Wahrnehmung der Göttlichkeit in den verschiedenen Körperteilen der tantrischen Partnerin
Kalasha: Urne, Amphore. Unerläßlicher Bestandteil der tantrischen *puja*. Symbol der universellen Matrix; Archetyp der Weiblichkeit
Kâlî: eine der Gattinnen Shivas. Scheußlich, vierarmig, mit Hauern statt Zähnen. Sie zerstört alles, einschließlich der Zeit, *kala*
Kama: Gott der Liebe, indischer Cupido
Kamakala: Geschlechtsakt. Im Tantra *maithuna*, in dem statischer und dynamischer Aspekt der Energie Shivas ins Gleichgewicht kommen
Kanda: eiförmiger, am Perineum gelegener Ausgangspunkt aller *nadis*
Karman: jede Handlung
Kharma-yoga: auf Handeln zielendes Yoga
Khechari: Yogatechnik, in der das Zungenbändchen durchschnitten wird, so daß die Zunge die Stimmritze verschließen kann. Dient im Tantra zur Beherrschung der Ejakulation
Krishna: dunkelhäutiger Gott. Liebhaber aller *gopis* und auch *radhas*. Ihm ist ein erotisch-religiöser Kult geweiht
Kula: »Familie, Sippe«. Der tantrische Guru und seine Schüler bilden eine *gurukala*, die Familie des Guru

Kumaripuja: Ritus, in dem ein jungfräuliches Mädchen, das die Göttin darstellt, verehrt wird

Kumbha: ritueller Krug. Wenn ein Yogi die Luft in seiner Lunge wie in einem Krug einschließt, heißt diese Praktik *kumbhaka*

Kundalini: geheimnisvolle, latente (schlummernde) Energie, die im *muladhara chakra* liegt. Wird symbolisiert durch ein Schlangenweibchen, das dreieinhalbmal um den *lingam* gerollt ist. Ihre Erweckung ist eines der Ziele des Tantra

Lata: eine Partnerin im tantrischen Ritus

Lingam: »Zeichen«. Jedes Zeichen, das die Schöpfungsenergie des mit der Shakti vereinten Shiva anzeigt. Das konkreteste Zeichen dafür ist das männliche, in die *yoni* eingedrungene (also erigierte) Glied

Lingam: im erweiterten Sinn erigiertes männliches Glied

Madya: eine Art des im Ritus der fünf *makaras* verwendeten Weins

Mahadeva: aus *maha*, groß; der große Gott: Shiva

Mahadevi: die große Göttin: Shakti

Mahat: im Samkhya eine die kosmische Intelligenz darstellende Kategorie, die aus dem Prakriti abgeleitet ist

Maithuna: Paarung, Geschlechtsakt

Makara: eine Göttin. Die Sanskritbuchstaben »m«, »ma« ausgesprochen. Bezeichnet auch die fünf *makaras* des tantrischen Rituals

Mamsa: Fleisch: eines der fünf *makaras*

Manas: das Mentale (Wahrnehmung, Verstand, Verstehen usw.)

Mandala: von den Adepten einer *chakra puja* gebildeter Kreis; im Mittelpunkt das Paar, das den Ritus anführt. Symbolisiert die Entfaltung des Kosmos. – Komplexe Kreisdiagramme

Mantra: Laut, magische Formel, machtvolle Beschwörung

Manu: der »Adam« der Arier. Auch der Gesetzgeber und Kodifizierer der »Gesetze Manus«, der *Manava Dharma-Shastra*

Marga: Pfad, Weg. Z. B. *Bhakti-Marga*, der Weg der Frömmigkeit

Mata: »Mutter«, »Mond«

Matsya: »Fisch«, eines der fünf *makaras*

Maya: kosmische Macht des Entwurfs von Formen, materielle Ursache der Schöpfung. Macht zur Verschleierung der Wirklichkeit; im erweiterten Sinn der Schein

Mithuna: menschliches oder tierisches Paar

Mleccha: Fremder, Barbar. Verächtlicher Beiname, den die Arier allen Nichtariern gaben

Mudra: Hand, rituelle Gebärde. Partner des Tantraritus, in den fünf *makaras* zuweilen Getreide oder aphrodisische Pflanzen

Mukhalinga: *lingam* verknüpft mit einem oder mehreren Köpfen Shivas

Mula: Wurzel einer Pflanze

Muladhara: Wurzel*chakra*, am Perineum gelegen

Nabhi: Nabel, Mittelpunkt

Nada: »Laut oder klingende Schwingung«. Wesentlicher Aspekt des Tantra, steht in Verbindung zur Wissenschaft von den *mantras*

Nadi: »Fluß«, »Strom«. Leitet in der subtilen Yogaanatomie die pranische Energie

Glossar

Naga: Schlange; Phallussymbol
Nandi: »der Glückliche«. Der Stier, Symbol der Macht, der Mannbarkeit und der Fruchtbarkeit; Reittier Shivas. Bewacht die shivaitischen Sanktuarien und Tempel
Nataraja: »Gott des Tanzes«, Shiva
Nati: Tänzerin
Natya: Tanz
Nirvana: bedeutet »Auslöschung«; im Buddhismus Auslöschung allen Begehrens
Nyasa: ein ritueller Aspekt des Tantra, in dem durch Berührung oder mentale Übertragung Energien oder »Göttinnen« in die verschiedenen Körperteile geleitet werden

OM: heilige Silbe, stellt die Urschwingung dar

Padma: Lotos
Padmasana: Lotosstellung; *maithuna asana*
Panchamakara: *pancha* = fünf. Die fünf *makaras*; vgl. makara
Panchashakti: eine der fünf großen Shaktis: die Mutter, die Schwester, die Tochter, die Schwiegertochter, die Frau des Gurus
Parakiya: Partnerin im Ritus, die nicht die eigene Frau des Adepten ist
Parvati: Gemahlin Shivas
Pashupati: »Herr der Tiere«, einer der Titel Shivas
Patanjali: Verfasser der *Yogasutra*
Pingala: solares *nadi*, das vom rechten Nasenloch ausgeht
Praksha: statischer Aspekt der letzten Wahrheiten
Prakriti: weibliches Schöpfungsprinzip, die Natur

Pralaya: Auflösung, Verschmelzung; *mahapralaya* = Auflösung, letzte Reabsorption am Ende der Zeiten
Prana: vitale, kosmische Energie
Pranava: andere Bezeichnung für das OM
Pranayama: Yogatechniken zur Kontrolle der vitalen Energien, insbesondere durch spezielle Atmung
Puja: »Verehrung«, »Kult« mit Blumen. Die indoeuropäischen Sprachen kennen dieses Wort nicht; es ist dravidischen und tantrischen Ursprungs
Purana: Sammlung alter Erzählungen aus nachvedischer Zeit
Purusha: »Mensch« oder »Menschheit«
Purushamedha: Menschenopfer

Radha: schöne Gemahlin Krishnas, tantrisches Symbol der unendlichen sinnlichen Liebe
Raga: Modus in der indischen Musik
Raja Yoga: psychisches Yoga nach den Sutras von Patanjali
Rajayoga: im Tantrismus Vereinigung von *retas* (männliche Energie, Sperma) mit *rajas* (weibliche Energie, Scheidensekret)
Rasa: Elixier, Empfindung. Intensive Gefühlsbindung zwischen Shiva und Shakti
Rati: tantrische Göttin; Name für die weibliche Energie (sexuelle Erregung). Wenn Shakti Shiva erkennt, wird ihre *rati* aktiviert
Retas: Fluß, Strom, Sperma. Vermischt sich bei der sexuellen Vereinigung mit *rajas* (dem weiblichen Sekret)
Rigveda: der älteste der vier Veden
Rishi: »Der Sehende«, Weiser

Anhang

Rudra: »Der Schreiende«, vedischer Gott des Sturms, mit Shiva gleichgesetzt, als dieser dem vedischen Pantheon einverleibt wurde

Sadhana: Disziplin, Yogapraxis. Im Tantrismus rituelle sexuelle Vereinigung
Sadhak(a): Adept, der eine Yoga- oder Tantradisziplin ausübt
Samarasa: geteilte Lust; tantrische Vereinigung mit Atemanhalten und Zurückhaltung der Ejakulation
Sahajoli: weibliche Entsprechung des *vajroli*. Kontrolle der Vaginalmuskulatur
Samadhi: letzte Stufe des Rajayoga
Shaiva: was sich auf Shiva bezieht
Shakta: Kult der weiblichen Energie. »Shaktismus« bedeutet Kult der Shakti
Shakti: weibliche Schöpfungsenergie in ihrem kosmischen Aspekt; durch sie »lebt« Shiva, der ohne sie nur ein *shava* (Kadaver) ist
Shakti: Frau, besonders weibliche Adeptin des Tantraritus
Samkhya oder **Sankhya:** aus dem Tantrismus abgeleitetes, orthodoxes hinduistisches Philosophiesystem
Samsara: Kreislauf der Geburten und Wiedergeburten
Samskara: Ursprung allen Handelns
Sannyasin: Asket, der der Welt entsagt hat; einer der Ashramas
Sati: »tugendhafte Frau, ideale und treue Gemahlin« nach den patriarchalen Regeln des Brahmanismus. Als Witwe wirft sie sich in die Flammen, die ihren Gatten einäschern. Ein entsprechender Brauch für die Männer besteht nicht

Siddhi: »Gelingen, Vollkommenheit«. Im weiteren Sinn außergewöhnliche Kraft, die durch Yogadisziplin erlangt wird
Shavasadhana: tantrisches Ritual in Gegenwart einer menschlichen Leiche
Shishna: wörtlich Penis; *shishnadeva* = Phallus, vergöttlichter Penis. Die Arier bezeichneten die Dravidenvoller Verachtung als »Penisverehrer«
Shishya: Schüler eines Gurus
Shiva: »der Rote«, »der Glückbringende«. Der wahre Name Shivas ist so heilig, daß er niemals ausgesprochen werden darf. Shiva ist also nur ein Attribut
Shri Chakra: das Haupt*yantra* des Tantrismus; stellt die *yoni* dar
Shruti: in mündlicher Überlieferung »was verstanden wurde«
Shudra oder **Sudra:** Knecht, Nachfahre der von den Ariern eroberten Völker
Shukra: Sperma
Soma: mythische Pflanze, aus der ein von den Ariern viel konsumiertes, berauschendes Getränk gewonnen wird
Sukha: Lust
Sukhasana: *maithuna*-Stellung
Sutra: wörtlich »Faden«; im weiteren Sinn »Sinnspruch«

Tamas: Unwissenheit, Trägheit
Tandava: kosmischer Tanz Shivas
Tara: ursprüngliche Muttergöttin Indiens. Ihr Name bedeutet wörtlich »Stern«; tantrische Göttin, Entsprechung für Shakti
Tattwa: »subtiles Element«; Bestandteil des tantrischen Ritus
Trika: shaivitisches System in Kaschmir
Trikona: Dreieck, *yoni*

Glossar

Trishula: Dreizack Shivas; symbolisiert die Dreiheit Ida – Pingala – Sushumna

Upanishads: esoterische Abhandlungen über die Weisheit, im allgemeinen in Gestalt von Gleichnissen oder Erzählungen

Vajra: »Blitz, Aufleuchten«, männliches Organ

Vajroli: tantrische Technik, die es ermöglicht, Flüssigkeiten mit dem *vajra* anzusaugen, die Vereinigung zu verlängern und die Mischung von *retas* und *rajas* zu reabsorbieren

Vaishnava: Kult Vishnus

Vamachari: Tantriker, der dem linken Weg folgt, der die konkrete, rituelle sexuelle Vereinigung beinhaltet

Varna: »Farbe«. Klassen, die aus der Rassentrennung nach Hautfarbe entstanden sind

Veda: »Wissen«. Bezeichnet die heiligen Schriften der Arier. *Rigveda*, heilige Gesänge; *Samaveda*, heilige Gesänge für die Opfer; *Yajurveda*, Zauber- und Opferformeln, die viele Entlehnungen aus der ursprünglichen, archaischen Magie tantrischer Richtung enthalten

Vedanta: »Ende der Vedas«. Nichtdualistisches philosophisches System

Vira: »Held«. Bezeichnet bestimmte arische Götter, aber auch Shiva. Im Tantrismus ist der *vira* ein Adept, der das *pashu*-Stadium (das Tierstadium) überschritten hat, der nicht mehr zur »Herde« gehört

Virya: Energie, sexuelle Erregung des Mannes, Sperma. Entsprechend für die *rati* bei der Frau

Vishnu: zweiter Bestandteil der Hindudreiheit. Er bewacht, was Brahma erschafft

Vritra: dravidischer Heerführer, der einen großen und wichtigen Damm bewacht. Indra soll, nachdem er ihn getötet hat, »die Wasser losgelassen«, also den Deich durchbrochen und damit die Dörfer und Städte zerstört haben. Die Arier haben Vritra als Personifizierung des Widerstands und des Chaos »verteufelt«

Yogi: männlicher Yogaadept

Yogini: eine Gruppe von Göttinnen. Weibliche Yogaadeptin

Yoni: weibliches Genitale, verbunden mit dem *lingam*

Yuga: die vier Zeitalter. Wir leben im Zeitalter des Eisens, dem Zeitalter der Kâlî, das mit der Zerstörung oder der großen Auflösung enden wird

Yuganaddha: das männliche, vereinigt mit dem weiblichen Prinzip, ein häufig vorkommendes Thema in der buddhistischen Tantrakunst. Auf Tibetisch *yab-yum*.

Bibliographie

Agarwal, Urmila
Khajuraho, Sculptures and Their Significants, Delhi 1964

The Ananga-ranga. Stage of the Bodiless One or, The Hindu Art of Love, Cosmopoli 1885 (erste engl. Übers. von A. F. Arbuthnot u. R. F. Burton) (dt.: Anangaranga, die Bühne des Liebesgottes, Hg. F. Leiter u. H. A. Thal, Wien 1929)

Avalon, Arthur (d. i. Sir John Woodroffe)
Shakti and Shakta, Madras/London [2]1920 (rev. und erw.) (dt.: Shakti und Shakta: Lehre und Ritual der Tantra-Shastras, Weilheim 1962)
–, (Hrsg.) The Serpent Power, London 1919 (dt.: Die Schlangenkraft, Weilheim 1961; ern. unter dem Titel: The Serpent Power: Die Entfaltung schöpferischer Kräfte im Menschen, München 1975)

Basham, Arthur L.
The Wonder That Was India, London 1954

Beane, Wendell C.
Myth, Cult and Symbols in Shakta Hinduism, Leiden 1977

Bhattacarya, Brajamadhaba
Shaivism and the Phallic World, Delhi/Oxford 1975

Bhattacharyya, Narendra N.
Ancient Indian Rituals and Their Social Contents, Delhi 1975

Bornemann, Ernest
Das Patriarchat, Ffm. 1975/76, Tb.

Bose, Dhirendra N.
Tantras, Their Philosophy and Occult Secrets, Kalkutta [3]1956 (rev. u. erw. von Hiralal L. Haldar)

Boulnois, Jean
Le caducée et la symbolique dravidienne indo-méditerranéenne de l'arbre, de la pierre, du serpent et de la déesse mère, Paris 1939

Capra, Fritjof
The Tao of Physics, Berkeley 1975 (dt.: Der kosmische Reigen, Bern 1977; ern.

unter dem Titel: *Das Tao der Physik*, Bern/München 1984; vom Autor rev. und erw. Neuausgabe)

Chang, Jolan
The Tao of Love and Sex, London 1977 (dt.: *Das Tao der Liebe*, Reinbek 1978)

Colaabavala, F. D.
Tantra, the Erotic Cult, Delhi 1976

Comfort, Alex
The Joy of Sex, New York 1972 (dt.: *Joy of Sex = Freude am Sex*, Ffm. u. a. 1976)

Coomaraswamy, Ananda K.
The Dance of Shiva, New York 1918

Daniélou, Alain
Yoga, the Method of Re-Integration, London 1949
Shiva et Dionysos, Paris 1979

Dasgupta, Shashi Bushan
Obscure Religious Cults as Backgrounds of Bengale Literature, Kalkutta 1946
An Introduction to Tantric Buddhism, Kalkutta 1950

David-Néel, Alexandra
L'Inde où j'ai vécu, Paris 1968 (dt.: *Mein Indien*, Bern/Mchn. 1990)

Desai, Devangana
Erotic Sculpture of India, Delhi 1975

Dröscher, Vitus B.
Magie der Sinne im Tierreich, München 1966
Sie töten und sie lieben sich, Hamburg 1974

Dülmen, R. v.
Hexenwelten, Magie und Imagination, Ffm. 1987

Eliade, Mircea
Yoga – Unsterblichkeit und Freiheit, Zürich/Stgt. 1960
Le mythe de l'éternel retour, Paris 1949 (dt.: *Der Mythos der ewigen Wiederkehr*, Düsseldorf 1953; ern. unter dem Titel: *Kosmos und Geschichte. Der Mythos der ewigen Wiederkehr*, Reinbek 1966)
L'épreuve du labyrinthe, Paris 1978 (dt.: *Die Prüfung des Labyrinths*, Ffm. 1987)
Traité à'histoires des religions, Paris 1949 (dt.: *Die Religionen und das Heilige*, Salzburg 1954)

Elwin, Verrier
The Tribal World of Verrier Elwin: An Autobiography, London u. a. 1964

Evola, Julius (Giulio)
Lo yoga della potenza (saggio sui tantra), Mailand 1949 (zweite völlig überarb. Version der Erstausgabe *L'uomo come potenza*, Todi/Rom 1926)
Metaphysik des Sexus, Stgt. 1962

Fisher, Helen E.
The Sex Contract, London 1982

The Gheranda Samhita, Bombay 1895 (mit engl. Übers. von Raj B. Chandra Vasu) (dt.: *Das große Geheimnis, die verborgene Seite der Yoga-Übungen. Das tantrische Werk Gheranda-Samhita*, München 1954)

Bibliographie

Glasenapp, Helmuth von
Die Literaturen Indiens von ihren Anfängen bis zur Gegenwart, Wildpark-Potsdam 1929

Govinda, Anagarika
Foundations of Tibetan Mysticism, London 1959 (dt.: *Grundlagen tibetischer Mystik,* Zürich/Stgt. 1957)
Mandala, Zürich 1960

Guénon, René
La crise du monde moderne, Paris 1927 (dt.: *Die Krisis der Neuzeit,* Köln 1950)
Orient et occident, Paris 1930
Les états multiples de l'être, Paris 1932
Études sur l'hindouisme, Paris 1966

Guenther, Herbert V.
Yuganaddha, the Tantric View of Life, Benares 1952 (dt.: *Tantra als Lebensanschauung,* Weilheim 1974)
–, und Tschögyam Trungpa
The Dawn of Tantra, Berkeley 1975 (dt.: *Tantra im Licht der Wirklichkeit,* Freiburg i. Br. 1976)

Gulik, Robert H. van
Sexual Life in Ancient China, Leiden 1961

Hamilton, Alexander
A New Account of the East Indies, Bd. 1, Edinburgh 1727

The Harivamsa. An Epic Poem, Kalkutta 1839

The Hatharatnavali of Yogindra, Hg. Medapati Venkata Reddy, Arthamuru 1982

Hite, Shere
The Hite-Report. A Nationwide Study on Female Sexuality, New York 1976 (dt.: *Hite-Report. Das sexuelle Erleben der Frau,* München 1977)

Hitler, Adolf
Mein Kampf, Mchn. 1940

Hoyle, Fred
The Intelligent Universe, London 1983 (dt.: *Das intelligente Universum,* Ffm. 1984)

Inman, Thomas
Ancient Faiths and Modern, New York/London 1876

Jung, Carl G.
Die Archetypen und das kollektive Unbewußte, Olten/Freiburg i. Br. 1976 (Gesammelte Werke, Bd. 9/1)

Kale, Arvind und Shanta
Tantra, the Secret Power of Sex, Bombay 1976

Karapatri
Lingopapasana rahasya (ohne Orts- u. Jahrangabe)

King, Francis
Sexuality, Magic, and Perversion, London 1971

Le Bon, Gustave
Psychologie des foules, Paris 1895 (dt.:

Psychologie der Massen, Leipzig 1908; Stgt. 1964)

Lloyd, John W.
The Karezza Method; or, Magnetation (ohne Orts- u. Jahrangabe; 1930: Privatdruck) (dt.: *Die Methode »Karezza« oder Magnetation*, Amersfoort 1922; ern. unter dem Titel: *Karezza-Praxis*, Lauf bei Nürnberg 1930)

Lommel, Hermann
Die alten Arier. Von Art und Adel ihrer Götter, Ffm. 1935

Mac Firbis, Dudley (Dubhaltach Mac Firbisigh)
The Genealogies, Tribes, and Customs of Hy-Fiachrach, Commonly Called O'Dowda's Country, Dublin 1844

Maeterlinck, Maurice
Das Leben der Bienen, Jena 1922

Mahanirvana Tantra, Kalkutta 1900 (mit engl. Prosaübers. von Manmatha N. Dutt)

Markandeya Purana, Kalkutta 1851 (mit engl. Übers. von K. M. Banerjea)

Mayo, Katherine
Mother India, New York 1927 (dt.: *Mutter Indien*, Ffm. 1928)

Monier-Williams, Monier
Religious Thought and Life in India as Brahmanism and Hinduism: Based on the Veda and Other Sacred Books of the Hindus, London 1883

Mookerjee, Ajit
Tantra Asana, a Way to Self-Realization, New York 1971
Tantra Magic, Delhi 1977 (recte 1976) (mit Nachw. von Mulk R. Ananda)
Kundalini: The Arousal of the Inner Energy, London 1982

Müller, (Friedrich) Max
The Six Systems of Indian Philosophy, New York 1899

Mumford, John
Sexual Occultism, Saint Paul/Minnesota 1975 (dt.: *Tantrische Sexualmagie*, Basel 1984)

Narasimhaiah, Barkur
Neolithic and Megalithic Cultures in Tamil Nadu. Delhi 1980

Neumann, Erich
Die große Mutter, Zürich 1956

Paarañjoti, Violet
Shaiva Siddhanta in the Meykanda Shastra, London ²1956 (rev.)

Péquart, Marthe, und Zacharie Le Rouzic
Corpus des signes gravés des monuments mégalithiques du Morbihan, Paris 1927

Picart, Bernard F.
The Religious Ceremonies and Customs of the Several Nations in the Known World, Bd. 4, London 1733

Piggott, Stuart
Prehistoric India: To 1000 B.C., Harmondsworth 1950

Bibliographie

Raja, Jaya
The Soul of Symbols (ohne Orts- u. Jahrangabe)

Rajneesh, Bhagwan Shree
The Book of the Secrets, Poona 1975/76, 5 Bde. (dt.: *Das Buch der Geheimnisse*, München 1982 [Teilausgabe])

Rao, Shikaripur R.
Lothal and the Indus Civilization, Bombay 1973

Der Rig-Veda, Bd. 1–4 (Übers. von K.-F. Geldner), Cambridge/Massachusetts 1951

Schoterman, Jan A.
The Yonitantra, Delhi 1980

Scott, George R.
Christianity: the Sources of its Teaching and Symbolism, Phallic Worship, London 1941 (Privatdruck)

Sellon, Edward
The Ups and Downs of Life, in: *Memoirs Read Before the Anthropological Society of London*, Bd. 2, London 1866

Shendge, Malati J.
The Civilized Demons: The Harappans in Rigveda, Delhi 1977

Silber, Sherman J.
Understanding Male Sexuality, London 1983

Singh, Lalan P.
Tantra. Its Mystic and Scientific Bases, Delhi 1976

Snellgrove, David L.
The Hevajra Tantra, London 1959, 2 Bde.

Sohar, Mantua 1556/57 (dt.: *Sohar*, Wien 1932 / *Das Heilige Buch der Kabbala*, Köln 1986)

Starhawk
The Spiral Dance: A Rebirth of the Ancient Religion of the Great Goddess, San Francisco 1979 (dt.: *Der Hexenkult als Ur-Religion der Großen Göttin*, Freiburg i. Br. 1983)

Stockham, Alice
Karezza; Ethics of Marriage, Chicago 1896 (dt.: *Ethik der Ehe. Karezza*, Jena/Bern 1927)

Svatmarama
Hathayogapradipika, Bombay 1893 (dt.: *Die Leuchte des Hathayogapradipika*, München 1893 [Dissertation von H. Walter])

Taylor, Gordon R.
The Great Evolution Mystery, London 1982 (dt.: *Das Geheimnis der Evolution*, Ffm. 1983)

Taylor, Isaac
The Origin of the Aryans, London 1889

Thomas, Paul
Epics, Myths and Legends of India, Bombay 1942
Hindu Religion, Customs and Manners, Bombay o. J. (1948)

Watts, Alan
Nature, Man, and Woman, New York 1958 (dt.: *Natur – Mann und Frau*, Köln 1962; ern. unter dem Titel: *Im Einklang mit der Natur*, München 1981)
The Temple of Konarak. Erotic Spirituality, London 1971 (Bildband mit Fotografien von Eliot Elisofon)

Tao: The Watercourse Way, New York 1975 (dt.: *Der Lauf des Wassers*, München 1976)

Wernick, Robert
The Monument Builders, New York 1973

Wilkins, William J.
Hindu Mythology, Vedic and Puranic, Kalkutta/London 1882

Wilson, Horace H.
Sketch on the Religious Sects of the Hindus, London 1862 (Works, Bd. 1)

Woodroffe, Sir John s. Avalon, Arthur